1942년 5월 5일, 세인트 앤드루스 홀에서 열린 '성경 증언 대회'에서 '성경과 오늘날'을 주제로 강연하다.

1943년 10월 3일, 웨스트민스터 채플에서 단독 목회를 시작하다.

1944년 7월 9일, 웨스트민스터 채플 건물이 전쟁 시작 후 최악의 피해를 당하다.
"교회에 도착해 보니 예배당 건물이 폭격으로 부서져 있었고 파편이 여기저기 널려 있었다."

1945년 1월 15일, 글로스터 로드에 복음주의 도서관이 공식 개관식과 함께 개방되다.

5월 8일, 독일이 연합군에 항복하다. 일주일 뒤, 캠벨 모건이 사망하다.

1949년 6월, 우울증과 함께 의심의 '불화살' 형태로 시험이 찾아오다. 아더 W. 핑크의 설교집에서 '영광'이라는 단어를 보는 순간, "섬광처럼" 하나님의 영광이 자신을 에워싸고 있음을 의식하며 황홀하고 기쁜 상태에 들어가다.

9월, 제1차 웨일스 IVF 콘퍼런스에서 '성경의 인간론'을 주제로 강연하다.

1950년 12월, 제임스 패커 등과 함께 청교도 콘퍼런스를 시작하다.

1952년 스완윅에서 열린 연례 학생 콘퍼런스에서 IVF 총재로서 '오늘날 복음주의 신앙 유지하기'라는 제목으로 강연하다. 이 강연으로 인해 기독교 언론에서 처음으로 로이드 존스를 공공연하게 비난하다.

1954년 3월 1일, 북런던의 헤링게이에서 빌리 그레이엄 전도 대회가 열리다. 이때부터 영국 복음주의에 교회연합에 대한 제3의 입장(일정한 교리적 기준을 요구하지 않는 '절충 없는 협력')이 등장하다.

1957년 역사적 · 칼뱅주의적 기독교 진작을 위해 '배너 오브 트루스' 출판사가 설립되다.

1959년 웨일스 신앙부흥 100주년을 맞이하여 '부흥'을 주제로 연속 설교하다.

1966년 10월 18일, 제2차 전국 복음주의자 총회 개회 연설에서 에큐메니컬운동에 대해 복음주의가 취해야 할 태도를 역설하다. 이에 총회 의장인 존 스토트가 이 연설을 공개적으로 반박함으로써 복음주의 진영의 분열이 가시화되다.

1967년 11월 15일, 에버판 탄광 사고 1주년을 맞아 웨일스 장로교회 에버판 채플에서 설교하다.

1968년 3월 1일, 13년에 걸친 로마서 강해설교를 끝으로 웨스트민스터에서 설교 사역을 종결하다.

1969년 미국 웨스트민스터 신학교에서 '설교'를 주제로 강연하다. 이 강연을 기초로 『설교와 설교자』가 출간되다.

1970년 제임스 패커가 그의 저서 『연합할 수 있게 되다』를 통해 고교회파의 가르침을 지지함으로써 로이드 존스와 결별하다. 이에 청교도 콘퍼런스가 폐지되다.

1972년 12월 5일, BBC 1TV의 '공개 설득자'에 출연해 그리스도와 성경의 독특성에 대해 이야기하다.

1980년 6월 10일, 서식스의 바콤에서 생애 마지막 설교를 하다.

1981년 3월 1일, 일링의 자택에서 82세의 나이로 세상을 떠나다.
"치유를 위해 기도하지 말아요. 내가 영광에 들어가는 것을 가로막지 말아요."

복 있는 사람

오직 여호와의 율법을 즐거워하여 그 율법을 주야로 묵상하는 자로다.
저는 시냇가에 심은 나무가 시절을 좇아 과실을 맺으며 그 잎사귀가 마르지 아니함 같으니
그 행사가 다 형통하리로다. (시편 1:2-3)

로이드 존스가 한국 교회에 소개된 것은 꽤 오래되었지만, 그의 전기를 읽은 독자들은 그리 많지 않은 듯하다. 그러나 '위대한 설교자'의 설교를 깊이 이해하기 위해서는 그의 생애를 알아야 한다. 이안 머레이의 전문가다운 안목으로 파헤친 로이드 존스의 생애에서 우리는 설교의 거인을 낳은 모태와 시대적 상황을 만나게 될 것이다. 이 전기를 통해 한국의 로이드 존스가 일어나기를 기도한다. 진정한 강단의 부흥을 갈망하는 모든 설교자들과 목회 후보생들에게 진지한 일독을 권한다.

이동원 지구촌교회 원로목사

로이드 존스의 전기를 읽으면 하나님이 촉망받는 한 젊은 의사를 어떻게 설교자로 만드셨으며 또한 어떻게 복음의 용사로 세우셨는지 알게 된다. 이전에 이안 머레이가 지은 전기는 너무 방대하고 세밀하여 오히려 로이드 존스의 전체적인 삶을 보는 데 어려움이 있었다. 이번에 축약되고 새롭게 재집필된 전기가 출간되었는데, 이 위대한 설교자의 삶을 이해하고 그의 설교를 사랑하는 데 큰 도움을 줄 것이다.

김서택 대구동부교회 담임목사

신학대학원에 입학한 후 현실과 직면하면서 적지 않은 방황과 좌절의 시간이 있었다. 그 수렁으로부터 건져 내어 목회자가 된다는 것이 무엇인지, 복음의 영광이 무엇인지, 믿음의 선진들의 삶을 새로운 눈으로 보고 배우는 것이 무엇인지 로이드 존스는 나에게 가르쳐 주었다. 얼굴을 마주하여 본 적은 없지만, 그는 나의 가장 귀한 선생이며 내게 가장 심대한 영향을 끼친 인물이다. 로이드 존스의 전기가 그를 가까이에서 오랜 시간 지켜보며 동역해 왔던 이안 머레이에 의해 재편집되어 출간되니 너무 감사하다. 로이드 존스의 설교가 황량한 영적 들판에 서서 어디로 가야 할지 몰라 좌절했던 한 신학생을 살려 내고 목회자의 영광스러운 부르심을 인식하여 오늘까지 달려가게 했던 것처럼, 그의 전기 역시 조국 교회의 목회자와 신학생, 나아가 성도들에게 큰 유익을 끼칠 것이라 믿는다.

화종부 남서울교회 담임목사

20세기 가장 탁월한 설교자 로이드 존스의 생애를 그의 전기를 통해 만나는 것은 큰 기쁨이다. 내과의 다운 면모로 영혼을 해부하듯 파헤치며 동서고금의 영적 거인들의 저작을 자유롭게 인용하여 본문 속으로 인도하는 그의 설교는, 평범했으나 또한 비범했던 그의 삶의 궤적으로부터 나오는 것임을 부인할 수 없다. 하나님이 세상에 보내신 한 위대한 설교자의 생애가 바로 그분의 자비의 선물임을 이 책은 조용하게 드러내고 있다.

손희영 행복을 나누는 하나교회 담임목사

하나님을 사랑하고 섬기는 일에 빼어났던 지난 세기 최고의 설교자를 연구하게 된 것은 내 생애의 큰 축복이었다. 방대하고 자세하게 기록된 로이드 존스의 전기 두 권이 있지만 그 분량 때문에 쉽게 접근하기 어려웠던 독자들을 위해 이안 머레이가 새롭고 간결하게 다시 집필하였다. 이번에 복 있는 사람 출판사에서 번역하여 출간하게 된 것을 기뻐하며 독자들도 그 기쁨에 동참하길 바란다.

정근두 울산교회 담임목사

이안 머레이는 전기 작가다운 노련함과 통찰력으로 잠든 20세기 최고의 강해설교자 마틴 로이드 존스를 깨워 21세기를 사는 우리로 하여금 그의 음성을 생생하게 듣게 한다. 저자는 다양하고 풍부한 역사 자료들, 즉 로이드 존스 자신의 고백과 동시대인들의 증거를 함께 전개함으로써 우리로 하여금 하나님의 교회를 위한 분투와 고뇌, 복음 사역의 기쁨과 환희, 인간의 죄에 대한 비참함과 절망, 그리스도 안에 있는 속죄의 은혜, 하나님의 셀 수 없는 사랑이 함께 어우러진 웅장한 구원의 교향곡을 노래하게 한다. 이 책을 읽을 때마다 로이드 존스를 당대에 보내신 은혜의 주님께서 우리에게도 그와 같은 충성된 종을 보내 주시길 바라는 마음이 간절해진다. "주여, 메마른 이 땅에 은혜의 단비를 부으소서!"

박태현 총신대학교 신학대학원 설교학 교수

나는 로이드 존스에 대해 애정과 감탄 어린 존경심을 늘 품고 있다. 신학적으로 혼란스러운 시대에 그는 역사적·성경적 기독교 신앙을 굳게 고수했다. 그는 가슴이 따스한 사랑과 화평의 사람이었으며, 많은 사람들의 영적 아버지였다. 그의 죽음으로 인해 영적·신학적으로 가히 심각한 공백이 빚어졌다고 해도 과언이 아닐 것이다.

존 스토트

로이드 존스는 뛰어날 뿐 아니라 근면한 설교자였다. 그는 신약의 복음을 하나님과 인간에 대한 가장 심오하면서도 최종적인 말씀으로 선포하고 주장하며 적용하는 것을 사역의 전부로 삼았다. 그는 복음을 성경의 진리 전체 및 인간의 삶 전체와 연결시켜 거시적으로 제시했다. 또한 그리스도의 십자가 대속과 성령을 통한 중생이라는 핵심 진리를 중심으로 여러 주제들을 한없이 변주해 냄으로써 '옛날 옛적 이야기'를 새롭게 전달하는 전도자의 재능을 한껏 발휘했다. 그는 내가 아는 사람 중 가장 위대한 사람이다.

제임스 패커

하나님께서 나를 로이드 존스에게 인도해 주신 것에 대해 깊이 감사한다. 반드시 세련되고 멋있고 능란해야만 설득력 있는 사람이 되는 것은 아니라는 사실을 그는 늘 일깨워 준다. 사실 거룩한 기름부음은 그런 의사소통 기술과는 다른 세상에 속해 있다. 강단에 올라설 때 내가 경험하고 싶은 세상이 바로 그의 세상이다.

존 파이퍼

로이드 존스의 설교는 깊은 독서와 학문에 바탕을 두고 있지만 누구나 쉽게 다가가 읽을 수 있다. 그의 설교는 감정을 자극하고 마음을 변화시킨다.

팀 켈러

내 신앙이 형성되던 시기에 로이드 존스보다 더 큰 영향을 끼친 설교자는 없었다. 그의 설교는 한 번도 못 들어 보고 책을 통해서만 접했는데 그것은 성경 주해, 건전한 신학, 통찰력 있는 지혜, 목회적 돌봄이 명쾌하고 초점이 잘 잡힌 하나의 그림으로 통합된 설교였다. 교회 역사의 마지막 장이 기록될 때 로이드 존스가 모든 시대의 가장 위대한 설교자 중 하나로 우뚝 서게 될 것을 확신한다.

존 맥아더

로이드 존스는 철두철미 겸손한 사람이었다. 그의 확신은 자신이 선포해야 할 메시지, 자신에게 사명으로 주어진 그 메시지에 근거한 확신이었다. 그는 기도의 사람이었고, 능력 있는 복음 전도자였다. 또한 보기 드문 자질을 지닌 강해설교자로서 가장 완벽한 의미에서 하나님 말씀의 종이었다.

F. F. 브루스

로이드 존스는 하나님께서 20세기 교회에 주신 특별한 선물이다. 시간이 흐를수록 그에 대한 나의 찬탄은 커져만 간다. 그의 영적 안목은 내가 아는 어떤 사람보다도 깊다.

마크 데버

마틴 로이드 존스야말로 오늘날 기독교계에서 가장 위대한 설교자다.

에밀 브루너

남편이 무엇보다도 기도의 사람이요 다음은 전도자라는 사실을 깨닫기 전까지는 누구도 그를 다 알지 못할 것이다.

베단 로이드 존스

마틴 로이드 존스

Iain H. Murray

The Life of D. Martyn Lloyd-Jones, 1899-1981

20세기 최고의 설교자

MARTYN LLOYD-JONES

이안 머레이 지음 / 오현미 옮김

복 있는 사람

마틴 로이드 존스

2016년 7월 4일 초판 1쇄 인쇄
2016년 7월 13일 초판 1쇄 발행

지은이 이안 머레이
옮긴이 오현미
펴낸이 박종현

도서출판 복 있는 사람
주소 서울특별시 마포구 연남동 246-21(성미산로23길 26-6)
전화 02-723-7183, 7734(영업·마케팅)
팩스 02-723-7184
이메일 blesspjh@hanmail.net
등록 1998년 1월 19일 제1-2280호

ISBN 978-89-6360-187-8 03230

이 도서의 국립중앙도서관 출판예정도서목록(CIP)은
서지정보유통지원시스템 홈페이지(http://seoji.nl.go.kr)와 국가자료공동목록시스템
(http://www.nl.go.kr/kolisnet)에서 이용하실 수 있습니다. (CIP 제어번호: 2016013041)

The Life of D. Martyn Lloyd-Jones, 1899-1981
by Iain H. Murray

차례

"하나님과의 교제야말로 인생에서 유일하게 가치 있는 일이며, 이는 우리를 새롭게 해준다."

"나는 아무것도 포기하지 않았다. 나는 모든 것을 받았다.
하나님께서 어떤 사람을 복음의 전령으로 부르시는 것은 사람에게 주실 수 있는
가장 고귀한 영광이라고 생각한다."
(복음 사역을 위해 의사의 길을 접은 '희생'에 대해 찬사를 들은 뒤 한 말)

"내 인생에서 가장 위대한 모임 두 가지는 모두 기도 모임이었다."

"내 평생의 경험들은 하나님의 주권과 하나님께서 인간의 삶에 직접 개입하신다는 증거다.
내가 믿는 것을 믿지 않을 수가 없다. 다른 뭔가를 믿는다면 나는 미친 사람일 것이다.
나를 인도하시는 하나님의 손길! 이것은 나에게 정말 놀라운 일이다."

"기독교회의 미래를 걱정하느라 너무 많은 시간을 허비하지 말라."

"우리는 은혜로 구원받은 죄인들이다. 우리는 오직 은혜에 빚진 자들이다."

"사랑은 신앙에서 가장 위대한 일이다. 사랑을 잊으면 어떤 것도 그것을 대신할 수 없다."

마틴 로이드 존스

해설의 글

마틴 로이드 존스Martyn Lloyd-Jones는 20대에 남웨일스의 설교자로 부름을 받습니다. 그는 촉망받는 내과의였는데, 소명을 받아 전도유망한 의사의 길을 접고 목사가 됩니다. 그것도 목회자나 신학자가 아니라 설교자라는 독특한 지위로 소명을 받습니다. 로이드 존스가 설교자가 된 큰 이유는 그 당시 전해졌던 설교에서 답답함을 느낀 데 있습니다. 그가 당대의 설교자들에게 가졌던 의문은 '하나님이 우리를 구원하시려고 우리의 영혼을 깨우치시며 역사하시는데, 왜 설교자들은 이 점을 빼놓고 설교하는가?'였습니다. 이것이 로이드 존스에게 의분을 불러일으켰고, 이후 평생 이 문제에 천착하며 설교 사역을 펼치게 됩니다.

남웨일스는 1904년에서 1905년에 걸쳐 대부흥을 경험했던 곳입니다. 그러나 로이드 존스가 부름받은 해인 1925년의 남웨일스는 부흥과는 전혀 무관한 곳이 되었습니다. 4-500명이 모이던 교회는 교인 수가 십분의 일 정도로 줄어들어 있었습니다. 무기력해진 그곳에 그가 가서 한 일은 힘 빠진 교회의 부흥을 위해 노력한 것이 아니었습니다. 그는 기독교 신앙의 핵심을 설파하는 설교 사역에 열중합니다. 끊임없이 “기독교 신앙의 핵심으로 돌아오라. 제대로 회심하라”라고 설교한 것입니다. 그는 “성령의 역사란 복음의 핵심으로 돌아와 제대로 회심하는 것이다”, “신자라면 진정한 신앙을 구하고 체험하며 살아야 한다. 그렇지 않으면 아무것도 아니다”라고 역설합니다. 그의 설교에는 어떤 극적인 전개나 문학적인 표현이 등장하지 않습니다. 마치 의사가 환자를 진단하듯 신자들의 영적 상태를 짚어 냅니다. 그의 설교에는 진단이 정확했고 문제를 지적하는 방식이 뛰어났습니다. 성경적 요구를 권면하는 그의 말에는 권위가 실려 있었습니다. 그래서 많은 사람들이 그의 설교를 듣고 회심하게 됩니다. 이러한 회심은 구원과 신앙생활에서 진정한 무게를 가지게 하였습니다.

* * *

여기서 잠시 부흥에 대해 생각해 봅시다. 부흥기에는 모든 것이 풍성하고 충만하기만 할까요? 부흥에도 그림자가 있기 마련입니다. 새로 얻게 된 감격, 열정, 긍정적 소망에만 집중하느라 이러한 열매가 무엇의 산물인지에 대해서는 잘 생각하지 못합니다. 감동, 기쁨, 열정, 소망만이 남아 이러한 것들이 성령의 역사요, 하나님의 일하심이요, 한 인간과 인류에게 개입하시는 하나님의 구원이라는 사실은 곧잘 잊어버립니다. 열매만 덩그러니 남아 있는 것입니다. 뿌리를 간과하고 열매에만 집중하다 보니 이런 현상이 생기는 것입니다. 예수를 믿었으니 세상 사람보다는 더 나은 능력, 더 나은 진심, 더 나은 헌신으로 세상에 더 큰 영향을 끼쳐야 한다는 생각에 집중하게 되지요. 로이드 존스가 사역했던 당시에도 이런 움직임이 있었습니다. 그는 남웨일스의 부흥이 야기한 전망이 전혀 다른 방향으로 변해 가는 것을 보게 됩니다. 세상에 영향력을 더 많이 발휘하기 위해 기독교가 지성과 교양을 갖추어 사회적 책임을 다하는 것을 목표로 삼는 움직임이 바로 그것입니다. 이러한 움직임은 에큐메니컬운동Ecumenical movement으로 나아가게 되는데, 이 운동의 근저에는 힘을 잃어 가는 기독교계를 교회가 연합하여 쇄신하자는 생각이 깔려 있었습니다. 이 운동에는 목소리를 높이며 일어난 자유주의 사상이 가세하였고, 이에 따라 기독교의 본질이 희석되는 현상도 커져 갔습니다.

로이드 존스는 에큐메니컬운동을 추진하는 이들이 교회의 정체성과 교회가 지녀야 할 최고의 특성을 '영향력 있는 교회'로 삼고 있음을 간파해 냅니다. 이에 대해 로이드 존스는 교회의 연합이 기독교의 본질이 아니라 회심이 중요하다고 주장합니다. '교회연합'은 공통된 신앙고백 안에서 이루어져야 하기 때문에 어떤 추상적 명분 아래 모이는 연합은 교회의 본질과 거리가 멀다고 보았던 것입니다. 그가 생각하기에 에큐메니컬운동을 추진하는 이들이 주장하는 명분이란 추상적인 명분에 불과했습니다. 이 명분이 실제로 가치를 지니려면 하나님 그리고 하나님으로 말미암아 중생한 자들이 실현하고 증언하는 생명과 진리와 은혜가 그 전제여야 하는데, 교회연합을 추진하는 사람들 가운데 이 전제에 동의하지 않는 자유주의자들이 많았던 것입니다. 그들이 내건 정의, 평화, 연합, 교양과 같은 구호는 그것 자체로 독립적 가치가 있는 것이 아니므로 '복음이 세상에 대해 시대적·사회적 책임을 지는 것'과 '시대적·사회적 책임을 진다는 명분이 복음의 본질을 대체하는 것'은 구별되어야 한다고 그는 생각했습니다. 복음이 세상에 영향을 미칠 수 있는 힘은 하나님에게서만 시작될 수 있고 또 그래야만 진정한 의미가 있다고 말한 것입니다. 그는 이런 주장을 펼쳐 세속적인 개념과 가치들로 기독교를 미화하는 입장과 구별하고 싶었던 것입니다. 그런데 이런 강조 때문에 그는 에큐메니컬운동을 하는 이들과 등을 돌리게 됩니다.

당시 존 스토트John Stott와 제임스 패커James Packer는 에큐메니컬운동에 대해서 긍정적인 반응을 보입니다. 이들은 로이드 존스가 말한 '공통된 신앙고백 안에서의 연합'은 이미 에큐메니컬운동이 전제로 삼고 있는 것이며, 이 전제에서 한 걸음 더 나아가는 것이 이 운동의 취지라고 생각했습니다. 존 스토트는 '공통된 신앙고백'을 가지고 있다는 점에서는 자유주의자들도 예외가 아니라고 생각했습니다. 그러나 로이드 존스가 보기에 에큐메니컬운동을 주장하는 자유주의자들은 그가 중요하다고 여긴 전제, 즉 '공통된 신앙고백 안에서의 연합'이라는 전제 없이 교회의 본질을 세상에서 말하는 모호한 추상 명사로 대체하려고 했던 사람들인 것입니다. 이런 이유로 그는 에큐메니컬운동에 부정적일 수밖에 없었고, 따라서 자유주의자들을 경계해야 한다고 주장했습니다. "저들이 기독교의 본질을 오해하고 있는데, 이런 모습이 보이지 않느냐"며 에큐메니컬운동을 자유주의 세력과 함께 추진했던 스토트에게 일침을 가했던 것입니다. 이에 대해 존 스토트는 복음의 핵심을 고백하는 교회가 자신에게 부여된 시대적 · 사회적 책임을 다하는 것은 지극히 당연하며, 이러한 역할은 자유주의자들도 일익을 담당하고 있다고 생각했습니다. 교회가 복음을 알고 회심했으면 사회적 책임을 지는 자리로 나와야 하는데, 로이드 존스가 이를 거부하고 있다고 생각한 것입니다.

이 점에서 로이드 존스는 당시에도 오해를 받았고, 지금도 계속 오해받고 있는 것 같습니다. 그런데 이 오해는 당연한 것일까요? 존 스토트가 자유주의자들이 가진 전제와 스토트 자신의 차이를 알고 있다면 쉽게 연합할 수 없는 것이 당연한데 그가 이 구별을 간과하고 있다고 로이드 존스는 여겼을 것입니다. 그래서 그는 에큐메니컬운동에 부정적일 수밖에 없었습니다.

그렇다면 에큐메니컬운동에 대한 로이드 존스의 견해는 왜 이런 오해를 받아 온 것일까요? 당시나 지금이나 그를 통해서 신앙의 모든 것을 보려고 하는 사람들이 있었기 때문입니다. 그가 당대 최고의 설교자였고 그가 몸담은 웨스트민스터 채플이 큰 교회라서 그의 영향력을 무시할 수 없었기 때문에 사람들은 그가 기독교 전체를 대표한다고 생각했던 것입니다. 사실 로이드 존스가 한 발언은 당시 영국 개신교에 일어난 세 흐름 중 하나였던 것인데 그때는 사람들이 이 역학 구도를 보지 못했습니다.

* * *

로이드 존스 당시 영국 개신교에는 세 진영 사이에 형성된 긴장된 역학 구도가 있었습니다. 기독교 신앙이라는 이름 아래, 자유주의 진영과 로이드 존스처럼 신앙의 근거를 보존하려고 한 보수주의 진영 그리고 존 스토트와 제임스 패커처럼 기독교가 사회적 책임을 인식하며 상식과 교양을 갖춰야 한다고 생각한 진영이 있었습니다. 이렇게 세 진영이 어우러져 형성된 역학 구도 속에서 로이드 존스는 끊임없이 "복음의 핵심 없이는 아무것도 안 된다"고 주장합니다.

로이드 존스는 복음의 핵심을 수호하는 자신과 이러한 전제에서 에큐메니컬운동을 추진하는 존 스토트 사이에 구별이 있다는 것을 알았습니다. 그리고 자신은 복음의 핵심을 수호하는 역할을 맡은 것이라고 인식했습니다. 이 두 역할을 로이드 존스가 분명하게 구별하여 이해했던 것과 달리 존 스토트는 이 두 역할의 차이를 분명히 보지는 못했던 것 같습니다. 존 스토트가 이 둘을 구별하지 않고 "복음의 핵심을 아는 교회는 사회적 책임을 다해야 한다"고 줄곧 주장한 사실에서 이 점을 알 수 있습니다. 그는 로이드 존스가 복음을 수호하는 역할만 한 채 거기서 한 걸음 더 나아가지 않는다고 생각했던 것입니다.

당대의 사람들처럼 존 스토트 역시 이 역학 구도를 보지 못했고, 이 큰 틀 속에서 한 축을 담당하고 있는 로이드 존스의 역할을 깨닫지 못했던 것 같습니다. 그래서 로이드 존스가 에큐메니컬운동을 바라보며 "그건 아니다"라고 했을 때, "로이드 존스 편을 들 것인가, 아니면 자유주의 편을 들 것인가" 하는 양자택일의 상황이 펼쳐지고 말았습니다. 로이드 존스가 신앙의 전부를 담고 있다고 생각했기 때문에, 그가 자신들과 견해를 함께하지 않자 로이드 존스를 선택할 것인지 아니면 에큐메니컬운동을 선택할 것인지 결정할 수밖에 없다는 결론에 이르게 된 것입니다. 로이드 존스는 "교회는 세상 사람들이 볼 때 좀 더 납득할 만하고 좀 더 품위가 있어야 하는 것은 아니다. 그런 것이 교회의 본질은 아니다. 교회의 본질은 생명과 진리의 회복이다"라고 말한 것인데, 사람들은 그가 본질에만 매여 답보한 채 거기에 갇혀 나오지 못하는 사람으로 평가한 것입니다. 그러나 교회가 세상이 수긍할 만한 멋진 모습이 되어야 하는 것이 교회의 본질은 아니라고 했던 그가 어떤 상황에서 어떤 균형을 위해 이 발언을 했는지 곰곰이 생각해 보아야 합니다.

* * *

에큐메니컬운동은 1963년에서 1965년 무렵 더욱 가속화되고 이 일에 기독학생회Inter-Varsity Fellowship of Evangelical Unions, IVF도 참여하게 됩니다. 로이드 존스는 이 운동과 반대 입장에 서 있었지만 그가 가진 막강한 영향력 때문에 '교회연합을 위한 강연회'에서 강연해 달라고 부탁받습니다. 그런데 이 강연회에서 그는 "이것은 아니다. 이것은 교회의 본질이 아니다"라고 정면으로 반박합니다. 존 스토트는 에큐메니컬운동을 주장하는 이들이 자신들과 전제가 같고 이 전제를 바탕으로 한 걸음 더 나아간 것이라고 생각했기 때문에, "에큐메니컬운동은 아니다"라고만 줄곧 주장한 로이드 존스가 무례하게 보였을 것입니다. 그래서 그들은 로이드 존스에게 "당신은 당신이 주장하는 견해로 한 교파를 만들 것인가?"라고 묻기에 이릅니다. 그는 "나는 그럴 생각이 없다"고 단호하게 대답합니다. 저는 이 말에 로이드 존스의 자기 역할에 대한 이해가 들어 있다고 생각합니다. 우리는 지금도 로이드 존스의 답을 양자택일의 관점으로 이해합니다. 만일 그가 에큐메니컬 운동에 대해 "그렇다"라고 했다면 그 운동 전부를 수긍한다고 여겼을 텐데, "아니다"라고 했기에 그 운동을 전면 거부한 것으로 생각하는 경향이 있습니다. 이는 기독교 신앙에 대한 시대적 책임에서 그가 맡고 있는 역할이 전체를 위한 일부분이라는 점을 이해하지 못했기 때문에 생기는 오해입니다.

로이드 존스라면 폐쇄적이고 분리주의적인 고집을 부리는 게 당연하지 않느냐고 생각한다면 그를 잘 모르는 것입니다. 그는 "뿌리가 시작이고 근본이기에 이것 없이는 나머지 산물이 나올 수 없다"고 줄곧 주장했는데, 그 당시에도 오늘날에도 사람들이 그의 주장을 온전히 이해하지 못하고 있다는 생각이 듭니다. 심지어 그를 존경하며 추종하는 이들도 마찬가지입니다. 이들은 당시 상황에서 로이드 존스가 서 있는 자리와 역할을 이해하기보다는 그의 입장을 분리주의적 관점으로 보려는 경향이 있습니다. 이들은 "교회를 지키는 것은 복음의 핵심을 수호하는 우리의 역할만으로도 충분하다", "존 스토트처럼 교회의 시대적·사회적 책임을 생각하며 교회연합을 주장하는 이들도 실은 자유주의자들과 별반 다를 게 없다", "에큐메니컬운동을 주장하는 사람은 그들이 자유주의자든 아니든 다 몰아내야 하며, 복음을 수호하고자 하는 우리만으로도 하나님 나라를 이룰 수 있다"라고까지 주장하기에 이릅니다. 로이드 존스를 추종하는 이들의 생각이 이렇다면, 이들 역시 당시 그가 감당했던 역할에 대한 이해가 부족한 것입니다.

* * *

로이드 존스가 복음의 뿌리를 수호하는 역할을 했다고 해서 신자의 삶이 여기에만 국한된다고 생각해서는 안 됩니다. 복음의 뿌리가 위협을 받을 때 이를 수호하는 자들이 있고, 뿌리를 수호하는 데 그치지 않고 복음의 열매를 갖고서 시대적 · 사회적 책임을 지는 이들이 있습니다. 로이드 존스는 서로의 역할이 다르다며 이 역할의 차이를 구별하면서도 존 스토트를 외면하지 않습니다. 존 스토트가 에큐메니컬운동을 하는 자유주의자들을 구별하지 않고 있음을 우려하여 끊임없이 그에게 돌아오라고 요청했지만 로이드 존스가 그의 자리를 무시한 것은 아닙니다. 흔히 어떤 일의 시작이 되는 뿌리는 시간이 흐를수록 그 모습이 희미해지고 나중에는 꽃이나 열매만 남습니다. 물론 꽃이 피고 열매가 맺혀도 근본이 되는 뿌리와 단절되지는 않아야 할 것입니다. 로이드 존스 역시 뿌리가 낳은 산물 곧 꽃이나 열매 자체를 부인하거나 틀렸다고 이야기한 것은 아닙니다. 그가 존 스토트에게 돌아오라고 끝까지 요구했던 일에서 이를 알 수 있습니다.

역할의 차이를 구별한 로이드 존스의 생각과 달리 그가 분리주의적 고집을 부리는 것처럼 오해하는 일에 대해 이 전기를 쓴 저자도 굉장히 안타까워합니다. 하지만 이 오해가 어떻게 생겨났는지에 대해서는 저자도 명확하게 짚어 내지 않습니다. 그래서 제가 이 글을 써야겠다고 생각한 것입니다.

저는 로이드 존스의 후대를 살아온 사람이기에 이제 그에 대해 이런 분별을 갖게 되었습니다. 로이드 존스에 대한 오해는 오늘날에도 두 방향으로 나타납니다. 하나는 이미 죽어 고인이 된 그를 불러내 그의 뒤에 숨어 버리는 것이고, 다른 하나는 그에 대해 비판만 일삼는 것입니다. 당시에도 그의 주변에는 열렬한 추종자와 냉소적인 반대자가 공존했습니다. 말하자면 그는 굉장히 힘들게 살아온 것입니다. 열렬한 추종자가 있다고 해도 그가 온전하게 이해받은 것은 아닙니다. 그래서 그의 지인들은 "로이드 존스에게 가장 필요한 것은 격려다"라고 말했습니다. 조금 뜻밖입니다. 그를 외로운 사람으로 평가하는 것입니다. 그의 외로움이 무엇인지 저도 조금은 알 것 같습니다. 그가 걸어갔던 길은 굉장히 혹독한 길입니다. 그래서 그 누구와도 공감할 수 없는 때가 많았을 것입니다. 이는 훌륭해서 그렇다는 식의 이야기와는 좀 다른 것입니다. 각자 부름받은 곳에서 그 자리를 메우고 있기에 다른 자리에 있는 사람을 쉽게 자기에게로 불러올 수가 없습니다. 거기 있는 사람도 그 사람만의 자리를 지켜야 하기에 서로를 자기 자리로 불러올 수 없는 것입니다.

이미 고인이 된 로이드 존스를 불러내어 자기 책임을 면하려고 하거나 그를 앞세워 그 뒤에 숨으려고 해서는 안 됩니다. 또한 그를 극단적 분리주의자로 오해하여 자신들이 맡은 역할과 다르면 전부 잘못되었다고 비판하는 자세도 피해야 합니다. 하나님은 로이드 존스를 세워 당대에 필요한 어떤 균형을 잡으셨습니다. 균형이라는 말이 애매하지만, 지금의 자리에서 보면 이 표현이 적합해 보입니다. 그러니 그를 불러내어 그가 담당한 역할이 전부라는 식으로 "나는 로이드 존스를 존경한다. 로이드 존스같이 하자"라고 하면 너무 단순한 적용이 되고 맙니다. 이렇게 하면 자기 역할에 대해서는 오해하고 타인에 대해서는 정죄만 하게 됩니다.

전기나 역사를 통해서 깨닫는 것은 모순이나 적대처럼 보이는 것으로도 하나님은 일하신다는 것입니다. 그렇다고 일부러 모순과 적대를 일삼을 정도로 어리석게 살려고 하는 사람은 드물 것입니다. 흘러간 역사가 증명해 주듯, 갈등과 다툼 속에서 화합이란 좀처럼 일어나지 않는 법입니다. 서로 울고 화해한 예가 별로 없습니다. 그런데 이런 긴장 관계, 적대감 속에서도 하나님은 일하십니다. 종교에서든 정치에서든 극과 극으로 대치하여 극한으로 치닫는 경우가 많습니다. 그러나 그렇게 해서 서로 끝 간 데 없이 멀어지고 마는 것이 아니라 오히려 그들 사이의 공간이 넓어져 거기에 담을 수 있는 내용이 더욱 풍성해지는 것을 시간이 지난 후 발견하게 됩니다.

우리는 자기 당대에 확인이 안 되고 해답은 보이지 않아 외롭게 되는 일로 힘들어 하지만 이는 너무나 당연한 것입니다. 그러나 이 당연한 것이 체념이 되지 않도록 해야 합니다. 외로움이 당연하다는 것을 이해하지 못하면 이 길을 갈 수 없다는 것을 저는 어느 날 알게 되었습니다. 우리는 외로울 때면 자꾸 옆 사람에게 하소연합니다. 자기가 하는 일이 정당한 자리를 차지하지 못하면 어떤 분노에 휩싸이게 되는데, 여기에 머물지 않고 이겨 내는 것이 중요합니다. 로이드 존스에게는 이 면이 탁월했던 것 같습니다. 외롭게 참아 내는 것을 그는 굉장히 잘했습니다. 그는 자신이 가진 역할을 이해했고, 그 역할에 따라오는 외로움을 감수하며 이 사명을 지켜 냈습니다. 그는 유명해지거나 성공하려고 하지 않았습니다. 당대에 보내진 하나님의 손길로서 자기 책임을 다한 위대한 증인이었습니다.

* * *

로이드 존스는 기독교의 근거와 본질이 예수로부터만 시작되며 성경으로만 이해되어야 한다고 주장했고, 존 스토트는 이러한 기독교 신앙의 근거와 내용이 시대적·사회적 책임을 지녀야 한다고 이해했습니다. 그러나 당시나 지금이나 이러한 사회적 책임에 대한 이해는 명백히 로이드 존스처럼 분명하고 엄격한 신앙적 근거에서 수행되어야 합니다. 과격한 자유주의자들은 기독교적 진리와 생명이 가지는 사회적 책임이 아닌 세상적·합리적·일반적 명분에 의한 정의, 평화, 연합, 사랑 등을 본질로 삼아 세상과 사회에 기여할 수 있다고 생각했습니다. 로이드 존스는 기독교 신앙의 근본적 진리와 은혜에서 분리된 이러한 명분이 기독교의 정체성을 왜곡하는 것을 반대했습니다.

한편 존 스토트는 자유주의자들이라도 기독교의 본질적 내용을 전제하고 있을 것이라고 생각하여 사회적 책임을 맡는 일에 그들과 함께하려고 했습니다. 당시 영국 사람들은 대부분 기독교인이었기에 자유주의 안에 기독교 진리에서 벗어난 왜곡이 있다는 점을 그가 너무 안이하게 생각했는지 모르겠습니다. 여기서 주의해야 할 것은 보수주의 또는 복음주의 입장에서 모두 다 로이드 존스와 같아야 한다고 욕심 부리지 말아야 한다는 것입니다. 복음과 복음 사역에서 정당한 지위와 역할을 모두 쉽게 합의할 수 있는 것은 아닙니다. 여전히 교회에는 구원을 얻어야 할 사람, 구원을 살아 내야 할 사람, 구원을 깊이 경험하는 혼란의 과정을 걷는 사람이 섞여 있는 것입니다.

로이드 존스의 역할과 지위는 매우 귀하고 명예롭습니다. 그는 세상의 것과 비견될 수 없는 복음의 본질을 세상의 이해나 가치 정도로 여기는 자유주의 세력에 대항하여 최전방에서 홀로 지켜 낸 복음의 수호자입니다. 복음의 본질을 흔드는 위협 앞에서도 하나님의 주권을 강조하며 일관되게 하나님을 편들어 온 그의 설교로 복음의 빛은 더욱 밝히 드러났습니다. 그의 위대함은 홀로 훌륭했다는 점에 있는 것이 아니라 당시 영국 교회에 있었던 메마름과 혼돈 속으로 보내진 하나님의 일꾼으로서 그 책임을 다하였다는 점에 있습니다. 그가 맡은 역할이 당시 상황에서 한 축에 해당하는 것이라고 후세가 평가하더라도 이 한 기둥이 지닌 영광과 명예의 무게는 헤아릴 수 없이 값지고 귀한 것입니다.

그런데 우리는 한 사람이 훌륭하다고 생각하면 모두 그를 추종하고 그를 닮아 행복한 시대를 만들어야 한다고 생각하기 쉽습니다. 그런데 그러한 일치와 공감, 완전한 이해는 주님이 다시 오실 때까지 미루어져 있습니다. 로이드 존스는 자신을 주변과 분리하여 자랑한 사람이 아니라 체념과 타협의 시대에 한 줄기 빛이 되고 하나님의 음성이 된 사람입니다. 혼란과 의심을 심판하라고 보내진 것이 아니라 구원하고 가르치라고 보냄받았던 로이드 존스는 이런 자신의 역할을 올바르게 인식하여 훌륭하게 감당한 복음주의의 위대한 수호자입니다.

우리 시대는 우리가 책임져야 합니다. 로이드 존스 같은 영웅이 없다고 말하거나, 아무도 기대할 만한 사람이 없다고 체념하거나, 우리 시대는 위기요 절망뿐이라고 한숨짓는 것은 하나님을 무시하는 것입니다. 하나님은 여전히 성실하게 일하시고 우리의 안심과 만족을 넘어 당신의 선한 뜻과 영광을 이루실 것입니다. 그러니 여러분은 스스로 자신의 길을 선택하십시오. 로이드 존스의 유명함을 따르는 것이 아니라 분노와 비난을 내려놓고 하나님께서 동일한 능력으로 우리 시대와 우리 자신을 쓰신다는 사실에 무릎 꿇고 자신의 인생을 사십시오. 여러분이 할 수 있는 것을 함으로써 로이드 존스를 이어 가십시오. 명예로운 길을 간다는 것은 책임지는 것이고 인내하는 것입니다. 외로운 것이지만 하나님이 기뻐하시는 것입니다. 모든 위대한 하나님의 종은 자신을 위해 살거나 훌륭한 명성을 구한 자들이 아니라 그 시대 인류를 위해 하나님이 보내신 이들임을 우리는 알아야 합니다.

이 책의 저자 이안 머레이는 자신이 이전에 쓴 로이드 존스의 전기 두 권을 재구성하고 압축하고 부분적으로 새롭게 재집필하여 오늘의 세대를 위해 내놓았습니다. 기존의 저서가 집필된 이후 로이드 존스에 대한 다양한 평가가 뒤따랐는데, 저자는 이에 대해서 사실에 근거한 숙고를 덧붙입니다. 로이드 존스의 최측근이자 웨스트민스터 채플에서 그를 보조했던 머레이는 로이드 존스의 진면목을 이 책에서 생생하게 드러냅니다. 거짓과 오류에 대해서는 단호했으나, 사람에 대해서는 다정다감했던 그의 본모습도 보여줍니다. 그동안 '로이드 존스의 설교'를 읽고 감명받았던 독자들은 이 책에서 '설교자 로이드 존스'를 만나 도전받게 될 것입니다.

박영선 남포교회 원로목사

머리말

이 책은 필자의 두 권짜리 저서 『마틴 로이드 존스: 초기 40년』*D. Martyn Lloyd-Jones: The First Forty Years*과 『믿음의 싸움』*The Fight of Faith*을 요약하고 부분적으로 재집필하여 새로 만든 책이다. 위의 두 책이 발간된 이후 로이드 존스Dr. Lloyd-Jones(로이드 존스가 런던 대학교에서 MD를 받았다는 것은 흔히 의학박사 학위를 받았다는 뜻으로 이해되지만, Medical Doctor는 의사를 지칭하는 표현인 동시에 학문으로서의 박사[Ph. D]가 아니라는 공식 표현이기도 하다. 로이드 존스는 목회를 하는 동안 줄곧 'the Doctor' 혹은 'Doctor'라는 친근하고 존경 어린 호칭으로 불렸던 만큼 이 책에서도 이를 음역해서 표기하기로 한다—옮긴이)의 생애는 수많은 저작물에서 논평과 평가의 주제가 되어 왔으며, 필자는 그 점을 고려하여 이 책을 집필했다. 그러나 또 한 권의 전기를 세상에 내놓는 주목적은, 로이드 존스의 생애를 좀 더 다가가기 쉬운 형태로 새로운 세대 앞에 내놓기 위해서이다. 두 권의 정본은 지금도 계속 발간되고 있고, 그 두 책에는 이 책에 비해 좀 더 충분한 자료들이 실려 있지만, 1,200쪽에 달하는 정본의 두께가 주는 부담 때문에 감히 도전을 못하는 이들을 위해 이 책에서는 큰 줄거리를 새롭게 추려 실었다. 주로 그의 해외 방문과 관련된 부분을 생략했고, 인용문도 줄였다. 필자가 마틴 로이드 존스를 처음 사랑하게 되고 그에게서 유익을 얻기 시작한 이후 거의 한 평생이 지나갔지만, 하나님께서 그에게 맡기신 사역에 대한 나의 감사는 그 세월과 함께 오히려 깊어지기만 했다.

오늘날 로이드 존스를 개인적으로 전혀 알지 못하던 사람들도 그의 사역에서 유익을 얻고 있다는 것은 매우 고무적인 일이다. 이렇게 될 수 있었던 것은, 그가 생전에 했던 대부분의 설교들이 현재 세계 전역에서 읽히고 있는 덕분이다. 그의 저작물 발행 부수는 수백만 부를 헤아린다. 『설교와 설교자』*Preaching and Preachers* 한 권만 해도 20년 동안 14쇄를 찍었고, 지난해에는 새 판본이 발행되었다. 현재 구할 수 있는 그의 저작물 수를 고려할 때, 이제 처음으로 그의 책을 읽고자 하는 이들에게 한마디 조언으로 도움을 주고자 한다. 우선 그가 가장 먼저 출판할 책으로 골랐던 양장본 저서들을 찾아 읽으라. 그중 하나는 『산상 설교』*Studies in the Sermon on the Mount*이다! 그의 생전에 개별적으로 출판되었던 가장 영향력 있는 강연들은 『시대를 분별하기』*Knowing the Times*라는 제목으로 묶여서 출판되었는데, 이는 그의 사상에 대한 최고의 입문서 역할을 하고 있다. 로이드 존스의 성경 강해 시리즈는 『에베소서 강해』*An Exposition of Ephesians*부터 읽기 시작하는 게 좋다.

www.mljtrust.org에서는 그의 설교 1,600여 편을 내려받을 수 있다. 로이드 존스 생전에 그의 설교를 들었던 사람들보다 훨씬 더 많은 이들이 현재 이 설교를 듣고 있으며, 이 설교들은 로이드 존스에 관해 방대한 자료를 형성하고 있다. 그러나 로이드 존스 자신의 견해에 따르면, 책보다 녹음 자료를 우선하는 것은 지혜롭지 못하다 할 것이다. 그의 설교 목록은 필자의 저서 『은혜의 설교자 로이드 존스』*Lloyd-Jones: Messenger of Grace*에서 찾아볼 수 있는데, 이 책은 전기가 아니라 '설교와 성령'과 같은 주제에 대한 그의 사상을 비교적 충실히 설명한 책이다.

간혹 웨일스 사람 마틴 로이드 존스에 대해서는 지나칠 만큼 여러 이야기들을 하면서 그의 신앙적 배경인 웨일스의 칼뱅주의 감리교 전통에 대해서는 별 관심을 안 갖는 경우가 있다. 우리는 웨일스 칼뱅주의 감리교Welsh Calvinistic Methodism 전통의 지도자 중 한 사람인 윌리엄 윌리엄스William Williams에 대해 흔히 하는 이야기를 로이드 존스에 대해서도 할 수 있을 것이다. "그에게서는 다음 네 가지 사실이 두드러진다. 즉, 장점이 될 만한 재능을 풍성하게 타고났다는 것, 그 재능들을 밤낮으로 부지런히 활용했다는 것, 자신의 사역에서 성령의 영향력과 권능을 대단히 폭넓게 향유했다는 것, 그리고 사람들이 그를 통해 엄청난 복을 받았다는 것이다."[1] 다행스러운 것은, 비교적 최근에 나온 『토머스 찰스의 영적 조언』,*Thomas Charles' Spiritual Counsels* 『존 엘라이어스의 생애와 서신』,*John Elias, Life and Letters* 『웨일스의 칼뱅주의 감리교 시조들』*The Calvinist Methodist Fathers of Wales* 같은 책에서 위와 같은 유산의 핵심을 찾아볼 수 있다는 점이다.

이 책은 고故 베단 로이드 존스Bethan Lloyd-Jones 부인과 두 딸 레이디 캐서우드Lady Catherwood와 앤 비트Ann Beatt의 도움이 없었다면 집필되지 못했을 것이다. 책에 실린 사진도 대부분 이 세 분에게 빌린 사진들이다. 최종 교정 과정에서 그레이엄 해리스 목사와 내 아내가 참으로 소중한 도움을 베풀어 주었고, 늘 그랬던 것처럼 원고를 입력해 주고 여러 가지 배려를 해준 출판사 관계자들 또한 없어서는 안 될 도움이 되었다.

이런 종류의 책을 쓰다 보면 집필자는 인생이 얼마나 짧은가 하는 것을 더할 나위 없이 강하게 느끼게 된다. 이 책에 등장하는 인물 중 현재 생존해 있는 사람은 거의 없다. 한때 웨스트민스터 채플을 가득 메웠던 거대 회중, 지금도 눈에 선한 그 사람들도 대부분 저 세상에서 다시 회집하고 있다. 우리 모두에게 '시간은 짧고', 그 짧은 인생을 사는 동안 우리는 주 예수 그리스도를 위해 살라는 부름을 받았다. 이 책이 증거하는 사실들이 바로 그 목표를 이루는 데 이바지할 수 있기를 바란다.

2012년 11월 24일

에든버러에서 이안 머레이

01.

“이제 웨일스 사람이라고!”

1906년 봄, 조랑말이 끄는 경마차를 타고 한 가족이 카디건셔Cardiganshire의 랑게이토Llangeitho 마을의 새집에 도착했다. 당시 40대 초반이었던 헨리 로이드 존스,Henry Lloyd-Jones 그의 아내 막달렌Magdalene 그리고 세 아들 해롤드Harold와 마틴,Martyn 빈센트Vincent 가족이었다. 형 동생과 각각 두 살 터울이었던 마틴은 그때 나이 다섯 살 하고도 3개월이었으니 떠나온 옛집에 대한 기억은 거의 갖지 못하게 될 터였다. 그는 1899년 12월 20일, 카디프Cardiff의 도널드 스트리트Donald Street에서 태어났다. 제2차 보어 전쟁에서 다소간 승리를 거둔 것을 축하하기 위해 집 창문에 내걸었던 국기, 계단 꼭대기에서 바닥으로 굴러떨어졌던 일, 코노트로드의 작은 사립학교에서 받은 춤 강습 등 말년의 마틴이 랑게이토로 이사 오기 전 시절에 대해 회상할 수 있는 것은 이것이 거의 전부였다.

로이드 존스 가족은 웨일스 최대 도시와 항구를 뒤로하고 에어론 강 상류 골짜기의 60가구 남짓한 이 마을로 이사 왔지만 이에 대해 별달리 서글퍼하지 않았다. 헨리와 막달렌 두 사람 모두 카디건셔 출신이었다. 카디프에서 식료품점을 운영하며 그만저만 살던 헨리는 도시 생활이 자신의 건강에 별로 좋지 않다는 생각을 자꾸 하게 되면서 결국 다시 시골로 이사하기로 결심했다. 그러던 차 적당한 기회가 오자 그는 식료품점과 거기 딸린 집을 판 뒤 가족들을 데리고 근처의 하숙집에 머물며 랑게이토에 잡화점 매물이 나오기를 기다렸다. 얼마 후 매물이 나오자 헨리는 적당한 금액을 제시하고 가게를 사들였고, 이렇게 해서 이들 가족의 삶에 새로운 장이 열리게 되었다.

헨리 로이드 존스는 기질상 낙천주의자였고, 명예를 중시하는 올곧은 사람이었다. 낙천적 기질 탓에 한때 "진짜 미코버 씨"a proper Mr. Micawber(찰스 디킨스의 『데이비드 카퍼필드』에 등장하는 공상적 낙천주의자—옮긴이)라고도 불린 헨리는 늘 뭔가 그럴듯한 일이 생기기를 기다렸다. 그리고 1906년 봄에는 그런 희망에 이유가 있다고 생각했던 것이 틀림없다. 헨리를 비롯해 다른 많은 사람들이 보기에 웨일스 땅 자체가 긴 겨울잠에서 깨어나고 있었다. 확실히 그가 어렸을 때와는 시대가 달랐다. 헨리는 카디건셔 리들위스 구역에 있는 부모님의 농장 케븐 카이루에서 어린 시절을 보냈는데, 여장부였던 그의 어머니 엘리자베스Elizabeth는 베티 케븐Betty-Cefn이라는 이름으로 더 잘 알려져 있었고, '십일조 전쟁'tithe-wars(잉글랜드 국교회가 웨일스 같은 비국교도 지역에까지 십

유아 시절의 마틴 로이드 존스.

일조를 낼 것을 강요한 것을 계기로 1880년대 후반에 웨일스 농민들을 중심으로 벌어진 전쟁—옮긴이)에 참여한 것으로 유명했다. 1906년 그해 총선거에서 자유당Liberals이 압도적으로 승리한 것에서 나타나다시피, 잉글랜드 국교회와 지주들은 "너희 윗사람을 알아보라"는 훈계로는 더 이상 주민들을 잠잠하게 만들 수 없었다. 정치 영역에서 새로운 생각들이 꿈틀거리고 있었으며, 특권의 시대는 끝나고 개혁이 일어날 것이 확실했다. 카나번을 지역구로 하는 자유당 의원 데이비드 로이드 조지David Lloyd George는 오랜 세월 동안 잉글랜드 편에 서서 웨일스를 다스려 온 전통적 세력을 화려한 웅변으로 호되게 책망했고, 얼마 후에는 재무상이 되어 다우닝 스트리트Downing Street 11번지(재무상 관저—옮긴이)를 일종의 웨일스 대사관 같은 곳으로 만들어 버리기까지 했다.

1906년의 랑게이토에는 비교적 별다른 변화의 움직임이 없었던 것이 틀림없다. 웨일스어를 쓰는 농경 공동체의 중심지였던 랑게이토는 오랜 세월 타 지역에서 벌어지는 많은 일들과 동떨어져 있었다. 랑게이토라는 지명 자체가 내륙 땅 카디건셔가 얼마나 전통의 그림자가 오래 머무는 곳인지를 일깨워 주었다. 사실 그곳은 랑게이토가 아니라 카펠 그윈필Capel Gwynfil로 불려야 하는 곳이기 때문이다. 실제 랑게이토 교구는 에어론 강 건너편에 자리 잡고 있다. 그런데 이곳이 왜 이런 변칙적 지명을 갖게 되었는지 설명하려면 2세기 전에 있었던 사건으로 거슬러올라가야 한다. 랑게이토('케이토 교회'[church of Ceitho]라는 뜻)는 1730년대에 데니얼 롤런드Daniel Rowland라는 사람이 그곳 교역자가 되기 전까지는 웨일스 역사 연보年譜에 아무 명성도 없던 곳이었다. 그런데 그가 부임한 뒤로 이곳은 웨일스 공국 대부분 지역을 변화시키고 칼뱅주의 감리교를 탄생시킨 일련의 복음주의 신앙부흥의 중심지가 되었다. 1742년 롤런드의 이 외딴 교구에서 야외 성찬식이 열렸을 때, 조지 윗필드George Whitefield는 "저마다 다른 지역에서 온 아마 만여 명"의 성도들을 목격했다고 믿었다. 잉글랜드 국교회 당국자들이 칼뱅주의 감리교를 억압할 생각으로 1763년 롤런드를 이곳 교구 교회에서 내쫓자 카펠 그윈필에 롤런드를 위해 '새 교회'new church가 세워졌고, 이런 변화가 마을에 영광이 된다 여긴 카펠 그윈필 마을은 랑게이토라는 옛 교구 이름 자체를 기꺼이 채택한 것이다!

1906년까지 랑게이토에서 신앙은 대부분 전통 속에서만 존재했다. 토요일 밤이면 주민들이 여전히 자기 집 앞길을 쓸고 현관 계단을 닦아 내며 (모두들 예배당에 가야 하는) 주일을 준비했지만, 과거 칼뱅주의 감리교가 어떻게 국교회 주교들을 그토록 불안하게 만들었는지는 도무지 상상이 되지 않았다. 웨일스 일부 지역에서는 1904-1905년 무렵 참된 신앙부흥이 일어나 칼뱅주의 감리교단에 다시 부흥의 숨결이 닿기도 했지만, 랑게이토 예배당은 로이드 존스 집안 아들들이 아침마다 등굣길에 지나가는 데니얼 롤런드의 동상만큼이나 요지부동이었다. 마틴은 그렇게 생기 없는 상태에 대해 훗날까지도 생생하게 기억하고 있었다.

> 우리 목사님은 도덕적이고 율법주의적인 분이어서 꼭 늙은 교장 선생님 같았다. 목사님이 복음을 설교하는 것을 들어 본 기억이 없고, 교인들 중에 어떤 식으로든 복음에 대해 개념을 갖고 있는 사람도 없었다. 목사님과 수석 집사 존 로랜즈는 자기 자신을 학자로 여겼다. 1904-1905년의 신앙부흥에 전혀 동조하지 않았고, 두 사람 다 영적인 것을 역설하거나 강조하는 태도에 반대했을 뿐만 아니라 그 모든 대중적 혁신 또한 똑같이 거부했다. 글러모건셔에서 지내다가 휴일을 맞아 집으로 온 사람들, 자신이 '구원받은' 것에 대해 말하는 사람들은 다 남쪽에서 온 성질 급하고 정신 나간 사람으로 취급했다. 예배당에서 연례 설교 집회 같은 것이 열린 적도 없고, 당대의 유명 설교자들을 초청한 적도 없었다. 1913년 6월 랑게이토에서 열린 연합 집회가 아니었다면 존 윌리엄스John Williams 박사와 메나이 브릿지의 T. C. 윌리엄스Williams(당대의 칼뱅주의 감리교를 주도했던 두 인물)의 설교도 한 번 못 들었을 것이다. 랑게이토에서 그 집회가 열린 이유는 단 한 가지, 연합회 측에서 데니얼 롤런드 탄생 200주년을 기념해 그곳에서 집회를 열게 해달라고 청해 왔기 때문이었다. 마을에 롤런드의 동상이 있기는 했지만,

그곳에서 그의 영향력이 사라진 지 오래였고 사방에는 온통 '이가봇' Ichabod('하나님의 영광이 떠났다'—옮긴이)이라고 씌어 있었다. 주일이면 아침저녁으로 대규모 회중이 모여 예배를 드리긴 했지만, 그것은 그저 강력한 전통 의식 때문이었다. 랑게이토는 감리교 신앙부흥의 뜨거움과 기쁨을 잃었다. 마치 웨스트민스터 사원이 초대교회의 생명력과 활기를 잃은 것과 마찬가지였다. "영광이 이스라엘에서 떠났다."

헨리 로이드 존스가 랑게이토에 온 것이 칼뱅주의 감리교회 때문은 분명 아니었다. 지금까지 그는 회중교회Congregationalists 신앙을 갖고 있었다. 그런데 이제 칼뱅주의 감리교단Calvinistic Methodists 교회에 출석하는 것은 다른 대안이 없기 때문이었다. 롤런드의 옛 교회의 현재 모습에 공감한다기보다는 그저 감내할 뿐이었다. 리들위스의 회중교회에서 그가 배운 대로 생각하자면, 그런 영적 침체는 고리타분한 신조信條의 부당한 압박에서 비롯되었다. 헨리는 1907년 웨일스의 정통주의자들 사이에 일대 소용돌이를 일으킨 R. J. 캠벨Campbell(런던에 있는 시티 템플 회중교회 목사)의 이른바 '신신학'New Theology을 열렬히 옹호했다. 헨리 로이드 존스는 '새것'이 '옛것'보다 과연 더 좋은지에 대해 의문을 품게 만드는 그 어떤 상황도 만나지 못했다. 오히려, 다른 많은 사람들과 마찬가지로 그도 칼뱅주의 감리교의 생명력 없는 전통제일주의를 한때 그 교파가 대표했던 참 기독교와 동일시하는 오류에 빠져들었고, 그런 종류의 형식적 종교에 대한 반응으로 기독교가 이룰 수 있는 최고의 성과는 교육과 정치 활동을 통해 사회 변화를 이루는 데 있다고 생각하기에 이르렀다. 헨리는 그가 좋아하는 신앙

주간지 「크리스천 커먼웰스」*Christian Commonwealth* 만큼이나 자유당 정치와 신앙적 비국교주의의 동맹 결성에 열심이었다. 웨스트민스터에서 로이드 조지는 의회가 수많은 비국교도들로 구성되어 있는 것을 보려면 크롬웰 시대로 돌아가야 할 것이라는 주장을 뽐냈다. 그러나 로이드 조지는 비국교주의가 한때 어떤 형편이었는지에 대해 헨리 로이드 존스보다 아는 게 없었다.

이 시기에 '매기'Maggie 로이드 존스(사람들은 헨리의 아내를 모두 그렇게 불렀다)는 남편을 도울 수 있는 입장이 아니었다. 매기의 계모는 그녀에게 잉글랜드 국교회 신앙을 전해 주었지만, 집안에는 어떤 종류든 신앙적 분위기라고는 전혀 없었다. 실제로 마틴의 외할아버지 데이비드 에번스David Evans는 교회와 예배당에 대한 무관심을 전혀 숨기지 않는 철저한 이교도였다. 그는 여러 가지 면에서 주목할 만한 사람이었는데, 그중에서도 특히 기억력이 뛰어났다. 장날 소와 말이 얼마에 팔렸는지 이야기할 때 다른 농부들은 잊어버린 지 오래인 시시콜콜한 사항들을 힘들이지 않고 정확히 기억해 낸다는 점에서 그를 따를 사람이 없었다. 에버리스트위스Aberystwyth 근처 농장에서 농사를 짓던 그는 재산이 늘어나면서 남부 카디건셔 경계 근처의 좀 더 넓고 큰 륀카드포Llwyncadfor 농장으로 이사를 했다. 외손자 마틴의 첫 기억 속에서, 세 개의 길이 만나는 지점에 커다란 집이 우뚝 서 있고 옛 웨일스 공의 이름Cadifor을 따서 불렀던 곳으로 기억되는 륀카드포는 사실상 농장이라기보다 하나의 마을이었다. 마틴의 삼촌 셋이 여러 마부들과 농장 일꾼 관리를 도왔고, 집 자체도 숙모들과 하인들, 하녀들로 북적거렸다.

랑게이토로 돌아올 때 로이드 존스 집안 아이들에게 닥친 첫 번째 문제는 언어였다. 아버지와 엄마는 웨일스어로 대화했지만 아이들을 키울 때는 영어만 썼다. 이에 대한 이유는 엄마 쪽 경험에서 찾아볼 수 있다. 막달렌은 어렸을 때 어머니를 여의었고, 열네 살 때 아버지 데이비드 에번스가 재혼했다. 계모는 잉글랜드 사람이었고, 그래서 그 뒤 이 집안 아이들이 계모에게서 늘 들은 언어는 영어였다. 매기도 나중에 아이를 낳아 키우면서 그냥 륀카드포에서 배운 그대로 했다. 마틴은 웨일스어 실력이 부족하다는 것을 뼈저리게 느끼고 이 문제를 바로잡기로 했다.

> 지금도 뚜렷이 기억나는 것은, 랑게이토로 이사한 지 한 1년쯤 되었을 무렵 학교 밖에서 아이들과 놀면서 이제 나에게 영어로 말하지 말라고 아이들에게 간곡히 부탁한 일이다. "나한테 말할 때 웨일스어로 말해. 난 이제 웨일스 사람이라고!"

약 2년 뒤 마틴이 난생처음 여러 사람들 앞에서 이야기를 하게 되었을 때 위의 사실이 아주 잘 입증되었다. 칼뱅주의 감리교의 오래된 관례 중 랑게이토에서 제1차 세계대전 때까지 존속된 것이 있는데, 예배당에서 주일학교 수업 때 요리문답을 가르치는 것이었다. 1909년의 한 요리문답 수업 때 목사가 나사로의 부활과 관련해 "예수님은 왜 '나사로야, 나오너라'라고 말씀하셨을까?"라고 물었다. 모두 묵묵부답이었는데 로이드 존스 집안 둘째 아들 입에서 웨일스어 답변이 불쑥 튀어나왔다. 앞으로 카디건셔 지역에서 두고두고 회자

조랑말에 올라탄 여섯 살 때의 마틴.

될 답변이었다. "안 그러면 죽은 사람들이 모두 다 나올까 봐서죠!"

헨리 로이드 존스의 수완으로 랑게이토의 잡화점은 곧 주변 농장들을 상대로 하는 소매 사업으로 발전했고, 마틴이 어린 시절 무엇보다 즐겨 했던 것은 아버지와 함께 집안 소유의 말 한두 필이 끄는 경마차를 타고 농장들을 돌아다니는 일이었다. 헨리 로이드 존스는 성품이 유쾌한 사람이었다. 젊은 시절 노래 대회에 나가 베이스 솔로 부분 상을 타기도 했던 그에게 노래는 여전히 좋아하는 오락 중 하나였다. 이웃 사람들은 그를 바쁘고 창의력 있고 정직한 인물로 여겼다. 많은 세월이 흐른 뒤 마틴은 자기 아버지에 대해 "내가 아는 사람 중 가장 꾸밈없는 분이요, 지금까지 내가 만난 사람 중 가장 친절한 분"

이라고 했다. 어머니에 대한 최초의 기억은 아름다운 용모, 활동성 그리고 다정함에 대한 것이었다. 어머니는 성격이 "매우 충동적이고, 너그럽고, 인정 많은" 사람이었다. 청한 사람이든 청하지 않은 사람이든 집에 찾아오는 손님은 즐거이 맞이했다. 어머니는 어떤 점에서는 확고한 입장을 갖고 있었는데, 예를 들어 신앙적으로는 여전히 국교도였고 정치적으로는 보수당이었다. 또 어떤 점에서는 자신의 직관에 의지했는데, 어머니의 직관은 꽤 뛰어난 편이었다. "어머니는 매우 똑똑하시긴 했지만 지적인 분은 아니었다고 말할 수 있다. 어머니는 책을 안 읽으셨다. 하지만 사고가 아주 민첩한 분이셔서 대번에 요점을 파악하셨다. 어머니는 아버지보다 총명하셨다."

헨리 로이드 존스는 아들들을 키우면서 대단한 지혜를 보여주었다. 어린 시절 마틴의 일생일대 소원은 남자가 되는 것, 어른이 되는 것 그리고 남자다움의 증거로 담배를 피우는 것이었다. 그래서 마틴은 좀 큰 형들과 어울려 아주 남자다운 태도로 담배를 피울 수 있는 날을 학수고대했다.

어느 날 아버지와 어머니가 하루 종일 멀리 출타한 적이 있었는데, 아버지는 그날 집과 가게 열쇠를 모두 마틴에게 맡기고 가셔서 그의 어깨를 으쓱하게 만들었다. 형 해롤드는 늘 책만 읽고 있었고 빈센트는 너무 어렸기에, 현실적으로 열쇠를 맡을 사람은 마틴뿐이었다. 이렇게 해서 그 큰 영광은 마틴의 몫이 되었고, 열쇠 꾸러미는 마틴의 주머니에 소중히 모셔졌다. 집에 어른들이 안 계신 덕분에 잠시나마 자유를 누리게 되자 한 가지 생각이 마틴의 머리를 스쳤다. 그 생각은, 담배를 한 갑 사자는 것이었다! 담배를 살 만한 적당한 가게를 떠올린 그는 곧장 달려가 우드바인을 한 갑 샀다. 담배를 피워 본 게 그날이 처음은 아니었지만 담배 한 갑을 통째로 가져 본 것은 처음이었는지라 만족감과 기쁨으로 가슴이 뿌듯했다. 열쇠에 대한 책임 그리고 한 갑의 담배와 함께 그는 집으로 돌아왔다!

부모님이 귀가했을 때 삼 형제는 모두 잠이 들어 있었다. 열쇠가 필요했던 아버지는 마틴이 벗어 놓은 옷 주머니에서 열쇠 꾸러미를 꺼내다가 담뱃갑을 발견했다! 마틴은 다른 건 깜박하더라도 다음 날 새벽 자신이 잠자리에 들어 있을 때 아버지가 귀가하신다는 사실만은 잊지 말았어야 했다. 매를 든 아버지의 손보다도 아버지가 한 말의 무게가 마틴을 더 아프게 했다. 아버지는 "너를 신뢰할 수 있을 거라 생각했다"고 말씀하셨다. 책임을 맡겨도 될 만한 나이가 되었다고, 믿을 수 있을 거라 생각했다고 말씀하셨다. 그리고 얼마나 속상하고 실망스러운지 모른다고 하는 아버지의 말에 마틴은 더 참지 못하고 울음을 터뜨리고 말았다. "어서 일어나서 옷을 입어라." 아버지가 말씀하셨다. "담배 산 가게에 같이 가 보자." 마틴과 함께 담배 가게로 간 헨리 로이드 존스는 어린아이에게 담배를 판 것에 대해 가게 주인에게 언짢은 마음을 알렸고, 마틴은 담뱃갑을 다시 내놓았다!

랑게이토 시절에 얽힌 또 하나의 지워지지 않는 기억이 있었다. 어느 해 겨울, 이런저런 즐거움, 뜻밖의 선물이 기다리고 있는 성탄절이 다가오고 있었다. 밤이면 사람들이 밖에서 캐럴을 부르며 이웃돕기 모금 활동을 펼쳤지만, 로이드 존스 집안은 아들들에게 그 활동에 참여할 것을 권하지 않았다. 그러나 어느 날 밤, 마틴은 유혹을 더 이상 참지 못하고 어린아이들로 구성된 한 캐럴 찬양단에 끼어들었다. 아이들은 마을을 집집마다 돌아다니며 노래를 부르고 푼돈을 받아 모은 뒤 나눠 가졌다. 그런데 마을을 한 바퀴 다 돌았을 때 마틴은 이 가엾은 아이들이 그들 어머니의 장례식을 위해 돈을 모으고 있다는 사실을 알게 되었다. 그는 그 사실을 알게 되었을 때 그 기분을 늙어서까지도 잊지 못했다. 그날 그가 양심에 입은 상처는 깊고도 지속적이어서, 잠 못 이루는 밤을 여러 날 보내야 했다. 그날의 충격은 시간이 지나면서 다소 사그라졌지만 기억에서 완전히 사라지지는 않았다.

랑게이토에서 보낸 어린 시절을 마틴 자신은 어떻게 추억하고 있는지 그의 입을 통해 더 들어 보자.[1]

> 우리 가족은 아주 행복하게 살았다. 가장 선명하게 떠오르는 기억은, 집안에 늘 사람들이 북적거렸다는 것이다. 주된 이유는 아버지와 어머니가 친구분들이나 그 외 사람들을 집으로 맞아들여 함께 식사하고 담소 나누는 것을 좋아하시기도 했지만 우리 집 자체가 하나의 사업체이기도 했기 때문이다. 시골에 자리 잡은 다른 가게들과 마찬가지로 우리 가게에서도 온갖 잡다한 물건들을 다 팔았다. 아버지는 쟁기, 탈곡기, 건초 만드는 기계, 건초 묶는 기계 등과 같은 기계 판매의 선구자셨다. 얼마 후 아버지는 일종의 유제품 제조업, 그러니까 유가공업까지 시작하셨다. 남자 하인 두 사람이 인근 마을을 돌아다니며 무염 버터를 사 오고, 사 모은 버터를 다 한데 섞어 소금을 첨가한 뒤, 그렇게 만들어진 버터를 상자에 포장해서 글러모건셔의 여러 상점과 협동조합 공판장으로 보냈다. 버터는 '베일 오브 에어론 블렌드'Vale of Aeron Blend라는 상표

로 판매되었다.

내가 이 말을 하는 것은, 우리 집에 왜 늘 그렇게 사람들이 북적거렸는지 설명하기 위해서다. 우리는 랑게이토 구역뿐만 아니라 트레가론, 란데우이 브레피, 페니욱스, 불키란, 아버메우릭, 뤼니그로에스 그리고 그보다 더 먼 지역의 농부들하고도 거래를 했다. 여기저기 돌아다니면서 잡다한 물건을 파는 사람들도 정기적으로 우리 집에 들렀고, 누구든 우리 집에 오는 사람들은 다 차를 마시든지 식사를 하고 가야 했다. 어린아이들에게 그런 생활이 얼마나 흥미로웠을지는 굳이 말할 필요가 없을 것이다. 가지각색의 사람들, 그 사람들의 별난 버릇이나 태도를 관찰하는 게 우리는 정말 재미있었다. 특히 말하는 게 아주 특이한 까닭에 우리가 목 빠지게 기다리곤 했던 사람들이 있었던 것이 기억난다. 예를 들어 무슨 말을 하든 항상 "설마"라는 대답만 하는 사람이 있었다. 또 어떤 아저씨는 "그따위 소리 작작해"라는 말밖에 할 줄 몰랐다. 어떤 사람은 자기가 지금 하는 말이 사실이라는 것을 단언하면서 "(사실이 아니라면) 내가 당장이라도 죽을 수 있다"고 말하곤 했다.

집에서 벌어지는 토론의 주제는 대개 '정치'였다. 아버지는 흔들림 없는 자유당파였고, 그 당시 열렬한 로이드 조지 숭배자였다. 비록 1915년 이후로는 그에게 등을 돌렸지만 말이다. 보수당파가 우리 집에 들르는 건 흔치 않은 일이었지만 어머니는 보수당의 신조를 지지했다. 손님 중에 조금이라도 어머니의 입장을 지지하는 사람이 있으면 곧 열띤 토론이 벌어지곤 했다. 우리네 아버지들이 정치인에 대해 얼마나 큰 믿음을 가졌는지 오늘날의 정서로서는 실감하기 힘들다. 1909년 '인민의 예산'People's Budget(재무장관 데이비드 로이드 조지가 건강보험을 비롯해 사회적 약자에 대한 복지제도 재원 마련을 위해 부자증세와 누진세 도입을 골자로 한 예산안을 의회에 제출해 부자들의 반발을 샀다—옮긴이) 사태가 있은 직후의 어느 날 오후 아버지하고 이웃 어른 한 사람과 함께 경마차를 타고 가던 때가 기억난다. 그 이웃 분은 카디건셔 중부에서 자란 사람이었고, 그래서 당연히 유니테리언 교도Unitarian였다. 지금까지도 충격으로 기억되는 것은, 그 사람이 아버지에게 말하기를 로이드 조지가 예수 그리스도보다 더 좋은 일을 많이 할 것이라 했다는 것이다. 왜냐하면 로이드 조지에게는 더 좋은 기회가 있기 때문이라는 것이다. 아버지나 그분이나 참 안타깝다! 1910년에 있었던 두 차례의 선거도 생생히 기억난다. 그중 한 번은(두 번 다가 아니라면) 나중에 조지 포싯 로버츠George Fossett Roberts 경으로 불린 사람이 보수당 후보로 나서서 우리 지역 하원 의원인 본 데이비스Vaughan Davies 씨와 맞붙었다. 로버츠 씨는 에버리스트위스 출신의 양조업자였다. 포싯 로버츠가 어떤 연설을 했는지는 하나도 기억나지 않지만, 어느 날 저녁 그가 주간 학교에서 열린 연설회에 연설하러 왔을 때 말 한마디 꺼내는 것조차 허락받지 못했던 것은 또렷이 기억난다. 그가 막 입을 열려는 순간, 자유당파 쪽 일부 청년들이 노래를 시작했고, 많은 이들이 곧 그 노래를 따라 불렀다.

우리에겐 본 데이비스
우리에겐 본 데이비스
맥주 만드는 사내여, 잘 가시게
우리에겐 본 데이비스

로버츠 씨는 한 20분 정도 끈기 있게 연설을 시도하다가 결국 포기하고 말았다. 그날 로버츠 씨가 자기 차에 올라 마을을 벗어날 때까지 그의 뒤를 따라다니며 그 노래를 흥얼거리던 무리 속에 나도 끼어 있었던 것 같다.

랑게이토는 다른 많은 마을들과 마찬가지로 특색 있는 인물들이 많았다. 시간 관계상 그중 세 사람만 언급하겠다. 아주 희한한 그 세 사람 중 하나는 구두장이로, 어떤 이들은 그를 '장화'라고 불렀다. 그의 작업장은 늘 사람들로 가득했는데, 거기엔 몇 가지 이유가 있었다. 한 가지 이유는, 말을 많이 하느라 일을 소홀히 하는 경향이 있어서, 구두를 수선하러 온 사람이 구두를 맡겨 놓고 가는 게 아니라 수선이 끝날 때까지 아예 가게 안에서 기다리는 경우가 많았기 때문이었다.

그는 친절한 사람이었고, 많은 이들에게 소중한 존재였다. 그의 능력을 보여주는 다음과 같은 사례가 있다. 어느 날 한 농부가 큰 고민에 빠져 그 구두장이를 찾아왔다. 큰딸이 트레가론 중학교 입학시험에 떨어져 가엾게도 큰 상심에 빠져 있다는 것이었다. 시험에 떨어진 것은 이번이 처음이 아니었고, 매번 같은 과목 즉 대수학에서 실수를 했다. 아버지는 이 일이 도무지 이해가 되지 않아 구두장이를 찾아온 것이었다. "이 대수란 게 도대체 뭐길래 우리 아이가 계속 시험에 떨어지는 거요? 대수가 도대체 뭡니까?" 구두장이는 질문을 받자마자 설명하기 시작했다. "아, 대수요! 자, 기차가 지금 승객 서른 명을 태우고 에버리스트위스 역을 출발하고 있다고 생각해 봐요. 라니스티드 로드 역에서 두 명이 내리고 한 명이 탔습니다. 라닐러 역에 도착해서는 세 명이 내리고 새로 탄 사람은 없어요. 트레가론에서

랑게이토 가게 앞에서 아버지 헨리 로이드 존스와 함께 있는 마틴.

는 다섯 명이 내리고 여섯 명이 탔습니다. 역마다 그렇게 사람들이 내리고 타고 하면서 브로뉘드 암스에 도착해서는 열두 명이 탔어요. 기차는 마침내 카마던에 도착했지요. 그런데 시험 문제는 이거예요, 이게 시험 문제라고요. 차장의 이름은 뭘까요?" 농부가 말했다. "이런, 이러니 가엾은 우리 딸이 시험에 떨어지지." 농부는 집으로 돌아가 딸을 위로해 주었다. 구두장이는 분별력이 뛰어난 사람으로, 자기를 찾아온 사람들을 어떻게 대해야 하는지 다 알고 있었다.

열세 살 생일 이전까지 내 어린 시절 기억에서 큰 부분을 차지하고 있는 또 한 곳에 대해 이야기하지 않을 수 없다. 그곳은 바로 휜카드포이다. 이곳은 내 외할아버지 댁이 있던 곳이다. 나는 성탄절 외의 모든 명절을 그곳에서 지내곤 했는데, 그때 나에게 그보다 더 큰 기쁨은 없었다. 휜카드포는 뉴캐슬 엠린Newcastle Emlyn에서 멀지 않은 규모가 꽤 큰 농장이지만, 그 당시엔 그냥 농장이기만 한 것이 아니었다. 륀카드포는 종마 사육장, 즉 말을 키우는 농장이었다. 할아버지는 이 일에 전문가셨다. 처음엔 웰시 콥종으로 시작해서 크고 무거운 샤이어종과 가벼운 해크니종을 둘 다 키우기 시작했다. 샤이어종과 해크니종 말들을 카디건셔에 적응시켜 가며 키우는 책임을 맡은 분이 바로 외할아버지였다. 륀카드포에는 여러 품종의 말들이 많이 있었고, 마당 가장자리를 따라 그리고 집 근처 들판 여기저기에 '박스'라고 불리던 개별 마구간이 세워져 있었다. 할아버지는 여러 품종의 말을 사육하면서 이 말들을 각종 품평회에 선보였다. 마구를 채울 때도 있었고, 안장을 얹을 때도 있었으며, 그냥 고삐만 손에 쥘 때도 있었다. 내가 그곳을 드나들던 시절엔 삼촌이 서너 명에 숙모들 네다섯 명이 있었고, 말을 돌보는 마부가 대여섯 명에다 물론 목초지에 일하는 머슴들도 있었다. 륀카드포는 확실히 농장이라기보다 작은 마을에 가까웠다. 거실 탁자에 둥글게 둘러앉았던 하인들이 떠오른다. 이 탁자에는 다 하인들이 앉았다. 외가 식구들은 집 안의 다른 식당에 모여 식사했고, 할아버지는 집에서 제일 좋은 거실에서 혼자 식사하셨다. 그 시절 내가 좋아하던 일은 마부 일이었다. 언젠가는 마부가 되겠다는 꿈을 품고 열심히 물 양동이와 말 사료를 날랐다. 큰 품평회를 대비해 톰 삼촌이 농장에서 최고 좋은 말들을 훈련시키러 갈 때 삼촌과 함께 사륜마차를 타고 가는 것도 특별한 즐거움 가운데 하나였다. 큰 품평회란 웨일스 전국 대회나 카마던에서 열리는 주 연합 대회 혹은 바스 대회나 웨스트 잉글랜드 대회였다. 순한 말들은 헨란 역까지 끌고 가서 말 전용 칸에 태워 비교적 큰 규모의 품평회에 데리고 갔던 기억이 난다. 대회에 내보낼 말이 너무 많아 륀카드포 농장 직원이 기차 한 칸을 전세 낼 때도 있었다. 대회에 나간 말들은 각 부문에서 거의 예외 없이 최고상을 받았고 그 외 다른 상도 많이 받았다.

저녁을 먹고 나서 밤이 되면 륀카드포 식구들은 하늘로 굴뚝이 뚫린 거실 평로平爐 주변에 둘러앉곤 했다. 이럴 때면 식구들은 옛날 이야기를 하거나 낮에 있었던 일들을 서로에게 들려주었고, 노래를 부르거나 여러 가지 방식으로 즐거운 시간을 보냈다. 모여 앉은 식구들 사이에는 늘 여러 명의 손님들이 끼어 앉아 있었다. 해마다 종마를 데리고 브레크녹과 래드너는 물론 남웨일스 각 주를 두루 돌아다니는 사람들이 있었던 까닭이다. 따라서 그런 자리는 호기심으로 뜨겁게 달아오르기 마련이었고, 그 자리에 내내 함께한다는 것은 작은 남자아이에게 크나큰 경험이었다. 에버리스트위스나 카마던 혹은 뉴캐슬 엠린에서 품평회가 열릴 때 륀카드포의 말들이 우승컵과 메달을 받고 말들의 목에 꽃다발이 걸리는 것을 보면서 자랑스러움에 가슴이 울렁거리던 것이 기억난다.

랑게이토에서의 어린 시절은 비교적 평온했다. 그러던 중 1910년 1월의 어느 날 밤 사건은 이후 온 가족의 삶에 큰 영향을 끼쳤다. 그달 초, 헨리 로이드 존스는 거래하는 농부들에게 물건 대금 고지서를 보냈고, 농부들은 1월 19일 수요일 저녁 대금을 지불하러 찾아왔다. 대금은 1파운드와 반 파운드 금화로 지불되었다. 가게 안 의류 코너에서 대금 수납이 끝나자 사람들은 담배를 피우며 이야기를 나누었다. 로이드 존스 부인과 장남 해롤드는 일이 있어 출타 중이었다.

마틴의 외할아버지가 살던 말 사육 농장인 륀카드포.
마틴은 이곳에서 마부 일을 돕는 등 평생에 남을 추억들을 쌓게 된다.

다음 날 새벽 한 시 무렵, 밤이 깊어 모두 잠자리에 든 지 한참 지났을 때였다. 한 방에서 잠든 마틴과 빈센트는 잠결에 뭔가 타는 냄새를 맡고 얼핏 잠이 깨었다. 하지만 아무 위험도 감지하지 못한 이들은 그저 이불을 머리끝까지 당겨 덮기만 했다. 아마도 담뱃재가 아래층 가게 바닥, 여성용 모자류 사이에 떨어졌다가 불이 붙었던 것으로 보인다. 건물 자체에 일단 불이 붙자 겨울밤 바람에 삽시간에 엄청난 불길로 번져 갔다. 때마침 집안 하녀와 모자 납품업자가 고함을 지르며 주먹으로 방문을 두드려 잠귀가 어두운 아버지를 깨웠고, 아버지는 가까스로 두 아들이 잠든 방에 이르렀다. "아버지는 2층 창문을 통해 나를 아래로 던졌고, 잠옷 바람으로 길거리에 나와 서 있던 세 사람의 남자가 밑에서 나를 받았다. 그리고 그 아저씨들은 건물 벽에 사다리를 붙들고 서서 아버지와 동생이 내려올 수 있게 해주었다." 이들이 간신히 집을 빠져나오자마자 2층 바닥이 무너져 내렸고 모든 것이 화염과 함께 사라지고 말았다.

훗날 라디오 방송에 출연해 들려준 회고담에서 1910년 1월 20일 그 이른 아침에 대해 로이드 존스는 이렇게 이야기했다.

> 랑게이토 생활은 아무래도 화재 사건 이전과 똑같을 수가 없었다. 집을 새로 짓고 그 집에서 새로운 삶을 시작했지만, 그해(1910년)는 전과 달랐다. 새로 지은 집은 전에 살던 집에 비하면 훨씬 더 좋았다. 하지만 새 집엔 뭔가가 빠져 있었고, 다른 무엇보다도 우리 집이란 느낌이 없었다. 낯선 집에 와 있는 기분이었고, 임시로 머무는 집처럼 느껴졌다. 나는 언제나 오래된 집이 더 좋다. 쾌적한 최신 설비들이 감사하긴 해도 말이다.

화재 사건의 여파는 이 같은 말 몇 마디로 표현할 수 없을 만큼 깊었다. 한 예를 들자면, 아버지는 그 일로 큰 경제적 어려움을 겪게 되었다. 다음 날 아침 폐허로 변해 버린 집터를 살피고 다니던 중, 마틴은 금이 가고 변색된 원통형 찻잔을 발견했고(후에 그의 서재 벽난로 장식으로 사용되었다) 아버지는 녹아서 딱딱한 덩어리로 변한 금화 뭉치를 찾아냈다. 하지만 불에서 건진 것은 그것뿐 사실상 이들 가족은 전 재산을 잃고 말았다. 그날 이후로 헨리 로이드 존스는 재정 문제에서 벗어난 날이 거의 없었다. 아이들에게는 이 문제를 알리지 않으려 조심했지만, 1911년 데이비드 에번스가 마틴에게 이 비밀을 발설하고 말았다. 노인은 농장 경영에는 뛰어났지만 술이 들어가면 자제력을 잃을 때가 있었다. 장이 서는 날, 친목회를 마치고 륀카드포의 집으로 돌아가는 길이면 술 취한 노인은 안전을 위해 마틴에게 말고삐를 넘겨주곤 했다. 그날도 그렇게 술에 취한 채 손자가 모는 마차를 타고 집으로 돌아가던 그는 마틴에게 아버지가 재정적으로 극심한 어려움에 처해 있다는 이야기를 털어놓고 말았다. 다음 날 아침 술이 깨자 어린 손자에게 했던 말을 수습하려고 했지만 할아버지의 말은 소년의 마음에 이미 큰 충격을 남긴 후였다. "아버지가 재정적 어려움에 빠졌다는 사실은 내 마음에 깊은 충격을 남겼다. 그전까지만 해도 나는 매주 1페니짜리 사탕을 사 먹곤 했는데 그 사실을 알게 된 뒤로는 반 페니짜리로 바꿨다. 그런 식으로라도 어려움을 겪고 있는 집안에 도움을 주고 싶었다." 그 후로 3년 동안 마틴은 할아버지가 전해 준 사실로 인해 안게 된 마음의 부담을 누구에게도 털어놓지 않았다.

1910년 1월의 화재 사건과 그 결과는 마틴이 학교를 대하는 태도에도 영향을 끼쳤던 것 같다. 랑게이토 학교는 농촌 지역 인구 감소로 빈집이 늘어나기 전 시절 웨일스의 전형적 마을 학교였던 것 같다. 교장 선생님과 세 명의 여교사가 있었고 6학년까지 수업이 진행되었다. 일평생 교육이라고는 그 6년간의 학교생활이 전부인 사람들이 많았던 시절, 한동안은 마틴도 그런 사람들과 한 무리가 될 것처럼 보였다. 해롤드는 말이 없고 공부를 좋아하는 아이였지만, 마틴은 형에 비해 조금 현실적이고 실제적인 성향이었던 것 같다. 마틴은 열한 살이 될 때까지 책에는 아무 관심도 없었다. 축구를 비롯해 다른 일들이 그에게는 훨씬 더 매력적이었다.

1910년 무렵, 랑게이토 학교의 세 여교사 중 한 사람이 교사 일을 그만두었고, 남자 교사가 새로 부임해 왔다. 어느 날 마을 광장에서 축구 시합이 벌어졌는데, 새로 부임한 이 보조 교사는 마틴이 공부에 무관심한 것이 심각하게 염려된 나머지 시합 중인 마틴을 불러냈다. 그는 차분히 공부에 열중하지 않으면 트레가론 중학교에 진학할 수 있는 장학생 자격을 얻지 못할 거라고 경고했다. 아버지의 재정 상태를 알고 있던 마틴의 입장에서, 1911년 장학생 자격을 얻지 못한다는 것은 학교생활이 그걸로 끝일 수도 있다는 의미였다. 선생님의 경고는 주효했다. 1911년의 장학생 선발 시험에서 마틴은 2등을 했다. 1등을 한 학생과는 불과 몇 점 차이였다. 이 일로 그는 난생처음 자기 머리로 뭔가를 할 수 있다는 것을 깨달았다. 트레가론 중학교에 입학함으로써 마틴의 인생에는 새로운 장으로 향하는 문이 열렸다.

02.

학창 시절: 트레가론과 런던

트레가론Tregaron은 랑게이토에서 6킬로미터밖에 안 떨어진 곳이지만 열한 살 소년에게는 완전히 다른 세상이었다. 어떤 여행안내서 초반에 "트레가론은 수많은 이야기가 전해 내려오는 안락하고 오래된 소읍小邑"이라고 설명되어 있지만, 마틴은 아마 그 말에 동의하지 않았을 것이다. 산에서 흘러내리는 시내가 테이피 강 지류로 이어지는 지점에 자리 잡은 이 시장 마을은 비옥한 카디건셔 서부와 겨울에 찬바람을 몰고 오는 북부와 동부 오지 사이 경계를 이루고 있다. 그러나 트레가론과 재학생 120명의 트레가론 학교가 마틴에게 그토록 색다르게 다가온 것은, 이제 집을 떠나 살아야 한다는 사실 때문이었다. 형 해롤드는 월요일부터 금요일까지 하숙집에서 지내는 생활을 이미 익숙하게 해내고 있었다. 해롤드의 하숙집에 합류할 당시 마틴은 트레가론 학교에서 가장 나이 어린 학생이었다.

학교에서 마틴에게 가장 큰 영향을 끼친 사람은 역사에 대한 관심을 일깨워 준 S. M. 파월Powell 선생이었음이 틀림없다. 파월은 유능한 교사였을 뿐만 아니라 학생들이 나름대로 무언가를 깨우칠 수 있는 분위기를 만들어 주는 데도 탁월한 능력을 보였다. "자기가 믿는 신조 혹은 자기가 속한 교단이 언제부터 시작되었는지 그 기원을 알아오기" 같은 것이 그가 내 주는 전형적인 주말 숙제였다. 혹은 "팬티슬린의 윌리엄 윌리엄스가 쓴 찬송가 가사를 보고 그가 원래 어떤 직업을 가지려 했었는지 알아내라"는 숙제도 있었다. 이 숙제가 주어졌을 때 학생들은 크게 당혹스러워했다. 학생들이 알기로 「나그네와 같은 내가」를 작사한 이 작가가 쓴 찬송은 영어로 번역된 것이 거의 없어서, 숙제를 하려면 그 많은 웨일스어 가사를 모두 찾아 읽어야만 했던 것이다! 사실 해답은 그리 어렵지 않게 찾을 수 있었다. 윌리엄스는 원래 의학도였으나 1730년대 복음주의 부흥운동으로 삶의 경로가 바뀌어 사역의 길로 들어선 사람이었다. 의학에 대한 사랑 대신 그보다 더 고상한 무언가가 그의 마음에 자리 잡았고, 그래서 그가 쓴 찬송가 가사를 보면 그리스도를 의사보다 더 훌륭한 의사로 묘사할 때가 많다. 그렇긴 해도, 그 주말이 지나 제대로 된 해답을 가지고 등교한 학생은 하나도 없었다.

교장 선생님 G. T. 루이스Lewis 씨는 저학년 학생들하고는 비교적 개인적 교류가 없었다. 항상 생각 밖의 지혜로운 행동으로 학생들에게 깊은 인상을 남기긴 했지만 말이다. 마틴이 한번은 수학을 잘해

상을 탄 적이 있는데, 상품은 놀랍게도 목공에 관한 책이었다. 목공은 사실 마틴의 적성에도 맞지 않고 관심도 없는 과목이었는데 말이다! 나중에 알게 된 거지만, 바로 그 사실 때문에 교장 선생님이 그런 상을 주신 거였다. 이 일은 균형과 조화의 필요성에 관해 마틴이 얻은 최초의 교훈이었다.

이 시절에 대해 마틴 자신이 하는 이야기를 좀 더 들어 보자.

트레가론과 그곳에서의 학창 시절에 대해 뭐라고 이야기를 할까? 그 시절은 내 기억 속에 또렷이 자리 잡고 있다. 무엇보다 먼저 떠오르는 것은 그곳 날씨가 말도 못하게 추웠다는 것이다. 트레가론은 지금도 나에게 지상에서 가장 추운 곳이다. 마을이 습기 많은 코어스 캐론(트레가론 습지)과 산속의 컴 버윈 고개 사이에 자리 잡고 있어서 그렇게 추웠던 것 같은데, 이런 지리적 위치가 마치 깔때기처럼 차가운 동풍을 마을로 쓸어 담아 보내는 것이, 에어론 골짜기 속에 안락하게 둥지를 틀고 앉아 사면에서 완만하게 뻗어 내린 언덕들로 보호를 받고 있는 랑게이토와는 사뭇 달랐다. 그런데 내가 트레가론에서 고생을 많이 하긴 했지만, 말은 바로 해야 할 것이다. 나는 혈액 순환 상태가 많이 안 좋았고, 그래서 해마다 동상으로 엄청난 불편을 겪었다. 우리 동네에서는 그걸 '말레이트'maleithe라고 불렀는데, 랑게이토 집에서 동상에 걸려 편안하게 치료를 받았어도 힘들었을 텐데 월요일부터 금요일 티타임까지 하숙집에서 지내야 했던 트레가론에서 동상을 앓는 것은 훨씬 더 고생스러운 일이었다. 살갗이 타는 듯한 끔찍한 느낌이 들다가 가려워서 미칠 지경이 되던 것이 아직도 기억난다. 손뿐만 아니라 발가락까지 그랬다. 달리거나 다른 놀이를 하면 불편함이 줄어들 수도 있었겠지만 통증 때문에 그러지도 못했다. 그냥 참고 견디는 것밖에는 다른 도리가 없었다.

또 한 가지 빼먹을 수 없는 것은, 동상뿐만 아니라 그보다 훨씬 더 심각한 병, 더 고통스러운 병을 앓았다는 사실이다. 그 병은 인생길 내내 내 곁을 떠나지 않았다. 그 병은 바로 '히라이스'hiraeth(갈망 혹은 향수)였다. 트레가론의 내 친구들에게 말하고 싶은 것은, 그 병이 그 친구들이나 트레가론의 책임은 아니라는 것이다. 향수병이 생기는 이유가 무엇일까? 심리학자들도 설명하지 못한다. 내가 믿기로는 혈액 순환 문제와 마찬가지로 이 역시 그 사람의 기질 때문이고, 일부는 내분비선 기능에 의해 결정된다. 그렇다 할지라도 '히라이스'는 무섭다. 그리고 거기서 비롯되는 외로움, 결핍감, 불행한 느낌도 그에 못지않게 무섭다. '히라이스'가 뭔지 정의하기는 힘들지만, 나의 경우 그것은 고향 땅과 소중한 것들에서 멀리 떠나와 있다는 느낌 같은 것이다. 그것이 바로 수많은 사람들과 아름다운 자연에 둘러싸여 있어도 '히라이스'가 느껴지는 이유다.

트레가론 카운티 스쿨Tregaron County School에서의 3년은 아주 불행했으며, 그것은 오로지 이 갈망 때문이었다. 다이 윌리엄스를 비롯해 절친한 친구도 있었고, 수업도 재미있었다……하지만 랑게이토 예배당에서 주일 저녁예배가 시작되기 전 우리 식구들이 늘 앉는 자리에 앉아 있다가 불현듯 '내일 밤 이맘때는 트레가론 하숙집에 가 있겠구나' 하는 생각이 들면 그 즉시 마음이 푹 가라앉곤 했던 것이 마치 어제 일처럼 기억난다. 예배 끝나고 집으로 갈 수 있는 주일 저녁에 벌써 그랬다면, 트레가론에서 동상과 씨름할 때는 얼마나 더했겠는가!

트레가론에는 매주 화요일에 장이 섰고, 한 달에 한 번씩 30일 장이 섰다. 물론 신식 마트 같은 것이 생기기 전의 일이다. 그래서 아버지를 비롯해 랑게이토 지역의 많은 농부들이 거의 매주 화요일마다 트레가론에 왔다. 하지만 그 사실을 알아도 위안이 되기는커녕 오히려 상처만 커졌다. 아버지가 왔다 가실 때면, 통증을 좀 잊을 수 있을까 해서 조랑말이 끄는 경마차를 타고 트레가론에서 1.5킬로미터 정도 떨어진 트레세펠 브릿지까지 아버지와 함께 가곤 했다. 가엾은 술주정꾼처럼, 그게 상황을 악화시키기만 할 뿐이라는 것을 알면서 말이다. 결국은 아버지와 헤어져 혼자 터덜터덜 돌아와야 했으니 말이다. 학교 담벼락에 바짝 붙어 서서 집으로 돌아가고 있는 농부들을 바라볼 때도 있었다. 나는 아직 트레가론에 있어야 하는데 하면서…….

1년 동안 이런 식으로 힘들게 지냈지만 불만은 줄어들지 않았다. 2년차 되던 해 첫 두 학기 동안에도 나는 똑같은 상태였다. 아니, 사실은 상태가 더 나빠졌다. 그리고 1913년 여름 학기, 나는 집에서 통학하게 해달라고 부모님을 설득했다. 집에서 학교까지는 7킬로미터밖에 안 되는 거리였고, 날씨가 좋으면 자전거를 타고 다닐 수도 있을 터였다. 비가 많이 올 때는 걸어 다녔다. 집에서 학교를 다닐 수 있다는 건 나에게 천국과 같았다. 그해 여름 학기는 아무 그늘이나 구름 없이 회상할 수 있다. 그때 어쩌다 우연히 『데이비드 카퍼필드』를 읽게 되었다는 사실은 별개로 하고 말이다. 찰스 디킨스의 다른 모든 작품들이 그렇듯 그 책은 나를 심히 우울하게 만들었다. 책 속에 등장하는 고통과 불행, 특히 어린아이들이 당하는 고통과 불행 때문이었다.

여하튼 그 시절의 나는 그렇게 지냈다. 1913년 9월이 되자 내 동생도 트레가론 학교에 다니기 시작했고, 그래서 우리 삼 형제가 한 하숙집에 살게 되었다. 하지만 삼 형제가 함께 지내는 것으로도 나의 향수병은 이겨 낼 수 없었다. 마음의 아픔이 약간 진정되기는 했지만 말이다.

시간이 허락되지 않아 트레가론 학교에 대해 마음만큼 긴 이야기는 할 수 없겠지만, 한 학교에 G. T. 루이스 교장 선생님과 S. M. 파월 주임 교사 같은 선생님이 함께 근무한다는 건 정말 보기 드문 경우라는 말만은 하고 싶다. 교장 선생님은 괴짜에 가까운 분이었고, 파월 선생님은 천재였다. 두 분 모두 뼛속까지 웨일스 사람으로, 수업 때는 거의 웨일스어를 썼다. 루이스 교장 선생님은 별안간 웨일스어로 설교를 할 때도 있었다. 그것도 기하학 수업 도중에 말이다. 파월 선생님은 드라마 분야에서 개척자 역할을 한 것으로 유명했다. 여러 편의 각본을 직접 썼을 뿐만 아니라 타고난 배우이기도 했다. 수업 중에 「베니스의 상인」Merchant of Venice을 다루면서 직접 샤일록 역할을 하셨던 것이 기억난다. 주머니에서 단도를 꺼내 칼집을 연 뒤 구두에 문질러 날을 세우고는 낭랑한 목소리로 "금화 3천 더커트에 살 1파운드"를 외치던 모습이 눈에 선하다.

1913년 이야기를 하다 보니 내 인생의 두 가지 섭리적 사건에 대해 이야기하지 않을 수 없다. 첫 번째는 1913년이 내가 의사가 되기로 마음먹었던 해라는 것이다. 무엇이 나로 하여금 그 길을 택하게 만들었는지는 확실하지 않다. 외증조할아버지가 의사였다는 사실이 어쩌면 한 가지 이유였을 수도 있지만, 버칠의 데이비드 데이비스David Davies에 대한 감탄이 더 큰 이유였을 것이다. 데이비드는 의사가 된 뒤 개업을 위해 고향으로 돌아온 동네 청년이었다. 이면의 동기가 무엇이든, 의사가 되기로 한 것은 내 자신의 선택이었고 부모님도 그 선택을 전폭적으로 지지하고 격려해 주셨다.

1913년에 있었던 또 하나의 정말 중요한 사건은 우리 교회가 칼뱅주의 감리교 하계 연합회를 랑게이토에서 열도록 초청했다는 것이었다. 앞에서도 말했다시피, 이 행사가 열린 것은 데니얼 롤런드 탄생 200주년을 기념하기 위해서였다. 이 행사는 나에게 깊은 인상을 남겼다. 그때까지 나는 야외 설교를 들은 적도 본 적도 없었는데, 행사 참석자가 많을 것으로 예상된 까닭에 트레가론 쪽에서 랑게이토로 뻗어 내려오는 언덕 아래 왼편 들판에서 주 집회가 열렸다. 단상이 설치되었고, 맨 앞에는 설교자를 위해 강대상이 놓였고, 강대상 뒤편으로는 집회를 인도하는 목회자들의 좌석이 마련되었다. 그리고 설교자 맞은 편 걸상에는 약 4천 내지 5천 명 정도 되는 회중이 자리 잡았다. 수요일 오후에 데니얼 롤런드의 탄생을 기념하는 집회가 열렸고, 토머스 찰스 윌리엄스 박사, 카디프의 존 모건 존스 박사(역사가), 브린시엔킨의 존 윌리엄스 박사 그리고 스완지의 W. E. 프리터크 목사가 강연했다. 그 연합 집회는 나에게 깊은 영향을 끼쳤는데, 가장 중요한 건 아마도 내 안에 칼뱅주의 감리교 시조들에 대한 관심이 생겨났다는 점일 것이다. 그 관심은 오늘날까지도 계속되고 있다.

* * *

어린 시절의 이 규칙적인 일상은 1914년 1월 어느 주일 밤에 갑자기 끝났다. 저녁 식사 후 늘 그랬던 것처럼 삼 형제가 모여 앉아 책을 읽고 있는데 부모님이 방으로 들어온 것이다.

아버지는 뭔가 긴히 할 이야기가 있다고 말씀을 시작하시면서 이제부터 하는 말을 우리가 남자답게 받아들일 것으로 믿는다고 하셨다. 이야기의 내용인즉 우리가 몇 주 안에 랑게이토를 떠나야 하며 다시는 돌아오지 못하리라는 것이었다. 아버지가 사업에 어려움이 생겨서 가진 것을 모두 팔고 새 삶을 시작하는 것밖에 도리가 없다고 하셨다. 오늘날 시각으로 되돌아보면, 아버지 사업의 그 위기에는 두 가지 요소가 있었던 것을 분명히 알 수 있다. 하나는 사업을 지나치게 확장했다는 것이고, 또 하나는 자금 회수가 원활하지 않았다는 것이다. 아버지의 사업은 다방면으로 규모가 너무 커졌고, 기계는 값이 비쌌다. 게다가 고객들은 돈이 부족해서 대금 결제가 아주 느렸다. 그 당시에는 우유 판매 위원회 같은 것도 없었고, 생산 할당제나 정부 보조금도 없었다. 아버지는 거의 20년 이상 시대를 앞서가는 분이었다. 또한 아버지는 통상적 방식의 염가 판매 같은 것은 원칙적으로 거부하셨다. 이 모든 상황의 틈바구니에서 우리는 재정 위기를 맞았고, 미수금을 최대한 받아 모으고 물건들을 경매에 부치는 것 말고는 다른 도리가 없게 되었다. 그해 2월 우리는 쥬빌리 홀에서 이틀에 걸쳐 모든 것을 다 팔아 치웠다. 말 그대로 모든 것이었다. 말, 가게 물건들, 심지어 집에서 쓰던 가구도 몇 가지 소품만 빼놓고 다 팔았다. 이 일은 우리 삼 형제에게 큰 충격으로 다가왔다. 하지만 그 상황에서 도전 의식을 느끼고 집안을 돕기 위해 기꺼이 뭐라도 하려던 것이 우리 형제들의 주된 반응이었던 것이 기억난다. 의사가 되려는 계획을 포기하겠다고 했던 것, 적당한 나이가 되면 은행원이 되겠다고 말했던 것이 기억난다.

마틴이 지난 3년 동안 은밀히 두려워해 왔던 파산이 이제 현실이 되었다. 그 1월 주일 저녁 아버지가 하신 서글픈 이야기를 듣고 나서 "이제 모든 사정을 다 알았다"고 말할 수 있었던 것이 그에게는 오히려 어느 정도 다행이었을 것이다. 헨리 로이드 존스는 둘째 아들이 그동안 혼자서 속으로 이 문제를 고민해 왔다는 것을 알고 깜짝 놀라며 매우 슬퍼했다.

그러나 이 집의 가장은 절망에 빠져 주저앉아 있을 사람이 아니었다. 그는 다른 일을 찾아볼 작정이었고, 가족들에게 무엇이 최선인지를 고민했으며, 아직 갚지 못한 빚을 상환하기로 했다. 여러 가지 궁리 끝에 그는 캐나다로 이민을 가서 새 생활을 시작하는 게 최선이라고 결론 내렸다. 하지만 거기엔 현실적인 어려움이 있었다. 해롤드가 그해 6월과 7월에 웨일스 중앙 학력평가 위원회 고학년 시험을 앞두고 있었고, 마틴의 학업 능력도 이제 확실히 자리 잡은 상태였다. 특히 마틴의 기억력, 외할아버지 데이비드 에번스에게서 물려받은 기억력은 정말 특별했다. 트레가론의 한 교사는 마틴의 아버지에게 이런 말을 했다. "마틴이 안다고 하면 그건 정말 아는 거예요!" 따라서 마틴도 그곳을 떠나기 전 저학년 시험을 치르는 게 중요했다. 그래서 헨리 로이드 존스는 경매가 끝나는 대로 우선 혼자 캐나다로 가서 가족들을 데려올 준비를 하고, 아내 매기와 아이들은 7월까지 트레가론 학교 근처에 셋방을 얻어 지내다가 시험이 끝나면 캐나다에 와서 합류하는 것으로 이 딜레마를 해결했다. 마틴은 그때 일을 이렇게 회상했다.

> 그 과정에서 가장 가슴 아팠던 순간은, 그날 아침 아버지가 우리 모두에게 작별을 고하고 먼 길을 나서던 때였다. 그날 이후 우리는 캐나다에서 과연 어떤 삶이 우리를 기다리고 있을지 상상하며 기대하려 애쓰곤 했고, 여러 가지 공상을 즐겼다. 그러나 채 석 달이 지나지 않아 우리가 캐나다로 갈 수 없다는 사실이 분명해졌다. 아버지는 위니펙에 도착하여 외삼촌 집에 머물면서 일주일에 두 번 정도 규칙적으로 편지를 보내왔다. 아버지의 편지에는 그곳 캐나다에서도 우리 가족에겐 아무 희망이 없음을 뚜렷이 볼 수 있다는 말이 후렴처럼 붙어 있었다. 그때 아버지 나이는 이미 쉰이 넘었고, 아버지에게 적당한 일자리는 찾을 수 없었다. 그 상황에 대한 아버지의 생각은 이러했다. "젊은 사람들에게는 정말 멋진 나라고 청년들에게는 큰 기회가 있지만, 내 나이 남자에게는 절망뿐이다."

1914년 5월 말, 헨리는 영국으로 돌아와 런던에서 새 출발을 해보기로 결정했다. 그가 바라는 것은, 아내가 친척들 도움으로 뭔가 일을 좀 시작하고 자신은 위니펙에 머물며 일이 생기는 대로 조금씩 돈을 벌 수 있었으면 하는 것이었다. 로이드 존스 부인에게 이 몇 개월은 참으로 당혹스러운 시간이었음이 틀림없다. 해롤드와 마틴은 중요한 시험을 앞두고 있었고 랑게이토 채권자들에게서는 빚 독촉이 쏟아지는데, 남편은 런던에서 뭔가 새로 시작되었다는 소식을 간절히 기다리고 있었다. 트레가론에서 사방으로 이 일 저 일을 알아봤지만 모든 게 다 실패로 끝났다. 헨리 로이드 존스가 사용하는 편지지에는 '메모. 종합상사 랑게이토 알비온 상점, H. 로이드 존스'라는 표제가 붙어 있었지만, 1914년 7월 1일 그 편지지에 다음과 같은 편지를 쓸 때의 그는 전처럼 자신만만한 사람이 아니었다. 이해할 만하다.

사랑하는 내 아내와 아들들에게,

오늘 또 편지를 쓰오. 지금 난 아무 일도 안 하고 있고, 아주 비참한 기분이라오. 빠른 시일 안에 당신이 런던에서 무슨 일이든 부딪쳐 볼 수 있기를 간절히 바라고 있소. 이곳 캐나다에 계속 있어 봤자 별 소용이 없을 것 같소. 이곳 상황도 나쁘긴 마찬가지라오. 뭐 하나 계속해 나갈 수 있는 게 없고, 이곳은 일손이 남아돌고 있다오. 날마다 애를 쓰고 있긴 하지만 아무것도 얻는 게 없소. 당신이 런던에서 뭔가를 확정 짓기만을 바랄 뿐이오. 전체적으로 볼 때 이곳보다는 그곳이 더 안전하다는 게 우리 모두의 동일한 의견이라오. 오늘 일자리를 구했다가도 내일 쫓겨날 수도 있는 게 이 나라의 방식이오. 통보 따위는 없소. 하루하루 시간은 가는데 어디에서도 그럴듯한 일은 찾을 수 없어 내 마음이 점점 불안해지고 있으니 시간을 허비하지 말기를 바라오. 아이들은 학교 안 갈 때 한 일주일쯤 어디 다른 데 맡겨 놓을 수 있지 않겠소. 런던으로 간다는 것은 철저히 비밀로 합시다. 혹시라도 거기 가서 귀찮은 일이 생기는 건 싫으니까. 런던에 가면 이곳 캐나다에서 지내는 것만큼은 지낼 수 있을 것이오. 그러니까 내 말은, 우리끼리 오붓하게 살 수 있다는 거요. 몇 년간 그 생각만 하며 산다면 말이오. 이 문제에 대해 당신이 소식 보내 주기를 초조히 기다리고 있소. 우리에게 필요한 것은 잠깐 동안이라도 지낼 수 있는 생활비라오.

런던에 가서 당신이 뭔가 소득을 얻기를 바라오. 일단 시작만 할 수 있다면 틀림없이 우린 잘해 낼 수 있을 것이고, 아이들을 위해서도 자리를 잡을 수 있을 거요.

아이들은 이 일에 대해 어떻게 생각하는지 몹시 궁금하오. 이곳으로 오는 것보다 런던으로 가는 걸 더 좋아하는지? 확실한 게 하나도 없다는 것 때문에 이 나라가 정말 싫소. 할 수만 있다면 모두들 내일 당장이라도 이 나라를 떠나고 싶어 한다오.

곧 답장 보내 주기 바라오. 지금 나는 아무 수입도 없이 몹시 참담한 상태라오. 들려오는 소식도 없고. 윌리에게 내 돈 갚으라고 말했지만 당장은 줄 수가 없다는구려. 어떻게 해야 할지 나도 잘 모르겠구먼. 한 달에 80달러나 100달러만 벌 수 있다면 그 돈 없어도 그럭저럭 지낼 수 있을 텐데, 지금 같은 상황에선 그럴 수가 없구려.

모든 일이 전적으로 당신과 아이들에게 달려 있다는 것을 명심하고, 즉시 답장 주기 바라오.

새로운 소식은 아무것도 없이, 가장 뜨겁고 가장 큰 사랑만을 당신과 아이들에게 보내오.

사랑하는 아빠로부터

로이드 존스 부인은 극도의 절망감으로 이 편지를 읽었을 것이다. 그러나 얼마 지나지 않아 또 한 통의 편지가 날아왔다. 남편이 곧 귀국길에 오를 것이며 8월 3일에 런던에 도착할 것이라는 내용이었다. 그는 매기가 런던에서 자신을 맞아 주기를 바랐을 것이 틀림없다. 그곳에 새 집을 마련할 때까지 아이들은 륀카드포에 맡겨 두고 말이다. 이때 로이드 존스 부인은 후에 하나님의 섭리였던 것으로 입증될 한 가지 결정을 내렸다. 마틴은 이런저런 실용적 재주가 많아서, 새 일을 찾는 아버지에게 최고의 조력자가 될 터였다. 그래서 8월 1일 토요일, 로이드 존스 부인은 트레가론 역에서 마틴을 런던행 기차에 태워 보내고 자신은 나머지 두 아들과 륀카드포로 향했다.

런던에 도착하고서 무엇보다 기억에 남을 만한 것은, 공휴일이 끼어 있던 그 주말 풍경이었다. 패딩턴 역에 내린 마틴은 마중 나와 있던 외삼촌을 만났다. 버몬지의 외삼촌 집으로 함께 가는 동안 이 열네 살 소년의 눈에 보이는 것은 상점과 큰 건물, 전차 그리고 아직도 25만 마리의 말들이 느릿느릿 돌아다니는 수도의 거리뿐만이 아니었다. 거리엔 긴장감이 가득했다. 1815년 이후로 영국 해협 건너편에 군대를 보낸 적이 없는 잉글랜드는 독일과의 전쟁에 따른 충격을 받아 낼 각오를 하고 있었고, 실제로 그다음 주 화요일에 전쟁이 선포되었다.

뜨겁고 건조하던 월요일 아침, 헨리 로이드 존스가 탄 배는 원래 서리 독스에 도착할 예정이었다. 그러나 전쟁이 발발할지도 모르는 위기에서 영국 해협으로 여객선을 통과시키고 싶지 않았던 선박 회사는 결국 플리머스에 승객들을 내려놓았다. 그래서 마틴은 그날 오후 다시 기차역으로 가서 아버지를 맞아야 했다. 저녁 무렵 마틴은 버몬지의 삼촌 집에서 나와 엘리펀트 앤 캐슬로 걸어오면서 거리의 사람들을 관찰했다. 대부분은 연휴 외출을 마치고 집에 돌아오는 길임에 분명했다. 이제 시작될 전쟁이 얼마나 큰 전쟁일지 예측하는 사람도 거의 없었고, 에드워드 7세의 태평성대가 이제 종말에 이르렀음을 아는 사람도 없었다. 전쟁이 발발한 날 그 소식을 듣게 되는 상황에 대해 로이드 존스는 후에 이렇게 회상했다.

> 8월 4일 화요일, 아버지는 아침에 나를 웨스트민스터로 데리고 갔다. 다우닝 스트리트에 모여 있는 군중 틈에 끼어 각료들이 수상 관저로 부지런히 들락날락하는 것을 몇 시간 동안 구경했다. 그리고 마침내 우리가 기다리던 순간이 왔다. 관저의 문이 열리고 애스퀴스 수상이 밖으로 나와 차에 오른 뒤 의사당을 향해 출발하는 순간이었다. 수상은 의사당에 가서 외무장관 에드워드 그레이 경의 불후의 연설을 듣게 될 터였다. 아버지가 그토록 영웅시하는 사람, 귀가 닳도록 이야기를 들었던 사람을 직접 볼 수 있다는 사실에 가슴이 두근거렸던 기억이 난다. 그날 유일하게 실망스러웠던 것은, 모종의 이유로 '작은 사람' 로이드 조지를 보지 못했다는 것이다.
>
> 아버지와 나는 날마다 아침 식사를 마치면 곧장 웨스트민스터로 가서 팰리스 야드나 다우닝 스트리트 밖 먼발치에 서서 그 정치 거물들을 구경했다. 우리는 특히 운이 좋았다. 그 당시 런던 사람들이 어떠했는지 설명하기란 불가능하다. 전쟁의 열기에 단단히 휩싸인 그들은 목청껏 노래를 부르고 크고 작은 깃발을 흔들어 댔다. 그들에게는 자신감이, 단기간에 독일을 정복할 것이라는 확신이 있었다. 들리는 말로는 이제 곧 프랑스로 건너갈 우리 군 한 연대가 런던 타워에서 출발해 시가행진을 할 거라고 했다. 우리는 일찌감치 그곳으로 가서 붉은색 코트

를 입은 군인들이 행군하는 것, 군악대가 「티퍼러리로 가는 머나먼 길」을 연주하는 것을 구경했다. 군중은 열광에 빠져 거의 제정신이 아니었다. 대다수 사람들은 고함을 지르며 손뼉을 쳤고, 어떤 이들은 연주에 맞춰 노래를 불렀으며, 많은 이들이 울기도 했다.

기이한 시절, 두려운 시절이었다. 그날들 이후로 모든 것이 달라졌다. 정치 지도자들에게 변함없이 충성하던 내 아버지와 그 시대 사람들이 가련하다. 그분들이 이제 다 돌아가셔서 C. P. 스코트Scott의 일기를 읽지 못한다는 것이 다행스럽다. 나는 최근에 그 일기를 읽고 그분들이 우상으로 여기던 이들에게 의외의 허물이 있었다는 것을 알게 되었다.

로이드 존스 씨와 그의 둘째 아들에게 8월의 그 첫째 주는 큰 시련의 시작이었다. 그 시련은 전쟁과는 아무 상관이 없었다. 이 두 사람이 날마다 런던 중심가로 나간 것은 그곳에서 벌어지는 일을 구경하고 싶어서가 아니라 뭔가 사업이 될 만한 일과 새 집을 구해야 한다는 긴박한 필요 때문이었다. 두 사람은 함께 거리를 돌아다니며 상점 유리창에 붙은 전단을 들여다보고 신문의 광고란을 읽었다. 어려움이 컸다. 특히 아버지에게는 돈이 없었고, 친척과 친구들은 한 푼도 빌려주려고 하지 않았다. 그 시절에 대해 마틴 로이드 존스가 한번은 이런 말을 했다. "그때의 낙심과 우울감은 절대 잊지 못할 것이다. 모든 게 실망의 연속이었다. 아버지와 나는 돈을 아끼려고 걷고, 걷고, 또 걸었다." 로이드 존스 씨는 혼자 일거리를 찾으러 나가야 하는 날에도 마틴을 버몬지의 처남 집에 두고 나오지 않았다. 두 부자에게 그다지 동정적이지 않은 친척들에게 혹 폐를 끼칠까 염려되었기 때문이다. 그래서 마틴은 그런 날이면 "버몬지에서 세인트 제임스 공원까지 걸어가 그곳 노점에서 샌드위치 하나와 차 한 잔을 사 먹으며" 시간을 때웠다고 후에 회상했다.

외삼촌이 간혹 집에서 마틴의 도움을 필요로 할 때도 있었다. 에번스 씨는 우유와 유제품 업체를 운영하고 있었는데, 일손이 그다지 많이 필요하지 않아 그럭저럭 잘해 내고 있었다. 그런데 8월에 몇몇 배달원들이 그만둔다는 예고도 없이 갑자기 군대에 입대해 버렸다. 영국군이 겨울 전에 독일군을 라인 강까지 밀어붙일 것으로 예상되자 이들은 그 군대에 합류해 승리감을 맛보고 싶어 애가 탔던 것이다. 배달 물량을 줄이지 않는 한 에번스 씨가 직접 배달에 나서는 수밖에 없었고, 힘을 덜기 위해 그는 마틴을 데리고 다녔다. 당시엔 우유가 병에 포장되어 있지 않았기 때문에 우유 배달부 일이 오늘날처럼 간단하지가 않았다. 배달부들은 저마다 마차나 손수레에 커다란 우유 통을 싣고 집집마다 돌아다니며 그 집에서 내오는 작은 양철통이나 주전자에 우유를 정확히 계량하여 담아 주어야 했다. 마틴으로서는 난생처음 해보는 낯선 일이었지만, 학창 시절 가장 소중한 인생 수업 가운데 하나였음이 나중에 입증되었다.

수많은 낙심과 좌절을 겪은 끝에 1914년 9월 말 로이드 존스 씨는 그동안 바라고 계획하던 바를 이뤄 냈다. 웨스트민스터 리전시 스트리트[Regency Street] 7번지에 있는 유제품 가게가 부동산 매물로 나왔는데, 상당히 구미가 당기는 가격이었다. 헨리 로이드 존스는 매물 가격이 왜 그렇게 싸게 나왔는지 그 당시에는 아마 몰랐을 것이다. 사실 그 가게는 같은 웨일스 사람인 M. D. 윌리엄스가 여러 해 동안 운영해 오던 가게였다. 그런데 그즈음 전쟁이 선포되자 윌리엄스는 전쟁이 장사에 미칠 여파에 겁이 덜컥 났다. 1899년에서 1902년 사이 벌어진 보어 전쟁 때 그는 첼시와 웰링턴에 주둔해 있던 군軍과 계약을 맺고 우유를 납품했다. 그러나 이 군 병력 대부분이 남아프리카로 파병되고 막사가 거의 텅 비게 되면서 그의 수익은 급감했다. 그래서 그는 이번엔 적시에 장사에서 손을 떼기로 결정했고, 이를 확실히 하기 위해 헨리 로이드 존스의 관심을 끌 만한 가격으로 가게를 내놓은 것이었다. 이모저모 신중히 따져 보던 헨리는 50파운드만 있으면 유제품 가게뿐만 아니라 가게에 딸린 집까지 손에 넣을 수 있다는 것을 알게 되었다. 그러나 런던에서는 그만한 액수의 돈을 구할 수가 없었다. 버몬지의 처남은 단 한 푼도 빌려주려 하지 않을 터였다. 결국 가게 구입 자금을 빌려준 사람은 오래전부터 헨리 로이드 존스를 존경해 오던 뢴카드포의 한 마부였다. 이렇게 해서 마틴이 아버지와 함께 버몬지에 머문 지 두 달 만인 1914년 10월, 이들 가족은 웨스트민스터 리전시 스트리트에 다시 한데 모여 살게 되었다.

한편 그 전달인 9월, 낙심과 좌절의 와중에 트레가론에서 한 가지 반가운 소식이 뢴카드포를 경유해 날아왔다. 삼 형제가 전에 다니던 학교 교장이 직접 쓴 편지였다.

트레가론 카운티 스쿨

1914년 9월 14일

친애하는 에번스 씨,

지난번에 귀하의 두 손자 해롤드 군과 마틴 군이 치른 시험 결과가 나왔는데, 어디로 연락을 해야 할지 모르겠군요.

해롤드는 전 과목을 통과했고, 프랑스어 회화 능력도 인정받았습니다. 마틴 역시 전 과목을 통과했고, 산수와 수학과 화학 그리고 프랑스어 회화에서 우수한 성적을 냈습니다. 29개 과목에서 학력 인증을 받았고 4개 과목을 추가로 인정받는 등 시험을 아주 훌륭하게 잘 치렀다고 두 아이에게 전해 주시기 바랍니다.

친절하신 분이니 이 편지를 아이들에게 전해 주실 것으로 믿으며 서둘러 몇 자 적습니다.

G. T. 루이스

시험 성적이 이렇게 나오긴 했지만, 헨리와 매기는 마틴을 다시 학교에 보내야 할지 즉각 결정을 내릴 수 없었다. 그만큼 형편이 빠듯했던 탓이다.[1] 해롤드는 한 변호사 사무실의 실무 수습생이 되었다. 어떤 이들은 삼 형제 중 마틴이야말로 타고난 변호사감이라고 생각했지만, 그 당시 그는 은행원이 되겠다고 말했다. 한편, 리전시 스트리트 가게 개업 초기 마틴은 부모님에게 값을 따질 수 없는 도움이 되었다. 개업을 하기는 했지만, 우유 배달 일에 대해 아는 사람은 (버몬지에서 경험을 해본) 마틴뿐이었다. 우유 배달 일은 사람들이 하루 일과를 시작하기도 전에 준비해 두어야 할 것이 많았다. 우유는 새벽 4시 30분에서 5시 사이에 도매업자가 커다란 통에 담아 가게에 배달해 주었다. 그러면 이것을 다시 네 구역 분으로 나눠 한 구역은 마차에, 나머지 세 구역은 수레에 실어 집집마다 배달에 나섰다. 마차로

웨스트민스터 리전시 스트리트 7번지에 소재한 자신의 유제품 가게 앞에 있는 마틴의 아버지.

배달하는 사람은 매일 아침 규칙적으로 가게에 나왔지만, 나머지 배달부들의 경우는 결코 그렇지 않았다. 그럴 때면 대개 마틴이 대신 불려 나왔다. 마틴의 이야기를 직접 들어 보자. "형 동생과 함께 잠을 자고 있는데 갑자기 아버지가 휘파람을 부는 소리가 들리곤 했다. 그건 배달부 한 사람이 안 나왔다는 의미였고, 그러면 내가 대신 배달을 나가야 했다. 새벽 5시 30분에 말이다!"

가게 이름을 곧장 바꾸지 않아서인지, 고객들과 곧 친해진 마틴은 (그가 일반적인 우유 배달부가 아니라는 것을 알아차린) 그들이 자신을 '윌리엄스 씨'라고 부르는 것을 듣고 깜짝 놀랐다!

로이드 존스 씨의 새 사업은 성공적으로 시작되었고, 전 주인 윌리엄스가 두려워했던 일은 일어나지 않았다. 가게는 번창했고, 이들 가족에게 그토록 어두운 그림자를 드리웠던 부채도 적정한 절차에

우유 배달에 나선 마틴.

따라 모두 상환할 수 있었다. 헨리 로이드 존스가 1915년 1월 마틴과 빈센트를 다시 학교에 보내 준 것도 아마 상황이 이렇게 안정세에 접어든 것을 확인했기 때문일 것이다. 그리하여 마틴은 메릴본 그래머 스쿨Marylebone Grammar School에 다시 다니게 되었지만, 그래도 일손이 필요할 때면 등교하기 전에 우유 배달 일을 할 필요가 있었다. 그의 도움이 필요한 경우가 드물지 않게 있었고, 배달에 뭔가 혼선이 생기는 바람에 심지어 아들을 빨리 집으로 보내 달라고 아버지가 학교로 급히 전갈을 보낸 적도 있었다.

리전시 스트리트 7번지 가게에는 재미있는 손님들이 많이 왔다. 그중에 브랜든Brandon이라는 한 이웃집 여성은 로이드 존스 가족을 만날 때마다 자기 교회에 나오라고 열심히 전도했다. 브랜든이 다니는 교회는 버킹엄 게이트Buckingham Gate에 있는 웨스트민스터 채플Westminster

Chapel로, 가게에서 조금만 걸어가면 되는 곳에 있었다. 마틴은 웰링턴 막사에 배달을 나갈 때마다 웅장한 빅토리아풍의 그 예배당 건물 앞을 지나곤 했다. 헨리 로이드 존스에게는 귀가 솔깃할 만한 특징들을 지닌 교회였다. 웨스트민스터 채플은 일단 회중교회였던 데다가 51세의 목사 조지 캠벨 모건George Campbell Morgan이 회중교회 교단의 애물단지였던 이 예배당을 런던에서 으뜸가는 비국교도 교회로 변모시킨 것으로 유명했다. 그러나 로이드 존스 집안은 이미 칼뱅주의 감리교회 또는 웨일스 장로교회(이 둘은 동의어다) 신앙을 유지하기로 다짐했고, 채링 크로스 로드Charing Cross Road에 있는 이 교단에서 가장 오래되고 가장 유명한 교회에 이미 등록을 한 상태였다. 그러나 브랜든의 열심이 얼마나 뜨거웠던지 쉽게 단념시킬 수가 없었다. 마틴은 1915년 브랜든이 집에 찾아와 “우리를 설득해 가족 모두를 웨스트민스터 채플에 등록시키려” 하던 날을 떠올린다. 브랜든의 리전시 스트리트 심방은 실패였다. 그러나 완전한 실패였다고는 할 수 없는 것이, 1915년 그해 어느 때쯤 마틴이 형제 중 한 명과 함께 웨스트민스터 채플을 찾았기 때문이다. 당시 캠벨 모건의 친구 중에 토머스 찰스 윌리엄스라는 당대 최고의 웨일스인 설교가가 있었는데, 앞에서 이야기했듯 그는 1913년 랑게이토에서 모인 연합회 설교자 중 한 사람이었다. 보통 그는 적어도 일 년에 한 번씩 웨스트민스터에서 설교를 했는데(그럴 때는 대개 다우닝 스트리트에 있는 로이드 조지의 집에 머물렀다), 마틴이 웨스트민스터 채플을 찾아간 날이 마침 그가 설교하던 날이었다. 예배가 끝나고 인스티튜트 홀에서 교인들이 윌리엄스 박사와 담소를 나누는 시간이 마련되었는데, 두 소년도 웨일스어로 그와

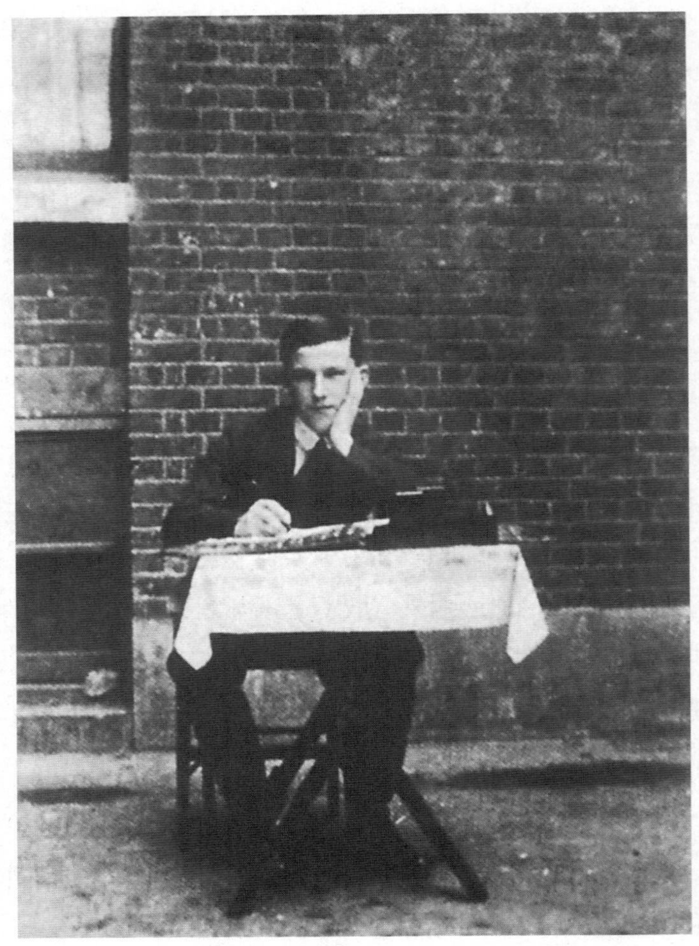

특유의 자세를 취하고 있는 10대 시절의 마틴.

대화를 나누며 뿌듯해했다!

그 뒤로 마틴은 캠벨 모건의 설교를 한두 번 들었다. 윌리엄스가 웨스트민스터 채플에 설교하러 올 때마다 가서 들으려 하기는 했지만, 마틴이 확실히 자기 교회라고 생각한 곳은 채링 크로스 로드 채플이었다. 이 웨일스 칼뱅주의 감리교회는 비록 카디건셔만큼은 아니었을지라도, 적어도 런던에 살며 웨일스어를 쓰는 사람들 사회에 만남의 장은 제공해 주었고 신앙생활과 사회생활의 중심지 역할을 했다. 1887년 건축된 그 멋진 예배당 건물에서는 금요일 밤마다 문학회와 토론회 모임이 있었는데, 마틴은 교회 등록 후 곧이어 이 모임에도 가입했다. 주일에는 정규 예배 외에 (웨일스 전통에 따라) 각 연령 그룹별로 주일학교 수업이 있었고, 모든 순서를 마치면 마지막으로 찬양 연습을 했다. 찬양대는 따로 없었다. 전 회중이 다 찬양을 해야 했기 때문이다!

채링 크로스 채플 목사에 관해서는 할 이야기가 많았다. 마틴은 피터 휴스 그리피스Peter Hughes Griffiths 목사에게 흥미를 느꼈다. 한 가지 이유로, 그리피스 목사는 색다르고 개성이 넘치는 사람이었다. 반듯하게 빗어 넘긴 북슬북슬한 검은 머리, 모닝코트, 글래드스톤식 칼라와 삼각 끈 모양의 납작한 검은색 넥타이 한가운데 꽂힌 금색 넥타이핀 등 그리피스의 외모는 평범한 웨일스인 목사 같지 않았다. 그는 외출할 때는 실크 모자를 썼다. 런던 상류 사회 사람들에게 예의를 지키려고 그런 옷차림을 하는 것은 아니었다. 채링 크로스 채플의 이 목사는 기존 질서를 존중하는 태도에서 완전히 자유로운 사람이었기 때문이다. 대학 시절 그는 헬라어 구문 같은 지겨운 공부 따위에는 무관심한 모습으로 동급생들을 놀라게 만들었고, 시험을 볼 때면 문제가 요구하는 답을 적는 게 아니라 태연하게 "『노스와 힐라드』 10쪽을 보시오!"라고 써냈다.

전쟁이 나기 전 그리피스는 (다른 많은 비국교도 목회자들과 마찬가지로) 반전론자였다. '국왕과 나라를 위한' 투쟁이 반전론을 침묵시키기 시작했을 때, 그런 시대적 분위기에 좀 적응해야 했건만 그리피스는 온 나라가 군인이라면 모두 영웅시하는 도취적 분위기에 절대 휩쓸리지 않았다. 그는 군인들이 다음과 같은 노래를 아무렇지도 않은 듯 자신감 넘치게 부르는 모습에 충격을 받았다.

고민거리는 낡은 군장 속에 다 꾸려 넣고
웃으라, 웃으라, 웃으라!

제1차 세계대전 초, 평상시와 다름없이 주 대항 크리켓 경기가 열렸을 때만 해도 사람들은 전쟁이 끝날 때까지 앞으로 영국인 500만 명이 군 입대를 해야 할 것이며, 1914년 이전의 '팍스 브리타니카' Pax Britannica 시대는 절대 다시 오지 않으리라는 것을 알지 못했다. 그러나 솜므Somme와 파스샹달르Passchendaele에서 대살육극(1916년 솜므 전투에서는 첫날 6만여 명에 가까운 영국군 사상자가 나왔고, 1917년 벨기에의 파스샹달르 지방에서 벌어진 전투는 이해에 있었던 전투 중 가장 치열했던 전투로 손꼽힌다—옮긴이)이 벌어지기 전에 이미 마틴은 마음을 정한 상태였다.

그 시절은 나에게 정말 끔찍한 나날이었다. 아직 어려서 그 상황을 직접 대면하지 않아도 된다는 게 기쁠 정도였다. 전쟁을 낭만적인 일로 보는 사람들, 군에 들어가 싸우고 죽이는 기회를 갖고 싶어 안달인 사람들의 생각과 성향을 도무지 이해할 수 없었다. 내가 열여섯 살에 의학도의 길을 걷기 시작했다는 사실이 바로 군 입대라는 끔찍한 운명을 면할 수 있었던 이유였다. 당시엔 의사가 귀해서, 의학 공부를 시작한 청년이 군에 입대하면 프랑스 전선에서 고국으로 돌려보내 공부를 다시 할 수 있게 해줄 정도였다. 덕분에 병영 생활을 하지 않아도 되었다는 것, 트레가론에서의 하숙 생활보다 더 참담했을 그 생활을 면할 수 있었다는 것에 대해 나는 수백 번 감사했다.

세계대전의 부작용 중 하나는, 로이드 존스 집안에 정치에 대한 관심이 고조되었다는 점이다. 그러나 이제는 국가 지도자들이 최근 무슨 연설을 했는지 궁금해 런던에서 오는 신문을 기다릴 필요가 없었다. 집에서 500미터만 가면 의사당이 있었기에 해롤드와 마틴은 종종 의사당 방청석에 앉아 그들의 연설을 직접 들었다. 자유당은 1915년 결성된 연립 정부에서 사실상 여전히 정국을 주도했지만, 자유당 지도자들인 애스퀴스 수상과 로이드 조지는 서로 갈라선 게 분명했다. 이 대립 구도 속에서 결국 웨일스 사람 로이드 조지가 수상이 되기에 이르렀다. 마틴은 열렬한 로이드 조지 지지자였지만, 로이드 존스 집안은 어머니만 빼고 모두 마틴과 반대 입장이었다.

마틴이 정치에 관심이 많다는 것을 고려할 때 로이드 존스 부부는 아들이 지금 집중하고 있는 공부가 과연 최선인지를 고민했을 수도 있다. 트레가론에 입학했을 때 마틴은 역사와 영어 과목을 좋아했고, 특히 월터 스코트Walter Scott 경의 소설을 즐겨 읽었다. 그런데 의사가 되기로 마음먹은 지금 그는 과학을 비롯해 의학 관련 과목에만 온 관심을 다 쏟고 있었다.

1916년 여름에 치른 시험의 결과는 마틴이 우유 배달을 하고 의사당 방청을 다니면서도 주의가 산만해지지 않고 자신의 주목적을 향해 매진했음을 드러내 보여주었다. 웨일스의 한 신문은 '랑게이토' 라는 제목으로 "랑게이토 출신 청년 데이비드 마틴 로이드 존스, 런던 대학교 시니어 스쿨 시험에서 7개 과목에 합격하고 5개 과목에서 우등을 차지하다"라는 기사를 실었다. 시험 성적이 이렇게 좋았으므로 그는 런던 유수의 어느 종합교육 병원이든 들어가 의학 교육을 받을 수 있게 되었다. 마틴은 몇몇 병원을 선택해 병원 정보를 요청하는 편지를 보냈고, 이렇게 해서 얻은 정보를 바탕으로 세인트 바톨로뮤 병원St. Bartholomew's Hospital에 지원하기로 결정했다. 16세라는 어린 나이였음에도 예비 시험과 병원장과의 면접까지 여유 있게 통과한 그는 1916년 10월 6일 다른 82명의 학생들과 나란히 의학도의 길에 들어섰다.

학창 시절이야말로 자신의 인생에서 가장 행복한 시기였다고 말하는 사람들이 있지만 훗날 로이드 존스는 그렇게 말하는 사람들에게 절대 공감하지 않았다. 마틴의 기억 속에서 트레가론 카운티 스쿨과 메릴본 그래머 스쿨은 집안이 어려웠던 시절을 떠올리게 했다. 1911년 외할아버지의 실언으로 집안 형편이 어렵다는 것을 알게 된 후 마틴은 좀처럼 그 생각에서 벗어나지 못했다. 그 사건 후 마틴은 공부에 적응하지 못한다고 랑게이토의 선생님을 그토록 걱정시켰던 천하태평 축구 소년이 아니었다. 그것은 마치 평범한 청년기를 훌쩍 뛰어넘은 듯한 모습이었다. 가끔 그가 "나에게는 청년기가 없었다" 고 말한 적이 있었는데, 이는 그런 뜻으로 한 말이었다. 마틴에게 미래가 얼마나 불투명해 보였는지는 아마 매튜 아놀드[Matthew Arnold]의 시 「소랍과 러스텀」[Sohrab Rustum]의 한 구절이 잘 설명해 보여줄 것이다. 마틴은 1914년 7월 트레가론 시절의 친구 윌리엄 에번스의 사진첩에 다음과 같이 그 시구를 적어 놓았다.

우리 모두 다 마치 바다를 헤엄치는 사람처럼
운명이라는 거대한 파도 꼭대기에 매달려 있으니
그 파도는 어느 쪽으로 떨어질지 정하지 못한 채 망설이고 있도다.
그 물결이 우리를 뭍으로 밀어 올려 줄지
아니면 바다로 떨어뜨릴지
우리는 알지 못하도다.

03.

의학의 길로 들어서다

세인트 폴 성당에서 그리고 뉴게이트와 올더스게이트 스트리트에서 잠깐만 걸으면 세인트 바톨로뮤 병원이 런던 구시가 한가운데 자리 잡고 있었다. 1640년대에는 이 건물에서 크롬웰 군대의 부상병들이 치료를 받았고, 종교개혁 때는 건물 담장 밖 스미스필드에서 프로테스탄트 순교자들이 죽어 갔다. 그리고 이 병원이 런던의 빈민들을 치료하는 일을 시작한 지도 이미 100년이 넘어 있었다. 1916년 당시 600개의 병상을 갖춘 이 병원 주요부는 광장을 중심으로 18세기 중반에 건축된 4개 건물로 이루어져 있었다. 1702년에 축조된 이 병원 출입문으로 들어선다는 것은 곧 오래된 대학만큼 아주 독특하고 영향력 있는 세상으로 들어가는 것이었다.

하지만 세인트 바톨로뮤 병원이 그런 곳이 된 것은, 단순히 그 고색창연한 역사 때문이 아니라 16세기까지 거슬러 올라가는 탁월한 외과의와 내과의 계보를 자랑하는 그 병원 의사들 덕분이었다. 존 아버네티John Abernethy는 학생들에게 정규 강의 프로그램을 제공한 최초의 의사로서, 1831년 그가 세상을 떠날 당시 바톨로뮤 병원에는 런던 최대의 의학원Medical School이 설치되어 있었다. 1879년에서 1880년 사이에는 의학원 전용 건물이 신축되었다. 아버네티를 비롯해 그를 따르는 '치프'chief들은 정곡을 찌르는 재치 있는 말투와 이야기 습관 덕분에 보통 사람들보다 좀 두드러져 보였다. 이들에게 단칼에 거부당할 수 있는 사람은 학생들뿐만이 아니었다. 한번은 저 유명한 웰링턴 공작Duke of Wellington(나폴레옹 전쟁 때 활약한 영국군 총사령관. 후에 영국의 총리가 되었다—옮긴이)이 아버네티를 한번 만나 볼 작정으로 예고도 없이 그의 사무실을 찾아왔다. 어떻게 들어왔느냐는 물음에 웰링턴 공작이 "문으로" 들어왔다고 대답하자 아버네티는 "그렇다면, 왔던 길로 다시 퇴장하시기를 권합니다"라고 했다. 아버네티는 국왕 조지 4세를 진료하라는 지시를 받고도 먼저 강의를 마치기 전에는 갈 수 없다고 했다고 한다! 바톨로뮤 병원 치프들의 의학적 명민함과 권위주의적 태도는 새로운 세대의 학생들이 들어올 때마다 이들이 조성하는 학풍에 적지 않은 영향을 끼쳤다. 이 병원 치프 한 사람의 전기를 쓴 작가는 로이드 존스가 학생이었던 시기에 대해 다음과 같이 기록했다.

바톨로뮤 병원 의사들은 케임브리지의 트리니티 칼리지 졸업생들처럼,

런던 세인트 바톨로뮤 병원 광장.

그 병원 소속 의사라는 것만으로도 자기가 다소 돋보이기에 충분하다는, 자기는 다른 이들과 다르다는 그런 인식을 갖고 있었다. 그러나 '굳이 우월해 보이려 애쓰지 않고도 획득한 이런 우월 의식'을 감안한다 해도, 20세기 첫 40년 동안 바톨로뮤 병원의 쟁쟁한 의료진이 펼쳐 보인 재능은 예외적이라 할 만큼 눈부셨다.[1]

로이드 존스가 바톨로뮤 병원을 보고 첫인상이 어땠는지는 기록되어 있지 않다. 우리가 아는 것이라고는, 처음 몇 년간 이 병원에서 만난 사람들과 따뜻한 우의를 맺었고 그 우정이 오래 지속되었다는 것 정도다. 훗날 다시 만날 기회는 극히 드물긴 했지만 말이다. 마틴은 동료 학생들 사이에서 인기가 좋았고, 의문의 여지없는 출중한 재능 덕분에 존경도 받았다. 이 시기 초에 찍은 한 사진(의학 교과서 말고는 실릴 수 없었던)을 보면 마틴이 검시실檢屍室에서 뭔가에 열중하고 있는 모습을 볼 수 있다. 그는 바톨로뮤 의료진들이 지니고 있던 보편적 견해, 곧 의사이자 의학 역사가인 노먼 무어Norman Moore 경이 했던 말을 자기 것으로 흡수했음이 분명했다. "최고의 내과의는 모두 다 병적인 해부학자들로, 이들은 병실 다음으로 검시실을 자기 머릿속을 채울 수 있는 곳으로 여기고, 이곳에서 질병의 증상과 진행 과정을 익숙하게 해석하는 법을 배워야 한다." 의사가 되는 길 그 사다리의 겨우 첫째 칸에 발을 디뎠음에도 마틴은 자기가 있고 싶은 곳이 어디인지 정확히 알고 있었다.

형 해롤드가 에버리스트위스에서 법률 공부를 시작했다가 로열 웰시 퓨질리어 연대에 징집된 것과 달리, 마틴은 의학도의 길에 들어선 덕분에 군 복무를 면제받았다. 하지만 전쟁은 런던에서도 체감할 수 있었다.

> 전쟁 중에는 여러 가지 난생처음 보는 것들이 많았다. 그중 하나는 런던을 공격하기 위해 처음 나타난 체펠린 비행선Zeppelin을 본 일이다. 참 이상하게도, 그 비행선이 나타났을 때 우리는 대피소로 몸을 피하는 게 아니라 거리로 달려나가 쳐다보기 바빴다. 탐조등이 하늘을 비추자 비행선은 마치 하늘에서 거대한 시가cigar에 불이 붙은 것처럼 보였다. 전투기가 대낮 공습을 감행했던 것도 기억난다. 첫 번째 폭탄은 어느 토요일 아침 내가 학생으로 있던 세인트 바톨로뮤 병원과 아주 가까운 곳에 떨어졌다. 그때 나는 구조의 손길이 필요할까 해서 급히 달려갔었다. 또 기억에 남을 만한 어느 주일 밤 사건도 있다. 잠자리에 들려고 2층으

로 올라갔는데 갑자기 북쪽 하늘이 마치 노을이 지는 것처럼 붉어졌다. 잠시 후 붉은 빛이 사라짐과 동시에 의기양양한 함성소리와 함께 사람들이 거리로 쏟아져 나와 환호했다. 리프 로빈슨 중위가 포터스 바 근처 커플리 상공에서 첫 번째 체펠린 비행선을 용케 격추시킨 것이었다.

이 시기 마틴의 삶에서 집과 병원 다음으로 중요한 곳은 채링 크로스 채플이었다. 참으로 우연한 일은, 로이드 존스 가족이 채링 크로스 채플에 처음 출석하던 바로 그 주일, 앞으로 있을 일들에서 중요한 역할을 하게 될 필립스 씨 가족 바로 앞자리에 앉게 되었다는 점이다. 톰 필립스Tom Phillips 박사는 뉴캐슬 엠린 출신으로, 그곳에서 톰의 아버지 에번 필립스Evan Phillips는 베델 칼뱅주의 감리교 채플 목사로 크게 존경받으며 50년 이상 봉직했고 1859년 웨일스 신앙부흥 당시 주요 지도자 중 한 사람 역할을 했다. 1914년 가을 무렵, 톰 필립스는 런던으로 이주한 지 20년이 넘어 이제 유명한 안과 전문의로 자리잡았고, 데이비드 로이드 조지도 그의 환자 중 한 사람이었다. 톰과 그의 아내, 열여덟 살 먹은 아들 유언,Ieuan 열여섯 살 딸 베단Bethan 그리고 열 살짜리 아들 토모스 존,Tomos John 이 다섯 식구는 런던에서 20킬로미터나 떨어진 해로우Harrow에 살면서도 채링 크로스 채플 예배에 빠지는 법이 없었다. 새 가족이 앞자리에 앉는 것을 보면서 베단은 그 집 세 아들의 모습을 기억 속에 담아 두게 될 터였는데, 그중 빈센트는 비교적 어려 보이는 스타일로, 재킷 밖으로 이튼칼라 셔츠를 입고 있었다. 베단은 오래전 뉴캐슬 엠린에서 마틴이 먼발치에서 자신을 흠모했었다는 것을 눈치채지 못했다. 아마 어린 시절의 어느 장날, 마틴이 뢴카드포의 외할아버지와 함께 장에 왔을 때였을 것이다.

1916년 마틴이 바톨로뮤 병원에서 의학 공부를 시작하던 바로 그날 베단도 유니버시티 칼리지University College에서 의학 공부를 시작했다. 두 사람은 그 뒤 9년에 걸쳐 우정을 나누며 사귐을 가졌지만, 중간중간 상당히 오랜 기간 만나지 않던 때도 있었다. 그 한 이유로, 둘 다 의학을 공부한다는 유사점이 있었음에도 베단의 입장에서는 마틴이 자신보다 18개월 연하라는 사실을 무시하기 힘들었다. 마틴은 베단보다는 유언 필립스와 친구가 되는 게 오히려 더 수월하다는 걸 알게 되었고, 그래서 오래지 않아 두 사람은 절친한 친구가 되었다. 그러나 마틴의 인생에서 우선적으로 중요한 역할을 하게 될 사람은 톰 필립스 박사였다. 때는 1917년 이 젊은 의학도가 톰이 가르치는 주일학교 수업에 참석하게 되면서부터였다. 집에서 헨리 로이드 존스가 세 아들들에게 늘 사회적 이슈에 대해 토론하는 분위기를 만들어 주었던 덕분인지 톰 필립스가 지도하는 공개 수업에서 마틴은 마치 물 만난 고기 같았다. 마틴은 1924년까지 필립스 박사가 지도하는 주일학교 수업에 참석했는데, 이 수업에 대해 다음과 같이 말했다.

> 주일 오후마다 열띤 토론이 벌어졌고, 때로 분위기가 격렬해질 때도 있었다. 주로 나하고 필립스 박사가 발언할 때가 많았다. 나는 토론을 많이 하는 편이었고 또 평생 수많은 사람들과 토론을 벌여 왔지만, 단언컨대 논쟁과 번득이는 지성 면에서 필립스 박사 같은 사람은 보지 못했다. 필립스 박사, 내 동생 빈센트 그리고 발라에 사는 데이비드 필립스 박사 이 세 사람은 내가 이제까지 만나 본 사람 중 가장 훌륭한 토론가

들이다. 나는 특히 톰 필립스 박사와 빈센트에게 빚진 바가 크다. 날카로운 기지를 갖추기 위해서나 명료하고 체계 있게 생각하는 법을 배우기 위해서는 토론보다 더 좋은 방법이 없다. 신학적·철학적 주제들을 놓고 토론하는 게 특히 도움이 된다.

제1차 세계대전이 끝나기 전 해롤드가 심장 상태가 좋지 않아 의병 제대를 하는 바람에 로이드 존스 일가는 다시 모여 살게 되었다. 제대 후 곧 상태가 호전된 해롤드는 법률가가 될 생각으로 공부를 다시 시작했다. 유명한 잡지 「존 오브 런던 위클리」*John o' London's Weekly* 에 실린 해롤드의 글을 보면 그가 시인으로서의 재능도 상당했음을 알 수 있다.

1918년 6월 어느 주일 아침, 잠에서 깬 마틴은 어지러워서 일어날 수가 없었다. 당시 수많은 사람들의 목숨을 앗아 간 것으로 알려진 유행성 독감에 걸린 것이었다. 화요일에는 해롤드도 같은 증상으로 쓰러져 끝내 회복하지 못했다. 스무 살 해롤드는 1918년 7월 1일 륀카드포 근방의 한 교구 묘지에 묻혔다. 갓 조성된 외할아버지 데이비드 에번스의 무덤도 그의 옆에 나란히 자리 잡고 있었다. 세 소년의 유년 시절 수많은 추억을 함께 나눈 륀카드포의 그 터줏대감은 1년 전에 세상을 떠나 그곳에 잠들어 있었다.

그로부터 4개월 후 전쟁이 끝났다. 11월 11일 휴전 협정이 조인되었다는 소식을 듣자마자 마틴은 그날 병원 일은 다 제쳐 두었다.

소식을 들은 즉시 병원을 나서서 웨스트민스터 쪽으로 갔다. 도착해서

리전시 스트리트에서 찍은 가족사진.
헨리와 막달렌 로이드 존스 부부, 해롤드(가운데), 마틴(왼쪽), 빈센트.

듣자 하니 하원 의원들이 길 건너편 세인트 마거릿 교회에서 간단히 감사 예배를 드릴 예정이라고 했다. 의원들 행렬을 구경하려고 경찰관의 허락을 받고 다른 많은 사람들과 함께 서 있었더니 3시 무렵 의원들이 모습을 드러냈다. 로이드 조지와 애스퀴스 두 사람이 앞장섰다. 12월에는 미국 대통령 우드로우 윌슨이 국왕 조지 5세와 함께 무개無蓋 마차를 타고 지나가는 것을 보려고 네 시간가량 서 있기도 했다. 당시 나는 영웅 숭배자 기질이 약간 있었고, 지금도 그런 경향이 있다. 아! 그러나 이 시대에는 영웅을 보기 힘들어졌다.

후대에 전해질 마틴의 서신 중 가장 초기에 쓰여진 것은 1919년

7월 18일 뉴캐슬 엠린 근처에서 휴일을 보내고 있는 어머니에게 보낸 편지였다. 편지 내용은 어떤 짤막한 순간에 관한 것이지만, 의학도가 일상생활 속에서 날마다 어떤 생각을 하며 사는지 그 사고의 지평을 대체적으로 보여준다.

런던 E. C. 세인트 바톨로뮤 병원

금요일

사랑하는 엄마,

전해 드릴 소식이 그다지 많지는 않은데 또 편지를 쓰네요. 주초에 쓰려고 했었는데 너무 바빠서 못 썼답니다. 지난번에 말씀드린 것으로 생각되는데, 주말에 당직이 걸리는 바람에 수요일까지 계속 너무 바빴어요. 그리고 수요일부터 줄곧 수술에 참관하는 등 또 바빴답니다. 게다가 지난 주말엔 또 한 번 심한 감기에 걸려서 몹시 피곤했어요. 하지만 지금은 훨씬 나아졌고, 이번 주말에 푹 쉬면 다시 괜찮아질 거예요. 엄마가 아주 즐거운 시간을 보내고 계시다니 정말 기뻐요. 지금쯤은 랑게이토에 계시겠지요. 내일은 무얼 하며 보낼지 정확히는 모르겠어요. 감기에 걸렸으니 아마 테니스는 안 치는 게 좋겠지요. 감기가 악화될지도 모르니까요. 사람들 틈에 끼어 행진을 구경하고 싶은 기분도 아니네요. 물론 엄마는 거기 내려가 계시니 평화 축전 같은 건 별로 안 중요하겠지요…….

로이드 존스는 1921년 의학도로서 첫 번째 목표에 도달했다. 7

월에 왕립외과의협회 회원 자격M. R. C. S.과 왕립내과의협회 면허L. R. C. P.를 취득했고, 10월에는 내과학사M. B.와 외과학사B. S. 학위를 받았다. 특히 내과학에서는 우등을 차지했다. 1921년이 의사로서의 그의 이력에서 아주 중요한 해가 된 데에는 시험 말고도 또 다른 이유가 있었다. 그것은 다름 아니라 그해에 마틴이 토머스 호더Thomas Horder 경 밑에서 처음 일하기 시작했다는 것이다. 호더는 어느 방면에서든 세인트 바톨로뮤 병원에서 가장 뛰어난 사람 명단에 이름을 올릴 만한 인물이었다.

30대의 젊은 나이에 국왕 에드워드 7세의 왕실 의사로 초빙받으면서 호더는 할리 스트리트Harley Street에서 환자들이 가장 많이 찾는 개업의로 확실히 자리 잡았다. 그는 개업의 활동과 바톨로뮤 병원 일을 병행하다가 로이드 존스가 의사 자격을 따던 바로 그해에 바톨로뮤 내과의가 되었다. 호더의 전기 작가가 말하다시피, 이 시기는 그의 인생은 물론 임상의학 교수 업무가 절정기로 접어들던 때였다. 마틴이 살던 곳은 웨스트민스터 리전시 스트리트였고 호더가 치프로 있던 팀이 아닌 다른 팀 소속이었기 때문에 이때까지 그를 만나본 적이 별로 없었다.

그러던 중 1920년에 있었던 한 사건으로 로이드 존스는 호더의 주목을 받게 되었다. 어느 날 그는 평상시 하던 대로 외래 진료팀 소속 학생으로서 자신에게 맡겨진 환자를 검진하고 진단을 내렸다. 그런데 잠시 후 학생들을 데리고 회진을 하면서 그 환자를 만나게 된 호더는 로이드 존스가 병명을 진단해 낸 것을 보고 깜짝 놀랐다. 그가 병명을 정확히 알아낸 것은, 환자의 비장脾臟을 촉진할 수 있었던 덕분이었다. 그는 호더가 환자를 두 차례나 진찰하고서도 실패한 일을 자신은 해낼 수 있었다고 했다. 그 자리에 있던 학생들은 당연히 치프의 판단을 지지했다. 그도 그럴 것이 만약 실수했다가는 호더의 입에서 아버네티 못지않은 신랄한 핀잔이 쏟아지리라는 것을 알고 있었기 때문이다. "나 좀 봅시다, 스미스 군." 어느 날 호더가 한 학생에게 말했다. "이 병의 원인이 무엇인가?" 청년이 대답했다. "글쎄요, 선생님. 알았는데 잊어버렸습니다." 그러자 호더는 흥분한 목소리로 고함쳤다. "한심하군. 지금 아무도 아는 사람이 없으니까 묻는 거 아닌가!"

그전에 로이드 존스 자신도 이와는 다른 이유로 호더와 불편하게 부딪친 적이 있었다. 그 무렵에도 여전히 마틴은 아버지 가게에 급한 일이 생길 때마다 일손을 돕곤 했는데, 그날도 다른 날보다 훨씬 일찍 일어나 가게 일을 도운 다음 병원에 출근했다. 첫 번째 업무는 호더가 외래 환자를 보는 진찰실 참관이었는데, 새벽 일찍 일어났던 터라 몹시 졸렸던 마틴은 호더의 날카로운 질문을 받고도 질문 내용을 제대로 알아듣지 못했다. 마틴이 바로 대답을 못하고 허둥대자 호더는 그 즉시 그를 놀리며 웃음거리로 만들었고, 학생들은 왁자지껄하게 웃음을 터뜨렸다. 그런데 우리가 지금 이야기하고 있는 1920년의 그날은 달랐다. 지난번과 달리 로이드 존스는 더할 수 없이 맑은 정신으로 자신이 내린 진단명을 끝까지 고수했다. 그리고 며칠 후 환자의 병이 전개되는 양상으로 보아 그의 진단이 옳았다는 것이 드러나자 이때부터 호더는 그에게 관심을 갖고 예의 주시했다.

1921년 병원 의료진 임용 시기가 되자 호더는 10월에 치른 내과학사·외과학사 시험 결과가 나오기 전이었는데도 자기 팀이 아닌 로이드 존스를 자신의 직속 신입 수련의로 임명하는 예외적 조치를 취했다. 전에 호더의 수련의였던 사람 둘은 그가 자신들이 추천한 학생을 외면하자 실망을 드러냈다. 그 후 로이드 존스가 내과학사·외과학사 시험을 우등으로 통과했다는 사실이 알려지자 호더는 그들에게 "내가 선택한 사람이 아니라 자네들이 추천한 사람을 임명했더라면 내가 바보로 보이지 않았겠는가?"라고 말했다.

그 뒤로 호더와 함께한 시간들은 로이드 존스에게 깊은 영향을 끼쳤다. 그는 병원에 상주하는 수련의로 1년을 지낸 뒤 1923-1924년 두 해 동안 호더의 수석 임상 어시스턴트 생활을 하면서 그의 개인 병원 일에도 관여했다. 1924년에는 호더의 주도로 R. L. 세인트 존 함스워스 기념 연구기금의 최초 수혜자가 되었다. 이 기금을 받은 것은 아급성亞急性 세균성 심내막염에 관한 중요한 연구를 위해서였는데, 심장 내벽에 병증을 일으키는 이 질환에 대해서는 1909년 윌리엄 오슬러와 호더가 최초로 설명한 바 있었다. 후에 마틴이 심장 전문의라는 오해를 빈번히 받게 된 것은 바로 이 연구 작업 때문이었다.[2] 사실 치프인 호더와 마찬가지로 그의 첫사랑은 언제나 일반 내과의가 되는 것이었다.

호더가 마틴에게 끼친 영향은 주로 생각하고 가르치는 태도에 관한 것이었다. 내과의, 외과의, 교수 등 바톨로뮤 병원에서 탁월한 사람들을 수없이 많이 만났음에도 "호더는 아주 독보적이었다"는 것이 로이드 존스의 의견이었다.

내가 아는 사람 중 가장 기민하고 명석하게 사고하는 사람은 내 옛 스승 호더 경이다. 이는 선생님이 의사로서 거두신 탁월한 성과의 주요 소였다. 선생님은 꼼꼼한 진단 전문의였는데, 일단 사실을 수집한 다음 정확한 진단에 도달할 때까지 추론을 하셨다. 언제나 제1원리에서 출발하되 절대 결론으로 비약하지 않는 것이 그분의 방식이었다. 환자에 관한 모든 자료를 다 모은 뒤 그 환자의 질환을 설명해 줄 만한 모든 이론들을 마치 볼링 핀 세워 놓듯 다 세워 놓으셨다. 그런 다음 각 이론에 대한 반론을 하나하나 적용해 가며 마침내 단 하나가 남을 때까지 그 이론들을 '격파했다.'

환자의 증상을 연구할 때 호더가 이 과정을 얼마나 빠른 속도로 처리했는지, 시인 T. S. 엘리엇의 시에 등장하는 '작은 천재'The Little Genius로 알려질 정도였다. 예를 들어 1910년 왕실 의사 중 한 사람인 새뮤얼 존스 지 박사가 에드워드 7세의 폐 상태에 대해 조언을 받으려고 호더를 불렀을 때, 그는 담배꽁초가 가득한 국왕의 재떨이를 흘긋 보는 것만으로도 질환의 원인을 니코틴 중독으로 충분히 밝혀낼 수 있었던 것 같다. 로이드 존스는 호더가 이보다 훨씬 까다로운 사례도 유능하게 처리해 내는 것을 목격하게 된다. 예를 들어 1923년 웨일스의 한 부유한 탄광주가 호흡 곤란 증세를 보여 네다섯 명의 뛰어난 전문의들이 진찰을 했다. 그럼에도 원인을 알아내지 못하자 호더가 호출을 받았다. 사실 호더는 동료들 사이에 두루 인기 있는 사람이 아니었던지라 그가 도착하자 먼저 와 있던 의사 한 사람이 뭔가 재미있다는 듯 "글쎄, 만만치 않다는 걸 호더도 곧 알게 될 걸"이라고 말했다. 그러나 모르겠다고 고개를 내젓기는커녕 바톨로뮤의 이 내과의는 환자의 병이 늑막삼출증이라는 증거를 단 몇 분 만에 찾아냈다.

호더의 수석 어시스턴트로서 이런 사례를 곁에서 자주 지켜본 로이드 존스는 호더의 성공이 어떤 마법의 결과가 아니라는 것을 잘 알고 있었다. 호더는 늘 제1원리에서부터 시작했다. 학생들을 데리고 회진할 때 그는 늘 학생들과 더불어 진단 과정을 설명해 보이곤 했는데, 소크라테스식 전통에 따라 면밀하게 질문함으로써 학생들을 길렀다. 그는 '정확하게 사고하고 그 생각을 정확하게 표현하는 원리'를 숙달하는 게 임상 의학의 원리를 숙달하는 것만큼 중요하다는 것을 보여주고자 했다. 이렇게까지 했던 만큼 호더는 그보다 나이 많은 여러 동료들보다 나았다. 그가 학생들에게 꼭 읽으라고 강조했던 책이 의학 교과서가 아니라 윌리엄 스탠리 제번스William Stanley Jevons의 『과학의 원리: 논리와 과학적 방법에 대한 논문』*The Principles of Science: a Treatise on Logic and Scientific Method*이었다는 점도 그의 특성을 잘 보여주었다. 호더가 1893년에 구입해서 연필로 꼼꼼하게 주를 달아 놓은 이 책을 로이드 존스에게 물려주었다는 것은 그가 로이드 존스에게 얼마나 애정을 갖고 있었는지를 단적으로 보여주었다.

호더는 때로 신참들에게 과도하게 업무를 지시하기도 했지만, 로이드 존스가 호더와 함께 일하면서 얻는 유익은 그것을 상쇄하고도 남았다. 한번은 이런 경우가 있었다. 토머스 경이 중요한 공개 강좌를 벌이고 있었는데, 강좌 준비가 너무 늦어져 로이드 존스와 또 한 사람의 팀원이 병원의 허가를 받고 밤늦게까지 도서관에 남아 다

바톨로뮤 병원의 한 의료진. 둘째 줄 왼쪽에서 두 번째가 마틴 로이드 존스.

음 날 강의안에 필요한 인용문과 참고 자료를 찾아야 했다. 그런데 작업을 다 마치기도 전에 동료가 지쳐 쓰러지는 바람에 로이드 존스는 급히 그를 병실로 옮긴 뒤 브랜디 한 잔을 먹여 정신을 되찾게 했다! 1923년, 이제 52세가 된 호더의 총기가 예전 같지 않아 가지각색의 병을 앓고 있는 환자들의 이름을 제대로 기억하지 못하게 되자 로이드 존스는 전에 비해 엄청나게 많아진 업무를 혼자 처리해야 했다. 그때까지 호더의 모든 치료 사례들은 환자의 이름에 따라 분류되어 있었다. 그런데 이제 호더는 그 사례들을 병명에 따라 분류한 두 번째 목록을 만들고 싶어 했다. 따라서 로이드 존스는 평일 저녁과 토요일 오후를 이 두 번째 목록 만드는 일에 바쳐야 하는 경우가 많았다.

그러나 이 무렵의 삶이 온통 힘들기만 한 것은 아니었다. 로이드 존스는 점심시간에 바톨로뮤 병원 맞은편 세인트 세펄커 교회당에서 열리는 음악회에 가기도 했고, 저녁에는 극장에 가거나 오페라를 관람하기도 했다. 초창기의 재정적 어려움도 이제는 옛일이 되었다. 아버지가 1922년 세상을 떠나면서 아들들에게 "가난한 사람들을 잊지 말라"고 당부한 것도 아마 이를 염두에 두었기 때문일 것이다. 사교 생활의 문도 새로이 열렸다. 호더의 환자들 중에는 유명 인사와 국가 요원들이 많았는데, 그가 그런 사람들이 모여 여러 가지 호기심을 자극하는 대화를 즐기는 모임에 로이드 존스를 초대해 주었다. 또한 햄프셔의 피터스필드에 있는 자신의 시골 농장 아쉬포드 체이스의 품격 있는 생활에도 초대해 주었다. "친애하는 로이드 존스"에게 보낸 초기의 한 초대장(1924년 8월 24일)에는 다음과 같은 내용이 담겨 있다.

> 시간이 빠르게 흐르니 언제 한번 밤에 우리를 만나러 오라는 초청을 더는 미룰 수가 없겠네. 내가 28일 밤에 스코틀랜드에 가게 되어 있으니 화요일 저녁에 이곳으로 왔다가 수요일에 우리하고 같이 돌아갈 수 있겠나? 아니, 차에 자리가 부족하면 기차 편은 어떻겠나? 4시 50분에 워털루를 출발해서 6시 23분에 피터스필드에 도착하는 맞춤한 기차 편이 있다네. 올 수 있다고 하면 내가 차를 가지고 기차역으로 마중 나가겠네.

1925년 4월, 로이드 존스가 왕립내과의협회 회원 자격을 얻기 위해 전공 시험을 치르기도 전에 그의 명성은 의학계에 이미 확실하게 자리 잡기 시작했고, 그는 그 마지막 시험도 쉽게 통과할 수 있었다. 토머스 P. 던힐 경과 버나드 스필스버리 경을 포함해 바톨로뮤 병원의 다른 치프들은 로이드 존스의 미래에 면밀한 관심을 보였다. 병리학과 치프였던 스필스버리는 로이드 존스를 자기 개인 병원으로 영입하려고 했다. 로이드 존스는 검시실에서 자주 만나던 스필스버리를 비록 존경하기는 했지만, 그의 제안은 정중하게 거절했다.

당시 바톨로뮤 병원에서 로이드 존스와 함께 일하던 이들은 그가 의학계에 몸담고 있던 시절의 기억에 대해 여러 가지로 기록했다. 마취과 신입이었던 C. 랑턴 휴어 박사는 이렇게 회상했다. "내가 아는 로이드 존스는 명민한 의학자이자 교사였고, 또한 음악을 사랑하는 사람이었다. 점심시간에 가끔 그와 함께 병원 맞은편 세인트 세펄커 교회에 가서 일류 오르가니스트의 연주를 듣곤 했다." 20세기 바톨로뮤 병원의 주도적 내과의 중 한 사람이었던 제프리 L. 케인즈 경은 1980년의 한 글에 이렇게 썼다.

> 1920년대 초 세인트 바톨로뮤 병원의 수석 어시스턴트로 함께 근무할 때 나는 로이드 존스와 아주 친하게 지냈다. 그는 내과에 있었고 나는 외과에 있었는데, 나는 그가 전문 의사로서 의학에 지적으로 접근하는 자세에 크게 경탄했었다. 마틴의 친구들 중 그에 대해 그렇게 경탄하고 의사로서 그의 자애로움을 높이 평가하는 이는 나뿐만이 아니었다.

04.

모든 것이 새롭도다

심리학은 마틴 로이드 존스가 바톨로뮤 병원에서 관심을 갖게 된 분야로, 어떤 사람이 드러내는 견해는 순전히 그 사람의 자발적인 결정에 의한 결과라기보다 이미 길들여진 요소에서 비롯된 편견의 결과라는 것을 그에게 가르쳐 주었다. 로이드 존스 자신의 경우, 자라 오는 동안 줄곧 그의 내면에 자리 잡아 정신세계를 형성해 온 영향력 때문에 언제라도 기독교의 관점을 옹호할 태세가 되어 있었다. 1914년 2월, 랑게이토를 떠나기 전 로이드 존스 집안 삼 형제는 목사님의 제안에 따라 칼뱅주의 감리교단의 신앙을 고백하고 수찬受餐 회원이 되었다. 앞에서 보았다시피 런던에 이주해서도 이들 가족은 이 교단 소속을 굳게 유지했고, 마틴은 18세라는 이례적으로 이른 나이에 1

년 동안 채링 크로스 로드 채플 주일학교 전체를 감독하는 부장까지 지냈다. 그는 자기 자신을 그리스도인으로 여기도록 길들여진 것이 분명했다. 물론 마틴이나 그의 신앙적 스승이나 그 누구도 이 사실을 단순히 심리학적 관점으로 설명하지는 않았다. 이들은 가족 관계에 의해 교회에 연결되면 그 덕분에 그리스도인이 되는 것을 하나님이 정하신 절차라고 보았을 것이다.

그런데 20대 초에 접어들면서 로이드 존스는 전혀 다른 견해에 이르게 되었다. 이는 사실상 우리가 지금까지 살펴본 그의 인생사와는 아무 관계도 없는 견해였다. 집안과 교회의 입장과 달리 이제 그는 자신이 단 한 번도 그리스도인이었던 적이 없다는 확신에 이르게 되었다. "여러 해 동안 나는 사실상 그리스도인이 아니면서 그리스도인이라 생각하며 살았다. 나중에야 나는 내가 그리스도인이었던 적이 없고 그리스도인이 된 적도 없다는 것을 깨달았다. 하지만 나는 한 교회의 일원이었고 교회와 교회 예배에 규칙적으로 출석했다."

당시 그의 주변 사람들은 과연 어떤 상황이 그런 크나큰 생각의 변화를 낳게 했는지 눈치채기 쉽지 않았다. 이미 말했다시피 그의 영적 변화는 자라는 동안 받아 온 신앙 교육의 산물이기는커녕 그 교육이 주입해 온 전제와 완전히 반대되었다. 채링 크로스 채플 목사 피터 휴스 그리피스는 랑게이토의 목사에 비해 복음주의적 기독교에 좀 더 동조적이었지만, 자기 교회 성도들을 다 그리스도인으로 간주하는 성향은 똑같았다. 그 결과 그의 설교 또한 듣는 이들의 지성이나 양심에 별 호소력을 갖지 못했다. 그리피스는 신학이나 강해가 아니라 일화와 예화가 풍성히 등장하는 설교를 했다. 그가 목표로 한 것은 감동과 감상이었으며, 이는 효과가 없지 않았다. 예를 들어 "어머니가 자식을 위로함같이 내가 너희를 위로할 것인즉"사 66:13을 본문으로 '상황을 보는 어머니의 눈'과 같은 주제로 설교할 때가 바로 그랬다. 그런 경우 로이드 존스는 온 교회가 다 눈물바다가 되는 광경을 목격했다.

로이드 존스는 후에 이 상황에 대해 언급하며 이렇게 말했다. "나에게 필요했던 것은 내 죄를 깨우쳐 주고 내 영적 곤궁함을 보게 해주며 회개에 이르게 하고 중생에 관해 뭔가를 말해 주는 그런 설교였다. 하지만 나는 그런 설교를 들어 보지 못했다. 우리가 듣는 설교는 늘 우리 모두가 다 그리스도인이고, 그리스도인이 아니라면 그 자리에 앉아 있을 리가 없다는 전제 아래 하는 설교였다."

교회 생활이 로이드 존스의 영적 변화를 설명해 주지 못할진대 그가 바톨로뮤 병원에서 접한 그 모든 영향력들은 더더욱 그렇다. 그가 병원에서 일하던 시절, 호더의 수석 임상 어시스턴트를 지낼 무렵 그리스도인이 되긴 했지만, 이런 영적 변화는 병원이라는 장소 때문에 생긴 게 아니라 그런 장소에도 불구하고 생겼다고 하는 게 옳다. 베데스다 연못가 풍경을 묘사한 윌리엄 호가스의 그림이 18세기에 지어진 이 병원 건물 주 계단을 여전히 장식하고 있었지만, 1920년대 바톨로뮤 병원에는 성경의 영향이 그다지 많이 남아 있지 않았다. 의학과 성경적 기독교는 갈라선 지 오래였다. 로이드 존스와 가장 가까운 치프들 중 그리스도인은 단 한 명도 없었다. 호더는 합리주의자임을 자인했을 뿐만 아니라 이 시대라면 과학적 인본주의라 했을 만한 사상을 적극 옹호했다. 현대의 지식, 특히 진화론에 대한 인식이 역사적 기독교를 더 이상 지지할 수 없게 만들었다는 것이 이들의 일반적인 믿음이었다. 바톨로뮤 병원의 그리스도인 연합Christian Union(당시 학생기독교운동[Student Christian Movement, SCM]이 운영하던) 안에서조차 현대 사상을 용인하는 태도가 크게 확산되어 있어, 로이드 존스는 그리스도인이 되기 전에도 그 모임에 참석하는 걸 무가치하게 여길 정도였다.

이렇게 로이드 존스의 경우를 보면, 믿음은 사전에 '길들여진' 결과라는 주장은 무너지고 마는 것처럼 보인다. 하지만 정말로 그랬을까? 그의 새 신앙이 비록 우리가 언급한 그런 영역에서 오지는 않았지만, 그래도 그는 그 믿음으로 이끌렸다. 그를 변화시킨 것은 단순히 무심결에 생기는 혹은 비합리적이고 일시적인 변덕이 아니었다. 오히려 그는 결국 저항할 수 없는 것으로 입증된 영향력에 의해 그동안 준비되고 키워졌던 것이다.

이 '영향력' 중 가장 초기에 속하는 것은 어렸을 때 겪은 사건들과 관계있다. 그 사건들로 인해 이 세상 삶이 매우 불확실하고 가변적인 것이라는 생각이 아로새겨졌다. 열 살 때 한밤중에 불타서 무너지는 것을 목격했던 그 집은 그의 생애 세 번째 집이었다. 그 후 새로 지은 집에서는 안정감도 못 느꼈고, 이 세상 자체가 '지속성 있는 도성'을 제공해 주지 못한다는 것을 인식하게 되었다. 1918년, 수많은 것을 함께해 온 형 해롤드가 갑작스레 죽고 난 뒤 그는 언젠가 정치철학자 에드먼드 버크Edmund Burke가 비슷한 상황에서 말했던 것처럼 "우리는 얼마나 덧없는 존재이며 또 그림자 같은 것들을 좇고 있는가!"라고 생각했었을 수도 있다. 그로부터 4년 후 그토록 사랑했던 아버지마저 세상을 떠나자 그는 이 진리를 다시 한 번 확인하게 되었다.

그의 삶에 자리 잡고 있던 또 하나의 강력한 요소는 이 모든 사건 이면에 있는 '운명'에 대한 날카로운 인식이었다. 그는 어릴 때부터 이 운명 의식을 갖고 있었다. "우리의 존재 목적을 실현하는 한 신이 계시지. 우리가 그 목적에 제아무리 거칠게 도끼질을 한다 해도"라는 셰익스피어Shakespeare의 저 유명한 금언의 의미를 그도 알고 있었고, 그래서 자신이 1910년 1월 그날 밤 화재에서 구출된 것이 좀 더 차원 높은 어떤 목적의 한 부분이라는 것을 결코 의심할 수 없었다. 그가 랑게이토 예배당에서 부르곤 했던 웨일스 찬송가 가사 중에 다음과 같은 내용이 있다.

세상엔 소리 없는 섭리가 있는 게 분명하다네.

로이드 존스는 과거 역사, 특히 기독교회 역사에서도 이와 비슷한 운명을 포착하기 시작했다. 이 문제에 대해 처음으로 그의 관심을 일깨운 것은 1913년 랑게이토에서 열린 칼뱅주의 감리교 연합 집회였다. 집회가 있은 지 몇 주 뒤인 여름 학기 끝 무렵 트레가론 학교 운동장에 서 있던 그에게 S. M. 파월 선생님이 다가와 퉁명스럽게 "이거 읽어!"라고 하면서 뭔가를 그의 주머니에 쑤셔 넣어 주었다. 18세기 웨일스 부흥운동을 선도한 인물 중 한 사람인 하월 해리스Howell Harris의 사역에 관한 1페니짜리 소책자였다. 칼뱅주의 감리교 역사에 대한 독서는 이 책이 처음이었다. 그는 이 책을 읽고서 하나님의 엄위와 권능에 대해 분명한 관점을 갖게 되었다. 이 새로운 관심사가 그의 마음속에 더욱 확고히 자리 잡은 것은 17세 때 성경을 읽으면서 예정에 관한 진리를 알게 되면서부터였다. 예정 교리는 모든 것을 하나님의 영원한 보좌의 다스림 아래 두는 교리다. 이후 그는 자신이 '발견한 진리'를 가족들은 물론 채링 크로스 채플의 톰 필립스 박사가 지도하는 주일학교 수업에서 열심히 설명했다. 그러면 이 문제를 두고 열띤 논쟁이 벌어지는 경우가 많았다. 한번은 어느 휴일 동생 빈센트와 또 한 친구와 함께 크레이븐 암스에 있는 삼촌 집에서 점심 식사를 한 후에 예정론에 대한 토론을 시작했다. 토론은 차 마시는 시간까지 계속되다가 결국 저녁에 끝났는데, 그것도 빈센트가 목이 쉬는 바람에 어쩔 수 없이 끝난 것이었다!

1923년 초, 로이드 존스는 명백히 복음주의적이지는 않지만 그가 이미 알고 있는 것에 뭔가를 더해 주는 설교들을 듣기 시작했다. 장소는 웨스트민스터 채플이었다. 1917년 캠벨 모건이 사임하고 그의 후임으로 온 J. H. 조위트Jowett는 건강도 좋지 않은 데다가 교인 수도 점점 줄어드는 문제로 애쓰다가 1922년 12월 17일 설교를 마지막으로 교회를 떠났다. 그로부터 얼마 뒤, T. C. 윌리엄스가 웨스트민스터 채플 강단에 설 때마다 설교를 들으러 가던 로이드 존스는 그날도 윌리엄스의 설교를 들으러 웨스트민스터 채플을 찾았다. 이날 예배 때 그는 존 A. 허턴John A. Hutton이라는 스코틀랜드인 신임 목사가 다음 주일부터 목회를 시작한다는 것을 알고 흥미를 느꼈다. 마틴은 허턴의 설교를 들으려고 평상시와 달리 그다음 주에도 웨스트민스터 채플 예배에 참석했다가 이 53세 스코틀랜드인에게 단박에 깊은 감명을 받았다. 마틴뿐만 아니라 온 교인이 모두 마음이 사로잡혀, 설교가 끝날 무렵 허턴이 아무 생각 없이 한 손을 흔들어 보이자 모두들 자리에서 벌떡 일어설 정도였다. 로이드 존스는 "이 사람의 설교가 엄청나게 마음에 와 닿았다"고 후에 회상했다. "나는 그의 설교를 자주 들으러 갔다. 생각해 보니 그가 웨스트민스터 채플에 있는 동안은 거의 매 주일 아침마다 그의 설교를 들었던 것 같다." 허턴의 설교는 사실 한결같지는 않았다. 강해설교는 아니었고, 매 설교마다 최선의 결과가 나온다기보다는 어쩌다 한 번씩 그랬다. 그래도 그의 설교는 로이드 존스의 생각에 무언가를 더해 주었다. "그의 설교를 들으면 인간의 삶을 변화시키는 하나님의 권능에 대해 감명을 받게 된다." 로이드 존스는 새로 태어남과 중생을 믿었다. 허턴의 설교를 듣는 이 젊은 의학도는 하나님께서 계획을 세우시고 목적을 가지신다는 것을 이미 알고 있었지만, 이제 그분이 그 계획과 목적을 이루기 위해 행동하시고 간섭하신다는 것도 깨우치게 되었다. 웨스트민스터 채플에서 그는 영적 현실 인식에 눈뜨게 되었으며, 이는 채링 크로스에서는 놓쳤던 부분이었다.

로이드 존스의 완전한 방향 전환에 가장 강력한 영향을 끼친 요소가 아직 남아 있다. 그것은 바로 죄의 현실 곧 인간 자체에 뭔가가 심각하게 잘못되어 있다는 증거였다. 그는 바톨로뮤 병원에서 자주 접해야 했던 런던 빈민들에게서 이것을 목격했다. 특히 이즐링턴 Islington의 가장 험악한 지역에서 산과産科 훈련을 받던 시절, 그는 카디건셔 시골에서는 꿈에서도 생각해 본 적 없는 불경건한 일들을 접했다. 하지만 그가 이즐링턴에서 본 광경도 1920년대에 사회적으로 반대편 끝에 사는 사람들과 가까이 접하면서 겪었던 일만큼은 그의 생각에 결정적 영향을 미치지 못했다. 흔히 말하는 것처럼, 빈민층 사람들이 왜 그렇게 악행을 저지르는지는 쉽게 설명할 수 있다. 이는 그저 교육·주거·경제 발전 문제에 지나지 않았다. 형편과 환경을 바꿔 주면 모든 게 다 좋아질 터였다! 정치인과 국제 연맹이 바로 그 철학을 채택하여 세상을 재건하고 장차 또 전쟁이 일어나는 것을 방지하고자 했다. 그러나 그 이론이 옳다면, 즉 인간은 도덕적으로 악하지도 선하지도 않고 선해지기 위해 필요한 것은 적절한 도움과 교육뿐이라면, 이 나라에서 가장 부유하고 가장 훌륭한 사람들을 대표하는 호더의 환자들 중에 이를 실제로 입증해 보여주는 이들이 있어야 했다. 할리 스트리트에 있는 이 왕실 주치의의 개인 병원을 찾는 환자들은 확실히 부족할 것도 없고 교육 수준도 높은 사람들이었다. 그중에는 수상을 역임한 사람이 셋이나 있었고, 당대의 주도적 지식인, 작가, 음악가들도 있었다. 로이드 존스가 자신의 치프와 함께 이런 사람들 세계를 돌아다니면서 깨달은 것은, 이들도 이즐링턴에서 만난 사람들과 다름없이 결핍 상태에 있다는 것이었다. 이들의 근본적인 결핍은 여전히 미해결 상태였다. 천하의 호더도 이 결핍의 원인을 진단해 내는 데에는 역부족이었다. 이 같은 깨달음이 로이드 존스에게 가장 강력하게 와 닿았던 때는, 앞에서 언급했다시피 1923년 몇 주간에 걸쳐 호더의 임상 사례를 각각의 질병에 따라 재분류하던 때였다. 호더의 진료 기록은 그의 개인 병원을 찾은 환자 중 어떤 공인된 의학적 기준에 따라 분류될 수 없는 사례가 전체의 70퍼센트 정도나 된다는 것을 보여주었다. '과식', '과음' 등과 같은 진단명은 통상적으로 의학의 영역 밖에 있는 어떤 원인을 지닌 징후나 증세를 가리킨다. 이상하게 들릴지 모르지만, 현대인은 과거 사람들과 너무 다르기 때문에 역사적 기독교는 이제 이들에게 시의적절하지 않다는 주장이 얼마나 오류인지 깨닫는 데 도움을 준 것은 바로 이 과학적 인본주의의 신전(호더의 병원)이었다. 로이드 존스는 하나님과의 변화된 관계를 필요로 하는 인간의 근본적 결핍 상태는 예나 지금이나 다를 것이 없다는 것을 발견했다. 그는 "인간이 그토록 뽐내는 그 모든 변화들은 다 외적인 변화들"이라는 사실에 주목했다. "그 변화들은 인간 자체의 변화가 아니라 단순히 행동양식의 변화, 환경의 변화다." 호더의 길고 긴 임상 사례 노트에서 그가 발견한 진짜 문제는 의학적 문제도 아니었고 지적인 문제도 아니었다. 그것은 도덕적 공허와 영적인 공동空洞 상태의 문제였다. 로이드 존스에게 호더의 임상 사례 색인카드는 에스겔 선지자에게 보였던 마른 뼈 골짜기의 환상과 비슷했다.

또 한 가지 그의 시선을 비껴가지 못한 것은, 명목상의 신앙은 이 환자들에게 아무런 도움도 주지 못했다는 점이었다. 마틴의 어린 시절 우상 데이비드 로이드 조지는 1922년 수상직을 사임했고, 이 무렵 그가 로이드 조지에게 가졌던 믿음은 이미 죽은 상태였다. 로이드 조지를 뒤이어 수상직에 오른 사람은 앤드루 보너 로Andrew Bonar Law로, 역시 호더의 환자였고 기독교식 이름만으로도 그가 어떤 환경에서 자랐는지를 알 수 있었다. 1858년 그가 세상에 태어날 무렵, 스코틀랜드 자유교회Free Church of Scotland 목회자의 아내였던 그의 어머니는 앤드루 보너의 『R. M. 맥체인 전기』*Memoirs of R. M. M'Cheyne*를 읽고 있었다고 한다. 로는 수상직에 오른 직후인 1923년에 세상을 떠났는데, 로의 전기 작가는 "그가 조상들의 칙칙한 신앙에서 위로를 찾았다는 징후는 전혀 없다.……신조에 대한 믿음을 놓은 지 오래였던 그는 지적인 고결성이 너무 강해서 와병 중에도 결코 그 신조로 다시 돌아갈 수 없었다"고 한다. 호더의 환자들은 실로 1920년대의 분위기를 그대로 나타냈다. C. S. 루이스Lewis가 러디어드 키플링Rudyard Kipling(호더 진영에 속했던 또 하나의 인물)을 비평하는 글에서 말했듯, 이 시대에는 '종말의 교리'가 결핍되어 있었다. 루이스는 말하기를, 키플링의 눈으로 보기에 삶은 그 모든 장대한 배경을 다 잃었다고 한다. "그는 모든 궁극적인 것에 대해 경건한 이교도의 불가지론을 갖고 있다. 그는 『인생의 장애』*Life's Handicap* 머리말에서 '인간이 밤의 회전문에 이르면 세상의 모든 교리는 놀랍도록 똑같고 특색 없게 보인다'고 말한다."[1]

로이드 존스가 관찰한 주변 세상 모습과 평행을 이루되 궁극적으로 더 결정적이었던 것은, 자신의 죄성에 대한 인식이 점점 커졌다는 점이다. 그는 죄가 흔히 부도덕하다고 인식되는 행위보다 훨씬 더 심각하다는 것을 깨닫기 시작했다. 다름 아닌 인간의 욕구에 사악함이 자리 잡고 있다는 것을 말이다. 사도 바울이 "마음의 원하는 것"엡 2:3이라 부르는 것, 즉 교만, 질투, 시기, 악의, 분노, 악독, 이 모든 것이 다 똑같은 질병의 일부이다. 가장 높은 차원의 기능인 지성 면에서도 인간은 바보가 되었다. 23세 무렵 이 사실을 서서히 깨닫기 시작하면서 인생을 보는 그의 평가가 다 바뀌었다. 신앙 문제에 대해 토론하기를 그토록 좋아했건만 그는 바로 그 토론이 자신의 부패성에 대한 증거일 뿐이라는 것을 깨달았다. 훗날 "마음의 원하는 것"에 대해 설교하면서 그는 여간해서는 하지 않는 개인적인 이야기를 했다. "이 설교를 준비하고 있노라니 저 자신에 대한 혐오감과 증오심이 끓어올랐습니다. 지나온 세월을 뒤돌아보며, 말도 안 되는 이야기와 논쟁에 허비했던 시간들을 생각합니다. 그 모든 것에는 한 가지 목적밖에 없었습니다. 즉 내 주장을 관철하고 내가 얼마나 똑똑한지를 보여주자는 것이었습니다." 그는 1923-1924년 이전을 생각하며 이 말을 한 것이었다.

그러나 로이드 존스의 자기 진단은 아직 끝난 게 아니었다. 그는 성경과 경험을 통해 자신이 사실은 하나님께 대해 죽어 있었고 그분을 대적했다는 것을 알게 되었다. 자기중심과 자기 이익이라는 마음속 지배 원리가 자신의 타락한 본성에 대한, 그리고 하나님과의 관계가 잘못되어 있다는 것에 대한 결정적인 증거임을 깨달았다. "죄는 '네 마음을 다하고 목숨을 다하고 뜻을 다하여 주 너의 하나님을 사랑하라'는 말씀에 순응하는 태도와 삶에 정반대됩니다. 이 말씀대로 하지 않는다면 여러분은 죄인입니다. 여러분이 얼마나 존경스러운 사람인지는 중요하지 않습니다. 오로지 하나님의 영광을 위해 살지 않는다면 여러분은 죄인입니다." 이 진리를 자신이 직접 체험했음을 입증하기 위해 그는 다음과 같이 말했다.

> 제가 오로지 전적으로 그리스도인인 것은 하나님의 은혜 덕분이지 제가 생각하거나 말하거나 행한 것 때문이 아닙니다. 하나님께서는 제가 죽은 자였다는 것을, "허물과 죄로 죽은" 자요 세상과 육체와 마귀의 종이었다는 것을 알게 해주셨고, 내 안에 "선한 것이 거하지 아니하는" 줄을, 내가 하나님의 진노 아래 있고 영원한 형벌을 향해 나아가고 있었다는 것을 알게 해주셨습니다. 하나님을 싫어하고 죄를 사랑하는

> 이 악하고 타락한 본성이 바로 저를 비롯한 모든 인간의 괴로움과 질병의 진짜 원인이라는 것을 하나님께서는 깨닫게 해주셨습니다. 저의 문제는 제가 악한 일을 했다는 것뿐만 아니라 저라는 사람 자체가 존재의 중심에서부터 악하다는 것이었습니다.

다시 말해 로이드 존스는 겉으로 드러나는 자신의 삶이 연기演技와 다름없다는 것을 깨닫게 되었다. 사실인즉 자신은 하나님에게서 도망치려 애써 왔다는 것이었다. 이러한 깨달음은 며칠 사이에 혹은 몇 주 사이에 얻게 된 것이 아니었다. 그는 자신의 회심 날짜가 정확히 언제인지 말하지 않는다. 그의 회심은 점진적이었다. 훗날 그는 이렇게 말했다. "작은 길이 의미가 있으려면 큰 길로 이어져야 한다. 나는 작은 길을 벗어나 헤매었고, 이 길 저 길을 다니며 고단해졌다. 하지만 시인 프랜시스 톰슨Francis Thompson도 그랬다시피 나는 '천국의 사냥개'Hound of Heaven가 내 뒤를 쫓는다는 것을 늘 의식했다. 마침내 천국의 사냥개는 나를 잡아 '생명에 이르는 길'로 인도했다."

로이드 존스의 영적 자각과 이해가 어떻게 성숙해 갔는지는 1924년과 1925년 채링 크로스 로드 채플에서 열린 문학과 토론회 금요 저녁 모임에서 행한 두 차례의 연설을 통해 추적할 수 있다. 그는 1921년에 열렸던 이 모임들에서 현대 교육이라는 주제에 대해 처음으로 연설했다. 원고가 지금까지 전해지는 최초의 연설은 1924년 3월 모임 때의 연설로, 이 원고를 보면 그 당시 그의 생각이 어떠했는지 직접 확인할 수 있다. '시대의 표적'이라는 제목의 이 연설에서 그는 기본적으로 아주 심각한 주제 곧 그 시대의 도덕적 혼란에 대해 이야기했다. 그는 8개 영역에서 예화를 들어 가며 이야기를 전개하는데, 그것은 의상(남성복과 여성복), 수영("개별적인 수영장을 집에 설치하는 현대적 방식은 비극일 뿐만 아니라 인류에게 사실상 저주다"), 학위와 졸업장에 대한 열망, 신문과 광고, 라디오의 대유행, 현대 여성, 국가주의 그리고 교회의 지위였다. 어떤 기준으로 보든 이는 재치가 번득이는 연설이었지만, 일반적인 연설 의도에도 불구하고 여기에는 청중을 압도하고 설득하려는 이 젊은 연설자의 개인적인 취향과 기질이 너무 많이 드러나 보인다고 할 것이다.

연설에는 부디 진지하게 생각하면서 살라는 간절한 탄원과, 교회 강단이 쇠퇴한 것이 교회가 힘을 잃은 진짜 원인이라는 고발이 담겨 있다. 그러나 신앙적인 면에서는 모호하고 명확하지 않은 요소들이 있다. 사실인즉 젊은 로이드 존스는 성경의 메시지에 이제 겨우 절반 정도 눈을 뜬 것 같다. 벳세다의 맹인이 그랬던 것처럼, 시력이 일부 회복되어 "사람들이 보이나이다. 나무 같은 것들이 걸어가는 것을 보나이다"막 8:24라고 말할 수 있는 정도였을 것이다. 머뭇머뭇 믿음이 힘을 발휘하긴 했으나 찰스 웨슬리Charles Wesley처럼 다음과 같이 고백할 정도는 아직 아니었을 것이다.

오 그리스도시여, 제가 원하는 것은 당신뿐입니다.
당신 안에서 저는 모든 것 그 이상을 발견합니다.

그로부터 11개월이 지난 1925년 2월 6일(왕립내과의협회 회원 자격증을 받은 직후) 문학과 토론회에서 다시 한 번 연설을 했을 때에는 뚜렷한 변화가 보였다. 그는 모인 사람들에게 말하기를, 처음에는 예정이라는 주제에 대해 성경을 바탕으로 연구 발표를 할 생각이었으나 그것보다는 '현대 웨일스의 비극'이라는 제목으로 이야기하지 않으면 안 될 것 같은 기분이 들었다고 했다. 로이드 존스가 지난해 연설에서 단언했다시피 "국가주의를 크게 중시"하는 사람들은 이 제목만 듣고도 놀라 술렁거렸다. 실제로 그는 자신의 영적 경험에 비추어 새로운 통찰로 웨일스 역사를 뒤돌아봤고, 그래서 이제 자신이 전하려는 이 메시지를 확신하게 되었다. 그것이 없으면 웨일스는 본연의 모습이 될 수 없을 거라고 믿었다. "과거의 웨일스에 대한 저의 사랑과 헌신 때문에 저는 현대 웨일스의 비극에 대해 말하지 않을 수가 없습니다." 웨일스와 웨일스 사람들의 미덕을 맹목적으로 찬양하는 것이 정치인들의 습관일지는 몰라도 "진실을 있는 그대로 말하는 것은 참 애국자의 본분"이었다. 로이드 존스는 웨일스의 영적 빈궁함에 온통 골몰해 있다고 말했다. "깨어 있는 시간에는 온통 웨일스 생각뿐이고, 꿈에서도 웨일스 생각을 피할 수 없습니다. 정말 다른 모든 것은 다 상대적이고 부차적인 것으로 보입니다."

이 연설에는 앞으로 그의 대중 연설에서 흔히 보게 될 특색들이 여러 가지 담겨 있다. 이를테면 통일성 있는 논점, 예리한 분석, 설득력 있는 적용 등이 바로 그것이다. 그는 조국 웨일스가 쇠퇴하고 있는 주요 징후를 여섯 가지로 파악했다.

첫 번째, 어떤 사람을 그의 성품보다는 학위나 졸업장으로 판단하는 경향. "데니얼 롤런드, 하월 해리스, 윌리엄 윌리엄스, 존 엘라이어스에게 무슨 학위가 있었습니까? 그런 인물들을 배출한 나라가 오늘날 학위라는 제단 앞에 경배하고 있으니 한심하지 않습니까? 더 심각한 것은, 그런 풍조가 우리네 교회 안으로 스며들어 왔다는 것입니다." 웨일스에서는 교육이 참 기독교의 자리를 대신하고 있었다.

두 번째, 물질적인 성공을 인생의 궁극적 목표로 우러러보며, 그 성공에 따르는 지위와 권력을 좋아하는 풍조. "어떤 사람에 대해서든 요즘 사람들이 가장 먼저 하는 말 혹은 가장 먼저 궁금해하는 것은 '그 사람 잘나가요?'입니다. 해석해 보면 '그 사람 돈 잘 벌어요?'라는 뜻입니다."

세 번째, '작디작은 성취'를 크게 떠벌리곤 하는 웨일스 언론의 성향. "우리는 다 '우수하다', 적어도 웨일스 신문들은 그렇게 말합니다. 기사의 형식은 우리가 잘 알고 있으며, 대개 다음과 같이 전개됩니다. '조니 존스 씨가 런던 앤 웨일스 은행 입사 시험에 합격했다는 소식에 존스 씨의 수많은 친구들이 함께 기뻐할 것입니다. 이 명민한 청년은 어쩌고저쩌고…….' 그런 다음 이 신동의 가계도가 거의 완벽하리만큼 정밀하게 펼쳐집니다."

그는 네 번째, 다섯 번째 항목으로 계속 이야기를 이어 가면서 공직 임명의 문제와 찬송가를 오용하는 문제에서 웨일스가 퇴보했음을 증거했다. 그는 예배에서 거룩함이 사라지고 있다고 주장했다. "웨일스인에게 찬송가는 잉글랜드인에게 맥주 한 잔과 같은 의미가 되었습니다." 찬송은 하나님을 찬양하는 것이 아니라 단순히 인간의 정서를 표현하는 게 되어 버렸다. "이제 우리가 노래는 줄이고 삶에 대해 좀 더 진지하게 생각해 보기 시작할 때가 아닙니까?"

그는 퇴보의 여섯 번째 징후를 교회 강단의 상태에서 포착해 냈다. 1년 전에도 비슷한 이야기를 했지만, 이번에는 설명이 더 충실했고 말투도 더 단호했다.

> 세속적인 성공에 열중한 나라에서는 훌륭한 설교자가 나올 수 없습니다. 오늘날 설교자라는 직분은, 물론 훌륭한 예외도 있다는 것을 유의해 주시기를 부탁하면서 드리는 말씀입니다만, 다른 직종엔 이미 인력이 과잉 공급되어 있는 탓에 하는 수 없이 택하는 그런 직업이 되어 버렸습니다. 목회자를 결정할 때 교회가 어떤 방식을 채택하는지에 대해서는 이미 언급했습니다. 우리는 이제 우리가 뿌린 씨앗의 열매를 거두고 있습니다. 우리나라의 교회들 중에 예배당 공간이 절반은 비어 있는 곳이 많다는 건 놀라운 일도 아닙니다. 우리 교회 목사님이 어떤 신앙을 가진 분인지 확실히 알고 신뢰하기가 거의 불가능하기 때문입니다. 또 한 가지 몹시 혐오감이 드는 것은 정치인 설교자의 출현으로, 오늘날에는 이런 도덕적 잡종이 눈에 참 많이 띕니다. 이런 괴물들이 웨일스 대중의 삶에 끼치는 해악은 이루 헤아릴 수 없습니다. 이런 사람들이 대중 가운데 등장한다는 바로 그 사실이 기독교에 대한 조롱입니다. 제가 앞에서 언급한 현상들이 이런 유다 같은 인물들과 함께 우리 사회 도처에서 목격된다는 게 놀랍습니까? 우리는 심리학에 관한 설교는 수없이 많이 듣지만 놀랍게도 기독교에 대한 설교는 거의 못 듣습니다. 우리의 설교자들은 속죄와 예정 교리에 대해 설교하기를 두려워합니다. 우리 신앙의 기본적 대원리는 거의 언급되지도 않고, 오히려 그 교리를 시대에 맞게 수정하려는 움직임이 진행 중에 있습니다. 도대체 어떻게 이 영원한 진리들을 시대에 맞게 고친다는 말을 할 수 있습니까?

그 진리들은 언제나 최신식일 뿐만 아니라 시대를 앞서가기도 하며 또 앞으로도 영원히 그러할 것입니다.

로이드 존스가 웨일스에서 처음으로 대중에게 관심을 받게 된 것은 이 연설 때문이었다. 「남웨일스 뉴스」*South Wales News*지의 기자가 그 연설 현장에 있다가 1925년 2월 7, 9일자 칼럼에서 "그 연설자가 동포들을 무모하고 무차별하게 모욕했다"고 개탄했기 때문이다. 한 은행 지점장에게도 항변의 목소리를 낼 지면이 주어졌다. 피터 휴스 그리피스 목사가 로이드 존스의 의견을 지지하는 서한을 투고하기도 했지만, 편집장은 이 "젊은 선동꾼"을 다음과 같이 엄히 책망하는 글을 끝으로 더 이상 이 문제를 기사화하지 않았다. "마틴 로이드 존스가 25세 나이로 이런 발언을 할진대 나이 50이 되면 우리에 대해 뭐라고 말할지 두렵다."

그러나 1925년 2월의 이 문학과 토론회 연설과 관련해서는 그 신문사가 주목했던 것보다 훨씬 더 중요한 뭔가가 있었다. 그 연설 자리에 있었던 사람들 중 적어도 일부는 강사가 사실은 설교를 하고 있었고 그가 하는 말 이면에는 생생한 경험이 자리 잡고 있다는 것을 알아차렸다. 그가 예배당 밑에 있는 지하 공간에서 강연을 하고 있다는 사실로 해서 달라지는 것은 없었다. 그의 연설 태도에는 예언자적이고 권위있는 요소가 있었고, 그래서 청중은 병원과 할리 스트리트가 과연 이 사람에게 적합한 일터인가 의구심을 가질 정도였다. 청중은 로이드 존스가 그 문제에 대해 이미 어떤 결심을 했다는 것을 알지 못했다. 의학보다 더 강력하게 그를 끌어당기는 어떤 힘이 그의 삶 속에 들어와 있었다. 하나님이 그에게 현실이 되었다. 그는 자신을 전율시킨 그 진리를 설교에서는 거의 들어 보지 못했지만, 그런데도 그는 자신에게 임한 바로 그 은혜가 어느 곳에서든 사람들을 참 기독교 신앙으로 인도할 수 있다는 것을 알고 있었다. '하나님의 나라'가 1925년 세상에 임해 있었다. 프랜시스 톰슨의 시 「하나님의 나라」The kingdom of God 도입부처럼 로이드 존스도 이제 이렇게 말할 수 있었다.

> 오, 보이지 않는 세상이여, 우리는 너를 보노라.
> 오, 만질 수 없는 세상이여, 우리는 너를 만지노라.

후에 그는 이렇게 말하게 될 터였다.

> 그리스도인을 정의해 보라고 한다면 저는 이렇게 말하겠습니다. 그리스도인이란, 그리스도를 믿기 때문에 자신이 세상에서 제일 행복한 사람이라 여기며 다른 모든 이들도 자기만큼 행복하기를 바라는 사람이라고 말입니다.

05.

사역자로 부름받다

1925년 2월 '현대 웨일스의 비극'에 관해 연설을 한 뒤 그다음 주 화요일, 로이드 존스는 오랜 친구이자 장차 손위 처남이 될 유언 필립스에게 편지를 보냈다. 유언은 당시 칼뱅주의 감리교단 목회자가 되려고 에버리스트위스에서 공부하던 중이었다.

> 대단히 다정한 편지를 보내 주신 지 오래인데 답장을 하지 못했습니다. 이번엔 그럴 만한 이유가 있었다는 사실을 아마 잘 아시겠지요. 지난 며칠간 「남웨일스 뉴스」를 보셨을 테고, 그렇다면 찾아오는 사람도 많고 걸려 오는 전화도 많아 개인 시간이 별로 없었다는 걸 이해해 주시리라 생각합니다.

물론 지난주에는 연설문 준비에 몰두했고, 그에 관해 몇 가지 이야기 하고 싶은 게 있습니다.

제 미래에 대해서는 이미 마음을 정했어요. 사실 시험이 끝나자마자 결심을 굳혔고, 헬라어 강좌도 이미 하나 들었답니다. 그래서 연설문은 제가 설교한 내용들을 실천할 작정이라는 사실을 보류하고 있는 상황과는 별개로 어떤 속박이나 제한도 없이 준비했습니다…….

연설은 금요일에 채링 크로스에서 특별히 좋은 평가를 받았어요. 예상보다 좋게요. 사실 주제를 제대로 다루지 못했고 그래서 하여간 필연적으로 미완성의 연설일 수밖에 없다고 생각했거든요. 앞으로 제 삶은 이 연설 내용을 완성하는 데 바치게 되겠지만, 그래도 완전히 마치지는 못할 테지요.

어제 신문에 실린 비난의 말들은 제 행동과 그 행동의 목적에 대한 믿음을 강화시키는 데 당연히 일조했습니다. 아, 지금 형님을 뵙고 몇 시간 이야기를 나눌 수 있다면 좋겠습니다. 오늘 저녁 베단과 함께 있으면서 형님 생각을 여러 번 했어요. 베단도 지금 웨일스에 대해 저만큼이나 단호하다고 생각합니다. 형님, 베단은 저에게 아주 특별한 사람이지만, 그래도 지난번 베단이 자기가 먼저냐 웨일스가 먼저냐고 물었을 때 저는 웨일스가 먼저라고 대답할 수밖에 없었답니다. 확실히 그 질문은 제가 평생 받아 본 질문 중 가장 무서운 질문이었어요. 베단이 참 대단한 것은, 제가 그렇게 대답했기 때문에 저를 더욱 중요하게 생각한다네요.

지금 저는 때가 되어 저의 길을 출발할 수 있기를 바라는 중입니다. 조용히 그리고 야단스럽지 않게 시작하려던 의도와는 달리, 최소한 지금은 극적으로 된 것 같습니다. 그렇지요? 이는 전혀 바라지 않던 바였지만 어쩔 수 없는 거라면 다 최선으로 여길 만한 믿음은 충분합니다. 사람들은 저마다 멋대로 저를 한바탕 비난하겠지만, 그렇다고 달라지는 건 없습니다. 하지만 진리를 와전시키는 건 용인하지 않겠습니다…….

한 가지 부탁을 드리며 편지를 맺겠습니다. 입학시험 때 보신 헬라어 첫 시험 문제지들을 병원으로 좀 보내 주실 수 있을까요? 저를 가르쳐 주고 계신 분이 그걸 좀 보셨으면 해서요.

그럼 안녕히 계십시오, 형님. 이 순간까지 형님을 지켜 주시고 복 주신 분께서 영원히 함께하시길 기원합니다.[1]

장래의 처남에게 보낸 이 편지에서 알 수 있다시피, 로이드 존스는 칼뱅주의 감리교단에 속한 에버리스트위스 신학대학에 입학할 생각으로 이미 헬라어를 배우고 있었다. 이 같은 작정을 가지고 마틴은 1925년 3월 면접을 보러 갔다. 교장인 오웬 프라이스Owen Prys 박사는 그를 반갑게 맞았지만, 이 유망한 신학생은 다시 기차를 타고 런던으로 돌아가야 했다. 에버리스트위스에서 제공하는 신학 교육이 자기에게는 맞지 않는다는 걸 알았기 때문이다. 학교 측의 환영을 받았음에도 본능적으로 그는 그와 같은 상황에 마음이 끌리지 않았다.

채링 크로스 채플 사람들도 마틴이 설교자가 되고 싶어 한다는 걸 곧 알게 되었다. 유언 필립스가 분명 그러했듯 몇몇 사람들은 마틴의 결정을 반겼다. 그중에 1904년 웨일스 신앙부흥 때 은혜를 입었고 현재 킹스 크로스 근처에서 작은 호텔을 운영 중인 사람이 있었는데, 그는 마틴이 목회자가 될 생각이라는 소식을 듣고 가장 먼저 찾아와 “자네는 이 세대에 전할 메시지를 갖고 있지”라고 말해 주었다. 마틴을 격려해 준 또 한 사람의 교인은 미스 엘렌 로버츠로, 런던 이스트엔드의 이스트인디아 선착장 근처 포플라Poplar에서 다 쓰러져 가는 선교 사무실을 운영하면서 가난한 웨일스 사람들을 돕고 있었다. 마틴이 첫 설교를 한 것도 이 무렵 포플라에서였다. 그 후 얼마 지나지 않아 그는 포플라 선교회에서 또 한 번 설교했고, 한 웨일스인 우유 판매점 주인이 동포들의 복지 향상을 위해 뭔가 시작하려고 월섬스토우에 임대해 놓은 한 공부방에서 웨일스어로 두 번 설교했다.

이렇게 설교 활동을 시작하자 이제 사방에서 압력이 쏟아져 들어왔다. 최측근에서 조언해 주던 사람들은 그가 지금까지 하던 일을 접고 이렇게 완전히 다른 길로 가려 하는 것을 지지하지 않았다. 피터 휴스 그리피스는 퉁명스레 말했다. “나에게 다시 시간이 주어진다면 나는 의사가 되겠네!” 더 심각한 것은, 마틴의 어머니도 난데없이 일이 이렇게 돌아가는 것을 이해하지 못했다는 것이다. 어머니는 마틴의 판단을 대체적으로 신뢰하긴 했지만, 할리 스트리트의 병원을 교회 강단과 맞바꿀 수도 있다는 것은 어머니로서는 도저히 받아들일 수 없는 결정이었다.

마틴은 이제 의사의 길을 포기하는 게 과연 옳은 행동인지 여부를 두고 마치 산고와 같은 고통을 겪으며 고민하고 있는 자기 모습을 발견했다. 사실 그는 할리 스트리트의 병원에서(호더의 진료실 하나를 빌려) 이미 환자 진료를 시작했고, 바톨로뮤 병원에서도 중요한 연구 작업을 한창 진행 중인 데다가 연구의 결론은 아직 눈에 보이지 않는 상태였다. 그리고 의사 일을 계속할 경우 자신이 앞으로 의학계 고위

층 사람들에게 그리스도인으로서 큰 영향력을 행사할 수 있다는 사실도 고려해야 했다. 한편 그는 사회적 지위와 자신의 유익과 관련된 그 모든 문제를 지극히 무의미한 것으로 만드는 경험을 한다는 게 무엇인지도 알고 있었다. 1925년 부활절, 리전시 스트리트의 집에서 빈센트와 함께 쓰는 작은 서재에서 있었던 일도 그런 경험 중 하나였다. 그날 서재에 혼자 있던 마틴은 하나님의 사랑이 그리스도의 죽음 안에 완전히 자신을 압도하는 방식으로 표현되었음을 깨닫게 되었다. 자신의 새로운 영적 생명 안에서 일어나는 그 모든 일은 먼저 그리스도께 일어났던 일 덕분에 생기는 것이었다. 하나님과 새로운 관계를 맺게 된 것도 오로지 그 죽음 덕택이었다. 이 진리가 그를 놀라게 만들었고, 이 진리에 비추어 그는 아이작 와츠Isaac Watts가 했던 말을 되뇔 수밖에 없었다.

온 세상 만물이 다 내 것이라 해도
주님께 바치기에는 작고도 작도다.
그토록 놀랍고 그토록 거룩한 사랑
내 영혼, 내 생명, 내 모든 것 요구하도다.

마틴은 바로 이런 정신을 가지고 1925년 4월 한 토요일 '현대 웨일스의 문제점'이라는 제목으로 폰티프리드Pontypridd에 있는 웨일스 연합회Union of Welsh Societies 대표회의에 연설하러 갔다. 웨일스에서 하는 첫 번째 연설로, 폰티프리드 침례교회 강단에서 전한 이 메시지는 몇 달 전 채링 크로스에서 말했던 것을 대체적으로 재언명하는 내용이었다. 연설 초입에 그가 주지시켰다시피, 그때 마틴이 이야기했던 것을 "다시 한 번 들려주고 강조해 주기를" 이 회의에서 요청했기 때문이다. 그러나 본론으로 들어가기 전 그는 지난번 연설 후 들었던 비난에 대해 몇 마디 언급했다.

첫 번째는 사람들이 그의 애국심에 대해 의구심을 표한다는 것과 런던 주민인 그가 '현대 웨일스'에 대해 이러쿵저러쿵할 자격이 있는지 의심스러워한다는 것이었다. 이런 비난에 대해 그는 이렇게 말했다. "제가 현대 웨일스의 비극에 대해 논하는 것은 웨일스를 열정적이고 헌신적으로 사랑하기 때문입니다. 또한 찬란했던 웨일스의 과거를 자랑스러워하고 웨일스의 미래에 마음을 쓰기 때문입니다……저는 제가 웨일스에서 태어나 자랐다는 사실, 매 주일 런던의 웨일스 예배당에 출석하며 휴일이면 늘 웨일스에 와서 지낸다는 사실이 자랑스럽습니다. 이런 점들이 저의 자격을 보증해 줍니다. 이 정도면 어떤 의견을 낼 만한 자격이 있다고 생각합니다."

두 번째는 마틴이 말년에도 자주 듣게 되는 비판으로, 사람들이 그의 의견에 공감을 표하기는 하지만 그가 자기 견해를 표현하는 방식이 "너무 부정적"이라서 마음이 불편하다는 것이었다. "당신이 하는 말에는 동의하지만, 악폐를 바로잡는 당신의 방식에는 동의하지 않는다"고 말이다. 여기까지 자기 이야기를 한 다음 그는 대표단을 향해 말했다.

> 이해도 가고 어느 정도 공감이 가는 비판입니다. 사실, 문제 제기를 주저하게 되고 몇 번씩 다시 생각하게 될 만큼 이 비판이 마음에 와 닿았

> 습니다. 그 비판 또한 오류에 바탕을 두고 있다고 결론 내리기 전 혹은 깨닫기 전에는 말입니다. 자, 그 오류가 뭘까요? 그 비판적 입장을 지닌 사람들은 죄를 깨우치는 것이야말로 구원에 이르기 위해 꼭 필요한 서막이라는 것을 더 이상 기억하지 못합니다. 다시 말해, 저는 죄를 각성해야 할 필요성을 보여주는 것이 모든 설교의 가장 긴요한 기능이라고 생각합니다. '당신은 죄인'이라고 말해 주는 것만으로는 충분치 않습니다. 그것을 증명해 보여야 합니다. 예를 들어야 하고 생각하게 만들어야 합니다. 그래야 뭔가 소망이 생깁니다.

2월 연설에서 고발했던 내용들을 되짚어가는 동안 로이드 존스의 발언은 온건하다기보다는 날카로웠다. 웨일스 유니버시티 칼리지의 교육이 성경에서 점점 멀어지고 있는 현상이 뚜렷하다고 하면서 그는 이렇게 말했다.

> 지옥이 존재하지 않는다고 학교에서 가르칠지 모르지만, 죽음은 그보다 더 확실하고 더 가차 없는 선생입니다. 그때 학위와 졸업장이 무슨 소용입니까? 친구들이여, 때가 너무 늦기 전에 인생의 그 엄혹한 현실로 돌아갑시다.

더 나아가 그는 물질적 성공을 크게 중시하는 풍조가 교회 자체에서도 뚜렷하게 드러난다고 주장했다.

> 요즘 우리네 예배당에서조차 하나님을 믿는 단순한 믿음보다는 부를

> 소유하는 걸 더 중요하게 여깁니다. 제 말을 믿지 못하시겠다면, 내일 예배당에 오셔서 모두들 '장로석'Set Fawr2 방향을 봐 주시기 바랍니다. 물질적 성공을 중시하는 풍조는 우리의 신앙 체계에까지 흘러들었습니다. 제가 속해 있는 칼뱅주의 감리교는 어떤가 하면, 하나의 재정적 조직으로서 잉글랜드 은행 자체와도 비교할 만하다고 주저 없이 말씀드릴 수 있습니다.

런던에서 그랬던 것처럼 그는 교회의 현 상태를 웨일스 민족 퇴보의 궁극적 원인으로 꼽았고, 교회 강단의 잘못이 가장 크다고 봤다. 비국교도 신앙도 이제 18세기 신앙부흥 이전의 잉글랜드 국교회와 똑같이 기계적이고 정형화되었다고 했다.

> 설교하는 일은 대부분 하나의 직업이 되었습니다. 우리는 진짜 기독교식 설교가 아니라 간접적인 심리학 강해를 듣습니다. 설교자들은 회중이 요구하는 것을 전할 뿐이라고 말합니다! 설교자 자신이나 그 설교를 듣는 회중 모두에게 이 얼마나 끔찍한 정죄인지요! 랑게이토의 데니얼 롤런드는 지옥에 대해 설교하곤 했습니다. 롤런드 시대 이래 어떤 면에서든 그의 설교만큼 영향력을 지닌 설교가 있었습니까? 그런 설교는 없었다는 걸 우리가 다 잘 알고 있습니다. 저는 우리 중에 롤런드 같은 사람이 다시 나타나지 않는 한 우리 상태는 더 좋아지기는커녕 퇴보만을 계속할 것이라 믿는 사람 중 하나입니다. 오늘날 우리네 교회 강단은 무기력하고 무능합니다. 현대 웨일스의 비극을 마지막으로 완성한 것이 이것입니다!

연설을 끝내기 전 로이드 존스는 분위기를 바꿔 또 한 가지 새로운 내용의 이야기를 했다. 그 자리에 모인 웨일스 연합회 일부 청중에게는 달가울 법하지 않은 내용이었다. 그는 그 어떤 정당이나 정파도 웨일스의 민족혼을 회복시킬 수 없다고 말한 뒤 구체적으로 이 집회를 주최한 이들에 대해 이야기했다.

> 이 단체는 웨일스의 자치와 어떤 경우에는 웨일스 공화국을 실현하기 위해 애씁니다. 이 단체는 웨일스어를 웨일스 공용어로 반드시 회복시켜야 한다고, 그게 가장 중요한 사항이라고 확신합니다. 우리가 다 웨일스어를 쓰면 다 행복할 것이라고 말이지요……. 모든 부당한 행위들을 다 몰아냅시다, 우리 지역의 일은 우리 식대로 처리할 수 있는 권리를 위해 싸웁시다. 하지만 우리가 웨일스어를 쓰고 독자적 의회를 가진다는 것만으로 우리가 더 훌륭한 그리스도인이 될 것이라 믿음으로써 우리 자신을 기만하지는 맙시다. 네, 오늘날 웨일스에 다른 무엇보다 필요한 것은 공화국이 아니라 부흥, 우리를 위대한 민족으로 만들어 줄 그 한 가지로 이 모든 상황을 되돌린다는 의미에서의 혁명입니다. 제가 말하는 부흥이란 과장된 감정 표현의 물결이 아니라 18세기 메소디스트 시조들의 영향력과 지도 아래 일어났던 그런 위대한 영적 각성을 뜻합니다.

연설이 일단 끝났을 때, 이 연설에 분개해야 할 이유가 있다고 생각한 이들은 일부 열혈 웨일스 공화국 지지자들뿐만이 아니었다. 25세의 이 연사는 먼저 이 연합회 회원 두 사람에게서 비난을 들어야 했다. 그다음으로 로이드 존스에게 감사를 표해야 할지 여부를 묻겠다는 의장의 재청 요청을 받고 W. A. 윌리엄스Williams 목사도 마틴에게 맹공을 퍼부었다. 웨일스의 한 신문은 '우리는 이제 기독교 시민이 아니다'라는 제목으로 이 두 사람의 충돌을 전면적으로 다루었다.

> 카디건셔 출신으로 현재 런던에 거주하고 있으며 예리한 지성과 두려움 모르는 성격을 갖춘 청년 마틴 로이드 존스가 현대 웨일스의 경향을 통렬히 고발했다. 이 고발에 맞서, 웨일스 산업 지구에서 연륜과 폭넓은 인생 경험을 쌓은 인물 W. A. 윌리엄스 목사가 입을 열었다. 폐회 무렵의 현장을 지켜본 사람들은 그 광경을 쉽게 잊지 못할 것이다. 설교단에 선 젊은 의사는 현대 웨일스의 퇴보상을 소리 높여 고발했고, 회중석의 백발성성한 설교자는 그 청년이 현상을 잘못 본 것이라며 격렬하게 항변했다. 이는 단순한 설전舌戰이 아니라 확신에 찬 의견 충돌로, 오늘날 웨일스의 구세대와 신세대 사이에 벌어지고 있는 다툼을 대변했다. W. A. 윌리엄스 목사는 웨일스 교회 강단에 대해 자신이 알고 있는 것을 바탕으로, 연사의 결론이 잘못되었다고 심각하고 진지하게 선언했다. 그는 오늘날 웨일스에도 데니얼 롤런드만큼 훌륭하고 정직한 설교자들이 있으며, 다만 설교를 듣는 이들이 롤런드 때와는 다른 부류의 사람들이고 그래서 그때와는 엄청나게 다른 문제들에 직면해 있다고 말했다.

윌리엄스가 항변을 마치고 마침내 자리에 착석하자 "힘찬 박수갈채"가 쏟아졌고, 로이드 존스가 답변을 위해 일어서자 그보다 더 큰 박수가 이어졌다. "오늘날 웨일스에도 데니얼 롤런드만큼 훌륭한 설교자들이 있다면, 그분들의 설교가 낳은 효과는 어디에서 볼 수 있습니까?" 로이드 존스가 채 말을 잇기도 전 윌리엄스가 일어나 대답했다. "오늘날 웨일스인들의 삶은 그때와 다릅니다." 그러나 그의 반론은 곧 일축되었다. "이는 시대 상황이 달라졌느냐의 문제가 아닙니다. 예수 그리스도의 가르침은 시대에 따라 달라지지 않습니다. 데니얼 롤런드 수준의 설교자 한 사람만 예를 들어 주실 수 있습니까?" 윌리엄스는 "에번 로버츠Evan Roberts가 있소"라고 자신 있게 대답했다. 에번 로버츠는 1904년 신앙부흥 때 갑자기 유명해진 인물이었다. 이에 대해 로이드 존스가 "저는 에번 로버츠를 데니얼 롤런드에 비교하고 싶지 않습니다"라고 하자 다른 이들이 그의 말을 가로막았다. 깜짝 놀란 의장은 연사가 '감사 여부 표결'에 즈음하여 답변을 하고 있으므로 질서를 지켜야 한다는 점을 참석자 모두에게 상기시키며 분위기를 조정했다. 하지만 로이드 존스는 쟁점이 되고 있는 이 문제를 그냥 넘어가고 싶지 않았고, 그래서 W. A. 윌리엄스를 재차 다그쳤다. 오늘날 웨일스에 데니얼 롤런드, 하월 해리스, 팬티슬린의 윌리엄스에 필적할 만큼 영향력이 있는 사역을 펼친 설교자가 있으면 이름을 대 보라고 말이다. 그는 계속해서 이렇게 말했다. "오늘날 웨일스에도 그런 유형의 인물들이 있다고 한 목회자가 굳이 그렇게 정색을 하며 말해야 한다는 사실이 저는 놀랍습니다. 그런 사역자들이 있다면 그 사역의 결과는 어디에 가면 볼 수 있습니까? 어느 곳에서도 볼 수 없습니다. 대다수 교회에서는 교인 수가 줄어들고 있고, 주일 성수 원칙도 우리 삶에서 급속히 사라지고 있습니다. 오늘날 우리가 목격하고 있는 현상은 과거 웨일스 사람들은 알지 못하던 것이었습니다."

일부 청중은 평정심을 잃고 말았다. 신문 기사는 이 대목을 다음과 같이 보도했다.

> 여기저기서 그의 말을 가로막는 목소리들이 들렸다. 의장은 무질서한 분위기를 감당치 못하겠다고 선언하면서, 이렇게 발언자의 말을 가로막는 행위는 정치 집회에서도 볼 수 없었던 일이라고 했다.

런던에서 온 이 손님이 웨일스에서 행한 첫 번째 연설인 1925년 4월 폰티프리드 연설을 듣고 적지 않은 이들이 분명히 깨달았던 사실이 있다. 그것은 그가 주로 강조한 내용들이 자신의 경험에서 나온 것이라는 점이었다. 그는 하나님께서 친히 사람들을 진리에 이르게 하신다는 것을 알고 있었다. 우리는 하나님의 손안에 있다는 것이다. "사람은 절대 진리를 추론해 낼 수 없다. 진리는 찾아 구한다고 해서 찾을 수 있는 게 아니다. 진리는 우리에게 계시되는 것으로서, 우리가 하는 일은 진리를 보고 나서 그 진리에 대해 추론하는 것뿐이다."

* * *

연설 능력, 들을 자세가 되어 있는 청중, 필요한 게 만약 이것뿐이었다면 로이드 존스는 이번 연설을 계기로 의사라는 직업을 그만두려는 결심을 확실히 다졌을 것이다. 그러나 그 결심을 이행하는 데 따르는 어려움은 위의 고려 사항보다 훨씬 더 깊었다. 그는 의사 일을 접고 사역자가 되려는 자신의 처음 결단에 하나님의 명백한 인도가 결여되어 있다는 점을 염려했다. 2월 10일 유언 필립스에게 편지를 보낸 이후 그의 결심이 과연 올바른 것인지 의심해 볼 이유가 될 만한 일들이 충분히 많이 일어났다. 이렇게 자꾸 의심이 드는데 그게 어떻게 신적 소명과 조화될 수 있다는 것인가? 결국 그는 의사 일을 계속해야 한다는 결론에 이르렀다. 물론 그 결론에 이르기까지 적지 않은 어려움이 있었다. 로이드 존스 자신의 표현을 빌리자면 "큰 위기를 겪은 끝에 나는 진로를 바꾸지 않기로 결심했다. 계속 의사의 길을 가기로 엄숙하게 결단했다."

주변 사람들 중에는 그가 의사냐 설교자냐의 관점에서 미래를 내다보면서 쓸데없는 고민을 하고 있다고 생각하는 이들이 있었다. 이들은 두 가지를 다 하는 게 이상적인 해결책이라고 주장했다. 의사 일을 계속하면서 기회가 닿을 때마다 설교를 하면 된다는 것이었다. 그러나 이 조언은 전혀 그의 마음에 와 닿지 않았다. 그는 말씀 사역을 엄청난 일로 여겼다. 그래서 말씀 사역이라는 소명이 어떤 사람의 삶에서 두 번째 자리를 차지한다는 것은 그로서는 생각할 수도 없는 일이었다. 그가 자라 온 신앙 배경을 봐도 목사가 아닌 일반 성도가 설교를 한다는 것은 있을 수 없는 일이었다. 칼뱅주의 감리교는 사도들의 명령을 문자 그대로 해석하여 "오로지 기도하는 일과 말씀 사역에 힘쓰"는 사람들의 세대에서 생겨났다. 어떤 직업을 갖든 파트타임 설교자가 될 수는 없다는 것을 그는 잘 알고 있었다. 그래서 그 뒤 포플라 선교회에서 또 강연해 달라는 부탁을 받았을 때 그는 이 요청을 정중히 거절했다.

그는 1925년 봄에 이 문제가 다 확정되었다고 생각했지만 이듬해인 1926년 초여름이 될 때까지도 그 생각은 뇌리를 떠나지 않았다. 그 자신의 말을 빌리자면 "그건 정말 엄청난 몸부림이어서, 말 그대로 체중이 9킬로그램이나 줄었다." 그런 몸부림을 겪었다는 것과 그 몸부림의 궁극적인 결과에 대해 로이드 존스는 좀처럼 입에 올리지 않았다. 당시 그는 의식하지 못했지만 1925년 부활절에 받은 신령한 은혜에도 불구하고 그가 결정을 망설였던 한 가지 요인이 있다. 그것은 한때 그토록 매력적으로 여겼던 삶에 아직도 상당히 애착을 느꼈다는 점이었다.

이제 그가 또 한 가지 겪어야 할 일은 세상이 주는 황홀한 매력의 공허함을 더 강력하고 뼈저리게 느끼는 일이었다. 그는 갓 결혼한 친구 부부의 방문 중에 바로 그런 경험을 했다. 그 친구는 신부에게 런던 구경을 시켜 주느라 분주했는데, 어느 날 밤 "두 부부는 레스터 광장에 있는 극장에 가 보고 싶다며 나더러 함께 가지고 했다. 극장에서 공연되는 연극이 어떤 연극인지 나는 전혀 몰랐지만, 두 사람은 아주 기분이 들떠 있었다. 내가 기억하는 것은 다음과 같은 것뿐이다. 극장에서 나와 레스터 광장의 눈부시고 화려한 불빛 속으로 들어서는데 갑자기 구세군Salvation Army 밴드가 무슨 찬송가를 연주하며 지나갔다. 그 순간 나는 이들이야말로 바로 내 사람들이라는 것을 깨달았다. 나는 그 순간을 절대 잊지 못한다. 바그너Wagner의 오페라 「탄호이저」Tannhäuser에는 한 가지 테마가 있다. 그것은 두 개의 끌어당기는 힘 즉 세상이 주는 매력과 순례자의 합창으로, 이 둘이 서로 대조되어 있다. 나는 그 생각을 매우 자주 한다. 그게 무엇을 뜻하는지 나는 정확히 알고 있다. 그날 나는 연극을 아주 재미있게 봤던 것 같다. 그런데 그 밴드의 연주, 그 찬송곡을 듣고 나는 말했다. '이 사람들이 내 사람들이고 이 사람들이야말로 내가 속해야 할 사람들이니, 나는 이들과 함께하러 갈 것이다'라고."

로이드 존스가 세상의 매력을 가장 강렬하게 느낀 것은 바로 의학 영역에서였는데, 이 몇 달간의 몸부림을 통해 그는 모든 세속적인 야망이 무익하다는 것을 더욱 선명히 깨닫고 자신을 끌어당기는 그 힘을 마침내 극복해 냈다. 이런 맥락 가운데서, 그가 호더와 가까이 지낸 것은 결과적으로 그에게 유익했음이 밝혀질 터였다. 토머스 경은 로이드 존스를 영적으로 도와줄 생각이 전혀 없었지만, 그럼에도 그의 행동은 본의 아니게 로이드 존스를 돕는 역할을 했다. 그는 이 일을 이렇게 설명했다. "호더는 나에게 매우 친절했다. 그는 의료인들의 만찬 모임에 나를 가끔 데려가 상류사회 사람들을 접하게 해주었고, 그런 자리에서 나는 그 사람들이 늘어놓는 불평불만, 비판, 시기 어린 말 등을 듣곤 했다. 그런 대화에 나는 구역질이 났다." '최상류층' 사람들의 삶이 어떤지 목격함으로써 그 삶에 도달하고 싶다는 야망을 죽일 수 있었던 것이다.

성격이 다른 또 한 가지 일, 호더와는 상관없는 한 사건이 위와 같은 교훈을 더 확실하게 준 적도 있었다. 바톨로뮤 병원의 유명한 치프 한 사람이 병원 여직원과 가까이 지내고 있었는데, 로이드 존스도 이 두 사람의 관계를 알고 있는 몇 안 되는 사람 중 하나였다. 그런데 그 여자가 어느 날 아무런 징후도 없이 갑자기 세상을 떠났다. 그 일이 있은 직후, 연인을 잃은 그 치프가 뜻밖에도 로이드 존스의 연구실을 찾아왔다. 문밖에 선 그는 들어가 잠시 난롯가에 앉아 있어도 되겠냐고 물었다. 아마 로이드 존스의 방이 누구에게도 방해받지 않고 잠시 머물러 있을 수 있는 곳임을 알았던 것 같다. 제정신이 아닌 듯한 그 사내는 두어 시간가량 아무 말 없이 멍한 시선으로 벽난로만 응시했다. 사내가 정물처럼 앉아 있는 그 광경은 로이드 존스의 뇌리에 지워지지 않을 기억으로 세세히 각인되었다. 그 자신의 말을 들어보면, "그 사건은 내게 깊은 충격을 안겼다. 나는 인간의 모든 위대함이란 게 얼마나 허망한지를 깨달았다. 거기 한 비극이, 소망이라고는 전혀 없는 한 남자가 있었다."

이런 경험들은 단순히 그의 세속적 야망을 죽이기만 한 것이 아니었다. 이런 경험 덕분에 그는 주변 사람들, 붐비는 런던 거리를 걸어가며 날마다 만나게 되는 사람들에게 더욱 연민을 느끼게 되었다. 포플러 선교회나 그 외 다른 곳의 설교 요청은 거절했지만, 연구실에 홀로 앉아 일을 할 때 그는 종종 혼잣말로 설교를 하곤 했다. 성경 자체가 생생하게 살아 움직였고, 말씀의 논점이 자꾸 그를 따라다녔다. 그가 믿고 있다시피 육신의 고통 중에 있는 사람을 돌봐 주는 게 당연하다면, 하나님의 임재에서 단절되어 있는 사람에게는 어떤 종류의 관심을 보여주는 게 옳을까? 병들고 아픈 것을 의사가 제아무리 완화시켜 준다 해도, 먼저 그리스도를 통해 하나님과 화목하지 않는 한 사람은 결국 죽어야 한다. 그것도 지옥에 가야 마땅한 죽음을. 이 당시 로이드 존스는 "헬라인이나 야만인이나 지혜 있는 자나 어리석은 자에게 다 내가 빚진 자라"롬 1:14는 사도 바울의 말을 아직 깊이 묵상하지 않았을 터이지만, 그 말의 의미와 그 말이 나타내는 책임 의식은 실감했다. 그는 언젠가 로마서의 이 말씀을 해설하면서 이렇게 말했다. "빚진 자란 자기가 감당해야 할 어떤 절박한 부담감을 의식하고 있는 사람이다. 그는 자기가 어떤 것을 갖고 있고 그것에 대한 권리는 다른 이에게 있다고 여기는 사람이다. 바울은 뭔가 줄 것을 갖고 있는 사람이다. 그것은 주님께서 주신 것이었다. 그는 그것을 받았고 손에 넣었다. 이는 그의 삶을 변화시켰고, 그는 이것을 다른 이들에게 주어야 한다고 여겼다."

1925년 로이드 존스는 그런 속박감이 어떤 것인지 알고 있었고, 이 때문에 마음 깊이 괴로웠다. 이때의 괴로움에 대해 그는 몇 년 후 이렇게 말했다. "런던에서 가끔씩 밤에 멍하니 서서 차들이 오가는 것을 지켜보곤 했다. 사람들이 들뜬 얼굴로 이야기를 나누고 자동차들은 그 사람들을 극장이나 다른 여러 곳으로 실어 나르는 것을 보다가 갑자기 나는 깨달았다. 이 모든 광경이 무엇을 뜻하는지 한마디로 말한다면, 이 사람들은 평강을, 자기 자신에게서 평강을 찾아 구하고 있다는 사실이다."

이미 언급했다시피, 웨스트민스터 채플에 자주 가서 주일예배를 한 번씩 드리곤 하는 것이 이 시절 로이드 존스의 습관이었다. 1925년 여름에도 그는 변함없이 그렇게 했다. 7월 12일 허턴 박사가 미국으로 순회 설교 여정에 나서기 전 마지막으로 설교하던 날, 로이드 존스는 그가 9월에 돌아와 이곳 사역을 재개할 것으로 생각했었다. 그러나 웨스트민스터 채플의 모든 교인들이 깜짝 놀랄 일이겠지만 존 A. 허턴의 이곳 사역은 거의 끝나가고 있었다. 이유는 8월에 「브리티시 위클리」*British Weekly*[3] 편집장 M. E. 로스Ross 목사가 사망했기 때문이다. 1925년 10월 8일자 「브리티시 위클리」는 허턴이 편집장 자리를 수락했으며 다음 주부터 일하게 될 것이라고 공지했다. 웨스트민스터 채플 담임목회자 자리는 다시 공석이 되었다. 로이드 존스는 그 뒤로 예배 참석을 그만두었지만, 그동안 허턴을 얼마나 호의적으로 보았던지 이제 이 신문의 정기 구독자가 되었고, 덕분에 그는 새로운 독서 영역으로 접어들었다.

하지만 그가 이 새로운 독서 세계로 접어든 것은 「브리티시 위클리」의 주요 기사를 통해서가 아니었다. 사실 이 신문의 대다수 기사들은 별로 그의 마음에 와 닿지 않았다. 그보다 그는 신문 지면 여기저기서 간간이 영국 청교도를 언급하는 글을 통해 새로운 책들을 알게 되었다. 허턴이 편집장으로 임명되었음을 알리는 「브리티시 위클리」지 1면에는 『리처드 백스터 자서전』*The Autobiography of Richard Baxter*의 새 판본이 나왔다는 한 출판사 광고가 실려 있었는데, 이 광고 덕분에 로이드 존스는 F. J. 포위크Powicke의 『리처드 백스터의 생애』*Life of Richard Baxter, 1615-1691*를 읽게 되었다. 포위크는 그 책에서 이렇게 말했다. "청교도는 하나님을 확신하는, 하나님의 뜻을 확신하는, 하나님께서 보시는 가운데 그분의 인정을 받기 위해 행동해야 할 절대적 의무를 확신하는 사람들이었다. 이에 견주어 보면 다른 어떤 것도 중요하지 않았다. 결과야 어떻든 중요하지 않았다. 오직 순종에만 자유·용기·평화·능력·행복·구원의 비결이 있었다. 이들의 생각은 본질적으로 옳았다." 로이드 존스는 그렇게 청교도 사상에 입문했고, 그 자리에서 그들에게 친밀감을 느꼈다. 그는 백스터의 열심에 깊이 감동받았다. 그래서 피터 휴스 그리피스가 1926년 3월 채링 크로스 문학과 토론회 겨울 집회 마지막 모임 때 다시 한 번 강연해 달라고 요청했을 때 이를 수락하고 강연 주제를 '청교도 사상'으로 하기로 했다.

강사가 아직 어린 청년이고 청교도에 대한 독서의 폭이 아직 넓지 않았음에도 그 강연에는 여러 가지 날카로운 통찰이 담겨 있었다. 로이드 존스의 주장에 따르면 청교도는 "강한 사람"이 아니다. "청교도는 아주 연약하되 자기가 연약하다는 것을 깨달을 수 있는 능력을 부여받은 사람입니다. 제가 모든 인간 남녀에 대해 하고 싶은 말은 우리는 모두 연약하다는 것, 매우 연약하다는 것입니다. 차이점이라면 죄인들은 자기가 연약하다는 것을 인식하지 못하는 반면 그리스도인들은 그걸 인식한다는 것입니다." 그가 생각하기에 청교도는 자신의 연약함에 대한 이런 인식이 있었기에 삶을 사는 방식에 신중을 기했고 의심이 가는 일은 다 피했다. "분별과 절제가 청교도의 기조가 되는 성격입니다. 이의 있습니까? 이의가 있다면 그 사람은 그리스도인을 자처할 수 없을 것입니다. 분별과 절제야말로 그리스도인의 가장 기본적인 미덕이기 때문입니다."

그러나 1926년 3월의 청교도 사상에 대한 이 강연은 강사 자신이 필생의 과업 선택 문제를 두고 몸부림치는 와중에 있을 때 그 자신의 태도에 어떤 변화가 일어나고 있는지 암시해 준다는 데에 주된 중요성이 있다. 길 가던 사람이 그 금요일 저녁 우연히 채링 크로스 채플에 들렀다면, 호리호리한 체격에 검은 머리의 이 청년이 의사가 아니라 설교자인 줄 알았다 하더라도 모두 고개를 끄덕였을 것이다. 그러나 그의 설교는 1920년대에 흔했던 설교 유형에 맞지 않았다. 그가 청중에게 던진 주된 도전은, 신앙 속에 존재하는 기독교뿐만 아니라 '생명력' 가운데 존재하는 기독교를 찾으라는 것이었다. "단순히 인간을 향상시키기만 하는 게 아니라 인간을 완전히 변화시키는" 그런 기독교 말이다. 그는 "성령 세례"와 개인적인 하나님 체험 없이는 그런 기독교를 찾을 수 없다고 주장했다.

로이드 존스는 이미 자신의 태도 속에 갖춰져 있던 무언가가 백스터를 비롯한 청교도들에게서 충실히 반영되고 있음을 발견했던 것이 분명하다. 죄에 대한 인식이 점점 깊어져 간 것이 그가 청교도들의 '분별과 절제'를 해석하는 열쇠였다. 1926년 한 친구에게 보내는 편지에서 그는 어머니와 동생 빈센트에게서 받은 사랑에 대해 이야기하고 난 후 "어머니와 동생이 생각하는 나"를 실제 자신의 모습과 대조했다.

> 어머니와 동생은 나의 좋은 점만 본다네. 가장 좋은 상태에 있을 때의 나만 보지. 내가 얼마나 쓸모없는 존재인지, 악의적이고 가증스러운 것이 최고 통치자가 되어 있는 내 영혼의 어둡고 은밀한 구석에 대해 그 두 사람이 얼마나 무지한지를 생각하면 몸서리가 쳐 진다네. 그 감춰진 모습들이 때로 불쑥불쑥 겉으로 드러나 하나님과 나만이 아는 소동을 일으키곤 하지.

그는 자기가 정말 복음 사역자로 부름받았다고 명쾌히 확신하지 못했다. 그 확신에 이르기까지 여러 가지 장애물이 있었을 텐데, 자신이 하나님 앞에서 쓸모없는 존재라고 여기는 이런 인식도 그 장애물 중 하나였을 것이다. 이 어려움을 해결하는 궁극적인 방책은 자기가 무가치한 존재라는 인식을 애써 없애는 것이 아닌, 나는 아무 자격이 없음에도 하나님께서 나를 사랑하신다는, 나를 구원하셨다는 확신이었다. 구원은 인간의 공로와 아무 상관없이 주어진다. 그는 복음을 "모든 믿는 자에게 구원을 주시는 하나님의 능력"으로 더욱 선명히 깨달았다. 복음에 대한 이런 안목이 있었기에 바울과 청교도들의 '구령救靈의 열정'을 이해하게 되었다. 그는 고린도후서 5:14의 참 의미를 알고 있었다.

> 바울은 바이스vice(공작해야 할 가공품을 끼워서 고정시키는 장치—옮긴이)에 끼여 있는 사람 같다. 바이스가 꽉 감기고 조여져 그는 내리눌리고 있다. 무엇이 그를 누르고 있는가? 그리스도의 사랑이다! "그리스도의 사랑이 우리를 강권하시는도다!" 이 놀라운 것, 이 화목의 복음! 독생자 아들을 보내사 우리를 대신해 죄가 되게 하신 하나님의 사랑 말이다! 바울은 이 사랑을 깨달았다. 그래서 모든 이들이 이 사랑을 알고 이 사랑에 참예하며 이 사랑 안에서 기뻐하고 이 사랑을 자랑으로 여기기를 원한다![4]

무엇이 로이드 존스를 사역자의 길로 이끌었는지 위에 인용한 말보다 더 잘 설명할 수는 없다. 그는 죄를 자각하고 자신의 무가치함을 깊이 인식했을 뿐만 아니라 구속하시는 사랑의 수원水源에서 그 물을 마셨다. 1925년에서 1926년 어간의 그 결정적인 시기에 그 사랑이 과연 자신에게 어떤 의미였는지 이야기하면서 그는 말년에 이렇게 고백했다. "리전시 스트리트에 있는 우리 집의 작은 서재와 바톨로뮤 병원 검시실 옆 내 연구실에서 나는 뭔가 주목할 만한 체험을 했다. 그것은 전적으로 하나님께서 하신 일이었다. 말할 수 없는 기쁨으로 진정 충만케 되는 것, 감사로 가득 차는 것이 어떤 것인지 나는 알게 되었다."

1926년 6월 무렵 그의 갈등은 끝났다. 자신의 미래가 어떠해야 하는지 그는 알게 되었다. 마치 그를 위해 그렇게 결정이 내려진 것 같았고 그래서 더 저항할 수가 없었다. 나중에 그는 이렇게 말하곤 했다. "내가 설교자로서 어떤 권위를 갖게 되든 그건 내 쪽에서 내린 어떤 결단의 결과가 아니다. 하나님의 손이 나를 잡아 끌어냈고, 이 일을 할 사람으로 나를 구별하셨다. 설교자는 설교하기로 결심하는 그리스도인이 아니다. 설교하겠다고 그가 그냥 결심하는 게 아니다. 하나님께서 설교하라고 명령하시는 것이다."

06.

베단과 에버라본

1926년 로이드 존스는 의사직을 포기하기로 한 것과 더불어 또 한 가지 큰 결단을 내렸다. 이는 앞으로 그의 삶과 사역에 큰 영향을 미칠 결단이었다. 처음 본 순간부터 먼발치에서 그토록 흠모해 왔던 여자, 그러나 좀처럼 마음을 얻을 수 없었던 그 여자가 드디어 그의 청혼을 받아들였다. 선택이 오로지 그의 몫이었다면 이 문제는 오래전에 해결되었을 터였다. 그러나 베단 필립스는 서둘러서 어떤 사람과 미래를 약속하려 하지 않았다. 관심사도 많았고 친구도 많았기 때문이다. 게다가 베단은 지난 1914년 여름 예배당에서 앞자리에 앉았던 로이드 존스 집안의 열네 살짜리 아들이 자신보다 18개월이나 연하라는 점을 늘 의식했다. 둘 사이의 차이점은 이에 그치지 않았다. 예를 들어 마틴은 테니스 실력이—적어도 복식 경기에서는—그리 뛰어나지도 쳐지지도 않았고, 베단처럼 테니스를 열정적으로 좋아하지도 않았다. 테니스를 "광적으로" 좋아하는 것을 가혹하게 비판하는 태도도 베단에게는 마뜩하지 않았다. 9년 동안 알고 지내면서도 둘 사이는 어쩌다 한 번씩 만나는 것 그 이상으로 진전되지 않았다. 마틴이 1924년 문학과 토론회 강연을 할 당시는 둘의 만남이 '중단'되어 있던 시기였다. 베단은 그 강연회 현장에 있지도 않았다.

1925년 여름 무렵 두 사람은 유스턴 로드에서 우연히 마주쳤다. 그날도 테니스 라켓을 옆구리에 끼고 있던 베단은 (단 한 차례의 논쟁도 없이) 우호적 대화가 이어지자 고개를 갸우뚱했다. 이는 의미심장한 만남이었지만 마틴은 알아차리지 못했던 것 같다. "머잖아 일종의 빌립보서 같은 서신으로" 이 만남을 계속 이어 가겠다고 했지만 그러지 못했기 때문이다. 하지만 마틴은 1926년 부활 주일, 허턴 박사의 설교를 들으러 오라고 베단을 다른 두 친구와 함께 웨스트민스터 채플로 초청했다. 베단이 이에 응하자 마틴은 기회를 놓치지 않고 연휴인 그다음 날 시간이 있는지를 물었다. 베단은 시간이 있다고 대답했다! 이렇게 해서 월요일 두 사람은 함께 한 공원으로 나들이를 갔는데, 베단 필립스의 말에 따르면 이날도 두 사람 사이에는 한 번도 논쟁이 없었다고 한다!

두 사람 사이에 무슨 일인가 일어나고 있다는 걸 가장 먼저 알아차린 사람은 베단의 어머니 필립스 부인이었다. 어머니다운 직감이었다. 다음으로 둘 사이를 눈치챈 사람은 유언 필립스로, 그는 누이에게 구애를 하고 있는 남자가 어떤 성품에 어떤 능력을 지닌 사람인지 누이가 잊지 않도록 계속 일깨워 온 참이었다. 단 한 가지 이의가 있었다면 베단이 채링 크로스 채플 예배를 빠지고 웨스트민스터 채플 예배에 참석하는 것이었는데—그래서 베단은 두 번 다시 그렇게 하지 않았다—그 문제에 대해 주의를 준 뒤로 필립스 박사도 일이 진행되는 방향을 알아차리고 어머니와 마찬가지로 흡족해했다! 약혼식 전 주, 이미 왕립외과의협회 회원 자격과 왕립내과의협회 면허를 갖추고 있던 베단은 외과학사 학위를 획득했다. 그리고 그 주 목요일 (1926년 6월 16일) 마틴은 유언에게 편지를 썼다. 목회자 소명과 관련해 자신이 겪은 괴로움과 이제 곧 하게 될 결혼에 대해 처음으로 소회를 밝힌 편지였다.

> 날마다 형님을 생각하고 있습니다. 형님과의 사귐과 형님의 격려를 갈망하고 있다는 것을 굳이 말씀드릴 필요가 없겠지요. 치명적이지는 않아도 정말 호된 경험을 했으니 말입니다. 뼛속까지 속속들이 시련을 겪었지만, 하나님께 감사하게도 저는 늘 서 있던 자리에 여전히 서 있습니다. 제 믿음은 여전히 아무 요동 없이 그 누구도 무너뜨릴 수 없는 상태를 유지하고 있습니다.
>
> 지난번 제 편지를 읽고 이제 곧 크나큰 발전이 있으리라는 것을 짐작하셨겠지요. 형님은 저를 잘 아시고 제가 처한 상황도 잘 아시므로 제 이야기의 행간을 다 파악하시리라 생각하고 모든 걸 상세히 말씀드렸습니다. 그래서 제가 얼마나 행복했는지 말씀드리고, 또 앞으로 어떤 일이 일어나든 소망과 믿음으로 충만하여 그 모든 것에 대비했고 또 대비하고 있음을 그저 알려 드리려고 이렇게 펜을 들었습니다.

지난달에는 하나님의 손길을 그 어느 때보다도 더 크게 느꼈습니다. 우리는 가치 있는 존재입니다, 형님. 엄청나게 가치 있는 존재이지요. 하찮은 것은 하나도 없고, 중요치 않은 것도 하나도 없습니다. 모든 것이 다 중요하고 너무나도 중요합니다. 책임은 하나님 나라 안에서만 지면 됩니다.

베단도 우리의 결정과 관련해 형님께 편지를 드릴 겁니다. 저희는 결혼할 생각입니다. 결혼하겠다는 말 정도로는 지금 어떤 일이 벌어지고 있는지 다 표현하지 못합니다. 하지만 제가 말하고 싶은 게 뭔지, 그런데 웬일인지 그걸 다 말하지 못한다는 걸 형님은 다 아실 겁니다.

저는 이 순간 제가 지구상에서 가장 행운아라는 사실에 한 점 의혹이 없습니다. 베단과 결혼한다고 해도 형님과 저 사이에 달라질 것은 아무것도 없습니다. 저는 이미 형님의 동생이므로, 제가 형님의 매제가 된다고 해서 달라질 것은 없습니다. 하지만 형님도 아시다시피 이제부터 말하려는 사실 때문에 모든 게 달라질 것입니다! 그 어느 때보다도 저는 설교를 하고 싶고, 그래서 설교를 할 작정입니다. 앞으로 어떤 활동을 하게 될지 정확한 성격은 아직 정해지지 않았지만, 사람들에게 '좋은 소식'을 전하고자 하는 제 결심을 그 무엇도 가로막을 수 없고 또 가로막지 않을 것입니다.

어제 오후에는 해로우에서 아주 행복한 시간을 보냈습니다. 토요일엔 아버님과 함께 그곳에 가서 긴 얘기를 나눌 작정입니다. 아버님과 어머님의 사랑과 친절에 정말 몸 둘 바를 모르겠습니다.

부모님의 승낙은 즉각 받아 냈지만, 마틴은 그다음 주 화요일에 반지를 살 수 있을 때까지 약혼을 공식 발표할 생각이 없었다. 그러나 6월 18일 주일, 채링 크로스 채플에서 베단은 학위 취득이라는 이유만으로는 설명할 수 없을 정도로 몹시 들떠 있었다. 결국 저녁예배가 시작되기 전, 비밀은 새어 나갔고 온 교회 사람들이 다 알게 되었다!

앞으로 어떤 일을 할 것인가에 대한 기나긴 갈등은 끝났다. 이제 로이드 존스는 하나님의 도우심을 암시하는 몇 가지 특별한 사실들을 알아차렸다. 그 한 가지로, 어머니와 빈센트가 그의 결정을 지지해 주었다. 마틴은 "어머니와 동생은 그저 놀라울 뿐"이라고 유언 필립스에게 말했다. 게다가 베단 필립스도 할리 스트리트의 의사와 결혼하는 게 아니라는 사실을 알고 실망하기는커녕 그와는 전혀 다른 미래가 펼쳐지리라는 사실에 오히려 기뻐했다.

1926년 6월, 미래가 정확히 어디에서 어떤 성격으로 펼쳐질 것인지는 여전히 미정이었다. 하지만 로이드 존스에게는 확실한 것이 몇 가지 있었다. 그는 소속 교단의 신학 교육 과정을 밟은 뒤 흔히 그러는 것처럼 이미 안정적으로 자리 잡고 있는 부자 교회 강단에 설 생각이 없었다.

그는 상대적으로 가난한 노동자 계층 사람들 사이에서 복음 사역을 펼칠 필요가 있다는 생각에 골몰했다. 이런 생각은 단순히 그 사람들에 대한 관심뿐만 아니라, 현대 기독교가 사도들의 신앙("헬라인"과 "지혜 있는 자"와 마찬가지로 "야만인"과 "어리석은 자"에게도 의미가 있었던)과 달리 대부분 하나의 사회 문화 집단에게만 호소력을 갖는 것 같다는 확신에서도 비롯되었다. 로이드 존스가 보기에 그것은 이 시대의 기독교에 참 기독교의 변혁 능력이 부재한다는 증거였다. 그는 하나님께서 자신에게 주셨다고 믿는 그 메시지가 가난한 사람들, 사회적 관습에 따라 교회에 다니는 법이 없는 그 사람들 사이에서 변화의 능력을 검증받는 광경을 보고 싶었다. 그리고 또 한 가지 확실한 것은, 가능하다면 조국 웨일스의 영적 상황을 개선하는 것을 자신의 첫 번째 과제로 삼아야 한다는 것이었다.

이는 목회자 후보생이 통상적으로 마음에 품는 목표가 아니었다. 그는 채링 크로스 채플의 피터 휴스 그리피스 목사와 더불어 이 목표에 대해 이야기를 나누었고, 이런 구체적 소망들을 실현할 방법이 무엇인지 궁리했다. 그 결과 두 사람은 칼뱅주의 감리교 국내선교국에서 벌이고 있던 '포워드 무브먼트'The Forward Movement가 하나의 가능성이 될 수 있다고 봤다. 그리피스 목사는 포워드 무브먼트의 감독 리처드 J. 리스Richard J. Rees 목사에게 편지를 써 보냈고, 로이드 존스 자신도 직접 편지를 보내 면담을 청했다.

마침 리스 목사가 곧 런던에 오게 되었고, 그다음 주 두 사람은 런던의 한 카페에서 찻잔을 사이에 두고 마주 앉았다.

포워드 무브먼트는 교회에 나가지 않는 사람들에 대한 칼뱅주의 감리교의 영향력이 점점 줄어드는 현상을 반전시키려는 시도로 19세기 말 남웨일스에서 시작되었다. 너무 부실해서 정상적으로 운영되지 못하는 전도 단체를 재정적으로 지원하고 운영 방향을 지도하는 일을 했다. 하지만 교회에 나가지 않는 사람들에 대한 영향력 강화라는 주목표를 이루는 데는 성공을 거두지 못했다. 리스가 1922년 총감독이 된 뒤 깨달았다시피, 포워드 무브먼트를 "위대한 복음 전도 수단"으로 만들려 했던 초기의 열정은 다 "식어 버렸다." 그는 1923

년 열린 교단 총회에서 "우리에게는 인물이 필요하다"고 호소했다. 상황이 이러했으므로 로이드 존스 쪽에서 이렇게 예상치 못한 접근을 해왔을 때 그가 이를 뜨겁게 환영했을 것으로 짐작할 수도 있다. 그러나 오랜 사역으로 사정을 잘 아는 그는 로이드 존스의 등장에 환호할 수만은 없었다. 사실 복음 전도자 일은 신학 교육을 받지 않은 사람 혹은 목회지를 구하지 못한 신학생들이 맡는 게 보통이었다. 일반 대학 학위 소지자가 전도 사역에 지원하고 나설 것이라 생각하는 이는 별로 없었다. 실제로 1925년 이 교단에서 운영하는 에버리스트위스 칼리지 정규 과정에서는 30명의 학생들이 교육받고 있었지만, 졸업자는 겨우 11명에 불과했다. 그런데 학위를 4개나 갖고 있고 나라에서 최고로 권위 있는 의사들과 이미 함께 일하고 있는 사람이 혹시 전도자가 될 수 있겠는지 문의해 온 것이다! 포워드 무브먼트 소속 단체에서 그는 정규 사역자 신분을 얻지 못할 수도 있었다. 변화의 시도들이 있긴 했어도 대다수 단체들은 여전히 예배당이 아니라 '회관'이었고, 노회가 정한 장로들이 아니라 지역 위원회의 관리를 받고 있었기 때문이다.

그래서 1926년 6월 28일 회동에서 로이드 존스가 웨일스 사역에 자원하고 싶은 마음에 대해 상세히 이야기하자, 리스는 곧 점잖게 놀라움을 드러내며 이것이 과연 지혜로운 제안인지 모르겠다는 뜻을 넌지시 비쳤다. 그러나 그 젊은 지원자가 "이런, 리스 씨, 저의 제안이 왜 그렇게 놀랍다는 것입니까? 설교는 그렇게 하면서 사실은 믿지 않으시는 겁니까?"라고 묻자 그는 곧 입을 다물고 말았다. 포워드 무브먼트 총감독으로서 이런 상황은 처음이었다. 할리 스트리트에서 일하는 의사가 교회 확장 사역에 자원을 하다니! 그렇게 간절한 사람 앞에서 이도 저도 아닌 어물쩍한 태도를 보인다는 건 아마 상당한 노력을 요하는 일이었을 것이다. 어찌 되었든 사역 후보자로 인정받으려면 그에 따른 통상적인 절차가 뒤따라야 했다. 그리하여 채링 크로스의 담임목사가 1926년 7월 21일에 열릴 칼뱅주의 감리교 런던 노회에 이 문제를 안건으로 올리기로 했다.

그해 여름, 로이드 존스와 베단 필립스는 휴가를 맞아 여느 때처럼 뉴캐슬 엠린 지역으로 내려갔다. 하지만 이해에는 다른 때와 달리 휴가 기간 대부분을 두 사람이 함께 지냈다. 게다가 이 젊은 커플을 만나 차 한 잔을 나누고 싶어 하는 농장 사람들의 요청은 끝이 없을 듯싶었다. 어느 날은 하루 동안 7, 8번 사람들이 찾아왔다! 두 사람은 언덕을 함께 산책하며 미래에 대해 긴 대화를 나눌 때도 많았다. 그런 여러 번의 대화 중 특히 베단의 기억에 남은 것은 마틴이 크고 편안한 목회지를 찾는 유명 목회자들의 관례를 타파하기로 다짐했다는 것, 기독교 신앙이 진정 무슨 의미인지 사람들에게 전해 주고 싶어 마음이 달아올랐다는 것 그리고 영적 곤핍함을 의식하는 사람들이 있는 "비천하고 낯선 곳"에 가서 일하고 싶어 했다는 것이다. "당신이 의사 노릇은 잘할 수 있지만, 설교를 할 수 있는지는 어떻게 아느냐?"고 누가 물으면 뭐라고 대답할 거냐고 베단이 묻자 그는 주저 없이 이렇게 대답했다. "나는 나 자신을 향해 설교할 수 있고, 내가 설교하고 싶은 것이 무엇인지 잘 알고 있소. 또 내가 하고 싶은 설교를 잘 전할 수 있으리라고 믿소."

그 뒤 리처드 J. 리스에게서 아무 소식이 없자 로이드 존스는 8월

24일 그에게 다시 한 번 편지를 보냈고, 9월 14일 답장을 받았다. 리스 감독은 서두를 마음이 없었고, 사실 서두를 수도 없는 형편이었다. 9월 13일자 편지에서 거듭 말하고 있다시피, 다음 단계는 런던 노회의 결정에 달려 있었기 때문이다.

> 앞으로 어떤 단계를 밟아야 할지 대략 말씀드렸는데, 그 단계에서 어떤 결과가 나오든 저는 런던 노회가 귀하의 설교자 직분 지원과 관련해 어떤 결정과 결단을 내리는지 들어 보고 잘 대비할 것입니다. 노회의 결정과 결단이 바람직할 경우 기회가 닿는 한 가장 빠른 시일 안에 이곳에서 저를 비롯해 고문단과의 면접 자리를 마련할 것입니다.
>
> 건강히 지내시고요. 하나님의 인도가 충만하고도 분명하게 나타나기를 바랍니다. 믿어 주셔서 감사드리고, 진심 어린 안부를 전합니다. 하시는 모든 일이 다 잘되기를 기원합니다.

사흘 뒤인 9월 16일 목요일, 7월 21일에 내려진 런던 노회의 결정에 따라 노회원 두 사람이 채링 크로스 채플을 방문했다. 목회자 후보로서의 로이드 존스에 대해 교인들의 의견을 듣기 위해서였다. 노회의 기록을 보면, 그는 "그리스도의 복음을 설교하려는 의지와 결단"을 꽤 많은 청중 앞에서 "명쾌하고도 단호하게 선언"했다고 한다. 이 과정은 그 자리에 있던 노회원의 만장일치로 승인받았다. 같은 달 그는 자신이 최초로 설교했던 이스트 엔드의 포플라 선교회에서 다시 한 번 설교했고, 10월 10일에는 채링 크로스 채플에서 최초로 설교할 수 있는 자리가 마련되었다.

런던 노회는 이제 승인을 내렸다. 리스는 다음번 편지를 쓸 당시 아직 이 소식을 듣지 못한 상태였지만, 이제는 로이드 존스 문제와 관련해 좀 더 분명한 입장을 취할 자세가 되어 있었다. 그는 뉴포트에 있는 비치우드 장로교회 설립 21주년 기념 예배 때 설교를 해보는 게 어떻겠냐고 로이드 존스에게 제안했다. 당시 이 교회에는 담임목회자가 공석이었다.

이에 뉴포트로 간 로이드 존스는 1926년 11월 11일 웨일스에서 난생처음 설교를 했다. 회중의 반응이 어땠는지 기록이 남아 있지 않지만, 이 교회는 로이드 존스 쪽에서 별로 마음이 끌리지 않았다. 교회 상황은 그의 예상보다 고상하고 부유했다. 그 사이 또 한 건의 설교 요청이 들어왔다. 이번에는 포트 탤벗Port Talbot의 에버라본Aberavon에 있는 베들레헴 포워드 무브먼트 교회Bethlehem Forward Movement Church 서기 E. T. 리스Rees의 요청이었다. 그는 11월 28일 주일에 설교해 주기를 요청해 왔으며, 이 요청을 수락하는 짤막한 답장은 이제 새 시대가 시작되었음을 입증할 터였다.

아직 장래에 대한 어떤 뚜렷한 전망이 없었던 로이드 존스는 의사직을 접을 생각과 관련해 바톨로뮤 병원 동료들에게 지금까지 아무런 말도 하지 못했다. 얼마 전 어느 날, 병원 광장을 지나가고 있는데 의학과 조교수 제프리 에번스가 그를 불러 세우더니 자신이 맡고 있는 조교수 자리가 곧 공석이 될 것이며 그에게 후임을 제안할 것이 거의 확실하다고 귀띔해 주었다. 로이드 존스는 그 소식을 접하기 전에 이미 마음을 정한 것을 다행으로 여겼다. 에번스의 후임이 된다면 탄탄한 미래가 보장될 것이 확실했지만, 25세의 이 청년은 미련

이 없었다.

* * *

카디프를 출발해 미드 글러모건을 지나 스완지로 가는 기차는 평범한 승객들의 관심을 끌 만한 것이 별로 없다. 그러나 적어도 기차가 스완지 만 동쪽 해안에 이르러 포트 탤벗을 통과하는 지점에 이르면 이야기가 달라진다. 커다란 굴뚝에서 증기와 연기가 피어오르는 이곳은 웨일스 최대 철강공장 지대로 손꼽히는 곳으로, 공장들은 좁은 거리와 벽돌 주택이 들어선 도심과 바다 사이에 자리 잡고 있다. 이 공장과 일터는 좁은 공간에 촘촘히 들어설 수밖에 없는데, 그도 그럴 것이 도심 바로 뒤로는 고사리로 뒤덮인 산허리가 자연 그대로의 아름다움을 자랑하며 하늘을 향해 가파르게 펼쳐져 있기 때문이다. 이렇게 이곳은 산과 도심과 바다가 나란히 자리 잡고 있어 인상적인 대조를 이루고 있다.

포트 탤벗은 19세기 느낌이 아주 강한 도시다. 1830년대에 축조된 항구와 선창은 철광석을 수입하고 석탄을 수출하면서 명성을 쌓았다. 광석은 1900년에 포트 탤벗 자체의 철강 공장들이 문을 열기까지는 타우 강 계곡 지대에서 가공되었다. 1926년 무렵 포트 탤벗의 중공업이 이웃 에버라본 마을에까지 영향을 끼치면서 두 지역은 사실상 하나가 되었다. 두 지역의 주택과 거리는 포트 탤벗 서쪽 끝에서 자연스럽게 합쳐졌다. 포트 탤벗은 일터를 제공해 준 반면 에버라본의 텅 빈 모래 언덕과 해변은 휴양처도 되어 주고 필요한 경우

더 많은 건물이 들어설 수 있는 공간도 제공했다.

에버라본이라는 지명은 1926년 의회 선거구로 등재되지 않았더라면 영국 땅에 거의 알려지지 않았을 것이다. 에버라본 선거구 출신 의원은 1924년 영국 최초의 사회주의자 수상이 됨으로써 역사를 창조했다. 1920년대의 남웨일스는 새로운 정치적 견해가 출현하는 혁명의 산고 중에 있었고, 에버라본 선거구는 1922년 스코틀랜드 출신 사회주의자 램지 맥도널드를 의원으로 선출하여 혁명의 선도자임을 입증했다. 이전 시대의 신학적 자유주의와 로이드 조지의 파기된 약속이 길을 열어준 덕분에 전후 세대는 사회주의와 새 예루살렘이 서로 병행하는 것이라 믿게 되었다.

1926년 11월 27일 토요일, 포트 탤벗 기차역 승강장에는 런던에서 출발해 오후 5시 27분에 도착하는 기차를 기다리는 세 남자가 있었다. 그 세 사람은 베들레헴 포워드 무브먼트 교회 서기 E. T. 리스, 트래퍼 존스(이런 기회를 영광으로 여겨 역까지 포드 자동차를 가지고 마중 나온 그 교회 교인) 그리고 그 교회 전임前任 목사로 지금은 근처 스케티에서 목회하고 있는 T. J. 루이스Lewis 목사였다. E. T. 리스는 여러 면에서 웨일스 사회주의의 화신化身이었다. 그는 36년 전에 태어난 이후 세계대전 시기 외에는 줄곧 에버라본에 살고 있었다.

런던발 기차가 역사로 들어왔고, 이에 E. T. 리스와 로이드 존스는 첫 대면을 했다. 리스는 "하마터면 그를 못 만날 뻔했다"고 후에 회상했다. "새빌 로Saville Row(고급 양복점이 많은 런던의 거리—옮긴이)에서 맞춘 양복 차림의 근엄한 사람만 찾다가 오버코트와 중산모 차림의 그를 몰라보고 그냥 지나쳤다"는 것이다. 포드 자동차에 올라탄 일행은 몇 분 후 동네를 굽어보는 언덕배기에 자리 잡은 리스 서기의 집에 도착했다. 나이가 열 살이나 차이 나는 만큼 리스와 로이드 존스는 외모가 상당한 대조를 이루었으나 두 사람 다 곧 대화에 몰입할 수 있었다. 리스가 경제와 정치 등 로이드 존스가 좋아하는 화제들을 주도해 나가면서 토론은 밤늦게까지 이어졌다. 놀랍게도 이 손님은 토론의 수준이 리스에 뒤처지지 않았고, 어떤 점에서는 리스를 능가했다. 두 사람은 장래를 보는 시각이 달랐는데, 이 차이점은 마침내 로이드 존스가 리스에게 던진 한 가지 질문으로 요약되었다. "'죽음 뒤에는 뭐가 있죠?'라고 그는 내게 물었고, 우리는 영생이라는 주제로 대화를 마무리했다." 이날 이 설교자 후보는 리스가 나중에 다음과 같은 고백을 하게 되리라는 것을 이미 간파했다. "나는 복음보다는 정치가 우선이며, 개인의 변화보다는 환경의 변화를 우선합니다."

로이드 존스는 주일 아침 리스와 함께 처음으로 베들레헴 포워드 무브먼트 교회를 찾았지만, 이 교회의 상황에 대해서는 리스와 주고받은 편지를 통해 이미 상당한 정보를 얻은 상태였다. 베들레헴 포워드 무브먼트 선교회는[1] 1897년 한 학교 강당에서 시작되었는데, 이는 그 지역 두 장로교회(하나는 웨일스 장로교회, 또 하나는 잉글랜드 장로교회)의 노력의 결과였다. 새 선착장 건설 일 때문에 그 지역으로 수많은 인부들이 쏟아져 들어오자 이 두 교회는 자신들의 힘만으로는 이들에게 복음을 전할 수 없다고 생각하고 이 선교회를 세운 것이다. 1926년 무렵 교인들 사이에 '포워드' 혹은 지역명을 따라 흔히 '샌드필즈'Sandfields로 알려져 있던 이 선교회의 역사는 평탄하고는 거리가 멀었다. 7명의 목사와 '전도자'evangelist 1명이 부임했다 돌아갔다. 처음에는 목회가 잘되었으나 이어서 부임한 두 사람의 목회는 실패로 기록되어야 했다. 1907-1908년에 잠깐 상황이 호전되었지만 다섯 번째 사역자가 부임한 뒤로 교인 수가 31명으로 줄어들 만큼 다시 나빠졌다. 1913년에서 1917년까지 또 다른 목회자가 사역하면서 교회의 영적 상태가 다시 소성되고 갱신되었다. 1914년에는 예배당 건물이 세워졌고, 교인 수는 130명으로 늘어났다. 그러나 그 뒤 부임한 목사가 비록 악의는 아니었으나 정치에 발을 들이게 되면서 또 한 번의 침체기가 이어졌다. 1921년 그가 교회를 사임하자 그의 영향력 때문에 교회에 등록했던 정치 지향적 교인들도 대부분 교회를 떠나갔다. 1907년 제직회가 조직되었으나 이때까지 남아 있는 사람은 단 한 명뿐이었고, 더 심각한 것은 포워드 무브먼트 본부에서 매달 후원금이 들어왔음에도 교회가 창립된 이후 어느 때보다도 큰 부채를 짊어지고 있다는 점이었다.

1926년 11월 초 E. T. 리스가 근심에 싸여 카디프에 간 것도 바로 이런 재정 상황 때문이었다. 그는 월정 후원금을 증액해 달라고 자기와 동명이인인 포워드 무브먼트 감독에게 간청할 생각이었다. 3천 파운드라는 미지급 채무 외에 은행 계좌에도 교회 앞으로 220파운드의 당좌대월이 있었다. 그런데 이때 그의 머릿속에는 샌드필즈 문제 말고 또 한 가지 일이 자리 잡고 있었다. 그날 카디프 암스 파크에서는 많은 이들이 기대하는 럭비 경기가 열릴 예정이었고, 웨일스는 한 막강한 외국 팀과 맞붙게 되어 있었다. 시간 조정이 잘되어 있어 리스는 감독과 면담 후에 럭비 경기도 관람할 수 있을 터였다. 그러나 상황은 E. T. 리스의 예상대로 돌아가지 않았다. 리처드 J. 리스 목사와 만난 자리에서 그는 웨일스에서도 특히 상황이 열악한 지역에서 복음을 전하고 싶어 하는 한 젊은 의사 이야기에 정신이 팔렸다. 그리고 그 의사를 베들레헴 포워드 무브먼트 교회로 불러 주일 설교를 맡겨 보라는 제안에 민첩하게 응했다. 리스 감독은 로이드 존스가 그 교회에 자리 잡을 것 같다든가 그럴 가능성이 있다는 말은 한마디도 하지 않았지만, (아마 리스 서기가 한껏 기대했다가 낙심할까 봐 일부러 그랬을 것이다) 리스 서기는 로이드 존스를 한번 초청하는 게 유익할 거라고 확신했다. "샌드필즈에서 한번 설교하게 해보자. 그는 사람들을 끌어들일 것이고 그건 곧 기부금도 많이 들어올 거라는 뜻이 되겠지!" 그날 오후, 신이 난 리스 서기는 럭비 경기는 보지도 않고 곧장 에버라본으로 돌아갔다. "왜 이렇게 일찍 돌아왔어요?"라고 아내가 묻자 그는 리스 감독에게 들은 이야기를 다 쏟아 놓고는 "편지지 어디 있지, 여보?"라고 물었다.

로이드 존스가 그 주일 아침 에버라본에서 설교를 하게 되기까지는 이런 배경이 있었다. 그는 전날 기차역에 도착하던 바로 그 순간부터 이곳이 마음에 들었고, E. T. 리스와 우의를 다지는 데는 하룻밤만으로도 충분했다. 리스는 주일 아침 이 젊은 손님이 "저에게 뭔가 대단한 것을 기대하지는 마시기 바랍니다"라고 조용히 당부한 것을 회상했다. 사실 그때까지 로이드 존스의 설교 횟수는 다 합쳐봐야 12번이 넘지 않았다. 그러나 예배당에 도착해 그 열정 넘치는 리스 서기가 붙여 놓은 거대한 포스터를 본 그는 침착할 수가 없었다. 포스터는 중요한 손님이 교회를 방문한다고 알리고 있었다. "저는 저런 거 좋아하지 않습니다. 다시는 이렇게 하지 마시기 바랍니다." 그는 권위 있는 어조로 리스에게 말했다. 리스는 비록 그보다 연장자이긴 했지만, 그 첫 번째 주일의 기념할 만한 예배 때 그와 같은 권위 있는 말을 더 많이 듣게 될 터였다.

오전예배 때는 교인들이 보통 70명가량 모이는데, 이날은 이 낯선 설교자의 설교를 들으러 유례없이 많은 사람들이 몰려들었다. 설교 본문은 고린도전서 2:9이었다. "하나님이 자기를 사랑하는 자들을 위하여 예비하신 모든 것은 눈으로 보지 못하고 귀로 듣지 못하고 사람의 마음으로 생각하지도 못하였다."

저녁예배에는 더 많은 사람들이 출석했으며, 설교 본문은 고린도전서 2:2이었다. "내가 너희 중에서 예수 그리스도와 그가 십자가에 못 박히신 것 외에는 아무것도 알지 아니하기로 작정하였음이라."

장로교에는 목회자 청빙에 관한 훌륭한 절차들이 있었지만, 그런 절차들과 별개로 로이드 존스가 앞으로 에버라본에서 목회를 하게 되리라는 것은 설령 비공식적이었다 할지라도 사실상 그날 확정되었다. '예배 후 모임'(관습상 저녁예배 후에 열리는) 때 교인들은 로이드 존스의 입에서 다음과 같은 반가운 말을 들었다. "이곳이야말로 제가 일하고 싶었던 바로 그런 곳인 것 같습니다. 저를 청빙해 주시겠습니까?"

E. T. 리스는 그때 상황을 이렇게 기억했다. "그날 밤 우리는 기분 좋게 집으로 돌아왔다. 그는 '저기, 선생님은 제가 샌드필즈 교회 설교자가 되었으면 좋겠습니까?'라고 물었다. 성격 급한 이 서기는 '이심전심 아니겠습니까! 언제 다시 오시겠습니까?'라고 대답했다." 다음 날 출발 전, 로이드 존스는 12월 12일 주일 약혼녀와 함께 와서

또 한 번 설교하기로 약속했다. 한편 12월 3일자 편지에서 E. T. 리스는 이렇게 말했다.

> 이번 주는 제 인생에서 절대 잊혀지지 않을 한 주였습니다. 지난 주말 선생님의 방문 덕택이었지요. 시간이 너무 빨리 지나갔고, 그간 여러 가지 놀라운 일도 많았습니다. 수요일 밤에 교회 위원회가 소집되어, 선생님에 관해 여러 가지 의견을 나눈 뒤 교인들에게 선생님을 '청빙' 대상으로 추천하기로 만장일치 의결했습니다. 그리고 다음 날 밤 (이 지역 칼뱅주의 감리교회를 대표하는) 합동 위원회가 열려 선생님을 샌드필즈 목회자로 받아들이기로 가결했습니다.

12월 6일 로이드 존스는 이 편지를 받고 쓴 답장에서 이미 샌드필즈 교인들에게 밝힌 사실들을 다시 한 번 확인한 후 이렇게 이야기를 이어 갔다.

> 저는 큰 열심으로 우리가 동역해 나가기를 기대합니다. 오늘 아침 선생님의 편지를 받고 기쁨과 희망으로 가슴이 벅찼습니다. 물론 이제부터 제가 하려는 일이 얼마나 막중한 사명인지 충분히 깨닫고 있습니다만, 이는 대단한 모험이요 희망의 성전聖戰이기도 합니다. 어떤 일이 일어나든 우리의 목적은 승리해야 하며, 패배한다 해도(하나님께서 금하시긴 합니다만!) 우리가 옹호하는 대의는 계속 진전될 것이며 결국 지고至高의 대의임을 입증할 것입니다. 저는 바로 그런 정신으로 제게 주어진 일을 해 나갈 것입니다. 인간이 아무리 최고의 노력을 기울여도 그

노력은 미미할 뿐이고, 그래서 성령이 충만하게 주어지는 것만이 우리의 소망이라는 사실을 절감하면서 말입니다.

로이드 존스는 예정대로 샌드필즈를 다시 한 번 찾았고, 동행한 베단은 이때 마틴의 설교를 처음 듣게 되었다. 처음 왔을 때와 마찬가지로 이 두 번째 방문도 매우 고무적이었다. 이제 1월 8일로 확정된 결혼식 후 두 사람이 살게 될 목사관 마련 계획도 세워졌다. 딱 한 가지 문제가 있었는데, 루이스라는 지역 신문 기자가 말썽이었다. 이 두 번째 방문 때 로이드 존스는 E. T. 리스의 집이 아닌 다른 숙소에 머물렀는데, 그가 토요일 아침 신문사와의 인터뷰를 거절하자 루이스는 리스를 찾아가 도움을 청했다. 그는 로이드 존스에게서 웨일스는 물론 그 외 지역 많은 사람들의 관심을 끌 만한 이야깃거리가 있다고 믿었던 게 분명했다. 그 결과, 월요일에 런던으로 돌아온 마틴과 베단은 언론이 자신들에게 열화와 같은 관심을 보이고 있다는 것을 알고 깜짝 놀랐다. 12월 14일자 몇몇 신문에는 '일류 의사가 설교자로 변모하다: 거액의 수입을 포기하고 연봉 300파운드를 받는 삶으로', '할리 스트리트의 의사가 목회자가 되다', '에버라본에서 목회를 하기로 한 전문의'라는 제목의 기사들이 실렸다. 지난 주일 로이드 존스의 설교를 들은 사람들은 그를 숫기 없는 사람으로 생각하지 않았을지 몰라도 사실 그는 부끄러움을 많이 타는 성격이었다. 또한 그는 신문들이 영적인 일을 그렇게 속물적인 방식으로 다루는 것도 탐탁지 않았다.

그러나 로이드 존스가 이런 유의 언론 보도에 마음이 불편했던 또 한 가지 이유는, 이제 곧 의사직을 접고 목회자가 되는 이런 신상 변화에 대해 바톨로뮤 병원 치프들에게 아직 이야기하지 않았다는 것이었다. 스필스버리와 호더 두 사람 모두 신문 기사를 보고 이 사실을 처음 접했다. 당시 바톨로뮤 병원 근무를 끝낼 참이었던 스필스버리는 신문 기사를 보고 로이드 존스에게 이런 편지를 보냈다.

> 바톨로뮤 병원을 떠나 목회의 길에 들어서기로 했다는 신문 기사를 보니 참으로 유감일세. 깊은 확신이 있었기에 이런 결단을 하게 되었으리라는 것은 충분히 이해하네만, 의학계 특히 우리 병원으로서는 큰 손실이라는 점이 안타깝네. 친구로 여겼던 몇몇 사람들이 나보다 먼저 병원을 그만둔다니 떠나는 아쉬움이 좀 덜하구만.

호더는 스필스버리만큼 차분하지 못했다. 그도 그럴 것이 자신은 로이드 존스의 신상 변화에 대해 신문 기사를 보고 아는 게 아니라 그보다 먼저 알 자격이 있다고 여겼기 때문이다. 게다가 후배가 이런 결정을 내리기 전 자기와 상의할 마음이 없었다는 것은 이런 문제에 대한 후배의 판단 능력에 문제가 있음을 나타내는 게 아닐까 하는 의구심마저 들었다. 그래서 호더는 빈센트 로이드 존스에게 이렇게 호통을 치게 된다. "너희 형은 바보야. 네 형은 내가 사람 배에만 관심이 있다고 생각하지." 사실 그게 마틴의 생각이긴 했다. 다만 그토록 큰 신세를 진 사람에게 상처를 주지 않으려고 말을 자제했을 뿐이었다. 로이드 존스는 호더에게 편지를 보내 그 신문 기사는 자신의 의도와 아무 상관이 없다는 것을 해명하려고 했다. 토머스 경의 답장에는 여전히 애정이 배어 있었다. 그는 이렇게 말했다.

모든 게 아주 유감스럽고, 자네 말대로 피해 막심이야. 사안 자체에 대해 말하자면, 비록 실망스럽긴 해도 나는 자네와 자네가 하는 일을 믿는다네. 자네는 최선의 생각을 따라 행동하고 있고, 앞으로도 계속 그렇게 하리라는 것을 말일세. 내 신조가 뭔지 자네도 알 걸세. 중요한 건 사람이고, 그 사람의 직업은 거의 우연에 가깝다는 것 말일세.

당장은 긴장 관계가 좀 있었지만 호더와의 우정은 변함없이 유지될 터였다.

한꺼번에 너무 많은 일들이 일어나는 통에 어려움이 없지 않았지만, 로이드 존스는 12월 말까지 바톨로뮤 병원에 계속 근무했다. 그동안 에버라본에서는 E. T. 리스가 정성을 다해 목사관을 준비하면서 새 목회자 청빙 절차를 밟아 나가고 있었다. 사실 절차라고 해봤자 형식에 지나지 않았지만, 베들레헴 포워드 무브먼트 교회 서기의 다음번 편지는 아래와 같은 말로 목회자 청빙과 관련한 장로교의 요구 사항을 충실히 이행했다.

1926년 12월 20일

포트 탤벗, 에버라본 교회, 글렌 뷰 테라스 9번지

친애하는 형제님께,

위 교회를 대표해 진심을 담아 귀하를 담임목회자로 청빙하는 큰 기쁨을 누리게 되었습니다. 지난밤 글러모건 서부 노회 대표들이 다수 참석한 회의에서 위와 같이 결정했습니다. 이 중요한 발걸음을 내딛는 순간에 하나님께서 귀하와 우리 모두에게 풍성한 복을 내려 주시기를 진심으로 기도합니다. 다음과 같은 조건으로 귀하를 저희 교회 목회자로 모시고자 하오니 검토해 주시기 바랍니다.

1. 매년 225파운드의 사례비에 목사관과 생활 요금을 지원한다.

2. 매년 13회의 주일을 자유재량으로 활용할 수 있다.

온 교회 성도들의 진심 어린 문안을 전합니다.

서기 E. T. 리스 드림

12월 22일 로이드 존스는 E. T. 리스에게 보내는 개인적인 편지와 더불어 교회의 청빙을 '공식' 수락하는 서신을 보냈다.

이 장래의 목회자가 계획하기로는 1927년 1월 8일에 결혼식을 올린 뒤 토키로 2주간 신혼여행을 다녀온 다음 에버라본으로 가서 1월 30일 주일 설교를 할 예정이었다. 그런데 허락된 시간 안에 이런 스케줄 진행에 필요한 모든 사항들을 다 처리하기는 불가능하다는 것이 드러났다. 바톨로뮤 병원에서 진행 중이던 연구는 성탄절 휴가가 지나서야 완료되었다. 가구도 사야 했고 짐도 꾸리고 이사 준비도 해야 했으며 읽고 답장을 써야 할 편지도 산더미처럼 쌓여 있었다. 결혼식 자체를 위한 준비도 한두 가지가 아니었다. 이런 상황에서 그가 가장 비중 있게 생각한 일이 무엇이었는지는 1926년 12월 29일 리스에게 보낸 또 한 통의 편지에 분명하게 드러나 있다.

> 보내 주신 고마운 편지, 특히 월요일 아침에 받은 편지에 큰 감사를 드립니다.……주일에 웨일스어로 두 번 설교했습니다. 복음의 메시지에 내재된 경이와 놀라움 그리고 우리가 그것을 알아보지 못하는 비극적인 실책이 설교 주제였습니다. 그리스도의 성육신, 십자가에 달리심, 부활에 나타난 현실적 경이를 알아볼 수만 있다면 우리는 얼마나 큰 능력자들이 되겠는지요! 우리를 위해 친히 죽으신 하나님의 아들이라니! 그런데 우리는 어떻게 그렇게 잠잠하고 어떻게 그렇게 수동적일 수 있을까요? 우리는 고요한 묵상과 기도를 충분히 하고 있는 것일까요? 사람들의 시선 앞에서 할 수 있는 일에 너무 몰두하고 우리 자신의 능력에 너무 의지하고 있는 건 아닐까요? 지난 며칠 동안 이런 생각들이 제 마음을 휘젓고 다녔는데, 무엇보다도 저는 이것을 저 자신의 경우에 적용해 보았습니다.

1월 8일이 되기까지 샌드필즈 교회의 이 열정적인 서기는 로이드 존스에게서 세 통의 편지를 더 받았다. 편지의 주제는 '환영회' 계획, 베단이 벽난로 타일을 무슨 색으로 할지 결정했다는 것, 목사관에 전기 공급장치가 없지만 별로 신경 쓰이지 않는다는 것(1927년에 손보게 될 것이므로) 그리고 트레퍼 존스 소유의 대형 화물차가 런던으로 와서 짐을 싣고 가게 되리라는 것 등이었다. 그는 익살맞은 소식도 전했다. "이제 벽지는 물론 가구를 고르는 문제에서도 저는 절대 권위자가 되었습니다!" 결혼식 전날 저녁, 아직까지 미처 "마련하지 못한 몇 가지 물건들을 사러 번번이 달려 나가야" 했던 마틴은 이렇게 고백했다. "정말 끔찍한 일주일이었다. 내가 뭘 하는지도 모르면

1927년 1월 8일 채링 크로스 채플에서 열린 마틴과 베단의 결혼식.

서 지내고 있다. 오! 에버라본을 위해서 말이다!"

결혼식은 1927년 1월 둘째 주 토요일 오후 2시 15분, 채링 크로스 채플에서 피터 휴스 그리피스와 존 티큰John Thickens(런던 윌스던 그린에서 목회하는 칼뱅주의 감리교 목사)의 집례와 로이드 존스가 가르치는 주일학교반 멤버들이 신랑 들러리 역할을 하는 가운데 진행됐다.

결혼식을 마친 마틴과 베단은 사우스 데번 연안의 토키에 도착해 비로소 긴장을 풀 수 있었다. 하지만 런던에는 아직 다 마무리 짓지 못한 일이 태산이라 이들이 바라는 것처럼 일찌감치 에버라본으로 갈 수는 없을 게 분명했다. 그래서 에버라본 도착 날짜를 1월 26일 수요일로 다시 잡았지만, 그 날짜에도 이들은 갈 수 없었다. 신혼여행을 마치고 런던으로 돌아온 마틴은 독감에 걸려 고열에 시달렸고, 신혼집에 당도하기로 되어 있던 그날에도 여전히 땀으로 목욕을 하며 지내야 했다. 예정대로 그 주 주일 샌드필즈에서 설교할 수 없을 게 확실했다. 이리하여 두 사람은 2월 4일 금요일로 예정된 '환영회'를 겨우 사흘 앞두고서야 에버라본에 도착할 수 있었다.

그런데 에버라본에서의 첫날밤이 이들의 마지막 날 밤이 될 뻔했다. 빅토리아 로드 57번지의 신혼집은 아직 완전히 준비가 안 돼 있어 이들 부부는 교인인 롭슨 씨 집에서 며칠 신세를 져야 했다. 도착하던 날 밤 잠자리에 들기 전 마틴과 베단이 침실 벽난로 앞에 서서 이야기를 나누고 있는데 갑자기 불이 나갔다. 별일 아니라고 생각한 두 사람은 잠자리에 들어 곤한 잠에 빠졌다. 다음 날 아침 일찍 베단은 방 안에서 뭔가 시끄러운 소리가 들리고 머릿속에 이상한 느낌이 드는 것을 의식하며 잠에서 깼다. 마틴을 흔들어 깨웠지만 그는 이불 속으로 더 깊이 파고들 뿐이었다. 그 순간 베단은 방 안에 가스가 가득 찼다는 것을 깨닫고 침대에서 펄쩍 튀어나와 창문을 열었다! 어젯밤 침실에 켜 놓았던 등은 가스등이었는데, 롭슨 씨는 이들 부부가 잠자리에 들었을 것으로 생각하고 밖에서 가스 공급 장치를 껐고,

1927년 2월 4일 취임 예배에 모인 사람들.
로이드 존스(가운데), 그 뒤로 E. T. 리스, 리처드 J. 리스(로이드 존스 뒤쪽에서 바로 왼편),
전임 목사 T. J. 루이스(리처드 J. 리스 왼쪽),
카멜 칼뱅주의 감리교 채플 목사 데이비드 윌리엄스(두 번째 줄 오른쪽 끝).

전깃불에 익숙해 있던 이들 부부는 불이 꺼지자 침실의 가스등 스위치를 잠그지 않고 그대로 잠이 들고 말았던 것이다! 집안의 아이들 때문에 롭슨 씨가 매일 밤 잠들기 전에 가스 공급장치를 껐다가 이른 아침 일어나 일터에 나가기 전 다시 켜곤 한다는 걸 몰랐던 것이다.

'환영회' 혹은 '취임 예배'는 설교가 있는 오후예배와 몇몇 연사들의 연설로 이루어진 저녁 모임으로 진행되었다. 이 행사는 여느 취임 예배에 비해 웨일스와 잉글랜드 언론의 큰 관심을 끌었다. 이런 일이 보기 드문 일이라 생각한 이는 기자들뿐만이 아니었다. 서西글러모건의 일부 목회자들은 신학교에 단 일주일도 다닌 적이 없는 사람을 새로운 동료로 받아들이게 되었다는 사실 앞에 여러 가지 감정이 교차했고, 뭇사람들을 사로잡고 있는 행복감에 동조할 생각이 별로 없었다. 스완지의 콜린스 루이스 박사는 노회를 대표해 로이드 존스를 환영하면서, "로이드 존스도 결국은 한 사람의 인간일 뿐"이며 "그가 바로 얼마 전에 독감을 앓았다는 것"이 바로 그 증거라고 말해서 회중에게 잠깐 웃음을 안겼다. 노골적으로 드러나진 않았지만 이 말에는 적어도 그 자리에 참석한 목회자들이라면 놓치지 않았을 어떤 경계가 담겨 있었다.

한 신문 기사를 읽어 보자.

> (그날 하루를 마무리하면서) 로이드 존스는 열렬히 환영해 주셔서 정말 깜짝 놀랐다고 말했다. 이 길에 발을 들여놓을 때 그는 환영이나 지지를 기대하지 않았다. 이 일을 그저 자신이 할 수 있는 일이라 생각했을 뿐이었다. 진리를 알게 되자 할 일은 하나뿐이었고, 그것이 그가 따라야 할 길이었다. 앞으로 설교단에 홀로 서게 된다 할지라도, 그의 설교를 듣는 이가 교회당에 단 한 사람뿐이라 할지라도, 그는 계속 그 길을 갈 터였다. 그는 부흥을 이루려 늘 애쓰는 그런 유형의 사람은 거들떠보지도 않았다. 오늘날 교회에는 부흥을 하나의 취미로 여기는 듯한 사람들이 있고, 이들은 늘 부흥을 기다리고 부흥을 이루려 애를 썼다. 그러나 실제로 부흥을 이룬 사람은 하나도 없다. 단 한 순간이라도 그는 자신이 하는 말이나 행동이 부흥이라는 결과를 낳으리라고 생각하거나 바랄 만큼 어리석지 않았다. 다만, 그는 하나님의 은혜로 하늘에서 부흥이 임할 경우 그것을 소중히 여기는 그런 방식으로 살아 나가기를 바랐다. 그는 바로 그런 정신으로 목회의 길에 들어섰다.

07.

특이한 설교

1927년 2월, 로이드 존스가 에버라본에 둥지를 틀었다는 소식에 남웨일스 사람들이 갑론을박하면서 가장 자주 입에 올렸던 화두는 "그가 앞으로 무슨 일을 하겠다고 말하느냐?" 하는 것이었다. 그가 에버라본에 온 것이 주로 신앙적 의미가 있는 일이라는 것조차 인정하지 않으려는 사람들도 있었다. 열혈 사회주의자들은 로이드 존스 집안이 자유당과 연줄을 맺고 있다는 헛소문을 듣고, 그가 다음 선거 때 의회에 진출하여 에버라본을 다시 자유당 사람들에게 되찾아 줄 준비를 하고 있는 것이라고 진심으로 믿었다. 사실 비국교도 목회자들 사이에서는 그런 방법이 낯설지 않았다. 남웨일스 지역의 일부 의사들은 로이드 존스가 런던을 떠나온 동기를 미심쩍어하며, 그가 일단 남웨일스에서 이름을 알리고 나면 곧 일반의로 개업하거나 고문 의사가 될 것이라는 의견을 드러냈다. 에버라본에 온 지 얼마 안 된 어느 날, 그가 포트 탤벗 건너편의 한 집회에 참석해 설교를 마치고 집으로 돌아가던 버스 안에서의 일이다. 뒷좌석에 앉은 두 여성도 그의 설교를 들으러 온 사람들이었는데, 로이드 존스가 같은 차에 타고 있는 줄 모르는 것 같았다. 본의 아니게 그는 어깨너머로 들려오는 두 여성의 대화를 아주 재미있게 엿들었다. "아 네, 할리 스트리트 의사들도 지금은 수입이 형편없다는군요. 그 사람, 의사 집어치우고 이 일 택한 걸 아주 다행으로 여길 게 분명해요!"

그러나 샌드필즈의 신임 목사가 교회 확장을 목적으로 부임했다는 것을 인정한다 해도, 그가 그 일을 어떻게 해 나갈 것인지는 여러 사람들에게 아직 미지수였다. 기독교의 영향력 쇠퇴를 어떻게 멈출 것인가 하는 문제를 두고 많은 논쟁이 벌어졌는데, 이 문제에 대한 그의 입장은 어떠한지 많은 이들이 궁금해했다. 당대 기독교 언론에서 이보다 더 자주 다룬 논제는 없었고, 거기엔 그럴 만한 이유가 충분했다. 1914년 이전, 에버라본에서 멀지 않은 론다 어번 구역 151개의 비국교도 교회에 회집하는 교인 수를 모두 합하면 이 지역 전체 인구 4분의 3에 맞먹을 때가 많았다. 그런 시절은 이제 과거가 되었다. 샌드필즈에 있는 포워드 미션 교회 건물은 제1차 세계대전이 터지던 해에 400석 규모로 문을 열었는데, 주일 아침에는 약 70석 정도 자리가 찼을 뿐이고, 저녁예배 때는 그보다 약간 많은 정도였다. 1926년, 1,497개의 소속 교회를 거느린 칼뱅주의 감리교 전체에서 교인 수는 겨우 353명 늘어난 것으로 보고되었고, 같은 시기 주일학교 출석자 수는 1,169명까지 떨어졌다.[1] 영국 전체의 상황도 대부분 이와 비슷했다. 1925년, 웨슬리파 감리교Wesleyan Methodists와 회중교회 모두 1905년 이후 주일학교 출석수가 10만 명 넘게 줄어들었다고 보고했고, 웨슬리파는 1924년에서 1925년 단 두 해 사이에 출석수가 1만 4천 명 떨어졌다고 보고했다. 그러므로 「브리티시 위클리」의 독자투고란에 '비국교도 신앙 실종' 같은 주제의 글들이 자주 등장하는 것도 무리가 아니었다.

이런 상황에 대한 반응은 여러 가지였다. 비국교도 중에는 예배에 변화를 주어서 이러한 조류를 차단하려는 이들이 많았다. 예를 들어 회중교회 예배의 단조로움을 비판하는 사람들은 찬양대, 성가, 오르간이 주요 역할을 하는 예배 예전을 도입하려고 했다. 사람들이 교회에 오는 게 "설교 듣고 훈계받기" 위해서가 아니라고 생각하는 이들은 설교가 그 시대 상황에 적절한 강연으로 혹은 작가와 시인과 소설가가 풍성히 인용되는 일종의 평론으로 탈바꿈하기를 바랐다.

남웨일스에서 전통적 예배 방식으로는 사람들을 예배당으로 돌아오게 할 수 없다는 주장에 점점 무게가 실렸다. 영국에서 1926년 총파업으로 가장 큰 피해를 입은 지역이 남웨일스였는데, 다른 직종 노동자들은 5월 12일에 다 일터로 복귀한 반면 남웨일스 노동 인구의 상당 부분을 차지하는 광부들은 그 뒤로도 6주 동안 일터 밖에서 농성을 계속했기 때문이다. 그들이 결국 일터로 돌아온 것은, 이러다가는 굶어 죽겠다는 위기감 때문이었다. 파업 기간에 정부가 한 일이라고는 어린이들에게 하루 두 끼의 식사(아침과 점심)를 제공한 게 고작이었고, 이때 샌드필즈 예배당도 다른 많은 건물들과 함께 공동

베들레헴 포워드 무브먼트 채플인 샌드필즈.

'급식소'로 활용되었다. 에버라본의 한 목사가 쓴 편지가 '광부의 가족들은 굶어 죽고 있는가?'라는 제목으로 1926년 9월 기사화되었는데, 이 편지는 당시 상황이 얼마나 심각했는지 생생하게 묘사하고 있다. 그는 "우리네 가정에서 아이가 정오 이후부터 다음 날 아침까지 아무것도 먹지 못하는 일은 없어야 한다"고 했으나, 에버라본 지역에서는 많은 가정들의 형편이 그와 같다고 말했다. 또 그는 근처 마을의 한 급식소가 석탄 부족으로 문을 닫을 수밖에 없었다고 썼다.

이런 사건들은 1927년 2월까지도 대중의 의식 속에서 여전히 큰 자리를 차지하고 있었다. 실업자들과 실업 수당을 받으려는 사람들이 길게 늘어선 행렬은 이제 막 시작일 뿐인 '대공황' 시기의 포트 탤벗 지역을 특징짓는 한 모습으로 오래 지속될 터였다. 이듬해 E. T. 리스가 막달렌 로이드 존스 부인에게 보낸 편지에서 발췌한 아래 인용문은 이 무렵 이 지역 가정들의 형편이 어땠는지 엿볼 수 있게 해준다.

> 오, 남웨일스의 어린아이들은 요즘 얼마나 고통을 당하고 있는지요! 지금 이 편지를 쓰고 있는 데서 멀지 않은 곳에 저는 친구들에게서 모아들인 셔츠와 바지, 윗옷 등을 한 무더기 맡겨 놓고 왔습니다. 벌거벗은 거나 다름없이 지내고 있는 가엾은 우리 학교 아이들에게 입히기 위해서지요. 수요일만 해도 바지를 거의 안 입은 거나 마찬가지에 해진 장화 사이로 발가락이 삐죽 나온 채 추위와 배고픔에 지쳐 있는 한 어린 친구를 제 집으로 데려왔습니다. 아이의 동생은 아예 저를 따라나서지도 못했습니다. 몸에 걸칠 게 아무것도 없어서 말입니다. 램지 맥도널드의 지역구인 에버라본 인근에는 이런 참담한 지경에 처해 있는 광부의 자녀들이 수백 명입니다. 저는 아이들을 돕기 위해 제가 할 수 있는 일은 다 할 작정입니다. 오늘 아침만 해도 맥도널드 씨의 대리인과 함께 역에 나가 전국 각지에서 보낸 구호품 꾸러미들을 관리했습니다.

이런 형편 가운데 위의 사례는 정치·경제적 대책이 최우선 순위라고 주장하는 많은 이들에게 유력한 논거가 되었다. 성향상 신앙 문제를 더 중시하는 사람들조차도 물질적으로 크게 궁핍한 주민들은 예배당에서 무슨 설교를 하든 거기 관심을 가질 수 없을 것이라 생각할 정도였다.

교회 밖 세상과의 이런 간격을 메우기 위해 샌드필즈에서는 축구, 음악의 밤, 연극 동아리, 토요일 밤의 '형제회' 모임을 비롯해 몇 년 동안 여러 다양한 활동이 있어 왔다. 지금까지 살펴봤다시피 성과는 미미했지만 말이다. 로이드 존스가 부임할 때 전임 목사 T. J. 루이스가 했던 말이 있다. 그는 자신의 능력으로는 교회에 나오지 않는 주민들의 습성을 반전시킬 수 없었다는 사실을 언급하면서, "내가 교회 주변 거리를 돌아다니면서 보니 길에서 만나는 사람들이 다 교회에 나오면 한 여섯 배는 더 많은 사람들을 섬길 수 있겠더라"라고 했다. 샌드필즈의 또 어떤 이들은 어린이 사역에 최선의 소망이 있다고 생각하는 것 같았다. E. T. 리스는 1926년 포워드 무브먼트 본부에 보내는 보고서에서 "어린이 사역은 크게 확장될 수 있다"고 말했다. "교사만 있다면 어린이 주일학교 출석수를 한 달 안에 500명은 늘릴 수 있을 것"이라고 했다.

그러나 로이드 존스는 어떤 새 프로그램을 운영할 것이라는 말은 전혀 하지 않았다. 리스 서기에게는 놀라운 일이었지만 새로 부임한 설교자는 오로지 교회 생활의 전통적인 부분, 즉 규칙적인 주일예배(오전 11시와 오후 6시에 드리는), 월요일 기도회와 수요일의 주중 집회에만 관심이 있는 것 같았다. 다른 것은 다 없어져도 괜찮다는 것 같았다. 그래서 특별히 외부 사람들의 관심을 끌기 위해 마련된 활동들은 곧 폐지되고 말았다. 연극 동아리가 없어지자 현실적인 문제가 대두되었다. 교회당 건물 일부를 차지하고 있는 목재 무대는 어찌할 것인가? 신임 목회자는 "(해체해서) 예배당 난방 연료로 쓰면 된다"고 위원회에 말했다.[2] 위원회는 그의 제안에 반대하고 이 무대를 지역

YMCA에 줘 버렸다! 토요일 밤에 모이던 '형제회'는 로이드 존스가 약간 망설인 끝에 계속 유지될 수 있었다.

그의 주일 설교는 이와 같은 변화들의 의미를 간접적으로 설명해 주었다. 교회는 발전해야 하되 세상과 가까워짐으로써가 아니라 하나님의 자녀들이 소유한 참 생명과 특권을 세상에 나타내 보여줌으로써 발전해야 했다. 근본적으로 필요한 것은, 교회가 진짜 무엇인가에 대한 이해를 교회 자신이 회복하는 일이었다. "설교란 사람들을 즐겁게 해주는 일이 아니라, 사람들을 구원으로 이끌며 하나님을 찾는 법을 사람들에게 가르치는 일입니다."[3]

이와 같은 내용이 1927년 2월 6일 로이드 존스가 샌드필즈 강단에서 목사로서 행한 첫 주일 설교의 주안점이었다. 그날을 위해 그가 철저하게 준비한 설교 본문은 디모데후서 1:7이었다. "하나님이 우리에게 주신 것은 두려워하는 마음이 아니요 오직 능력과 사랑과 절제하는 마음이니." 도입부에서 그는 이렇게 말했다.

> 형제자매 여러분, 하나님께서 능력 주시는 한도에서 제가 이곳 에버라본에서 하고자 하는 한 가지 큰일이 있습니다. 그것은 단순히 기독교가 합리적인 신앙임을 입증하는 게 아니라 궁극적으로 우리 모두 언젠가 삶과 죽음이라는 엄청난 사실에 직면할 때 기독교 신앙 외에는 그 어떤 것도 합리적이지 않음을 입증하는 일이 될 것입니다. 제가 보건대 그것이 바로 그리스도의 복음이 현대 세상에 던지는 도전입니다. 삶과 죽음이라는 좀 더 깊은 문제에 직면할 때 우리의 모든 지식과 문화는 우리에게 도움이 되지 않을 것이며 평강에 대한 우리의 유일한 소망은 십자

가에 달린 그리스도 안에서만 찾을 수 있다는 것이 늘 제 설교의 주제가 될 것입니다. 지금 여기, 여러분들 가운데서 제 사역이 시작되는 이 시점에서 한 가지 호소를 해도 될까요? 여러분들께 호소하면서 한 가지 굳게 약속하는 것은, 제가 여러분들께 부탁하는 것을 들어주신다면 저도 마찬가지로 보답을 하겠다는 것입니다. 제가 요청하는 것은, 대화를 하거나 토론할 때 우리 모두가 서로에게 정직하자는 것, 절대 우리가 실제 경험한 것 이상으로 믿음을 고백하지 말자는 것입니다.

우리네 예배당과 교회는 거의 대부분 한순간의 망설임도 없이 성찬을 받는 사람들로 북적거립니다만, 가혹하거나 부당하게 판단하지 않는다는 것을 전제로 여러분들은 그 모든 사람들이 다 그리스도께서 자기를 위해 죽으셨다고 믿는다고 잠시라도 상상할 수 있습니까? 여러분들은 묻겠지요. 그렇게 믿지 않는다면 그 사람들이 왜 교인이며, 왜 믿지도 않으면서 믿는 척하겠느냐고 말입니다. 대답은 그들이 자기 자신에게 솔직하기를 두려워하기 때문입니다. 그리스도는 나에게 아무 의미도 없다고 솔직히 말할 경우 부모와 친구들이 뭐라고 할지 두렵기 때문입니다. 여러분들의 경험은 어떠한지 잘 모르지만 저 자신의 생각을 말씀드립니다. 저는 제가 그리스도를 믿노라고 진실하게 말할 수 없다고 솔직하게 말할 때보다는 사실상 믿지 않으면서 믿는다고 말했을 때 두고두고 훨씬 더 부끄러울 것입니다. 만약 지상에 있는 그리스도의 교회가 교회에 기생하는 사람들 즉 그리스도를 믿어야 한다고만 믿는 사람들을 다 솎아 낼 수만 있다면, 확신컨대 세상에서 교회는 초대교회 때만큼, 영적 각성 시대 때 늘 그랬던 것만큼 값어치를 갖게 될 것입니다. 그러므로 저는 오늘 밤 동일한 질문을 던집니다. 저는 여러분과 저

> 자신에게 앞으로도 계속 이 질문을 할 것입니다. 여러분은 복음에 대해 자기가 뭘 알고 있는지 아십니까? 자기의 믿음에 대해 자문합니까? 그리고 자신을 확신하십니까?

이 설교자는 이것을 시작으로 "두려워하는 마음"이 아닌 참 신앙, 능력과 사랑과 절제하는 마음에 관해 바울이 뭐라고 설명하는지 이야기를 이어 나갔다. 그는 "이것[절제하는 마음]이 없으면 여러분의 신앙은 아마 감정 본위, 전통에 대한 사랑, 습관의 힘 혹은 두려움과 외경심에 지나지 않을 것"이라고 결론 내렸다.

이 설교는 로이드 존스가 앞으로 어떤 방향으로 목회를 해 나갈지 분명하게 보여주었다. 그가 이해하는 시대 상황에 따를 때, 가장 먼저 필요한 일은 교회 자체가 변화되는 것이었다. 진짜 기독교 신앙 경험이 일단 회복되면 교회는 별 어려움 없이 세상 사람들로 하여금 교회가 하는 말에 귀 기울이게 만들 수 있을 터였다. 2주 뒤인 2월 20일 주일, 그는 똑같은 주제를 가지고 '성도로 부름받음'이라는 제목으로 설교했다. 도입부의 논점은 바울이 그리스도를 믿는 모든 이들을 다 성도로 여긴다는 것이었다.

> 사도 바울의 편지를 받는 사람들은 우리가 말하는 그런 의미에서 특별한 사람들이 아니었습니다. 그 점에서 우리도 마찬가지입니다. 그러나 제가 보기에 그리스도인은 모두 다 특별한 사람입니다. 적어도 어떤 사람이 특별한 사람이 아닌 한 그 사람은 참 그리스도인일 수 없습니다. 그리스도인이란 그리스도의 죽음과 부활을 믿는 사람이며, 거듭난 사

람은 새 피조물이요 하나님의 아들이 된 사람, 그러므로 그리스도의 형제라는 점을 기억하십시오. 그렇습니다. 그리스도인은 모두 특별한 사람입니다. 바울 시대 사람들이라고 해서 우리보다 더 특별하지는 않았습니다. 시대만 다를 뿐 우리도 그리스도를 따르는 사람들이기 때문입니다. 오랜 세월이 흘렀어도 그리스도인은 늘 그런 사람들이었습니다. 유대인과 이방인 혹은 종이나 자유자 같은 모든 구별에서 벗어나도록 부름받은 사람들이었습니다. 조상이 어떤 사람이었느냐는 문제가 되지 않습니다. 지나간 일은 중요치 않습니다. 그리스도 안에서 이들은 모두 하나이고 모두 특별합니다. 여러분이 길거리에서, 이웃 사람들 사이에서 특별한 사람으로 두드러지지 않는다면, 제가 심각하게 말씀드리거니와 여러분은 그리스도인일 수 없습니다. 그렇다고 해서 이웃들 앞에서 억지스러운 태도나 자세를 취해야 한다는 뜻은 아닙니다. 그건 위선이 될 테니 말입니다. 제 말씀은, 여러분 안에서 그리고 여러분을 통해 역사하시는 성령의 능력이 여러분에게 그런 차이를 만들어 내사 과거의 여러분과 완전히 달라지게 하여 주변 모든 사람들이 그 차이를 알아보지 않을 수 없게 된다는 것입니다.

그는 그리스도인의 삶의 본질과 이름뿐인 신앙의 쓸모없음에 대해서 앞으로 몇 달 동안 더 많은 이야기를 하게 될 터였다. 로이드 존스의 설교 방식은 회중에게 익숙한 방식과 놀랄 만큼 달랐다. 1927년 7월, 한 주간 강단을 떠나 있다 돌아온 그는 이렇게 말했다.

사람들은 교인 수가 줄어드는 것에 대해, 교회의 쇠락에 대해 불평들을 합니다. 사람들은 왜 예배처에 출석하기를 그만두는 것일까요? 지난 주일 밤 제가 보니 카디프의 예배당에는 사람들이 드문드문 앉아 있는 반면 포스콜을 비롯해 해안 지역에서 돌아오는 기차는 발 디딜 틈 없이 사람들로 가득 차 있었습니다. 그 이유가 뭘까요? 이 사람들은 왜 하나님의 집에서 예배드리기보다 해변이나 기타 장소에서 시간을 보내는 것일까요? 네, 대답은 간단합니다. 이 사람들은 예배당이나 교회보다는 바닷가에서 지내는 걸 더 좋아하고, 예배당이나 교회보다는 바닷가에서 시간을 보내는 것이 자기에게 더 유익하다고 생각하는 게 분명합니다. 이제 그런 사람들과 논쟁하는 것은 아무 소용없습니다. 바닷가에서 시간 보내 봤자 사실 아무 유익이 없다고 말해도 소용없습니다. 그 사람들은 정말 그렇게 믿고 있으니까요.……저라면 이런 당일치기 여행객들에게 이렇게 말하겠습니다. 예배당에 가는 것보다 교외에 놀러 가서 하루를 보내는 것이 더 유익하다고 생각한다면 그렇게 하라고 말입니다(그리고 그렇게 하는 게 여러분의 책임임을 기억하세요). 진정으로 거기가 아닌 이곳에 있는 게 더 유익하다고 생각하지 않는 한 여기 오지 마십시오. 교회에 와서 다른 어떤 기관에서도 줄 수 없는 혹은 다른 무엇도 당해 낼 수 없는 뭔가를 주고받는다 생각하지 않는 한, 부디 교외나 바닷가로 놀러 가시기 바랍니다. 그리스도의 교회는 신자들의 교회요, 공통의 신앙과 공통의 사랑으로 함께 묶인 사람들의 연합체입니다. 믿지 않으신다고요? 그렇다면, 무엇보다도 믿는 척하지 마시고 교외나 바닷가로 놀러 가십시오. 제가 여러분께 부탁하는 건, 겉과 속이 같게 행동하라는 것입니다. 가족 중에 누군가가 세상을 떠났을 때, 믿지도 않는 교회에 와서 장례를 치러 달라 요구하지 마십시오. 바닷가를 찾아가서 위로를 누리십시오.

이 부분만 따로 떼어 놓고 보면 이런 발언은 오해를 불러일으킬 수도 있다. 하지만 이는 교회가 비교할 수 없이 독특한 특권을 지녔음을 보여주고 또 교회가 그 특권들을 제대로 누릴 경우 세상을 정복할 수 있음을 보여주는 여러 설교 중에 한 말이었다. 교회가 마땅히 울어 주어야 할 일이 있다. 하지만 "세상에서 자기 의에 사로잡힌 사람, 세상의 중요 인물, 세상에서 힘 좀 쓰는 사람"을 마주하면 교회는 비웃어 줄 수 있다. 속임수가 없는 소박한 복음, "아무 영향력도 없고 권세도 없는 작은 무리의 사람들"이 소유한 복음이 대로마제국에 도전하자 "그 제국은 휘청이고 흔들리다가 급기야 무너진 반면, 그 작은 무리의 사람들은 계속 늘어나고 커져서 전 세계에 퍼져 나갔다!"

일반적으로 말해서, 한 주일은 가르치는 설교를 하고 그다음 주일은 좀 더 직접적으로 복음을 전하는 설교에 할애하는 것이 목회를 시작할 때부터 그가 가진 습관이었다. 앞으로 살펴보겠지만 두 가지가 상당히 겹칠 때도 많았고 두 가지 설교 유형 모두 사람들을 회심시키는 데 쓰이긴 했지만 말이다. 2월 첫 주일 설교 때부터 그랬듯 복음을 전하는 설교에서는 복음에 대한 오해, 잘못 제시된 복음을 많이 다뤘다. 사람들은 이렇게 잘못 이해하고 있거나 잘못 제시된 복음을 기독교와 혼동했다. 기독교는 도덕 체계가 아니고 사회·정치 변화를 위한 계획도 아니다. 그런 노선을 따라 발전을 제안하는 조직들은 "문제점을 어설프게 땜질할" 뿐이다. "우리는 더 나은 사람이 될 수도 있습니다. 하지만 하나님을 대면하여 서려면 그 전에 먼저 새사람이 되어야 합니다." 모든 인간은 본래 죄 가운데 죽었고, 어떤 사람에게나 똑같이 구원은 오로지 '하나님의 선물'로서만 찾아온다. 그 어떤 의미에서도 구원은 결코 사람에게 달려 있지 않다. 그래서 샌드필즈에서 맞은 세 번째 주일 설교 때 그는 로마서 6:23을 바탕으로 이렇게 말할 수 있었다.

> 이는 에버라본에서 가장 훌륭한 사람뿐만 아니라 가장 악질인 사람에게도 주어질 수 있는 선물입니다. 그 누구도 자격이 있어 이 선물을 받는 건 아니기 때문입니다. 자기에겐 소망이 없다고, 죄와 불의에 너무 깊이 빠져 있어서 그 무엇도 자기를 구원할 수 없다고 말하는 분들을 가끔 만납니다. 저는 그런 분들에게 그저 이렇게 대답합니다. 하나님의 선물은 무한한 선물이며, 당신이 지금보다 열 배나 더 악한 사람이라 해도 하나님은 당신을 구원하실 수 있다고요. 힘 하나 안 들이고 그렇게 하신다고요. 오늘 밤 에버라본에서 가장 점잖은 죄인이라 할지라도 그 선물을 요구할 자격이 없기로는 최악의 죄인과 다를 바 없습니다. 구원이라는 선물을 받을 때는 두 사람 모두 동일한 터 위에서 받을 것이기 때문입니다. 기다리십시오, 사랑하는 여러분. 희망이 전혀 없는 것은 아닙니다. 너무 악해서 구원받지 못할 사람은 없습니다. 초대는 누구나 다 받습니다.

3월 첫 주일에 그는 열 처녀 비유마 25:1-3를 본문으로 어리석은 다섯 처녀 이야기로 복음을 전하는 설교를 했다. 이 설교에서는 '영원 세상을 준비하지 않는 어리석음'이라는 또 다른 강조점을 내세웠다.

지난 화요일 남웨일스 에부 베일Ebbw Vale에 있는 한 탄광에서 폭발 사고가 일어나 많은 사람이 사망했다. 그는 설교 도입부에서 고백하기를, 그 끔찍한 소식을 접한 순간부터 그리스도의 이 말씀이 자꾸 떠올랐으며 그래서 여러분들은 그 소식을 듣고 어떻게 반응했는지 물어보고자 한다고 했다.

> 신문 기사를 보면서 수많은 생각이 들었습니다. 엄청난 인명 손실을 부르는 재난의 속성, 광부의 업무에 따르는 극한의 위험 등을 생각해 봤습니다. 탄광 파업 때 어떤 생각을 했든, 이번 주 이 사건을 보면서는 세상에 이보다 더 위험한 일은 없을 것이며 이런 일을 하는 사람들은 그에 합당한 보수를 받아 마땅하다고 여기셨을 것입니다. 아버지 없는 가정, 졸지에 과부가 된 여자들, 남편을 위해 미래를 계획하던 한 가정의 아내들, 돌연 아버지가 돌아가셨다는 소식을 접하는 아이들을 생각해 봤습니다! 앞으로 행복하게 살리라던 꿈과 희망이 갑자기 땅으로 곤두박질쳤습니다! 나이 드신 어머니는 아들의 죽음에 애끓어 하면서 하늘이 이 늙은이는 놔두고 왜 젊은 사람 목숨부터 가져가는지 의아해했고, 어린아이들은 하루아침에 고아가 되었습니다…….
>
> 네, 각자 떠오르는 생각들이 있으실 테지만, 제 경우 삶의 불안정성을 이처럼 뼈저리게 실감시켜 준 사건은 제가 기억하는 한 없습니다. 만사가 다 평안하다고 생각하자마자 뭔가 끔찍한 일이 벌어집니다. 어떤 특정한 위험이 이제 영원히 사라졌다고 생각하는 순간, 그 위험이 모든 공포와 함께 다시 등장합니다. 탄광 감독관이 한 강연에서 "갱 폭발은 아마 이제 다시 없을 것"이라고 말한 게 겨우 보름 전 일입니다.

우리는 지식의 진보를 자랑하고 자연을 인간의 쓰임새에 맞게 제어할 수 있는 방식을 뽐냅니다만, 때때로 그 자리에서 자연의 힘과 우리의 무력함을 일깨움받습니다. 삶에 있는 모든 불확실함 가운데 가장 불확실한 것은 삶 자체입니다. 다음번에 무슨 일이 일어날지 아무도 예측할 수 없습니다. 어느 순간에 치명타가 날아와 우리 존재가 끝장날지 아무도 모릅니다.

2주 뒤인 3월 20일, 그는 "우리가 여기에는 영구한 도성이 없으므로 장차 올 것을 찾나니"라는 히브리서 13:14을 본문으로 설교하면서 삶의 덧없음과 불확실성을 다시 한 번 강조했다. 이번 설교의 도입부에서는 교회가 세상의 관심을 끌려고 하는 과정에서 어떤 타협을 하게 되는지를 다뤘다.

우리 시대의 기독교 신앙은 외견상 우리 존재의 중심 주제이자 우리를 움직이는 힘이 아니라 신앙을 제외한 삶의 다른 영역의 부속물이나 부록 정도로 보입니다.……우리는 남과 다르게 보이는 것을 진짜 두려워하는 것 같습니다. 그래서 우리는 교회를 대중화하고 사람들이 교회에 흥미를 갖게 만들려고 온갖 시도를 하며 애를 씁니다. 교회에 다녀도 그다지 달라지는 게 없다고 사람들을 설득하려는 듯 보입니다. "우리는 이제 청교도가 아니다"라고 우리는 말합니다. "청교도는 도가 지나쳤고 기독교를 사람들에게 너무 어려운 것으로 만들어 놓았다. 청교도는 그 엄격함과 불필요하게 높은 기준으로 사람들을 겁에 질리게 만들었다. 우리는 그렇게 할 만큼 어리석지 않다"고 말하며, 실제로 그런 행동을 하지 않습니다.

우리는 청교도를 비롯해 우리가 속한 교회를 세운 분들이 그토록 힘주어 강조하고 역설한 삶의 개념과 관점을 잃어버렸습니다. 인생은 순례 여정이고, 여기 이 땅에 사는 동안 우리는 여행자에 지나지 않는다는 개념 말입니다. 우리 시조들은 삶에 관해 그런 식으로 글을 썼고 그와 같이 말하고 설교했으며 찬송가에서 그런 식으로 노래했습니다. 그들은 "황무지 같은 이 땅의 순례자"에 지나지 않았습니다……그런데 이런 개념이 이제 우리네 어휘에서 거의 사라져 버려 아주 낯설게 들립니다…….

여러분이 그리스도를 믿는 믿음이 있는 분들이라면 인생이 순례 여정이라는 사실에 분개하지 않을 것입니다. 오히려 그 사실을 기뻐할 것입니다. 순례 여정은 대이동,exodus 즉 애굽에서 가나안으로, 속박에서 자유로 이동하는 과정의 일부일 뿐이고 그 자유는 영원한 자유라는 것을 모두 아실 테니 말입니다. 여러분들이 한 가지 아쉬워하실 것은 그 여정에 상당히 오랜 시간이 걸린다는 점뿐일 텐데, 그래도 여기 이 땅에 사는 동안 여러분들은 순례자가 아니면 그 누구도 느낄 수 없는 마음의 평화와 위로를 누리게 되실 것입니다.

샌드필즈에서 교회 생활의 방향이 바뀌었고 그동안 당연하게 여겨 왔던 많은 부분들이 이때부터 조용히 폐지되었음을 설명해 준 것이 바로 이런 종류의 설교였다.[4] 전임 목사 때 포워드 무브먼트 본부에 보낸 편지에서 E. T. 리스는 이렇게 말했었다. "우리 교회 주일예배는 따뜻하고 정감 있고 유익하며, 많은 이들이 주님께 가는 길을 찾아냅니다. 회개석Penitent Form을 설치하고 완전금주서약Total Abstinence Pledge을 도입한 것이 그 방법입니다." 그러나 이제 회개석과 완전금주서약도 모두 폐지되었다! 주일 저녁예배 뒤 결단한 사람을 앞으로 불러내어 짧게 모이는 관행도 사라졌다. 그보다 "네가 거듭나야 한다"라는 메시지가 전해졌다. 1927년 6월 12일 설교에서 로이드 존스는 이렇게 선포했다. "요즘 신입 교인에게 완전금주서약을 시키는 교회들이 많습니다. 저는 그 어떤 종류의 서약도 신뢰하지 않습니다. 어떤 사람이 나는 그리스도를 믿으며 교회의 회원이 되고 싶다고 말할 때, 저는 그 사람의 말에 이의를 제기할 권리가 없습니다. 그 사람의 말을 그대로 믿을 뿐 그 말의 사실 여부는 그의 도의심에 맡깁니다. 하지만 모든 교인들이 동참해야 한다고 독려하고 싶은 한 가지 서약이 있습니다. 그것은 바로 '정치에 일절 관여하지 않겠다는 서약'입니다. 요즘에는 정치가 우리네 교회에 다른 무엇보다도 큰 해악을 끼친다고 여겨지기 때문입니다." 여전히 열렬한 노동당 지지자였던 E. T. 리스는 그의 말에 경악했다! 리스가 얼마나 정치에 관심이 많은 사람이었냐면, 새로 부임하는 목회자를 열렬히 환영했음에도 2월 1일 로이드 존스가 신혼여행을 마치고 포트 탤벗 역에 도착하는 시간이 마침 램지 맥도널드의 집회 시간과 겹치는 바람에 마중을 나가지 못할 정도였다. 같은 설교에서 그는 계속해서 이렇게 말했다. "의회에 어떤 결의안을 보내야 한다고 하면 바로 이것, '그를 믿는 자는 심판을 받지 아니하는 것이요 믿지 아니하는 자는 하나님의 독생자의 이름을 믿지 아니하므로 벌써 심판을 받은 것이니라'요 3:18라고 사도 요한이 온유한 마음으로 초고를 작성한 이 결의안을 보낼 것을 제안합니다."

에버라본에서 들을 수 있는 이 색다른 설교를 다룬 첫 신문 기사는 1927년 7월 3일 주일예배에 참석했던 샘 존스가 작성했는데, 그는 이 설교에서 어떤 인상을 받았는지를 다음과 같이 보도했다.

> 지난 주일 에버라본의 베들레헴 포워드 무브먼트 교회를 찾은 것은 인간적인 호기심 때문이었다. 그러나 호기심은 곧 사라졌다. 강단에 선 젊은 의사의 존재감, 그의 설교에 드러난 엄청난 열정, 태도에서 풍기는 큰 믿음과 확신, 이 모든 것이 어우러져 모든 호기심을 날려 버렸다. 나는 시종 경이와 존경심을 느낄 뿐이었다. 내가 받은 느낌을 기사로 쓰는 통상적 방식을 버리고 설교 내용을 내 능력껏 최대한 많이 싣고자 하는 것에 대해 독자들의 용서를 바라지는 않겠다. 이는 그저 설교 자체가 감동적이었기 때문이다. 또한 로이드 존스는 뭔가 할 말이 많은 사람이고 또 그 말은 인간의 능력이 아닌 그보다 더 큰 어떤 힘에 이끌리어 도저히 말하지 않고는 배길 수 없는 사람의 입에서 나오는 말이었기 때문이다.

아침 설교 본문은 나훔 2:1이었다고 샘 존스는 보도를 이어 갔다.

> "파괴하는 자가 너를 치러 올라왔나니." 하나님의 진노로, 멸망으로 니느웨를 위협하는 말씀이다. 니느웨는 전에 죄를 범했으나 요나의 설교를 듣고 회개하여 용서를 받았다. 그런데 이제 그들은 요나를 잊고 창조하실 수도, 멸하실 수도 있는 하나님께 등을 돌렸다. 나훔은 하나님의 진노 앞에서 너희 자신을 지킬 준비를 하라고 반어적으로 훈계했다.

> "너는 산성을 지키며 길을 파수하며 네 허리를 견고히 묶고 네 힘을 크게 굳게 할지어다." 그리고 설교자는 이렇게 말했다. "하나님의 이름으로 교회는 사람들에게 경고해야 합니다. 하나님을 예배하지 않으려면, '파괴'할 권능을 지닌 분과 싸워 자기를 지킬 각오를 하라고 말입니다!" 우리는 니느웨 백성이었다. 우리는 경외심을 잃었다. 안식일은 아무 의미도 없었다. 성경이 이제 더는 좋은 책이 아니었다. 우리는 하나님을 향해 등을 돌렸다. 하지만 하나님의 용서에는 한계가 있었다. 하나님은 이 세대의 모든 죄악을 방관하지도, 허용하지도 않으실 터였다.

샘 존스는 "주일 아침 경탄하는 마음으로 교회당을 나와" 저녁 예배에 다시 참석해서 "바람이 임의로 불매"요 3:8를 본문으로 한 설교를 들었다. 설교 주제는 하나님께서 만물을 주권적으로 다스리신다는 것이었다.

> 우리로서는 신비로운 일이지만 그래도 절대적으로 확실한 사실이기도 하다. 불신앙의 오만 가운데 있는 인간은 자기 의견이 의심할 여지가 없다고 생각한다. 그러나 이 설교자는 말하기를, 사람은 자기 마음조차 통제하지 못한다고 했다. "우리는 자기가 자기 두뇌의 주인이라고 생각합니다. 하지만 사람은 자기 두뇌에 명령을 내리거나 지시하지 못합니다. 명령을 내리거나 지시하면 할수록 뇌는 작동하기를 거부합니다." 생명을 주시는 성령의 능력을 경험하고 그리스도 안에서 하나님을 본 사람은 자기 자신에 대한 확신을 잃는다고 설교자는 말했다. 그 사람은 하나님을 의지하고, 하나님께서 일하시는 신비로운 방식을 인정한다.

그리스도인과 비그리스도인의 가장 큰 차이점은, 그리스도인은 말을 할 때 겸손하고 온유하게 말한다는 점이다. 바람이 부는 것에서 보다시피 우리는 결과에서 증거를 본다. 나뭇잎이 바스락거리고 가지가 흔들리는 것을 보고 바람이 부는 것을 아는 것이다. 성령께서 사람을 움직이시는 것도 마찬가지다. 분명하고 확실하기는 한데 분석할 수가 없다. 성령의 바람 그 영광은 인간의 통제 영역 밖에 있다. "이는 구원에 이르게 하는 하나님의 은혜이며, 우리는 무릎을 꿇고 엎드려 그 은혜를 나눌 수 있기를 기도해야 합니다.……현재 강풍은 우리나라에서 멀리 불어 나가고 있는 것 같습니다. 바람은 사라진 것 같습니다……." 그리고 설교자는 이렇게 덧붙였다. "그 바람이 다시 불기를, 우리가 그 바람을 경험할 수 있기를 함께 기도합시다. 하지만 그 모든 건 다 그분께 달려 있습니다."

샘 존스는 이 젊은 설교자와 관련해 가장 특이한 점이 의사에서 설교자로 직업을 바꿨다는 것이 아니라 그가 전하는 메시지 자체와 그 메시지를 전하는 방식이라는 사실을 활자 매체를 통해 처음으로 인정한 사람 중 하나였던 것 같다. 그는 다음과 같은 말로 칼럼을 끝맺었다. "미래는 이 설교자를 이 나라의 위대한 지도자로 점찍었는가? 내가 확신하거니와 사역자로 부름받은 누군가가 있다면 독터 마틴 로이드 존스가 바로 그 사람이다."

* * *

이 설교와 관련해 분명히 인정할 수 있는 한 가지 사실은, 이 설교가 당대의 어떤 설교 모델에 기반을 두고 있지 않았다는 것이다. 로이드 존스가 지금껏 들어 온 설교는 대부분 반면교사의 역할을 했을 뿐이었다. 지난 몇 년간 웨일스인들은 감정에 호소하고 정서에 치중하는 설교를 진짜 예언적 설교와 혼동해 왔는데, 로이드 존스는 이런 전통을 계승하지 않았다. 그는 '휘몰아치는 열정'hwyl을 꺼렸는데, J. 휴 에드워즈는 「브리티시 위클리」에서 이것을 가리켜 "최면 효과로 대규모 청중의 넋을 잃게 만드는 황홀경의 감정과 음악적 억양의 조합"이라고 했다. 에드워즈의 말에 따르면, '휘몰아치는 열정'은 "웨일스 설교의 독특하고도 배타적인 특징"이었다. 로이드 존스는 이것을 설교 효과를 확보하려는 인위적 장치로 보았다. 설교자들이 청중에게 습관을 들여 놓은 수많은 예화와 일화에 대해서도 마찬가지 생각이었다. 이런 설교와 대조적으로 로이드 존스의 설교는 촘촘한 논리를 갖추고 중심 주제를 면밀히 분석해 나갔다. 그는 참 설교는 듣는 이에게 감화를 끼치되 가장 먼저 그 사람의 생각에 영향을 끼친다고 확신했다. 하지만 그는 웨일스 설교자들 중 비교적 지적인 유형의 설교자들이 그러는 것처럼 본문을 알려 준 뒤 즉시 강해를 시작하는 방식을 택하지도 않았다. 그의 설교 형식에서 가장 특이한 점은 아마 설교 도입부를 매우 중시한다는 점일 것이다. 그가 한번은 이런 말을 했다.

나는 전형적인 웨일스식 설교자가 아니고, 한 번도 그랬던 적이 없다.

내가 생각하기에 설교자가 설교할 때 가장 먼저 해야 할 일은, 이제부터 자신이 하려는 이야기가 아주 시의적절하고 절박하게 중요한 이야기임을 보여주는 것이다. 웨일스식 설교는 본문 구절을 알려 주는 것으로 시작해서, 그다음에 설교자가 그 구절의 맥락을 설명하고 단어를 분석했다. 그러나 세상에 속한 사람은 설교자가 무슨 말을 하고 있는 건지 모르고 관심도 없었다. 나는 내 설교에 귀 기울여 주었으면 하는 사람, 즉 환자를 대상으로 설교를 시작했다. 그건 사실상 의학적 접근 방식이었다. 여기 한 환자, 문제를 안고 있는 사람, 돌팔이 의사를 찾아다니던 무지한 사람이 있다. 그래서 나는 도입부에서 그런 모든 정황을 이야기한다. 나는 청중의 주의를 집중시키고, 그런 다음 강해하기 시작했다. 그런데 저들은 강해로 시작해 약간의 적용으로 끝을 맺었다.

그러나 형식과 구조 말고도 로이드 존스의 설교와 다른 설교의 주된 차이점이 있는데 그것은 메시지의 내용이다. 물론 다른 설교자들의 메시지에서 들은 내용이다. 이를테면 존 A. 허턴의 설교에서 들은, 인간의 삶에 간섭하시는 하나님의 권능 같은 부분이다. 하지만 그것도 그의 고유의 메시지와 적절히 조합이 되었다. 당시 가장 유명하다고 하는 수많은 설교와 구별되는 요소들 중 특히 두드러지는 점은 그가 성경의 권위에 절대적으로 의존하는 설교를 했다는 점이다. 성경은 단순히 출발점이 아니었다. 사실, 설교자는 성경에서 출발해 브라우닝이나 테니슨 같은 시인 이야기를 할 수도 있고 최신 소설 이야기를 할 수도 있다. 그러나 그에게 성경은 오류가 없는 진리의 유일한 근원이자 모든 신앙 체험의 최종 판관이었다. 1920년대에 설교자가 그런 관점에서 설교한다는 것은 일반적으로 극단적 반계몽주의 없이는 불가능하다고 단언하는 설교를 하는 거였다. 교회 지도자들은 고등비평이 성경의 축자영감설의 신빙성을 떨어뜨렸고 우리네 신앙에 돌이킬 수 없는 변화를 일으켰다고 거의 보편적으로 인정했다. 1920년대에는 '계시 종교의 교의'를 거부하는 게 다반사가 되었으며, 한 역사가는 이런 거부 현상에 대해 말하기를 "이는 앵글로 색슨족이 기독교로 회심한 이래 영국 역사상 그 어떤 사건 못지않게 큰 사건"이라고 했다. 그러나 1925년 「브리티시 위클리」에 실린 '비국교도 신앙 실종'이라는 기사에서 논의되고 있다시피, 대다수 목회자들은 순전히 불신앙일 뿐인 이런 현상을 퇴보가 아니라 오히려 발전의 징후로 보려고 했다.

자신의 자세가 당대의 큰 조류에 역행한다는 의미를 지녔음에도 로이드 존스는 먼저 성경에 대한 확신으로 돌아가지 않고서는 참된 설교의 회복이 있을 수 없음을 인지하고 있었다. 이것이 없으면, 1925년 본머스의 J. D. 존스Jones가 회중교회 연합 의장으로서 호소했던 '설교의 부흥'은 절대 일어날 수 없을 터였다. 그해 로이드 존스가 입학 후보생으로 에버리스트위스 대학에 갔을 때 실감했다시피, 성경에 순복하기보다는 성경을 비판하는 것이 당대 신학 교육의 전반적인 추세였다. 성경을(학자들이 말하는 것처럼 성경에 '대해서'가 아니라) 공부하고자 하는 동기도 자취를 감추고 있었다.

로이드 존스의 설교에는 반드시 언급해야 할 또 한 가지 특성이 있다. 이 시기 복음주의 그리스도인들 사이에는 전도 활동의 한 형식으로 '간증'을 권장하는 풍습이 있었고, 목회자들도 설교 때 다양한 종류의 개인적 신앙 체험을 언급하는 게 보통이었다. 로이드 존스의 특이한 이력과 그에 대한 일반 대중의 관심을 고려할 때 그리고 그의 삶을 그토록 변화시킨 영적 체험을 고려할 때, 그도 설교 때 자기 이야기를 자주 했을 것으로 짐작할 수 있다. 그러나 사실은 정반대였다. 그는 설교 때 자기 경험을 이야기하는 경우가 드물었고, 이야기한다 해도 아주 짧게 했다. 자신의 회심 체험을 간증 형식으로 이야기한 경우는 거의 없었다. 이런 이야기를 하지 않은 것은 그런 체험을 간과해서가 아니라 깊이 확신한 결과였다.

한 예로, 그는 간증이 모든 회심 체험을 하나의 비슷한 패턴으로 획일화하고 어떤 면에서 성경을 벗어난 체험을 표준화하는 경향이 있다는 점에 주목했다. 그와 동시에, 간증을 하는 사람은 자기 이야기를 좀 더 돋보이게 해주는 부분을 강조하는 경향이 있었다. 대개의 경우 좋은 의도인 것은 분명했지만, 속물적이고 인간 중심적인 결과가 나오기 쉬웠다. 듣는 사람들은 모든 회심 사례에 동일하게 드러나는 하나님의 은혜에 감명받는 게 아니라 극적이고 독특한 간증 이야기에 쉬이 감명받게 되었다. 로이드 존스 자신의 경우를 볼 때—그가 의사의 길을 접고 설교자가 된 것을 보도하는 신문들이 그랬다시피—특이한 이력을 강조하거나 의학계를 떠나면서 그가 치른 '큰 희생'에 대해 이야기하기가 쉬웠다. 하지만 그는 그 같은 표현을 지독히 싫어했다. 그가 보기에 그리스도인으로 살아가느라 어떤 '손해'를 본다고 말하는 것은 복음을 부인하는 것과 마찬가지였다. 그는 언젠가 어떤 사람이 "나는 20년 동안 그리스도인으로 살아왔는데 한 번도 그걸 후회하지 않았습니다"라고 말하는 것을 듣고 충격받았던 경험을 평생 잊지 못했다. 더 나아가 그의 설교관으로 볼 때도 설교 사역과 관련해 '희생' 운운하는 것은 사실상 말이 되지 않았다. 그는 이와 관련해 한번은 "나는 아무것도 포기하지 않았다"라고 말했다. "나는 모든 것을 받았다. 나는 하나님께서 어떤 사람을 복음의 전령으로 부르시는 것은 사람에게 주실 수 있는 가장 고귀한 영광이라고 생각한다."

하지만 그가 평범한 복음 전도 관행과 의견을 달리한 데에는 더 근본적인 이유가 있었다. 그는 경험을 바탕으로 한 이야기는 다른 '복음들'의 주장, 다른 복음들의 명백한 결과에 비견될 수 있음을 알고 있었다. 그리스도인들이 행복을 얻었고 두려움에서 구원받았다고 주장하는가? 크리스천 사이언스나 기타 이단에서도 그렇게 주장한다. 그는 "우리의 주장은 경험에 근거하지 않고, 다수의 외적 사실에 근거한다"고 지치지 않고 말했다. 설교란 복음 역사에 드러난 진리를 선포하는 일로서, 이 진리는 실제 경험으로 확증되기도 하지만 객관적 실체라는 점에서 경험과는 아무 관계가 없다. 샌드필즈를 방문한 첫 번째 주일에 그가 말했다시피, 그리스도에 관한 그 진리들과 비교해 볼 때, 다른 모든 것들은 "마치 황금 앞의 종잇장만큼" 무가치하다. 1926년 11월 에버라본에서의 첫 주일 저녁 그가 택한 설교 본문은 평생 그에게 북극성 같은 역할을 했다. "내가 너희 중에서 예수 그리스도와 그가 십자가에 못 박히신 것 외에는 아무것도 알지 아니하기로 작정하였음이라."

08.

샌드필즈 초기 사역

교회당에서 수백 미터 거리에 있는 마틴과 베단의 신혼집은 한 신문의 보도처럼 "부둣가의 별장"은 절대 아니었고, 그저 남웨일스 공업지대에서 흔히 볼 수 있는 전형적인 주택에 지나지 않았다. 빅토리아로드 57번지의 이 집은 현관이 도로 쪽으로 나 있는 테라스 하우스로, 폭은 넓지 않고 안쪽으로 깊이 들어가는 집이었다. 현관 쪽에 응접실 혹은 집에서 제일 좋은 방이 있고, 그 뒤로 '가운데 방'(작은 마당 쪽으로 프랑스풍 창문이 달린)이, 집 맨 뒤쪽, 현관에서 가장 먼 직사각형의 좁은 공간에는 거실과 주방이 자리 잡고 있었다. 현관 옆 계단을 올라가면 침실 3개가 있고, 일부 손님들이 보기엔 놀라울 정도로 작은 욕실 하나가 딸려 있었다. 현관은 도로와 거의 맞붙어 있었고, 집

뒤쪽으로는 작은 정원이 있었다.

집 안 시설은 감탄스러울 만큼 젊은 부부에게 안성맞춤이었다. 목회자는 교인들과 어울려 살아야 하고 교인들이 제공하는 생활 방편에 의지해 살아야 한다는 것이 로이드 존스의 신념이었는데, 이 신념이 얼마나 강했던지 런던을 떠나오기 전 그동안 저축했던 돈을 모두 어머니에게 드리고 왔을 정도였다. 덕분에 베단은 그 뒤 몇 년 동안 동전 한 닢까지 생활비를 아껴 가며 살림을 해야 했지만, 베단은 그렇게 사는 걸 아쉬워하지 않았다. 빅토리아 로드 57번지, 폭 3미터, 길이 3.5미터의 '가운데 방'은 당장에 서재가 되어, 로이드 존스가 런던에서 가져온 3-400권 장서藏書가 곧 사면 벽을 가득 채웠다. 그 방은 실제적 의미에서 그의 사역 본부가 되었는데, 갓 회심한 사람들이 앞으로 이 방으로 그를 찾아오게 될 뿐만 아니라 하루 일과 대부분을 차지하는 기도와 연구와 설교 준비를 위해 그가 홀로 조용히 머물 수 있는 곳이 되기도 할 터였다. 그는 오전에는 늘 이 서재에서 시간을 보냈고, 오후에도 서재에 머물 때가 많았다. 저녁 식사(8시 무렵) 이후에는 연구를 하지 않았지만, 그래도 늦은 시간 거실에서 아내 곁에 앉아 있는 그의 손에는 늘 책이 들려 있었다.

그가 판단하기에 설교자로서 마음과 태도를 준비하기 위해 그 정도 시간을 할애하는 것은 단순한 기호의 문제가 아니라 목회다운 목회를 하기 위해 절대적으로 필요한 사항이었다. 많은 시간이 흐른 뒤 그는 이렇게 강조했다. "하나님께서 두드러지게 들어 쓰시는 사람은 성경을 힘써 연구하여 최대한 많이 알며 시간을 들여 준비하는 사람이라는 점을 반드시 알게 될 것이다."[1]

에버라본에 오고 나서 처음에 그는 주일 오전 설교와 오후 설교 모두 원고를 완벽하게 작성해서 하려고 했다. 설교문은 보통 9-10쪽 혹은 그 이상이 될 때도 있었고, 양면을 빼곡히 채워서 작성했다. 원고를 완전하게 작성하는 것은 설교의 문학적 형식을 중시해서가 아니었다. 강단에 서서 그냥 읽어 내려가기 위해서는 더더구나 아니었다. 그보다는 메시지의 알맹이를 그 자신이 명쾌히 숙지하기 위해서였다. 설교자는 자신이 말하려는 것을 처음부터 끝까지 완벽하게 준비하고 있어야 한다는 것이 그의 믿음이었다. 그러나 몇 주 지나지 않아 그는 설교 원고를 두 개 다 작성하기는 불가능하다는 것을 깨달았다. 그래서 설교문 하나만 처음부터 끝까지 완벽하게 작성하고 나머지 하나는 개요만 작성하는 것이 여러 해 동안 고수한 습관이 되었다(물론 머릿속에는 설교 내용이 세세히 담겨 있었다).[2] 처음엔 설교 원고를 들고 강단에 올라갔지만 곧 이것이 방해되는 행동이라는 것을 알게 되었고, 그래서 설교 전에 원고를 세 번쯤 읽은 뒤 강단에 올라갈 때는 개요만 가지고 올라가는 게 관례가 되었다. 그가 판단하기에 저녁 설교(구체적으로 비그리스도인들을 대상으로 하는)가 가장 준비하기 힘들었다. 그래서 원고를 완벽하게 작성해서 하는 건 대개 저녁 설교였다. 어떤 본문에 대해 자신의 '감'feeling을 의지하고는 충분히 계획을 세우지 않은 채 설교했다가 처참하게 설교를 망친 적도 한두 번 있었다.

서재에서 보내는 시간이 많다고 해서 그 시간이 다 설교 준비에만 직접적으로 관련된 것은 절대 아니었다. 가장 주력한 것은 성경 자체를 읽는 것이었으며, 그것은 무엇보다도 그 자신이 영적으로 유익을 얻기 위해서였지 '설교 본문을 찾기' 위해서는 아니었다. 그는 해마다 성경을 한 군데도 빠뜨리지 않고 한 번씩 통독하는 것을 목표로 삼았고, "그것이 설교자의 성경 읽기의 최저한도"라고 했다. 그가 설교 중에 기억에 의존해 성경 구절을 인용할 수 있었던 능력은 바로 이런 습관의 한 가지 결과였다. 존 포스터가 19세기 잉글랜드의 위대한 설교자로 손꼽히는 로버트 홀Robert Hall에 대해 했던 말은 로이드 존스에게도 적용할 수 있다. "그는 그토록 부지런히 성경을 연구하는 습관을 평생 유지했고, 그래서 설교 중에 성경 모든 부분을 인용하되 그 순간 어떤 말을 하고 있든 그 말을 입증하거나 강화시키는 데 딱 들어맞는 구절을 인용할 수 있는 비범한 능력을 갖게 되었다." 신학 부분 독서에서는 청교도 서적이 이미 중요한 위치를 차지하고 있었다. 1925년에 리처드 백스터를 '발견'한 뒤 그는 런던의 중고 서점, 특히 유명한 R. D. 디킨슨 서점에서 그 외 17세기 서적들을 구입했다. 친구들에게 받은 결혼 선물 중에는 존 오웬과 리처드 백스터 전집 중고 세트도 있었다. 그러는 동안 특히 오웬을 좋아하게 되었지만, 그가 늘 소중히 여겼던 것은 백스터의 『그리스도인을 위한 생활 지침』*Christian Directory*이었다.

전기傳記와 교회사 또한 샌드필즈에 자리 잡았을 때부터 줄곧 그가 관심을 가져 온 분야였다. 그저 즐겁게 읽고 자극을 받기 위한 책으로 그가 다른 어떤 책보다 높이 평가한 책은 웨일스 칼뱅주의 감리교 시조들의 삶을 다룬 『감리교 시조들』*Y Tadau Methodistaidd*이었다.[3] 사역 초기에는 이 책들이 늘 그의 손에 들려 있었다. 1926년에는 잉글랜드 감리교가 웨일스 감리교와 똑같은 영적 교훈을 드러내 보여준다는 것을 알게 되면서 18세기에 대한 관심도 높아졌다. 18세기에 관심이 생긴 것은 사우디Southey가 쓴 존 웨슬리John Wesley의 전기를 읽으면서부터였는데, 매우 부실한 전기이기는 했지만 그래도 이 책 덕분에 그는 『존 웨슬리의 일지』까지 읽게 되었다. 그는 사역 초기에 이 책으로 큰 도움을 받았다고 늘 말하곤 했다. 샌드필즈에 부임하기 전인 1926년 12월 29일 그는 E. T. 리스에게 다음과 같은 편지를 보냈다.

> 최근에 사우디가 쓴 『존 웨슬리의 생애』*Life of John Wesley*를 읽고 큰 감명을 받았습니다. 참된 신앙부흥은 사람이 증거하는 말의 결과가 아니라 하나님께서 결정하시는 것이라는 점을 어느 때보다도 분명히 깨달았습니다. 다시 말씀드리거니와 우리가 할 일은 부흥의 날을 준비하며 사는 것, 그렇게 살아 그날이 왔을 때 부족한 자로 판명되지 않는 것입니다.

로이드 존스는 책을 읽을 때 메모를 별로 하지 않는 게 습관이었다. 그는 주로 기억에 의존했다. 저술가가 되지는 않겠다고 이미 결심한 바가 있었기에 나중에 글을 쓸 때 활용하려고 참고 자료를 모아 놓지는 않았다. 한번은 이런 말도 했다. "책을 읽는다는 건 생각을 하게 되는 일, 생각을 자극받는 일이라고 늘 믿어 왔다. 뭔가 인용할 말을 얻기 위해 독서를 한다는 건 나로선 아주 혐오스러운 개념이다."

책을 읽으면서 로이드 존스가 반드시 메모해 두는 게 한 가지 있다면, 나중에 설교할 때 뭔가 시사점이 될 만한 부분이었다. 독서 중에 그렇게 설교 아이디어가 떠오르면 골자만 간추려 즉시 기록해 두었고, 이런 식으로 계속 "작은 뼈대 더미"를 쌓아 나갔다. 그는 "설교자라면 주일 설교 본문을 무엇으로 해야 할지, 어떤 설교를 해야 할지 몰라 토요일에 허둥지둥하면서 뭐라도 찾아내려고 필사적으로 애쓰는 일은 없어야 한다"고 말했다.

당연한 말이지만 샌드필즈의 이 신임 목사는 교회 운영과 관련해 아무 경험도 없고 배운 바도 없었다. 결혼식 주례에서부터 노회원으로서의 책무에 이르기까지 수많은 현실적 일들이 기다리고 있었고, 그는 이런 일들에 대해 도움이 필요했다. 난생처음 결혼식 주례를 설 때의 일이다. 그는 흰 드레스를 입은 신부가 들러리들과 함께 입장하기를 기다리고 있었는데, 신부는 수수한 감색 정장 차림으로 이미 그의 앞에 서 있었다! 다행히 그가 사태를 알아차린 덕분에, 하염없이 신부를 기다리느라 당황하는 일 없이 예식이 진행될 수 있었다. 이런 실제적인 부분에서는 웨일스어를 사용하는 에버라본 카멜 칼뱅주의 감리교회 목사인 데이비드 윌리엄스와의 우정이 큰 도움이 되었다. 윌리엄스는 이 젊은 이웃 교회 목사에게 낯설 수밖에 없는 교회 의례와 절차 등을 상세히 소개해 주었다. 또한 영어와 웨일스어로 된 기도서를 그에게 주기도 했고, 신학대학에 다녔더라면 당연히 배웠을 전문 용어를 지도해 주었다.

로이드 존스는 주일예배 외에 오후 주일학교에서 성경공부반을 맡았다. 1928년에 이 성경공부반에서 공부했던 어떤 사람이 회상하기를, 수업은 본당에서 몇 계단 내려와야 하는 작은 주방에서 진행되었으며, 당시 참석인원은 겨우 12명 정도였음에도 공간이 너무 한정되어 있어 싱크대에 널빤지를 걸쳐 놓고 그 위에 앉아야 했다고 한다!

샌드필즈에서는 주중에는 예배가 없었고 대신 주중 저녁 모임이 세 번 있었다. 월요일 오후 7시 15분에 모이는 기도회, 수요일 교제 모임 그리고 토요일 남성도 '형제회' 모임이 그것이다.

기도회는 처음부터 교회의 영적 삶의 기준이었다. 나이 지긋한 교인인 로버트 레이디는 제1차 세계대전 전 한동안은 월요일 저녁마다 겨우 5명의 교인들이 본당 난롯가에 둘러앉아 기도회를 가졌다고 기억했다. 1927년 2월에는 기도회 참석 인원이 40명가량이었고 그중엔 구세군에서 회심한 사람도 6명 정도 있었는데, 이들은 교회에서 가장 쾌활한 그리스도인이었다. 로이드 존스는 이 6명에 대해 회상하기를, "지식은 별로 없었지만 마음은 따뜻했고 나에게 큰 도움이 되었다"라고 했다. 따뜻한 마음으로 도움이 되어 준다는 것은 그에게 아주 중요한 조건이었다. 전임 목사는 낙담하고 떠나갔지만, 그래도 자신은 '기댈 만한 언덕'이 있다는 것을 로이드 존스는 알고 있었다.

수요일 저녁 모임과 토요일 형제회 모임은 그의 부임 후 전혀 다른 형식으로 운영되었다. 수요일 교제 모임은 과거 메소디스트들의 '공개 토론'Seiat을 차용한 것으로, 교인들이 자신의 영적 체험과 경험에서 얻은 신앙에 대해 함께 이야기하는 모임이었다. 하지만 단순히 거기에만 그치지는 않았다. 이 모임에 대한 그의 주된 의중은, 모임 시작 때 누구든 질문 하나를 던지고 그에 대해 기탄없이 토론을 벌이게 함으로써 교육 효과를 얻자는 것이었다. 유일한 조건은 그 질문이 그리스도인의 삶의 실천 영역에 관한 것이어야 한다는 점으로, 이를테면 "은혜 안에 자란다는 것은 무엇인가?", "우리는 시험과 죄를 어떻게 처리하는가?", "성경을 어떻게 읽을 것인가?" 등과 같은 질문이었다. 로이드 존스가 사회를 맡았고, 질문을 받으면 그가 곧바로 답변을 주는 게 아니라 질문자 자신이나 다른 참석자들이 이에 대해 발언할 수 있게 했다. 참석자 중 누구라도 의견이 일치되지 않는 부분을 무시하고 단순화된 답변을 제시해서 토론을 빨리 끝내려고 하면 그가 재빨리 나서서 해당 질문에 그가 미처 보지 못한 측면이 있다는 것을 알려 주었다. 한 번 모일 때마다 질문 하나씩만 다뤘다. 이런 모임이 교인들에게는 익숙하지 않았지만 그래도 이는 많은 관심을 불러일으켰다. 또 성경에 대해 더 큰 관심과 지식을 갖고 생각하는 법을 교인들에게 가르치는 효과를 가져왔다.

수요일 교제 모임은 요리문답을 공부하는 시간이 아니었지만, 교인들 사이에 존재하는 여러 가지 영적 필요에 대해 목회자에게 소중한 통찰을 주었다. 초기에 얻은 실제적인 효과 한 가지는, 교인들을 위해 매일 성경읽기표를 만들어 냈다는 것이다. 그러나 얼마 안 가 그는 R. M. 맥체인이 만든 성경읽기표가 자신의 성경읽기표보다 더 훌륭하다는 걸 알게 되어 이를 채택한 뒤 교인들에게 권장했다.[4]

로이드 존스는 형제회 모임을 지속해야 하는지에 대해 처음엔 좀 망설임이 있었지만, 나중에 이는 모든 집회 중 가장 중요한 모임이 되었다. 이런 모임이 없으면 술집에나 가 앉아 있을 남자들 혹은 이제 그런 곳엔 가기 싫지만 토요일 저녁에 시간이 남아돌아 어쩔 줄 모르는 남자들에게 대안을 제공할 목적으로 만들어진 게 형제회 모임이었다. 모임에 참석한 남자들은 격의 없이 노래도 하고 이야기도 하고 함께 기도도 할 수 있었다. 로이드 존스는 애초부터 이 모임을 뭔가를 가르치는 모임으로 만들 작정이었고, 그래서 이 목표를 염두에 두고 처음에는 강연을 가끔 하기도 했던 것 같다. 한번은 '정결'이라는 주제로 강연을 했다. 그는 '정결' 하면 흔히 연상되는 도덕적 행동양식을 이야기한 게 아니라 원죄의 의미를 해설하여 정결의 기초를 다루었다. 일부 청중은 교육 수준이 보잘것없었지만, 그럼에도 이는 청중 모두가 다 이해하고 따라올 수 있는 가르침이었다.

> 형제 여러분, 인생의 문제는 개별적인 죄가 아니라 원죄 자체, 죄의 전前배경인 죄의 본체 그 자체, 지엽적이고 사소하게 발현하고 분출하는 죄들의 원인인 욕망의 작용입니다. 그것이 우리의 문제입니다. 우리가 지금 이 자리에 있는 건 사람이 자기 힘으로 제어하고 정복할 수 있는 개별적인 죄에 대해 가르치고 강의하기 위해서가 아닙니다. 그리스도의 죽음과 부활로써 거듭나고 새 본성을 받기 전에는 여러분들은 여전히 죄인이고 여러분의 본성은 여전히 악하며 앞으로도 그러할 것입니다. 우리의 고민은 우리 본성이 악하다는 사실입니다. 그 악한 본성이 어떻게 그 모습을 드러내느냐 하는 것은 사실 중요하지 않습니다.
>
> 그러면 우리가 할 일은 무엇입니까? 네, 바로 이것입니다. 누군가를 꾸짖기 전에 그 사람이 그리스도를 믿는지 안 믿는지를 먼저 알아야 합니다. 그 사람은 새사람입니까? 새사람이 아니라면 그는 여전히 혈과 육을 상대로 싸우고 있습니다. 그러면 그 사람에게 죄에 대해 강연하고 도덕에 대해 설교해야 할까요? 아닙니다. 우리는 그 사람에게 그리스도를 설교하며 그를 회심시키기 위해 우리가 할 수 있는 일을 다 해야 합니다. 그에게 필요한 것은 새 본성, 새로운 시야, 새로운 마음이기 때문입니다. 가시덤불을 아무리 잘 가꾸고 돌보고 신경 쓴다 해도 가시덤불에서 무화과를 찾기를 기대하는 건 소용없는 짓입니다. 문제는 뿌리입

니다. 우리는 잃어버린 바 된 세상을 향해 도덕을 설교하면서 시간을 허비하고 우리 본분을 소홀히 하고 있습니다. 세상에 필요한 것은 생명, 새 생명입니다. 이 생명은 오로지 그리스도 안에서만 찾을 수 있습니다.

제가 말씀드리거니와, 정결은 오로지 그리스도인만을 위한 것이며 다른 어떤 사람에게도 불가능합니다. 회심 없이는 성화가 불가능하며, 어느 경우든 먼저 올 것이 와야 합니다.

그러나 로이드 존스가 토요일에도 수요 모임과 똑같은 식으로 토론회를 진행하기로 하면서 이 같은 강연은 계속되지 않았다. 한 가지 다른 점이라면, 참석자들에게 좀 더 폭넓은 질문 특히 신학에 직접적으로 연관된 문제들을 질문하도록 했다는 점이다. 즉, 수요 모임에서 그리스도인의 삶의 실제적인 면에 주안점을 두었다면, 토요 모임에서는 교리 문제와 성경 이해에 중심을 두었다. 한 참석자의 말을 빌리면, "일종의 신앙 대학교"였다고 할 만큼 지적인 면에서 많은 노력이 요구되는 모임이었다. 하지만 전적으로 학문적인 모임과는 정반대였다는 점을 덧붙여야 할 것이다. 단순한 신학적 관심에서 비롯된 중요치 않은 질문에는 사회자가 발언권을 주지 않았다. 형제회의 한 회원이 회상하는 말에 따르면 "독터의 지도 아래 토요 모임은 진정한 형제회가 되어갔다"고 한다. 이 모임을 통해 남자 교인들 사이에 유대가 깊어져 가면서 이 같은 유대감은 전체 교회 생활에도 반영되기 시작했다. 1927년 여름이 되자 형제회원들은 어느 때보다 들뜬 마음으로 정기 야유회를 기다렸다. 장소는 랑게이토로 정해졌고, 이

랑게이토에서 가진 형제회 야유회에 참석한 마틴 로이드 존스.

해 야유회는 진지한 목적을 띤 첫 번째 야유회가 될 터였다. 독터는 이 기회를 빌려 형제회원들이 잘 모르고 있는 교회사에 대해 안목을 키워 줄 생각이었다.

이리하여 이들은 독터의 안내에 따라 데니얼 롤런드의 마을을 한 바퀴 돌면서 2세기 전 이곳에서 어떤 일이 있었는지 현장에서 설명을 들었다. 그날 이후 형제회원들에게 '칼뱅주의 감리교'라는 이름은 더 이상 단순한 교단명이 아니었다.

샌드필즈 부임 후 첫 한 해 동안 로이드 존스가 폐지한 것 중에 예비 교인반이라는 게 있었다. 이 제도는 칼뱅주의 감리교단 교회 전체에서 운영되었고, 나이 어린 사람들은 이 예비반을 거쳐 자동적으로 교회의 수찬 회원이 되는 경우가 많았다. 이들은 때로 목회자의 제안에 따라 이 반에 들어오기도 했고 때로는 자발적으로 들어오기도 했다. 하지만 신앙에 대한 어떤 관심 때문에 혹은 그리스도를 알되 구원에 이를 만한 지식을 가졌다는 증거로 이 반에 들어오는 경우는 드물었다. 로이드 존스는 이 예비반에서 10대의 나이 어린 사람들에게 교회 회원 자격을 주는 것은 영적으로 무익할 뿐만 아니라 명백히 잘못된 일이라는 것을 알게 되었다.

사실인즉 샌드필즈에는 교인들로 하여금 그리스도를 믿는 믿음을 고백하게 하는 어떤 공식 수단이 없었다. 이 신임 목회자는 그런 수단이 진짜 효과를 낸다고 할 때 그 일은 오직 하나님만이 하실 수 있다고 믿었다. 그러나 그와 동시에 그는 주일 저녁의 '예배 후 모임'은 계속하는 게 좋겠다고 생각했다. 저녁예배를 마친 뒤 겨우 몇 분 정도 이어지는 이 모임에서 그는 이 자리에 있는 분들 중 누구든 이 교회의 회원이 되고자 하시는 분은 손을 들라고 광고했다. 찬양은 하지 않았고 그 어떤 부담도 주지 않았다. 손을 드는 사람이 있을 경우 로이드 존스는 모임 후 그 사람과 따로 만나 이야기를 나누었다.

로이드 존스가 샌드필즈에 정착한 지 여러 달이 지나서야 비로소 그의 설교에 대한 어떤 분명한 반응이 나타났다. 회중 수는 처음부터 티 나지 않게 늘었지만, 18개월이 지나자 그동안 쓰지 않던 회랑 좌석까지 사용하게 되었다. 사실 진짜 도약은 기존 교인들 안에서 비롯될 터였고, 이 흐름은 E. T. 리스에게서 시작되었다. 샌드필즈에 새로 부임한 목회자를 열렬한 기대감으로 맞아들인 리스는 새 목회자의 행보에 어느 정도 당혹감을 느끼기 시작하면서도 그를 지지하는 마음에는 변함이 없었다. 그는 복음주의적 신앙을 갖고 있었던 게 확실했지만, 자신이 니고데모처럼 중생 교리에 무지했다는 것을 나중에 깨달았다. 사회주의를 오래 공부한 탓에 그는 개인의 거듭남으로는 하나님 나라의 도래가 성취될 수 없다고 믿어 왔다. 그러나 이제 신임 목회자의 새로운 설교를 들으면서 그는 자신의 기존 입장이 과연 옳은지 점점 의심을 품게 되었다.

결정적인 전기는 1927년 10월 2일 주일 설교 때 찾아왔다. 그날 설교의 주제는 세례 요한의 의심이었다. 요한의 의심은 급기야 그로 하여금 예수께 사람을 보내 "오실 그이가 당신이오니이까 우리가 다른 이를 기다리오리이까"마 11:3라고 묻게 만들었다. 로이드 존스는 그리스도께서 요한의 질문에 "맹인이 보며 못 걷는 사람이 걸으며 나병환자가 깨끗함을 받으며 못 듣는 자가 들으며 죽은 자가 살아나며 가난한 자에게 복음이 전파된다"라고 답변하셨으며, 이 답변에 담긴 의미가 바로 세례 요한의 문제가 그리스도께서 오셔서 할 일에 대한 그의 그릇된 견해에서 비롯되었다는 증거라고 말했다. 요한은 그리스도께서 실제로 하고 계신 일의 진짜 의미를 충분히 인식하지 못했다. 그는 메시야가 유대인들을 로마에게서 정치적으로 구원하는 일을 최우선순위로 삼을 것이라 생각했다. "그런 선입견의 횡포가 얼마나 심했는지 그는 자기 눈으로 직접 보고 자기 귀로 실제 들은 것까지 의심하기 시작했다"고 설교자는 말했다. 설교가 계속 이어지면서 리스의 사고 체계가 마침내 완전히 무너져 내렸다. 그의 내면에서 어떤 일이 벌어지고 있는지 강단에 선 설교자까지도 그 표정만으로 다 알 수 있었다. 20년 후 로이드 존스는 "강대상에서 내려오기도 전에 내게 달려오던 선생 모습이 늘 기억날 것"이라고 그때의 소감을 말했다.

1927년 10월의 그 주일 이후, 그리스도께 대한 리스의 믿음은 다시는 사회주의를 옹호할 수 없게 만들었고, 마침내 그는 노동당과 결별했다. 그의 사고의 지평은 갑자기 더 넓고 장엄해졌고, 비로소 지난 8개월 동안 교회에 일어난 변화에 전적으로 동참할 수 있었다. 많은 세월이 흐른 뒤, 이렇게 새 시대가 시작되던 때를 회상하면서 그는 이렇게 말했다.

> 로이드 존스가 샌드필즈에 부임하던 당시는 온 나라가 끔찍한 경제 공황에 빠져 있었고, 포트 탤벗 지역도 예외가 아니었습니다. 남자들 대다수가 실직 상태였다고 해야 맞는 말일 겁니다. 실업 수당으로 근근이 살아가고 있었지요. 학교에 다니는 아이들도 그 영향을 다 받았던 것으로 기억합니다. 엄마들은 아이들 먹이느라 아침 식사를 거르곤 했는데도 말이지요. 어려운 상황에서도 무료 급식소를 만들어 운영했던 것, 실업 수당을 받으려 길게 늘어서 있는 사람들이 "정말로 일자리를 찾아다녀 봤느냐?"고 가혹한 질문을 받던 것이 기억납니다. 일자리라곤 씨가 말랐는데 말이지요! 그게 그 당시 분위기였고 그 당시 환경이었습니다. 하지만 이분은 이른바 단순한 복음이라 할 만한 것을 설교하셨어요. 하나님께서 그분의 설교를 귀히 쓰셨지요, 그분의 설교를 귀히 여기셨을 뿐만 아니라 갖가지 교회 활동들을 재편성하는 용기 또한 귀히 여겨주셨습니다. 당시 우리는 샌드필즈가 얼마간이라도 돈을 좀 구해 부채 부담을 덜고, 보잘것없는 헌금 액수를 벌충하려면 연극회나 축구팀 같은 것을 운영해야 한다고 생각했어요. 청소년들이 자라 술을 마시지 않도록 하기 위해 교회에서 금주 교육도 필수적으로 해야 한다고 믿었고

요. 그런데 이분은 복음을 설교하는 것만으로 충분하다고 했습니다. 그분은 "이런 사소한 곁가지들"은 불필요하다고 했지요. 어느 날 밤 저더러 "저 좀 보세요. 그 '소년금주단'은 그만두셔도 됩니다. 그런 일에 시간 낭비하지 마시라고요!"라고 말씀하시던 게 생생히 기억납니다."

교회와 교인들의 삶에 변화가 더딘 것에 대해 이야기하면서 로이드 존스는 이렇게 기록했다.

시간이 좀 걸렸다. 1927년 2월부터 7월까지 단 한 명의 회심자도 없었다. 첫 번째 회심은 7월에 있었고, 그것도 그다지 주목할 만한 회심은 아니었다. 그 뒤 우리는 휴가를 떠났다. 휴가에서 돌아온 뒤 E. T. 리스가 10월 첫째 주일에 회심했는데, 그 일을 기점으로 뭔가가 시작되었던 것 같다. 그때부터 변화가 이어졌다.

그러나 1927년 로이드 존스는 눈에 보이는 것보다 더 많은 일이 일어나고 있음을 깨달았다. 그의 아내가 신앙에 대해 관심과 확신의 상태에 접어들었던 것이다. 어릴 때부터 교회에 다니고 기도회에 출석했던 베단 로이드 존스는 당연히 자신이 그리스도인이라 생각했다. 베단은 1926년 12월 마틴이 샌드필즈를 두 번째로 방문할 때 그와 동행하고서야 처음으로 그의 설교를 들었는데, 삭개오에 대한 설교를 들으면서 인간이라면 누구나 다 죄에서 구원받을 필요가 있다는 주장을 비로소 접하게 되었다. 그 메시지는 베단을 뒤흔들었고, 심지어 겁에 질리게 만들었다. 그녀는 그 가르침에 거의 분노를 느꼈다. 그 설교대로라면 자신은 신앙이 전혀 없는 사람들과 다를 바 없는 상태였기 때문이다. 어떤 의미에서 베단은 늘 하나님을 경외하며 살았다. 베단의 삶은 늘 깨끗하고 정직했다. 하지만 그녀는 알고 있었다. 개인적으로 죄 사함에 대한 인식도 없고, 내면에서 그리스도와 즐거운 교통을 나누고 있다는 느낌도 없다는 것을 말이다. 로이드 존스 부인의 말을 직접 들어 보자.

> 나는 2년 동안 마틴의 설교를 듣고서야 복음이 무엇인지 실제로 이해하게 되었다. 주일 아침마다 남편의 설교를 들으면서 '그래, 이것이 기독교라면 나는 사실상 기독교에 대해 아무것도 모르는 거야'라고 생각하곤 했다. 주일 밤에는 누군가가 회심하기를 기도하곤 했다. 나는 술주정뱅이나 창녀만 회심하는 걸로 생각했었다. 술주정뱅이가 그리스도인이 되는 걸 보면서 얼마나 기뻤는지, 그 사람들이 진심으로 얼마나 부러웠는지 기억난다. 왜냐하면 거기서 그 사람들은 기쁨 충만하고 자유로웠고, 나는 여기서 그들과는 전혀 다른 상태에 있었기 때문이다.
>
> 빅토리아 로드 57번지 사택 서재에 앉아 있던 때가 생각난다. 그때 나는 참담했다. 아마도 그게 죄에 대한 자각이었지 싶다. 나는 죄의 무게를 느꼈다. 그때 마틴이 책 사이로 나를 쳐다보면서 "이걸 읽어 봐요!"라고 하던 순간을 잊지 못할 것이다. 남편이 건네준 책은 존 에인젤 제임스John Angell James의 『구원을 갈망하는 자에게 주는 지침과 권고』*The Anxious Enquirer Directed*였다. 나는 그 책에서 읽은 것을 한시도 잊은 적이 없다. 그 책을 읽고 나는 내 죄가 그리스도의 보혈의 공로보다 더 클 수도 있다고 하는 게 얼마나 잘못된 생각인지 알게 되었다. 그분의 죽음은

내 모든 죄를 다 씻어 없앨 수 있었다. 그리하여 마침내 나는 죄의 무게에서 놓여났고, 그래서 더할 수 없이 행복했다.

* * *

샌드필즈에서 첫 8개월을 사역하는 동안 로이드 존스는 평신도 목회자 신분을 유지했다. 사실 그건 보기 드문 경우였다. 칼뱅주의 감리교단의 일반적인 입장에서 볼 때 정규 신학 교육을 받지 못한 사람은 강단 사역을 지속하는 데 필요한 자질이 심히 결핍되어 있기 쉬웠다. 교단이 판단하기에 2-3년의 신학 교육은 반드시 필요했다. 교단 당국이 로이드 존스에게 그런 통상적 규칙을 적용하지 않은 것은, 그가 부임하게 될 곳이 교회가 아니라 사실상 선교회였기 때문이다. 그러나 로이드 존스가 에버라본이 아닌 다른 지역에서도 설교 요청을 받게 될 것이고 샌드필즈에서도 만약 안수받지 않고 사역할 경우 여러 가지 방해 요소가 많을 것이며 따라서 지체 없이 안수를 받아 평신도 신분에서 벗어나야 한다는 것을 여러 사람들이 곧 확실히 알게 되었다.

4월 19일, 바고드의 길파치에서 회집한 남웨일스 연합회Association(칼뱅주의 감리교 체제상 노회와 총회 사이에 있는 교회회의로, 분기별로 회집되었다—옮긴이) 때, 포워드 무브먼트 본부와 서글러모건 영어 노회(서글러모건 지역은 영어를 사용하는 교회가 모인 영어 노회와 웨일스어를 사용하는 교회가 모인 웨일스어 노회로 구분되어 있었다—옮긴이) 그리고 런던 노회에서는 샌드필즈의 형편을 고려해 로이드 존스에게 당장 안수를 주어야 한다는 안건을 상정했다. 그런데 신학 교육 '전문가들' 사이에 한 설교자의 은사 여부를 노회가 판단하는 것만으로는 충분치 않을 수 있다는 공감대가 형성되면서 교단이 최근 목회자 후보 고시 위원회를 설치한 것 때문에 안수 절차가 복잡해지고 말았다. 회의석상에서 로이드 존스의 이름이 거론되자 그의 안수를 지지하지 않는 한 총대가 즉시 발언을 신청해 이 후보자가 고시 위원회의 검증을 받았느냐고 빈정거리듯 물었다! 로이드 존스는 검증을 받지 않은 상태였다.

연합회는 다음번 안수식 때 로이드 존스에게 안수를 하기로 하는 의안을 통과시켰다. 하지만 일부 총대들은 남부 연합회가 적법한 절차를 적용하지 않은 것에 동요하는 모습을 보였다. 로이드 존스는 8월에 다른 후보들과 함께 형식적인 시험을 치렀고, 그의 안수 문제는 1927년 10월 런던에서 마무리되었다. 잉글랜드의 수도에서 연합회가 열리기는 이번이 처음이었는데, 회의장으로 특별히 토트넘 코트 로드에 있는 역사적 건물인 윗필드 채플을 빌려서 개최했다. 1927년 10월 26일, 로이드 존스의 안수식 날은 이들 부부의 첫아기 엘리자베스가 태어난 날이기도 했다.

09.

파벌에 매이지 않은 지도자

1927년에 로이드 존스가 자신의 소명으로 생각했던 한 가지 일은 지역 공동체에서 복음을 전하는 일이었다. 그는 다른 것은 더 바라지 않았다. 「웨스턴 메일」*Western Mail*의 한 기자가 샌드필즈 사역 첫 주에 로이드 존스에 대해 정확히 묘사했다시피 "그는 천성적으로 평화롭고 조용하게 자기 일에 몰두하고 싶어 했다." 하지만 이는 불가능한 일로 밝혀질 터였다. 다른 지역에서 설교 요청이 쇄도하는 바람에 에버라본에 조용히 머물 수가 없었기 때문이다. 어떤 의미에서, 일이 그렇게 전개된 것은 특이할 게 없었다. 청빙 서류에 명시되어 있는 이른바 13번의 '자유재량 주일'free Sunday은 칼뱅주의 감리교단에서 목회자를 청빙할 때 흔히 볼 수 있는 약정이었다. 목회자에게 그런 시간을 주는 목적은, 매년 몇 차례씩 소속 교회 아닌 다른 곳에 가서 설교도 하고 그중 4번의 주일은 휴가로 쓸 수 있도록 하기 위해서였다. 그러나 로이드 존스는 이 자유재량 주일에만 외부 설교 요청을 받은 게 아니라 주중의 특별 집회, 흔히 교회 창립기념일 같은 때도 외부 강사로 초청받았다. 이런 주중 특별 집회는 당시 웨일스 교회에서 큰 비중을 차지하는 행사였다. 그리하여 그는 부임한 지 1년도 채 지나지 않았을 때부터 주중에 이틀씩(화요일과 목요일) 타 지역으로 가서 저녁 집회 설교를 맡을 때가 많았고, 오후 집회에도 빈번히 나갔다. 오래지 않아 이는 휴가 기간을 제외한 평상시의 일주일 생활 패턴이 되었다.

그렇다고 해서 로이드 존스가 웨일스 비국교도 모든 분파에서 일제히 환영을 받았다는 말은 아니다. 이 부분에 대해 그는 이렇게 기록했다.

> 남웨일스에 갔을 때 나는 여러 가지 다양한 반응을 접했다. 대다수 웨일스 칼뱅주의 감리교도들은 반가워했다. 이는 내 신앙 때문이 아니라 그들이 생각하기에 내가 교단 사역에 사기를 북돋아 주었기 때문이다. 칼뱅주의 감리교 영어 분파 중에는 지성인을 자처하는 이들이 많았는데, 이들은 나를 좋아하지 않았다. 내 입장과 가르침을 인정할 수 없었기 때문이다. 이들은 아주 유쾌하고 예의 바른 사람들이기는 했지만, 내가 느끼기에 이들은 나를 적대했다. 침례교도들은 전반적으로 나를 아주 열렬히 지지하며 두 팔 벌려 맞아 주었다. 이들은 감정에 치중하는 사람들이다. 이들은 다들 자기가 복음주의자라고 생각한다. 사실은

그렇지 않은데 말이다. 이들은 신학과 복음에 대한 아무런 이해도 없이 "복음을 찬양"한다. 하지만 나를 환영하는 모습은 정말 더할 수 없이 따뜻했다. 회중교회도 반응이 딴판이었다. 이들은 나에게 의혹의 눈초리를 보냈다. 이들은 지식인이요 철학자를 자처했고, 모든 일에 의심이 많고 회의적이었다.

사람들은 자기 교회 목사들이 예배 후에 집으로 돌아가면서 서로 무슨 말을 하는지 내게 이야기해 주곤 했다. 특별 집회 때 목사들은 강대상 바로 아래, 장로들이 앉는 '넓은 좌석'에 앉았는데, 그들에게서 강력한 적대의 파동을 의식할 때가 많았다. 나는 그 목사들 너머, 뒤에 앉아 있는 성도들을 향해 설교해야 했다. 그 시절, 주중의 어느 날 어떤 지역에 설교하러 가면 그 지역 모든 목회자들이 속속 모습을 드러냈다. 이제 더는 그렇지 않지만, 제2차 세계대전이 터지기 전만 해도 어느 예배당에서 특별 집회가 있다고 하면 몇몇 비국교도 교단에서 목회자들이 집회를 지원 나오는 게 보통이었다. 자기 교회 교인들이 와서 "우리 목사님은 어디 있지?"라고 찾기 때문에 싫어도 꼭 참석했다.

웨일스 칼뱅주의 감리교단의 영어 분파와 웨일스어 분파의 차이를 위에서 잠깐 언급했는데, 이 두 분파가 어떻게 다른지에 대해서는 좀 더 설명할 필요가 있다. 칼뱅주의 감리교단에는 1,497개 교회가 소속되어 있었는데, 그중 361개 교회는 영어 분파 즉 웨일스어를 제1언어로 채택하지 않는 교인들이 모이는 교회였고, 이 때문에 이들 교회는 따로 노회를 구성했다. 그래서 영어를 쓰는 사람들이 모이는 샌드필즈는 서글러모건 노회에 속한 반면, 같은 에버라본이라도 웨일스어를 쓰는 카멜 채플(데이비드 윌리엄스가 목회하는)은 다른 노회 즉 웨일스어를 쓰는 노회에 속했다. 영어권 교회는 비교적 전통에 덜 얽매였고, 현대 신학 사상을 상당히 많이 반영했다. 로이드 존스는 후에 이렇게 논평했다. "웨일스어 분파와 영어 분파는 사실상 완전히 달랐다. 나는 영어권보다는 웨일스어권 교회들과 훨씬 더 많이 동역했다. 훨씬 더 많이! 웨일스어를 쓰는 교회에서 주중 집회가 열리면, 오후에는 웨일스어로 설교하고 밤에는 영어로 설교했다."

이런 패턴에서 예외적인 경우가 있다면 브리젠드 위쪽의 작은 탄광촌에서 엘리세우스 하웰스Eliseus Howells가 목회하는 교회로, 교인들이 영어를 썼기에 역시 서글러모건 노회 소속이었다. 하웰스 목사는 로이드 존스의 설교를 듣고 싶어 해서 일찌감치 그를 초청해 설교를 들었다. 몇 년 후, 이때 일에 대해 하웰스 목사는 이렇게 기록했다.

> 그가 우리 교인들의 무한 찬사를 받은 것은 이상할 게 없는 일이다. 그런데 통상적인 신학 교육 과정을 거치지 않은 설교자를 초청하는 만큼, 우리는 그에게 최대한 연민을 보여야 한다고 생각했다. 아, 그러나 가엾은 우리 교인들! 그 첫 집회 때 뭔가 그를 측은히 여길 마음으로 집회에 참석했다면, 예배를 마치고 나올 때는 우리 자신을 가련히 여겨야 했다. 그는 우리의 찬사를 갈망하지도 않았고, 우리의 동정을 필요로 하지도 않았다. 오히려 우리는 그가 신학 공부를 했는지 안 했는지가 아니라 우리가 마땅히 어떤 존재여야 하는지를 생각했다.

하웰스와 로이드 존스는 곧 절친한 벗이 되었다. 하웰스는 론다에서 자랐고 로이드 존스보다 여덟 살 많았는데, 그가 가까이 사는 이웃이 아니라는 게 어쩌면 더 잘된 일이었다. 옛날부터 하웰스는 몇 시간씩 이야기보따리를 풀어 놓는 것을 다른 무엇보다 좋아했으니 말이다. 그는 책과 옛날 어른들의 이야기를 통해 자기 나름대로 칼뱅주의 감리교 역사에 대해 상당한 지식을 쌓은 사람이었다.

로이드 존스를 따뜻하게 환영한 또 한 사람의 유명 목회자는 W. E. 프리터크Prytherch로, 마틴은 1913년 랑게이토에서 그의 설교를 처음 들었다. 프리터크는 1919년 스완지의 트리니티 채플에서 은퇴했지만, 나이가 80세에 접어든 1926년에도 여전히 강단에 서서 설교하고 있었다. 초기 사역 때는 하나님의 심판에 대해 많이 이야기했지만, 중년에 접어들어 하나님의 사랑 그 다정함을 깊이 생각하게 되면서 설교의 강조점이 달라지는 게 눈에 띄었다. 그의 설교를 들을 때마다 로이드 존스는 감동의 눈물을 흘리지 않을 수 없었다.

로이드 존스의 사역 초기, 그의 설교를 듣고 나서 "자네는 오래된 진리를 설교하되 그 진리에 새 상표의 옷을 입히는구먼!" 하고 감탄하며 사기를 북돋아 준 사람도 프리터크였다. 이렇게 여러 다양한 교회에서 설교 요청을 받으면서 누릴 수 있는 유익 중 하나는, 설교에 대해 이따금 건설적인 비판을 받았다는 점이다. 주중의 어느 날, 란트리산트의 신딜런 목사가 저녁 설교를, 로이드 존스가 오후 설교를 각각 맡아서 하게 되었는데, 로이드 존스는 오후 설교를 들은 그 노老목사에게서 아주 값진 조언을 들었다. 날짜는 아마 1927년 5월 19일 목요일이었을 것이다. 로마서 3:20 설교 노트에 보면 그날 란트리산트에서 그 본문으로 설교했다고 기록되어 있기 때문이다. 오후예배와 저녁예배 사이, 찻잔을 놓고 마주 앉았을 때 신덜런 존스가 입을 열었다. "자네 설교에 딱 한 가지 흠 잡을 게 있네만." 그게 뭔지 알려 주시면 감사하겠다고 하자 노목사는 이렇게 말했다. "자넨 사람들한테 너무 많은 걸 요구해. 이따 밤 설교 때 내가 어떻게 하는지 잘 보게. 나는 요점만 딱 한 가지 말하되 그걸 각각 다른 세 가지 방식으로 말하지!"

이는 지혜로운 조언이었지만 젊은 목사가 이를 습득하는 데는 시간이 걸렸다. 얼마 지나지 않아 로이드 존스의 오랜 친구인 랑게이토의 구두공 이얀토 크리드도 그가 어린 시절 다니던 예배당에서 설교하는 것을 듣고서 그 노목사와 똑같은 말을 했다. 마틴이 청중에게 너무 많은 것을 기대한다는 것이었다. 그는 농가 마당 외양간의 말과 소에게 먹이를 주는 방법에서 특유의 비유를 착안해 내서 말했다. "자네는 시렁을 너무 높이 걸고 있어. 시렁엔 아주 좋은 건초가 있지만 소들이 다 거기까지 입이 닿지는 않는다고." 로이드 존스는 후에 이렇게 회상했다. "그날 밤 예배당 사택에 누워 잠 못 이룬 채 아마도 설교를 망친 것 같다고 생각했던 것이 기억난다. 나는 시골 교회 교인들에게 어울리지 않는 설교를 했다." 그때부터 그는 좋은 설교일수록 이해하기 쉬운 설교라고 생각하게 되었다.

로이드 존스의 설교 노트로 볼 때 그는 웨일스에서 첫 1년 동안 샌드필즈 외에 54곳을 돌아다니며 설교했던 것을 알 수 있다. 사역 첫해부터 벌써 이러했지만, 이 첫해는 그 후 반세기 세월에서 가장 한가로운 해였다!

1928년 무렵이 되자 목회자들과 교회들 사이에서 로이드 존스의 사역에 대한 의견이 둘로 나뉘는 게 확연해졌다. 1928년 2월, 에버리스트위스 실로 채플의 설교 요청을 받아 톰 네핀 윌리엄스Tom Nefyn Williams와 함께 설교하게 되었을 때 이 두 사람과 두 사람의 메시지는 거의 완벽하다 할 정도로 대조되었다. 현장을 지켜본 M. H. 존스 목사의 말에 따르면, "둘 다 뛰어난 사람들이다. 한 사람[로이드 존스]은 과거를 바라보고 또 한 사람은 미래를 바라본다"고 했다. 이는 로이드 존스가 동의할 만한 설명은 분명 아니었다. 톰 네핀 윌리엄스의 불신앙이 널리 확산되게 놔둔다면 교회에는 미래가 없으리라는 것을 그는 알고 있었다.

로이드 존스는 복음주의적이고 초자연적인 신앙에 대한 반감은 사실 사람이 "거듭나야" 한다는 그리스도의 가르침에 담긴 의미를 불쾌히 여기는 교만에서 나온다고 믿었다.

> 사람들을 향해 "당신은 거듭나야 한다"고 말하는 것은 그 사람의 있는 모습 그대로를, 즉 당신들은 "모두 잘못되어 있다"고, 오직 위에서 임하는 거룩하고 초자연적인 간섭만이 당신들을 구원하고 바로잡아 줄 수 있다고 말하는 것입니다. 자, 자기 자신과 서로에게 솔직해집시다. 우리는 왜 '구원'이나 '거듭남'에 대해 이야기하기를 싫어할까요? 이 시대의 예배당과 교회에서는 왜 그런 개념들이 거의 언급되지 않습니까? 제가 잘 아는 분 중에 많이 배우고 교양 있는 신사분이 한 분 계신데, 한번은 그와 같은 큰 심적 변화를 겪은 한 숙녀 분에게 말하기를 "'회심'이라는 말은 멋진 말이 아니다. 독터 로이드 존스같이 알 만한 사람이 광신적 믿음에 휩쓸린다는 게 참 놀랍다"고 했다는군요. 그 신사 분은 왜 그런

말을 했을까요?

1년 뒤인 1929년, 로이드 존스는 더 강력하고 광범위하게 위와 같은 주장을 펼쳤다. 한 설교에서 그는 19세기 칼뱅주의 감리교의 영적 쇠퇴 현상을 되짚어 보고는 이렇게 말을 이었다.

> 교회가 세속적인 제도가 되어 가고 있는 데 대한 책임은 우리 비국교도 선조들에게 있습니다. 교회에서 회심과 거듭남은 절대 언급되지 않으며, 혹여 이런 주제를 거론하면 낯설어하며 무시해 버립니다. 하나님과의 관계에 대해 말하는 건 부끄러워하고 치안판사가 된 것은 자랑스러워하는 게 이 시대 평범한 교인이라고 말할 수 있을 정도입니다. 이곳 노회나 지역 모임에 가 보면, 아무개가 똑똑해서 무슨 시험에 합격했다거나 공직을 맡았다거나 그 밖에 세속적 명예를 얻은 것에 대해 감사하자는 결의와 축하하자는 결의는 계속 통과되지만, 죄인이 회심한 것에 대해 감사하자는 결의가 통과되었다는 말이나 누군가가 죄에서 벗어나 성도의 삶을 살게 되었다고 환호하는 소리는 한 번도 들어 본 적이 없습니다. 이들은 교회를 교회답게 만들어 주는 것, 즉 구원에 이르게 하는 하나님의 능력에 대해서는 아무 말도 하지 않습니다.

로이드 존스가 남웨일스 여러 지역을 다니며 설교할 때 장로용 '넓은 좌석'에 앉아 있는 그 지역 목회자들에게서 강한 적대 분위기를 자주 느낀 것도 무리가 아니었다. 로이드 존스는 그런 분위기에서 아무 감정이 없을 수 없었다. 그는 그 분위기를 느꼈다. 한번은 어떤 목회자가 유독 악의적으로 그를 비난한 적이 있었는데, 이때 그는 신실한 제자의 자세에 대해 바울이 디모데에게 확언한 말, "무릇 그리스도 예수 안에서 경건하게 살고자 하는 자는 박해를 받으리라"딤후 3:12라는 말로 크게 위로를 받았다.

그저 로이드 존스의 명성이 많은 청중을 불러 모으리라는 기대감 때문에 그에게 설교 요청을 하는 이들도 있었음에 틀림없다. 한번은 주중에 란트위트 메이저에서 열린 한 장로교단 행사에서 설교했는데, 예배 시작 전 교회 직분자 한 사람이 그에게 다가와 "잘해 내야" 한다고 해서 충격을 받은 적도 있었다. 2주 전 침례교와 회중교회 교단에서 성황리에 특별 집회를 가졌기 때문에 장로교단에서도 잘해 내야 한다는 것이었다! 또 어떤 경우엔 교단 행사 때 복음주의 입장을 대표해서 설교하라는 요청을 받은 적도 있었던 것 같다. 그래서 1929년과 1931년에는 웨일스 장로교 연례 콘퍼런스에서 강연해 달라는 요청을 받았다. 이 당시 보고서들을 보면 이 행사를 지배하는 신앙 사상이 에버라본에서 온 이 설교자의 사상과 아주 달랐다는 것을 즉각 알 수 있다. 연설에서 그는 장 칼뱅을 딱 한 번 언급한 것 외에는 오로지 성경만 인용한 반면, 다른 강연자들은 A. M. 페어벤 Fairbairn(잉글랜드 회중교회 목사로 웨일스어 신학사[B. D.] 과정이 개설될 수 있게 한 사람), 알베르트 슈바이처Albert Schweitzer와 스탠리 존스Stanley Jones(두 사람 다 자유주의 신학 사상을 가진 선교사였다), C. H. 도드Dodd를 언급하며 찬사를 보냈다. 1929년 콘퍼런스 때 발라 신학교의 에드워즈 교수는 "축자영감 교리는 전혀 지지할 수 없다. 시대에 어울리지 않는다"라고 했던 H. 휠러 로빈슨의 말을 호의적으로 인용했다. 또 한 강사는 현대 교회의 실패에 대해 말하는 사람들을 비판하면서 또 다른 자유주의자 캐논 C. E. 레이븐의 말을 인용했는데, 레이븐은 "교회가 지난 20년 동안 놀라울 정도로 새로운 환경에 잘 적응하는 능력을 보여주었다"고 감사해한 사람이었다.[1]

* * *

1920년대 말 로이드 존스의 사역 발전에 상당히 의미 있는 사건이 될 어떤 일이 일어났다. 브리젠드의 한 칼뱅주의 감리교회에서 월요일 밤 예배를 마친 후였다. 당시 이 교회 목사는 에버라본에서 들을 수 있는 '새로운' 설교를 지지하는 사람이 아니었지만, 그래도 그 설교가 그때까지 들어 본 적이 없는 점을 강조하는 데 호기심을 느꼈다. 예배가 끝나자 브리젠드 교회의 이 목사는 다음과 같은 말로 이 초청 설교자에게 인사를 건넸다. "목사님의 정체가 뭔지 알 수 없군요! 극단적 칼뱅주의자인지, 퀘이커 교도인지 판단이 안 돼요." 로이드 존스가 자신은 극단적 칼뱅주의자가 아니라고 하며, 왜 그런 말을 하느냐고 묻자 그는 이렇게 답했다. "극단적 칼뱅주의자처럼 하나님께서 하시는 일과 하나님의 주권에 대해서도 말하고, 퀘이커 교도처럼 영적 체험에 대해서도 말하는데, 그리스도의 십자가와 그 공로는 목사님의 설교에 거의 언급되지 않으니 말입니다."

그의 관찰에는 확실히 날카로운 면이 있었다. 로이드 존스의 전도설교 기조는 죄 가운데 있는 인간의 무력함과 하나님의 간섭을 통한 거듭남의 필요성이었다. 그는 영적 변화란 주권적으로 주어지는 것이지 인간 자신의 노력에 달려 있는 게 아니라는 점을 아주 강력히 설파했다. 그래서 그의 메시지는 죄를 깨우친 사람에게 소망을 주었지만 하나님께서 정하신 구원의 수단 즉 그리스도를 믿는 믿음으로 그 사람을 명쾌히 인도해 주지는 않았다. 그 결과, 호소 조로 마무리되는 경우가 많은 그의 설교는 이 빠진 동그라미 같은 모양새였다. 설교 중에 그는 "거듭남을 위해 기도하십시오. 쉼 없이 기도하십시오. 거듭남을 체험할 때까지 기도하십시오"라고 명령했지만, 인간의 무능함을 역설하면서도 의롭다 칭함받기 위해 인간이 그리스도를 믿어야 할 책임을 똑같은 비중으로 강조하지 않았다. 또한 그 칭의가 그리스도의 대속적 죽음을 받아들이는 데서 흘러나온다는 점을 충분히 명쾌하게 설명하지도 않았다.

그래서 브리젠드에서 들은 비판은 설교에 대해 더 깊이 생각해 보게 하는 유익한 자극이 되었다. 훗날 로이드 존스 자신이 한 말을 들어 보자. "설교 사역 초기 때 나는 윗필드와 비슷했다. 처음에 나는 중생을 설교했다. 도덕과 교육 면에서 인간의 모든 노력은 다 쓸데없고 우리에게는 우리 자신이 아닌 외부에서 오는 능력이 필요하다고 설교했다. 그리스도의 대속을 당연히 필요한 것으로 여겼지만 그 대속이나 이신칭의를 명시적으로 설교하지 않았다. 그런데 그의 비평을 듣고 나는 그 부분에 대해 생각하게 되었고 그래서 신학 분야 서적을 좀 더 철저히 읽기 시작했다."

특별히 그는 그 비평가가 구체적으로 지목한 교리를 집중적으로 공부했다. 이때 그는 브라이너먼의 회중교회 목사 버논 루이스Vernon Lewis에게 도움을 받았다. 복음주의 양상을 띤 현대 신학이 그의 특별한 관심사였는데, 그는 로이드 존스가 독서에 관해 조언을 청하자 지체 없이 이에 응했다. 샌드필즈 목사관에 자주 들러 이런저런 제안을 하기도 했고 자기 서재에 있는 책을 가져다주기도 했다. 그리스도의 대속을 연구한 이들 중 그가 높이 추천한 저자들로는 잉글랜드 회중교회의 P. T. 포사이스Forsyth와 R. W. 데일,Dale 『그리스도의 죽음』*The Death of Christ*을 쓴 스코틀랜드 장로교도 제임스 데니James Denney가 있었다. 로이드 존스의 신학 사상 발전상 이 단계에서 특별히 도움이 된 책은 포사이스의 『십자가의 중대성』*The Cruciality of the Cross*이었다. 이 저자들이 성경의 완전영감 측면에 약점이 있다는 사실이 그의 시선을 비껴가지는 못했지만, 그건 그의 연구 주제도 아니었고 지금까지 그가 성경을 오류 없는 하나님의 말씀으로 받아들이는 데 어려움이 있었던 적도 없었다. 그가 가지고 있던 데니의 저서에는 1929년 7월 5일이라는 날짜가 적혀 있다.

* * *

로이드 존스의 폭넓은 사역은 곧 한 가지 문제에 부딪쳤다. 여러 다양한 지역에서 설교 요청을 하면서, 그의 유명세를 이용하려고 자신들의 행사에 함부로 그의 이름을 올리려 하는 단체들이 있었던 것이다. 로이드 존스와 생각이 잘 맞는 복음주의자들은 1904-1905년 웨일스 부흥 시대를 진정한 영적 능력과 은혜가 임한 시기로 회고하는 사람들이었다. 그러나 모든 영적 부흥이 다 그렇듯 그 각성의 시대가 낳은 결과들은 다른 것들과 뒤섞여 버렸고, 여러 지역에서 부흥의 열매들은 전통 교회 안에 견고히 자리 잡지 못했다. 칼뱅주의 감리교는 영적 갓난아기들에 대해 비판적이고 부흥 현상에 공감하지 못하는 경우가 너무 많아, 이 때문에 많은 교인들이 이탈하는 일이 벌어졌다. 또한 웨일스 일부 지역에서는 침례교와 플리머스 형제단의 규모가 커졌다. 오순절파도 그들이 생각하는 독특한 부흥의 메시지를 선포하면서 불쑥 모습을 드러냈다. 오순절파는 많은 예배당의 냉랭한 예배에 진력난 사람들을 끌어모았다.

1904년 이후 웨일스 복음주의는 이렇게 분열되었고, 일부 지도자들은 교회와 교단 밖의 활동에 주된 관심을 두었다. 그런 사람 중 하나가 포스Porth의 R. B. 존스Jones 목사로, 1904년 부흥 때 매우 유능한 설교자로 손꼽히던 사람이었다. 침례교도인 R. B. 존스는 침례교가 현대주의에 관용을 보인다는 이유로 교단을 탈퇴한 뒤 이제 4곳의 독립교회independent churches를 관할하는 한편 포스에 자신이 세운 '성경 연구소'를 운영하고 있었다. 그는 복음 전도 프로젝트에도 적극 참여했고(이런 활동을 하면서 그는 과거 감리교 시조들의 복음 설교와 아르미니우스주의자인 찰스 G. 피니의 영향으로 웨일스에 들어온 새로운 복음 설교를 구별하지 못했다), 란드린도드 웰스와 그 밖의 지역에서 열린 성결운동 대회의 열렬한 지지자가 되었다. 그는 그리스도께 '완전 순복'하는 행위로 '성화'를 얻는다는 성결운동의 메시지야말로 당대의 신앙 침체를 해결하는 탁월한 해법이라고 설교했다.

로이드 존스의 사역 첫해에 그와 친구가 된 R. B. 존스는 자기와 힘을 합쳐 나름대로 사역해 보자고 자꾸 그에게 간청했다. "목사님이 사도 바울 같은 분이라는 건 목사님도 잘 알지 않습니까." 포스의 그 설교자는 로이드 존스에게 말했다. "목사님도 '만삭되지 못하여 난 자'와 같습니다. 목사님은 우리와 함께해야 할 사람, 실로 부흥의 자녀인데 20년 늦게 태어난 겁니다." 로이드 존스는 당시 카디프의 유니버시티 칼리지 학생이던 R. B. 존스의 아들과 조카를 통해 1927년 10월 그 학교의 기독교 연합회에서 설교해 달라는 요청을 처음으로 받았다. 존스가 발행하는 잡지 「복음 전도자」*The Evangelist*는 로이드 존스의 사역을 정기적으로 소개하며 찬사를 보냈고, 1929년에는 직접 쓴 논평을 싣기도 했다. 그러나 샌드필즈의 목사는 란드린도드 대회에서 설교해 달라는 요청을 받아들이려 하지 않았다. 존스와의 친분 때문에 이따금 포스의 교회에서 설교하긴 했지만, 존스가 주도하는 그런 정신에서는 영적 고향을 찾을 가능성이 전혀 없다는 것을 그는 알고 있었다.

R. B 존스는 칭찬할 만한 점도 많았지만, 자신이 웨일스 교계에서 비교적 고립되어 있는 게 하나님 말씀과 체험적 기독교 신앙을 옹호하는 자신의 입장, 오로지 그 이유 때문이라는 그릇된 확신도 갖고 있었다. 그가 성경을 전적으로 믿는다는 점에는 의심의 여지가 없었지만, 그 세대의 다른 많은 사람들처럼 실질적 신학 지식이 없던 그는 이 개념에서 저 개념으로 쉽게 휩쓸려 다니는 경향이 있었다. 한번은 곧 대각성이 일어날 거라고 설교했고 또 한번은 그리스도의 재림이 임박했다고도 설교했다. 그의 가르침에는 이것저것이 뒤섞여 있었다. 이 사실은 포스 성경 연구소의 가르침에 명쾌히 알아볼 수 있는 어떤 신학적 입장이 없었다는 점에 그대로 반영되었다. 미국을 순회하며 설교하고, 미국 근본주의 지도자들이 그가 주최하는 론다

웰레 성경 콘퍼런스에 방문하면서 그의 신학적 입장은 더욱 잡탕이 되었다. R. B. 존스는 무엇이든 근본주의라는 이름을 달고 있는 것에 대해서는 너무 무비판적이었지만, 침례교 연합Baptist Union과 침례교 사역 전반을 계속 적대시하는 점에서는 가차가 없었다. 그의 설교는 비난조일 때가 많았다. 포스 연구소는 점점 늘어나는 그리스도인들의 중심지가 아니라 점점 쇠퇴해 가는 이상理想에 집착하는 이들이 부딪치는 막다른 골목이 되었다. 그리고 그 이상은 이 연구소가 남웨일스에서 부정적이고 반지성적인 이미지를 갖게 하는 데 한몫했다.

이 시기 웨일스 복음주의자들 사이에 성결운동 집회가 인기 있었던 것처럼, 아직 성취되지 않은 예언에 대한 전천년적이고 세대주의적인 입장을 선전하는 운동 또한 인기를 얻었다. 예언에 관한 스코필드 성경Scofield Bible의 주해가 여러 지역, 특히 플리머스 형제단에서 거의 보편적으로 아무 의심 없이 받아들여지고 선포되었다. 로이드 존스가 플리머스 형제단에 소개된 것은 1929년 12월이었다. 그는 란넬리에서 이 분파 사람들을 만났다. 이들은 그에게 스코필드 성경을 선물하면서 예언에 대한 믿음이 얼마나 중요한지 주목해 볼 것을 권면했다. 이들은 이 젊은 설교자가 그다지 흥분하지 않는 것을 보고 아마 놀랐을 것이다. 로이드 존스는 성취되지 않은 예언에 대한 이런 입장을 지금까지 접해 본 적이 없었다. 그가 건네받은 성경책은 그로서는 완전히 새로운 책이었고, 그래서 그도 이 책을 다른 많은 목사들이 대하듯 대했을 것이다.

로이드 존스가 이런저런 단체들에 관여했다고 흔히들 짐작하지만 그는 선불리 어떤 단체와 연합하지 않았다. 훗날 그는 왜 그런 단체들과 거리를 두었는지에 대해 이야기하면서 두 가지 원칙에 근거해 생각을 결정했다고 했다. "첫째는 성경에 대한 나의 이해였고, 둘째는 내가 읽은 18세기 칼뱅주의 감리교 신앙부흥에 관한 책들이다. 내가 아는 성경, 내가 읽은 책들이 내 생각을 지배했다. 뭔가가 나에게 제시될 때 그것이 그 틀에 부합되지 않으면 나는 힘들이지 않고 내 본분을 이행했다. 감리교 시조들의 고결한 정신과 깊은 경건과 전혀 다른 뭔가를 봤을 때 나는 그것을 따를 것인가 말 것인가 고민하지 않았다." 이러한 신념이 있었기에 그는 사역 초기는 물론 그 뒤로도 평생 복음주의 진영에서 통상적으로 받아들이는 많은 것들과 거리를 둘 수 있었다. 사람들은 그의 이런 독자적 태도를 개인주의로 몰아붙였지만, 그럴수록 그는 교회 역사가 주는 교훈이 더 널리 알려지기를 간절히 바랐다.

1920년대 말 웨일스 교계를 두루 살핀 로이드 존스는 어떤 어려움이 있든 자신의 사역이 칼뱅주의 감리교 안에서 이뤄져야 하며, 그래서는 안 된다고 할 만한 이유가 전혀 없다는 걸 확인했다. 그는 칼뱅주의 감리교의 교회 중심 구조나 표준적이고 통상적인 은혜의 수단을 강조하는 것이, 선교와 신앙 대회를 좋아해 여기서 분리되어 나간 단체들의 개인주의보다 더 좋았다. 그의 소망은, 웨일스 장로교가 원래의 입장을 되찾을 수 있었으면 하는 것이었다. 또한 그는 지금까지 자신이 큰 유익을 얻어 온 몇몇 구세대 목회자들을 높이 평가했다. 비록 그 당시 하나둘씩 무대에서 사라져 가고 있긴 했지만 말이다. 조지프 젠킨스Joseph Jenkins의 경우 1904년의 신앙부흥이 그의 사역지에서 시작되었다. 로이드 존스와는 1925년부터 교제를 나눴는데, 그도 1929년에 세상을 떠났다. 두 사람의 마지막 만남은 기억에 남을 만했다. 1929년 여름, 젠킨스가 척추 종양으로 죽어 가고 있을 때, 엘리세우스 하웰스가 에버라본에 들러 이 노설교자의 병세가 위중함을 알리면서 란도버리로 한번 찾아가 보라고 권했다. 란도버리는 에버라본에서 좀 거리가 있는 곳으로, 젠킨스의 집에 도착한 로이드 존스는 열려 있는 창문으로 그의 신음 소리를 들을 수 있었다. 집 안으로 들어가니 젠킨스 부인이 하는 말이, 남편은 사실상 의식이 없다고 했다. 하지만 로이드 존스가 침상으로 다가가 환자의 손을 잡는 걸 보고 남편에게 "이분이 누군지 아시겠어요?"라고 묻자, 죽어 가던 환자는 힘겹게 고개를 돌리며 "알고말고!"라고 대답했다. "나를 이 강에서 끌어올려 줄 수 있겠나?" 노목사가 로이드 존스에게 물었다. "제가 할 수 있을지 잘 모르겠습니다, 목사님." "이 오래된 강이 이토록 넓은 줄 내 미처 몰랐구먼." 젠킨스가 말했다. "하지만 괜찮아. 난 예수 그리스도께 갈 거니까." 그러더니 그는 로이드 존스의 손을 자신의 가슴으로 끌어당기며 말했다. "자네 손길을 이 땅에서 더 느꼈으면 좋겠군." 자신과 닮은 그 옛날 메소디스트들처럼, 조지프 젠킨스는 그렇게 평안하게 세상을 떠났다.

젠킨스와 프리터크(1931년 86세로 세상을 떠난) 같은 사람과 함께 있으면 로이드 존스는 마음이 정말 편안했다. 이들의 죽음은 이들이 그렇게 오래 진력해 온 그 대의를 위해 일해야겠다는 결단을 오히려 더 굳게 해줄 뿐이었다. 그러나 그의 신념을 고려할 때 그가 '파벌에 매인' 사람, 더 나아가 아내의 할아버지 에번 필립스가 이름을 떨친 칼뱅주의 감리교 웨일스 분파, 그중에서도 좀 더 복음주의적인 진영의 지도자가 될 가능성은 거의 없었다. 이에 대해 그는 이렇게 언급했다. "내가 에버라본으로 갔을 때, 웨일스 칼뱅주의 감리교도들은 내가 그들이 만들어 놓은 틀로 녹아들어 가 자기들처럼 설교할 것이라 생각했다. 처음에 조금 실망했지만 그들은 내가 곧 그들 진영의 일원이 될 거라 생각했다. 하지만 나는 그렇게 할 수 없었다."

하지만 이렇게 독자적으로 행동하고 싶어 하는 것은 로이드 존스의 기질적인 특성이 아니었다. 사역 초기 그는 한마음을 가진 형제들이 서로를 지지하며 교제 나누는 소규모 모임을 조용히 이뤄 가는 데서 큰 격려를 얻었다. 그 형제들의 첫 모임을 기록한 문서에서 지금까지 전해지는 것 중 다음과 같은 내용이 있다.

> 복음에 관한 복음주의적 진리를 믿고 설교하는 이들 사이에 분명한 행동과 협력이 있어야 할 필요성을 절감하고 아래 형제들이 1930년 12월 30일 목요일 에버라본 샌드필즈에서 모여 신앙부흥을 촉진할 방도를 검토했다. 형제들은 다음 사항에 합의했다.
>
> 1. 우리는 교제를 위해 함께 모일 때마다 자기 생각과 경험을 솔직히 나누며 서로 허물과 실패를 고백하는 일에 특별히 관심을 기울일 것을 서약한다.
> 2. "믿음을 따라 하지 아니하는 것은 다 죄"(롬 14:23)이므로 우리는 믿음에 따르지 않는 관행은 그것이 무엇이든 다 삼가기로 서약한다.
> 3. 우리는 매일 30분씩 하나님을 바라보는 시간을 갖되, 특히 아래 사항을 위해 기도하기로 서약한다.
>
>   (1) 신앙부흥을 위해

(2) 서로를 위해

4. 우리는 웨일스 장로교회 선언서 개요를 수락하고 서명하기로 서약하되 여기에 더하여 우리 사역에서 아래 사항을 특별히 역설하고 강조해야 한다고 생각한다.

(1) 결단과 회심과 거듭남의 필요성을 우리 회중에게 거듭 촉구한다.

(2) 모든 신자들은 죄 사함과 구원을 전적으로 확신해야 한다.

(3) 신자는 성화되어야 하고 성령을 받아야 하며 성령의 열매가 삶 가운데 드러나는[갈 5:22] 것이 하나님의 뜻임을 모든 신자들이 배우고 가르침 받기로 서약한다.

5. 교회는 바자회나 음악회 등 세속적이고 미덥지 못한 행사로 교회를 유지하는 행위를 일절 금하기로 서약한다.

6. 다음 회집은 1931년 4월 10일 금요일, 펜코드에서 갖기로 한다.

이 성명서에는 10명의 이름이 포함되어 있고, 로이드 존스의 이름은 의장으로 올라 있다. 한 단체로서 이 모임은 교단 안에서 단 한 번도 대중의 이목을 끌지 못했지만 그래도 이는 영적 영향력의 중심이었다. 또 공통의 목표를 나누게 된 사람들의 결단을 강화시켜 주었다.

1930년대에 아직 신학생 신분으로 이 형제회에서 유익을 얻은 사람으로 I. B. 데이비스[Davies]가 있다. 13세 나이에 광부가 된 데이비스는 중등교육을 거의 받지 못했지만, 샌드필즈에서 독터 로이드 존스의 설교를 들으면서 하나님께서 자신을 복음 사역자로 부르셨다고 믿게 되었다. 이러한 믿음을 로이드 존스에게 마침내 털어놓았을 때 그가 들은 조언은 "퇴근 후 헬라어를 공부하라"는 것이었다. 이는 그가 과연 그 부르심에 합당한 능력을 갖추고 있는지 시험해 보려는 그 담임목사만의 방식이었다. 1년 후 어느 날 'I. B.'가 집회를 마치고 집으로 돌아가려 하는데 독터가 그의 주머니에 책 한 권이 꽂혀 있는 것을 보고 무슨 책이냐고 물었다. 그 책은 이 청년이 지난 12개월 동안 열심히 공부해 온 헬라어 문법책이었다. 나중에 청년을 만나 이야기를 더 나눈 뒤 로이드 존스는 그때부터 자신이 해줄 수 있는 온갖 격려의 말을 다 동원해 사역자 소명을 따르려는 이 청년에게 힘을 북돋아 주었다. 목사가 된 데이비스는 그 후 두 아들 윈포드와 앤드루를 비롯해 훗날 신실한 설교자로 남을 많은 젊은이들을 규합했다.[2]

이 시기에 로이드 존스가 점점 많은 이들에게 유익을 끼치는 설교자가 되어 간 것은 그가 쉼 없이 연구하고 공부했다는 사실과 밀접한 관계가 있는 게 틀림없다. 연구는 그의 일상생활에서 가장 중요한 부분이었다. 이 무렵 성경 외에 그에게 가장 큰 자극을 준 책은 아마 『조나단 에드워즈 전집』*Jonathan Edwards' Works*이었을 것이다. 런던 시절 그는 한 웨일스인 장로교 목회자에게 목회 준비에 도움이 될 만한 책들을 추천해 달라고 부탁한 적이 있었다. 그때 추천받은 책 중 하나가 A. C. 맥기퍼트McGiffert의 『칸트 전의 프로테스탄트 사상』*Protestant Thought Before Kant*이었다. 책은 로이드 존스의 기대에 미치지 못했지만, 그 책을 읽는 중에 조나단 에드워즈라는 이름을 난생처음 접하게 되었다. 그는 이 이름에 관심이 생겼고, 후에 이렇게 이야기했다.

당시 목회에 대해 조언을 해주는 분에게 에드워즈에 관해 문의했지만

> 그분은 그에 대해 아무것도 모르셨다. 많은 수소문 끝에 마침내 1929년 카디프에 있는 존 에번스 서점을 찾아내고는 기차 시간이 될 때까지 그에 관한 자료를 뒤졌다. 그리고 서점 한구석, 코트 차림에 무릎을 꿇고 앉은 자세로 마침내 나는 1834년판 두 권짜리 에드워드 전집을 찾아내 5실링을 주고 샀다. 나는 그 두 권을 탐독했고, 말 그대로 읽고 또 읽었다. 확실히 그 책은 다른 어떤 책들보다 나에게 도움이 된 것이 사실이다.

그는 에드워즈 같은 사람들의 저서는 규칙적으로 읽었지만, 설교와 직접적 연관성이 적은 방대한 저작들은 휴가 때 읽을 책으로 따로 쌓아 놓았다. 1920년대 말 무렵에는 연례 휴가 일정을 미리 짜 놓았고, 그래서 휴가 때 오전 시간은 거의 예외 없이 주요 신학 서적을 읽으며 보냈다. 엘리자베스의 어릴 때 기억 중 하나는, 해변에서 수영복 차림으로 풀장을 들락거리며 놀고 있는데, 아버지는 짙은 회색 정장에 구두와 양말, 모자까지 완벽하게 갖춘 차림으로 바위에 기대 앉아 브루너Brunner의 『하나님의 명령』*The Divine Imperative*을 읽고 있던 광경이다.

그가 이 시기에 읽은 또 한 권의 중요한 저작은 케네스 커크Kenneth Kirk의 『하나님을 보다』*The Vision of God*였는데, 1928년 옥스퍼드Oxford 대학의 벰턴 강좌Bampton Lecture를 책으로 엮은 것으로, 커크는 9년 후 옥스퍼드의 주교가 되었다. 후에 로이드 존스는 이렇게 언급했다. “벰턴 강좌는 나에게 큰 영향을 끼쳤다. 커크는 하나님을 추구하는 것과 사람이 하나님을 찾는 여러 가지 방법들을 다루되 이것을 역사

1934년경 펨브스, 쿰 이 에클로이스 해변에서 찍은 가족사진.

적으로 쭉 훑는 방식으로 했다. 이를테면 중세의 신비주의, 그 후의 신비주의 하는 식으로 말이다. 나는 그 책이 앞으로 내 연구에 중대한 영향을 끼치리라는 것을 깨달았다. 그 책은 여러 가지 지식의 배경을 제공했다. 또한 나로 하여금 사고하게 만들었다. 성경을 이해하는 데 도움을 주었고 수도원 제도나 수도사들의 은둔 생활 같은 운동의 위험성을 깨닫게 해주었다. 나는 『하나님을 보다』를 내가 읽은 책 중 가장 탁월한 책으로 손꼽는다." 이후 그는 휴가 때 읽을 책으로 벰턴 강좌나 기포드 강좌를 풀어 쓴 책을 자주 가지고 갔다. 커크를 다 읽고 1년쯤 후, 이번에 집어든 책은 옥스퍼드 대학 레이디 마거릿 신학 교수인 노먼 파월 윌리엄스Norman Powell Williams의 『타락과 원죄 개념』*The Ideas of the Fall and of Original Sin*이었다. "문체 면에서 그 책은 내가 읽은 책 중 가장 뛰어났다."

1929년 여름휴가는 루크 타이어먼Luke Tyerman의 두 권짜리 저서 『조지 윗필드의 생애와 시대』*Life and Times of George Whitefield*를 읽으며 순수한 즐거움을 느꼈던 시간으로 기억될 터였다. 휴가 중 며칠은 글러모건 골짜기에 있는 오래된 농가 세인트 메리 힐 코트St. Mary Hill Court에서 지냈다. 그런데 1929년 그곳에서 누린 평화는 두 번째 주일을 지내고 나서 갑자기 깨지고 말았다. 농장 근처 들판에 있던 황소 한 마리가 문제였다. 그 황소는 로이드 존스가 조지 윗필드 이야기에 푹 빠져 있는 동안 엘리자베스를 유모차에 태우고 산책을 즐기던 로이드 존스 부인을 이미 방해한 적이 있었다. 위기는 두 번째 주 초 어느 날 점심 식사 후에 찾아왔다. 식사를 마친 부부가 주방 창문으로 농장 마당을 바라보고 있노라니 놀랍게도 그 황소가 마당 출입문의 경첩을 들어 올리고 의기양양하게 집 쪽을 향해 오고 있는 것이 아닌가! 로이드 존스 부인은 그 집에 단 하루도 더 머물고 싶지 않다고 했다. 그리하여 부인과 엘리자베스는 런던으로 가고 마틴은 며칠 후에 런던으로 가서 식구들과 합류하기로 했다. 그러나 세인트 메리 힐 코트의 문제점은 그뿐만이 아니었다. 이번에는 한밤중에 말썽이 일어났다. 베단이 엘리자베스와 함께 런던으로 떠나던 날 밤, 불을 끄고 잠자리에 누운 로이드 존스는 침실 주변 장판 위에서 두둑두둑 하는 이상한 소리가 나서 귀를 쫑긋 세웠다. 불을 켜자 이상한 소리는 사라졌지만, 불을 끄자 소리는 곧 다시 들렸다. 어찌할 도리가 없던 그는 침대 시트를 머리까지 끌어당겨 단단히 여며 덮고는 날이 밝는 대로 이곳을 떠나야겠다고 마음먹는 수밖에 없었다. 황소나 농장 가축은 그렇다 치고, 방 안에서 생쥐와 마주치는 건 전혀 다른 문제였던 것이다!

10.

지역의 신앙부흥

부흥은 로이드 존스의 사상과 설교에서 하나의 동떨어진 주제가 아니었다. 부흥이라는 주제는 오히려 사람을 구원에 이르게 하고 확신에 이르게 하는 하나님의 역사에 대한 그의 이해 전반과 밀접하게 연관되어 있었다. 그는 부흥을 개인이 회심할 때 존재하는 하나님의 권능과 동일한 권능이 많은 이들에게 확장되는 것으로 보았다. 부흥은 참 기독교 신앙이 있는 곳이라면 그 어디에나 존재하는 동일한 생명으로, 부흥의 시대에는 이 생명이 풍성하게 차고 넘친다. 어느 한 그리스도인이 혼자 알았던 성령이 부흥의 때에는 수많은 사람들에게 '부어진다.' 그래서 부흥의 때에 목격하는 결과들은 비교적 평범한 하나님의 역사에 뒤따르는 결과들과 본질상 다르지 않다. 하지만 부흥의 때에 나타나는 하나님의 은혜의 수많은 사례들은 그리스도의 영광을 드러내되 규모 면에서 어느 정도 특별하고 예외적이며 비교할 수 없을 만큼 드러낸다. 그러므로 부흥에 대한 참된 열망은 많은 이들이 회심하는 가운데 하나님의 영광이 드러나기를 바라는 열망과 다르지 않다.

로이드 존스는 부흥이 인간의 노력으로 생겨난다 혹은 '이뤄진다'는 견해를 결코 사소한 오류로 여기지 않았다. 그는 그 오류의 근원이 회심의 의미 자체에 대한 잘못된 견해에 있음을 밝혀냈다. 인간이 제아무리 노력하고 에너지를 쏟아도 단 한 사람의 회심도 유도해내지 못한다. 로이드 존스는 목회를 시작할 때부터 이 점을 강조했던 것이 두드러진다. 부흥이 교회가 하는 행사로 이루어질 수 없음을 인정하려면 먼저 회심이 무엇인지를 반드시 이해해야 한다. 한 사람을 구원하는 데 반드시 있어야 할 주권적이고 초자연적인 권능이 많은 사람을 구원할 때도 똑같이 필수 불가결하다. 사람들을 회심으로 '몰아가려는' 사람이나 부흥을 '서두르려는' 사람은 똑같은 오류에 빠진다.

> 부흥을 위해 기도한다고요? 좋습니다, 기도하세요. 그러나 부흥을 만들어 내려고 하지 말고 부흥이 생겨나게 하려고 하지도 마십시오. 부흥은 그리스도께서 친히 주실 뿐입니다. 부흥을 스스로 이뤄 내려 하는 교회에는 부흥이 절대 임하지 않을 것입니다.

부흥은 교회 역사상 '특별한 때'이며, "인간의 계획이나 장치에 의해서가 아니라 하나님의 간섭으로 특별하게 된" 때이다. 그는 교회에는 '중대한 시기'도 있고 '일상적인 시기'도 있다고 설교했다.

> 체험에는 특별히 근사한 체험도 있고 평범한 일상의 체험도 있습니다. 부흥이 계속되기를 '늘' 기도하는 교회는 교회의 사명을 이해하지 못하는 교회입니다. 교회가 존재하는 건 늘 부흥 상태에 있기 위해서가 아니라 평범하고 일상적인 일을 하기 위해서입니다. 그런데 또 어떤 이들은 이 사실만 너무 잘 기억한 나머지 교회에 특별한 시기도 있다는 것을 잊어버립니다.

로이드 존스가 처음부터 하나님의 행위를 강조한 것은 수동성을 조장하는 것과는 거리가 멀다. 오히려 그는 참 소망의 근원이 무엇인지를 사람들에게 지적해 주었다. 회심이 하나님의 역사라면, 한 명을 위해 그리 해주신 것처럼 백 명 혹은 천 명을 위해서도 그리 해주실 수 있다. 하지만 또한 하나님께서 자기 목적을 이루시기 위해 여러 수단을 사용하신다는 것을 믿지 않았다면 로이드 존스는 목회의 길에 들어서지 않았을 것이다. 단 한 사람이든 혹은 여러 명이든 하나님의 말씀을 듣지 않고는 믿음에 이르지 못한다. 성령께서는 회심을 이루시기 위해 진리를 사용하시며, 설교를 매개로 아주 탁월하게 그 일을 하신다. 그래서 바울은 자신의 사역에 대해 말하면서 이렇게 단언할 수 있었다. "우리 복음이 너희에게 말로만 이른 것이 아니라 또한 능력과 성령과 큰 확신으로 된 것임이라."살전 1:5 바울의 이 말에 대해 로이드 존스는 샌드필즈 교인들에게 이렇게 말했다.

이들에게 설교할 때 바울은 무슨 일인가가 벌어지고 있다는 것을 알고 있었습니다. 자기가 하나님께 쓰임받고 있다는 것과 자신이 하는 말을 성령께서 저들의 마음과 심령 깊은 곳에 넣어 주신다는 걸 알고 있었습니다. 또 그는 뭇사람들을 변화시키고 자신을 변화시켰던 그 권능을 의식하고 있었습니다. 그래서 그는 자신이 "큰 확신으로" 설교했다고 말합니다. 정말로 바울은 그렇게 했습니다! 그는 자기가 대변자요 진리를 흘려 내보내는 통로에 지나지 않는다는 걸 알고 있었습니다. 하나님의 무한한 자비로 오늘 밤 이곳에서도 동일한 일이 있을 수 있기를, 우리 모두가 성령의 권능과 복되고 은혜로운 감화력을 체험할 수 있기를 바랍니다! 목회자가 누리는 기쁨으로, 자기 자신이 아니라 자기 안에 있는 그리스도께서 일하고 계시다는 사실을 확실히 아는 것보다 더 큰 기쁨은 없습니다.

더 나아가 로이드 존스는 성경이 하나님께서 인정하시는 설교가 어떤 종류의 설교인지 보여준다고 믿었다. 그의 설교 사역이 당대의 수많은 설교자들의 사역과 현저히 달랐던 것은 바로 이 점에 대한 확신 때문이었다. 그가 판단하기에 많은 설교가 성경이 아닌 여론의 대세나 특히 회중이 바라는 것에 좌지우지되고 있었다. 이른바 '지적인 설교'는 명백히 성경과 불일치했다. 그는 에버라본에서 두 번째 해를 맞이하면서 회중에게 이렇게 말했다. "제가 복음서를 읽으며 알게 된 것은, 누구든 '그리스도의 마음'이 학식 있고 많이 배운 사람에게만 열린다는 인상을 주는 설교자는 그리스도의 가르침의 기초를 왜곡한다는 것입니다. '절대', '현실', '가치', '우주', '기독론', '로고스' 같은 말은 우리가 일상적으로 쓰는 어휘가 아닌데, 요즘 나오는 책을 보거나 최근의 신앙 강연을 들어 보면 이런 말들이 아주 중요하고도 본질적인 어휘가 된 듯합니다."

로이드 존스는 현대의 설교가 근본적으로 잘못되었다고 믿었다. 그는 성령의 첫 번째 사역이 사람들에게 죄를 깨우쳐 주고 하나님의 임재 앞에서 사람들을 겸손케 하는 일임을 설교자들이 인식하지 못하고 있다는 게 그 주된 증거라고 봤다. 그는 어떤 설교든 한 번도 하나님을 두려워해 본 적이 없고 그분의 자비를 구해 본 적이 없는 사람을 안심시키고 위로하고 즐겁게 해주는 설교는 성령께서 인정하시는 설교가 아님을 알고 있었다. 실제로 그는 과거 한때 강력한 전도 설교를 위한 명령으로 간주되었던 원리, 즉 사람이 회심하려면 먼저 죄를 깨우쳐야 한다는 원리로 돌아가고 있었다. 1883년 C. H. 스펄전Spurgeon은 이렇게 선언했다.

> 애초에 설교자가 할 일은 사람을 회심시키는 게 아니라 오히려 그 반대이다. 다치지 않은 사람을 고쳐 주려 하고, 발가벗겨진 적이 없는 사람에게 옷을 입혀 주려 하고, 자기 가난함을 깨닫지 못한 사람을 부자로 만들어 주려 하는 건 무의미한 짓이다. 세상이 존재하는 한 우리는 성령을 필요로 하되 위로자뿐만 아니라 죄를 깨우쳐 주시는 분으로서 필요로 할 것이다. 그분은 "죄에 대하여, 의에 대하여, 심판에 대하여 세상을 책망"하실 것이다.

1892년 스펄전이 세상을 떠나기 전에도 이미 거의 잊혀졌다가 에버라본의 샌드필즈 교회에 다시 등장한 것이 바로 이 원리였다. 1930년에 로이드 존스가 했던 말을 들어 보자. "오늘날의 신앙은 사람의 양심을 일깨우는 게 아니라 오히려 무마시키고, 자신의 무가치함과 영벌을 받을 가능성에 대한 자각보다 자기만족과 영원한 안전에 대한 인식을 키워 내는 경우가 너무도 많다."

로이드 존스의 설교에 나타나는 다양한 특성 중 다른 무엇보다 두드러진 것은, 복음이 뭔가 선한 결과를 이루기 전 사람이 먼저 죄의 근본적인 본질을 깨우쳐야 함을 역설했다는 점이다. "신약성경을 펼쳐 보면, 언제가 됐든 사람이 자기 자신에 대해 절망을 느끼기 전에는 구원받을 수 없다는 사실이 완벽할 정도로 분명하게 나타나 있다." 따라서 그의 설교는 대부분 영적 관심을 일깨우려는 구체적 의도 아래 전해지는 설교였다. "구원을 얻는 길은 구원을 추구하는 것인데, 사람이 구원을 추구하려면 구원의 필요성을 깨달아야 한다. 그것이 사실상 신약성경의 큰 주제다." 요한복음 8:32 설교 도입부에서 그는 "요즈음의 설교는 사람을 구원하지 않고, 교회는 회심자를 얻지 못한다"는 볼멘소리들에 대해 논평한다.

> 제가 보건대 이 상황과 관련해 더 심각한 뭔가가 있습니다. 그것은, 이 시대의 설교가 사람을 성가시게조차 하지 않고 불안이나 일말의 동요도 없이 지금 모습 그대로 머물게 놔둔다는 것입니다.……교회는 약물과 복합 진정제를 나눠 주는 일종의 약국, 그래서 모든 이들이 편안해지고 위로를 받아야 하는 곳으로 간주되고 있습니다. '하나님의 사랑'이 당연히 교회의 한 주제여야 한다고들 생각합니다. 누구든 이 법칙을

범하는 사람, 교회 지체들의 평온을 깨뜨리는 결과를 낳는 사람은 불쾌한 사람으로 간주합니다.

이 설교에서 그는 유대인들이 그리스도를 받아들이지 못한 것은 죄를 자각하지 못했기 때문이며 자신의 설교를 듣는 이들 중 회심치 않은 사람은 다 그와 똑같은 상태에 있다고 계속해서 말했다.

자기 자신을 보되 어찌할 도리가 없을 만큼 죄에 얽힌 사람, 삶과 악의 권세를 참으로 무력하게 마주하고 있어 오직 그리스도의 죽음만이 구원해 줄 수 있는 사람으로 본 적이 있습니까? 그런 적이 없다면 여러분도 유대인과 똑같은 입장에 있는 것입니다.

요한복음을 본문으로 하는 또 다른 설교에서 그는 죄 문제를 먼저 다루는 설교 방식이 사도 바울이 따른 방식이기도 했다는 점을 청중에게 상기시켰다.

이 위대한 사도는 그리스도 예수 안에 있는 영광스러운 구원을 가리키는 것도 꼭 필요하지만, 그 전에 먼저 사람들이 자기 죄를 깨우치도록 하고 자기 나름의 방식이나 관점이 지닌 오류와 어리석음을 그들에게 지적해 주는 것도 반드시 필요하다는 점을 알고 있습니다. 많은 이들이 이 점에 이의를 제기하면서 그렇게 해봤자 아무 성과도 없다고 말합니다. 한술 더 떠서 그런 설교, 이른바 '부정적' 설교는 잘못된 것이고 그리스도의 삶이 보여주는 사랑과 모순된다고 말합니다.……제가 깊이 생각하여 정중하게 말씀드리거니와, 우리가 하나님의 사랑을 사무치고도 절박하게 필요로 한다는 것을 깨닫지 못하는 한, 그 사랑은 우리에게 아무 소용도 없고 우리 삶에 아무 변화도 일으키지 못합니다. 그러므로 우리 교회에서 늘 설교하다시피, 우리에게는 우리를 향한 하나님의 사랑을 증거할 의무만 있는 게 아니라 그 사랑의 필요성을 느끼지 못하는 사람은 그 사랑의 영역 밖에 있다는 위대한 진리도 그에 못지않게 강조해야 할 의무가 있습니다.

그는 교회가 어떤 사역을 꿈꾸어야 하는가를 이야기하면서 위와 같은 가르침을 힘 있게 적용했다. 1928년 말, 느헤미야가 예루살렘의 형편을 보고 비탄에 잠겨 하는 말을 본문으로 설교하면서 그는 참된 기도와 영적 역사는 타인에 대한 깊은 '연민'에서 생긴다고 역설했다. "이것이 기독교 신앙이 이루는 모든 일의 시작입니다. 우리 시대는 죄인들에게 죄를 자각시키는 일을 시작해야 합니다. 죄인은 자기 죄를 절감해야 하고 그리스도인은 타인의 죄에 대해 안타까움을 느껴야 합니다. 우리는 우리를 에워싼 죄의 무게를 느껴야 할 사람들로, 무릎 꿇고 통곡하며 기도해야 할 의무를 느껴야 할 사람들로 부름받았습니다." 그는 죄에 대해, 복음에 대해 바로 이해하면 틀림없이 성령의 역사를 간구하는 기도를 하게 된다고 선포했다.

우리는 이 동네의 죄악이 염려스럽다고 말들 합니다! 그런데 이 동네의 죄악에 대해 기도는 얼마나 많이 합니까? 술주정뱅이가 지나갈 때 "참 안된 사람이군. 짐승과 다를 바 없어!"라고 말하는 게 우리가 할 일은 아닙니다. 그렇습니다. 비판하지 마시고 쉼 없이 기도하십시오! 그리스도께서 오신 것은 사람을 멸하기 위해서가 아니라(그건 죄가 하는 짓이지요) 죄에서 구원해 자유롭게 해주시기 위해서였습니다. 교회의 일원으로서 여러분은 에버라본의 죄인들을 위해 기도하며, 하나님께서 성령을 통해 그 죄인들을 구원해 주시도록 기도하시겠습니까? 그것이 바로 지역 교회가 가진 의미입니다.……하나님께서 우리에게 이 능력을 주사 성령의 돌보심을 간구하게 해주시기를 바랍니다! 각 사람이 처한 곳에서 모두 이렇게 할 수 있는 능력을 주시기를 바랍니다!

1929년경에는 회심이 에버라본 교인들 삶의 통상적인 특징이 되었다. 교인 수도 꾸준히 늘어나, 1926년 공식 통계로 146명이었던 교인이 1927년 말에는 165명이 되었고, 1928년 말에는 196명으로 늘었다. 물론 이 수치는 이 동네로 이사 와서 샌드필즈로 이명移名한 신자까지 포함된 것이지만, 이미 이 교회에 적을 두고 있으면서도 아직까지 회심하지 않은 상당수 교인 숫자는 반영되지 않았다. 롭슨 가족도 독터의 설교에 깊이 영향받은 집안 중 하나였다. 바이올렛 롭슨Violet Robson 부인은 교회의 중진이었고 위원회 멤버였다. 로이드 존스가 부임한 지 얼마 되지 않아 열린 위원회 모임에서 그가 앞으로 예배당에서 연극 공연은 없을 거라고 선언하자 롭슨 부인은 화가 잔뜩 나 이렇게 혼잣말을 했다. "깨닫게 될 거야, 젊은 양반. 곧 깨닫게 될 거라고!" 몇 년 후 부인은 이때 일을 이야기하며 이렇게 말했다. "하지만 정작 깨달은 사람은 바로 나였다." 롭슨 부인은 1927년에 이미 그리스도인이긴 했지만, 신앙생활은 그 후 몇 년에 걸쳐 크게 달라졌다. 부인의 큰딸 페기Peggy도 이미 교인이었지만(예비반 과정을 거쳐), 내면의 큰 싸움 끝에 자기가 실은 그리스도인이 아니라는 걸 깨닫게 되었다. 1930년경 페기는 자신이 죽음을 지나 생명으로 들어왔다는 것을 알고 자신과 똑같은 체험을 한 다른 교회 교인 도로시 루이스Dorothy Lewis와 함께 독터를 찾아가 이제 무엇을 해야 할지 물었다. 이때 독터의 답변은, 주일 저녁 '예배 후 모임' 때 마음의 이러한 변화를 교인들에게 간증하라, 그러면 그 간증의 말이 다른 많은 이들에게 격려가 되어 그들도 동일한 고백을 하게 되리라는 것이었다. 이런 일련의 과정 끝에 1930년 11월 2일, 도로시 루이스, 페기 롭슨, 페기의 동생 마조리Marjorie를 비롯해 다른 교인 40명이 세례를 받게 되었다.

그 무렵 그리스도를 알아 구원에 이르는 지식을 갖게 된 외부 사람들 수가 두드러지게 늘어났고, 세례를 받았다고 위에서 말한 43명도 그중 일부였다. 1930년에는 교인 수가 88명 늘었는데, 그중 70명은 '세상에서' 온 사람들로 기록되었다. 사망, 이사, 제명 등의 사유로 줄어든 숫자를 빼면 그해 순 증가 수는 63명이었다(248명에서 311명으로).

11월 2일에 세례받은 43명 중에 해리 우드Harry Wood라는 사람이 있었다. 젊었을 때 우드는 쿰브란과 몬마우스셔 지역의 축구 선수였으나, 1920년대 말 수많은 실직자 대열에 끼게 되면서 아무 걱정 없이 즐겁게 운동할 수 있던 날들은 과거로 사라지고 말았다. 그리고 마침내 그리스도인이 되었을 때, 그림처럼 생생한 표현을 들어 가며 이야기하기 좋아하는 이 늙은 스포츠 애호가는 다음과 같은 말로 자신의 회심을 간증했다. "저는 여러 가지 방식으로 만족을 추구했습니다. 제겐 문제가 있었고, 모든 게 다 잘못되어 있었지요. 저는 크리켓 경기장에 가서 경기장 잔디 위로 흰 공이 튕겨 다니는 걸 구경하곤 했습니다. 고민을 안은 채 경기장 북문으로 들어가 선수들이 배트를 휘두르는 걸 지켜봤습니다. 그러면 그 순간만큼은 고민을 잊을 수 있었습니다. 하지만 경기장 남문을 통해 밖으로 나오면 잊었던 고민이 다시 떠오르곤 했지요. 그러던 중 어느 주일 저녁 이 교회에 나와 회랑 좌석에 앉아 독터의 설교를 듣게 되었습니다. 독터는 저를 향해 설교했고, 북문으로 들어가 남문으로 나오는 길을 알려 주셨습니다. 모든 고민이 다 해결된 상태로 말입니다!"

일자리를 찾아 터벅터벅 길거리를 돌아다니는 해리 우드를 보면서 그의 고민이 모두 다 해결됐다고 생각한 사람은 아마 거의 없었을 것이다. 한때 그는 탄광에서 톱질하는 사람으로 안정된 일자리를 갖고 있었으나 이제 톱질은 물론 다른 어떤 일도 구할 수 없었다. 그런데 이제 그리스도를 섬기는 일이 한 가지 관심사가 된 그는 그 지역 직업 안정국 관리가 "정말로 일자리를 찾고 있습니까?"라고 물었을 때 그 질문에 담긴 의미를 너무 예민하게 의식한 나머지 당시 시간제로 작업을 하고 있던 브린의 한 탄광까지 찾아갔다. 포트 탤벗에서 몇 킬로미터 떨어진 언덕 위 그 마을까지 걸어가 탄광 감독의 조수에게 일자리가 있느냐고 물었을 때 그에게 돌아온 대답은 "일자리요? 여긴 일거리 없어요!"라는 탄식뿐이었다. 직업 안정국에 뭐라고 한마디라도 대답할 거리가 궁했을 뿐인 해리는 그 길로 E. T. 리스가 아이들을 가르치고 있는 학교로 가서 그 탄광 감독 조수가 한 말을 글로 써 달라고 부탁했다. 리스 서기는 그날 오후 기꺼이 그 부탁을 들어 주었다.

샌드필즈 목회자는 누구보다도 해리 우드와 대화를 나누는 게 즐거웠다. 나이는 지긋했지만 신자로서는 아직 어린 사람의 영적 지각력에 흠칫 놀랄 때도 많았다. 그는 누구보다도 열심히 교회 생활을 했으며, 특히 기도회에 성실하게 참석했다. 어느 해 성 금요일 아침 기도회가 특히 기억에 남을 만했는데, 기도회를 끝낸 로이드 존스는 우드가 실망스러운 얼굴로 교회를 나서는 것을 보고 깜짝 놀랐다. 오늘 기분이 왜 그러시냐는 목사의 질문에 이 노인이 대답하기를, 기도하다가 "곧장 본향으로" 가게 해달라고 기도했는데 기도가 이뤄지지 않았다는 것이었다.

월요일 밤 기도회에서는 진행상 필요하다고 여길 경우 이따금 찬송을 인도하는 것 외에 앞에 나서지 않는 것이 로이드 존스의 관행이었다. 특별히 찬송을 불러야 할 때가 아니면 그 시간은 전적으로 기도에만 힘썼다. 매주 남자 성도 한 사람을 사전 고지 없이 인도자로 세워 성경 봉독과 기도로 모임을 시작하도록 했다. 1931년 초 한 기도회 때에는 해리 우드가 인도자로 지명되어 모임을 시작했다. 그는 그리스도께서 대제사장으로서 드리는 기도를 기록한 요한복음 17장을 봉독했고, 그런 다음 로이드 존스도 들어 본 적이 없다고 여길 만큼 "영광스러운 기름부음"으로 기도했다. 그 순간의 해리 우드는 지상이 아니라 천국에 속한 사람 같았다. 그런데 그가 갑자기 기도를 중단하고 회중석 제일 앞자리에 주저앉았다. 해리 우드의 거친 숨소리가 들리자 로이드 존스가 무슨 일인가 해서 눈을 뜨고 사랑하는 해리를 막 쳐다보는 순간 그는 바닥에 쓰러지며 숨을 거두었다. 그날 밤 기도회는 거기서 끝났다. 그가 축도한 뒤 모두들 조용히 귀가할 것을 지시했다. 해리 우드의 소천은 특별한 영적 각성의 시작을 알리는 사건 중 하나였다.[1] 1930년에서 1931년으로 넘어가는 겨울에는 하나님의 임재에 대한 의식으로 온 교회가 다 감동을 받는 것 같았고, 로이드 존스도 자신의 영혼이 각성된 것이 이 시기부터였음을 알게 되었다.

1931년에는 교인 수가 135명 늘었는데, 그중 128명은 '세상에서' 온 사람들이었다. 그해 주일 저녁 설교는 생의 마지막 순간까지 설교를 듣다 세상을 떠난 사람들이 유독 많았던 것으로 기억될 터였다. 1931년 3월 첫 번째 주일 저녁 설교 본문은 이사야 55:8-9이었다. "이는 내 생각이 너희의 생각과 다르며 내 길은 너희의 길과 다름이니라 여호와의 말씀이니라." 예배를 마칠 무렵, 참석자 15명이 자신들을 교인으로 받아들여 주기를 요청했다. 또 어느 날 저녁에는 12명의 참석자가 그리스도 및 그 백성들과 공개적으로 한 무리가 되고 싶다는 뜻을 드러냈다. 한여름 더위가 한창이었던 1931년 7월 19일 저녁 설교 본문은 "여호와께서 유다와 예루살렘 사람에게 이와 같이 이르노라 너희 묵은땅을 갈고"렘 4:3였다. 특히 이날 설교는 앞으로 수년 동안 꾸준히 전하게 될 메시지였다. 설교자는 자연인의 삶이란 가장 중요한 밭field에 아무 작물도 자라지 않는 채 "묵은땅"으로 황폐하게 버려져 있는 농장과 같다고 선언했다. 인간은 자기 영혼을 소홀히 하며, 하나님과 내세를 전혀 생각하지 않는다고 말이다. 그런 다음 그는 인간의 이런 무관심의 이유가 무엇인지를 다룬다. 첫째, 우리에게 그런 밭이 있다는 사실에 무지하기 때문이다. '신앙'이란 어떤 특정 유형의 사람들만을 위한 것이라 생각하는 이들이 너무 많다. 둘째, 게으름과 경솔함 때문이다. 신앙과 관련된 노력을 하기 싫어하고 그저 인생과 쾌락을 즐기고 싶어 하는 것이다. 셋째, "다른 분야field 일에 너무 바쁘기" 때문이다. 이날 설교의 두 번째 논점은 하나님의 명령 곧 "(묵은땅을) 갈라!"는 것이었다. 인간이 이 명령을 따라야 하는 것은 "하나님께 나아가는 자는 반드시 그가 계신 것과 또한 그가 자기를 찾는 자들에게 상 주시는 이심을 믿어야"히 11:6 하기 때문임을 강조한 뒤, 로이드 존스는 묵은땅을 어떻게 갈아엎어야 하는지 알려주었다. 그의 설교 요약 노트에는 이렇게 적혀 있다. "여러분에게 그런 밭이 있음을 깨달으라. 교회 출석, 기도, 성경 읽기, 묵상, 죄를 버리기, 하나님께 돌아가기." 그런 다음 설교는 하나님의 이 명령에 왜 순종해야 하는지 그 이유로 결론을 맺는다. "'묵은땅'은 그 농장에서 가장 좋은 부분, 정말 농사지을 만한 가치가 있는 유일한 부분이기 때문이다. 다른 땅에서는 진정한 소출을 얻을 수 없다. 죄가 마지막에 우리에게 무엇을 주는가? 이렇다 하게 보여줄 만한 게 뭐가 있는가? 하지만 묵은땅에서는 사랑·희락·화평·오래 참음·자비·양선·충성·온유·절제라는 수확을 거둘 수 있다." 7월 그 주일 저녁 예배당을 가득 메운 청중이 마지막으로 들은 말은, 그 농장을 오직 임차賃借로만 보유할 수 있다는 것과 임차료를 낼 날이 곧 다가온다는 것이었다. "그날 우리의 행위가 판단을 받을 것이다. 묵은땅을 갈아 의의 열매를 맺지 못한 이들은 아무 핑계도 대지 못할 것이다." 예배당을 빼곡히 채우고 있는 사람들 사이에는 침묵이 흘렀다. 거기 앉아 있는 모든 이들은 그 침묵 속에서 하나님의 거룩한 명령에 즉각 순종하라

는 부름을 받았다.[2]

이 시기에 죄를 자각하고 회심할 것을 말하는 수많은 설교 중 하나의 대요가 바로 이러했다. 설교를 듣는 수많은 사람들의 마음이 심히 불편했을 것은 말할 것도 없다. 예를 들어 모건 베도우Morgan Beddow는 1928년에 처음으로 샌드필즈에 두 번 왔다가, "벌벌 떨리게" 만드는 사람의 설교는 절대 다시 듣지 않겠다고 마음먹었다. 그는 영적인 일 때문에 고민한 적이 평생 단 한 번도 없었고 그런 고민을 한번 시작해 볼 마음도 없었다. 그러나 이유는 알 수 없지만 베도우는 곧 다시 샌드필즈에 모습을 드러냈고, 그날 들은 설교는 그에게 심한 외경심을 불러일으키며 하나님을 두려워하게 만들었다. 그날부터 그는 과거의 베도우가 아니었다. 구원을 확신한 그는 1930년 샌드필즈의 교인이 되었고, 사람들은 그의 삶에 일어난 변화에 감탄했다.

로이드 존스의 전도설교에 담긴 주도적인 원리는, 교만과 무지야말로 인간이 자기 자신을 신뢰하고 그리스도께 돌아오려 하지 않는 주된 이유라는 것이다. 인간은 자기가 하나님을 안다고 생각하고, 그래서 "사랑이라는 도덕적 우주에서 소수의 그리스도인들만 구원받는다는 건 있을 수 없는 일"이라고 자신 있게 주장한다. 그러나 사실인즉 그들은 자기들이 공공연히 말하는 그 하나님과 반목하고 있다.

> 요즈음 심판에 대해 말하는 사람이 별로 없는 것은 사람들이 하나님을 믿지 않기 때문입니다. 사람들은 자기가 하나님을 믿는다고 생각하지만, 그들이 말하는 믿음을 분석해 보면 어쩌다 자기 마음에 드는 특정 관념을 객관화한 것에 지나지 않음을 알 수 있습니다. 그들이 말하는

신神은 그들 자신이 만들어 낸 어떤 것, 늘 사람의 기대에 부응하고 사람을 용납해 줄 준비가 되어 있는 존재이지요. 사람들은 경외와 존중으로 그 신을 경배하지 않습니다. 아니 사실 그들은 아예 경배란 걸 하지 않습니다. 사람들은 자기들이 말하는 신이 전혀 신이 아니라는 것을 자기 말 가운데 드러냅니다. 입만 열면 "하나님께서 회개하지 않는 죄인을 영벌에 처하신다는 것을 도저히 믿지 못하겠다"고 말하니 말입니다. 사람들은 회개하지 않는 죄인을 하나님께서 영벌에 처하신다는 것을 믿을 수가 없고, 그래서 하나님이 그렇게 하지 않으신다고, 하지 않으실 것이라고 결론을 내립니다. 다시 말해, 그들이 말하는 하나님은 자기들이 이렇게 해야 한다고 믿으면 이렇게 하시고 이렇게 하지 말아야 한다고 믿으면 이렇게 하지 않으시는 하나님입니다. 얼마나 그릇되고 참람한 개념인지요! 얼마나 잘못되고 무가치한 생각인지요! 그런 것이 바로 오늘날의 신新이교 사상입니다.

다른 무엇보다 대중에게 비치는 공개적인 자기 모습에만 신경 쓰는 사람은 하나님 앞에서의 은밀한 태도에 크게 개의치 않습니다. 여러분에게는 대단하고 훌륭한 명성이 있고, 평생 꽃다발 세례를 받으며, 여러분의 무덤에는 수없이 많은 화환이 놓일 것입니다. 여러분은 자기 자신이 자랑스럽고 자기 자신에게 만족합니다. 뭇사람들이 여러분을 추어올리고, 여러분은 '매력적인 사람'으로, '좋은 친구'로 칭찬받습니다. 성격 좋기로 유명하니까 말이지요. 이 얼마나 우스운 광대극입니까! 얼마나 큰 사기입니까! 여러분의 실체가 드러난다면 어떻게 될까요? 여러분이 어떤 행동을 하고 어떤 생각을 하는지 갑자기 낱낱이 드러난다면 사람들이 여러분을 어떻게 생각할까요? 어느 날 여러분의 마음과 생각 속으로 들어가 거기서 무슨 일이 벌어지고 있는지 볼 수밖에 없다면 어떻게 될까요? 사람들 앞에 공개된 삶뿐만 아니라 은밀한 삶까지 다 알게 되면 어떻게 될까요?……자기 자신에 대해 사람들을 속이면서도 아무 거리낌이 없는 한 절대 자기 자신과 마주하지 못할 것입니다. 그리고 정직하게 자기 자신과 마주하기 전에는 예수 그리스도 우리 주님을 자신의 인격적인 구주로 받아들여야 할 필요성을 느끼지 못할 것입니다.

이 시점에서 말해 두어야 할 것은, 진리가 깊은 감정emotion을 낳기 마련이지만 '과장된 감정 표현'emotionalism을 장려하는 건 참 기독교와는 완전히 상반된다는 게 로이드 존스의 믿음이었다는 점이다. 그는 감정feeling만 있는 것을 단순히 쓸데없는 일로만 보지 않고 아주 위험한 일로 보았다. "과장된 감정 표현은 아주 교묘하기 때문에 복음주의의 현실적인 적이다." 진정한 감정은 진리를 믿고 이해하는 데 따르는 결과여야 했다. 그는 음악과 합창으로 혹은 감동적인 이야기로 "분위기를 띄워서" 감동을 유발하려 하는 유형의 예배에 대해 자주 경고했다. "눈물은 믿음을 가늠하는 기준이라고 하기에는 정말 빈약하다. 집회 때 웅변이나 노래나 흥분된 분위기에 휩쓸리는 행동은 절대 그리스도께 자신을 바치는 행위와 동일하지 않다." 감정을 목표로 삼는 것은 가짜 그리스도인을 만들어 내는 가장 확실한 길이다.

그래서 예배 때 감정 표현을 제한할 수 있다면 제한해야 한다는 것이 그의 믿음이었다. 하나님의 권능은 소음과 흥분보다는 엄숙한 고요 가운데서 더 잘 알게 될 가능성이 높았다. 하나님이 가까이 계심을 실감하는 데서 비롯되는 침묵 그리고 기대에 찬 진지함이 샌드필즈 예배의 두드러진 특색이었다. 회중이 예배 중간중간 소리를 내는 게 웨일스 복음주의 일부 분파들의 전통이었는데, 샌드필즈에는 이런 관습이 없는 게 눈에 띄었다. 그런데 어쩌다 이 교회에 손님으로 참석한 이들 중에는 이 사실을 모르는 이들도 있었다. E. T. 리스는 어느 주일 저녁예배 때 있었던 일을 회상한다. 리스가 광고를 마치고 나니 독터가 회랑 좌석에 앉은 한 남자에게 가서 주의를 주라고 지시했다. 손님으로 참석한 그 남자는 첫 번째 찬송이 마치기 전 큰 소리로 "아멘!"을 외쳐 자기 존재를 알리더니 그 뒤에도 계속 그런 식으로 순서마다 끼어들었다. 그래서 결국은 리스 서기가 그 남자 자리까지 가서 독터가 전달하라고 한 메시지를 전했다. "형제님, 제가 보아하니 형제님은 뭇 영혼들이 구원받는 광경을 보고 싶으시군요." 리스는 그렇게 말문을 열었다. 남자는 "그럼요, 할렐루야!"라고 활기 넘치게 대답했다. 이에 리스는 이렇게 말했다. "그러시다면, 입 좀 다물어 주세요!" 그 뒤 침묵이 이어진 걸로 봐서 그 남자의 외침이 하나님께서 인간의 영혼을 그 심연까지 감동시킬 때 자연스레 터져 나오는 억제할 수 없는 감탄이 아니었다는 로이드 존스의 생각이 맞다는 게 확인되었다.

1931년 은혜의 물결이 막 밀어닥치는 중에 20세기 초의 신앙부흥을 기억하고 있을 법한 한 나이 지긋한 성도가 "아니, 이건 부흥이야! 이곳에서 성령의 권능이 1904년 당시보다 더 크게 나타나고 있어"라고 감격해서 외쳤다. 확실히 그때 샌드필즈에서는 참된 영적 각성이 있을 때마다 목격된 일들이 또다시 벌어지고 있는 게 분명했다.

참된 신앙부흥 때는 죄에 대한 자각, 때로 죄책의 고통으로까지 전개되는 그런 자각 현상이 두루 나타난다. 그리하여 마침내 구원에 이르는 사람의 경우, 인간의 노력으로는 그 사람을 속박감에서 풀어 놓아줄 수 없다. 자신이 길을 잃고 저주받은 자임을 하나님께서 납득시키실 경우, 이 자각을 없애 주실 수 있는 분은 "양자의 영"롬 8:15뿐으로, 이 영은 먼저 죄를 깨우치시고 뒤이어 그 죄가 사함받았다는 확신을 주신다. 자기 죄를 진정으로 절감한 사람은 자기 구원을 의식적으로 확신하기 전에는 걸음을 멈추려 하지 않을 것이다. 그 확신이 있을 경우 자기가 얼마나 깊은 구렁에서 건짐받았는지를 직접 앎에 따라 확신의 환희도 그만큼 커질 것이다. 그래서 로이드 존스는 사도행전 시대처럼 엄중한 시각으로 죄를 보는 관점이 사람에게 확립되면 궁극적으로 복음에 대해 아주 훌륭한 개념을 갖게 되는 결과가 빚어질 것이라 믿었다. 이렇게 믿었기에 그는 자칭 기독교 신앙이라 하면서 사람에게 죄를 깨우쳐 주는 말을 전혀 하지 않는 당대의 모호한 종교는 참된 확신의 기쁨에 대해서도 똑같이 침묵할 수밖에 없다는 사실에 전혀 놀라지 않았다.

비슷한 예로, "여자의 말이 내가 행한 모든 것을 그가 내게 말하였다 증언하므로 그 동네 중에 많은 사마리아인이 예수를 믿는지라" 요 4:39라는 말씀을 본문으로 설교하면서 그는 죄에 대한 자각에서 건짐받은 사람이 다른 이들에게 이를 증언할 때 어떤 일이 벌어지는지 보여주었다.

죄 많고 비참하고 악명 높은 인물, 심히 비천한 지경으로 떨어져 더 이상 이야깃거리조차 되지 못하는 이 여인은 죄 가운데 될 대로 되라는 식으로 살고 있어서 이 여인에 관해 무슨 말을 듣든 이제는 놀랄 사람 하나 없을 정도였습니다! 그런 여인이 동네 사람들을 불러 동네 밖으로 나와서 그리스도를 보라고 했습니다. 그렇습니다. 우리가 알아보기만 한다면 바로 그 사실 하나에도 온 세상을 다 구원할 만한 복음이 담겨 있습니다……그 복음의 메시지를 전달하는 사람도 기이하지만, 메시지 자체 혹은 여인이 메시지를 표현하는 방식은 더 주목할 만합니다. 여인은 "내가 행한 모든 일을 내게 말한 사람을 와서 보라"고 말합니다. 얼마나 이상한 메시지입니까! "와서 한 사람을 보라. 내 모든 장점을 말해 준 사람도 아니고 나를 칭찬해 주고 내가 얼마나 훌륭한 여자인지 이야기해 준 사람이 아니라 내 허물과 죄에 대해 말해 주고 내 과거와 거기 얽힌 참상을 낱낱이 드러내 준 이 사람을 보라"고 한 것입니다. 아! 그것이 바로 그리스도의 복음의 비밀입니다. 그리스도께서는 우리의 죄와 약점을 폭로하십니다. 그러나 하나님을 찬양할 것은, 그분이 거기서 멈추지 않으신다는 것입니다. 이 여인은 왜 길거리에서 큰 소리로 외칩니까? 그리스도께서 여인의 죄와 약점을 폭로하시기만 한 것이 아니라 그것을 없애 주시기까지 했기 때문입니다…….

자, 여기 이 여인의 말을 귀 기울여 듣고 있는 사람들이 있습니다. 여인에게 일어난 변화를 두 눈으로 보고 여인의 말을 들은 그들은 자기들이 직접 한 번 시험해 보기로 합니다. 자기 죄 또한 노출될 위험이 있지만, 여자가 누리는 행복을 자기들도 누릴 수만 있다면 그게 뭐 대수겠습니까! 여러분의 과거를 온 세상이 다 알게 되고 여러분이 흘리는 참회의 눈물을 온 동네가 보고 비웃는다 해도 그게 무슨 상관입니까? 하나님께서 여러분의 과거를 용서하셨음을 알게 되어 여러분이 구원의 기쁨으로 충만하고 새 생명으로 가슴 설렌다면 그게 무슨 대수겠습니까? 그래서 그들은 여자와 함께 그리스도를 보러 갔습니다.

새로 찾은 자유 가운데 이 말씀에 전적으로 동의할 수 있는 청중이 샌드필즈에는 많이 있었다. 월요 기도회에서는 이웃을 위한 간절한 기도에 뜨거운 찬양이 어우러지는 시간이 점점 늘어났다. 기도회를 위해 모인 교인들은 하나님의 임재 안에서 얼마나 자유로움을 느꼈던지 한번 모이면 시간 가는 줄 모를 때가 많았다. 한때 그렇게 출석률이 낮았던 기도회가 이제는 정해진 두 시간만으로는 참석자들의 모든 기도와 감사의 제목을 다 수용할 수 없을 정도가 되었다. 1931년 5월경의 어느 월요일 저녁, 7시 15분에 여느 때처럼 기도회가 시작되었는데, 45명째 기도를 했는데도 끝날 기미가 보이지 않자 하는 수 없이 10시쯤 독터가 폐회했다! 수요일 교제 모임이 자연스럽게 찬양 시간이 되는 경우도 있었다. 어느 수요일 저녁, 영적인 일에 문외한이었던 한 남자가 일어나 로이드 존스에게 "그리스도인이 뭡니까?"라고 물었다. E. T. 리스의 기억에 따르면 "그리스도인이 뭔지 정의하려면 오늘 밤을 새고 내일도 하루 종일 쓰고 또 내일 밤까지 새야 할 것"이라는 게 독터의 대답이었다. 그때 그 자리에 있던 모든 이들이 깜짝 놀랄 일이 일어났다. 교제 모임에서 단 한 번도 입을 연 적이 없었던 여인, 후에 브리젠드에서 암으로 세상을 떠난 한 여자가 일어나 이렇게 선언했다. "독터, 그리스도인이란 구원의 상속자요, 하나님께서 값 주고 사신 자, 성령으로 난 자, 그리스도의 보혈로 씻긴

자입니다." "감사합니다, B 부인." 독터는 이렇게 대답하고 나서 사람들을 향해 말했다. "여러분들 중에 '나는 구원의 상속자다'라고 말할 수 있는 분은 일어나서 하나님께 몇 마디 감사의 말씀을 해주시기 바랍니다." 한 차례 기도회가 벌어지면서 40명이 넘는 사람들이 기도를 하고서야 모임이 끝났다.

E. T. 리스의 이 시절 기억 중 가장 선명하게 떠오르는 것 한 가지는 회중이 정말 열심히 모임에 참석했다는 것이다. 주일 저녁이면 예배 시간 6시 30분이 되기도 전에 예배당이 가득 차기 시작했고, 어떤 날은 6시에 이미 빈자리가 남아 있지 않을 때도 있었다. 월요일과 수요일 집회 모두 참석자 숫자가 너무 많아 본당으로 장소를 옮겨야 했다. 가게를 운영하는 사람들은 장사를 마치면 저녁밥도 먹지 않고 곧장 교회로 왔다. 오후 8시 30분에 작업 보고서를 내야 하는 야간 근무자들은 모임을 아예 다 놓치느니 잠깐이라도 참여하고 싶다며 아예 작업복 차림으로 출석하곤 했다.

샌드필즈에서 목격되는 새로운 삶은 홍보도 필요하지 않았고 이 소식을 다른 이들에게 전해 줄 조직 같은 것도 필요하지 않았다. 소식은 갖가지 모양으로 퍼져 나갔다. 여자들은 장 보러 나와서 남편이 이제 영화관보다는 기도회에 가는 걸 더 좋아한다고 이야기들을 했다. 학교 선생님은 어느 날 오후 자기 반 남학생이 이렇게 말하는 걸 들었다. "우린 오늘 요리를 먹었어요, 선생님! 그레이비 소스에 감자랑 고기랑 양배추 그리고 쌀 푸딩까지요." 아이들은 집에서 거의 먹어 본 적이 없는 그런 음식을 어떻게 해서 먹게 되었는지 설명했다. "우리 아버지가 회심을 하셨거든요!" 매주 금요일에 급료를 받으면 술 마시는 데 다 써 버리던 이 남자가 이제는 아내와 아이들을 위해 일찍 집에 들어왔다. 어떤 이들은 에버라본에서 유명한 영매靈媒인 이웃집 여자가 복음 때문에 그 유일한 생계 수단을 포기하는 것도 목격했다. 그 여인은 주일 저녁마다 유명한 심령술 집회를 인도하고 당시로서는 매우 큰돈인 3기니씩을 받던 사람이었다. 그런데 어느 주일날 몸이 아파 밖에 나오지 못하던 여인은 사람들이 자기 집 앞을 지나 샌드필즈로 가는 광경을 유심히 지켜보게 되었다. 그 사람들의 모습과 그들의 얼굴에 확연히 드러난 기대감을 보면서 여인은 자기도 직접 예배에 참석하고 싶다는 생각을 하게 됐다. 여인은 실제로 예배에 참석했고, 마침내 변화되어 이후 세상을 떠날 때까지 착실하게 그리스도인으로 살았다. 회심 후, 자신을 그리스도께로 인도한 사람에게 간증한 말에는 다음과 같이 주목할 만한 내용이 담겨 있었다.

> 예배당에 들어와 사람들 사이에 섞여 앉는 순간 나는 초자연적인 힘을 느꼈습니다. 우리 심령술 집회 때 익숙하게 접했던 바로 그런 종류의 초자연적 힘이었지요. 하지만 한 가지 큰 차이가 있었습니다. 예배당에서 느낀 그 힘은 깨끗한 힘이라는 기분이 들었어요.

절대 교회에 나오지 않을 것 같던 사람 몇 명도 친구 손에 이끌려 샌드필즈에 나왔다. 마크 매칸Mark McCann도 그런 사람 중 하나였는데, 로이드 존스 부인은 매칸이 처음 예배당에 들어서던 그날 밤을 아직도 기억하고 있다. "홀쭉하고 키 크고 뼈만 앙상한 남자였는데, 흰 머리는 깔끔히 빗어 내렸고, 약간 어색한 표정에 콧수염이 어마어

마했지요!" 매칸을 데리고 온 친구가 로이드 존스 부인 앞을 지나가며 귓속말을 했다. "오늘 밤 마귀의 대장 하나를 데려왔어요, 사모님. 그가 회심할 수 있도록 기도해 주세요." 스코틀랜드인과 아일랜드인 부모 사이에서 태어난 매칸은 당시 아마 60대 초반이었을 것이다. 한때 광부였던 그는 걸핏하면 시장터에서 싸움질을 하며 살았다. 싸움은 그의 삶의 낙이었다. 광포한 기질에 힘이 장사였던 그가 사람을 하나도 죽이지 않은 것은 오로지 하나님의 섭리 덕분이었다. 한번은 기르던 개가 그의 저녁밥을 먹어 치우자 화가 치밀어 빵 자르는 칼로 개의 머리를 베어 버린 적도 있었다! 매칸은 아주 신속하게 회심한 사람 중 하나였다. 그는 예배당에 처음 나오던 날 벌써 성령께 사로잡혔다. 그다음 주일 저녁 그는 다시 교회에 나왔고, 예배가 끝나자 예배 후 모임에도 참석하겠다고 말해 함께 온 친구를 깜짝 놀라게 했다. 예배 후 모임에서 통상 하는 질문을 하자 마크 매칸은 많은 증인들의 엄숙한 기쁨 가운데 서서 그리스도의 이름을 고백했다. 로이드 존스 부인의 말에 따르면 "그 순간부터 그는 변화된 사람의 모습, 무한히 신실하고 참으로 거듭난 모습을 보여주었다. 나이는 좀 들었지만 교회가 사랑하고 양육해야 할 또 한 명의 '아기'였다"고 한다.

교회에 처음 나온 사람들 중엔 교인이 복음을 증거하는 말이 아니라 그저 샌드필즈에서 이런 설교를 한다더라 하는 소문을 듣고 나온 이들도 있었다. 윌리엄 토머스William Thomas 혹은 흔히들 부르는 이름으로 '스태포드셔 빌'Staffordshire Bill은 어느 주일 오후 에버라본의 선술집에서 술을 마시고 있었다. 늘 그랬던 것처럼 그는 혼자였다. 도덕 따위는 별로 신경 쓰지 않는 사람들조차 "그의 입에서 나오는 더러운 말들과 이런저런 불쾌감"은 피할 수 있으면 피하는 게 좋다는 걸 깨달은 지 오래였기 때문이다. 로이드 존스 부인의 설명을 들어 보자.

> 그는 언제나 그렇듯 고주망태가 될 때까지 거기 혼자 앉아 술을 마시고 있었다. 그가 나중에 고백하는 말을 들어 보면, 비참하고 절망적이고 우울한 기분이어서 술을 마시면 자신을 괴롭히는 내면의 고통과 두려움이 다 가라앉을 걸로 생각했다고 한다. 술집에는 사람들이 두셋씩 모여 앉아 잔을 들이키며 이야기를 나누고 있었는데, 어느 순간 그는 자기도 모르게 옆 테이블 두 남자의 이야기에 귀를 기울이고 있었다. 처음엔 무심결에 들어 넘기다가 나중엔 조바심을 치며 귀를 쫑긋 세웠다. 언뜻 '포워드'라는 말이 들렸고, '설교자' 비슷한 말도 들렸다. 이어 그의 인생을 완전히 변화시키게 될 한 문장이 통째로 들렸다. "맞아, 지난 일요일 밤에 그 교회에 가 봤더니 설교자가 하는 말이 세상에 아무 소망도 없는 사람은 없대. 누구에게나 소망은 있다고 말이야." 그 뒤로 옆자리 두 사람 사이에 오가는 말은 더 이상 그의 귀에 들어오지 않았다. 가슴이 쿵 내려앉은 그는 이제 술이 완전히 깨어 혼잣말을 했다. "누구에게나 다 소망이 있다면 나한테도 소망이 있는 거군. 그 교회에 직접 가서 그 사람이 뭐라고 말하는지 들어 봐야겠어."

하지만 윌리엄 토머스의 작정은 쉽게 이뤄지지 않았다. 그다음 주일 그는 예배당 건물을 두르고 있는 난간 문 앞에까지 갔다. 열린 문 앞에 잠깐 서 있던 그는 끝내 용기를 내지 못하고 그냥 집으로 돌아오고 말았다. 그 후 일주일 동안 그는 주일 저녁이 오기만을 지루하게 기다렸다. 그러나 그날 어찌어찌 교회에 당도해 보니 설교는 다 끝나고 겨우 찬송 소리만 들을 수 있을 뿐이었다. 너무 늦게 왔다는 걸 깨달은 그는 "뭐라 이름 붙일 수 없는 두려움이 가득한 채 쭈뼛거리며 또다시 집으로 발걸음을 돌렸다." 비록 더 참담한 심정이긴 했지만, 이제 자기 죄를 자각하는 데 따르는 공포를 술로 잠재울 생각 같은 건 하지 않았다. 성령께서 이미 그의 마음에서 일하기 시작하사 옛 생활로 돌아가는 걸 막고 계셨다. 세 번째 주일 저녁 그는 다시 예배당 문 앞에 이르렀다. "이제 어떻게 해야 하나 하며 초조하게 서성이고 있는데" 어떤 교인이 "들어오시지 그래요, 빌?"이라고 하며 반갑게 맞아들였다. "와서 여기 제 옆에 앉으세요."

바로 그날 밤 "스태포드셔 빌"은 정죄를 지나 생명으로 옮겨 갔다. 로이드 존스 부인의 말을 다시 들어 보자.

> 그는 뜻밖에도 설교자가 하는 말을 다 알아들을 수 있었다. 그는 복음을 믿었고, 이에 그의 마음엔 평강이 밀려왔다. 옛것은 다 지나가고 모든 것이 새로워졌다. 그의 표정은 눈에 띄게 달라졌다. 얼굴에서 성도의 광채가 났다. 그날 밤 그는 J. M.의 다정한 안내를 받으며 예배당 문을 나섰는데, 내 앞을 지나던 J. M.이 이렇게 말했다. "사모님, 이분이 스태포드셔 빌입니다." 그때 그의 얼굴에 나타난 곤혹스러운 표정을 나는 잊을 수가 없다. 그는 마치 누군가에게 갑자기 한 대 얻어맞은 것처럼 움찔하며 말했다. "아, 아닙니다, 아니에요. 그건 나쁜 옛사람의 나쁜 옛 이름입니다. 저는 이제 윌리엄 토머스입니다."

그 남자에게 일어난 변화는 누구나 다 알아볼 수 있을 만큼 뚜렷했다. 그는 에버라본에서 5-6킬로미터쯤 위쪽에 있는 골짜기에 살고 있었는데, 직장에 다니던 시절에는 생선을 집집마다 배달하는 일을 했다. 술이 잔뜩 취한 채 조랑말이 끄는 생선 배달마차를 몰고 집으로 돌아가던 스태포드셔 빌이 가파른 언덕을 올라가다가 그만 뒤로 넘어지며 채 다 팔지 못한 생선들 사이에 누워 버리는 광경을 당시 마을 사람들은 심심치 않게 볼 수 있었다! 회심할 때 그는 거의 70세에 가까운 나이였고 조랑말과 마차도 없는 상태였지만, 로이드 존스 부인의 말을 빌리면 "'예수 그리스도의 얼굴에 있는 하나님의 영광을 아는 빛'[고후 4:6]이 일단 마음에서 빛나자 가파른 언덕길 5-6킬로미터 오가는 것쯤은 그에게 아무 일도 아니었다. 그는 주일예배 두 번, 월요일 밤 기도회, 수요일 밤 교제 모임, 토요일 밤 형제회 모임 등 모든 집회에 빠짐없이 참석했다. 과거의 지치고 찌든 얼굴이 변화되어 내면의 기쁨으로 환하게 빛났다"고 한다.

* * *

에버라본에서 진기한 일이 벌어지고 있다는 것은 1930년대 초 남웨일스 사람이라면 흔히 알고 있는 사실이었다. 신문 지상에는 그에 대해 별 다른 보도가 없었지만 말이다. 일반 신문들이 그런 일을 보도할 때 겉으로 드러나 보이는 현상 이상을 전할 수는 없겠지만, 사실 겉으로 드러나 보이는 사실만으로도 충분히 놀랄 만했다. C. 그리피스 존스는 「뉴스 크로니클」*News Chronicle*에 실린 '영혼을 고치는 의사'라는 글에서 이렇게 말했다.

7년 전, 할리 스트리트의 전도유망한 의사이자 왕립내과의협회 회원인 마틴 로이드 존스 앞에는 찬란한 미래가 펼쳐져 있었다. 그러나 그는 웨일스 포워드 무브먼트 전도 지역 중 가장 힘든 곳에서 수고하기 위해 그 미래를 포기했다. 에버라본의 샌드필즈 구역은 갱도坑道의 막장 같은 곳이다. 해가 밝은 날에도 황량한 모래벌판과 다닥다닥 붙어 있는 음울한 집들에서는 쓸쓸함이 지나쳐 거의 절망에 가까운 느낌이 묻어난다. 일터에서 쫓겨나고 사회의 냉담함에 환멸을 느낀 사람이 이곳에서 할 수 있는 일이 하루하루 빈둥대며 살다가 점점 더 병들고 나이 들어 죽는 것 말고 뭐가 더 있겠는가?

이 좁고 절망적인 세상으로 그 젊은 의사가 들어와 새롭고도 오랜 소망의 복음을 설교하고 그 복음을 삶으로 구현하고 있다. 그는 이 지역 사람들에게 충격을 주어 절망에서 벗어나게 했다. 이 세상은 그들을 버렸지만, 그들에게는 다른 세상이 있었다.

사람들은 그의 설교를 듣고 놀랐다. 자기가 설교하는 복음을 그토록 엄청난 확신으로 실천하는 사람이 여기 있었다. 그는 가난한 사람, 소망 없는 사람들과 어울려 살며 일하려고 명성과 돈과 시간 여유 등이 보장된 근사한 삶을 포기했다.

기독교 신앙은 단순한 우화가 아니라 살아 있는 이 시대의 현실이었다! 그 작은 예배당은 사람들로 가득 찼다. 전임 목사 때라고 해서 이 교회가 결코 죽은 교회는 아니었지만, 이제 마치 전기에 감전된 듯 새 생명으로 깨어났다.

포트 탤벗뿐만 아니라 그 지역 전역으로 모래 언덕 위 '선교회관'에서 벌어지고 있는 놀라운 일들에 대한 소식이 퍼져 나갔다. 호기심 많은 사람, 회의하는 사람, 의심하는 사람, 뭔가를 소망하는 사람, 믿는 사람 등 수많은 사람들이 교회당으로 몰려들었다.

이것은 그저 한때뿐인 기적이 아니었다. 그 새로운 힘이 처음 나타나던 때로부터 몇 년이 지난 지금도 여전히 그 교회당은 회중으로 차고 넘친다. 모든 집회가 다 '대규모 집회'다.

교인 수는 500명이 넘는데, 회개할 가망이 없어 보이던 사람, 자타공인 죄인이요 구원과는 거리가 멀던 사람, 돌이킬 수 없을 만큼 타락한 사람들로 신자 수는 점점 늘어났다. 카드 대회도 없고, 바자회나 세상적인 여흥거리도 없고, 드라마 공연도 없고 오직 구원의 대드라마만 있을 뿐이었다.

노동자(그리고 실업자) 계층 교인들이 교회 사역을 위해 연 1천 파운드의 헌금을 모았다. 기도회마다 참석자들로 붐볐고, 주중 집회 때도 사람이 몰렸으며, 토요일 밤 형제회 모임 때도 사람들이 북적거렸다. 매일 밤 이렇게 사람들이 모여 영혼의 구원 문제에 대해 이야기를 나누고 목사는 토론 내용을 요약 정리해 준다.

샌드필즈는 이제 웨일스 전역으로 기쁜 소식을 나눠 주고 있다. '영혼을 고치는 의사', 널리 알려지기를 꺼리는 이 사람은 웨일스 공국 전역에서 수천 명의 청중을 끌어모아 자신의 메시지에 귀를 기울이게 만든다. 그는 사진 기자 앞에서 포즈를 취하지 않는다. 하지만 그의 이름은 웨일스에 아주 잘 알려져 있다. 경외감을 자아내는 새로운 영향력이 웨일스에서 부상하고 있다.

우리에게는 재미있게 들릴지 몰라도 이런 종류의 언론 보도는 사람들이 교회에서 체험하고 있는 은혜를 로이드 존스의 공로로 돌리고 있었다. 그 자신은 아무 말도 하지 않고 있는데 말이다. 그는 사람들이 자기들 삶 가운데서 목격하고 있는 현상을 가리켜 '부흥'이라고 한 적이 단 한 번도 없었다. 땅이 비를 필요로 한다는 사실에 비유해 보면 이는 소나기에 지나지 않았다. 그래도 그들은 영광을 어렴풋하게나마 체험했다. 이를 보면서 그는 교회가 '이제 사람의 영향력에서 벗어나야' 한다는 궁극적 필요성을 어느 때보다 더 확신하게 되었다. 그는 말하기조차 겁이 난다고 할 만한 일들을 목격했다. 그는 어떤 형태로든 사람에게 영광을 돌리는 위험한 행동을 하기보다는 차라리 교회에서 일어나고 있는 일들이 밖으로 새어 나가지 못하게 하는 쪽을 택했다. 그래서 샌드필즈 교인 누구도 신문에 글을 기고하는 일이 없었고, 교인 숫자가 얼마나 눈에 띄게 늘었는지를 보여주는 각종 기록 수치들도 절대 외부에 공개하지 않았다.

11.

가족 같은 교회

샌드필즈에 새로 나오기 시작한 교인들이 수없이 많았고, 또 이들의 연령층도 다양하고 배경도 흔히 달랐기 때문에 어느 정도 부조화는 필연적이었을 거라고 생각할 수도 있다. 사실 교회 안에서 무엇을 예상해야 할지 사전 경험이 없는 이들이 많았다. 그래서 이들은 시작부터 배워야 했다. 교회 위원회 멤버들 자신도 지금까지 경험해 보지 못한 상황에 직면했다. 교인들이 이렇게까지 늘어난 적이 한 번도 없었기 때문이다.

그러나 1930년대 초 여러 외부 방문객들이 주목했다시피 샌드필즈의 주된 특징 가운데 하나는 교인들끼리 특별하다 싶을 만큼 가까이 지내면서 서로 의지한다는 점이었다. 그리스도인으로서의 생활

면에서 갓난아기와 같은 사람들이 그렇게 많았음에도 이들은 그 새로운 신분이 어색하기는커녕 곧 한 가족으로서 소속감을 느꼈다. 이제 그들이 알게 된 그 연합은 본능적인 연합이었다. 이들의 입장에서 볼 때 기존의 신자들은 복음에 익숙하지 않은 사람들을 받아들여 도움을 베푸는 방법에 대해 어떤 지침 같은 걸 필요로 하는 이들이 아니었다. 그들은 교회 안에서 매주 은혜와 성장의 징후를 목격하는 것을 무엇보다 흥미로워했다.

열심히 모이려고 하는 게 갓 회심한 이들의 특징이었는데, 이런 특징은 사실 모든 교인들에게서 두드러지게 나타났다. 포워드 무브먼트의 리처드 J. 리스 목사는 1931년 여름 무렵 어느 주일 샌드필즈에 다녀온 이야기를 했다. 독터 로이드 존스는 출타 중이었지만 회중은 여느 주일 아침과 다름없이 예배당을 발 디딜 틈 없이 가득 채우고 있었다. 리스는 「더 트레저리」*The Treasury*(1932년 3월)에서 이렇게 말했다.

> 그곳에서 드린 예배는 나에게 하나님 영광의 폭발과 같았다. 주일 오후에도 80명 정도 모인 성경공부반 한가운데 앉아 있는 게 아침예배 때만큼 기분 좋았다. 우리가 뭘 토론했다고 생각하는가? 토론거리를 어디에서 찾았을까? 다른 어느 곳도 아니고 로마서 8장 한가운데서였다. 길지만 재미있고 유쾌했던 그날 오후 나는 끝까지 자리를 지키고 앉아 쏟아지는 질문들을 다 받아 내야 했다. 젊은 사람, 나이 든 사람 할 것 없이 육신의 생각, 새사람, 성령의 인도에 관한 사도 바울의 논리 체계에서 수많은 질문들을 길어 올렸다. 아름다운 오후였다. 모래사장이 가까

이 있었지만, 80명의 견실한 신자들은 그곳에 독터 마틴 로이드 존스가 아니라 나와 함께 있었다.

얼마 후에는 엘리세우스 하웰스도 비슷한 기록을 남겼다. 샌드필즈의 기도회와 교제 모임에 대해 그는 「빛」*Y Goleuad*지에 이렇게 썼다.

이들 모임은 늦게 끝나는 걸로 유명하다. 어느 모임이든 두 시간 안에 끝나는 법이 없기 때문이다. 우리는 춥고 비바람 부는 겨울밤에 160명에서 200명가량 교인들이 그 모임에 참석한 것을 보았다. 우리가 흔히 감정과 연관시켜 말하는 그런 흥겨움은 없었지만, 그곳엔 엄청나게 깊은 기쁨이 있었다. 때로는 15명에서 20명이 출석할 때도 있는데, 법의 무게가 너무 중해 악인은 살 수 없고 은혜가 너무 충만해 외식하는 율법주의자는 숨 쉴 수 없는 분위기라는 것이 쉽게 파악되었다.

주목할 만한 점은, 토요일 밤 형제회 모임 구성이 다른 교회 형제회 모임과 전혀 달랐다는 사실이다. 호기심 때문에 다른 교회 교인들은 물론 전혀 신앙적 배경이 없는 사람들까지 손님으로 참석했던 탓이다. 아직 주일날 예배당에 들어올 용기는 없지만 '이 자그마한 양반'Y dyn bach(이 웨일스어에는 영어에서는 분명히 느낄 수 없는 정감이 담겨 있다)이 무슨 소리를 하는지 들어 보고 싶다면 당연히 토요일 밤 집회에 먼저 모습을 드러내야 했다. E. T. 리스는 이렇게 회상했다. "온갖 부류 사람들이 온갖 의견을 나누었다. 개신교도는 물론 로마 가톨릭교도, 그리스도인은 물론 회의주의자도 있었고, 가톨릭교단과 오순절교단에 속한 사람들이 골수 칼뱅주의자들 한두 명과 나란히 앉아 있었다. 참 기이한 조합이었고, 그래서 때로는 분위기가 아주 격해지기도 했다! 어떤 사람이 '다 좋습니다, 독터. 말씀처럼 그리스도인이 되는 건 좋은데, 주린 배를 안고 어떻게 그리스도인이 될 수 있습니까?'라고 묻는다고 하자. 그러면 질문자와 답변자 사이에서는 한 치 양보도 없는 격렬한 충돌이 벌어졌다."

방문객 중 사회주의 신념이 강한 사람들이 그런 반론을 제기하는 경우가 드물지 않았는데, 이들은 교회가 자본주의 편을 든다고 생각하는 이들이었다. 그러나 정치적 해법을 믿고 형제회 모임에 나왔다가 결국 인생의 문제에는 오로지 하나의 해결책밖에 없으며 그 해결책은 신약성경에서 찾을 수 있다고 고백하게 되는 사람이 한둘이 아니었다.

토요일 밤 토론은 대개 활기차고 아주 진지했다. E. T. 리스에게 영적인 충격 다음으로 자주 자극이 되었던 것은, 참석자들에게 지성을 요구하는 이야기들이 많이 오갔다는 점이다. "7시 15분부터 9시까지 진행되는 그 토론에서 참석자들의 교육 수준이 상당하다는 점에 깜짝깜짝 놀라곤 했다. 대학교의 공개 강좌에 비교할 만한 이 토론에서, 어떤 이는 귀 기울여 듣고 어떤 이는 토론에 참여했다." 오락적인 요소라고 할 만한 것은 전혀 없었다. 교회에서 갖가지 행사를 벌이는 걸 싫어하는 이 토론회 리더에게는 오히려 엄격함이 두드러졌다. 한번은 한 참석자가 말 그대로 쫓겨난 적도 있다. 그 남자는 자리에서 일어나 "저는 그리스도의 신성을 믿을 수가 없습니다!"라고 불평했다. 독터는 그 발언자를 잠깐 면밀하게 훑어보고는 즉시 그리고 나중에 밝혀졌다시피 아주 정확하게 판단을 내리고는 "그런 말을 한 게 한두 번이 아니시죠. 좋습니다만, 여기서는 더 이상 그런 발언을 할 수 없습니다. 나가 주시죠!"라고 대꾸했다. 남자는 나갔다. 그러나 그 뒤 그는 전혀 다른 태도로 다시 모습을 드러내 신자들 가운데 자리를 잡았다. 독터가 토요일이나 수요일 밤 발언자들을 날카롭게 꿰뚫어 보고 정확하게 평가하는 것이 이 모임의 통상적인 특징이었다.

요한복음에 강조되어 있다시피, 하나님의 자녀에 대한 사랑이 "사망에서 생명으로 옮"겨간요 5:24 모든 사람들의 특징이라면, 샌드필즈에서 이 풍성한 사랑을 명백히 볼 수 있었다는 건 전혀 놀라운 일이 아니다. 몇몇 회심자들에 대해서는 이미 언급했지만, 사실 그들은 그 밖의 많은 이들의 대표 격인 인물들일 뿐이다. 이들 모두 자신에게 진리를 가르쳐 주는 설교자에게 각별한 헌신을 보였다. 이들은 깊은 애정을 담아 그를 '독터'the Doctor라고 불렀다. E. T. 리스뿐만 아니라 온 교인들이 다 목사와 나란히 교회를 섬기며 기회가 될 때마다 늘 그와 함께 있는 것을 특권으로 여겼다. 로이드 존스는 저녁 집회나 예배를 마친 뒤 교회당에 남아 교인들 한 사람 한 사람과 이야기를 나눌 때가 많았는데, 시간이 얼마나 늦었든 이야기를 다 마친 뒤까지도 늘 한두 사람이 기다리고 있다가 목사관까지 그와 동행하곤 했다. 이렇게 독터와 특별히 가깝게 지내는 일단의 교인들 중 대표는 E. T. 리스였으며, 이들 그룹 중 한 사람이 독터의 심방 때 자주 동행하곤 했다. 리스 씨는 어느 날 밤 일을 회상했다. 주중 모임이 끝난 뒤 한 교인의 집에 심방을 갔는데 그날따라 뭔가 어려운 사정이 생겨 그들 둘 다 안으로 들어가지 못하고 밤늦게까지 문밖에 서 있는 상황이 벌어졌다. 결국 두 사람은 말썽을 일으킨 그 집 식구를 엄히 경고한 후에야 배고프고 피곤한 상태로 심방을 마쳤다. 시간이 늦었음에도 E. T. 리스는 늘 그랬듯 자기 집으로 가지 않고 먼저 목사관 쪽으로 향했다. 그런데 서로 깊은 대화를 나누며 걷던 중 마틴이 갑자기 샌드필즈와 목사관 사이 다리 위에서 걸음을 멈추고는 달빛 아래 희미하게 윤곽이 보이는 예배당을 돌아보며 말했다. "저것이 우리 교회예요. 정말 고린도 교회 같지요! 그런데 지금은 햄과 달걀로 보이는군요!"

교인들은 목사에 대한 사랑을 다양한 형태로 드러냈다. 샌드필즈에 부임한 지 얼마 되지 않았을 때 한번은 이런 일이 있었다. 양철공장 현장감독으로 야간 근무를 하던 한 교인이 퇴근길인 아침 7시에 독터를 깨워 하루 일과 시작 전 약 10킬로미터 거리의 습지까지 아침 산책을 함께하기로 했다. 그러나 목사님을 위해 뭔가 할 수 있다는 것에 신이 났던 그 교인은 얼마 안 가 이른 아침의 이 외출이 자신에게 도움이 되기는커녕 그만두지 않으면 설교를 포기해야 할 지경이라는 로이드 존스의 말을 듣고 깜짝 놀랐다! 평소 야외 활동을 즐기는 또 한 사람의 교인으로 그 지역에 주둔하는 군대의 훈련 담당 부사관이 있었는데, 직무상 그는 훌륭한 말 몇 마리를 재량껏 사용할 수 있었다. 언제든 독터에게 도움이 되고 싶어 하던 그는 독터가 말을 좋아한다는 소리를 듣고 어느 날 아침 식사 시간 전 말을 타고 무작정 목사관으로 들이닥쳤다. 안장을 채운 멋진 종마 한 마리를 끌고 말이다. 그러나 이번엔 독터가 쉽게 응하지 않았다!

그런 특별한 경우 외에는 독터가 일주일에 두 번씩 남웨일스 여러 지역으로 외부 설교를 다닐 때 남자 교인 한두 사람이 동행하는 게 보통이었다. 1930년대 전에도 매주 화요일과 목요일 오후에는 규칙적으로 이렇게 외부 설교를 다녔다. 자가용이 없어서 대개 기차 편으로 다녔는데, 가끔 기차를 이용할 수 없을 때는 누구든 편의를 베풀어 주는 대로 받아들였다. 독터가 곤경에 처하는 걸 보지 못하고 어디서든 차를 빌릴 수 있으면 빌려서 제공하려는 이들이 늘 대기하고 있었던 것이다. 모건 베도우는 로이드 존스의 설교를 처음 들었을 때는 도망쳤던 사람인데 그 후 독터의 여행에 자주 동행하는 사람이 되었다. 후에 그는 외부 설교를 나가는 독터를 위해 브리튼 페리 사에서 자동차를 빌렸던 일을 회상했다. 또 언젠가 로이드 존스가 란데이로행 기차를 놓쳤을 때 그는 친구가 최근 5파운드를 주고 구입한 중고 피아트 자동차를 우격다짐으로 빌려 오기도 했다. 피아트의 상태를 보고 독터가 우려의 시선을 보내기는 했지만, 어쨌든 두 사람은 시속 60킬로미터 속도로 블랙 마운틴을 향해 달려갔다. 베도우는 이렇게 말했다. “우리는 마치 한 쌍의 경마꾼처럼 보였다. 내가 쓰고 있는 챙 넓은 모자와 독터가 학창 시절부터 쓰던 낡은 중산모는 쏜살처럼 달리는 차 안에서 바람에 짓눌려 납작해졌다.” 두 사람은 오후예배 시간에 맞춰 2시 45분에 목적지에 도착할 수 있었다!

베도우는 외부 설교 갔을 때 겪은 보기 드문 사건을 회상했다. 이날 집회를 주최한 교회가 자기 교회보다 큰 예배당 건물을 집회장으로 빌렸는데 독터와 그 예배당 서기 사이에 충돌이 빚어졌다. 예배당 건물을 빌려준 교회 서기가 그 작은 교회 서기에게 건물 사용료로 5파운드를 요구했다는 말을 듣고 로이드 존스는 분노를 감추지 않았다. 그가 생각하기에 사용료는 1파운드면 충분했고, 그가 도우러 온 그 작은 교회는 재정 형편이 그리 좋지 않았기 때문이다. 화가 난 로이드 존스가 "이 교회에 다시는 오지 않겠소"라고 하자 놀라고 몹시 당황한 서기는 더듬거리며 변명했다. "아 독터, 그런 말씀은 하지 마십시오. 저는 그저 재밌자고 한 말입니다." 그러나 혼낸 사람은 '재미'를 즐길 기분이 아니었고, 그래서 아주 솔직하게 자기 생각을 말했던 것이다.

담임목사와 남자 교인들 사이의 이 유대감에 대해서는 이 외에도 이야깃거리가 많다. 이 유대감은 수많은 방식으로 모습을 드러냈으니 말이다. 조지 젠킨스는 로이드 존스의 생일에 회심한 사람이었다. 로이드 존스는 매년 12월 20일마다 이 반가운 성도가 보내 주는 생일 축하카드를 받았으며, 이는 조지가 세상을 떠나기 전까지 쭉 계속되었다. 또 한 예로, 도선사[導船士]라는 좋은 직업을 가졌음에도 구제 불능의 술주정뱅이로 살던 사람이 있었다. 회심 후 세 장의 사진이 이 사람의 집 벽난로 선반을 장식했는데, 하나는 그리스도인이 되기 전 과거 친구가 찍은 사진으로 의지할 데 없이 무력하게 가로등에 기대어 서 있는 모습이었다. 또 하나는 해변에서 로이드 존스 옆에 앉아 있는 모습으로 어느 해 성령강림 주간 월요일에 주일학교 소풍에 따라나섰다가 영적 회심에 이르게 되었을 때의 사진이었다. 나머지 하나는 말끔하게 수염을 깎은 단정한 얼굴로 이제 그의 삶이 교회와 복음을 중심으로 이뤄지고 있음을 보여주는 사진이었다. 사진마다 아래쪽에 제목이 붙어 있었는데, 각각 '길을 잃다', '발견되다', '구원받다'라고 적혀 있었다.

가끔 이런 사람들의 입에서 나오는 몇 마디 말이 이들의 감정 깊은 곳을 드러내 보이곤 했다. 몇 년 후, 회심으로 삶이 철저히 달라진 조지 젠킨스가 런던에서 임종을 맞고 있을 때 샌드필즈 시절의 한 친구가 그를 찾아갔다. 그때 이 노인이 친구에게 가장 먼저 한 말은, "그리스도 안에서 사랑하는 아버지를" 만나 볼 것을 기대한다는 것이었다. 그리고 그는 이렇게 덧붙였다. "바울을 직접 보는 것보다는 내 아버지를 만나고 싶다네!"

그러나 이 교회의 교제는 단순히 목사와 개별 교인들과의 관계가 아니라 그 이상으로 큰 의미가 있었다. 이 교제는 한 가족으로서의 연합이라는 성격이 뚜렷했다. 지금 회중석을 가득 메우고 있는 사람들이 한때 한 인간으로서 어떤 불완전한 요소를 지니고 있었든, 이제 이들이 진정 서로에게 '소속'되기 위해 필요한 것은 함께 그리스도께 연합되는 것뿐이었다. 어떤 순간에서든 늘 사도행전 4:32 말씀을 문자 그대로 따르지는 못했지만, 샌드필즈와 예루살렘 교회 사이에는 정말 실질적인 유사점이 있었다. "믿는 무리가 한마음과 한뜻이 되어 모든 물건을 서로 통용하고 자기 재물을 조금이라도 자기 것이라 하는 이가 하나도 없더라."

교인들은 교회 생활에서 이 밖에도 다른 여러 가지 방식으로 복음을 실천적으로 이해했다. 그리고 그중엔 베단 로이드 존스가 참여하고 있는 일도 있었다. 샌드필즈에는 1927년에 이미 목요일 오후의 '자매회' 모임이 있었지만, 여성 회심자들이 점점 늘어나면서 로이드 존스 부인은 빅토리아 로드 57번지 목사관 거실에서 소규모 성경공부반을 시작했다. 신앙생활에 도움을 받고 싶어 하는 여성들이 늘

베단 로이드 존스가 인도하는 주일학교 학급.

어나자 성경공부반은 교회당으로 모임 장소를 옮겼다. 이 반에는 전에 영매였다가 회심한 여인도 있었는데, 사무엘상을 공부하던 중 베단이 그 여인에게 엔돌의 신접한 여인이 사울 및 사무엘과 관련해 한 행동삼상 28장을 어떻게 생각하느냐고 묻자 여자는 고개를 떨구며 이제 그런 악한 행위에 대해서는 더 이상 생각하고 싶지 않다고 말했다.

영매 여인을 비롯해 특별히 온 교회의 따뜻한 보살핌이 필요한 이들이 있었다. 앞 장에서 말했던 마크 매칸 같은 어린 그리스도인도 그런 보살핌을 필요로 하는 사람이었는데, 『샌드필즈의 추억』*Memories of Sandfields*에서 로이드 존스 부인은 그에게 글 읽는 법을 가르쳤다고 말했다.

극심한 경제 침체의 와중에서 교회의 재정 형편이 어땠는지를 기록한 글도 나름대로 이 교회의 모습을 증언한다. 1930년부터 1933년까지 교인들이 자발적으로 드린 헌금은 각각 1,074파운드, 1,069파운드, 955파운드, 1,102파운드였다. 그 4년 동안 교회 부채는 1,750파운드에서 615파운드(완전 청산에서 조금 부족한 액수)로 줄어들었다. 1932년 포워드 무브먼트 본부에 보내는 보고서에는 본부에서 지급하는 연 90파운드의 보조금이 이제는 필요하지 않다고 말하고 있다. 이 당시 돈의 가치는 교회 연간 지출이 5-600파운드 정도였다는 사실과, 남은 돈으로 새 목사관을 짓고 예배당에 조명 설비를 하고 좌석을 60개 이상 확충하며 예배당과 목회실에 난방 설비를 새로 하고 본당 옆에 미닫이형 칸막이로만 분리되는 대형 교육관을 지어 예배당 규모를 확장하기에 충분했다는 사실로 짐작할 수 있다. 교육관은 주일학교 수업 때도 썼고 주일 저녁예배 때 예배당에 다 들어가지 못하는 인원을 수용할 수도 있었다.

샌드필즈에 실제로 사도 시대 정신의 한 모습이 존재하긴 했지만, 초대교회의 특징이었던 잘못들 또한 없지 않았다는 게 사실이다. 회심자들 중에는 평생을 악한 습관 속에서 살아온 이들이 많았다. 많은 이들이 신앙에 대해 별 지식이 없었으며, 회심 후 가족들에게 전혀 지지나 공감을 받지 못하는 이들도 적지 않았다. 한 초신자는 월요일 밤 기도회를 마치고 기분 좋게 집으로 돌아왔는데 아내가 “기도회에 다녀오느니 차라리 술이 취해 돌아오는 게 낫겠어요!”라는 말로 그를 맞았다. 말썽이 생기는 게 당연했다. 많은 이들이 여러 가지 어려움과 씨름했고, 그 싸움에서 늘 이기기만 한 것도 아니었다. 신약성경에서 교회가 급속히 성장할 때와 마찬가지로, 온 교회가 공동으로 서로 돌보고 염려해 줘야 하는 상황이었다. 로이드 존스는 이 주제에 대해 "형제들아, 사람이 만일 무슨 범죄한 일이 드러나거든 신령한 너희는 온유한 심령으로 그러한 자를 바로잡고……"갈 6:1-5를 본문으로 이렇게 설교했다.

그것이 바로 바울의 원칙입니다. 우리는 한 가족 곧 그리스도 예수 안에서 하나입니다. 형제 하나가 넘어지면 온 가족이 다 그로 인해 다치고 아파하며 끌려갑니다. 교인 하나가 도랑에 빠지면 온 교회가 다 그와 함께 도랑에 빠집니다. 교인 하나가 쓰러지면 이 교회가 쓰러지는 겁니다. 우리가 다 그 형제를 좇아 도랑으로 내려가서 그를 끌어올려야 합니다. 내가 언제 도랑에 빠지는 그 형제 입장이 될지 아무도 모릅니다. 그럴 때 온 교회가 달려와 나를 끌어내 준다면 정말 기쁘겠지요. 도랑에 빠진 형제에게 등을 돌려 봤자 소용없습니다. 세상이 여러분을 비웃을 것입니다. 뻔뻔스럽게 밀고 나갈 수도 있겠지만, 세상은 다 알 것입니다. 바울은 "너희는 온유한 심령으로 그러한 자를 바로잡고 너 자신을 살펴보아 너도 시험을 받을까 두려워하라"라고 말합니다. 왜냐하면 "만일 누가 아무것도 되지 못하고 된 줄로 생각하면 스스로 속"이는 것이기 때문입니다. 이 말씀이 우리네 집 담벼락에, 늘 눈에 보이는 곳에 걸려 있어야 합니다. 이 말씀은 하나님의 사랑에 관해 멋지게 말하는 평범한 성경 구절이 아닙니다. 이 구절이 인쇄된 성구 카드를 구하십시오. "만일 누가 아무것도 되지 못하고 된 줄로 생각하면 스스로 속임이라." 아침마다 이 말씀을 읽는다면, 우리 자신은 물론 우리와 함께 일하는 사람들에게 얼마나 큰 변화가 일어날까요. 우리가 깨진 질그릇이요, 하나님의 은혜로 구원받은 사람들인 것을 다시금 깨닫게 될 것입니다.

샌드필즈에서 이런 교제가 이뤄지고 있다는 소식이 다른 지역의 그리스도인들에게까지 전해지면서 로이드 존스의 목사관에는 수많은 편지가 쏟아졌다. 자기 교회 목사에게서 조언을 얻지 못하는 사람들이 보내온 편지도 있었다. 이들은 자기들도 샌드필즈에 와서, 참 신앙의 힘이 온 땅에 퍼져 나갈 수 있도록 기도에 동참하고 싶어 했다. 1930년대의 어느 날, 로이드 존스 부부가 출타 중이던 그 주간, 부부가 집을 비운 사이 도착한 편지들을 전달해 주는 걸 자신의 의무라고 생각한 모건 베도우는 무려 90통 가까이 되는 편지를 두 부부에게 전달했다. 비서가 없던 독터가 그 모든 편지들에 다 답장을 했는지는 알 수 없지만, 편지를 보낸 이들 중 아직 생존해 있는 사람들의 말로 볼 때 그는 시간이 날 때마다 타 교회 교인들이 묻거나 부탁하는 말에 답변했던 것이 분명하다. 스완지 근처에서 정기적으로 편지를 보내오던 사람이 있었는데, 그에게 보낸 날짜 미상의 편지가 그의 답장의 특징을 잘 보여준다.

친애하는 토머스 씨께,

오늘 아침 선생님의 편지를 받고 전해 주신 모든 좋은 소식들을 반갑게 읽었습니다. 우리가 그리스도 예수 안에서 받은 생명이 영생이라는 걸 생각하면 참 영광스럽지 않습니까? 우리가 한동안 서로에게서 혹은 서로에 관해 소식을 듣지 못할지라도 삶은 계속되는데, 선생님의 편지에서 근황을 다 알게 되어 기쁩니다. 우리 인생길에 어떤 일이 일어나든, 어떤 어려움과 장애가 있든, 우리는 사도 바울과 더불어 확신합니다. "사망이나 생명이나 천사들이나 권세자들이나 현재 일이나 장래 일이나 능력이나 높음이나 깊음이나 다른 어떤 피조물이라도 우리를 우리 주 그리스도 예수 안에 있는 하나님의 사랑에서 끊을 수 없으리라"는 것을 말입니다. 그것이 그리스도인의 확신입니다. 뿐만 아니라 우리가 주님께 얼마나 충성하고 충실한가에 따라 서로에게서도 절대 떨어지지 않을 것입니다. 동료 신자요, 공동 상속자요, 주님 안에서 한 형제자매로서 영원 세상까지 함께 가리란 것 또한 우리는 알고 있습니다. 선생님을 비롯해 예수 그리스도를 구주요 주님으로 알고 인정하는 모든 이들로 인해 하나님께 감사드립니다. 저에게 관심을 가져 주시는 것에 감사드리며, 무엇보다도 선생님의 모든 기도에 감사드립니다.

어려운 질문을 하셨지만, 제가 생각하기에 답변은 아주 명쾌합니다. 강단에서 그런 교리를 설교하는데 가만히 앉아서 듣고 있기란 힘들고도 짜증 나는 일일 겁니다. 당연히 뭔가 항변을 해야 한다고 여겨지실 겁니다. 이 문제에 대한 저의 입장은, 공개적으로 항변하는 건 지혜롭지 못하다는 것입니다. 그렇게 하면 논쟁과 말다툼으로 이어질 것입니다. 제가 생각하기에 선생님께서 하실 수 있는 일은 그런 사람들과 은밀하게 만나 이야기를 나누는 것입니다. 이야기를 나누실 때 겸손한 태도와 기도하는 자세로 하시고, 만나기 전에 먼저 오래 기도하십시오. 저라면 내가 그리스도 안에서 경험한 하나님이 어떤 하나님인지, 그 하나님이 나를 어떻게 변화시키셨는지에 대해서만 간단히 이야기할 것입니다. 선생님께서 받으신 새 생명, 새 본성, 새 힘 등에 대해 이야기하십시오. 그리고 집에 가서 다시 그 사람을 위해 기도하시고, 계속 그렇게 반복하십시오. 그런 사람들은 어둠 가운데 있다는 것을, 그래서 빛을 보지 못한다는 것을, 고린도전서 2:14 말씀은 그런 사람들을 두고 하는 말씀이라는 것을 기억하십시오. 오직 성령의 권능만이 그런 사람들을 변화시킬 수 있습니다. 논쟁은 결코 그들을 변화시키지 못합니다.

이것이 제가 그런 유형의 사람들을 대하는 방식입니다. 저는 이 방식이 바로 신약성경에서 가르쳐 주는 방식이라고 생각합니다. 선생님 소식을 전해 듣고 또 뭐든 도움이 될 수 있다면 도움을 드리는 게 늘 저의 기쁨입니다.

선생님이 계시는 곳에서 그리 멀지 않은 곳에 곧 설교하러 가게 될 것 같습니다. 주님께서 선생님과 가족을 늘 축복해 주시기를 기원합니다.

주님을 섬기는 벗 마틴 로이드 존스 드림

이즈음의 경험을 통해 로이드 존스는 신약성경에서 처음 깨우친 진리에 대해 부동의 확신을 갖게 되었다. 그것은, 복음 전도는 교회가 알고 누리는 그리스도인의 삶의 질에 크게 의존한다는 확신이었다. 샌드필즈는 홍보나 체계적인 심방을 통해서가 아니라 교인들의 삶의 태도, 새로워 보이는 삶의 면모를 통해 주변 사람들을 전도했다. 교인들을 대상으로 '개인 전도' 강좌를 열지도 않았고 '간증'하는 법을 가르치지도 않았다. 개인 전도나 간증은 자발적이고 자연스러운 방식으로 이루어졌고, 그 방식은 개인의 환경이나 성격에 따라 달랐다. 대중을 상대로 이야기하는 은사가 없는 사람도 있었다. 윌리엄 노브스William Nobes 같은 이가 그러했는데, 그는 보잘것없는 연금 수입으로 작은 독신자용 셋방에서 그럭저럭 살아가는 사람이었다. 조곤조곤한 말투가 특징인 그는 시장 출입구 밖 창턱에 앉아, 오가는 길에 잠깐 걸음을 멈추고 말을 걸어 주는 사람 누구에게나 부드럽고 친절한 태도로 기꺼이 이야기를 나누곤 했다. 로이드 존스 부인은 그에 대해 설명하기를, 세상 재물 면에서는 가난했지만 누구도 그가 불평하거나 투덜거리는 말을 들어 본 적이 없다고 했다. 누가 가족과 친척에 대해 물으면 "지금은 넷뿐이에요. 침대와 탁자와 책 그리고 저, 이렇게 넷이요!"라고 만족스런 얼굴로 대답하곤 했다.

회심자들 또한 삶뿐만 아니라 죽음으로도 자신의 신앙을 간증했다. 아무리 생각 없이 사는 사람일지라도 샌드필즈 교인들 중에 누군가가 임종을 맞으며 자신은 이생에서 순례자였다고 고백하는 광경을 보거나 전해 들으면 가슴이 쿵 내려앉을 때가 있었다. 윌리엄 노브스의 시신이 보잘것없는 이 땅 소유물과 작별하고 운구되던 날, 시장은 조용했고 구경꾼들은 말없이 서서 그의 관이 마을을 지나 산허리 묘지로 향하는 것을 지켜보았다. 목사의 인도 아래 수많은 교인들이 묵묵히 관을 뒤따르며 5킬로미터에 이르는 먼 길을 걸어가는 것을 보면서 노브스에게 정말 가족이 있었다는 걸 의심할 사람은 거의 없었을 것이다!

'스태포드셔 빌'이 샌드필즈 교인이 된 지 3년 만에 세상을 떠났을 때, 마을 사람들은 그 노인이 어떻게 영적 갓난아기로 교회 가족들의 보살핌을 받다가 세상을 떠났는지 이야기했다. 그날 로이드 존스와 E. T. 리스가 그의 집에 도착했을 때, 고열과 천식성 호흡 상태로 봐서 마지막이 얼마 남지 않은 게 확실해 보였다. 윌리엄 토머스는 양측 폐렴으로 죽어 가고 있었다. 로이드 존스 부인이 나중에 그 날 광경에 대해 남편에게 전해 들은 말을 그대로 옮겨 보겠다.

> (두 사람이 그의 집에 도착하던 순간) 윌리엄 토머스는 의식이 어딘가 멀리 가 있었지만, 인사말과 기도에는 반응을 보였다. 그는 완벽한 평안을 누리고 있는 게 분명했다. 죄 많고 거칠었던 과거 삶의 모든 흔적들이 다 사라진 얼굴은 이제 마치 어린아이 같았다. 몇 분이 지나고 한 시간이 지나고 더 많은 시간이 흘렀다. 그러던 중, 가쁜 호흡으로 고통스러워하는 소리가 갑자기 멈추는 것 같았다. 노인의 얼굴은 변화되어 환하게 빛이 났다. 그는 팔을 위로 뻗으려 애쓰며 일어나 앉았다. 그리고 마치 절친한 친구를 반갑게 맞아들이듯 얼굴 가득 아름다운 미소를 지으며, 그렇게 그는 '영원한 성도들이 다스리는 흠 없는 기쁨의 나라'로 갔다.

12.

사역을 확장하다

1931년에 목도한 각성 시대처럼 수많은 사람들이 회심하는 현상이 그 후에도 되풀이되지는 않았다. 하지만 영적인 일에 대한 관심이나 성도의 수가 줄어들지는 않았다. 1933년 12월 「복음 전도자」 기사에 따르면 샌드필즈에서는 "그 널찍한 교육관마저 너무 좁아 주중 밤 집회를 본당에서 열 수밖에 없다"라고 했다. 3년 뒤 포워드 무브먼트 본부에서 발행하는 잡지 「더 트레저리」 편집인은 1936년 4월호에서 샌드필즈에 대해 이렇게 말했다. "이 교회만 생각하면 마음이 기쁘다. 양적인 면에서나 경험과 경건의 면에서나 풍성하고 훌륭한 공동체를 세워 가고 있다는 점에서 이 교회의 사역은 하나님께 복을 받고 있다. 이를 증거할 만한 또 한 가지 사실은, 교회당 건물과 관련된 부채를 이제 다 청산했다고 공식 발표했다는 것이다."

1930년대 초에는 북웨일스 지역으로 외부 설교를 가는 게 로이드 존스의 정규 사역의 한 부분이 되었다. 1931년 10월, 「복음 전도자」는 그가 "날카롭고 알맹이 충실한 설교로" 앵글시의 여러 지역에 "일대 소요를 일으켰다"고 보도했다. 4개월 후인 1932년 2월, 그는 북웨일스의 또 다른 지역에서 처음으로 설교했고, 렉섬 근처 로스Rhos에서는 그 후 여러 해에 걸쳐 자주 설교하게 되었다. 로스는 작은 마을에 지나지 않았음에도 거대한 비국교도 예배당들이 자리 잡고 있는 곳이었다. 사실 1904년의 신앙부흥을 비롯해 이 지역에서 일어난 중요한 사건들을 생각하면 그다지 크다고 할 수 없는 건물들이었다. 그러나 로스에서 그의 설교를 처음 들었던 어떤 사람이 기록했다시피, 시대가 달라져 있었다. 광부 존 파월 페리John Powell-Parry는 1904년 19세의 어린 나이에 회심한 사람이었다. 회심 후 그는 지역 예배당에서 영적인 도움을 거의 받지 못했다. 바로 그런 이유로 로이드 존스가 이웃 마을로 설교하러 온다는 것은 더욱더 주목할 만한 사건이 되었다.

> 독터의 설교를 들어 보니 뭔가 아주 오랜만에 들어 보는 그런 설교였습니다. 그의 첫인상은 아주 겸손하되 확신과 거룩한 담대함으로 설교하는 것이었지요. 로스에서의 첫 번째 설교 본문은 마태복음 16:3의 "(너희 외식하는 자들아,) 너희가 날씨는 분별할 줄 알면서 시대의 표적은 분별할 수 없느냐"라는 말씀이었습니다. 그의 설교를 들으러 가깝고 먼 곳에서 많은 사람들이 모여들었지만 목회자들은 호의적이지 않았어요.

오 이런! 19세기 말과 20세기 초 상황에 비교해 보면 로스에는 엄청난 변화가 있었어요. 모든 게 완전히 달라졌지요. 많은 이들이 하나님의 말씀에 등을 돌렸고, 현대주의가 밀물처럼 쏟아져 들어왔답니다. 제1차 세계대전 후에 특히 더 그랬지요.

독터는 하나님의 말씀을 설교했고 자기가 설교한 것을 믿었습니다. 그가 첫 설교를 할 때 다른 설교자 두 사람이 예배당 맨 뒷줄에 꼿꼿하게 앉아 있던 모습이 기억나는군요. 사람들이 빽빽이 들어앉은 예배당에 그렇게 앉아 있는 모습이 제 눈에는 마치 두 사람의 비평가 혹은 정탐꾼처럼 보였습니다. 물론 독터는 그 사람들이 누군지 몰랐겠지만 나는 알고 있었지요. 그들은 지독한 현대주의자들이었습니다. 이제 그들은 다 세상을 떠났고 아무것도 남기지 못했습니다. 그 두 사람이 목회하던 예배당도 텅 비었고요.

파월 페리는 로이드 존스가 근처에 설교하러 온다는 게 알려질 때마다 여전히 얼마나 많은 사람들이 몰려들곤 했었는지에 대해서도 계속 이야기했다. "2월 어느 겨울날, 눈을 녹이는 소나기가 쏟아지고 있는데 사람들이, 여러 청년들이 예배당 문이 열리기도 전에 5-6명씩 길게 줄지어 서서 들어갈 준비를 하고 있던 광경이 기억납니다."[1]

목회자들이 로이드 존스에게 호의나 공감을 보내지 않았다는 것은 북웨일스 전역에서 흔히 볼 수 있는 현상이었지만 그렇다고 보편적이지는 않았다. 칼뱅주의 감리교 목회자인 몰드의 J. J. 모건Morgan은 그 순회 설교자의 설교를 듣고 다음과 같은 평가서를 보내왔다.

목사님의 설교를 「더 트레저리」라는 저울에 달아 평가해 보고 있습니다. 물론 그 저울이 하늘의 저울은 아니고, 그래서 그 저울 눈금이 어떻든 그에 따라 일희일비해서는 안 된다는 걸 잘 아실 것입니다.

1. 청중을 즐겁게 해주려는 목표에서 얼마나 자유로웠나: 95퍼센트. 몇몇 극적 상황을 정성들여 자세히 설명해 주었음.
2. 청중의 비위를 맞추려는 목표에서 얼마나 자유로웠나: 100퍼센트.
3. 설교자 자신의 똑똑함을 드러내고 싶은 마음에서 얼마나 자유로웠나: 99퍼센트.
4. 주의를 산만하게 하는 버릇에서 얼마나 자유로웠나: 95퍼센트. 이따금 오른손 손가락으로 (무의식중에) 뺨을 잡아 뜯는 버릇이 있음. 어떤 명백한 사실을 말할 때 얼굴을 살짝 찌푸림. 찌푸림의 정도가 더 심해져서는 안 됨.
5. 가청도可聽度: 100퍼센트.
6. 설교 분량: 월요일 100퍼센트, 수요일 99퍼센트.
7. 어색한 표현에서 얼마나 자유로운가: 99퍼센트.
8. 단순성: 99퍼센트. '반작용', '반증된' 같은 단어는 단순한 청중에겐 알아듣기 힘든 말일 수도 있음.
9. 적확성的確性: 100퍼센트.
10. 열정: 100퍼센트.
11. 경건도: 주제넘게 경건도를 저울질하지는 않겠습니다. 그래야 세상에 몰드 같은 지역도 있다는 걸 기억하는 데 도움이 되실 테니까요.

북웨일스의 영적 궁핍함이 얼마나 극심했던지 로이드 존스는 한 달에 한 번씩이나 북웨일스에 갔으며, 대개는 돌아오는 주일에 샌드필즈 강단을 지키지 않아도 되는 주간에 약속을 잡았다. 북웨일스 루틴에서 로이드 존스에게 보내온 한 전형적인 편지를 보면, 그의 사역을 위해 날마다 기도하고 있으며 "이곳에서 수많은 사람들이 반경 80킬로미터 안에 있는 지역이라면 어디든 기꺼이 가서" 그의 설교를 또 듣고 싶어 한다고 말하고 있다. 엘리세우스 하웰스는 「복음 전도자」(1933년 2월 1일)에서 이렇게 말했다.

로이드 존스의 가장 큰 어려움은 그 옛날 주님이 그러셨듯이 자신에게 절박하게 매달리는 무리를 위해 설교하려고 예배당으로 들어간다는 것이었다. 우리가 알기로 골짜기에 사는 가난한 사람들 중에는 몇 주 동안 실업 수당을 쓰지 않고 모아 두었다가 그의 설교를 들으러 와서 작지만 정성 어린 그 돈을 헌금함에 넣는 이들도 있었다. 그러고는 마음속에 노래를 담고는 그 휑하게 텅 빈 집으로 돌아가는 것이다. 우리는 사람들이 빗속에서 두 시간씩 예배당 밖에 선 채 혹시 그가 목소리를 높일 때 몇 마디라도 들을 수 있지 않을까 기다리는 광경을 봤다. 한 무리의 사람들이 나중에 변상해 줄 테니 유리창을 깨고라도 그의 설교를 들을 수 있게 해달라고 간청하는 광경도 봤다.

카디프에서 어떤 사람이 로이드 존스에게 보내온 편지를 한번 살펴보자.

1934년 10월 22일 월요일

친애하는 존스 씨,

지난밤 훌륭하게 말씀을 강해해 주신 데 대해 크게 감사드립니다. 앞으로 평생 기억하게 될 설교였습니다. 하나님께서 목사님의 사역에 복을 주시기를 바라는 것, 그것이 저의 간절한 기도입니다.

주님 안에서 목사님의 벗된 자가 감사를 표하며

추신: 저는 지금 실직 상태로, 어젯밤 마지막 남은 동전 몇 닢을 헌금함에 넣었습니다. 그런데 오늘 밤 도저히 헌금함을 그냥 지나칠 수가 없을 듯해서 대신 감사하는 이 마음을 바치기로 했습니다. 돈은 없지만 그래도 저의 감사는 진실합니다.

1931년과 1932년 로이드 존스는 트레베카Trevecca의 칼뱅주의 감리교도 양성 대학Calvinistic Methodist training college을 방문했다. 첫 방문 때 「복음 전도자」는 "그는 그곳 학생들에게 함께 기도에 의지하고 말씀 읽기에 의지하라고 권면했다"라고 보도했다. 두 번째 방문 때 「빛」지는 그를 가리켜 "복음 전도자 독터 마틴 로이드 존스"라고 했고, 그는 "그는 흥하여야 하겠고 나는 쇠하여야 하리라"요 3:30라는 말씀을 본문으로 거룩함에 대해 더 많이 설교할 것을 학생들에게 역설했다. 그 뒤로 신학생들과 목회자들을 대상으로 하는 강연 요청이 더 늘어났다. 1933년 그는 북웨일스 발라에 있는 칼뱅주의 감리교 대학에서 설교와 설교자 직분에 관한 주제로 일련의 강연을 했다. 지금까지 전해지는 몇 안 되는 그의 친필 메모로 볼 때, 그가 말년에 목회자들에게 역설했던 수많은 사항들은 33세 때부터 이미 그의 최고 관심사였다는 것을 확실히 알 수 있다. "설교자는 자기 일로 독특한 부르심을 받은 사람입니다"라는 말로 그는 강연을 시작했다. "설교자는 뭔가 말할 거리를 찾아다니지 않습니다. 설교자는 증언하는 증인입니다. 설교자는 늘 자기 자신이나 자기 경험만 이야기하지 않고 진리를 설교합니다." 그러고 나서 그는 이 원리의 중요성을 계속 설명해 나갔다. 설교는 그 자체가 목표가 아니다. 설교는 사람을 소홀히 하면 안 되지만 사람에게 좌지우지되어서도 안 된다. "설교는 바울의 방식을 따라야 합니다. 진리와 믿음이 우리에게 맡겨진 것은 각각 다른 사람들에게 각각 다른 방식으로 적용되도록 하기 위해서입니다." 설교에는 계획이 세워져 있어야 하고, 내용 면에서 "가르침, 죄를 깨우치는 말 그리고 호소"가 담겨 있어야 한다. 도덕적 의무보다 교리를 먼저 가르쳐야 하며, "가장 적당한 방법은 윤리를 불가피한 것으로 만드는 것이다."

'목회자로서의 사역자'라는 또 다른 강연에서 그는 교회 생활의 조직, 새 교인을 받아들일 때 피해야 할 위험, 목회자의 개인적인 일과 심방 등과 같은 문제를 다뤘다. 그는 심방이 목회자의 양심을 무마하기 위한 하나의 의무가 되어서는 안 된다고 경고했다. "모든 교회 일의 비결은 우리의 소명과 엄청난 책임을 깨닫는 것입니다."고후 5장, 고전 3장 또한 '한 인간으로서의 사역자'라는 강연에서 그는 다음과 같이 말문을 열었다.

> 이 문제는 힘들고 또 재미없어 보일 수도 있지만 사실은 매우 중요합니다. 목회자는 목자이지 애완용 양이 아니라는 것이 지배적인 개념이 되

어야 합니다. 목회자가 멋지고 인기 있고 격의 없는 사람이 되려고 애쓰는 게 얼마나 위험한 일인지 생각해야 합니다. 사역자는 언제 어디서나 '하나님의 사람'이어야지 교회 안에 있을 때나 예배드릴 때만 하나님의 사람이어서는 안 됩니다. 소명을 기억하는 게 우리의 의무입니다. 사역자는 사람들 가운데서 늘 하나님과 함께 있는 사람으로서 행동해야 합니다. 사람을 기쁘게 하기보다는 하나님을 기쁘시게 하는 것이 사역자의 주목표여야 합니다. 필요한 것은 기백spirit이 아니라 성령Holy Spirit입니다. 사역자가 자기 자신을 어떤 존재로 생각하느냐는 아주 중요한 문제입니다. 사역자는 거룩한 삶으로써만 사역자의 자리를 얻을 수 있고 존경을 받을 수 있습니다.

* * *

사람들이 로이드 존스를 오로지 '복음 전도자'로만 보지 않고 그 이상으로 보기 시작한 것은 바로 이 무렵부터였다. 이러한 변화는 1932년 첫 번째 북미 지역 방문과 관계가 있다. 북미에서 가진 대중 행사, 이를테면 캐나다 토론토의 셔본 스트리트에 있는 연합 장로교회에서 9주 동안 주일마다 설교한 것, 무명의 방문객 신분으로 셔토콰 회관에서 예정에 없던 대리 강사가 되어 5일 동안 강연하면서 기억에 남을 만한 시간을 보낸 것 등이 중요한 의미가 있었다. 하지만 그의 장차 사역과 관련해서 볼 때 이렇게 대서양을 건너온 데서 얻은 장기적인 효과는 위와 같은 대중 활동이 아니라 많은 시간을 홀로 조용히 보낸 데서 비롯되었다. 로이드 존스를 토론토로 초청한 측에서는 베단과 엘리자베스까지 포함한 세 식구에게 낙스 신학교Knox Seminary 바로 맞은편에 있는 세인트 조지 74번지에 숙소를 마련해 주었다. 유력한 장로교 신학교인 이 낙스 신학교에 멋진 도서관이 있다는 말을 들은 로이드 존스는 그곳에 가서 평소 습관처럼 아침 공부를 할 작정이었다. 그래서 토론토에 숙소가 정해지자마자 도서관 사용허가증을 손에 넣었다. 그런데 정작 도서관에 간 그는 신착 도서용 서가에서 한 발짝도 더 나갈 수가 없었다. 당시 옥스퍼드 대학교 출판부에서 최종판으로 발간하고 있던 벤자민 B. 워필드Benjamin B. Warfield 전집 몇 권을 그 서가에서 발견했기 때문이다. 나중에 그는 마치 코르테스Hernán Cortés가 태평양을 처음 봤을 때처럼 그 책에 빠져들었다고 말했다. 과거 개혁주의자들의 저서가 그랬던 것처럼 워필드의 책에도 성경에 견고히 뿌리내린 신학이 있었다. 게다가 그의 저서는 개혁주의자들의 책에 비해 주해 면에서 면밀성이 두드러졌고, 거기에다 경건성마저 겸비하고 있어 책 전체가 학문의 차원만으로는 평가할 수 없는 성과를 이루고 있었다. 로이드 존스는 한 서평에서 말하기를 "진리에 대한 워필드 자신의 지식과 경험 그리고 성령을 통해 그리스도 안에서 하나님을 아는 그의 지식과 경험은 우리가 누리는 큰 구원의 영광과 경이에 대해 대다수 저자들에 비해 더 깊은 감동을 줄 정도"라고 했다. 나중에 영국으로 돌아간 그는 곧 "(워필드) 전집 10권 원본을 구입하여 자랑스럽게 소장하게" 되었다고 말했다.

제임스 데니나 P. T. 포사이스 같은 이들의 저서가 로이드 존스에게 얼마나 유익했는지는 이미 살펴봤지만, 성경이 가르치는 교리 면에서 부족함이 있었고 또 교리의 다른 면에서 약점이 있었기 때문에 로이드 존스에게 끼친 감동은 지금 워필드의 저작을 통해 받는 감동만큼 깊지도 않고 영향력이 있지도 않았다. 로이드 존스는 이 시기 자신의 사상과 사역 발전을 다른 누구보다도 워필드의 공으로 돌렸다. 지금까지 로이드 존스는 주로 전도설교를 기반으로 명성을 쌓아왔다. 이때까지 그는 성향도 지적이었고 목회자로서도 주로 지적 훈련만 해왔지만 교리적 가르침이나 현대 신학의 오류에 맞서 신앙을 변증하는 일에는 뚜렷이 관심을 보이지 않았다. 그 누구도 그를 가리켜 '신학자'나 '교사'라고 하지는 않을 터였다. 심지어 설교를 처음 시작했을 즈음 그는 교리의 정확성을 까다롭게 따지고 드는 걸 공공연히 비난한 적도 있었다. 그가 성경에서 가장 좋아했던 책은 복음서와 사도행전이었다. 우리의 믿음이 바울 서신보다는 복음서와 사도행전에서 와야 한다는 자유주의자들의 주장을 배격하기는 했지만 그의 사상과 가르침에서 바울이 가르치는 요소들은 이후와 비교해 볼 때 상대적으로 아직 미미했다. 그런 그에게 워필드는 교리를 가르쳐야 할 필요성에 대해 새로운 통찰을 주었다. 복음 전도자 역할을 그만두지는 않았지만, 이제 그는 그 이상의 무언가가 요구된다는 강한 확신에 이르게 되었다.

사실 이러한 발전이 오로지 워필드의 영향 때문만은 아니었다. 로이드 존스의 삶에는 동일한 방향을 가리키는 또 다른 요소들이 작용하고 있었다. 우선 샌드필즈의 수많은 어린 회심자들을 믿음으로 세워 갈 필요가 있었다. 게다가 설교자로서 그의 지도적 위치 때문에 동료 사역자들이 여러 가지 당면한 신앙적 이슈들에 대해 그의 조언을 기대하는 경우가 점점 많아졌다. 웨일스 유니버시티 칼리지의 복음주의적 학생들, 특히 카디프와 스완지 지역 학생들은 믿지 않는 학자들의 공격에서 진리를 방어하는 일에 도움을 줄 것을 그에게 요청하고 있었다. 이러한 요구들이 있었기에 낙스 신학교 도서관에서의 '발견'은 지대한 중요성을 갖게 되었다. 앞으로 그가 워필드에 대해 하는 말들은 자신의 사역을 잘 설명해 주는 말일 수도 있었다. "그는 개혁주의 신앙을 주장하기만 하지 않았다. 이를 주장함과 동시에 다른 모든 신학 체계나 특정 분파의 신학 체계에 대한 개혁주의 신앙의 우월성을 보여주었다."[2]

이러한 사상적 발전 덕분에 그는 칼 바르트Karl Barth의 가르침에 반대하기에 이르렀다. 신학자로서 바르트의 명성은 이미 세계에 퍼져 있었다. 그는 자유주의에 대항해 초자연적인 것을 인정하라고 촉구했을 뿐만 아니라 '개혁주의 신앙' 자체를 회복할 것을 요구했다. 칼뱅을 비롯해 그 외 개혁자들의 이름이 바르트 진영에서 다시 한 번 정중하게 오르내렸고, 특히 대서양을 사이에 둔 양 대륙의 장로교도들은 찬탄의 시선으로 바르트를 바라보았다. 이 스위스 신학자가 보편 구원을 믿는다는 점, 오류 없는 성경에 기초를 두지 않은 신학을 구성하고 싶어 한다는 점에는 거의 주목하지 않았다. 영국의 대학들을 비롯해 다른 여러 영역에서는 바르트를 '정통 신학' 회복자요, 17세기 웨스트민스터 신학자들과 대비되는 '진정한 장 칼뱅의 해석자'로 격찬하는 목소리가 높아졌다.

로이드 존스는 새 마법에 걸린 교수들 밑에서 배우고 있는 학생들을 돕기 위해 바르트를 읽지 않을 수 없었다. 이어서 또 다른 스위스 신학자인 에밀 브루너Emil Brunner까지 읽게 되었다. 그는 바르트나 브루너를 공부하는 데서 그 어떤 개인적 유익도 얻지 못했고, 다만 그들이 개혁주의 신앙에서 심각하게 이탈했다고 여겨서 결과적으로 이에 단호히 반대하게 되었다. 따라서 목회자 모임에서 강연 요청을 받았을 때, 로이드 존스는 그의 신학적 역할에 아직 익숙지 못한 청중에게는 놀라운 일이었겠지만 바르트주의Barthianism가 왜 정통 기독교가 아닌지를 설명해 보이기로 했다.

교계의 관측자들은 목회자들 사이에서 로이드 존스의 영향력이 점차 커져 갈 것을 예상했을지 모르지만, 이번 경우 학생들 사이에서도 그의 영향력이 커져 가고 있음을 암시해 줄 만한 게 거의 없었다. 그의 목회는 마치 세대 차이 같은 것은 전혀 염두에 두지 않은 듯 진행되는 것 같았다. 샌드필즈에는 '청년 사역'이 없었고, 복음주의적 학생들에게 인기 있는 대규모 집회, 예를 들어 케직 사경회 같은 집회에서도 그의 목소리를 전혀 들을 수 없었다. 게다가 당대의 수많은 복음주의자들과 달리 그는 여러 가지 초교파 청년운동이야말로 가장 유망한 사역 분야라는 생각을 갖고 있지 않았다. 그가 가진 교회론으로는 사실 그 같은 입장에 거의 동조할 수가 없었다. 결과적으로, 카디프 유니버시티 칼리지의 복음주의적 학생들로 구성된 기독교 연합회에서 이따금 강연을 하기는 했어도 그는 1928년에 결성된 IVF라는 대규모 그룹과는 아무 관계도 없었다.

1930년대 초반에 샌드필즈가 관계를 맺게 된 초교파 단체 중 하나는 중국내지선교회China Inland Mission, CIM였다. 교인들 사이에 영적인 일에 대한 관심이 깊어짐에 따라 성경에 충실한 해외 선교사역에 대한 관심도 커져 갔는데, 1934년 샌드필즈 교인 가운데 최초로 폐기 롭슨이 CIM 선교사 후보로 허입되었다. 그해 5월 8일, 로이드 존스는 런던의 웨스트민스터 센트럴 홀에서 열린 CIM 연례회의에서 강연을 했다. 초교파 단체 집회 강연은 이번이 처음이었다. CIM은 IVF를 비롯해 이 단체의 청년 지도자들과 밀접한 관계를 맺고 있었는데, 그중 명예 서기 더글러스 존슨Douglas Johnson이 그날 저녁 집회에 참석하던 중이었다. 1920년대 말 킹스 칼리지 병원 의학원에서 의사 자격증을 딴 존슨은 바톨로뮤 병원 시절 로이드 존스의 명성을 들어 알고 있었다. 한번은 바톨로뮤 병원 광장을 지나가는 로이드 존스를 보면서, 호더 경의 저 어시스턴트는 의사라고 하기엔 '너무 날렵하고 매서워' 보인다고 생각했던 적도 있었다! 1927년 로이드 존스가 런던을 떠나 웨일스로 갔을 때 더글러스 존슨을 비롯해 의학원의 복음주의적 그리스도인들은 그가 직업을 바꾼 이유, 설교자가 되어 포트 탤벗으로 간 본질적인 이유가 무엇인지 궁금해했다. 따지고 보면 로이드 존스는 바톨로뮤 병원에서 그리스도인으로 알려져 있지 않았다. 병원 내에 있었던 복음주의연합Evangelical Union과도 아무 연줄이 없었고, 모두들 그를 무신론자인 호더의 측근으로만 알고 있었다. 그래서 몇몇 복음주의자 학생들은 이 웨일스인이 뜬금없이 목회에 뛰어든 동기가 그저 그 당시 비국교도들 사이에 만연해 있던 '사회복음'에 대한 관심 때문은 아닐까 하고 생각할 수밖에 없었다. 그의 신앙이 과연 정통성 있는 신앙일까에 대한 이런 의심은, 대학이나 학계에서 복음주의 신앙을 고수하는 경향이 매우 미미했다는 점을 알면 더 잘 이해될 수 있다. 학생기독교운동The Student Christian Movement, SCM(복음주의연합은 여기서 갈라져 나왔다)은 기독교 신앙에서 이탈하는 데 동참했고, 1920년

대에 이 단체의 총서기는 "성경의 축자영감 교리는 앤 여왕처럼 죽었다"고 단언했다.[3]

그러므로 더글러스 존슨과 그의 친구들이 1934년 5월 CIM의 새 강사의 설교를 아무 비판 없이 들을 자세가 되어 있지 않았다 해도 거기엔 그럴 만한 이유가 있었던 셈이다. 그날 로이드 존스의 설교 본문은 로마서 1:14이었는데, 비판적인 자세로 설교를 듣던 사람들의 모든 의심은 설교가 끝나기도 전에 이미 다 녹아 없어져 버렸다. 집회 직후 IVF 실행 위원회가 모였을 때, 1935년 연례 총회 때 어떻게 하면 로이드 존스를 강사로 모실 수 있을까 하는 것이 시급한 의제로 상정되었다. 그런데 토론이 오래 진행되기도 전, 웨일스 대표는 어떤 식으로 로이드 존스를 초청하든 수락될 가능성이 없을 것이라 주장했다. 로이드 존스가 장로교적 의미에서 '고교회파'high-churchman라는 것이 그 이유라고 설명했다. 그를 설득해 1930년에 출범한 스완지 복음주의연합 집회 때 강사로 참석하겠다는 약속을 받아 내기 위해서는 약간의 어려움을 무릅써야만 했다. 추가 논의를 거쳐, 결국 더글러스 존슨이 직접 웨일스로 로이드 존스를 찾아가 IVF가 그의 도움을 필요로 한다는 사실을 설명하기로 결정했다. 이 방문의 수확으로 IVF 측은 1935년 4월 9일 화요일부터 15일 월요일까지로 예정된 스완윅Swanwick 총회에 참석하겠다는 그의 약속을 받아 냈다. 비록 설교는 한 번뿐이라는 조건이 붙긴 했지만 말이다. 그리고 설교 주제가 뭔지 그는 구체적으로 이야기해 주지 않았다.

IVF의 입장에서 볼 때 1935년 총회는 대성공이었다. 총회 지도 사제司祭 J. 테일러 스미스Taylor Smith 주교 같은 유명 인물 외에 미국에서 온 로버트 P. 와일더Robert P. Wilder 박사와 안식년을 맞아 귀국한 선교사들을 포함해 여러 나라에서 새로운 IVF 강사들이 참석했다. 「인터바서티 매거진」*Inter-Varsity Magazine*에 실린 총회 보고서에는 멋진 풍경, "매우 행복한 교제", 스포츠, "유등油燈 아래서 펼쳐지는 유쾌한 강연" 등에 대한 이야기와 몇몇 강사들에 대한 존평이 실려 있었다. 하지만 로이드 존스에 대한 평은 없었다. 아마도 기자가 웨일스에서 온 이 손님에게서 뭔가 색다른 특징을 감지해 냈고 또 그를 어떻게 평가해야 할지 아직 마음을 결정하지 못했던 듯하다.

하지만 로이드 존스 자신이 볼 때 처음으로 참석한 이 IVF 총회는 만족과는 거리가 멀었다. 그가 보기에 이 총회는 전도와 선교 사역에 헌신할 것을 적극적으로 역설하기는 했지만 거기엔 진지함이 결여되어 있었다. 그가 느끼기에 강사와 청중 모두 그에게 그토록 큰 의미가 있었던 종류의 문헌들에 별 관심이 없었다. 그들은 교회 역사에 대해서는 사실상 아무 인식이 없어 보였다. 어떤 종류든 신학이라고 하면 무조건 의심의 눈초리를 보냈고, 기독교 신앙을 지적으로 이해하려는 관심을 보인다 해도 그 수준은 거의 유치하다고 할 정도였다. 더글러스 존슨을 개인적으로 좋아했고 또 이 두 번째 만남으로 그 호감이 더 깊어지긴 했지만, 로이드 존스는 자신이 일할 곳은 여기가 아니라는 확신을 굳힌 채 에버라본으로 돌아갔다.

그가 당대의 상황을 평가할 때 무엇보다 확신한 것이 있다. 그것은 이 나라의 신앙 추세가 참된 신앙부흥으로 성령이 부어져야만 변화될 수 있다는 것이었다. 성경을 읽고 조나단 에드워즈나 조지 윗필드 같은 사람들을 다시금 새롭게 돌아보면서 그는 과거의 어떤 일도 이 시대에 재현되지 못하리란 법은 없다고 생각했다. 교회는 기도와 설교라는 교회 본래의 사역으로 다시 부름받을 필요가 있었다. 그리고 작금의 신앙 형편을 고려해 볼 때 그는 그런 변화가 잉글랜드보다는 웨일스에서 일어날 가능성이 더 높다고 봤다. 잉글랜드의 복음주의자들은 전도에만 몰두하느라 교회 자체에 내재해 있는 진짜 문제점을 깨닫지 못하고 있었다.

1935년, 로이드 존스의 심령에 대각성을 향한 갈망이 크게 일어났던 특별한 이유가 또 있었다. 그해에 그는 하나님의 임재와 복 주심에 대한 뚜렷한 증거들이 몇 차례 나타나는 것을 보았다. 그만 그렇게 느낀 게 아니었다. 1935년 1월, 카디프의 우드 스트리트 회중교회에서 있었던 한 방송 시민 예배에서 10명의 나병 환자에 관해 설교하던 중,[눅 17:11-19] 예배 참석자들은 뭔가 특별한 일이 일어나고 있다는 걸 느꼈다. 카디프의 한 신문은 예배당 건물을 가득 메우고 있던 2천여 명의 영혼에 대해 논평하면서 이렇게 물었다. "우리는 지금 또 한 번의 남웨일스 신앙부흥의 전야를 맞고 있는가? 목회자들뿐만 아니라 일반 성도들도 사람들 사이에 새로운 영적 움직임이 일고 있다고 확신 있게 말한다." 이 신문에서는 로이드 존스의 설교가 라디오를 통해 웨일스의 수천 가정에 전해졌다고 하면서 그를 일컬어 "새로운 존 엘라이어스"라고 했다. 보통의 라디오 설교와 달리 이 설교는 원고를 보고 읽는 설교가 아니었다!

그해 웨일스 여러 지역에서 로이드 존스는 이처럼 하나님의 말씀에 집중적으로 관심을 쏟는 현상이 나타나는 것을 보게 된다. 그가 해버퍼드웨스트의 태버너클 채플에서 설교한 뒤 「웨스턴 텔리그라프」*Western Telegraph*는 "천 명 이상을 수용할 수 있는 예배당은 예배가 시작되기 한 시간 전부터 사람들로 가득 찼다"고 보도했다. 기자는 계속해서 보도하기를, "예배는 '이 시대가 냉랭하고 무관심한 시대'라는 추정은 크게 과장되었으며, 메시지를 지닌 사람이 있으면 사람들은 언제라도 반응할 준비가 되어 있다는 것을 보여준다"고 했다.

하지만 1935년의 가장 기념할 만한 예배는 데니얼 롤런드 회심 200주년을 맞아 랑게이토에서 열린 남웨일스 웨일스 장로교 연합회에서의 예배였다. 8월 16일자 「웨스턴 메일」지는 '랑게이토에서 벌어진 놀라운 광경'이라는 제목으로 기자가 직접 목격한 광경을 기사로 실었다. 8월 15일로 예정된 예배 이틀 전, 사람들이 "웨일스 각처에서 밤새도록, 거의 하루 종일 이 작은 마을로 쏟아져 들어왔다. 많은 이들이 노숙을 했다." 계획했던 집회는 오래된 랑게이토 교회와 200년 전 야외 예배장소로 쓰이던 마당의 대형 천막 두 곳에서 가질 수 있도록 조치되었다. 교회당은 800명 이상은 들어갈 수 없었고 천막엔 약 6천 명이 모일 수 있었다. 광고대로라면 교회당에서 설교해야 했지만, 로이드 존스의 설교를 듣기 위해 수천 명이 운집하면서 혼잡이 빚어지자 하는 수없이 예배 장소를 천막으로 옮겨야 했다. 그러나 예배 장소를 옮겼는데도 거의 한 시간가량 설교가 진행되는 동안 "수백여 명"이 천막 밖에 서서 설교를 들어야 했다. 이날 설교 본문은 사도행전 2:38의 "베드로가 이르되 너희가 회개하여 각각 예수 그리스도의 이름으로 세례를 받고 죄 사함을 받으라 그리하면 성령의 선물을 받으리니"였다.

작은 편지지 크기의 메모지 30면을 빽빽이 채운 설교문은 꼼꼼

1935년 1월 카디프에서 방송 시민 예배가 있던 날.
로이드 존스(가운데), 펜리 토머스 목사(왼쪽), 르웰린 윌리엄스 박사(오른쪽).

하고 완벽하게 준비했지만, 부흥이라는 주제는 다루지 않고 오순절 이후 줄곧 모든 위대한 영적 각성을 선도했던 진리들—인간은 죄 가운데 있다는 것, 얼굴과 얼굴을 맞대고 하나님과 만난다는 것, 죽음과 내세의 확실성, 참된 회개와 그리스도를 믿는 믿음만이 구원의 유일한 방편이라는 것—을 제시했다. 「웨스턴 메일」의 견해를 빌리자면, 이 예배는 "1904년 부흥 이래 남웨일스에서 목격한 가장 주목할 만한 예배"였다.

또 다른 기자 제임스 에번스는 로이드 존스의 등장에 대해 다음과 같이 소회를 밝혔다.

그는 내가 머릿속에 그리고 다녔던 모습과 다르지 않았다. 외모로 봐서는 절대 설교자임을 알 수 없었다. 복장은 어느 모로 봐도 그저 평범한 시민 복장이었다. 고백하거니와 나는 그가 성직자용 '목깃'이 달린 셔츠를 입었을 것으로 철석같이 기대했다. 그러나 아니었다! 그는 크지도 작지도 않은 키에 손이 희고 손가락은 좀 통통하고 짤막했다. 그러나 머리와 체형은 전혀 살집이 없었다. 생각에 잠긴 듯한 창백한 얼굴, 훤하고 넓은 이마, 빛나는 검은 머리, 날카로운 눈매, 얇은 입술은 고 존 모리스 경을 연상시켰다. 몸짓은 마치 목소리의 변형인 양 완벽할 만큼 자연스러웠다. 웨일스인 특유의 열정으로 알려진 특이한 억양은 전혀 시도하지 않았다.

시종일관 진지한 태도는 자주 주목의 대상이 되었고 그의 눈빛 또한 마찬가지였다. 청중은 그의 시선이 자신을 속속들이 살피고 있다고 느꼈다. 그러나 샌드필즈 교인들이 하는 말을 들어 보면, 그의 눈빛에는 표정의 엄격함을 완화해 주는 어떤 속성이 보일 때가 많다고 했다. "그는 미소 짓는 경우가 드물지만, 모두들 그 눈빛 뒤에서 감지되는 엷은 웃음에 대해 이야기한다."

언론에서는 그의 설교가 그렇게 영향력을 갖는 이유를 여러 가지로 제시했다. 「헤럴드 오브 웨일스」*Herald of Wales*는 "군중을 끌어모으는 것은 로이드 존스의 웅변술이 아니다"라고 단언했는데, 여기서 "웅변술이 아니다"라는 의미는 그가 19세기 웨일스 설교자들이 대중화시켰던 연극적이고 감정에 호소하는 기법을 사용하지 않았다는 말이다. 그가 강단에서 쓰는 용어 또한 전통을 따르지 않았다. "독터의 설교에서 느낄 수 있는 한 가지 매력은, 그가 사용하는 언어가 완전히 그만의 고유한 언어라는 점이다. 케케묵은 용어도, 상투어도 아니다. 옛날부터 쓰는 구태의연한 표현도 아니다. 설교자들의 의례적인 언어에서 자유롭다는 것이 그가 사람들을 끌어모으는 힘의 비결일 것이다."

그의 설교를 논평하는 이들이 거의 보편적으로 인정하는 사실은, 권위 있는 어조야말로 로이드 존스 설교에서 가장 눈길을 끄는 요소라는 점이다. "그의 설교가 힘이 있는 비결은, 설교 전반에 배어 있는 확신 있는 어투다." "사람을 끌어들이는 독터 존스의 비상한 능력은 줄어들 기미가 안 보인다. 이는 주로 그의 진지한 열심과 그가 그토록 확신 있게 선포하는 분명한 메시지 덕분이다." "상대를 압도하는 힘이 있는 성품, 강한 확신, 명료한 사상과 솔직 담백한 말투, 거기에다 미사여구의 효과를 노리는 태도가 전혀 없다는 것 등이 이 현대판 청교도의 초상이다."

그렇다고 해서 로이드 존스의 설교를 평가하는 이들이 그 설교의 영향력이 어떤 본질을 지니는지에 관해 모두 의견이 일치했다는 말은 아니다. 예를 들어 소설가 리스 데이비스Rhys Davies는 자신의 작품 『나의 웨일스』*My Wales*의 '남웨일스의 일꾼들'이라는 장에서 로이드 존스의 설교에 대해 생생하되 영적으로 전혀 공감이 없는 의견을 남겼다.

> 그럼에도 불구하고, 낭만이라는 외피를 두른 설교자가 여전히 대중을 끌어모을 수 있다는 사실을 나는 주중의 어느 날 저녁 론다에서 확인

했다. 독터 마틴 로이드 존스는 최대 규모 예배당으로 손꼽히는 곳에서 설교를 했다. 아직 젊은 나이에 일급 설교 은사를 지닌 로이드 존스는 우선 전도유망한 할리 스트리트 의사직을 버리고 전임 선교사가 되어 글래모건셔의 빈한한 지역으로 갔다는 걸로 유명세를 얻었다. 낭만적 심성을 지닌 웨일스 사람들은 감명을 받았다. 각처의 예배당에서 그를 초청해 강단에서 그의 웅변 재능을 검증하면서 그는 웨일스인들의 마음을 얻었다. 그는 약간 여윈 제임스 맥스턴James Maxton(스코틀랜드의 사회주의자 정치인)을 닮았다. 열렬하고, 힘차고, 흔들림이 없었다.

그가 설교하기로 되어 있는 예배당은 예배가 시작되기 두 시간 전부터 문이 열려 있었다. 나는 어떤 건물에 사람들이 그렇게 비위생적으로 가득 들어찬 광경은 난생처음 보았다. 1층은 무리하게 밀고 들어온 사람들이 쉼 없이 느릿느릿 움직이느라 소란스러웠다. 예배당 내부를 빙 둘러싸고 있는 거대한 회랑 좌석은 숨이 턱턱 막히는 열기 속에 벽까지 차곡차곡 들어차 있는 몸뚱이들로 뜨거운 김을 내뿜고 있었다. 바깥 날씨는 겨울이라 창문은 하나도 열려 있지 않았다. 결국 어떤 사람이 간신히 창틀까지 기어 올라가 15센티미터 길이 창문 하나를 열었다. 그런데 창문을 연 지 한 1분쯤 되었을까, 창문 바로 밑에 앉아 있던 여자가 창틀로 기어 올라가 창문을 다시 닫아 버렸다. 열려 있는 출입구나 복도를 통해서는 환기가 거의 이뤄지지 않았다. 거기까지 사람들이 촘촘히 들어서 있었다. 계단에도 사람들이 올라가 있었고 예배당 양쪽 통로에도 사람들이 가득 들어차 있었다. 열기가 얼마나 뜨거웠던지 파이를 구워도 될 정도였다.

독터 로이드 존스는 계단 사이를 비집고 간신히 강대상에 올랐고, 늦게 온 사람들로 그 빈틈마저 곧 들어찼다. 그는 오버코트를 입고 있었는데, 놀랍게도 20분쯤 후 설교를 시작할 때까지도 코트를 벗지 않았다. 예배당 밖에는 골짜기 위에서 아래로 사람들을 실어 나른 특별 대형 마차와 버스가 줄지어 서 있었다. 찬양이 시작되자 예배당 건물이 뒤흔들렸다. 귀청이 터질 듯 소리 높여 뭔가를 요구하던 찬송 소리는 한없이 부드럽고 감미로운 하소연으로 잦아들었다.

로이드 존스는 구시대 설교자들처럼 지나치게 멜로드라마 같은 기법은 사용하지 않았다. 설교 서두는 지나치다 할 만큼 지적으로 까다로웠다. 그의 진지함에는 냉정스러울 정도의 엄정함이 보여서 아주 매력적이었다, 적어도 내게는.……설교의 핵심 단어는 '굴복'이었다. 하나님께 굴복하기. 예배당 밖의 악,惡 망가지고 상한 골짜기 마을에 모여 사는 무지하고 비통한 인생에 대해서는 한마디도 하지 않았다. 그런 말이 왜 굳이 필요했겠는가! 하나님께 굴복하면 잠시나마 고통이 억제된다. 굴복을 선언하는 것으로 충분했다, 아마도. 바이올린 소리 같은 독터 로이드 존스의 멋진 목소리는 절묘하리만큼 그 같은 탄원을 하기에 적격이었다. 그리고 한순간 소름이 끼칠 정도로 감격적인 광경이 이어졌다. 웨일스의 위대한 설교자라면 누구나 갖고 있는 마법을 이용해 그는 하나님의 이름을 불렀다. 엄청난 열정으로, 두 팔을 활짝 벌린 채. 그런 그의 모습은 마치 회중을 향해 급강하는 커다란 검은 박쥐 같았다.

설교 말미에 초청의 말이 이어졌다. 이 자리에 계신 분들 중 계속해서 지도를 받고 싶다거나 하나님께 새로이 헌신하기를 원하는 분은 자리에 남아 주시기 바란다나? 마지막 찬송 소리가 웅장하게 울려 퍼졌다. 힘겨운 예배당 빠져나가기가 시작되었다. 예배당 안의 탁한 공기가 꺼림칙했던 나는 몇 차례 심호흡을 한 뒤 비척비척 광장 건너편 술집으로 목을 축이러 갔다.

이런 논평은 로이드 존스를 방해하지도, 흥분시키지도 않았다. 그는 자기 설교를 듣는 회중 가운데 이런저런 사람들이 다 섞여 있다는 걸 잘 알고 있었다. 그에게는 일부 청중의 맹목적인 찬사가 리스 데이비스 같은 사람의 건방진 발언보다 더 걱정이었다. 이 사실을 깨닫는 이가 별로 없어 보이긴 했지만, 웨일스인의 성격과 기질에 대한 리스 데이비스의 면밀한 평가는 로이드 존스의 설교에 아주 중요한 영향을 끼쳤다. 그는 몇 년 후 웨일스 BBC 방송에서 '신앙과 민족성'을 주제로 세 차례 강연하면서, 민족성은 그 사람이 신앙에 접근하는 태도에 영향을 끼친다고 주장했다. 영적 거듭남은 하나님의 주권적인 선물이지만, 그 거듭남이 타고난 혹은 민족적 특성을 지워 없애지는 않는다. 그는 이 진리를 상세히 설명하고 나서 웨일스 사람과 잉글랜드 사람의 차이점을 분석했다. 그가 생각하기에 가장 기본적인 차이점은, 잉글랜드 사람이 웨일스 사람에 비해 성격이 더 단순하고 통합적이라는 것이었다. 잉글랜드인들은 총괄적으로 생각하고 행동하는 경향이 있다. 감정과 생각과 의지가 함께 작용하는 것이다. 반면 웨일스인들은 "원래 서로 연계되지 않은 여러 가지 서로 다른 차원"에서 생각하고 행동할 수 있는 특성을 지녔다. 웨일스인들의 경우 감정과 상상의 차원이 겉으로 드러나는 모습 가장 가까운 곳에 있긴 하지만, 이들이 기본적으로 주정적主情的인 사람들이라고 한다면 그건 완전한 착각이라고 그는 주장했다. 웨일스인들을 단순히 감정적으로 감동시키려 해봤자 아무것도 이루지 못할 것이다. 왜냐하면 웨일스인이 의사 결정을 할 때 최종적으로 훨씬 더 큰 영향력을 발휘하는 요소는 지성으로, 이 지성이 반드시 감정에 따라 움직이지만은 않기 때문이다. 그의 말을 들어 보자.

> 웨일스 사람을 울리기는 쉽습니다. 하지만 웨일스 사람의 생각을 바꾸려면 지진이 한 번 일어나야 할 겁니다.……이 점에서 웨일스인의 성격은 정말 믿을 수가 없습니다. 웨일스인의 감정은 그저 표면에 얇은 층을 형성할 뿐입니다. 그 밑에는 두껍고 강력한 층, 웨일스인의 성격에서 가장 중요하고 가장 강력한 부분 즉 지성이 자리 잡고 있습니다. 웨일스인의 지성을 특징짓는 것은 이성에 대한, 명확한 개념에 대한 사랑입니다. 모든 것이 평이하고 명쾌하며 질서가 잡혀야 한다는 것이지요. 그러다 보니 끝까지 파고들어 논쟁해야 하고, 일관성을 요구하게 되는 겁니다.

이러한 분석이 정확하다고 생각한 로이드 존스는 청중의 감정을 즐겁게 해주려는 웨일스의 설교 경향을 위험한 착각으로 여겼다. 그는 "배우 설교자 부류"를 만들어 낸 것, "그들이 강단에서 구사하는 웅변이 귀는 즐겁게 해도 사람들의 마음과 양심에 아무런 영속적 효과를 내지 못하는 것"이 웨일스의 위험이라는 판단에 동의했다. 이와 같은 현상과 대조적으로 그는 이렇게 주장했다.

> 웨일스에 가장 필요한 것은 신학적이고 교리적인 위대한 설교로, 이런

> 설교는 하나님의 주권, 죄의 추악함, 인생의 불확실성, 심판과 내세, 주 예수 그리스도의 위격의 영광, 그분께서 십자가에서 우리를 위해 이루신 구원 사역의 충분성, 부활과 우리에게 있는 복된 소망을 강조할 것입니다. 이것이야말로 위대한 설교를 낳는, 압도적 웅변의 토대임을 증명하는 유일한 진리입니다.……웨일스인의 의지를 움직이려면 그리스도의 복음에 나타난 하나님의 힘과 능력 말고는 그 어떤 것도 충분치 못할 것입니다. 그와 동시에 이 복음은 지성과 이성의 모든 질문에 답변하고, 지성의 영역에서 온전하기를 바라는 갈망을 충족시키며, 우리 존재의 심연까지 우리를 감동시키기에 충분합니다.

그의 이러한 판단이 옳다는 것은, 이런 설교가 회복되면서 하나님의 은혜로 삶이 변화된 사람이 웨일스 전역에 수백여 명이었다는 사실로 풍성한 영적 확증을 얻었다. 로이드 존스의 설교는 산업 지대인 남웨일스 지역, 곧 탄광과 좁은 테라스 하우스, 공장과 연기 피어오르는 골짜기 가운데서 그토록 광범위하게 영향력을 발휘했다. 칼뱅주의 감리교에 전혀 동조하지 않았고 나중에 리버풀 대학교 법학 교수가 된 이 시기의 한 관측자에 따르면, 1930년대에 남웨일스를 공산주의에서 지켜 낸 두 사람이 있는데, 한 사람은 정치지향적인 사람들을 저지시킨 어나이린 베번Aneurin Bevan이고, 또 한 사람은 교회에 다니는 수많은 사람들을 붙들어 기독교 신앙에서 벗어나지 않게 만든 마틴 로이드 존스였다.

13.

에버라본을 떠나다

1930년대에는 웨일스 공국 밖에서 독터 로이드 존스를 찾는 소리들이 들리기 시작했다. 1935년 1월 1일, 런던의 「선데이 컴패니언」*Sunday Companion*지가 카디프에서 송출되는 그의 방송 예배를 주목하고 설교 요약문을 실었다. 1935년 11월 28일에는 영국에서 가장 잘 알려진 복음주의 주간지 「더 크리스천」*The Christian*이 한 쪽을 할애하여 '설교자-의사: 독터 마틴 로이드 존스'를 논평하는 한편, 1935년 12월 3일 바이블 테스티머니 펠로십Bible Testimony Fellowship이 런던의 알버트 홀에서 주최하는 집회에서 그가 설교하게 될 것이라고 공지했다. 그날 밤 로이드 존스의 설교를 들은 사람 중에 72세의 베테랑 설교자 캠벨 모건Campbell Morgan 박사가 있었다. 1920년대에 미국에서 영국을 여러 차례 오가던 모건은 1932년 마침내 영국으로 완전히 돌아와 당시 건강이 안 좋던 허버트 L. 심슨을 도와 노령에도 불구하고 웨스트민스터 채플에서 협력 사역을 재개한 참이었다. 1934년 심슨이 은퇴하자 그는 20세기 초에 설교로 유명세를 얻었던 그 교회에서 다시 단독으로 사역을 이어 나갔다.

그날 밤 전한 메시지에서 로이드 존스는 "지상에서 하나님의 교회가 현재와 같은 상태가 된 진짜 원인은 교회가 하나님의 영감된 말씀으로서의 성경에 대한 믿음은 물론 위대한 복음주의적 진리에서 자발적으로 일탈한 데서 찾을 수 있다"고 말했다.[1] 그 설교를 듣고 모건이 얼마나 깔끔하게 생각을 정리했는지는 그가 보낸 편지가 이틀 후 에버라본 목사관에 도착했다는 것을 보면 알 수 있다. 편지에서 그는 12월 마지막 주일에 웨스트민스터 채플에 와서 설교해 줄 것을 로이드 존스에게 요청하고 있다. 무뚝뚝하고 간결한 부탁이었음에도 로이드 존스는 이 요청을 수락했다. 허턴 박사가 웨스트민스터 채플을 담임하던 시절 그 교회에서 들은 설교에 빚진 바도 있었고, 마침 그날은 에버라본 강단을 하루 비워도 되는 날이었기 때문이다. 그리하여 1935년 12월 29일, 그는 난생처음 웨스터민스터 채플의 그 거대한 원형 설교단 위에 섰다. 거기 서서 보니 20년 전 처음 와 봤던 이 예배당 건물의 새로운 모습이 보였다.

아침 설교 본문은 요한복음 6:66-68이었고, 제목은 '너희도 가려느냐'였다. 저녁에는 마태복음 7:13-14을 본문으로 '좁은 문으로 들어가라'라는 제목 아래 '복음의 협소함'에 대해 설교했다. 아침 설교, 저녁 설교 모두 자기를 성찰하게 만드는 전도설교였다. 통상적 의미에서의 전도설교는 아니었지만 말이다. 비교적 복음주의적인 회중조차도 "심판받을 각오가 되셨습니까? 죄를 인격적으로 자각하셨고 하나님을 인격적으로 아는 지식이 있습니까?"라는 질문에는 익숙지 않았다.

모건에 뒤이어 잉글랜드의 다른 교회들도 잇달아 그를 초청하기 시작했다. 로이드 존스가 설교 요청을 수락한 또 한 교회는 스펄전의 태버너클Tabernacle로, 20세기 초 회중이 영적으로 침체에 빠졌을 때 이를 회복시키려 애썼던 H. 타이드먼Tydeman이 사임한 뒤 담임목사 자리가 공석이 되어 있었다. 「뱁티스트 타임즈」*Baptist Times*는 로이드 존스가 히브리서 6:11-12을 본문으로 해서 히브리인 성도들이 교리를 무시해서 어떻게 책망을 받았는지 설교했다고 보도했다.

로이드 존스를 청빙하면 그가 과연 이를 진지하게 고려할지 알아보려는 이들이 있었지만 이는 쓸데없는 짓이었다. 로이드 존스에게 제약이 된 것은 단순히 침례 방식의 세례 문제 때문만은 아니었다. 12개월 전 스완윅 IVF 총회에서 설교를 마치고 갈 때 가졌던 그 확신이 여전히 그와 함께 있었다. 그와 동시에 그의 내면에는 대영제국 내의 좀 더 광범위한 영적 상황에 대한 관심이 생겨나고 있었다. 또한 그는 잉글랜드 청중이 웨일스의 신문 보도처럼 그의 확신을 모두 다 이해하지 못하는 것은 아니라는 점을 깨닫고 있는 중이었다. 「복음 전도자」는 "잉글랜드 청중이 우리 웨일스 사람들만큼 그의 설교의 진가를 제대로 인식할 수 있을지 의심스럽다"고 독자들에게 말한 바 있었다.

웨일스 언론의 이런 주장이 틀렸음을 보여주는 모습들이 미국과 잉글랜드에서 곧 더 많이 나타났다. 1937년 5월, 로이드 존스는 북미를 다시 한 번 방문해 달라는 요청을 받아들였다. 둘째 딸 앤이 태어난 지 얼마 되지 않아 베단이 동행할 수 없었기에 이번엔 로이드 존스 혼자 가야 했다(앤이 태어남으로 이들 가족은 완전한 일가를 이루었다). 미국에 3주 머무는 동안 가장 중요한 용무는 오하이오 주 컬럼버스에서 미국 장로교 제149차 총회가 열리기 직전 총회 전도국 주최 콘퍼런스에서 강연하는 것이었다. 강연은 모두 네 차례 예정되어 있었는데 네 번 다 로이드 존스에게 맡겨졌다. 그중 두 번은 전도와 관련된 세미나 형식으로 제목은 '현 상황'이었다. 첫 집회 때 그는 '연구와 분석'을 다루었고, 두 번째 집회 때는 '(연구와 분석) 결과 처리법'을 다루었다.

1937년 6월 3일, 「더 프레스비테리언」*The Presbyterian*지는 이렇게 보도했다. "마틴 로이드 존스는 총회 직전 열린 콘퍼런스에서 멋진 기조 강연을 했으며, 강연의 효과가 체감되었다." 그러나 이 신문은 청중의 반응이 둘로 나뉘었다는 점 또한 지적했다. "로이드 존스는 오래전 존 웨슬리가 효과적인 복음 설교의 시금석으로 제시한 기준을 충족시켰다. 그는 추종자도 얻고 적대감도 불러일으켰지만, 이번에는 유명한 신학적 무관심주의자와 종교적 자유주의자들 사이에서 적대감을 일으켰다. 로이드 존스는 기독교의 진리를 단호히 주장했고, 아주 거침없고 세밀한 말투로 회개를 촉구하는 바람에 일부 청중은 불편함을 느꼈다."

당시 로이드 존스는 총회의 일부 지도자들 자신은 이런 불편함을 느끼지 않았는지 궁금했다. 단호한 교리 설교, 경험에 바탕을 둔

1937년 어머니와 함께 뉴욕으로 가는 중에(왼쪽에서 두 번째).

칼뱅주의는 보수 장로교인들 사이에서도 결코 흔하지 않았다. 콘퍼런스에 참석한 다른 여러 강사들은 분명 로이드 존스와는 다른 신앙 전통에 속해 있었다.

훗날 로이드 존스가 생각해 보니 이해 미국 방문에서 가장 중요했던 사건은 그 더운 6월 밤 잉글랜드에서 막 필라델피아에 도착한 캠벨 모건이 회중 틈에 섞여 앉아 또 한 번 자신의 설교를 들었다는 것과, 아마도 그날 밤 이 '젊은 설교자'를 자신의 동역자로 세우기로 작정했으리라는 것이다. 비록 그런 가능성을 예상하지는 못했지만, 설교를 부탁하는 편지를 받은 로이드 존스는 1937년 6월 27일 웨스트민스터 채플에서 두 번째로 주일 설교를 하기로 했다. 그는 자신과 모건의 신학적 입장에 차이가 있다는 것을 잘 알고 있었다. 3년 전 그는 어머니에게 이런 편지를 보냈었다. "웨스트민스터 채플 말인데요. 캠벨 모건 목사님이 살아 계신 한 제가 그곳에 갈 일이나 뭐든 그 교회와 관계 맺을 일은 전혀 없을 듯합니다."

다른 교회에서 청빙이 오기를 기다린 것은 아니지만, 샌드필즈에서 과중한 업무를 오래 지속할 수 없으리라는 사실이 점차 확실해졌다. 설교 외에 부수적인 일로 시간과 에너지를 소모해야 하는 경우가 불쑥불쑥 생겼다. 앞에서 이미 살펴봤다시피, 그가 설교자의 소명을 받았다고 확신했을 때 그 소식을 처음 전해 들은 친구들은 의사 일을 계속하면서 평신도 설교자가 되기를 종용했다. 그는 언젠가 샌드필즈에서 절충의 위험에 대해 설교하면서 그때 그 친구들의 조언을 예로 들었다. "제가 이곳에 오기 전, 마귀가 제게 말하기를 '의사 일도 계속하고 설교는 주일에만 하면 되지 않겠느냐?'고 했습니다. 저는 그 말에 혹해 한번 그렇게 해보려고 했지요. 하지만 오래지 않아 그게 얼마나 절망적 실패인지 깨달았습니다. 하나님이 어떤 사람을 설교자로 부르시면 그건 다른 어떤 것도 아닌 설교를 하라고 부르시는 것입니다."

당시 그는 의사직에 작별을 고해야 한다고 확신했다. 이 결단을 실행에 옮기는 데 뭔가 도움이 필요했다면 그 도움은 웨일스의 의료계 동료들이 베풀어 주었다. 그가 샌드필즈에 도착할 당시 영국의학협회 스완지 지부에서 특별 회의를 열어 로이드 존스 문제를 어떻게 처리할지 의논했다. 그가 설교를 하기는 하되 아마 이 지역에서 개업을 하거나 고문 의사가 될 수 있을 만큼 명성을 쌓을 때까지만 하리라는 게 참석자들의 일반적인 의견이었다. 로이드 존스는 이 회의에 대해 이야기하면서(그는 한 참석자에게서 이 회의 소식을 전해 들었고, 그 사람은 후에 로이드 존스의 좋은 친구가 되었다) 이렇게 회상했다. "그들은 나에 관해 어떤 조치도 취하지 않기로 엄숙하게 결정했고, 그대로 실행에 옮겼다!"

그는 의사로서든 혹은 단순히 친목을 위해서든 포트 탤벗 지역 의사들과 전혀 접촉이 없었다. 그런데 어느 날 티타임에 데이비드 리스David Rees라는 의사가 스완지에서 온 한 고문 의사와 함께 찾아와 목사관 문을 두드렸다. 그가 로이드 존스를 찾아온 것은, 중병에 걸린 자기 동생을 좀 봐 줄 수 있는지 알아보기 위해서였다. 세 사람은 곧 일티드 리스의 집으로 향했다. 차를 타고 가면서 환자의 증세에 대해 이야기를 듣던 로이드 존스는 환자가 호지킨 병(악성 육아종증),Hodgkin's disease 그것도 펠 엡스타인Pell-Epstein형이라는 특별한 유형의 호지킨 병을 앓고 있다는 것을 알게 되었다. 이 증상은 로이드 존스가 연구 과정에서 계속 연구했던 증상이었다. 환자를 살펴본 그는 자신의 진단이 맞다는 걸 확인했고, 깜짝 놀란 다른 두 의사는 이제 가능한 치료법에 관해 그에게 조언을 얻고자 했다. 로이드 존스는 호더라면 이런 증상을 치료할 수 있고 병세를 일시 완화시킬 수 있겠으나 환자가 결국 사망할 수밖에 없는 것이 이 질환의 양상이라고 일러 주었다. 이리하여 일티드 리스는 런던으로 후송되었고, 그 이후 상황은 샌드필즈 목사가 예상한 그대로였다.

이 일이 동네 사람들 입에 오르내리면서 로이드 존스는 지금까지 소원하게 지내던 사람들과 새로이 관계를 맺게 되었다. 그 일이 있은 지 며칠 후 포트 탤벗의 한 유력한 의사가 그를 찾아왔다. 옥스퍼드 출신 의사에다 전에 길에서 로이드 존스를 봤을 때 눈길도 안 주던 사람이 목사관까지 찾아와 "제 이름은 필립스입니다"라고 자기 소개를 하는 것이었다. "알고 있습니다, 독터 필립스." 로이드 존스는 현관에서 직접 그를 맞으며 대답했다. "안으로 들어오시겠습니까?" 그러자 손님은 갑자기 이렇게 말했다. "제가 인간이라면 목사님을 대했던 제 태도에 대해 무릎을 꿇고 용서를 빌어야 할 겁니다!"

지역 의사들의 태도에 이렇게 대변화가 일어난 것은, 비록 좋은 현상이긴 했으나 너나 할 것 없이 모두 독터를 찾아와 의료 상담을 하게 만드는 결과를 낳았다. 전에도 그는 환자의 전담의가 동의하는 경우 무료로 의학적 조언을 주는 경우가 있었지만, 이제 거의 모든 의사들이 너무도 기꺼이 동의를 해주자 그의 도움을 구하는 이들이 크게 늘어났다. 이 점에서는 필립스 자신이 모든 문제를 일으킨 장본인이었다. 런던 이외의 지역에서 자신이 인정할 만한 의학적 소견을 내는 사람은 독터 로이드 존스뿐이라는 걸 그가 주변에 알렸기 때문이다!

이렇게 환자가 도움을 청해 올 때마다 책임감을 느끼고 이를 받아들이면서 로이드 존스는 비록 제한적이었지만 의료계에 다시 발을 들여놓지 않을 수 없게 되었다. 도움을 청해 오는 환자가 교인이 아닌 경우 그는 소정의 치료비를 받았고, 이 돈은 예외 없이 샌드필즈 재정으로 편입되었다. 이렇게 모인 금액은 예배당 건축 부채를 마침내 다 변제할 수 있는 중요한 요인이 되었다. 한번은 형편 좋은 어떤 사람이 샌드필즈 목사관에서 의료 상담을 하고 돌아가면서 상담비를 '계산'하려고 지갑을 꺼냈다. 그런데 환자가 지불하는 모든 돈이 다 교회 재정으로 들어간다는 말을 들은 그는 급히 지갑을 다시 집어넣고는 바지 주머니를 뒤져 동전 몇 닢을 꺼내 놓기도 했다!

바로 이 시기에 정신 질환 문제가 새로운 방식으로 로이드 존스의 관심권으로 들어왔다. 이 무렵 의학계에서는 '죄에 대한' 어떤 강력하고 괴로운 '자각'은 정신과 치료를 요하는 일종의 노이로제 증상이라는 주장이 거의 보편적으로 받아들여지고 있었다. 수많은 회심 사례에서 볼 수 있는 이런 종류의 '증상'은 사도행전에도 기록되어 있었고, 실제로 샌드필즈 교인 '스태포드셔 빌' 같은 사람의 경우도 정신 질환 유형으로 간주되는 게 보통이었다. 사실 로이드 존스가 의사 일을 그만두었을 때 바톨로뮤 병원에는 로이드 존스 자신도 '정신병'을 앓고 있는 것이라는 믿음을 굳이 감추지 않는 이들이 있었다.

의학적 관점에서 볼 때 로이드 존스가 진짜 정신 질환과 그 괴로운 증상에 대해 익히 알고 있었음은 물론이다. 또한 그는 많은 이들의 경우 정신과적 도움이 중요하다는 점을 과소평가하지 않았다. 하지만 이 시기 그는 병원에서 '정신과' 환자로 취급되지만 사실은 그저 영적 문제를 안고 있을 뿐인 사람들을 접하기 시작했다. 그가 그렇게 믿는 데는 이유가 있었다. 그런 사람들의 경우 영적 처치 외에는 그 어떤 것도 도움이 되지 못했기 때문이다. 그가 이 점을 실제 사례로 확증한 경우가 한두 번이 아니었다.

이런 경험 덕분에 로이드 존스는 상담할 때 매우 중요하다고 여긴 한 원칙에 대해 더욱 확신을 굳혔다. 진짜 심신에 병이 있는 사람을 영적 처방으로 치료하려고 하면 매우 불행한 결과가 빚어지는 것과 마찬가지로, 영적인 문제가 있는 사람을 정신 질환이 있는 사람에게나 유익할 방법으로 치료하는 것 또한 잘못이라는 것이었다. 그러나 심신 질환과 영적 질환은 증상이 아주 유사한데, 지금 고통스러워하며 도움을 필요로 하는 사람이 둘 중 어느 쪽에 속하는지 어떻게 구분할 수 있는가? 그가 내린 결론은, 거듭난 사람의 경우처럼 그의 괴로움이 죄에 대한 인식과 확신의 부재에서 비롯될 때, 다시 말해 이 상황에 영적 원인이 있을 때, 이 사람은 그의 필요에 딱 들어맞는 성경의 진리와 약속을 제시하면 반응을 보인다는 것이다. 그런 반응이 즉각적이고 총체적이지 않을 수도 있지만, 세심한 목회자라면 알아볼 수 있을 것이다. 반면, 괴로움 당하고 있는 사람을 그리스도인이라 믿고 위의 경우처럼 성경을 활용했는데 그 사람의 괴로움이 없어지지 않는다면, 그때는 정신과적으로 도움을 구하는 게 치유의 가능성이 높다.

에버라본은 비교적 가난한 노동자 계층 주민들이 많은 지역이어서 로이드 존스의 의료 기술에 대한 수요가 매우 자주 있었다. 바로 이런 요인 때문에 그는 자신이 지금 '능력의 한계치'에 이른 채 사역하고 있다 생각하게 되었다. 난생처음 목소리에도 이상이 생겼다. 그 당시의 거대 규모 예배당에는 대개 마이크 시설이 없었고, 게다가 이따금 야외에서도 설교를 해야 했다는 것이 그를 더더욱 힘들게 했다. 어떤 뚜렷한 이유 없이 목소리가 나오지 않는 때가 있었고, 이 시기 에버라본에서는 설교를 다 마치지 못하고 그냥 설교단에 앉아 있어야 했던 경우도 두 번이나 있었다. 나중에 알게 되었지만 원인은 발성 문제였다. 그는 '인후에서' 소리를 내는 경우가 너무 많았다. 신체와 신경 에너지가 모든 활동을 다 감당할 수 있었던 청년 때에는 이런 잘못된 발성에서 비롯되는 문제가 심각하지도 않고 뚜렷이 드러나지도 않았지만, 이제 그런 에너지가 줄어들면서 문제가 점점 드러나기 시작했다. 그는 몇 년간 이 문제로 고민하다가 결국 발성 습관을 바꿨다.

샌드필즈 사역이 거의 끝나간다는 확신은 10년 전 그를 그곳으로 이끌었던 자각처럼 아주 불가사의하게 찾아왔다. 훗날 그는 "마치 셔터가 내려진 것 같았다"고 말하곤 했다. 반갑게 맞아들일 만한 경험과는 거리가 멀고 오히려 "정말 크게 당혹스러웠다"고 했다.

1937년 가을, 바로 이런 상황에서 로이드 존스는 담임목사가 공석 중인 런던의 메릴본 장로교회Marylebone Presbyterian church에서 설교해 달라는 긴급한 요청을 받았다. 에지웨어 로드 외곽 조지 스트리트에 자리 잡은 메릴본 교회 예배당은 '런던에서 가장 멋진' 건물을 자랑했으며, 잉글랜드에서 가장 영향력 있는 장로교회로 손꼽혔다. 「브리티시 위클리」에서 50년 동안 편집자로 일하다가 막 퇴직한 제인 스토다드를 비롯해 스코틀랜드 이주민 교인이 적지 않은 이 교회는 그즈음 미국 대사 부부 같은 유력한 인물들의 후원까지 받고 있었다.

회중은 잉글랜드 장로교회가 흔히 그렇듯 초기 복음주의 전통을 따라 비교적 막연한 메시지에 익숙해져 가다가, 1937년 전임 목사가 호주에서 청빙을 받고 떠나자 일부 교인들이 변화의 가능성을 보았다. 몇 년 전 잉글랜드 장로교 총회 의장은 장로교단이 대중에게 왜 그리 호소력을 갖지 못하는지 그 이유를 따져 보는 자리에서 이런 질문을 했다. "우리는 복음을 설교하는 최상의 방식을 찾아내지 못한 것이 아닌가? 잉글랜드 장로교 목회자들의 설교는 성격상 대부분 너무 학구적이지 않은가?"(「브리티시 위클리」, 1932년 5월 5일)

담임목사가 공석 중인 메릴본 교회의 임시 당회장 J. 차머스 라이언이 이례적으로 웨일스 장로교 쪽으로 시선을 돌린 것도 바로 위와 같은 의문을 강하게 느꼈기 때문이었다. 그는 로이드 존스에게 설교를 부탁하는 편지에서 고백하기를, 머릿속에서 로이드 존스의 이름을 지워 낼 수 없다고 했다.

이리하여 1938년 첫 주일 아침 로이드 존스는 메릴본 장로교회 강단에 서서 과부와 기름병[왕하 4:1-7] 이야기를 본문으로 그리스도인의 삶의 신비롭고 초자연적인 성격에 대해 설교했다. 저녁에는 나인 성 과부의 아들이 다시 살아난 기적[눅 7:11-16]을 본문으로 특유의 전도설교를 했다. 그는 청중에게 말했다. "오직 그리스도의 능력만이 나인 성을 빠져나가고 있는 장례 행렬을 멈출 수 있습니다. 오직 그 능력만이 실패와 죄와 죽음의 현존 앞에 서 있는 이 세상의 절망을 변화시킬 수 있습니다."[2] 그날 메릴본의 회중은 외래 설교자들이 설교 때마다 종종 들먹거리는 산문이나 시 인용구 같은 건 한 번도 듣지 못했다. 그런 걸 아쉬워하는 것 같지도 않았다.

1938년 2월 첫째 주 「브리티시 위클리」는 다음과 같이 알렸다.

> 목요일 저녁 메릴본 교회에서는 교인들이 대거 참석한 가운데 포트 탤벗의 독터 마틴 로이드 존스 목사를 J. 골더 번스 목사의 후임으로 청빙하기로 결정했다. 청빙 결정은 참석 교인들의 열화와 같은 호응 속에 만장일치로 이뤄졌다.

1938년 2월 3일 이 같은 언론 발표가 있을 당시 로이드 존스는 메릴본 교회의 청빙을 하나님의 인도로 보고자 했다. 런던은 설교 사역을 펼칠 수 있는 곳으로서 본디 구미가 당기지 않는 곳이었지만, 메릴본 강단은 그에게 의미 있는 기회를 제공했다. 런던에서는 웨일스에서 그랬던 것처럼 의료 상담을 하느라 시간을 빼앗길 필요가 없을 터였고, 웨일스 목회의 상당 부분을 차지했던 외부 설교도 없을 터였다. 언론 발표가 있던 순간 그는 아무 말도 하지 않았고, 사실 아직 어떤 결정을 내려야 할 단계도 아니었다. 런던에서의 청빙건은 먼저 메릴본 교회가 소속된 런던 북노회의 승인을 거쳐 그에게 전달되어야 했는데, 북노회는 1938년 4월 12일에 모일 예정이었기 때문이다.

그러나 4월이 되기 전 또 다른 상황이 발생했다. 잉글랜드 비국교도들에게 가장 중요한 연례행사로 손꼽히는 전국 자유교회회의 총회The National Free Church Council Assembly가 3월 마지막 주에 열렸다. 800명의 총대가 참석한 가운데 본머스의 리치몬드 힐 교회에서 열린 이 총회에 로이드 존스가 3월 30일 수요일 저녁 설교자로 초청받았다. 폐회 뒤 존 쇼트John Short 박사가 이 총회에 대해 「브리티시 위클리」지에 장문의 기사를 실었는데, '남웨일스에서 들린 음성'이라는 부제로 그가 특별히 관심을 기울여 설명한 것이 바로 그날 저녁의 그 집회였다.

> 독터 마틴 로이드 존스 목사는 감리교 목회자가 되려고 좋은 직업을 포기한 사람으로, 자신은 강연이 아니라 설교를 할 것이라 알려 왔다. 그건 정말 감동적이고, 신선하고, 흥미롭고, 도전적이고, 가슴 뭉클한 경험이었다. 이 사람은 타고난 설교자에다 장차 이 땅 사람들의 신앙생활

에서 하나의 큰 세력이 될 사람이다. 그는 신학도 정통 신학이고 자신의 메시지를 전하는 방식도 아주 설득력 있다.……사도행전 9:32을 본문으로 택한 그는 거기서 말하는 기적을 우리의 현재 상태에 대한 비유로 설명했다.……대규모 회중은 그의 말에 사로잡혔고 처음부터 끝까지 완전히 그의 설교에 빠져들었다. 전국 총회가 말씀을 전할 강사를 보강할 생각이 있다면 독터 마틴 로이드 존스를 붙잡기 위해 최선을 다해야 할 것이다. 그는 우리가 고대하고 있는 현대판 무디Moody다.

총회 다음 주인 1938년 4월 6일, 로이드 존스는 칼뱅주의 감리교단 남웨일스 연합회에서 임명한 6명의 형제들의 면담 요청을 받고 이들과 만났다. 교단에서는 그가 메릴본 교회 청빙 건과 관련해 어떤 결정을 내리기 전에 먼저 만나 의논을 하려고 조바심을 치던 참이었다. 연합회 의장의 주재로 니스Neath에 있는 포워드 무브먼트 회관 예배실에서 열린 회합에서 의장은 그가 웨일스를 떠나려는 것에 대해 "슬픔과 유감"을 느낀다고 하면서 "우리를 떠나지 말기를 교단의 이름으로 간청"했다. 연합회 대표단의 다른 멤버들도 같은 취지의 발언을 하자 로이드 존스는 메릴본 교회의 청빙을 진지하게 고려할 수밖에 없는 이유들을 설명했다. 후에 이 6명의 대표단이 연합회에 보고한 대로 그 이유에는 다음과 같은 내용이 포함되었다.

1. 그는 샌드필즈에서 소명받은 일은 다 완수했다고 생각했다.
2. 그는 웨일스 내의 다른 교회에서 사역할 수는 없다고 생각하고 있으며, 최근에 하고 있는 것처럼 본 교회 외에 외부로 돌아다니며 설교

> 하는 일도 이제는 할 수 없을 듯하다고 했다. 또한 그는 칼뱅주의 감리교단—자신이 소중히 여기는—을 떠나고 싶은 마음이 없지만, 현재의 과중한 업무가 신체적으로 부담이 되고 있으며 만약 이 상태가 계속될 경우 자신의 사역을 만족할 만한 수준으로 이행할 수 있을지 장담할 수 없다고 말했다.[3]

이에 대해 대표단은 담임목회에 대한 부담 없이 교단 내에서 좀 더 광범위하게 영향력을 행사할 수 있는 자리로 사역지를 옮기면 되지 않겠느냐고 간청했다. 이들은 "2년 안에" 그가 목회자 후보생 교육 관련 사역에 직접 참여할 기회가 있을 것으로 내다봤다. 이들이 염두에 두었던 것은, 교단이 운영하는 에버리스트위스 대학 교장직이 곧 공석이 되리라는 점이었다. 현 교장 해리스 휴스 목사가 곧 은퇴할 예정이었는데, 만일 이들이 예상하는 것처럼 또 하나의 교단 신학교인 발라 대학의 D. M. 필립스 교장이 에버리스트위스로 옮겨 갈 경우, 그의 자리는 독터 로이드 존스의 은사에 아주 안성맞춤이 될 터였다. 발라 대학의 목회자 후보생들은 1년 동안 목회 실습 과정을 이수하게 되어 있었기 때문이다.

로이드 존스 앞에 이렇게 예기치 못한 상황이 전개되고 있는 동안 또 한 가지 고려해야 할 상황이 발생했다. 나중에 밝혀지다시피 이는 그에게 아주 결정적인 상황으로, 그에게 주어진 여러 가능성 중 하나를 단번에 기각시켰다. 4월 12일 런던 북노회가 열렸는데, 잉글랜드 장로교와 웨일스 장로교 사이에 목회자 교환에 관한 상호 자격 규정이 정해져 있지 않았던 까닭에 북노회에서는 청빙 대상자가 잉글랜드 장로교로 이명 신청을 하는 조건으로 청빙을 허가하겠다고 했다. 게다가 이 조치에 따르려면 목회자로서의 능력을 검증하는 시험도 봐야 했다! 로이드 존스는 청빙을 거절했다.

한편, 같은 달인 1938년 4월에 또 다른 가능성들이 생겨났다. 우선, 자유교회회의Free Church Council에서 자신들과 함께 사역해 줄 수 있겠는지를 묻는 편지를 보내왔다. 이들은 쇼트 박사가 「브리티시 위클리」에 기고한 글을 통해 일러 주지 않았더라도 이 웨일스인이 자신들의 지원 아래 교파를 가리지 않고 웨일스 여러 지역을 오가며 설교 사역을 펼침으로 큰 유익을 끼칠 수 있다는 것을 이미 알고 있었다. 또한 앞에서 살펴보았다시피 로이드 존스의 미래에 깊은 관심을 갖고 있는 이가 또 있었다. 바로 캠벨 모건이다. 그는 로이드 존스에게 막 접근하려던 중 메릴본 교회 측에서 선수를 치자 크게 당황했다! 그는 로이드 존스의 설교를 들은 뒤 그를 잊어 본 적이 없었고 회중교회의 다른 지도자들, 특히 오랜 친구 J. D. 존스와 흉금을 터놓고 나눈 대화도 잊지 않고 있었다. 최근 본머스의 리치몬드 힐 교회 담임목사직에서 은퇴한 존스는 에버라본의 이 칼뱅주의적 감리교도야말로 회중교회 교단의 보루인 런던 웨스트민스터 채플을 지탱하는 한편, 그곳을 거점 삼아 장차 잉글랜드 비국교도들 가운데서 지도력을 행사하기에 가장 적합한 인물이라는 확신을 점점 굳혀 가고 있는 중이었다.

로이드 존스의 거취가 어떻게 결정될지 걱정되었던 캠벨 모건은 경과를 알려 달라고 로이드 존스에게 부탁했다. 그래서 4월 27일 로이드 존스가 전화를 걸어 메릴본 교회의 청빙을 거절했다는 소식을 전하자 노목사는 뛸 듯이 기뻐했다. 그러나 그 청빙 건 말고 또 다른 가능성에 대해 이야기를 들었음에도 모건은 즉시 자기 속마음을 드러내지는 않았다. 대신 그는 다음 날 아래와 같은 편지를 써 보냈다.

> 어제 전화를 주신 것에 대해 감사를 드립니다. 목사님의 결정 사항을 친절히 알려 주신 덕분에 저는 크게 기뻤습니다. 올바로 인도받아 그렇게 결정하셨을 것으로 믿습니다. 저는 무엇보다도 목사님이 발라 대학에 대해 말씀하신 것에 관심이 큽니다. 7월 이후 일에 대해 자유교회회의 측과 어느 정도까지 이야기가 진전되었는지 모르겠지만, 제가 다시 연락을 드릴 때까지 명확한 결정을 좀 유보해 주실 수 있을지 궁금합니다. 목사님께 꼭 드리고 싶은 말씀이 있는데, 그 전에 먼저 시간이 좀 필요합니다. 부디 답장을 주시길 바랍니다.

샌드필즈 교인들은 담임목사가 메릴본 교회로 가지 않기로 결정했다는 것을 알고 기뻐했지만, 그 기쁨은 오래가지 않았다. 여러 가지 가능성들이 눈앞에 있고 거기서 어떤 결과가 도출될지 확신할 수 없었던 로이드 존스는 자신이 이제 탈진 직전이고, 또 앞으로의 상황과 관계없이 말 그대로 휴식이 절박하게 필요하다는 생각을 떨쳐 버릴 수 없었다. 1938년 5월 1일 주일, 샌드필즈 교인들은 7월 말로 사임하겠다는 담임목사의 발표를 듣고 할 말을 잃었다. 늘 그랬듯 언론에서는 사실을 정확히 파악하지도 않고 즉시 '에버라본 목사 파문'이라는 제목으로 기사를 실었다. 일부 신문들은 그가 "건강이 안 좋다"는 것을 지나치게 과장했고, 또 어떤 신문은 '장기 휴식 필요'라는 제목으로 "그가 목회 일선에서 물러나기로 했다고 에버라본 교인들에게 알렸다.……깜짝 놀란 제직회에서는 결정을 재고해 줄 것을 독터 로이드 존스에게 요청했다"고 보도했다. 물론 그가 목회에서 '은퇴'할 리는 없었다. 또 다른 신문의 보도는 비교적 사실에 좀 더 근접해 있었다.

> 그는 과로 상태가 심각해 사임하는 것이라 말했다. 현재 너무 지쳐 있어 완전히 방향을 바꾸어 휴식한 뒤 앞으로 교단이 맡겨 주는 사역에 임할 생각이라고 했다.

한편, 이와 같은 소식이 에버라본에 전해지던 바로 그 주, 캠벨 모건에게서 또 한 통의 편지가 도착했다. 4월 28일에 보낸 첫 번째 편지의 답장을 통해 로이드 존스가 당장은 아무 일도 맡지 않았다는 것을 알게 된 모건은 지체 없이 기회를 붙잡았다. 사임을 발표한 그 다음 날 아침에 도착한 편지에서 그는 웨스트민스터 채플로 와서 앞으로 6개월 동안 함께 강단에 서자고 로이드 존스에게 요청했다. "경이로울 만큼 목사님에게 딱 들어맞는 사역, 즉 설교 사역을 위한 진정한 기회를 이곳에서 발견하실 것으로 저는 믿습니다."

로이드 존스는 한시적이라는 조건이라면 이 초청에 응해도 좋겠다는 생각이 들었다. 그러나 그 이상은 아니었다. 그의 마음은 앞으로 발라의 교단 신학교에서 새로운 사역을 펼치는 쪽으로 기울어 있었기 때문이다. 교단 측과 후속 논의를 마친 뒤 그는 캠벨 모건 박사에게 편지를 보내 웨스트민스터 채플에서 임시 설교자로 사역해 달라는 요청을 수락했음을 확인해 주는 한편 자신이 런던으로 간다는 것에 대해서는 함구해 달라고 부탁했다.

* * *

로이드 존스가 에버라본을 떠나기 직전, 잉글랜드에서 발행되는 한 전국 일간지에 장문의 기사가 실렸다. 기사 내용은 샌드필즈의 이 목사가 줄곧 피하고자 했던 그런 유형의 기사였다. 기자는 로이드 존스를 직접 취재하지 않고 에버라본에서 이 사람 저 사람에게 물어보고 다닌 뒤 '현대판 성자가 된 할리 스트리트의 의사'라는 제목으로 몇 가지 사실들을 보도했다. 그는 로이드 존스와 에버라본 다수 주민들의 독특한 관계가 주로 로이드 존스의 개인적 삶에 대한 믿음에 바탕을 두고 있다고 제대로 파악했다.

> 마틴 로이드 존스가 에버라본의 담임목사로 지낸 지 이제 11년, 그를 에워싸고 살아 있는 성자에 관한 전설이 빚어져 왔다. 나는 활기 없는 거리를 두루 돌아다니며 이 전설에 대해 뭔가를 알아냈다. 그것은 '사랑하는 독터' 자신에게서는 절대 알아내지 못할 전설이었다. 교인이든 아니든 에버라본의 수많은 소박한 주민들은 로이드 존스를 당연히 모든 남자들의 형제로 여겨 일종의 경외감마저 담긴 엄숙한 감사로 대한다. 지난 11년 동안 에버라본의 이 의사 성인은 찬란한 위업을 쌓았다. 그가 이를 입에 올리는 일은 절대 없을 테지만, 그 영향력은 차곡차곡 쌓여, 마치 세번Severn에서 세찬 바람이 불어와 마을을 상쾌하고 깨끗하

게 하는 것처럼 이 작은 동네를 온화하게 하는 것 같다. 마을 사람들은 그가 상당 액수의 재산을 다 털어 돈이 필요한 사람들에게 실제적 도움을 주었고, 밀린 집세를 내거나 심지어 집을 살 수 있도록 도와주었다고 말한다. 교회 위원회가 모일 때 그가 늘 하는 질문은 "자, 정말로 도움이 필요한 사람이 누굽니까?"이다. 여기 에버라본 사람들은 그가 자신들에게 돌아오기를 기도한다. 그가 에버라본을, 바닷바람 몰아치는 이 작은 교회를 떠나기로 결심한 이유가 뭐냐고 묻자 한 친구가 대답했다.

"모르겠어요. 제가 아는 건, 목사님은 평생 아무리 사소한 일일지라도 오랜 시간 기도하지 않고는 함부로 결정하지 않는 분이라는 것뿐입니다."

1938년 7월 말, 바로 얼마 전에 교회 옆에 새로 지은 목사관 빅토리아 로드 28번지에서 마침내 짐을 싸야 할 날이 다가왔다. 그건 결코 쉬운 일이 아니었다. 그 뒤 사람들과 작별하는 일도 그에 못지않게 힘들었다. 샌드필즈는 단순히 여러 다양한 활동을 위한 장소가 아니라 그보다 훨씬 더 큰 의미를 지닌 곳이 된 지 오래였다. 샌드필즈는 영적인 가정으로, 그곳에서 '가족'으로 함께한 삶은 많은 이들에게 장차 있을 영광을 진정으로 맛보게 해주었다. 마틴과 베단은 앞으로 어떤 사역을 하든 1926년 그 잊지 못할 첫 방문 이후 이곳 사람들과 맺은 긴밀한 영적 유대는 어느 곳에서도 다시 경험하지 못하리란 것을 깨달았다. 15년이 지난 후 로이드 존스가 샌드필즈에서 다시 설교하게 되는 것은 그만큼 이곳이 이들 부부에게 큰 의미가 있기 때문이기도 했다.

14.

잉글랜드 그리고 전쟁

도심의 어느 좁은 거리의 굽잇길을 돌아서면, 주변 아파트 구역과 상점과 주택들 지붕 위로 망루만 솟아 있는 웨스트민스터 채플이 불쑥 모습을 드러낸다. 그 위용이 수 세대에 걸쳐 예배자들의 발걸음을 재촉해 왔지만, 사람들이 이 교회에 매력을 느끼는 게 오로지 건물 외관 때문인 건 아닌지 한번 의심해 볼 만하다. 대다수 사람들은 어쩌면 아무 감흥도 없이 건물 앞을 지나다닐 수도 있다. 1915년 로이드 존스가 우유 배달을 다닐 때 그랬던 것처럼 말이다. 사실 1863년에서 1865년 사이에 옛 건물을 헐고 새 건물을 지은 이 회중교회 교인들은 버킹엄 게이트와 캐슬 레인 모퉁이의 부지가 너무 협소해 이 빅토리아풍 '성당'에 어울릴 만한 주변 환경을 조성할 수가 없었다. 2

세기 전 이 모퉁이 땅에는 원래 웨스트민스터 병원이 자리 잡고 있었는데, 역사적으로 의미 깊은 이 거리와 골목길에는 그때부터 이미 수많은 건물들이 촘촘히 들어서 있었다. 1865년에 완공된 새 교회당은 어쩔 수 없이 그 건물들에 에워싸일 수밖에 없었다.

캠벨 모건이 이런저런 식으로 교회당에 자신의 족적을 남긴 건 한두 가지가 아니었다. 1904년 그가 이 교회에 처음 부임할 당시 교인들에게 얼마나 열렬히 환영받았는가 하면, C. H. 스펄전 같은 인물들이 사용하던 유서 깊은 설교단을 철거하고 이 예배당에 이상적이라 할 수 있는 커다란 원형 설교단을 설치하는 데 성공했을 정도였다. 하지만 캠벨 모건은 더 중요한 의미에서 웨스트민스터 채플에 영향을 끼쳤고, 1932년 이곳에 다시 돌아온 이후에도 그 영향력은 과거 못지않았다. 그가 1904년부터 1917년까지 이곳에서 처음 목회를 하고 그 뒤로 J. H. 조위트, 존 A. 허턴 그리고 허버트 L. 심슨 세 사람의 목회자가 이곳을 거쳐 갔다. 정도의 차이는 있지만 세 사람 모두 복음주의자였다. 그러나 그들 중 누구도 성경 전권의 완전영감을 뚜렷이 지지하지 않았다. 그 결과 웨스트민스터 채플은 비국교도 교회의 전반적인 추세에 따라, 성경을 그다지 중요하게 믿고 따르지 않는 그런 교회가 되어 버렸다. 그냥 내버려 둘 경우, 교인들이 성경에 대한 입장 따위는 상관없이 그저 인상 좀 좋은 사람을 다수결에 의해 담임목사로 청빙할 가능성이 있었고, 무엇으로도 그걸 제재할 수 없을 터였다. 캠벨 모건은 바로 이 문제에서 자신의 믿음을 강경히 내세웠다. 영국에서 사반세기에 걸쳐 신앙이 퇴조하면서 그는 먼 옛날 1889년 여름에 스태포드셔에서 첫 목회를 시작할 당시에는 상상도 못했던 영적 상황을 목도하게 되었다. 이런 변화는 기독교가 성경의 영감에 관한 다양한 '이론들' 가운데서도 융성할 수 있다는 대중적인 오류와 관련되어 있다는 게 그의 확신이었다. 따라서, 다시 한 번 웨스트민스터의 담임목사가 되어 달라는 제안을 받았을 때 그가 무엇보다 신경 썼던 것은, 필연적으로 단명할 수밖에 없는 장차 자신의 목회가 아니라 이 교회와 강단이 성경을 단단히 고수하여 성경적 기독교에 전념할 수 있도록 확실히 해둘 필요가 있다는 것이었다.

모건은 하나님의 섭리로 자신이 다시 웨스트민스터에 온 것은 앞으로 교회가 가야 할 방향을 정하기 위해서라고 올바로 인식했다. 1938년 9월 로이드 존스가 '대리 설교자'로 웨스트민스터에 합류했을 때 그는 벌써 자신이 바로 이 사람을 위해 길을 예비하고 있는 것이라 확신했다.

1938년 무렵 런던 중심부의 자유교회 설교자들은 거의 예외 없이 웨스트민스터 채플의 이 신참 설교자와는 상당히 다른 견해에 침잠해 있었다. 사실 그해에 런던의 몇몇 교회들에는 변화가 있었다. 근처 웨스트민스터 센트럴 홀에서는 딘스데일 T. 영이 50년간의 복음주의적 목회를 마무리 지었다. A. D. 벨든 박사 또한 윗필드 채플 사역을 끝냈는데, 벨든은 한때 그 18세기 전도자의 전기를 쓰려고 했으면서도 그 전도자가 전한 메시지와는 아주 다른 설교를 했다.

1930년대에는 런던에 신세대 설교자들이 등장했다. 마지막으로 R. F. V. 스코트Scott가 폰트 스트리트의 세인트 콜럼바 스코틀랜드 국교회에, W. E. 생스터Sangster가 웨스트민스터 센트럴 홀에 부임했다. 이들은 로이드 존스와 거의 동시에 부임했다. 이 새로운 인물 중 메소디스트 킹스웨이 홀의 도널드 소퍼,Donald Soper 감리교도이면서 이제 역사적으로 의미 깊은 회중교회 시티 템플의 목사가 된 레슬리 D. 웨더헤드Leslie D. Weatherhead가 두드러진 선도자 역할을 했다. 구세대 목회자들은 성경의 완전영감설을 배격하면서도 강단에서는 그런 주제에 대해 함구하는 걸 지혜로 여겼는데, 이들과 달리 소퍼와 웨더헤드는 언제라도 성경의 '오류'에 대해 기탄없이 말하고 성경을 신앙의 출발점으로 삼는 걸 공공연히 비난할 자세가 되어 있었다. 이들은 이 시대에 기독교가 진보하려면 사람들이 낡은 교리의 편협함에서 해방될 필요가 있다고 선포했다. 교회들에게 이 '해방'이 무엇을 의미하는지 실제적인 면에서 예를 들어 주기라도 하려는 듯 시티 템플은 1938년 여성 부목사를 임명했다.

로이드 존스가 웨스트민스터에 부임해 어떤 교회 생활을 하게 되었는지에 대해서는 약간의 설명이 필요하다. 교회는 (회중교회의 교회 정치에 따라) 원칙상 교회회의church-meeting의 지도를 받았지만, 오랜 기존 관습상 목회자에게 교회 운영에 관한 전권이 주어졌다. 이는 목회자의 독재권에 대한 빅토리아 시대의 개념이 20세기까지도 소멸되지 않고 남아 있던 탓이기도 했고, 대형 교회에서는 통제와 대표의 수단으로서 교회회의가 무력할 수밖에 없기 때문이기도 했다.

런던으로 다시 온 후 처음 12개월 동안 로이드 존스는 여러 가지 예상치 못한 상황을 만났다. 샌드필즈와 대조적으로, 웨스트민스터의 교회 생활은 깜짝 놀랄 만큼 특이했다. 교회 가까이에 사는 교인도 별로 없었고, 교회와 지역 주민들 사이에 공동체 의식도 없었다. 여자 집사들이나 다른 봉사자들을 동원해 이웃 주민들, 특히 가난한 사람들을 전도하려고 해봤으나 이런 활동은 교회의 힘을 키우는 데 별 기여를 하지 못했던 듯하다. 일찍이 모건은 도심의 교회들과 연합하여 이런 문제들을 극복해 나가려는 노력으로, '성경 연구소'Institute를 도입했다. 이 연구소 체제 아래, 주일학교와 성경공부반에서부터 선교사회와 레크리에이션반에 이르기까지 여러 가지 다양한 모임들이 조직되었다. 모건의 입장에서 성경 연구소의 중심은 매주 금요일 오후 7시 30분에 그가 직접 인도하는 '금요 저녁 성경학교'였다. 이 금요일 밤 모임은 모건의 독창적인 아이디어였기에 1939년 로이드 존스가 동사목사co-pastor로 부임한 뒤에도 전적으로 이 노목사 혼자 이끌어 나갔다.

성경 연구소는 1930년대 후반에도 계속 운영되었고, 특히 금요일 밤 모임에는 교인들이 아주 열심히 출석했다. 하지만 캠벨 모건은 점차 이 제도의 가치에 의구심을 품게 되었고, 그래서 동료들에게 말하기를 만약 시간을 되돌릴 수 있다면 절대 이 일을 시작하지 않을 거라고 했다. 로이드 존스가 이유를 묻자 노목사는 "그게 그러니까, 교회 안에 또 다른 교회를 만들어 버렸잖소"라고 했다. 사실이 그랬다. 주일엔 보통 회중이 예배당 맨 아래층과 1층 회랑 좌석을 가득 채운 데 비해(아마 1,500명 정도) 교회회의 참석자는 그 인원의 일부에 지나지 않았다. 웨스트민스터 채플에 나오는 사람 중엔 실제로 교회에 등록하지 않은 이들이 많았다.

에버라본에서 교회 생활을 경험해 본 로이드 존스 가족들은 웨스트민스터 채플엔 확실히 연합 의식이나 교인들 사이의 영적 교제가 거의 없다고 느꼈다. 이 교회는 영적 삶을 희생하고 대신 조직 자

웨스트민스터 채플.

체에 너무 관심을 쏟았다. 교회의 주중 활동에서 무엇보다 아쉬운 것은 기도회가 없다는 점이었다. 웨스트민스터 목회 후반 때의 로이드 존스만 아는 사람들은 '체조반' 시범 때 사회자 역할을 하는 그의 모습을 상상할 수 없겠지만, 웨스트민스터에 온 첫해에는 가끔 그런 일에도 관여해야 했다. 교회에는 소녀단과 소년단 지회도 결성되어 있어, 다른 모든 교인들처럼 그도 이런 활동을 아주 중요하게 여길 거라 생각하고 그에게 도움을 기대하곤 했다.

로이드 존스가 웨스트민스터 채플로 온 지 겨우 한 달 만에 모건은 6개월이 아니라 앞으로 계속 공동 목회를 하면 어떻겠느냐는 제안을 내놓았다. 이리하여 청빙 계약이 갱신되어 12월 8일(모건의 사역이 76번째 해로 접어들기 전날) 교회회의에서 만장일치로 가결되었다. 하지만 로이드 존스는 이 제안을 받아들이지 않았는데, 이는 자신의 거취를 두고 웨일스에서 진행되고 있는 논쟁 때문이었다. 칼뱅주의 감리교 남웨일스 연합회는 웨일스에 로이드 존스의 사역지를 마련하는 일을 계속 추진하는 중이었고, 연합회 내부는 물론 언론에서도 다양한 가능성들이 공표되거나 제안되었다. 로이드 존스가 '일반 선교사'나 포워드 무브먼트의 차기 감독이 될 수는 없을까. 발라 대학의 현 교장이 에버리스트위스 대학으로 자리를 옮길 경우 그가 발라 대학 교장이 될 수 있지 않을까. 구체화된 가능성은 하나도 없었다. 남웨일스 연합회는 마침내 그에게 발라의 교수직을 맡기기로 하고 이를 밀고 나갔다. 하지만 이 안을 실현하는 데에는 한 가지 결정적인 난제가 있었다. 당시 칼뱅주의 감리교단은 남부와 북부 두 연합회의 치리를 받고 있었는데, 이 두 연합회는 오래전부터 라이벌 관계였다. 1939년 4월 체스터에서 북부 연합회가 회집했는데, 연합회 지도부는 어떤 직분으로든 로이드 존스를 발라로 부르는 것을 지지할 생각이 없음을 아주 분명하게 드러냈다. 공개적으로 논쟁하고 싶어 하지는 않았지만 이들이 반대하는 주원인은 교리에 있었다. 로이드 존스 입장에서 체스터 연합회에서 도출된 결론은 앞으로의 거취를 결정하는 데 필요한 지침이 되었다. 이에 1939년 4월 23일 캠벨 모건은 로이드 존스가 청빙을 수락하여 동사목사로서 자신과 동역하게 될 것이라고 교인들에게 공표했다. 카디프의 윌리엄 존스 목사는 상황이 이렇게 전개되는 것을 정확히 알고 남웨일스 한 신문의 통신원 칼럼에 이렇게 썼다. "'인간은 제안하고 하나님께서는 적소에 배치하신다.' 발라 대학의 교수 자리도, 포워드 무브먼트 감독직도 이 말씀 설교자에게는 어울리지 않을 터이다. 어느 자리로 가든 그는 새장에 갇힌 새 신세였을 것이다. 독터 존스가 웨일스를 떠나 잉글랜드로 가는 것은 보편적으로 볼 때 교회에 손실이 아니다. 감리교니 회중교회니 하는 것은 분파주의자들의 회의 말고는 아무짝에도 쓸모가 없다."

잉글랜드에서 보낸 첫해에 또 한 가지 상황이 전개되었는데, 이 역시 로이드 존스에게는 놀라움으로 다가왔다. 그는 잉글랜드에서는 웨일스에 비해 주중 예배가 흔하지 않고, 그래서 주중에는 설교 요청이 훨씬 적을 것이라 생각했다. 하지만 그의 짐작은 틀렸다는 게 드러났다. 로이드 존스의 설교에 대한 비공식적 보도를 통해 그의 이름이 잉글랜드에 잘 알려지게 되었고, 1938년 3월 본머스 총회 이후 자유교회회의 지도자들도 잉글랜드 각처에서 열리는 초교파 행사에 그를 강사로 추천하곤 했다. 그는 곧 웨일스에 있을 때 못지않게 설교를 많이 하게 되었고, 북부 도시들에서도 처음으로 설교를 했다. 1938년 10월에는 뉴캐슬어폰타인Newcastle-upon-Tyne에서 그리고 그다음 달에는 글래스고Glasgow와 에든버러Edinburgh에서 설교했다. 1939년 봄에는 에든버러에 또 한 번 가서 그곳에서 가장 큰 강당인 어셔 홀에서 일주일간 연합 전도 집회 설교를 했다. 이때 한 신문은 이렇게 보도했다. "에든버러에서 영적으로나 지적으로 이보다 더 무게 있고 이보다 더 감명 깊은 설교는 오랫동안 들어 보지 못했다."

런던에서도 로이드 존스는 초교파 복음주의운동과 관계를 새로이 해야 할 상황이 되었다. 그 운동의 선두에 선 것이 IVF였는데, 로이드 존스는 잉글랜드 복음주의 진영이 교리에 대한 이해가 빈약하다는 점 때문에 여전히 고민이면서도 IVF가 하나님의 말씀으로서의 성경을 고수한다는 걸 생각하면 이 단체를 지지할 의무가 있다고 여기게 되었다. 이 점에서 그는 IVF 총서기 더글러스 존슨의 고집스러움에 도움을 받았다. 로이드 존스는 1935년 스완윅 총회 때 IVF를 위해 마지막으로 설교한 이후 이 단체가 국제 관계, 특히 스코틀랜드 및 네덜란드와의 관계를 강화하는 데 주목했다. 스코틀랜드 자유교회 인물들, 예를 들어 로이드 존스가 「이반젤리컬 쿼터리」*Evangelical Quarterly* 지면을 통해 처음 알게 된 도널드 매클린Donald Maclean[1] 박사 같은 사람이 이제 IVF 강사로 활동하면서 이 단체의 영향력을 강화하는 데 기여하고 있었고, 네덜란드의 칼뱅주의 학생운동과 새로이 연대한 것도 영향력 강화에 도움이 되었다. 로이드 존스는 자신이 IVF에서 홀로 외로운 목소리를 내지 않아도 될 것이며 그 안에서 더욱 폭넓고 하나님 중심적인 확신이 형성될 가능성이 있다고 믿기 시작했다. 이 믿음은 IVF가 1939년 6월 27일부터 7월 3일까지 케임브리지에서 개최한 국제 복음주의 학생 콘퍼런스에서 더욱 확실해졌다. 이 콘퍼런스에서 그는 모두 세 번 강연했는데, 그중 한 번은 『그리스도 우리의 성화』*Christ Our Sanctification* 라는 소책자로 발간되어 그 뒤 여러 해 동안 유포되었다. 그는 이 표현에 성화의 의미뿐만 아니라 그리스도인으로 존재한다는 게 어떤 의미인지 그 온전한 정의까지 포함되어 있음을 다음과 같이 설명했다.

> 그리스도를 오로지 나의 칭의로만 받아들이고 나중에 나의 성화로 받아들일지 말지를 결정할 수 있는 건 아닙니다. 그분은 한 분이요 나눌 수 없는 분으로, 여하튼 그분을 받아들인다면 그분은 그 즉시 여러분에게 "지혜와 의로움과 거룩함과 구원함"고전 1:30이 되실 것입니다. 그리스도를 오로지 구주로만 받아들이고, 주님으로 받아들일지 거부할지를 나중에 결정할 수 있는 게 아닙니다. 구주는 죽음으로 값 주고 우리를 사셨고, 그리하여 우리를 소유하신 주님이시기 때문입니다. 신약성경 어디에서도 성화를 신자에게 있을 수 있는 어떤 부가적 체험으로 가르치거나 제시하지 않습니다. 오히려 성화는 신자 안에 이미 존재하는 어떤 것, 신자가 날이 갈수록 점점 더 실감해야 하고 그 안에서 날마다 점점 더 자라 가야 할 무언가로 제시됩니다.[2]

로이드 존스가 공동 목회를 하게 되었다는 소식이 1939년 4월에 공표되긴 했지만, 4월은 취임식 자체로서는 적당한 날짜가 아니었다. 웨일스에서 보낼 긴 여름휴가를 앞두고 있었기 때문이다. 그래서 취임 예배는 9월 4일로 정해졌다. 하지만 8월 31일, 라디오 방송에서는 곧 전쟁이 벌어질 가능성을 경고했고, 런던을 비롯한 주요 도시에서 아이들을 피난시킬 즉각적인 계획을 발표했다. 휴가를 마친 로이드 존스는 앞일을 알 수 없어 베단, 엘리자베스, 앤(1937년에 태어난)을 남웨일스에 남겨 두고 9월 3일 주일에 혼자 런던으로 돌아가 웨스트민스터 홀에서 저녁 설교를 하기로 했다. 그날 아침 11시, 캠벨 모건은 설교단에 오르자마자 쪽지 하나를 건네받았다. 독일을 상대로 전쟁이 선포되었다는 내용이었다. 얼마 후 공습 사이렌이 울렸고, 그는 예배를 중단할 수밖에 없었다. 저녁예배와 다음 날 저녁으로 예정되었던 취임 예배도 취소되었다.

다른 수많은 사람들과 마찬가지로 로이드 존스의 삶도 돌연 불확실성으로 가득해졌다. 가장 먼저 해야 할 일은 베단과 함께 런던에 살림집을 장만하려던 계획을 취소하는 거였다. 그는 돌아오는 주일(9월 10일) 오전 11시 예배와 오후 6시 예배를 드릴 것이냐 말 것이냐에 대해 모건 박사와 의논을 했다. 두 사람은 평소와 다름없이 예배를 드리기로 결정했다. 이때 로이드 존스는 어머니와 동생이 사는 빈센트 스퀘어 12번지에 임시로 머물고 있던 중이었다. 이 집에서도 전시를 대비해 서둘러 해야 할 일이 있었다. 마틴은 베단에게 보내는 편지에 이렇게 썼다. “오늘은 집 안 창문에 ‘접착 종이’를 붙이느라 하루가 다 갔소. 그래야 폭격 때 깨져서 사방에 흩어지지 않지. 끈적끈적하고 몹시 고단한 일이었다오!” 스퀘어의 주택들에서 내려다보이는 정원에는 방공호(사실은 깊은 참호)가 이미 파여 있었다. 9월 5일 그는 베단에게 이렇게 써 보냈다. “내 거처로 말하자면, 이 대피소가 다른 어떤 곳보다 안전하리란 게 내 생각이오. 화재 위험도 없고, 건물이 폭발하거나 무너져 내려 유리 파편이나 잔해 등이 튈 염려도 없기 때문이지. 경계경보 시간은 아주 충분해요.……내가 참호로 피하지 못할까 봐 걱정할 필요는 없어요. 어떻게든 반드시 대피할 테니까."

런던은 혼란스럽고 비현실적인 상태가 되었다. 주일 아침 이후 자꾸 들리는 공습 사이렌은 '허위 경보'가 아니라 '공습 대비'ARP를 위한 시험 운용이었다. 공중 폭격이 있을 경우 첫 두 달 사이에 사상자가 100만 명은 될 것을 내심 두려워한 정부의 종용으로 영국 전역에서 150만 명이 도시를 버리고 대피했다. 방독면이 모두에게 지급되었지만, 로이드 존스가 채링 크로스 로드의 시청에 가 보니 2세에서 5세 사이 아이들이 사용할 수 있는 방독면은 없었다. "어린이용 방독면은 지금 제작 중이라고 하오. 구하는 대로 하나 보내 주겠소." 그는 베단에게 그렇게 소식을 전했다.

9월 10일 주일 저녁, 39세의 이 목사가 강단에 올랐을 때 그가 본문으로 택할 수 있는 말씀은 하나뿐이었다. "우리가 여기에는 영구한 도성이 없으므로 장차 올 것을 찾나니."히 13:14 그는 전쟁이 교회에 다니는 모든 사람들의 영적 형편을 곧 시험할 것임을 알았다. 그러므로 이 새로운 상황은 자기 검증을 하라는 부름이었다. 늘 그랬듯 그의 메시지는 우선 그 자신을 향해 선포되었다. 그는 베단에게 보내는 편지에서 이렇게 말했다. "이는 우리 믿음과 신앙을 진짜로 시험하는 상황이오. 여러 가지 이유로 우리는, 우리 모두는 태만했던 것이 분명한데, 그런 우리에게 첫 번째로 요구되는 것은 회개요." 9월 17일 주일 설교 본문은 사도행전 16:25 말씀, "한밤중에 바울과 실라가 기도하고 하나님을 찬송하매 죄수들이 듣더라"였다. 그는 베단에게 이렇게 말했다. "바울과 실라가 옥에서 찬송한 것에 대해 설교했소. 두 그리스도인과 다른 죄인들의 대조점에 대해서 말이오. 설교할 때 나에게 자유가 주어졌고, 메시지에 기름이 부어졌음을 느꼈소."[3]

같은 편지에서 로이드 존스는 장차 강단 사역을 어떤 방향으로 할 것인지에 대해서도 아내에게 귀띔했다. "설교에 관해서는 엄청난 기회가 열려 있다고 여겨지오. 지금으로서는 사람들이 충격을 딛고 일어설 수 있도록 도와줄 말이 필요하지. 하지만 그다음에는 이들을 각성시킬 예언자적 설교가 필요할 거요."

10월에 5주 연속으로 했던 시리즈 설교에서는 위로조의 내용이 두드러졌다. '일반 신정론'general theodicy 곧 '하나님께서 일하시는 방식을 변호함', 그는 이 연속 설교의 테마를 베단에게 그렇게 설명했다. 첫째 주에는 응답되지 않는 기도에 대해 사람들이 불평하는 경향을 다뤘다. 도입부에서 그는 이렇게 말했다. "많은 사람들이 묻습니다. 1938년 9월의 위기 이후 줄곧 기도하는데 하나님께서 왜 귀 기울이지 않으시냐고 말입니다." 이 질문에 대해 좀 더 이야기하고 나서 그는 설교 본문인 디모데전서 2:8에서 대답을 제시했다. "그러므로 각처에서 남자들이 분노와 다툼이 없이 거룩한 손을 들어 기도하기를 원하노라." "언제 어떤 조건에서든 누구나 다 기도로 하나님께 다가갈 수 있다고 하는 것만큼 성경의 가르침에 지극히 모순되는 전제는 없을 것입니다.……인간은 죄 때문에 하나님께 다가갈 권리를 잃었고, 사실인즉 그냥 내버려 두면 인간은 절대 하나님께 다가가지 않을 것입니다."

신약성경에서 두 구절, 구약성경에서 두 구절을 근거로 그는 '하나님께서는 왜 전쟁을 허용하시는가?'라는 주제를 전개해 나갔다. 그는 이 질문에 그릇된 답변이 주어지고 있을 뿐만 아니라 흔히 이 문제를 접근하는 방식 자체가 온통 잘못되었다고 주장했다. 그는 교회가 예기치 못한 일에 대처할 준비가 되어 있지 않다고 하면서 그 이유를 다음과 같이 말했다.

> 엄밀한 사고, 엄밀한 정의, 엄밀한 교의가 심각하게 평가 절하되어 왔습니다. 우리를 위해 뭔가 해줄 수 있고 우리를 행복하게 해줄 수 있는 어떤 힘으로서의 신앙에 온통 치중해 왔습니다. 신앙의 정서적·감정적 측면을 지나치게 강조하는 통에 지적인 측면이 희생되어 왔습니다. 사람들이 기독교를 단순히 온갖 종류, 온갖 부류의 성가신 일들에서 자신을 계속 기적적으로 구제해 주는 뭔가로 생각하는 경우가 너무 많습니다. 우리가 귀가 닳도록 들어 온 구호가 이를 증명합니다. "믿어 보라", "기도해 보라"는 구호들을 자주 외치는데요. 이런 말을 들으면 "무엇이든 필요한 게 있을 때마다 하나님께 구하기만 하면 된다. 그러면 채워질 것이다"라는 생각이 듭니다.……우리는 자기 자신과 자기 기분, 자기 느낌, 자신의 내면 상태에 너무 몰두해 있어서, 우리에게 깊이 영향을 끼치는 외부 문제들에 직면하면 도대체 어떻게 생각해야 하고 어디서부터 시작해야 할지를 도통 모릅니다.

그는 전쟁을 일신의 편안함과 생의 희락을 방해하는 것으로 보아서는 안 된다고 말했다. 전쟁에는 그보다 훨씬 심각한 뭔가가 관계되어 있었다. 전쟁은 인간이 추구하는 바로 그 삶에 대한 하나님의 심판이다. 전쟁이 허용되는 것은 "인간이 그 전쟁을 통해 죄가 사실상 어떤 것인지 어느 때보다도 더 분명히 볼 수 있도록 하기 위해서"

이며, 그리하여 하나님께로 다시 돌아가도록 하기 위해서이다.

또한 그는 전쟁이 도래한 것에 놀라워해서는 안 된다고 말했다.

지난번 전쟁 이후 평화의 복이 임하자 하나님과 신앙을 버리고 본질상 물질주의적이고 죄악 된 삶에 안주하는 이들이 점점 늘어났습니다. 지난번 전쟁이 정말로 '전쟁을 종식시키는 전쟁'이었다 생각하여 그릇된 안도감에 빠진 것입니다. 보험제도 및 각종 대비책에 기대어 아직 잔존하는 위험 요소들에서 자신을 지키고자 하는 이 나라 사람들과 다른 모든 나라 사람들은 쾌락을 추구하는 삶에 몸을 맡긴 채, 거기 수반되는 영적·정신적 나태함에 빠져 버렸습니다. 이는 신앙이 퇴조하는 현상에서도 분명히 볼 수 있지만, 소름이 끼칠 만큼 도덕이 퇴락하는 모습, 심지어 정치적·사회적 인식까지 내리막길을 걷는 모습에서 더욱 뚜렷하게 볼 수 있습니다. 독일의 지도층은 타락에 기대었고 타락이라는 터 위에서 계획을 세웠습니다. 그리고 1938년 9월의 위기가 찾아왔지요. 남녀 할 것 없이 모두 예배처로 몰려들어 평화를 구하는 기도를 했습니다. 그 후 이들은 또 모여서 평화를 주신 것에 대해 하나님께 감사했지요. 그런데 이들이 평화를 구한 게 오직 단 하나의 진짜 목적, 즉 "모든 경건과 단정함으로 고요하고 평안한 생활을" 하려 했기 때문이었습니까? "주를 경외함과 성령의 위로"행 9:31 가운데 행할 수 있기 위해서였습니까? 사실이 사실을 말해 줍니다. 그래서 저는 이렇게 묻습니다. 우리에게 평화를 구할 권리가 있었습니까? 우리가 평화를 누릴 자격이 있습니까? 평화를 보존해 주시고 평화를 허락해 달라고 하나님께 구하는 게 과연 정당화될 수 있습니까? 우리가 평화를 누릴 만하지 않기 때문에, 평화를 누릴 자격이 없기 때문에, 불순종과 불경건과 죄악으로 평화라는 복을 지극히 남용했기 때문에 전쟁이 임한 거라면 어떡하겠습니까? 우리는 하나님께서 평화 상태를 보존해 주사 인간이 그저 하나님의 거룩한 이름을 모욕하는 삶을 지속할 수 있게 해주실 것을 기대할 권리가 있습니까?

1939년 10월에 행한 이 다섯 편의 설교는 곧 책으로 출판되었다.[4] 그의 설교를 직접 들은 이들 중에는 전쟁 통에 끝내 살아남지 못한 젊은이들도 있었다. 전쟁이 터졌을 때, 칼 요한 브룬Carl Johan Bruhn이라는 한 덴마크인 청년이 영국인 신부 앤과 함께 60킬로미터 길을 달려 로이드 존스의 설교를 들으러 왔다. 의학을 공부하던 중인 그는 아직 의사 자격도 없는 상태에서, 러시아와 치열한 접전이 벌어지고 있는 핀란드의 적십자사에서 봉사하다가 로이드 존스의 강력한 만류가 있고서야 봉사 활동을 그만둔 청년이었다. 로이드 존스가 로마서 8:28을 본문으로 설교하던 날('하나님께서는 왜 전쟁을 허용하시는가?' 연속 설교 마지막 날), 칼 브룬은 목회실로 그를 찾아와 설교 말미에 인용한 성경 구절 출처가 정확히 어디인지, 특히 "내 은혜가 네게 족하도다"라는 말씀을 어디에서 찾을 수 있는지를 물었다. 이듬해, 의사 자격증을 딴 브룬은 지체 없이 유럽의 전선으로 뛰어들었다. 그는 적에게 짓밟힌 조국의 레지스탕스 군에 지원해 입대를 허락받았다. 1941년 12월 영국 공군의 수송기에 실려 낙하산으로 덴마크 땅으로 들어가기로 한 날, 수송기에서 뛰어내리기에는 기상 상황이 너무 안 좋았다. 2차 시도는 12월 28일에 있었다. 자정 무렵, 비행기가 정확한 낙하지점에 이르자 브룬은 승무원들에게 작별을 고하고 칠흑 같은 어둠 속으로 뛰어내렸다. 그러나 낙하산은 펴지지 않았다.

남편을 여윈 앤 브룬은 평생을 로이드 존스 후원자로 남아 이런 글을 썼다. "그는 주 그리스도를 지극히 높였고 절대 주제넘게 나서지 않았다. 그리하여 내 안에 살아 계신 하나님에 대한 참 갈망을 일으켰다. 하지만 나에게 자기 만족감 따위는 남기지 않았으며, 기운을 꺾어 절망 근처에 가게 하지도 않았다."

* * *

1939년에서 1940년으로 이어지는 겨울, 독일은 서유럽을 맹공격하는 일에 여전히 아무 관심도 보이지 않았다. 폴란드가 일단 함락되었으므로 독일 측에서 프랑스와 영국이 받아들일 만한 조건을 제시할 수 있을 듯 보였다. 마지노 선Marginot Line(제2차 세계대전 전에 프랑스와 독일 국경에 구축된 프랑스의 요새선—옮긴이)에 106개 사단 병력으로 겨우 23개 사단 규모의 독일군과 마주하고 있던 프랑스는 폴란드를 되찾으려고 어떤 공격을 감행할 의사가 없었다. 몇 주 동안 이어진 '전반적인 느낌'에 근거해 로이드 존스는 "전쟁이 앞으로 1년을 넘지 않으리라는 느낌이 들었다"고 했는데, 다음 달이 되자 웨스트민스터 온 교인들에게도 이 같은 느낌이 확산되었다. 런던은 너무 평온해서 다른 뭔가가 있을 거라고 생각하기 힘들 정도였다. 독일 측의 맹공이 있을 것이라던 애초의 예상이 틀렸다는 것이 드러나자 사람들이 현 정세에 전반적으로 당혹스러워하는 것도 어쩌면 당연했다. 9월 15

일 가족들을 만나러 웨일스에 잠깐 다녀온 뒤 마틴은 베단에게 보내는 편지에서 이렇게 말했다. "당신을 떠나오면서 그토록 참담한 기분이 들었던 적은 없었던 것 같소." 런던으로 돌아오는 길에 그는 도시를 두고 피난 갔던 사람들이 벌써 돌아오기 시작하는 것을 보았다. "어제 기차에는 여자와 어린아이들이 12명쯤 있었는데, 앤만큼 어린 아이도 몇 있었다오. 그 사람들 마음은 충분히 이해하지만, 이건 아주 지혜롭지 못한 행동이라 여겨지는구려."

나라 상황이 이렇게 혼란스러운 것에 더하여 로이드 존스 자신의 마음에도 큰 불안의 요소가 있었다. 첫째, 의사 자격을 갖추고 있는 만큼 의사로서 국가를 위해 봉사하라고 부름받을지도 모른다는 현실적인 가능성이 있었다. 9월 4일, 그는 "의료 복무와 관련해 BMA(영국의학협회)에서 모종의 연락이 있을지 모른다"고 예상하고 있었다. 9월 18일 베단에게 보내는 편지에서 그는 이 문제에 대해 이렇게 말했다.

> 의료계는 모든 게 큰 혼란에 빠져 있는 듯하오. 고문 의사들은 전원 후방 기지 병원에 나가 있소. 할 일은 아무것도 없는데 말이오! 이 사람들은 즉시 개인 진료를 그만두고 이 기지 병원에서 일하면서 연 800파운드를 지급받기로 계약했다는군. 모두 런던에서 곧 끔찍한 공습이 있을 것으로 예측하고 벌인 일이라오. 이걸 생각하면 더글러스 존슨이나 나 같은 사람이 BMA에서 아무 연락을 못 받는다 해도 이상할 게 없지.

더글러스 존슨에 대해서는 앞에서 이미 짧게 설명했다. 35세밖에 안 되었음에도 존슨은 벌써 15년째 IVF 총서기로서 이 단체를 이끌고 있었다(1934년부터는 전임으로 사역했다). IVF 초대 총재 중 한 사람인 렌들 쇼트Rendle Short 교수의 끈질긴 권면으로 그는 남로디지아(현 짐바브웨)에 의료 선교사로 가려던 소망을 접고 당시 그가 생각했던 것보다 훨씬 더 국제적인 사역이 될 단체에 부름받아 헌신했다.

전쟁이 발발하자 나이 차이가 다섯 살밖에 안 나는 이 두 전직 의사는 더욱 긴밀한 사이가 되었다. 이는 단순히 1939년 4월 1년 임기의 IVF 총재로 선출된 로이드 존스가 이제 학생 사역에서 공식 고문 역할을 하게 되었기 때문에 하는 말이 아니다. 민족성이 다름에도 두 사람이 자연스레 서로 좋아하게 되었기에 하는 말이다(한 미국인은 "더글러스 존슨은 너무도 영국적이어서 주일에 교회 갈 때도 장갑을 갖고 간다!"고 놀렸다). 두 사람 모두 책이라면 닥치는 대로 읽는 독서가에다 타고난 이야기꾼이었다. 책에 대해 의견을 나누는 것이 평생지기인 두 사람 우정의 한 부분이었다. 1939년 가을, 두 사람은 빈센트 스퀘어 12번지 지하 식당에 있는 큰 식탁에 앉아 차를 마시면서 대화를 나누곤 했으며, 여주인 노老로이드 존스 부인이 시중을 들었다.

베드포드 스퀘어 39번지에 자리 잡았던 소박한 IVF 사무실이 문을 닫고 봉사자들도 뿔뿔이 흩어지면서(일부는 군목으로 가고), 이 사역이 지속되기 위해서는 견실한 지도부가 필요하게 되었다. 이에 로이드 존스가 이 사역에 헌신함으로써 이들이 필요로 하던 힘을 제공했다.

몇 주가 지나 로이드 존스와 더글러스 존슨은 군대로 불려 가지 않으리란 게 확실해졌다. 그 무렵 로이드 존스는 웨스트민스터 채플에서 예상치 못한 문제에 직면해 이에 골몰해 있었다. 제2차 세계대전 직전 몇 년간 교인 규모는 모건이 처음 이 교회를 담임하던 시절만큼은 아니었어도 목회자 두 명을 유지할 수 있을 정도는 되었다. 9월 3일 주일 오전만 해도 출석수가 여느 주일과 다름없었지만, 그 뒤 주민들이 피난을 가고 석유 공급이 배급제로 바뀌면서 상황이 달라지지 않을 수 없었다. 가을이 되자 벌써 저녁에 해 지는 시간도 빨라졌고 밤이면 시내 건물들에 등화관제가 시행되었는데, 그때마다 높고 기다란 예배당 유리창을 일일이 덮어 가릴 수도 없는 일이어서 주일과 금요일 저녁예배를 제대로 드릴 수 있을지 불투명해졌다. 그리하여 9월 15일 금요일 저녁, 약 500여 명의 교인들이 참석한 가운데 마지막 성경학교 모임이 있었다. 그 뒤로 모임 시간이 토요일 오후 2시 30분으로 변경되었다. 마찬가지로, 9월 17일 6시 예배를 마지막으로 주일 저녁예배도 오후 2시 30분 예배로 바뀌었다.

교회 앞에 어려운 시절이 펼쳐질 수도 있으리라는 모건 박사의 예측은 그대로 맞아떨어졌다. 이 노목사는 연금 수입도 없었고, 75세의 나이에 여전히 자신이 사랑하는 설교 사역에서 나오는 수입에 의지해 살고 있었다. 예배당에서 두 구역 떨어진 세인트 어민 호텔에서 살고 있는 그에게는 웨스트민스터가 삶의 중심이었다. 그러나 전쟁 초기 모건은 자신의 사역이 얼마나 오래갈 수 있을지 알지 못했다. 마틴은 아내에게 보내는 편지에서 이렇게 말했다.

> 블래키Blackie가[5] 오늘 전화했는데, C. M. 목사님이 매우 우울해하신다더군. 웨스트민스터에 여력이 없으니 이제 교회를 떠나야 할 것 같다고

말이오. 그런데 교회를 떠나면 목사님 가족은 생계가 막막하다오. 그래서 지난 토요일에 내가 목사님께 말씀드렸소. 교회가 목회자 두 사람을 다 책임질 수 없다면 내가 떠나겠다고 말이오. 그런데 그 문제에 관해 목사님이 블래키에게 뭐라고 말씀하셨나 하면, 떠날 사람은 바로 자신이고 젊은 목사가 남아야 한다는 것이오. 하지만 당신도 목사님의 어려움을 헤아리겠지. 그분이 어려움을 당하게 할 수는 없어요. 그래서 꼭 떠나야 한다면, 당분간 내가 떠나 있기로 작정했소. 하지만 교회 사정이 우리가 생각하는 것보다 더 좋을 수도 있고, 그래서 별 문제가 없을 수도 있다오.

전쟁 발발 후 세 번째 맞는 주일, 교인들이 푼돈으로 낸 헌금은 모두 35파운드였다. "꽤 좋아. 하지만 지출되어야 할 돈을 생각하면 충분하지 않군." 로이드 존스는 그렇게 한마디 했다. 10월 1일 소집된 긴급 제직회에서 전체 재정 상황을 검토하고 관리할 사람으로 연배 있는 남자 교인 4명을 임명했다. 예비비 잔액은 겨우 48파운드였고, 9월말 고정 지출액을 맞추기 위해 재정부는 100파운드의 돈을 빌려 와야 했다. 마틴은 다음 날 베단에게 편지를 써 보냈다. "웨스트민스터가 이런 식으로든 저런 식으로든 입장을 분명히 밝혀 주면 정말 좋을 텐데.……내가 떠난다고 하면 아주 강력한 반대가 있으리란 걸 잘 알아요. 인내심을 발휘해서 하루 또 하루 살아 나가야 하겠지." 10월 22일 두 번째 긴급 제직회 자리에서는, 로이드 존스가 동사목사로 청빙받고 그 뒤 6주 동안 어림잡아 4,227파운드의 헌금 수입이 있었는데, 전쟁 발발 후 처음 6주 동안 헌금 수입은 2,686파운드로

1,541파운드 줄어들었다고 보고되었다. 제직회 회의록을 보면 "문제는 경상 지출을 어떻게 1,541파운드 줄이느냐 하는 거였다"라고 기록되어 있다. 이리하여 예배당 청소부 한 사람을 해고하는 것을 제외하고 다른 모든 직원들을 그대로 유지하되 봉급을 삭감하기로 결정되었다. 모건 박사에게 지급하는 생활비는 300파운드 삭감되어 800파운드가 되었고, 로이드 존스의 생활비는 200파운드 삭감되어 500파운드가 되었으며, (교회 서기) 아더 E. 마쉬Arthur E. Marsh와 (여성 목사보) 도라 자매의 생활비는 반액이 삭감되어 150파운드가 되었다.

로이드 존스는 더할 수 없이 만족했다. 제직회 결과를 베단에게 알리면서 그는 이렇게 말했다. "이 결정을 참작해서 내가 이곳 사역을 계속하는 건 물론이고, 당신과 두 아이에 대해서는 우리가 여러 가지 가능성들을 생각해 봐야 할 거요." 나중에 살펴보겠지만, 가족들은 12월에 웨일스에서 런던으로 돌아왔다.

1939년 가을의 문제는 사실 그 후 부닥치게 될 문제에 비하면 아무것도 아니었음이 드러났다. 전쟁은 벌어졌는데 전투는 없는 개전 초기, 히틀러가 서유럽에서 왜 아무 움직임이 없는지 사람들은 그 이유를 제대로 알지 못했다. 그 가을, 마틴은 신문 기사를 베단에게 전해 주면서 이렇게 말했다. "공습 같은 건 없을 거라고 많은 이들이 예측하고 있소. 런던의 방어 능력은 우리가 알고 있는 것 이상인 것 같소."

그러나 환상은 곧 떨쳐 내야 했다. 1940년 4월, 동유럽을 확보해 놓은 히틀러는 그 기세를 등에 업고 노르웨이와 덴마크로 군대를 진주시켰다. 한 달 후, 이번은 프랑스 차례였다. 6월 3일 마지막 영국군이 됭케르크에서 철수하고 6월 14일 독일군이 파리에 입성했다. 프랑스를 함락시키면서 히틀러는 자연스런 결과로 영국도 항복하고 '천년 제국'이 이뤄질 것으로 기대했다. 그러나 장비를 완전히 갖춘 사단은 캐나다군뿐인 상황에서 영국은 견고했다. 동남부 잉글랜드의 제공권을 얻기 위한 '브리튼 전투'가 8월에 시작되었다. 독일은 이 전투에서 승리하지 못했음에도 1940년 9월 7일 본격적으로 런던을 밤낮으로 폭격하기 시작했다. 같은 날짜, 영국 해협 건너편에서는 독일군 40개 사단이 포크스턴에서 보그너까지 형성된 전선을 침공할 태세를 갖추고 있다가, 9월 17일로 작전을 연기했다.

단순한 공습경보 훈련과 '허위 경보' 시대는 이미 먼 과거 이야기가 된 것 같았다. 9월 25일 수요일, 모건 박사는 일기에 이렇게 기록했다. "지난밤 예배당에 소이탄이 떨어져서 상황을 보러 갔다. 서글픈 광경이었다."

1938년 이후 웨스트민스터의 두 목사는 매달 번갈아 가며 한 사람이 4-5주 동안 아침예배를 인도하면 또 한 사람은 오후예배를 인도하는 식으로 사역해 왔다. 1940년 10월은 로이드 존스가 아침예배를 인도할 차례였다. 그러나 몇몇 사람들은 (아마도 모건 자신도) 이제 웨스트민스터에서 예배를 계속 드리는 게 너무 위험하다는 걸 분명히 느꼈다. 9월 25일 소이탄 공격으로 입은 피해는 심각하지 않았지만, 모건은 9월 29일 아침예배 장소를 인근 빅토리아의 런던 선교사회 본부 건물인 리빙스턴 홀로 옮기기로 했다. 웨스트민스터에는 예배 중 공습경보가 울릴 때 교인들이 대피할 만한 곳이 근처에 없었고, 공습이 있다는 전제 아래 뭔가 적절히 제공할 수 있는 게 아무것도 없었다. 10월에 웨스트민스터에서 주일 아침예배를 두 번 드린 것을 끝으로 모든 예배는 리빙스턴 홀로 옮겨서 드렸다.

이 암울한 시간의 불확실함을 증거하기라도 하듯, 설교자가 주일마다 설교 본문을 기록해 두곤 하던 웨스트민스터 목회실 기록부는 그다음 3개월 동안 빈칸으로 남은 채 두 사람 중 누가 어떤 설교를 했는지 아무 기록도 남기지 않았다. 하지만 두 설교자가 개인적으로 의논한 일들은 일부 알려져 있다. 모건은 웨스트민스터 사역이 끝날 날이 가까웠음을 순간순간 두려워했다. 인간적인 관점에서 말하자면 그건 현실적으로 충분히 있을 수 있는 일이었다. 오래된 교인들은 뿔뿔이 흩어졌고, 전쟁 통에 예배당 건물 자체가 보존될지도 심히 의심스러웠다. 57일 연속으로 평균 200여 대의 독일군 폭격기가 밤마다 런던 상공에 폭탄을 퍼부었다. 처칠은 훗날 이렇게 말했다. "이때 우리는 런던이 온통 궤멸되는 것밖에는 다른 결말이 없다고 봤다." 1940년 10월 말이 되기 전, 런던 주교는 자신의 교구에서만 32개 교회당이 파괴됐고, 47개 교회당이 심각한 피해를 입었다고 발표했다. 그러니 버킹엄 궁전을 비롯해 독일군의 표적이 되는 주요 건물들과 그렇게 가까이 붙어 있는 웨스트민스터 채플에 무슨 희망이 있겠는가? 모건과 로이드 존스는 주중에 만나 이런저런 의논을 하곤 했는데, 노장 목사는 젊은 동료 목사가 이런 곤경에 처하게 된 것에 대해 낙심을 감추지 않았다. 모건은 자기 걱정은 그리 많이 하지 않았다. "솔직히 말해 쉽지 않은 일이지만, 내 영혼 속에 계속 이 말씀이 떠오릅니다. '아무것도 염려하지 말고 다만 모든 일에 기도와 간구로 너희 구할 것을 감사함으로 하나님께 아뢰라.'" 하지만 그는 로이드 존스가 아무 할 일이 없게 될까 봐, 목회를 하지 못하게 될까 봐 두려웠다. 이 후배 목사의 눈앞에는 교인 수가 웨일스에서 목회할 때 주일예배 참석자 수보다 훨씬 더 적은 상황이 펼쳐져 있었다. 훗날 로이드 존스는 전쟁이 교인 숫자에 어떤 영향을 끼쳤는지 회상하면서 이렇게 말했다. "전쟁이 발발함과 거의 동시에 우리 교인이 300명 정도로 줄어들었다. 런던을 빠져나갈 수 있는 사람은 거의 다 빠져나갔다.……캠벨 모건의 대회중은 급기야 100에서 200명 정도만 남았다."

1940년 10월, 모건 박사는 자신이 인도하던 오후예배를 중지하고 모든 교회 사역을 잠정적으로 로이드 존스에게 일임했다. 그는 교인이 한 명이라도 남아 있는 한은 이 후배 목사가 교회를 떠나는 일이 없도록 하고 싶었다. 이보다 더 도량이 넓은 사람은 있을 수 없었다. 로이드 존스는 이렇게 말했다. "모건 박사는 매우 친절하고 마음이 아주 넓은 분이셨다."

1940년 10월에 열린 제직회에서는 이면에 자리 잡고 있던 긴장과 부담이 드디어 표면화되었다. 10월 13일 회의에서 공습에 임하는 두 목회자의 태도가 서로 다른 것에 대해 몇 마디 말이 나왔다. 회의록에는 이렇게 기록되어 있다. "현재 모건 박사는 [경보가 울리면] 즉시 예배를 끝내는 반면, 독터 로이드 존스는 위험이 좀 더 임박할 때까지 어떻게든 예배를 계속 이끈다는 점이 지적되었다." 토론을 마친 후, 만장일치는 아니지만 참석자들의 전반적인 의견에 따라 "경보가 울리면 예배를 바로 끝내기로 한다"고 결정되었다.

1940년 11월에 회집된 교회회의에서는 예배 장소를 리빙스턴 홀로 옮기는 것에 반대하는 이들이 있다는 사실이 드러났다. 원로 교인인 J. B. 고츠 씨는 이렇게 물었다. “왜 우리가 리빙스턴 홀에서 예배를 드려야 합니까? 리빙스턴 홀에서 예배드리는 것에 관해 독터 로이드 존스가 최근 웨스트민스터 강단에서 했던 발언을 부연 설명해 주실 수 있을까요?” 1941년 첫째 주일의 목회실 기록부에 “교회로 돌아가다”라는 기록이 있는 것은 아마 위와 같은 논의의 결과였을 것이다. 비록 그다음 주일이 되어서야 3개월이 넘는 기록부의 침묵이 깨지고 그날 설교 본문이 기록되긴 했지만 말이다. 로이드 존스는 1941년 1월 내내 오전과 오후예배 설교를 혼자 도맡았는데, 이는 아마 모건 박사의 와병 때문이었을 것이다. 목회실 기록부를 보면 1월 12일 한 예배 설교 본문은 하박국 3:17-18이었다. “비록 무화과나무가 무성하지 못하며 포도나무에 열매가 없으며 감람나무에 소출이 없으며 밭에 먹을 것이 없으며 우리에 양이 없으며 외양간에 소가 없을지라도 나는 여호와로 말미암아 즐거워하며 나의 구원의 하나님으로 말미암아 기뻐하리로다.”

이날 설교 본문은 교인들뿐만 아니라 두 목회자에게도 유독 어울리는 본문이었다. 로이드 존스는 1941년 1월 26일 제직회를 주재했다. 모건은 ‘감기 기운’으로 참석하지 못했다. 교회 재정 담당인 J. 라일리Ryley[6] 씨도 불참이었고, 그가 보낸 재정 보고서를 친구인 A. W. 케이거Caiger 씨가 대신 읽었다. 보고서에 따르면, 제직들이 이미 동의한 대로 긴축 재정을 펼치고 직원들 봉급을 삭감했음에도 1940년 말 현재 은행에서 미리 대월貸越한 돈이 150파운드 6실링이라고 했다. 게다가 겨우내 주일 헌금도 평균 10파운드에 지나지 않아 재정 상태는 더욱 악화되고 있는 중이라고 했다! 라일리의 보고서를 읽던 중 케이거가 말했다. "3월 말, 어쩌면 2월 후로는 현재 수준의 생활비를 드릴 수 있는 전망이 없다고 목사님들께 먼저 말씀드리는 게 순서라고 생각합니다. 현재로서는 교회를 유지하는 것 자체가 시급한 문제입니다."

이 어려운 현실을 감안한다 하더라도 이 시기의 집사들은 영적인 일을 우선순위로 삼는 강한 사람들로 보인다고는 말할 수 없다. 성경학교가 없어지는 바람에 거기서 나오던 헌금도 없어졌다고, 재정 마련을 위해서는 성경학교를 다시 시작해야 한다는 의견도 나왔다. 결국 목회자 생활비는 3월 말까지 그대로 유지하고 그때 가서 다시 재정 형편을 보자는 쪽으로 의견 일치를 보았다. 4월 6일에 열린 그다음 번 제직회 기록을 보면, 라일리와 케이거가 차후로 두 목회자의 생활비 지급을 중단하고 두 사람 모두 예배 한 번당 10파운드 기본급을 지급하도록 하자고 제안한 것을 알 수 있다. 이렇게 하면 목회자에게 들어가는 주간 지출을 매주 20파운드로, 혹은 모건 박사가 5월 2일부터 성경학교를 다시 시작할 경우 30파운드로 줄일 수 있었다. 여름철에 외부 설교자를 모셔 오던 전통을 폐지하는 것으로도 돈을 절약할 수 있다는 의견이 나왔다(1940년 8월에는 존 A. 허턴이 4주 동안 설교했다). 대신 휴가철에는 두 목회자가 번갈아 가며 설교 횟수를 두 배로 늘이면 된다는 거였다. 집사들은 이제 이렇게밖에 할 수 없는 극단적인 상황에 몰렸다고 생각하고 위 제안들을 만장일치로 채택했다.

제직회의 이런 믿음 없는 모습은 교회 전체의 해묵은 영적 허약함을 그대로 드러냈다. 전쟁 전의 그 엄청난 출석자 수는 교회 수준이 전반적으로 얼마나 낮아졌는지를 덮어 가리는 덮개일 뿐이었다. 교인들 중에는 노골적인 자유주의자들도 있었고, 특히 '성경학교' 멤버들 중에 그런 이들이 있었다. 로이드 존스는 웨스트민스터 채플에서 자신을 영입한 것에 대해 말하면서 한번은 이런 말을 했다. "그들은 내게 아주 친절했지만, 내가 느끼기에 그들에게는 영적 지식과 영적 교제가 결핍되어 있었다. 기도회가 전혀 없었고, 경건한 모임도 없었다." 그래서 모건 박사의 즉각적 동의 아래 1939년 가을 그는 경건한 대화와 토론을 권장할 생각으로 월요일 저녁 '교제 모임'을 도입했다. 그러나 공습이 극심해지면서 이 모임은 당분간 연기되었다.

그날 이후로 런던은 계속 파괴되어 갔다. 1941년 3월 무렵 역사적으로 매우 의미 깊은 런던의 수많은 예배당들이 폭격 피해를 입었고, 그중엔 복구가 불가능할 정도인 경우도 있었다. 한때 조지 윗필드가 설교했던 홀본의 세인트 앤드루 교회, 에드워드 6세 때부터 이주민들로 구성되어 온 개혁주의 교회인 오스틴 프라이어스 교회, 성경 번역가 마일스 커버데일의 묘지가 있는 세인트 매그너스 더 마터 교회, 존 뉴튼이 시무하던 세인트 메리 울노스 교회, 윌리엄 로메인의 목회 현장이었던 세인트 앤드루 바이 더 워드로브 교회 등이 그런 사례였다. 좀 더 현대적인 건물로 (폰트 스트리트) 세인트 콜럼바 교회, 스펄전의 태버너클, 시티 템플 등이 폭격으로 무너져 내렸다. 이 현장을 지켜본 어떤 사람은 1941년 4월 24일자 「브리티시 위클리」에 '대공습 중에 있는 런던의 교회당들'이라는 제목으로 다음과 같은 글을 썼다. "첫 번째로 찾아가 본 시티 템플은 내가 지금까지 본 건물 중 가장 완벽하게 무너져 내린 경우였다.……내가 서 있던 잔해 가운데

1640년 청교도 토머스 굿윈Thomas Goodwin이 교회를 설립한 것을 기념하는 서판이 산산조각 난 채 나뒹굴고 있었다." 그다음 달에 열린 회중교회 연합 총회에서 교단은 "260개 이상의 교회가 크든 작든 심각한 피해를 입었다"고 보고했다. 어느 날 세인트 어민 호텔에서 로이드 존스와 주중 만남을 가진 모건은 이때까지 일어난 일들을 돌아보면서 로이드 존스에게 이렇게 탄식했다. "제가 목사님을 여기로 모셔 왔는데 이 지경이 되어 버렸군요! 우리 교회는 폭격으로 완전히 무너져 내릴 게 거의 확실합니다."

극심한 어려움은 1941년 내내 계속되었다. 10월 8일 모건은 이렇게 기록했다. "런던은 엄청난 시련을 겪는 중이다. 6주 동안 침대에 누워 보질 못했다. 밤이면 아래층 라운지로 내려가 쪽잠을 자거나 계속 깨어 있곤 한다.……예배당은 세 번 폭격당했다." 화재 감시원이 없다면 그리고 때로 소방수가 없다면 예배당은 다 불타 없어질 거라는 생각을 늘 하고 있어야 했다. 이런 사람들 중 첼시에 살던 제프리 T. 토머스Geoffrey T. Thomas라는 교인이 있었다. 그는 폭격보다는 로이드 존스의 설교에 더 외경심을 느꼈다고 기억한다. 1940년 늦여름의 어느 더운 주일 저녁, 로이드 존스는 기억에 남을 만한 설교를 한 뒤 고라신과 벳새다에 선포된 '화'와 "너희에게 행한 모든 권능을 두로와 시돈에서 행하였더라면 그들이 벌써 베옷을 입고 재에 앉아 회개하였으리라"마 11:21라는 말씀을 바탕으로 회개를 촉구하며 설교를 끝맺었다.

소방수들이 있었음에도 교인들은 한동안 다시 리빙스턴 홀에서 예배를 드려야 했다. 재정 상황은 조금씩 나아졌다. 1941년 10월 26

일 제직회가 열렸는데, 라일리는 이때도 몸이 안 좋아 불참하고 보고서만 보내왔다. 이번 보고서는 재정 상황의 심각성을 다시 한 번 강조하면서 교인들에게 헌금을 좀 더 독려할 것을 두 목회자에게 제안했다. 그러나 두 목회자 중 적어도 한 사람은 그 제안에 응하지 않을 듯했다. 독터 로이드 존스는 자신이 섬기는 교회에서 절대 헌금을 독려하는 법이 없는 것으로 알려져 있었다.

런던 대공습 때 웨스트민스터 채플에 출석하는 사람들 중 얼마나 많은 이들이 목숨을 잃었는지에 대해서는 아무 기록이 없다. 다만 로이드 존스 부인이 한 가지 특이한 사례를 기억하고 있다. 스페인 집안의 두 자매는 전쟁 초기부터 모든 예배에 빠짐없이 성실하게 출석하는 교인이었다. "두 자매는 늘 예배당 한가운데 구역, 정면 가까이에 나란히 앉았어요. 완전히 노인은 아니고 아마 중년기 후반쯤 되었을 이 자매는 언제 봐도 명랑하고 예의 바른 모습이었어요. 아버지가 사업가였다는 것 그리고 지금은 부모님이 두 분 다 돌아가셨다는 것 말고는 이 두 사람에 대해 별로 아는 게 없었지요." 어느 주일, 두 자매는 여느 때처럼 예배에 출석했다. 당시 예배는 리빙스턴 홀에서 드리고 있었는데, 그날 로이드 존스는 '결혼식 예복'에 대해 그리고 '결혼식 예복'을 입지 않은 상태로 임금 앞에 서는 위험에 대해 설교했다. 로이드 존스 부인은 이렇게 이야기를 잇는다.

> 예배가 끝나자 두 자매 중 언니가 독터에게 다가가더군요. 그날 설교에 대해 감사하다고 말했어요. 전에 없던 일이었지요. 대화 중에 말하기를, 자매가 또 하나 있는데 남부 해안 지역에서 정부 요직을 맡고 있다고

했어요. 그 외에는 멀든 가깝든 다른 가족이 없다고 했구요. 남편이 관심을 보인 덕분에 계속 이런저런 이야기가 이어지던 중 타지에서 홀로 외롭게 지내는 그 셋째 자매가 바로 그날 저녁 런던으로 와서 자기들 두 자매와 며칠 함께 있을 예정이라고 하더군요. 이야기를 끝내고 돌아가다가 그분이 고개를 돌려 수줍게 말했어요. "독터, 저한테 그 결혼식 예복이 있다는 게 정말 기뻐요. 감사드려요." 그러고는 동생과 함께 예배당 문을 나섰지요.

그날 밤, 두 자매의 집에 폭탄이 떨어졌고 멀리서 온 동생까지 세 자매 모두 그 자리에서 사망했다. 웨스트민스터 채플 교인들이 세 자매의 가족이 되어 장례식을 치러 주었다.

15.

가정생활

1938년 런던에 도착한 로이드 존스 가족은 그 후 줄곧 빈센트 스퀘어 12번지 본가에서 지냈다. 그 후 잉글랜드에 계속 머물게 될 것이 확실해지자 따로 집을 마련하려고 했는데, 앞에서 살펴봤다시피 집을 사기 전날 밤 전쟁이 선포되었다. 전쟁이 터진 후 처음 몇 달간 마틴과 베단은 결혼 생활을 시작한 이래 가장 오래 떨어져 지냈다.

로이드 존스 부인은 두 딸 엘리자베스와 앤을 데리고 1939년 8월 말부터 란넬리의 한 친구 집에 머물렀다. 집은 두 가정이 서로 구별된 공간에서 따로 살 수 있을 만큼 넓었다. 훗날 베단은 이 시절에 대해 이렇게 말했다. “주인댁에서 친절하게도 방을 따로 내주셔서 객식구로서 폐를 끼치지 않고 지낼 수 있었어요. 그래서 ‘우리 식구 일’

은 아주 자잘한 일까지 제가 다 했지요."(도시에서 피난을 나간 집안의 어머니와 아이들은 대개 이런 자유가 없는 불편함 때문에 곧 다시 집으로 돌아갔다). 마틴은 란넬리에서 지내고 있는 가족들과 관련해 큰 걱정거리가 하나 있었다. 걱정거리라고는 했지만 훗날 이 시절을 돌이켜 보며 즐겁게 웃을 수 있는 일이었다. 대다수 중산층 집안들이 다 그렇듯 지금까지 이들 부부는 늘 하녀를 두고 살았다. 빈센트 스퀘어에서 지낼 때도 테레사라는 웨일스인 하녀가 집안일을 도왔다. 그런데 제2차 세계대전이 벌어지면서 이들 가족은 돌연 이런 생활 패턴을 바꿔야 했다. 베단은 이렇게 말했다. "마틴이 염려했던 것은 제가 집안일에 익숙지 않다는 거였어요. 까마득히 먼 옛날 일이지만 전 가정부의 도움 없이 집안일을 해본 적이 없었고, 그래서 남편은 제가 청소하고 일하고 세탁하고 두 아이들 돌보느라 기진맥진할 거라 생각했던 거죠! 그런데 사실 그건 전쟁이 앞으로 우리네 평범한 가정생활과 삶에 일으킬 변화의 시작에 지나지 않았어요. 전 전혀 힘들지 않았답니다."

로이드 존스가 빈센트 스퀘어 집에서 란넬리로 보낸 편지를 보면 베단이 아침에 불을 지피는 일 등을 해야 한다는 것에 대해 그가 얼마나 걱정을 했는지 알 수 있다. 그는 그런 일을 하지 말라고 하면서도 1939년 9월 16일에 보낸 편지에서는 마지못해 이렇게 말했다. "생각에 생각을 거듭했지만, 지금보다 더 나은 방책은 떠오르지가 않소." "일에 지쳐 쓰러지지 말고 잠을 충분히 자도록 해요"라는 것이 그 특유의 권면이다. 또 한 번은 웨일스에 가서 가족들을 만나고 온 뒤, 베단이 그렇게 할 일이 많은데도 지역 '자매회' 모임에서 강연을 할 수 있다는 것에 대해 기쁨을 드러냈다. 하지만 남편이 하는 생각에 베단은 미소를 짓지 않을 수 없었다.

> 어제 자매회 모임 강연에 대해 한마디 해준다는 건 깜박했지만, 기차에서 당신을 위해 기도하는 건 잊지 않았소. 난 당신이 옳은 일을 하고 있는 거라 확신하고 그 자매회 분들에게 큰 도움이 될 거라고 믿소. 그런데 그것과는 별개로, 그 일을 하되 머리를 쓰기 위한 목적으로만 했으면 싶소. 당신이 할 일이 너무 많아 책 읽을 시간이 없다는 걸 생각하면 마음이 무거워진다오.

이 당시 이들 가정의 경제 형편 또한 로이드 존스에게 근심을 더해 주었다. 그는 베단이 꼭 필요한 일에만 돈을 쓰면서 너무 쪼들려 살지 않을까 걱정이었다. 웨스트민스터 채플의 앞날에도 비슷한 어려움이 있을 거라는 점을 아내에게 털어놓으면서도("고츠가 하는 말이, 헌금이 연평균 1,500파운드 줄었다고 하더군!") 그는 이렇게 고집했다. "생활비 지출을 줄일 필요는 없소. 먹는 거 신경 써서 준비하고 식사를 제대로 하기 바라오.……엘리자베스한테 책값 들어가는 거 걱정하지 말아요. 책은 읽어야 하지 않소." 훗날 로이드 존스는 형편이 어려워 고생하는 목회자들을 볼 때마다 그 가족에게 선물을 주곤 하면서 도움을 베풀었다. 그들은 그런 어려움을 겪는 게 어떤 일인지 로이드 존스 부부도 잘 알고 있다는 것을 아마 몰랐을 것이다.

로이드 존스는 남에게 공감하는 능력이 있었다. 베단에게 보내는 편지에는 그 같은 성품의 단면이 자주 나타난다. 캠벨 모건이나 베단의 부모에서부터 하녀 일을 그만두고 현재 중병을 앓고 있는 테레사에 이르기까지 여러 사람에 대해 하는 말에서도 그런 성품이 드러난다. "테레사 일은 정말 안됐소. 테레사 생각을 많이 하고 있고, 종일 기도하는 가운데 늘 기억하고 있소." 동료 의사들을 대상으로 강연하면서도 한번은 이렇게 말했다. "어떤 의사든 하나하나의 사람에게 그리고 인간에게 진정으로 관심을 갖고 있지 않으면서 과연 의술을 시행할 권리가 있는지 진지하게 질문을 던져 봅니다."

개인적 근황에 대해서는 말하지 않는 게 로이드 존스의 습관이었다. 그래서 웨스트민스터 채플 직원들은 그 힘들었던 1939년 가을에 그가 당연히 주말에는 런던에서, 주중에는 란넬리에서 지내고 있는 것으로 짐작했다. 그러나 사실은 그렇지 않았다. 웨일스를 떠나면 안 해도 될 거라 생각했던 주중 설교 약속 때문에 그는 여전히 여러 곳을 돌아다녀야 했다. 란넬리야말로 그가 가고 싶은 곳이었을 테지만, 전쟁 때문에 혹은 가족 때문에 설교 요청을 거절할 수는 없는 일이었기에 남웨일스에는 어쩌다 한 번씩 갈 수 있을 뿐이었다. 하지만 편지는 꾸준히 썼다. 주중에 웨스트민스터 채플에서 먼 곳으로 설교하러 가야 하는 건 비슷했지만 그는 이 일정에 대해 베단에게 꼬박꼬박 보고하는 걸 빼먹지 않았다.

> 새로 두 편의 설교를 준비하느라 어제는 좀 바빴소. 하나는 런던 침례교협회 소속 목사들 대상으로 화요일 아침에 해야 하는 설교이고, 또 하나는 레이널트Rheinallt[1] 목사 취임 예배 때 할 설교라오. 두 설교 내용이 완전히 달라야 한다고 생각했소. 목사들에게는 오늘날의 목회에 대해 설교할 것이고, 취임 예배에서는 목회 사역의 변하지 않는 본질에

대해 설교할 생각이오.

또 한 번은 이렇게 쓰고 있다.

월요일 오후에 올드 켄트 로드에 있는 회중교회 선교회에서 설교할 예정이고, 밤에는 물론 교제 모임이 있을 거요. 수요일엔 본머스의 리치몬드 힐 교회에 J. D. 존스 박사 후임으로 오는 존 쇼트 박사 취임 예배 때 오후와 저녁 설교를 하기로 되어 있다오. 어쩌면 거기서 하룻밤을 머무르게 될까 무섭군. 이번 주 스케줄은 이게 전부요.

전쟁 때문에 몇몇 주중 집회가 취소되긴 했으나, 1939년 9-11월 사이 외부 설교를 다닌 곳으로는 워딩, 윗처치, 카마던, 브라이턴, 크로이든, 풀럼, 케임브리지, 너니턴, 올더숏, 맨체스터, 홀리웰, 릴, 카디프, 헤슬미어 등이 있었다. 헤슬미어 방문은 특별히 중요했던 것으로 드러났다. 헤슬미어는 서리의 윌드 삼림 지대 높은 곳에 있는 작은 시골 마을이다. 그곳에 사는 외과의사 제럴드 골든이 10월 말경 로이드 존스를 설교자로 초청해 그 지역 영화관에서 이틀 저녁 연속 집회를 열었다. 이 무렵 남부 잉글랜드의 평화로운 지역을 돌아다니던 로이드 존스는 기차로 웨스트민스터 채플에 오갈 수 있을 만큼 런던에서 가까운 곳에 셋집을 하나 구할 생각을 이미 하고 있었다. 워딩과 브라이턴이 그중 그의 마음에 들었다. 그는 잉글랜드 해협에 자리 잡은 이 두 해안 휴양지가 위치상 얼마나 적의 공격에 취약한 지역이 될는지 알지 못했다. 반면 헤슬미어는 시골구석인 데다가 남부 해안과 런던 중간에 자리 잡고 있어, 이곳을 방문하기 전에는 후보지로 떠올려 본 적이 없었다. 1939년 11월 초, 그는 여전히 서리와 서식스의 여러 곳을 염두에 두고 집을 구할 생각을 하고 있었다. 이제는 "헤슬미어가 최적지"라 생각하고 있긴 했지만 말이다. 그 사이 골든 부부는 자기 집 근방에서 적당한 집을 찾고 있었는데, 그러다가 11월 9일 마틴은 "너무 흥분한 나머지 편지를 쓸 수가 없어" 도로시 골든이 보내온 편지를 베단에게 그대로 전해 줬다. 편지의 내용인즉 자기들 부부가 추천할 수 있을 만한 집을 '찾아냈다'는 것이었다. 임대가 가능한 신축 연립 주택이었는데, 골든 부인의 말을 빌리면 "깨끗하고 놀랄 만큼 튼튼하게 지었고 뒤편으로 예쁜 풍경이 펼쳐지며 거실에 햇빛이 담뿍 드는" 집이었다. 로이드 존스는 당장 집을 보러 갔고, 편지와 전화로 몇 번 의논한 끝에 두 부부는 마침내 이 집을 임대하기로 결정했다. 한 가지 불편한 점은 집이 좁다는 거였다. 아직까지 카디프에 보관되어 있는 가구와 책들을 다 들여놓을 수 있을 만큼 넓지가 않았던 것이다. 그러나 집 위치에 대해서만큼은 그도 도로시 골든만큼 감탄했다. 그는 베단에게 보내는 편지에서 이렇게 말했다. "해발 150-180미터쯤에 위치한 아주 아름다운 집이오. 주변엔 소나무가 지천이고 예쁜 산책길도 있다오.……브라이턴보다 100배는 더 좋아요." 집은 전쟁이 이어지는 동안 계속 빌릴 수 있었고, "켄싱턴 시세로 이 정도 집을 빌리자면 1년에 210파운드는 되는 데 비해" 임대료는 1년에 겨우 150파운드였다. 집은 구했지만 집의 이름이나 번지수가 없었기에 로이드 존스는 속히 이름을 지어 임대 계약서에 적어 넣고 서명을 해야 했다. 그는 '헤이븐'The Haven을 집 이름으로 골랐다.

이리하여 헤이븐은 1939년 12월부터 1943년 11월까지 4년 동안 이들 가족의 집이 되었다.

베단과 두 딸 엘리자베스와 앤이 란넬리에서 떨어져 지내던 시절 이야기는 여기서 마무리 지어야 한다. 그 전에 한 가지, 이들 부부가 주고받은 편지에 대해 이야기할 게 남아 있다. 한번은 편지에서 논쟁이 벌어진 적이 있었는데(필립 헨리는 남편과 아내 사이에 허용되는 유일한 논쟁이 바로 이거라고 말하곤 했다), 쟁점은 누가 누구를 더 사랑하느냐는 거였다. 베단 측의 주장은 현재 전해지지 않지만, 그녀가 승자였다고 말하기는 쉽지 않을 것이다. 로이드 존스는 복음주의 진영 사람들이 그리스도인이라면 그리스도인과 결혼할 수 있어야 한다고 하는 말을 가끔 들을 때마다 이런 개념에 분개하곤 했다. 이 개념과 반대로 그는 부부란 두 사람 다 '사랑에 빠져야' 하고 또 계속 사랑하는 사이여야 한다고 믿었다. 그가 베단에게 보낸 다음 편지를 보면 '세상에서 가장 소중한 아가씨'와 그가 얼마나 행복한 사이인지 일별할 수 있다.

> 시간은 너무도 느리게 흐르고, 당신이 곁에 없다는 사실만 무겁게 나를 짓누르는구려. 뭔가를 볼 때마다 혹은 뭔가를 생각하거나 무슨 책을 읽을 때마다 떠오르는 많은 것들을 당신과 더불어 이야기하고 싶은데, 당신은 여기 없구려.……어제 여기저기 다니면서 당신 생각을 많이 했다오. 해로우를 지나려니 당신을 만나러 다니곤 했던 시절, 릭먼스워스 등으로 놀러 갔던 수많은 추억들이 떠올랐소. 해로우 역이 가까워질 때 그리고 당신 생각을 할 때 가슴이 뛰던 것이 기억나오. 하지만 그런 설

렘도 어제 당신을 생각하면서 느꼈던 감정에는 비할 수 없지. 한 해 또 한 해가 갈수록 나야말로 세상에서 가장 운 좋은 사내라는 걸 점점 더 확실하게 깨닫는다오.……사랑에 빠진 어떤 남자가 그 연인을 제아무리 갈망한다 한들 이 가련한 남편이 당신을 갈망하는 것만큼은 아닐 것이오.

1939년 11월 말, 카디프(란넬리에서 멀지 않은)에서 설교하게 된 그는 어떻게 해서든 잠깐이라도 그곳에서 베단을 만나고 싶었다. 비록 그다음 주 온 가족이 다 헤슬미어의 새집으로 이사할 예정이긴 했지만 말이다. 아래 편지 전문은 아내를 보고파 하는 그의 심정을 아주 특징적으로 보여주고 있다.

1939년 11월 27일
빈센트 스퀘어 12번지

사랑하는 나의 베단!
내일 '행동 지침'을 주려고 급하게 몇 자 적소. 오늘 아침 반갑게 당신 편지를 받아보니 토요일과 어제 아주 즐거운 시간을 보냈더군.

날씨를 고려하면 어제 우리 교인들은 정말 훌륭했소. 사도행전 3장을 본문으로 새로운 설교를 했는데, 요점은 "그들에게서 무엇을 얻을까 하여 바라보거늘"이었소. 교회와 교회가 전하는 복음을 대하는 잘못된 태도에 대해 말했지.

빈Vin은[2] 히어포드에서 모든 일이 다 잘된 걸 확인하고 어젯밤 돌아왔소. 나는 하루 종일 이런저런 일을 했지. 더글러스 존슨과 이야기도 하고, 마쉬에게[3] 넘길 「웨스트민스터 로드」 원고도 쓰고……. 물론 교제 모임은 6시 30분에 있소. 자, 이제 내일 할 일을 이야기하도록 하지. 다음이 내일 '행동 지침'이오. 당신은 아마 2번 승강장으로 도착할 거요. 역무원에게 물어봐서 내가 타고 가는 기차가 아직 도착하지 않았다고 하거든, 계단을 따라 지하도로 내려갔다가 3번 승강장으로 올라와요. 내가 탄 기차는 거기로 도착할 거요. 기차가 연착할 거라는 안내가 있으면 대합실 난롯가에 앉아 기다리도록 해요. 기차가 도착하면 지하도로 내려가는 두 계단 사이 승강장에 서 있어요. 내가 그 지점에서 내릴 테니까. 내가 먼저 도착하면 지하도로 이어지는 두 계단 사이 2번 승강장에 서 있겠소. 그러니 먼저 그곳을 잘 살피도록 해요. 서로 못 만날 리는 없을 거요. 서로 못 만나고 지나칠 위험은 없어요. 당신이 건초더미 속에 있다고 해도 난 찾아낼 거요. 내가 염려하는 건 오직 한 가지, 나 말고 다른 누군가가 당신을 채어 가는 거지! 카디프는 매우 추운 곳이라는 걸 잊지 말아요. 옷을 두툼하게 입고 아침을 두둑이 먹고 오도록 해요. 내일까지 어떻게 기다려야 할지 모르겠소.

만날 때까지 내 모든 사랑을 내 소중한 당신에게 그리고 내 두 딸에게 전하는 바이며 그곳에 있는 모든 분들에게 내 다정한 인사를 전해 주길 바라오.

언제나 당신의 사랑, 마틴

계속해서 외부 설교를 다니는 것으로 봐서 그렇게 보이지 않을지도 모르지만 이 무렵 로이드 존스는 에버라본 사역을 끝낼 즈음 이야기했었던 건강 문제와 아직도 씨름하고 있었다. 30대 후반부터 그는 온몸이 전반적으로 다 기진한 듯한 피로감을 떨쳐 버릴 수 없었다. 이 때문에 1939년 결국 그는 바톨로뮤 병원 시절 치프였던 호더 경을 찾아가게 된다. 의사 시절 목회자들을 치료해 본 경험이 있는 로이드 존스는 그 환자들을 모두 '신경과민 집단'으로 여겼었다. 그러나 자신의 건강 상태를 생각해 본 그는 생각을 고쳐 이렇게 고백해야 했다. "목회에는 늘 긴장이 뒤따른다. 목회는 본질상 긴장감을 낳는 경향이 있다."

선천적으로 운동을 싫어했던 그는 이 시기에 특별한 시도를 했다. 베단이 아직 란넬리에 있었을 때 그는 편지에서 이런 말을 자주 했다. "집배원이 매일 아침 8시 30분경에 온다오. 그래서 날마다 산책을 나가기 전에 당신 편지를 읽곤 하지." "오늘 아침엔 아침 식사 전에 45분 동안 걸었소." "요즘엔 아침 식사 전에 40분씩 걷고, 오후에도 또 그만큼 걷는다오. 틀림없이 건강에 도움이 될 거야."

식구들이 모두 한 지붕 아래 모여 살게 되었을 때도 가끔 베단에게 편지를 써야 할 경우가 있었다. 전시 상황이 너무 불안정해 주일 아침 런던행 기차가 제시간에 운행하리라는 보장이 없었고 또 승용차도 없었기 때문에, 로이드 존스는 헤슬미어에서 대개 토요일 저녁에 런던으로 갔다. 주중에 외부 설교를 어디에서 하느냐에 따라 그다음 주 목요일까지 집에 들어가지 못할 때도 있었다. 어디에 있든 그는 날마다 베단과 전화 통화를 했고, 짤막한 편지도 자주 보냈다. 이 편지들을 보면 그의 건강이 계속 두 부부의 걱정거리였던 것을 알 수 있다.

1940년 2월 11일 주일이 저물 무렵 빈센트 스퀘어에서 보낸 편지에서 마틴은 아내에게 이렇게 알렸다. "설교할 때 코감기가 아주 심했고, 한 30분쯤 지나자 목소리가 잠기는 게 느껴졌소. 그건 마지막 두 가지 요점 개요를 더 이상 전할 수 없었다는 뜻이지. C. M.은 뭐가 잘못되어가고 있는지 알아차리지 못했다오." 이런 상태에서 그는 다음 날 밤 기차 편으로 밤새 달려 설교 약속이 잡혀 있는 뉴캐슬로 갔다.

2주 뒤, 웨스트민스터 채플에서 주일 아침예배를 마친 뒤 그는 아내에게 이렇게 썼다.

> 오늘은 상태가 한결 좋아졌다는 걸 알려 주려고 몇 자 적소. 지난밤 기차 타고 오면서 내 병명은 '통풍'이라고 결론을 내렸소. 올바로 진단을 내렸으니 이제 나아지기 시작한 거요. 이제 와 확실히 알게 된 건, 내가 절대 독감에 걸린 게 아니었다는 거요! 예배는 아무 어려움 없이 잘 드릴 수 있었소. 빈센트 말이, 내 목소리 울림이 그토록 컸던 적이 없었다고 하더군. 예배도 아주 훌륭했고. 그렇긴 한데 네 차례의 설교 중 이번 설교가 제일 힘이 없었던 것 같소. 이제 패딩턴 채플로 출발하오.[4]

대체적으로 몸 상태가 좋지 않은 것과 별개로 이번에는 목소리가 크게 말썽이었다. 지금까지 오래 계속되어 온 나쁜 습관의 결과로 문제가 생긴 거였는데, 그는 대중 앞에서 말할 때 올바른 발성을 사용하지 않고 젊은 육체의 에너지에 의지해 소리를 냈다. 그런데 이제 그 에너지가 예전 같지 않게 되면서 고질적인 문제에 봉착한 것이다.

1939년 베단에게 보내는 편지에서 이 문제가 몇 차례 언급된다. "피곤하다는 느낌은 없는데, 지난밤엔 목소리에 신경을 써야 했소." "어제 예배를 내가 어떻게 드렸을지 걱정했을 거로 믿어요. 오전 오후예배 모두 목소리가 잠기지는 않았지만, 몹시 신경을 써야 했다오."

설교할 때 목소리를 잘못 쓰는 습관에서 벗어날 수 있었던 것은 미스 힉스Hicks라는 여자의 공이 컸다. 이 여성은 로이드 조지를 비롯해 다른 많은 대중 연설가들에게 도움을 준 사람이었다. 베단은 이 여자가 '발성법의 천재'였다고 말하며, 이 여성이 헤슬미어에 왔을 때에 대해 이렇게 기록했다.

> 미스 힉스는 주목을 받을 만하다. 전체적인 외모와 몸매가 마치 빅토리아 여왕 같은 그녀는 권위 있는 결단력과 날카로운 눈매를 지녔다. 마틴이 어떻게 해서 그 여성과 줄이 닿았는지는 기억나지 않는다. 미스 힉스는 우리 동네로 와 작은 호텔에 머물면서 하루에 두세 시간씩 마틴에게 여러 가지 연습을 시키면서 잘못된 발성을 교정해 주었다. 그녀는 자기 할 일을 분명히 아는 사람이었으므로 고마운 이로 기억될 터였다. 그 후 목에 무슨 문제가 생기거나 혹은 피곤할 때마다 남편이 미스 힉스가 가르쳐 준 대로 연습하는 소리를 들을 수 있었다. 그러면 문제는 곧 사라지곤 했다.

1940년에 로이드 존스의 건강 회복에 필요한 조치들과 관련해서는 의사들 사이에 견해 차이가 좀 있었다. 호더가 보기에 로이드 존스는 여전히 일을 너무 많이 하고 있었고, 설교 약속 상당수를 취소할 필요가 있었다. 그러나 1940년 4월 1일 빈센트 스퀘어에서 베단에게 보낸 편지에서 보듯 마틴의 생각은 달랐다.

> 지금 내 상태가 어떤가 하면, 전화로 말했듯 하루 종일 몹시 피곤한 느낌이라오. 지난밤엔 이런저런 이유로 잠을 제대로 못 잤소. 마태복음 11:28-30 설교는 아주 잘 풀렸소. 목소리를 쓰는 문제에 관해서 말한다면, 설교할 때 내가 그처럼 지혜롭거나 그처럼 감각 있을 줄은 몰랐다오. 지금까지 한 번도 그런 적이 없었는데 말이오. 목소리 문제에서는 이제 원리를 통달한 것 같소.

목소리 문제는 이렇게 나아졌지만, 전반적인 건강 상태는 여전히 걱정거리였다. 그는 한 의사를 만나고 와서 베단에게 알리기를, 그 의사가 모든 건 단지 과로 때문일 뿐이라 장담했다고, 주중 설교 일정을 취소하라고 하지는 않았다고 말했다. "당신도 짐작하다시피 난 이 의견에 전적으로 동감이오." 그러나 베단은 그렇게 확신할 수가 없었다.

로이드 존스는 제직회에서 자신의 건강 문제가 논의되는 걸 정말 원치 않았다. 베단은 이렇게 말했다. "남편은 주일 설교를 한 번으로 줄이는 것만으로도 충분히 휴식할 수 있다고 우리 모두를 설득했다. 물론 상황이 절대 그렇게 되지는 않았다. 아니, 좀체 그렇게 될 수가 없었다."

1940년 그의 건강 상태는 그해 초 친구 더글러스 존슨이 오랜 과로 끝에 관상동맥 폐색이라는 중병에 걸리면서 뒤로 묻히게 되었다. 1940년 1월 19일 존슨 부인에게 보내는 편지에서 로이드 존스는 이렇게 말했다.

> 그가 다소 차도가 있다는 소식을 들으니 반갑습니다. 그를 위해 기도할 때마다(하루에 두 번씩 기도합니다) 말끔하게 완전히 회복되리라는 사실을 아주 분명하고도 명백히 의식하게 된다는 것을 말씀드리지 않을 수 없습니다. 그도 알게 되겠지만, 그런 종류의 확신은 저에게 흔한 일이 아닙니다. 이것을 알려 드리는 것은 그 확신이 아주 명백하기 때문입니다.

서로 만날 수가 없었던 두 사람은 전화와 편지를 통해 연락했다. 1940년 5월 8일 더글러스 존슨에게 보내는 편지에서 로이드 존스는 이렇게 말했다. "몸 상태가 계속 나아지고 있다니 다행입니다. 저도 날마다 좋아지고 있습니다. 미스 힉스가 여전히 봐 주고 있거든요!"

로이드 존스의 건강이 점차 좋아진 것은, 적어도 현재로서는 헤슬미어의 주변 환경 덕분에 운동할 수 있는 기회가 많았기 때문이었다. 학교를 마치고 온 딸들과 오후 산책을 하는 것 말고도 이사한 집 텃밭도 손질해 주어야 했다. 텃밭엔 거친 흙뿐이었고, 집 지을 때 나온 잡석들이 사방에 깔려 있었다. 그가 텃밭 손질에 몰두한 것은 건강을 위해서였을 뿐만 아니라 또 다른 이유가 있었다. 제럴드 골든은 이렇게 회상한다. "당시는 국가적으로 어려운 때였고, 그래서 전시 국민으로서 모두들 이렇게 저렇게 서로를 돕는 일에 깊이 전념했습니다. 좁은 시골 마을에서 많은 이들이 가장 이렇다 하게 할 수 있는 일은 식량 생산이었고, 텃밭에서 채소를 가꾸는 건 '당연히' 해야 할 일이었지요. 마틴은 지체하지 않고 이 일을 받아들였습니다. 비록 이쪽 방면으로는 그다지 능력이 없었지만 말입니다. 그가 열심히 양배추 모종을 심던 모습이 기억납니다만, 모종은 잘 자라지 않았어요. 제가 생각하기에 그는 텃밭 농사에서 별 재미를 못 봤습니다. 진지하게 임하긴 했지만 늘 불편해 보였고 그다지 재미있어 하는 것 같지 않았어요."

1941년 초여름, 베단이 폐렴에 걸리는 바람에 앤을 데리고 친정집으로 요양차 갔다. 당시 베단의 부모님들은 해로우의 집을 비워 두고 남웨일스의 뉴캐슬 엠린으로 피난을 가 있었다. 마틴과 엘리자베스는 헤슬미어에 남았는데, 6월 18일 베단에게 보낸 편지를 보면 텃밭 가꾸기가 아직 한창 진행 중이었음을 알 수 있다.

> 지난번 내가 갔을 때보다 더 편하게 가서 잘 도착했다니 안심이구려. 무엇보다도 그곳 날씨가 여기만큼 좋았으면 하오. 지금 이곳 날씨는 정말 좋아서, 오히려 좀 덥게 느껴질 정도라오. 오늘은 감자를 심었소, 겨우 두 이랑뿐이긴 했지만 말이오. 완두콩에는 일종의 지지대 작업을 해줬다오. 콩대에서 나오는 줄기로 서로를 엮어 주었지. 막대기 같은 걸 좀 구할 때까지 충분히 버텨 줄 거라 생각하오. 양배추와 양상추는 뿌리를 잘 내렸소. 호박은 한 줄기가 죽은 것 같아요. 매일 밤 물을 주고는 있소만. 홍당무하고 비트는 아주 상태가 좋아 보이고, 누에콩은 꽃을 피웠다오. 이제 내가 얼마나 부지런한지 알 테지요? 매일 저녁 6시 15분쯤에 텃밭에 가서 두어 시간씩 있다 온다오. 아 참, 오베르하임

씨가 스패너를 빌려줘서 온수 수도꼭지 2개를 고쳤어요. 뭐, 어느 한 가지 못하는 게 없으니, 당신 남편은 정말 능력 있는 사람이라니까! 하루하루가 너무 느리게 가긴 하지만, 당신이 다시 건강해져서 돌아오기만 한다면 얼마든지 참을성 있게 기다릴 수 있다오. 내일 저녁 7시에 모어스트리트 침례교회에서 설교하는 것 당신도 알지요? 2시 기차로 [런던에] 가서 생스터를 만나 차 한 잔 마실 생각이오.[5] '꼬마 농사꾼'을 내가 몹시 보고 싶어 한다고 앤에게 전해 줘요.

훗날 로이드 존스의 기억에 따르면, 텃밭 일은 어느 해 성 금요일(아마 1942년)에 중대 위기를 맞았다. 그날 그가 설교하러 웨스트민스터 채플에 가 있었던 사이, 베단은 누군가 비료를 한 무더기 주겠다고 하자 이를 덥석 받고 말았다. 집 앞 길가에 쌓여 있는 비료더미를 그는 외바퀴 손수레로 집 뒷마당으로 옮겨야 했다. 게다가 길가에서 뒷마당까지는 길도 없이 울퉁불퉁한 흙바닥뿐이었다. 토요일의 그 '눈부신' 신체 활동의 결과, 웨스트민스터 채플 주일 설교를 간신히 마친 로이드 존스는 사흘 동안 침대 신세를 져야 했다! 유쾌한 사고이긴 했지만, 이 일로 마침내 그는 자신이 몸을 쓰는 일에는 형편없다는 결론에 이르렀다. 훗날 그는 여러 해가 지나서야 그 사실을 깨달았노라고 말하곤 했다. 그는 정신 에너지와 신체 에너지를 날카롭게 구별하여 설명했다. 스스로 생각하기에 그는 정신 에너지는 많은데 신체 에너지는 별로 없었다. "무슨 일이든 몸을 조금 쓰고 나면 늘 기진맥진하다." 육체노동을 하고 나면 그 여파로 혈압이 낮아졌고, 그런 일은 그에게 자극이 되기는커녕 오히려 몸만 쇠약하게 만들었다. 훗날 "비교적 몸을 많이 쓰던" 시절을 언급하면서 그는 이렇게 말했다. "일을 그만두어야 했다. 그렇지 않으면 설교를 할 수가 없었다. 신체 에너지가 전혀 없어서, 그나마 그걸 다 쓰고 나면 책을 읽을 수도, 생각을 할 수도 없었다." 하지만 그는 '정신 에너지'(흔히들 쓰는 표현대로)가 요구되는 상황에서는 이렇게 말할 수 있었다. "나는 멀쩡한데 신체 강건한 사람은 거의 기절 직전이 되는 걸 본다."

이는 목회자들 모임 때 로이드 존스가 이야기하는 개인적인 일들 중 한 사례였다. 그는 운동을 많이 하며 활력 넘치게 사는 게 건강을 증진하는 최상의 방법이라고 하는 이론이 일부 사람들에게는 "큰 해"를 끼칠 수 있다고 생각했다. 그는 그런 일반화는 모두 잘못된 것이라 여겼다.

> 나는 만인을 위한 보편적 법칙을 반대하는 사람입니다. 사람이 자기 자신을 잘 알아야 한다는 것보다 더 중요한 건 없습니다. 자기 자신을 잘 안다는 것에는 자신의 기질과 그 외 다른 면뿐만 아니라 자신의 몸에 대해 잘 아는 것도 포함됩니다. 내가 이 말을 하는 것은, 설교자와 목회자에게 어떤 프로그램을 처방해 주는 이들이 있기 때문입니다. 이들은 아침 몇 시에 일어나 아침 식사 전에 무얼 하고 그다음에는 또 무얼 하라는 등의 지시를 합니다. 이들은 망설임 없이 어떤 방식과 프로그램을 정해 주고 이것을 옹호하며, 이 프로그램을 따르지 않으면 그 사람은 죄인이요 실패자임을 시사하는 듯한 말까지 합니다. 나는 이런 개념에는 반대합니다. 사람은 저마다 다 다르고 그래서 만인을 위해 이런 성격의 프로그램을 정해 줄 수는 없다는 것이 그 이유입니다.

> 우리는 몸 가운데 살고 있고, 우리 몸은 각 사람마다 다 다릅니다. 또한 우리는 기질과 천성도 다 다릅니다. 그래서 보편적 체계를 정해 줄 수가 없습니다.……아침에 느지막이 일어나 하루를 시작하는 사람도 있고, 아침에 상쾌한 에너지가 충만한 상태로 잠이 깨어 줄에 묶인 강아지처럼 빨리 밖에 나가 일하기를 기다리는 사람도 있습니다. 자기가 어느 쪽인지는 스스로 결정하지 못합니다. 이는 체질적인 문제로, 여러 가지 요인에 달려 있습니다. 주된 요인은 아니더라도, 부분적으로 혈압이나 신경 기질, 내분비선 등이 관련되어 있지요. 이 모든 요소들이 다 개입됩니다. 그러므로 나는 자기 자신에 대해 아는 게 우리가 가장 먼저 할 일이라고 주장하는 바입니다. 자신의 특정 기질을 먼저 알고, 그 기질에 맞게 일하는 법을 깨우치도록 하십시오. 하루 중 언제가 최상의 컨디션인지, 자기 자신을 어떻게 다루어야 하는지 깨닫도록 하십시오.[6]

이는 의학적 지식뿐만 아니라 그의 개인적 경험에서 나온 말이기도 하다. 이 시절에 그의 건강이 호전된 것은 상당 부분 이렇게 자기 체질을 잘 알고 행동했던 덕분이었다. 그는 우울증 성향에서 벗어났고(그는 40대 초반 연령층에서는 우울 성향이 흔하다고 여겼다), 베단의 말을 빌리면 "옛날처럼 지칠 줄 모르는 탄력성을 꾸준히 회복"했다고 한다. 만년에 그렇게 놀라울 정도로 활동적인 모습만 본 사람이라면 그가 건강 면에서 그런 문제를 겪은 적이 있다는 걸 도무지 믿을 수가 없었을 것이다.

* * *

전쟁은 이 가족이 주일을 지내는 일상적인 모습에도 변화를 안겼다. 처음에 잉글랜드로 이사 왔을 때 이들은 웨스트민스터 채플 근처 빈센트 스퀘어에서 지내면서 온 가족이 다 교회에 나갔다. 앤은 엘리자베스와 마찬가지로 유아 시절부터 공예배에 참석했다. 영유아를 맡겨 놓는 시설이 있었지만 로이드 존스는 아이들이 예배 때 조용히 있을 수 있는 나이가 되면 그 즉시 부모와 함께 예배에 처음부터 끝까지 참석하기를 바랐다. 물론 예기치 못한 사고도 가끔 있었고, 로이드 존스 가족도 예외가 아니었다. 엘리자베스가 아주 어렸을 때 한번은 아버지가 예배를 인도하면서 기도 순서에 고개를 숙이는 것을 보고 다른 사람들에게 다 들리는 목소리로 "아빠가 '코' 하고 자요!"라고 한 적도 있었다.

헤슬미어로 이사하면서 베단과 아이들이 주일날 웨스트민스터 채플 예배에 참석하는 건 사실상 불가능해졌다. 그래서 이들은 1943년 11월까지 동네 회중교회 예배당에서 주일예배를 드렸다. 이렇게 새로운 환경이 되면서 주일에 늘 하다가 못하게 된 일이 또 하나 있는데, 그것은 오후 산책이었다. 빈센트 스퀘어에서 지낼 때에는 베단이나 마틴 두 사람 중 하나가 주일 오후에 딸들을 데리고 세인트 제임스 공원까지 짧은 산책을 하곤 했다. 앤은 아직 아장아장 걸을 때여서 베단이 산책을 데리고 나가는 경우 걸음마에 지친 아기를 품에 안고 돌아와야 했고, 그래서 산책이 끝날 때쯤이면 엄마와 아기 모두 지쳐 있었다. 그러나 아빠가 산책을 데리고 나갈 때는 달랐다. 앤이 안아 달라고 보채면 아빠는 기분 좋게 대답했다. "오, 미안. 힘들어? 좋아, 아빠 우산을 네가 들어." 이렇게 하면 아빠도 쌩쌩하게, 앤도 우산을 질질 끌며 만족한 얼굴로 집에 돌아올 수 있었다. "남편은 딸들한테 정말 헌신적이었어요." 베단은 그렇게 말했다. "아무리 바쁘고 일에 쫓겨도 늘 아이들에게 시간을 내주었지요. 엄마가 '꾸짖을' 때는 아이들 편에 서서 막아 주기도 하고 맞서 주기도 했던 것 같아요!"

주일에 대한 남편의 견해가 가족들에게 끼친 영향에 대해 이야기하면서 로이드 존스 부인은 또 이렇게 기록했다.

> 마틴은 주일을 주님께서 그리스도인들에게 주신 선물로 생각했다. 7일 중 하루는 '일상의 쳇바퀴와 늘 하는 일'에서 놓여나, 깨어 있는 시간을 순간순간 모두 하나님의 일, 영혼의 일에 바칠 수 있는 날로 여겼다. 그래서 일상의 허드렛일은 최소한으로 줄이되 안식일 아침에 이웃 사람을 시켜서 벽난로에 불을 지피게 하는 정통파 유대인처럼 되어서는 안 된다는 것이 그의 생각이었다. "그런 율법주의적 안식일 엄수주의는 두려움의 영에서 나온다. 합리적이어야 한다. 월요일까지 미뤄 둘 수 있는 일은 다 덮어 두라. 주일 오후에 편지를 쓰느라 시간을 허비하지 말라. 교회에서 맡은 일이 없거든 성경이나 경건 생활에 도움이 될 만한 책을 읽으라."
>
> 남편은 아이들에게 엄격하거나 엄하지 않았다. 아이들은 교회에 와서(아이들은 곧 얌전히 앉아 있는 법을 배웠다) 주일학교에 참석하고는, 시끄러운 장난으로 다른 이들에게 방해가 되지 않는 한은 자기가 좋아하는 놀이를 할 수 있었다. 결국 그 말은 인형 놀이가 허용된다는

뜻이어서, 아이들은 자기 아기인 인형을 깨끗이 닦아 옷을 입혀서 주일학교에 데리고 갔다! 남편이 나에게 늘 단호하게 이르는 말이 있었다. "그리스도인이 아닌 사람[즉, 회심 이전의 어린아이들]에게 그리스도인의 행실을 기대하지는 말아요. 아이들이라면 당연히 좋아하는 순수한 놀이가 있는데, 아이들이 영적인 기쁨 같은 걸 알기도 전에 당신은 너무 엄하게 그런 걸 금지하는구려. 그런 놀이를 빼앗으면 아이들은 할 일이 없잖소. 그건 매정한 짓이오." 남편이 요구하는 건, 주일을 '다른' 날로 볼 수 있도록 부모가 본을 보여야 한다는 것뿐이었다.

현실적인 면에서, 전시의 국가적 긴축 정책에 가장 큰 영향을 받은 두 영역은 먹는 것과 입는 것이었다. 생필품이 부족하니 배급 카드와 의류 교환권을 들고 줄지어 서서 배급을 받아 살아야 하는 생활이 수년째 이어졌다. 로이드 존스는 옷 문제에는 전혀 신경 쓰지 않았다. 베단의 말을 빌리면, 옷 같은 것에는 "아무 관심이 없었기" 때문이다. 그렇다고 해서 무슨 옷을 입느냐 하는 것에 무관심했다는 말이 아니라, 복음의 일꾼은 늘 자기 직분에 어울리는 옷차림을 해야 한다고 생각했다는 뜻이다. 이는 딱딱한 로만 칼라 셔츠를 입어야 한다는 관점에서 한 말이 아니라(그는 한 번도 그런 셔츠를 입은 적이 없었다) 전반적인 외모의 관점에서 한 말이었다. 그는 언제나 변함없이 짙은 회색 정장에 거기 어울리는 넥타이와 빳빳한 칼라의 흰색 셔츠 차림이었다. 색깔 있는 셔츠나 양말 같은 건 한 번도 가져 본 적이 없었다. 그가 가진 옷 중에서 그나마 사람들의 시선을 끌었던 것은 무겁고 칙칙한 오버코트였는데, 이것도 그 외양 때문이 아니라 보는 사람들을 종종 어리둥절하게 만든 그 용도 때문이었다. 설교할 때 그는 날씨와 상관없이 오버코트와 레인코트를 자주 가지고 다녔다. 설교단에서 땀을 줄줄 흘리며 설교하고 나서는 예외 없이 그 코트를 걸쳐 입고 단에서 내려왔고, 예배당을 나설 때는 거기에 레인코트를 겹쳐 입기도 했다! 웨스트민스터 채플에서는 이 과정에 한 가지 변화가 있었는데, 이곳에서는 설교단에서 내려와 목회실에서 그를 기다리고 있는 따뜻한 전기난로 곁으로 곧장 돌아갈 수 있었던 덕분이다. 훗날 미국을 방문하던 중에도 또 한 가지 변화가 있었다. 이는 옆에서 지켜보는 이들을 더더욱 당혹스럽게 만들기에 충분했다. 날씨가 지독히 더운 날이면 그는 코트를 팔에 걸친 채 예배당을 나섰다가도 호텔로 들어갈 때나 혹은 주최 측의 안내로 점심이나 저녁 식사 장소로 들어갈 때면 다시 걸쳐 입곤 했다. 공공건물엔 대개 에어컨이 있어 서늘하다는 것을 알게 된 후로는 절대 그 서늘함을 다시 겪고 싶지 않았던 것이다!

음주 문제에 관해서는 그의 아내가 이런 기록을 남겼다.

> 남편은 술 마시는 걸 절대 죄라고 하지 않았다. 이즈음은 지나친 음주가 국가적 죄이자 아주 현실적인 도덕적 문제가 되기에 그리스도인이라면 술을 즐기는 걸 삼가야 한다고 생각했지만 말이다. 다시 말해, 나보다 '연약한 형제'의 유익을 위해 음주를 삼가야 한다는 뜻이다. 이에 덧붙여 그는 이런 말을 자주 하곤 했다. "여러분 자신이 바로 그 연약한 형제일 수 있음을 여러분 자신은 절대 모릅니다"라고 말이다. 우리 집엔 술 종류가 전혀 없었고, 누구에게도 술을 권하지 않았다.

로이드 존스가 어린 시절부터 경험한 삶은 그 후에도 평생 그대로 유지되었다. 그는 "우리 가족은 지극히 행복했다"고 말할 수 있었다. 가정은 그에게 지상 최고의 복이었고, 집을 그리워하는 것(히라이스)은 그가 인간으로서 겪을 수 있는 불행 중 가장 큰 불행이었다. 그런 면에서, 11세 때 트레가론 학교 진학을 위해 집을 떠나 있어야 했던 것은 그 무엇에도 비할 수 없는 고통이었다. 그 후의 경험은 그 상황에서 그런 고통을 느낀 건 당연했다는 확신을 더 강하게 해줄 뿐이었다. 공인으로서의 로이드 존스만 알고 있는 이들은, 그의 성품에 다음 일화에서 드러나는 그런 일면도 있다는 걸 전혀 짐작하지 못할 것이다.

> 언젠가 플리머스에 갔다가 런던으로 돌아오는 기차 안에서 있었던 일을 나는 절대 잊지 못할 것이다. 기차가 뉴턴 애보트 역에 도착했을 때 한 여자가 어린 딸 둘을 데리고 내가 탄 칸에 올랐다. 보아하니 아이들은 휴일을 맞아 집에 왔다가 기숙학교로 돌아가는 것 같았다. 딸들을 좌석에 앉히고 기차에서 내린 어머니는 기차가 출발할 때까지 승강장에 서 있었다. 기차가 서서히 움직이기 시작하자 두 자매 중 동생인 듯한 아이는 두 눈에 눈물이 가득한 채 애타는 표정으로 저 멀리 멀어져 가는 어머니 모습에서 눈을 떼지 못했다. 그때, 역시 울음이 터지기 직전인 언니가 동생에게 소리를 질렀다. "엄마 그만 봐, 이 바보야!" 부끄러운 이야기지만, 나는 읽고 있던 책을 들어 얼굴을 가리고 그 어린 자매와 함께 울었다. 그 순간 나는 그 옛날 트레가론의 하숙집으로 돌아가 있었고, 시간이 한참 흐른 후에야 비로소 마음을 진정할 수 있었다.

나는 우리가 다시 만나 절대 헤어지지 않을 나라에 이를 때까지는 그 상처에서 완전히 회복될 수 없을 것 같다.[7]

설교 약속 때문에 종종 아내와 집을 떠나 있어야 할 때 로이드 존스는 대개 한밤중에 집으로 전화를 했고, 48시간 이상 집을 비우게 될 경우엔 아내에게 편지도 썼다. 이런 경우에 쓴 편지에는 갖가지 소식이 풍성하게 담겨 있었는데, 그 전형적인 편지가 1941년 2월 4일 옥스퍼드의 허트포드 칼리지에서 쓴 편지로, 당시 그는 이 대학교에서 열린 선교 집회에 참석하던 중이었다.

어젯밤에 전화를 못 하게 되어 낙심천만이었소. 9시 50분까지 지저스 칼리지에 묶여 있었소. 숙소에 돌아오자마자 전화기 있는 곳으로 갔더니 "두 시간 기다려야 한다"고 하더군. 오늘 밤은 집회장으로 출발하기 전 미리 전화를 연결해 달라고 부탁해 놨으니 10시쯤 통화할 수 있을 거요. 그때 봅시다. 나는 잘 지낸다고 알려 주려고 당신에게 전보도 보냈소.

주일 밤 세인트 메리 교회 집회는 아주 잘 끝났다오. 음향에는 아무 문제가 없었고, 회중도 설교를 귀 기울여 경청한 듯하오. 본문은 누가복음 12:54-57이었고, 예배당은 만원이었소.

집회 전에 지저스 칼리지 교수들과 학생 20여 명과 함께 만찬을 했소. 대화는 특히 훌륭했고, 내가 생각하기에 교목이 큰 유익을 얻었을 것 같구려.

오늘 아침 10시엔 O. C. 퀵 교수의 강의를 들으러 갔었소. 강의가 아주 좋긴 했는데, 솔직히 말해 그 문제는 샌드필즈 형제회 모임 때 내가 더 깊이 있게 다룬 것 같소!

오늘은 맨스필드에서 미클렘Micklem 박사 부부와 점심을 같이하기로 되어 있다오. 티타임에는 에나가 전에 다니던 학교에[8] 있게 될 테고, 8시 15분부터 셸도니언 극장에서 강연할 계획이오.

목요일엔 다른 칼리지들에서 집회가 열리는 것 말고 달리 특별한 일이 없다오. 금요일엔 윌리엄 리들의 아들과 아침 식사를 해야 하는데 (그는 자기 아버지의 복사판이라오) 아침 식사를 하고 나서는 그와 함께 C. S. 루이스의[9] 강의를 들으러 갈 예정이오. 점심은 루이스와 함께, 만찬은 맨스필드 교목 존 마쉬와 함께하고 티타임에 의대생들에게 강연한 뒤 9시 15분부터 크라이스트 처치 집회에서 설교할 예정이라오.

이곳은 날씨가 매우 춥소. 앤의 온수 팩을 아주 유용하게 쓰고 있고, 침대엔 여분의 깔개를 하나 더 깔았다오. 눈이 말끔히 그쳐서 오늘은 날씨가 더 좋구먼.

자, 이제 내 소식은 다 전했고, 기분도 아주 좋소. 당신도 너무 춥지 않게 지내도록 해요. 늘 몸을 따뜻하게 하도록 하고. 오늘 밤 전화하겠소.

* * *

전시였으므로 여름휴가는 자연히 간소해질 수밖에 없었다. 그러나 마틴과 베단에게는 전시라고 해서 별로 달라질 게 없었다. 그들에게는 웨일스보다 더 좋은 휴가지가 없었고, 웨일스는 기차 편으로 쉽게 갈 수 있는 곳이었기 때문이다. 매년 휴가 때마다 가장 먼저 들르는 곳은 대개 뉴캐슬 엠린에 있는 베단의 친정집 서니사이드Sunnyside였다. 이곳에서 이들은 조용하고 한적한 시간을 즐길 수 있었다. 휴가 때도 로이드 존스는 평소대로 오전에 책을 읽곤 했다. 주로 읽는 책은 여전히 벤자민 워필드, J. C. 라일,Ryle 찰스 하지Charles Hodge의 책이었지만, 이 무렵에는 잉글랜드 국교도인 E. A. 리턴Litton 작품의 진가를 알아 가고 있었고 헨리 W. 클라크Henry W. Clark의 『잉글랜드 비국교도의 역사』*History of English Nonconformity*를 재미있게 읽고 있었다("그 무렵 나는 역사책을 많이 읽었다"). 베단의 말을 들어 보자. "오후가 되면 주변 농장에 사는 마틴의 친척들을 찾아다니며 시간을 보낼 때가 많았다. 마틴은 농장의 '분위기'(더 적당한 말이 떠오르질 않는다)를 좋아했고, 절대 싫증을 내지 않았다. 어머니에게 동무가 있을 경우 우리는 하루 이틀 정도 여기저기 돌아다니곤 했다."

이들은 뉴캐슬 엠린에 며칠 있다가 보통은 에버리스트위스로 가서 모리스 존스 교수의 집인 '재스퍼 하우스'를 빌려서 머물 때가 많았다. 처음 몇 년간은 8월에 중부 웨일스, 타우이 강 발원지 근처의 난트스탈린 양떼 목장을 찾을 때도 있었다. 베단은 이때 일을 이렇게 기록했다. "애들은 에버리스트위스를 좋아했다. 그곳에서 지내는 주일은 마틴에게 설교 일정이 없을 때의 전형적인 주일 모습이었다. 오전 10시에는 웨일스어로 예배드리는 교회에 갔다가 11시에 마지막 찬송과 함께 서둘러 나와서, 오후 2시 에버리스트위스에서 1.5킬로미터 정도 언덕으로 올라가는 곳에 있는 교회의 영어 예배에 참석했다. 차를 마시러 집에 갔다가 저녁 6시나 6시 30분이면 어디든 설교를 들어 보고 싶은 교회로 가서 예배드렸다. 남편은 이 모든 것을 다

베단의 어머니 필립스 부인과 함께한 가족들.

좋아했다. 설교 듣기도 좋아했다. 다른 사람의 설교를 들을 기회가 자주 없었기 때문이다."

웨일스는 한 번도 로이드 존스의 기대를 저버리지 않고 그의 심신에 새로운 힘을 불어넣어 주었다. 비록 얼마 지나지 않아 몇 가지 아쉬운 게 생기긴 했지만 말이다. 어린 시절 웨일스의 농장에서 여러 가지 잊지 못할 추억을 갖게 된 것에 대해 로이드 존스 자신도 여러 번 이야기했지만 그 어떤 말도 기억 속에 깊이 각인된 그 추억을 아래 이야기보다 더 인상 깊게 설명해 줄 수는 없을 것이다. 이제 이 장은 그 이야기로 마무리하도록 하겠다.

> 내가 생각하기에 우아하고 화려하기로 말을 능가하는 동물은 없는 것 같다. "다시 듣고 싶은 소리가 있다면 무엇입니까?"라고 누가 내게 묻는다면 나는 키가 열여덟 뼘쯤 되는 샤이어종 종마가 품평회에 나가기 위해 새로 편자를 박고 기수와 나란히 딱딱한 거리를 걷다가 이따금 빠른 걸음으로 걷기도 하고, 그러다가 다시 질서 있게, 규칙적으로, 우아하게 걷는 소리를 듣고 싶다고 대답할 것이다. 이 사실에 대해 심리학자들이 뭐라고 말하든(그거야 그들이 말하고 싶은 대로 말하게 놔두고) 어쨌든 나에게 그 소리의 효과는 모차르트 음악하고 똑같았다. 그 광경을 생각하면 지금도 전율이 느껴지지만, 불행히도 그 소리를 못 들어 본 지 여러 해가 됐다. 만약 다른 누군가가 "보고 싶은 게 뭔가요?"라고 묻는다면, 나는 즉시 이렇게 대답할 것이다. "마구를 채운 해크니종 말 여러 마리가 한 큰 품평회에서 수위를 다투는 광경이오." 이 아름다운 동물이 바람에 머리와 꼬리를 날리면서 네 발을 높이 들어 올렸다가 앞으로 치고 나갈 때의 그 위엄을 누가 필설로 설명할 수 있을까? 그런 광경을 보는 게 하나님의 존재에 대한 부인할 수 없는 증거가 아니라고 한다면, 그 사람은 눈먼 죄인임에 틀림없다.[10]

16.

지도자로 떠오르다

1939년 9월 로이드 존스가 런던에 영구 정착했을 당시, 처음부터 그의 동료 목회자들은 교회를 중심으로 새로운 인맥을 맺은 그가 이들 가운데서 주도적 역할을 하게 될 것으로 기대했다. 이는 회중교회 연합뿐만 아니라 자유교회들에서도 마찬가지였다. 앞에서 살펴봤다시피 그는 런던 도착과 거의 동시에 런던 침례교협회의 부름을 받았다. 런던 장로교에서는 이미 그를 알고 있었고, 이제 전국의 감리교회와 선교단체에서도 설교 요청이 답지했다. 이 모든 교파들은 자유교회 연합회의Free Church Federal Council를 통해 서로 동역했고, 회의 서기인 S. W. 휴스Hughes 목사는 로이드 존스를 가장 열렬히 지지하는 사람 중 하나였다. 런던 부근 그리고 잉글랜드와 웨일스 전역의 여러 지역 자유교회회의에서 전국 회의와 연계하여 특별 주중 집회를 개최했다.[1] 로이드 존스가 여러 지역의 이런 집회들에 아주 신속하게 설교 초청을 받은 것은 휴스를 비롯해 전국 자유교회회의 지도자들 덕분이기도 했다.

로이드 존스는 자유교회회의 지도자들이 런던에서 개인적으로 여는 집회에도 일찌감치 소개되었다. 이 일과 관련해 그는 1939년 10월 9일 베단에게 보내는 편지에서 이렇게 말했다.

> 오늘 아침 S. W. 휴스의 회의실에서 자유교회회의와 회합이 있었소. 40명 정도가 참석했는데 모두 시드니 베리, 가비 박사, 스코트 리제트 박사, 제임스 레이드, 벨든, 웨더헤드, 생스터 등과 같은 지도자들이었다오. 거의 전적으로 정치 토론이었고, 오해와 불협화음도 상당했소. 어떤 이들은 즉각적인 평화를 원했고, 어떤 이들은 히틀러주의를 제거하기를 원했다오. 매우 흥미로웠지. 나는 한마디도 안 했다오. 레이드와 생스터와 다른 많은 이들도 역시 말 한마디 안 했소. 내일 아침엔 윗필드 태버너클에서 런던 회중교회 연합 사람들을 만나야 하오. 환영회지! 순전히 의례적인 모임인 듯하오.

W. E. 생스터의 요청으로 로이드 존스는 1941년 5월 24일, 존 웨슬리의 회심 기념일 집회에 참석해 설교했다. 오후 설교는 레슬리 웨더헤드가 맡았다. 「브리티시 위클리」는 이 집회에서 그가 어떤 설교를 해야 했는지 다음과 같이 요약했다.

독터 로이드 존스는 오늘날엔 회심으로 인도하는 설교가 필요하다고 보았는데, 이 의견은 청중에게서 뚜렷한 호응을 불러일으켰다. 감리교도들은 '한 번 태어난' 사람과 '두 번 태어난' 사람의 차이를 더욱 면밀하게 따져야 한다. 예배에, 심지어 공식 예배에 참석한다 해도 그것이 반드시 한 사람의 삶에 '내적 현실과 능력이 되는 어떤 일'이 그 사람에게 일어났음을 의미하지는 않는다. 결단이 회심을 뜻하지 않을 수도 있다. 오늘날 강단의 비극은 설교자가 사람을 '회심시키는 복음'을 설교하지 않는다는 것이다.

자유교회 목회자들 중 비교적 젊은 세대(그리고 다수의 기성세대)는 과거의 메시지로 돌아가는 걸 좋아하지 않는 게 확실했다. 웨더헤드와 소퍼는 하나님에 관한 '엄격한' 개념이 바로 사람들이 기독교와 멀어지는 주된 이유라 확신했고, '성경 숭배' 사상 때문에 그런 그릇된 하나님 개념이 존재하는 것이라 비난하려 했다. 이보다 일찍, 스펄전 태버너클에서 은퇴한 H. 타이드먼 칠버스Tydeman Chilvers 목사(스펄전이 교리를 강조하는 것을 높이 평가한 사람)가 「브리티시 위클리」에 '칼뱅주의의 부흥'에 관해 글을 쓰자 이에 충격받은 회중교회의 원로 행정가 A. E. 가비Garvie 박사는 이렇게 응수했다. "칼뱅주의로 돌아가는 것은 진보가 아니라 반동反動일 것이다.……우리는 지난 반세기 동안 이룬 진보 신학의 유익을 내팽개쳐 버릴 것인가?"

그러나 자유교회 소속 다른 중진들은 기독교계가 '진보'했다고 그다지 확신하지 않았다. J. 어니스트 라텐베리Ernest Rattenbury는 킹스웨이 홀에서 은퇴한 감리교 목사이자 『웨슬리 형제의 회심』*The Conversion of* *the Wesleys*을 집필한 사람으로, 웨스트민스터 채플에도 자주 왔고 또 "독터 로이드 존스는 내 양심을 향해 설교한 유일한 사람"이라고 말하곤 했다. 또 다른 중진 감리교도 헨리 베트Henry Bett 박사는 로이드 존스에게 이런 말을 했다. "우리 감리교 측 사람들 중엔 목사님이 런던으로 와서 감리교 영화배우들(웨더헤드와 소퍼를 일컫는 말)의 맞수가 되어 준 걸 하나님께 감사하는 이들이 많다는 걸 아셨으면 합니다!"

J. D. 존스 박사는 "극단적 칼뱅주의 도그마"를 원치 않는다고 솔직하게 말하면서도 로이드 존스의 사기를 북돋아 주었고 또 한 번은 이런 글도 썼다. "우리의 핏속에는 칼뱅주의적 철분 성분이 좀 있는 게 나을 것이다.……지난 50년간 우리는 하나님의 크심을 말하는 복음이 무대 뒤편으로 사라지게 만들었다." 존스는 회중교회의 비공식 수장 격 인물로, 웨스트민스터 채플에 새로 부임하는 목사를 장차 회중교회 지도자로 세울 준비를 해야겠다고 생각한 이들이 바로 존스를 비롯한 몇몇 자유교회 연합회의 지도부였다.

J. D. 존스는 1938년 본머스의 리치몬드 힐 회중교회에서 은퇴한 뒤 발라 근처 웨일스 언덕 지대의 아름다운 집 브린버논Brynbanon에 자리 잡고 비국교도들의 일에 계속 긴밀히 관여했다. 1941년 76세 때 그는 일종의 발작 증상을 겪었다. 1942년 2월 런던을 마지막으로 방문한 뒤 건강을 회복하지 못할 것이 분명해지자 그는 버논 루이스 박사를 통해 로이드 존스에게 메시지를 보내 그를 만나고 싶다는 간절한 뜻을 밝혔다. 예기치 못한 이 긴박한 요청을 받고 서둘러 발라로 간 로이드 존스에게 이 전직 '비국교도 대주교'는 자신의 본분을 잘 인식하고 장차 자유교회 교단을 이끌어 달라고 간절히 부탁했다. 당

신은 이 일을 맡을 운명을 짊어진 사람이라고 말이다! 현재 잉글랜드 자유교회 형편이 어떤지 이미 알고 있던 로이드 존스는 자신은 복음주의자이기 때문에 그렇게 할 수 없다고 단언했다. 그러자 J. D. 존스는 "오, 그저 이따금 정치적 떡밥이나 한 번씩 주면 돼요. 그러면 잘 따라올 겁니다"라고 반박했다. 두 사람의 대화는 교회 문제에서 마침내 좀 더 개인적인 문제로 화제를 바꿔 가며 계속 이어졌다. 로이드 존스는 그날 밤 브린버논에서 있었던 일을 이렇게 회상했다.

> 그날 밤은 나에게 매우 의미 깊은 시간이었다. 절대 잊지 못할 밤이었다. 그는 자기 상태가 회복될 수 있겠느냐고 노골적으로 물었다. 그가 비록 매우 강한 사람이긴 했어도 나는 솔직히 말할 수밖에 없었다. "죄송하지만 그럴 가능성은 없습니다." 그는 눈물을 흘리기 시작하더니 이렇게 말했다. "괜찮아요. 난 정말 이곳을 떠나고 싶지 않지만." 그는 창문 밖 아름다운 풍경을 가리키며 말했다. "그래도 괜찮아요. 난 지금까지 내가 힘써 설교해 온 내용을 믿어요." 그렇게 말하면서 그는 한 손을 자기 가슴에 갖다 댔다. 나는 잠자리에 들어서도 한 가지 의문 때문에 잠을 이룰 수가 없었다. "네가 방금 그에게 한 말 즉 당신은 곧 죽을 거라는 말을 누가 내게 한다면 어떻겠는가? 어떤 상태가 될까? 기분은 어떨까?" 이런 생각을 하다가 나는 밤을 꼬박 새웠고, 그의 간청을 들어줄 수 없다는 결심을 더 확고히 했다. 나 또한 언젠가는 죽음에 직면해야 할 터이고 하나님 앞에서 모든 걸 정산해야 하기 때문이다.

J. D. 존스는 1942년 4월 19일에 세상을 떠났고, 로이드 존스는

자기 평생 가장 의미 있는 사건 중 하나로 그날 밤 만남을 자주 회상하곤 했다.[2] 전시 상황으로 웨스트민스터 채플 교인 수도 줄고 재정도 바닥난 상태였던 만큼, 사역의 폭을 좀 더 확장해서 지도력을 발휘해 달라는 부탁, 그것도 죽음을 앞둔 사람의 그 간절한 부탁에는 거절하기 힘든 위력이 있었다. 그러나 죽음의 중대성, 그날 밤 그가 새롭게 깨달은 그 중대성은 이 세상에서의 지위에 관한 모든 문제들을 다 밀어냈다. 그래서 자신에게 제안된 그 타협안을 받아들일 수 없다는 것을 그는 확실히 깨달았다. 그는 자유교회 지도자가 될 수도 없었고 그 일에 큰 관심도 없었다. 내세라는 문제와 비교해 볼 때 그게 뭐 그리 가치가 있단 말인가?

이와 같은 결단은 겉으로 보기에 그가 더 크게 쓰임받을 수도 있는데 그걸 제한하는 것처럼 보였다. 하지만 사실 이는 자신의 소명에 충실하기 위해 꼭 필요한 요소였다. "죽어 가는 사람으로서 죽어 가는 사람에게" 설교한다는 것은 강단에서 이룰 수 있는 헌신이 아니다. 그와 같은 헌신에는 설교자 내면의 생명과 언제라도 희생하며 포기할 수 있는 자세가 요구되었다.

1942년경 복음주의 설교자로서 로이드 존스의 지도자 위상은 어느 교파 소속이냐와 전혀 상관없이 그를 받아들였던 스코틀랜드 땅에서 확실히 볼 수 있었다. 1941년 3월 그는 에든버러의 스코틀랜드 자유교회 칼리지 교회사 교수 도널드 매클린 박사의 초청을 받아 '현대인의 비극'을 주제로 강연했다. 스코틀랜드 자유교회 주최 행사에서 강연한 것은 이번이 처음이었다. 오후 강연이 있던 며칠간, 대학의 프레스비테리 홀은 청중으로 꽉꽉 들어찼고, 미처 들어가지 못한 사람들은 옆방과 복도에 앉아 혹시 그의 목소리라도 들을 수 있기를 기대했다. 강연장에는 스코틀랜드 자유교회 사람들뿐만 아니라 스코틀랜드 국교회 사람들도 몇몇 참석했는데, 스코틀랜드 국교회 신학교(뉴 칼리지) 건물이 그 근처 마운드 언덕 위에 있었기 때문이다. 매일 아침 「더 스코츠맨」*The Scotsman*에서 로마서 1:8-22을 본문으로 하는 이 강연 개요를 실었는데, 이 기사가 나중에 그의 두 번째 저서가 된다.[3] 알렉산더 로스Alexander Ross 교수의 의견을 들어 보자. "독터 로이드 존스가 설교하는 걸 들어 본 사람이라면 그가 설교에서 진짜 필생의 사역을 발견했다는 것을 한순간도 의심하지 않을 것이다. 그의 설교를 경청한 사람이라면 하나님께서 자신의 교회에 특별히 큰 은사를 지닌 설교자, 그것도 진정한 메시지, 실로 현대 세계가 매우 절실히 필요로 하는 그 메시지를 지닌 설교자를 허락하셨다는 것을 반드시 인정하게 될 것이다." 도널드 매클린 교수는 미국인 독자들에게 이렇게 알렸다. "오늘날 영국 기독교계에서 독터 로이드 존스는 아주 독특한 지위를 차지한다."[4]

이 방문의 결과는 오랜 기간에 걸쳐 나타났다. 로스가 지적하다시피, 로이드 존스의 방문으로 스코틀랜드 자유교회 사람들은 아주 큰 힘을 얻었고, 로이드 존스 자신에게도 이 경험은 크고 새로운 교제 범위를 열어 주었다. 이제까지 그는, 크게 존경받는 장로 중 한 사람으로 전직 런던 킹스 칼리지 해부학 교수였다가 이제 글래스고에서 해부학 흠정 교수Regius Professor로 있는 던컨 매컬럼 블레어 박사를 포함해 소수의 교단 지도자들만 만났었는데, 이때 '위대한 존 낙스John Knox의 도시에서 풍성한 교제 주간'을 맞아 다른 사람들도 잘 알게 되었다.

로이드 존스의 입장에서 가장 기억에 남는 것은 매일 점심 식사 후 자유교회 칼리지에 있는 존 매클라우드John MacLeod 학장 연구실에서 그와 함께 보낸 시간이었다. 로이드 존스는 경험에 바탕을 둔 신앙이 스코틀랜드 교회의 가장 큰 특징을 이루던 대부흥 시대에 대해 이 노설교자가 해박한 지식과 애정을 갖고 있다는 점에 완전히 마음을 빼앗기고 말았다. 그는 훗날 존 매클라우드에 대해 말하기를, 자신이 만나 본 사람들 중 "가장 경건한 사람으로 손꼽힌다"고 했다. 매클라우드의 저서 『스코틀랜드 신학: 종교개혁 이후 교회사와 관련해』*Scottish Theology: in Relation to Church History since the Reformation*는 아직도 이 분야 최고의 저작으로 남아 있다. 스코틀랜드 자유교회와 로이드 존스의 밀접한 유대 관계는 이후 평생 동안 지속되었다.

이듬해 J. D. 존스가 사망한 직후, 스코틀랜드에서 이 웨일스인 설교자가 얼마나 전폭적으로 지지를 받았는지는 1942년 5월 5일 화요일 글래스고의 세인트 앤드루스 홀에서 열린 '성경 증언 대회'Bible Witness Rally에서 완전히 확인되었다. 신문에도 집회 기사가 실렸지만, 로이드 존스는 이 행사를 하나님의 특별한 도우심이 유독 크게 의식되던 때로 기억하게 될 터였다. 글래스고의 베테랑 종교 담당 기자 알렉산더 개미Alexander Gammie는 「이브닝 시티즌」*Evening Citizen* 5월 9일자 기사에 이렇게 썼다.

> 글래스고에서 열리는 신앙 집회에 다녀 본 경험을 총동원해 봐도 이번 주에 열린 성경 증언 대회보다 더 주목할 만한 광경은 본 적이 없다.

화요일 저녁 도심에 늘어선 그 길디긴 줄은 영화관이나 기타 유흥장 앞에 늘어선 행렬이 아니었다. 세인트 앤드루스 홀을 빙 둘러 가며 장사진을 친 사람들은 이 위대한 대회장에 입장하려는 사람들이었다. 대회장이 구석구석 빈틈없이 사람들로 들어차는 바람에 그냥 발길을 돌려야 했던 이들이 1천 명이 넘는 것으로 추산되었다. 모인 사람들이 전부, 아니 주로 다 '백발노인들'은 아니었다. 젊은 사람들의 비율이 높다는 점에 보는 이들마다 감명을 받았다.

이 대회의 목적이 뭐였기에 그 많은 인파를 끌어모았을까? 이 대회의 목표는 "성경이 하나님의 말씀이라는 믿음을 선언하고, 기도하는 마음으로 성경을 읽고 연구할 것을 이 민족에게 환기시키기"라고 명시되었다. 이 집회는 글래스고에서 열린 이런 유형의 집회 중 최대 규모였을 뿐만 아니라 가장 여러 부류의 청중이 모인 집회이기도 했다. 서로 다른 수많은 종파에서 파송한 수많은 대표들이 동시에 한 지붕 아래 모인 건 아마 전례가 없는 일이었을 것이다. 분위기는 교회 예배 같지 않고 전도 집회 같았다. 구세군, 형제교회Christian Brethren를 비롯해 기독교의 거의 모든 분파는 물론, 글래스고에서 많이 볼 수 있는 초교파적이고 독립적인 선교단체와 기관들이 대거 참석했다. 모든 복음주의 단체가 이 도시에 이렇게 총집결하여 하나의 행동을 모색하는 게 가능하다면 과연 이루지 못할 일이 무엇이겠느냐는 질문이 제기되었다.

이날 강연은 이처럼 위대한 집회에 걸맞게 훌륭했다. 대회장 던컨 매컬럼 블레어 교수는 아주 적절한 기조연설로 강한 인상을 남겼다. 데니얼 라몬트Daniel Lamont 교수는 성경의 권위에 대해 강연했는데, 여느 때와 마찬가지로 그의 강연은 학문적인 동시에 복음주의적이었다. 그는 음조 변화가 다양한 목소리의 언변 좋은 총회 의장으로 이름이 알려진 사람이다. 유명한 외과의사인 브리스틀의 A. 렌들 쇼트 교수는 그 명성에 어울리게 현대 과학의 몇 가지 측면에 대해 거침없이 능숙하게 칼을 휘둘렀다. 그리고 보기 드물 만큼 상세한 지식으로 성경의 몇 가지 측면들을 밝히 알려 주었다.

그리고 등장한 사람이 독터 마틴 로이드 존스 목사였다. 전직 할리 스트리트 내과의사였던 그는 현재 런던 웨스트민스터 채플에서 캠벨 모건 박사와 동사목사로 사역하고 있다. 그의 등장으로 집회장 분위기는 의기양양하고 감동적인 클라이맥스에 이르렀다. 그에게 할당된 주제는 '성경과 오늘날'이었고, 그는 주어진 기회를 아주 훌륭하게 활용했다. 그의 강연은 듣는 이들의 마음을 사로잡을 만큼 강력해서 대중적인 호소력이 있었다. 그 걸출한 웅변술이 정치 집회에서 발휘되었더라면 떠들썩한 열광을 불러일으켰을 것이다. 그는 요점을 하나하나 짚어 가면서 청중을 포로로 만들어 버렸으며, 요컨대 모두를 감동의 도가니로 몰아넣었다.

로이드 존스를 대하는 스코틀랜드인들의 반응이 그가 일개 교파 지도자를 훨씬 능가하는 인물이었음을 보여준 것처럼, 이제 그가 잉글랜드 IVF에서 행사하고 있는 신학적인 지도력 또한 마찬가지였다. 그는 1939년에 IVF 총재로 선출되었는데, 주변에서는 전시라는 형편을 고려해 전쟁이 지속되는 동안 그가 계속 총재로 있어 주기를 바랐다. 결국 3년간 총재직을 유지하던 그는 1942년 자신이 '만년 총재'로 여겨져서는 안 된다고 주장했다. 더글러스 존슨은 로이드 존스가 재임 기간에 학생들의 연례 부활절 콘퍼런스 때 행한 "탁월한" 총재 강연에 대해 이야기했다. 1941년과 1942년에는 케임브리지의 트리니티 칼리지에서 5일간 콘퍼런스가 열렸는데, 1941년 총재 강연 주제는 '그리스도인의 리더십'이었다. 그리고 이듬해 강연은 사실상 전도설교로서, 야이로의 딸이 살아난 것이 설교 주제였다. 두 차례의 콘퍼런스 때마다 학생들이 깜짝 놀랄 일이 벌어졌는데, 그것은 트리니티 칼리지 학장 G. M. 트리벨리언Trevelyan이 가운과 사각모 차림으로 콘퍼런스에 참석했고, 1942년에는 또 한 사람의 트리니티인인 케임브리지의 유명 철학자 G. D. 브로드Broad까지 대동하고 참석했다는 것이었다. 로이드 존스가 야이로의 딸이 살아난 것을 주제로 강연을 마치자 트리벨리언은 강사에게로 다가가 사각모를 벗어 들고 상당히 감동 어린 목소리로 "선생님, 큰 능력으로 설교할 수 있는 은사를 받으셨군요"라고 했다. 브로드는 그 정도는 아니었던지 나중에 한 학생에게 이렇게 말했다. "저 사람 설교를 더 들으면 학장께서 회심하실 것 같군."

이제 로이드 존스는 이 IVF 콘퍼런스는 물론 신학생회Theological Students' Fellowship, TSF 콘퍼런스에서도 어쩔 수 없이 더 많은 강연을 해야 했다. TSF는 IVF의 한 신생 분과로, 이 시기 이들의 연례 콘퍼런스는 IVF 전체 콘퍼런스와 같은 장소에서 동시에 진행되는 경우가 많았다. 1940년 TSF 콘퍼런스 주제는 '건전함과 그 한계'였고, 로이드 존스는 '성경에서 말하는 타락 교리'를 주제로 강연했다. 1941년 전체 콘퍼런스에서 그는 던컨 블레어와 함께 네 차례의 비공식 토론회를 공동으로 주재했는데, '말씀 설교란 무엇인가', '우리는 시대정신과 어떻게 싸워야 하는가' 등이 토론 주제였다. 1942년 트리니티에서 열린 콘퍼런스 주제는 '반역하는 인간에게 주어진 하나님의 말씀'이었고, 로이드 존스가 주재한 또 한 차례의 토론회 프로그램에 명시된 제목은 '신新 세속주의에 어떻게 대처할 것인가'였다. 주목할 만한 점은, 이 모든 콘퍼런스 때 의사들의 영향력이 강했다는 것이다. 블레어와 렌들 쇼트 같은 '치프'들이 1940년, 1941년 콘퍼런스에 참석했고, 블레어는 1942년에도 참석했다. 더글러스 존슨도—무대 뒤편 눈에 띄지 않는 곳이 대개 그의 자리이긴 했지만—매년 빠짐없이 참석했다. '비공식 집회' 혹은 '토론회'는 예외 없이 이 의사들이 인도하면서 자신들이 학창 시절에 익힌 소크라테스식 질문법을 학생들에게 소개했다. 이런 형식으로 학생들을 가르치고 토론을 주재할 때 이 두 '치프'들과 대등한 위치에서 이 같은 방식을 다룰 수 있는 목사는 로이드 존스뿐이었다. 의대생들은 교수와 함께 회진을 돌며 까다로운 질문을 받고 대답하는 훈련을 하는데, 목회자들은 통상적인 교육 과정에서 그런 경험을 하지 못했다. 그래서 콘퍼런스의 다른 강사들은(학생들과 마찬가지로) 이런 방식으로 질문을 받고 어찌할 줄을 모르는 경우가 가끔 있었다.

IVF에서 로이드 존스의 리더십은 공적인 영역은 물론 개인적인 영역에도 중요한 결과를 낳았다. IVF 자문 위원회(복음주의 원로 지도자들로 구성된)에서 그리고 더글러스 존슨과 지속적으로 접촉하면서 그는 수많은 토론을 벌였다. 이는 오랜 세월에 걸쳐 수많은 사람들의 삶에 결실을 맺게 되었다. 역대 총서기 중 존슨처럼 주목받지 못하는 위치에서 일했던 사람은 없었다. 보이지 않는 곳에서 그가 무슨 일을 하고 있는지는 아주 가까운 친구들만 알았다. 로이드 존스는 필립 휴스Philip Hughes에게 보내는 편지(1942년 3월 2일)에서 "그는 여러 면에서 이 시대의 복음주의 진영에 가장 중요한 사람"이라고 말했다.[5] 두 사람은 이상적으로 서로를 보완했다. 한 사람은 공식 대변인이자 지도자로서, 또 한 사람은 무대 뒤에서 타고난 행정가요 조직가로서 일했다. 로이드 존스는 전반적인 원리와 통찰력이 강점이었고, 더글러스 존슨은 세부적인 일을 꼼꼼하고 정확하게 처리했다. 로이드 존스는 사물이나 사람을 보는 정확한 판단으로 존슨이 시간을 아낄 수 있게 해주었다. "웨일스인다운 그의 직관은 지독히 정확했다." 반면 존슨은 메모와 교정과 필요한 책 구하기에서부터 복음주의운동에 중요한 상황, 중요한 인물들과의 접촉을 보고하는 일에 이르기까지 굉장히 다양한 방면에서 친구인 로이드 존스의 시간을 절약시켜 주었다. 어떤 의미에서 이 두 사람의 관계는 의사들 간의 협력 관계와 비슷했다. 두 사람은 각자 서로가 알아들을 수 있는 말로 대화를 나눴는데, 예를 들어 서로에게 보내는 편지는 대개 "친애하는 독터 로이드 존스", "친애하는 독터 존슨"으로 시작되었다.

두 의사가 합작해 낸 일 중 가장 의미 있는 일로 손꼽히는 것은 옥스퍼드 근처 킹엄 힐 스쿨에서 개인 콘퍼런스를 개최한 일이었다. 이 콘퍼런스에서 두 사람은 장래 계획을 다른 이들과 함께 나누었다. 1941년 7월 7일부터 10일까지 열린 이 콘퍼런스의 주최자는 G. T. 맨리Manley(햄스테드 세인트 루크 교회 관할 사제)였고, 참석자로는 F. F. 브루스Bruce(리즈 대학교 고전어 강사), 도널드 매클린, W. J. 마틴Martin(리버풀 대학교 랜킨 강좌에서 셈어를 가르치는 교수), 앨런 스팁스Alan Stibbs(이 당시

킹엄으로 피난 와 있던 오크 힐 신학대학의 부학장), J. 스태포드 라이트Stafford Wright(브리스틀의 BCMS 칼리지 학장)가 있었다.

이 콘퍼런스가 언명한 목표는 복음주의 신학의 부흥으로, 이 같은 필요는 지난 20년 동안 복음주의 학자들이 저술한 훌륭한 주석과 교리서가 거의 없었다는 점으로 더욱 두드러졌다. 모든 참석자들은 다 이 목표에 공감했다. 비록 우선순위 면에서는 조금씩 생각이 달랐지만 말이다. 맨리는 "최근 주교나 신학대학 교장 혹은 교직원으로 임명된 이들 중 보수 복음주의자가 극소수"라는 점에 마음이 불편했다. 매클린은 복음주의 진영에 좀 더 엄밀한 교리가 필요하다고 보고 앞으로 성경신학 연구는 개혁주의 신앙고백(예를 들어 39개 신조와 웨스트민스터 신앙고백서)과 연계되어야 한다고 주장했다. 로이드 존스는 첫 번째 본강연의 순서를 맡아, 치료책을 제안하기 전에 먼저 정확한 진단이 이뤄져야 한다고 말하면서 '이 시대 신앙적 허약함의 원인'에 대해 강연했다.

킹엄 힐 콘퍼런스의 기타 강연들은 대개 앞으로 어떤 조치를 취할 것인가에 대한 구체적인 제안들을 다뤘다. 문서를 더 많이 집필해 출판하고, 성경 연구센터를 설립하고, 여름방학을 이용해 성경 연구학교를 운영하고, 학생 지원기금 단체를 만드는 것 등이 이런 제안에 포함되었다. 토론 과정에서 지적된 사실은, 자유주의자이거나 진보적 현대주의자인 대학 관리자들의 영향으로 유망한 복음주의 학자들이 그 신앙을 잃은 경우가 많다는 것이었다. 그러자 비교적 나이가 젊은 한 참석자가 물었다. 그렇다면 새로운 초교파 신학대학을 세우고 교직원을 보수주의자들로 채용하는 방법도 있지 않겠느냐고 말이다. 그리고 더 나아가 종합대학에 대학원 과정을 설치해 그 대학이 위치한 도시에서 학위를 따든지 혹은 런던 대학교에서 학외學外 박사 학위를 따게 할 수도 있지 않겠느냐고 의견을 이어 갔다.

이 두 번째 제안에 몇몇 원로들은 깜짝 놀랐다. 이들은 주류 교단들이 그런 대학을 무시할 것이고, 그러면 결국 교단이 또 하나 생겨나게 될 것을 염려했다. 필라델피아의 웨스트민스터 신학교 Westminster Theological Seminary가 최근 새 교단을 만든 것처럼 말이다. 이에 대한 대안으로 복음주의적 신학대학생들에게 정식 교육 과정 이외의 지원을 베풀고 학문의 수준을 높일 수 있도록 힘을 북돋아 주어 종합대학 신학부에 혁명적 변화를 일으키자는 의견이 제시됐다. 리버풀 대학교의 W. J. 마틴은 위와 같은 입장을 역설하면서 이렇게 말했다. "전문가나 주도적 인물치고 평균 수준의 신학대학이나 학문적 성격이 덜한 군소 신학 교육 시설에 큰 관심을 보인 사람은 하나도 없습니다. 그러므로 복음주의자들의 학문적 성과가 최고 권위자들의 수준에 비견될 만하고 건전한 신학 저널과 대형 출판사의 관심을 받을 정도가 되는 게 중요합니다. 대학 교수들의 학문적 성과에 도전하거나 이 성과를 수정하고 싶다면 그들과 동일한 수준에서 맞서야 합니다."

성경 연구 분야에 복음주의권 전문가를 양성해야 한다는 제안이 열화와 같은 지지를 받았지만, 콘퍼런스가 끝나기 전 로이드 존스가 분위기 조정에 나섰다. 그는 이런 제안이 일종의 교정 수단을 마련하는 것을 목표로 하고 있지만 그 수단이 새로운 위험을 자초할 수도 있음을 염려했다. 그는 최고 수준에서 문제점에 대처할 복음주의자 팀이 있어야 한다는 걸 반대하지는 않았다. 전쟁이 끝나고 나서 어떤 적정한 요청이 있을 때 하나님의 은혜로 몇몇 사람들이 이 방향으로 한 걸음 한 걸음씩 단계를 밟아 나가야 한다는 것이 그의 생각이었다. 그러나 그 최종 결과가 만약 '전문가들'을 만들어 내는 것이라면, 뭔가가 심각하게 잘못되리라는 것이었다. 그 자신이 세인트 바톨로뮤 병원 연구실에서 '대학 수준의' 연구 작업을 해봤기에 그는 학문적 수준을 높이자는 마틴 박사의 호소를 충분히 이해하고 지지했다. 하지만 그런 경험이 있었기에 그는 초超전문화에 위험이 따른다는 말도 할 수 있었다. 좁은 분야에 전문 지식이 늘어날수록 전체를 균형 있게 보는 시각을 쉽게 잊어버릴 수 있다. 교회가 주로 필요로 하는 것은 '전문의'가 아니라 '일반의'와 '일반 개업의'였다. 전문가에게는 전문가의 일이 있다. 그러나 전문가들의 연구 결과로 신약신학과 구약신학의 요소들이 진정 체계적인 성경신학이라는 통일체 안으로 통합되지 않는다면, 그 연구엔 진정한 유익이 없다 할 것이다. 앞으로 살펴보겠지만, 훗날의 발전적인 연구를 보면 이 판단이 옳았음이 입증된다.

킹엄 힐에서 로이드 존스는 자기 분야에서 아주 능력 있는 사람들과 연장자들에게 에워싸여 있었다. 그러나 이들이 영적 안목을 갖게 되고 또 일반 원리를 깨닫는 데 로이드 존스가 얼마나 뚜렷하게 기여했는지는 공개되지 않았다. 공개되지 않은 그 세평世評은—비록 기록에 남아 있진 않다 해도—차세대 대학생들의 사고 형성에 무엇보다 큰 역할을 하고 있던 단체에 그가 얼마나 지속적인 기여를 했는지 그 중요성을 이해하는 데 도움이 된다.

IVF에서 그의 리더십이 다면성을 지녔었다는 점도 주목해 볼 만하다. 킹엄 콘퍼런스에서 그의 역할은 신학과 관련된 역할로서, 교회사에서 분석해 낸 사실들로 교훈을 주는 것이었다. 그러나 이 시기 그가 대학생 세계에 시간을 할애해서 한 일은 상당 부분 복음 전도자의 일이었고, 거듭되는 요청에 따라 대학생 선교에서도 주도적인 역할을 해야 했다.

1941년 옥스퍼드 선교 대회에 대해서는 이미 언급했다. 1943년 2월, 그는 복음주의연합OICCU이 같은 대학에서 개최한 선교 대회에서 주요 역할을 맡았다. 첫 번째로 할 일은 베일리얼 칼리지Balliol College의 의대생 30명을 상대로 강연하는 것이었다. 그가 선교 대회에서 주로 했던 강연은 예레미야 6:14-16 설교였다. 이때 그의 설교를 들었던 학생인 E. 노엘 T. 샌드포드 목사는 대회 전 학기 중 몇몇 학생들이 회심했고, 대회 중에도 "적어도 10명" 정도가 회심했다고 기억했다. 그는 이렇게 회상했다. "독터 로이드 존스는 강단에 올라 주머니에서 아주 작은 성경책을 꺼내 들고서는, 선택한 본문을 읽은 다음 아마도 성경책을 다시 덮고 아주 면밀하게 논증되고 완전하게 논리적인 설교를 원고 한 장 보지 않고 해 나가기 시작했다. 그는 보통 30분이 넘게 설교하곤 했지만 절대 길게 느껴지지 않았다."

로이드 존스가 옥스퍼드에서 한 설교는, 신앙을 변증할 때 전문가들이 일부 역할을 하는 것은 사실이지만 청중의 요구나 기대에 양보하지 않고 신앙을 신앙 고유의 언어로 선포하면 신앙이 스스로 세상을 향해 나아간다는 자신의 확신을 그대로 보여주었다. 그는 학부생들을 위해 어떤 특별한 변증 설교를 준비하지는 않았다. 학생들이나 동료 전도자들 모두 이 사실에 가끔 놀라곤 했다.[6]

온갖 전도 단체가 온갖 행사를 벌일 때마다 로이드 존스를 찾아와 도움을 구했다. 1943-1944년에 글래스고에서 개최할 예정인 5개월간의 전도운동과 관련해 가장 먼저 발표된 이름도 그의 이름이었다. 글래스고 언론은 "전체 강사 명단은 아직 확정되지 않았지만, 우리 시대 복음주의권에서 가장 강력한 영향력을 가진 인물이 된 독터 로이드 존스는 이 행사에 참여해 달라는 초청을 수락했다"고 보도했다. 비슷한 시기 잉글랜드 복음주의 지도자들이 런던 보닝턴 호텔에서 회동해 "전국 규모의 전도 캠페인을 시작하는 문제를 의논"했을 때 주 강연자로 초청받은 이도 로이드 존스였다.

로이드 존스는 당시 유행하던 이런 조직적 전도운동에 비판적이었는데, 그 이유에 대해서는 나중에 살펴보겠다. 어쨌든 그는 이런 초청을 기꺼이 수락했고, 그 기회를 이용해 그리스도인들이 이 시대에 가장 우선적으로 필요한 것을 놓칠 위험에 처해 있음을 깨달으라고 촉구했다. 1943년 10월 4일 세인트 앤드루스 홀에서 열린 글래스고 전도 대회 개회식에서 그는 좀 더 적극적으로 전도 활동에 나서야 한다고 호소한 게 아니라 "기도 외에 다른 것으로는 이런 종류가 나갈 수 없느니라"막 9:29라는 성경 본문으로 이야기를 전개했다.

> 갖가지 전도 활동에 돌입하기 전에 먼저 우리가 직면한 문제의 본질을 알고 있는지 확인해 봅시다.……이 전도 캠페인만으로 충분하겠습니까? 아마도 성과는 있겠습니다만, 거기서 그치고 만다면 결국은 실패할 것입니다.……캠페인은 계속하시되 거기서 그치지는 마십시오. "기도 외에 다른 것으로는 이런 종류가 나갈 수 없느니라." 바꿔 말하자면, 제

1940년대의 마틴 로이드 존스.

가 보기에 우리들 한 사람 한 사람에게 주어진 사명은 이 대규모의 조직적 캠페인에 두루뭉술하게 협력하는 게 아닙니다. 오직 하나님만이 주실 수 있는 영적 부흥을 위해 구체적으로 기도하는 일에 우리 자신을 바치고 헌신해야 합니다. 문제는, 우리가 현 상황을 제대로 진단하지 않는다는 것입니다. 우리는 여전히 자기 방식을 확신합니다. 우리가 문제의 본질을 충분히 깨닫고 하나님 앞에 무릎 꿇고 앉아 하회를 기다리지 않는 한 아무 소망이 없다는 것이 제 생각입니다.

런던에서 열린 보닝턴 호텔 회의 때 그는 대규모 전도 대회에 대한 자신의 유보적 태도를 좀 더 상세히 설명했다.

복음의 근본적인 진리에 대해서는 우리 모두가 다 동의합니다. 그런데 중요한 질문은, 오늘날 필요한 특정 강조점이 무엇이냐 하는 것입니다. 저 자신은 그 질문에 아무 망설임 없이 답변할 수 있습니다. 50-80년 전의 전도 방식은 이제 오늘날의 상황에 제대로 부응할 수 없다는 사실을 깨달아야 합니다. 빠를수록 좋습니다. 그런데 우리는 여전히 그 방식에 매달려 있고, 우리에게 아무 권리도 없는 어떤 전제 위에서 행동하고 있습니다. 우리가 지금 직면하고 있는 기본적 상황은, 우리가 하나님을 거의 완전히 무시하며 망각했다는 것입니다…….

저는 여전히 각 지교회야말로 현 상황을 타개하는 열쇠라고 믿는 사람 중 하나입니다. 우리가 진정 부흥을 기다리며 부흥을 위해 기도할진대 어느 순간에라도 부흥은 시작될 수 있습니다. 교회 밖 사람들을 전도하기 위해 행사를 계획하고 조직할 생각을 하기 전, 우리 자신의 교회들에 집중하도록 합시다. 우리네 교회들은 살아 있습니까? 우리 교인들은 진짜 그리스도인입니까? 우리네 교인들은 세상 사람들을 만날 때 그들을 그리스도께로 인도하며 신령한 일에 대한 갈망을 그들 마음에 불러일으킬 수 있는 사람들입니까? 그것이 바로 오늘 제가 여러분들께 드리고 싶은 말씀입니다. 교회 밖으로 말씀을 전할 게 아니라 교회 내부로 시선을 집중해 우리 자신의 영적 삶을 깊고 또 깊게 해야 합니다. 사람들이 여기저기서 모여들어 하나님께 쓰임받으며, 그들이 인도하는 대각성이 온 교회와 온 땅으로 퍼져 나갈 때까지 말입니다.[7]

17.

새로 탄생한 기관들

로이드 존스가 웨스트민스터 채플에 부임한 지 얼마 되지 않아 런던에는 앞으로 광범위한 영향력을 끼치게 될 새로운 기관이 3개나 생겨났다. 로이드 존스는 이 세 기관 모두와 밀접한 관계를 맺게 되며, 그중 두 곳은 그가 세상을 떠날 때까지 그의 지도를 받게 된다.

이 새로운 기관들 중 가장 믿어지지 않는 것은 복음주의 도서관의 탄생이었다. 런던에서 이 도서관의 이름과 위치는 1943년에야 확정되었지만, 설립 작업 시작은 40여 년 전 제프리 윌리엄스Geoffrey Williams라는 사람의 회심 때로 거슬러 올라간다. 1903년 어느 비바람 몰아치는 날, "한 여학생의 요청으로" 17세의 윌리엄스는 브라이턴의 갈리드 채플 예배에 참석했다. 가스펠 스탠다드 교파의 엄격한 침례교단Strict Baptist 소속 이 교회에서 윌리엄스는 J. K. 포펌 목사를 통해 기독교 고전 문헌, 그중에서도 특히 청교도들의 저작을 소개받게 되었다. 그런 책들에서 가르치고 있는 '값없는 은혜'를 사모하게 된 그는 청교도들의 저작을 수집하기 시작했다. 하지만 그리스도의 일에 쓰임받고자 하는 자신의 소원과 그 책들 사이에 어떤 상관관계가 있는지는 아직 깨닫지 못했다. 1920년대에 그리스도인 친구들에게 자기 책을 빌려주면서 이 책들이 신자들에게 도움이 된다는 것을 알게 된 그는 "어느 곳에서든 사람들이 성경에 충실한 책들을 빌릴 수 있고, 죄인들이 십자가 밑에 나아올 수 있게 하며, 그리스도인들이 가장 거룩한 믿음 가운데 세워져 나가는 것을 목표로 하는 광범위한 대출 전용 도서관"을 만들고 싶다는 '억제할 수 없는 열망'을 느꼈다.

책을 빌려 가는 사람들이 서서히 늘어났다. 여러 장소에서 책을 찾아 수집하면서 제프리 윌리엄스의 장서도 점점 많아졌다. 신앙적 가치를 지닌 낡은 중고 서적이 비교적 풍부했으나 가치는 별로 인정받지 못하고 있었다. 이 책들이 장기적으로 중요한 의미를 지녔음을 확신한 윌리엄스는 애굽 땅의 요셉처럼, 다가올 흉년을 대비해 한 권씩 한 권씩 책을 비축해 두었다. 1928년 무렵에는 서리의 베딩턴에 있는 그의 집과 창고로는 더 이상 감당이 안 될 만큼 책이 많아져, 베딩턴의 워즈워스 로드에 있는 한 작은 건물로 도서관을 옮겨야 했다. 장서 규모는 약 2만 권에 이르렀는데, "청교도와 스코틀랜드 언약도들의 희귀 저서를 전문적으로 취급했고, 18세기 대부흥 시대에 나온 책들도 많았다."

그러나 실망스럽게도 1930년대에는 제프리 윌리엄스가 소장한 책을 읽는 사람이나 빌려 가는 사람의 수가 거의 혹은 전혀 늘어나지 않았는데, 도서관 위치가 런던 남부 30킬로미터 지점에 있어 쉽게 오갈 수 없다는 것이 한 가지 이유이기도 했다. 윌리엄스는 도서관이 이따금씩 찾아오는 사람들의 호기심만 충족시킬 게 아니라 '살아 움직이는 하나의 힘'이 되어야 한다고 생각했다. 하지만 인간적인 관점에서 볼 때 그의 도서관은 하나의 박물관 이상의 무언가가 될 전망이 전혀 보이지 않았다, 도서관에 대한 그런 꿈을 마음에 품고 기도하던 그는 1938년 어느 날 약을 사려고 런던의 그레이트 포틀랜드 스트리트에 있는 존 필립스John Phillips의 약국에 들렀다. 그런데 알고 보니 약국 주인 존 필립스는 채링 크로스 칼뱅주의 감리교회 교인이었고, 대화를 나누던 두 사람은 서로 몇 가지 공통점이 있다는 것을 곧 알게 되었다. 윌리엄스의 말을 들어 보자. "나는 그의 웨일스어 억양에 마음이 끌렸고, 대화를 나누다가 당시 내가 겪고 있던 어려움을 나도 모르게 다 털어놓았다. 그러자 그는 흥분해서 말했다. '독터 마틴 로이드 존스를 만나 보시지 그래요. 분명히 관심을 보이실 테고, 돌파구를 일러 주실 거예요. 선생님의 계획에 대해 제가 미리 말씀드려 놓을게요.'"

윌리엄스가 보기에 필립스의 약국에 들렀던 날은 그의 인생의 전환점이었다. 지금까지 그가 접했던 그리스도인들은 거의 다 엄격한 침례교회 교인들뿐이었고, 웨스트민스터 채플 목사는 그에게 '미지의 세계에서 온' 인물이었다. 필립스는 약속대로 윌리엄스와 그가 하고 있는 일을 로이드 존스에게 알렸고, 얼마 후 로이드 존스는 친구 엘리세우스 하웰스와 함께 베딩턴을 방문했다. 도서관을 보고 나서 그의 감회가 어떠했는지는 1939년 1월 4일 윌리엄스에게 보낸 편지에 잘 나타나 있다.

> 장서는 훌륭했고 정말 독특했습니다. 진정한 개신교, 특히 18세기 대부흥에 관심 있는 사람에게 베딩턴 프리 그레이스 도서관은 기쁨 그 자체일 것입니다. 한 가지 비판적인 의견을 드릴 게 있는데, 그건 바로 도서관 위치에 관한 겁니다. 이런 도서관은 사람들이 쉽게 오갈 수 있는 런던 중심부에 자리 잡아야 합니다.

이 말에 힘을 얻은 윌리엄스는 도서관을 서둘러 런던 중심부로 옮길 방도를 모색하기 시작했다. 로이드 존스의 부추김으로 더글러스 존슨도 약간의 '활동 자금'을 모금해 주고 이전 준비 위원회 구성을 조언해 주는 등 도움을 베풀었다. 도서관 이전이라는 목적을 위해 1942년 12월 15일 네 사람이 다음과 같은 의제로 모였다. '기독교 (특히 복음주의 사상) 도서관에 대한 고려와 이를 위한 조치 (1) 이 도서관이 누구의 소유도 아닌 하나님의 교회의 소유임을 확실히 하고 (2) 중심부에 자리 잡게 하며 (3) 활발한 운영을 위한 재정을 마련한다.'

그러나 이제 총 무게 15톤에 이르는 2만 5천 권의 장서 규모의 도서관 이전은 작은 문제가 아니었다. 필요한 자금을 구할 수 없었고, 위원회에게는 대중의 관심을 불러일으킬 만한 방도도 없었다. 윌리엄스는 로이드 존스가 이 일에 두 발 벗고 나서 주지 않는 한 아무것도 이룰 수 없다고 결론 내렸지만, 정작 로이드 존스는 두 가지 이유로 이 일에 직접 뛰어드는 걸 삼가고 있었다. 하나는 이전 준비 위원회에 참여하고 싶지 않았기 때문이고, 또 하나는 목회와 양립될 수 없는 사역에 온몸으로 뛰어드는 걸 경계했기 때문이었다. 그는 책을 고르는 윌리엄스의 안목에 확실히 찬탄했고, 1939년 도서관을 널리 알리는 것과 관련해서 했던 말도 진심이었다. 그러나 주변 사람들이 바라는 것처럼 그가 '도서관장' 직책을 맡는다면, 이는 도서관 일에 더욱 깊이 개입하는 셈이 될 것이었다. 게다가 그는 윌리엄스가 엄격한 침례교단이라는 제한된 신앙 배경을 지녔다는 점도 염려스러웠다. 윌리엄스는 나이도 로이드 존스보다 열다섯 살이나 많아서, 여러 가지 점에서 분명 지도와 안내가 필요했다. 앞으로 계속 돌봐 주고 길을 인도해 줘야 할 터였다. 그러나 도서관이 지닌 잠재력은 이 모든 염려를 압도했고, 결국 로이드 존스는 필생의 사역이 될 이 일에 몸을 던졌다. 그는 1943년 6월 15일과 28일 두 차례에 걸쳐 웨스트민스터 채플 목회실에서 열린 확대 이전 준비 위원회 모임을 주재했다. 이 회의를 통해 담보 신탁증서가 마련되었으며, '복음주의 도서관'이라는 도서관 명칭을 만장일치로 통과시켰다. 준비 위원회는 "이 사업의 성공을 위해 전적으로 성령을 의지한다"고 선언했다. 또한 도서관은 켄싱턴의 글로스터 로드 55번지로 옮기고 매년 70파운드의 임대료를 내기로 결정했다.

1944년 두 번째 런던 대공습을 포함한 모든 난관을 마침내 이겨 내고 1945년 1월 15일 글로스터 로드 도서관 구내가 공식 개관식과 함께 개방되었다. 로이드 존스의 연설 후 「더 타임즈」*The Times* 기자는 "후대에까지 널리 영향을 끼칠 중요한" 사업이 약속되었다는 데 동의했다(1945년 2월 4일). 「브리티시 위클리」(1945년 1월 2일)는 '도서관을 발견하다'라는 제목으로 개관식을 알리면서 도서관장의 연설에 담긴 감회를 지지했다. "청중이 공감했다시피 이 도서관은 평범한 사업이 아니었다. 실내로 들어선 사람들은 여러 개의 방에 책들이 가득하고 통로와 층계참에도 책들이 가지런히 꽂혀 있는 것을 보았다. 실제로 사방이 다 책이었다……몇몇 헌신적인 사람들의 경험과 지혜로 생명력을 얻은 훌륭한 기관들이 있다면, 그 기원은 이 복음주의 도서관 같을 것이다."

제프리 윌리엄스와(그는 명예 사서가 되었다) 도서관 자체를 도울 수 있었으면 했던 로이드 존스의 소망은 완벽하게 실현되었다. 윌리엄스의 나이가 많다는 것 때문에 로이드 존스가 고민을 했지만, 나이 때문에 어떤 문제에서 어려움을 겪을 때 그는 자기보다 어린 로이드 존스의 조언을 거부하기는커녕 날이 갈수록 그에 고마워하게 되었다. 1970년대에 그는 이렇게 말했다.

> 독터 로이드 존스가 내 생각과 내 인생에 얼마나 깊은 영향을 끼쳤는지는 아무리 말해도 지나치지 않다……그는 내가 회심했을 때부터 양육받아 온 신앙 공동체의 사상 중 극단적인 요소들을 멀리하도록 가르쳐 주는 한편, 그 공동체를 다른 공동체와 구별시키는 중요한 기본 가르침은 고집스럽게 고수할 수 있게 해주었다.

전쟁 초기에 생겨난 또 하나의 새로운 단체는 나중에 '웨스트민스터 교제회'Westminster Fellowship 혹은 '형제회'Fraternal로 알려지게 되는 목회자 모임이었다. 이는 1941년에 목회자를 비롯해 기독교 단체 지도자 직분에 있는 이들을 위해 3개월에 한 번씩 웨스트민스터 채플에서 화요일 오전에 모이는 모임으로 시작된 듯하다. 로이드 존스가 목회를 하면서 접하게 된 사람들로 구성된 이 사적 모임 멤버 중엔 그가 에버라본에서 이끌던 모임에서 알게 된 이들도 있었다. 이 형제회 초기 멤버 중 한 사람이 오크 힐 칼리지 부학장인 앨런 스팁스 목사였다. 스팁스도 당시 IVF 연구회 하나를 지도하고 있었는데, 연구 중 원죄 교리에 관해 난제에 부딪히자 로이드 존스에게 발제자 두 사람의 글을 읽어 봐 줄 것을 부탁했다. 발제 글 중 하나는 당시 복음주의자들 사이에서 유행하는 조금 피상적인 견해를 따르고 있었고, 또 하나는 필립 에지컴 휴스(런던의 한 사제)가 쓴 글로 비교적 성경적이고 개혁주의적 입장을 주장하고 있었다. 여기에 더해 스팁스는 1942년 1월 27일에 있을 다음번 모임 때 로이드 존스가 직접 와서 이 주제에 대해 토론을 인도해 줄 것을 부탁했다.

필립 휴스는 1935년 알버트 홀에서 로이드 존스의 설교를 처음 듣고 "외모에서 느껴지는 돌 같은 단호함과 설교할 때의 진지한 웅변"에 매료된 후 그때부터 줄곧 그를 만나고 싶어 하던 참이었다. 휴스가 보낸 편지에 로이드 존스는 1942년 2월 3일 이렇게 답변했다.

> 앨런 스팁스 씨에게서 원고를 받아 보고서야 귀하의 이름을 처음 접했습니다.……귀하의 해설이 저는 무척 마음에 들었습니다. 저는 우리 복음주의자들 중 학자와 저술가가 부족하다는 사실에 오랫동안 마음이 아팠습니다. 그래서 꾸준히 그런 분들을 찾고 있었지요.……앨런 스팁스 목사님을 비롯해 저희는 복음주의권 사역자와 목사들로 새 교제 모

임을 시작했습니다. 스텝스 씨의 연구회 회원 모두를 이 교제 모임에 청하고자 합니다. 다음 모임은 3월 10일 오전 10시 30분에 있습니다. 와 주시면 그때 긴 이야기 나누도록 하겠습니다.

이렇게 해서 휴스를 비롯해 IVF 연구회 회원들이 웨스트민스터 교제회에 가입했고, 스텝스가 이 모임의 서기를 맡았다. 1942년 10월, 모임 시간은 1시 30분에서 4시 15분까지로 바뀌었고, 여러 해 동안 형제회는 분기별로 이 시간에 고정적으로 모였다. 나중에 이 모임은 형식 면에서 초기와는 좀 달라졌다. 모임을 1부와 2부로 나누고 중간에 15분간 휴식 시간을 두었다. 1부에서는 참석자 전원이 모여(많이 모이면 12명이 넘었다) 최근에 은혜받은 일이나 사역 중에 겪은 어려움 등 개인적인 경험을 나누었는데, 그래서 어떤 이는 이 형제회 모임을 가리켜 '고백의 시간'The Confession(모임은 몇 년간 이 이름으로 불렸다)이라고도 했다. 회원 수가 얼마 되지 않아 모임 장소로 큰 홀보다는 방이 필요했는데, 웨스트민스터 채플 구내에서 이에 적당한 곳으로는 아래층 휴게실뿐이었다.

로이드 존스는 이 모임을 강연 듣는 모임으로 만들 생각이 아니었다. 그는 이 모임이 '교제' 모임이 되기를 원했다. 교제를 하다 보면 실제로 경험해 본 문제, 현실적인 문제들이 드러날 터였다. 그는 기본적인 성경신학이 교회 생활에서 만나는 거의 모든 문제들에 해결책을 준다는 것을 참석자들이 토론을 통해 배울 수 있기를 바랐다.

웨스트민스터 교제회 멤버를 의도적으로 사역자들로만 제한했다고 해서 로이드 존스가 일반 성도 신분으로 기독교 단체를 이끌고 있는 이들을 등한시한 것은 아니다. 이 시기에 로이드 존스와 가까이 지내게 된 일반 성도 중 초교파 복음주의 단체들에서 중요한 역할을 하고 있는 A. J. 베레커Vereker라는 사람이 있었다. 그는 4대 청년 단체 연합 위원회 서기를 맡고 있었는데, 이 위원회는 IVF, 어린이 특별봉사 선교회Children's Special Service Mission, CSSM와 성서 유니온,Scripture Union 십자군,Crusaders 소녀 십자군에서 각각 2-3명씩 파견한 대표들로 구성되었다.

베레커는 십자군 연합Crusaders' Union 사역에 로이드 존스를 소개했고, 1942년 2월 시온 칼리지에서 열린 이 십자군 연합 지도자 콘퍼런스에서 로이드 존스는 현대의 복음 전도에 대해 처음으로 중요한 발언을 했다. 그의 발언은 1939년 케임브리지에서 '성화'에 대해 했던 연설만큼이나 당대에 유행하던 복음주의 입장과 뚜렷한 차이를 보였다. 서론에서 그는 복음을 전하는 이들이 피해야 할 두 가지 태도가 있다고 지적했다. 첫째는 "완벽할 만큼 정통적" 신앙을 갖고 있으나 행위에 아무 열매가 없는 자들의 태도이고, 둘째는 "괄목할 만한 결과"를 내는 것 같지만 어떻게 그 결과를 얻는지에 대해서는 별로 신경쓰지 않는 자들의 태도다. "이 사람들은 전도 대회를 열고, 설교를 하며, 그 결과 수많은 이들이 그리스도를 믿기로 결단하거나 소위 '회심'을 합니다. 하지만 그런 결단이나 회심은 영속적이지 않습니다. 본질상 한순간이거나 덧없는 것들일 뿐이지요." 그런 다음 그는 '5가지 기초 원리'를 제시했다.

1. 전도의 최고 목표는 하나님을 영화롭게 하는 것이다. 복음 설교의 첫

째 목적은 영혼 구원이 아니다. 그 자체로서 아무리 훌륭하다 해도, 아무리 고상하다 해도 다른 어떤 목표도 그 첫 번째 목표의 자리를 찬탈할 수 없다.

2. 실제로 이 목표를 이룰 수 있는 유일한 능력은 성령의 능력뿐이다.
3. 성령이 역사하실 수 있는 유일무이한 수단은 하나님의 말씀이다.……성령께서 사용하시는 수단은 말씀이라는 진리다.
4. 복음을 전하고자 하는 참된 열망은 바로 이 원리, 즉 하나님을 높이고 영화롭게 하려는 열심과 인간 영혼에 대한 사랑이라는 원리를 이해하는 데서 와야 한다.
5. 가장 성실하고 진지한 사람들 중에도 지속적인 오류의 위험과 이단의 위험이 있으며, 그릇된 열심과 비성경적 방식을 채용할 위험도 있다.

그의 강연 전반부는 이 원리를 제시하고 설명하는 시간이었다. 후반부에서는 이 원리를 당대의 복음 전도 현장에 적용하는 방법을 설명했다. 이 강연은 십자군 연합에서 『복음을 제시하는 방법』*The Presentation of the Gospel*이라는 제목의 책자로 발간되었고, 이어서 CSSM과 IVF에서도 재발간되었다.

베레커와 로이드 존스는 계속해서 정기적으로 연락했다. 1943년 11월, 베레커는 공동 위원회 서기 자격으로 로이드 존스에게 편지를 보내 강연과 논평을 부탁했다. "우리 단체 출신은 아니지만 우리가 하는 일에 관심을 가지신 분에게서 솔직한 비판의 말씀을 좀 들을 수 있다면 아주 유익할 거라 여겨지는데, 목사님이 바로 그런 분이십니다."

베레커는 로이드 존스가 참여하게 되는 세 번째의 새로운 기관에서도 주요한 역할을 했다. 1933년 무렵부터 베레커는 런던에 있는 그리스도인 일꾼들에게 성경 교육을 시켜 줄 수 있는 칼리지를 설립해야 한다고 거듭 역설해 왔다. 거듭되는 그의 주장에 여러 교파들이 서서히 관심을 보였다. 성공회 쪽에서는 W. H. 앨디스Aldis(CIM 본부 이사이자 케직 사경회 회장)와 H. A. 에번 홉킨스Evan Hopkins가 대표적이었고, 기독교 형제단에서는 몬터규 굿맨Montague Goodman과 J. W. 레잉Laing이 대표적인 인물이었다. 캠벨 모건도 힘이 되어 주었고 더글러스 존슨 또한 마찬가지였다는 걸 빼놓을 수 없다. 칼리지 설립 작업은 얼마간 진행되다가 전쟁 때문에 중단되고 말았다. 그러나 일을 그대로 방치해 두고 싶지 않았던 존슨과 베레커는 1941년 후반 독일군의 공습이 최고조에 달해 있는 상황에서도 에번 홉킨스가 합류한 가운데 다시 회동했다. 토트넘 코너의 드리프트 브리지 호텔에서 만난 이들은 "의논하고 기도했으며, 1939년에 중단된 사업을 자진해서 다시 시작하기로 결정했다." 존슨과 베레커는 칼리지 설립 문제를 중단한 상태로 내버려 두고 싶지 않았다. 둘 다 엡섬 다운즈에 살고 있던 이들은 함께 런던을 자주 오가며 공습 대피소도 함께 사용했다. 이런 상황에서 존슨은 이렇게 말했다. "우리는 멀리서 그리고 이따금 가까운 곳에서 들려오는 총소리와 폭격 소리에 맞춰 급히 편지를 쓰곤 했다."

누가 새로 설립될 복음주의 칼리지 학장이 될지에 대해서는 어느 누구도 의심이 없었다. 이에 대한 계획은 1942년 무렵에 확정되었다. 런던 바이블 칼리지 역사가는 "애초부터 독터 마틴 로이드 존스가 앞으로 설립될 칼리지의 학장으로 봉사해 주기를 모두가 소망했다"고 기록한다. 1942년 초여름, 로이드 존스는 학장으로 초빙을 받았으나 이를 사양했다. 하지만 그는 칼리지 자문 위원회 부의장으로서 학교가 자리 잡아 가는 동안 없어서는 안 될 도움이 되어 주었다. 로이드 존스는 엄격한 침례교단 메트로폴리탄 연합회 일을 하고 있던 1903년생 어니스트 F. 케번Ernest F. Kevan을 새 칼리지의 교수로 추천했다. 케번은 1934년 이후 줄곧 런던 남부 뉴 크로스에 있는 시온 침례교회 목사로 봉직해 왔다.[1] 뉴 크로스 교회가 소속된 연합회는 전통적으로 칼뱅주의 진영이었다. 비록 이제는 더 폭넓은 복음주의 세력들과 뒤섞여 있긴 했지만 말이다. 하지만 엄격한 침례교단은 전반적으로 칼뱅주의 교리를 유지하고 있어, 주류 복음주의권에서는 인기가 없었다. 또한 이 교단 소속 교회들에는 다른 교단 출신 설교자도 많지 않았다. 하지만 이들은 독터 로이드 존스에 대해서는 차분하게 평가를 내렸다. 그래서 그는 전쟁 기간에 이 교단 창립기념일이나 기타 특별한 행사 때 단골로 초청받는 설교자가 되었다. 그는 이런 과정에서 어니스트 케번을 처음 만났고, 케번이 청교도 저술가들을 좋아한다는 것을 알게 되었다.

케번은 웨스트민스터 교제회에 가입했고, 1943년 6월에는 복음주의 도서관 위원회에도 들어갔다. 그해 여름, 그는 새로 설립된 칼리지에서 시간 강사를 맡아보면 어떻겠느냐는 제안을 받았다. 누구의 영향으로 이런 제안이 주어졌는지 그는 틀림없이 알고 있었을 것이다. 로이드 존스와의 의논을 거쳐 케번은 시간 강사직을 수락했고, 이어 다른 교수들과 함께 통신 과정을 관리하는 일과 저녁 강의를 시작

LONDON BIBLE COLLEGE
19 Marylebone Road, N.W. 1
WELbeck 5850

From the Principal—
REV. ERNEST F. KEVAN, M.TH.
Private Telephone: WELbeck 9011

EFK/JW

20th January, 1948.

The Rev. Dr. D. Martyn Lloyd-Jones,
39 Mount Park Crescent,
Ealing, W.5.

My dear Dr. Lloyd-Jones,

There are just one or two things upon which I wanted to write to you. The first is to say how exceedingly sorry I am that on the occasion of your visit to the L.I.F.C.U. Conference on Saturday 7th February I have to be away speaking at two meetings at Southend-on-Sea. I fear that this means I shall not be able to see you at all; I do trust the occasion may be one of blessing, but I felt I wanted to express to you my real regret about my absence on the day of your visit.

I trust you will forgive my constant importunity, but our men equally with myself are insistent that we do wish you to pay us a visit as a College. I realise that Monday mornings are not the best time for you after your heavy day on the Sunday. At the end of every term, however, on the last two days we have special visitors to deal with topics which are somewhat outside the ordinary run of the curriculum. The last two days of this term are Thursday and Friday 11th and 12th March. Do you think you could come on Thursday 11th March at 11.30 a.m. to give the men a talk on the subject "The Place of Theology in Pastoral Preaching"? You would have a whole hour for this, and then nothing would please our men more than to have the opportunity of your presence with them at the College lunch immediately following. If this particular day is not convenient to you then as an alternative there is a session on Friday 12th March at 9.30. I do hope you will be able to come on one or other of these dates.

It was a joy to be in Westminster Chapel on Sunday and I received blessing in the worship.

With my kindest regards in which Mrs. Kevan joins me.

Yours most sincerely,
Ernest F. Kevan
Principal.

런던 바이블 칼리지 학장 어니스트 케번이 1948년 1월 20일
'목회 설교에서 신학의 위치'에 관해 학생들에게 강연해 달라고 로이드 존스에게 보낸 초청장.

했다. 1946년 런던 메릴본 로드 19번지에 16명의 정규 학생들로 칼리지가 개교할 때 케번은 학장직을 맡았고, 그 후 1965년 62세로 세상을 떠날 때까지 이 직분을 유지했다.

지금까지 간략하게 살펴본 이 세 복음주의 기관은 공식적으로 서로 아무런 관계가 없었다. 하지만 동일한 인물이 세 기관 모두에 관여한 덕분에 진심 어린 우호 관계를 맺고 서로를 지지하게 되었다. 웨스트민스터 교제회, 복음주의 도서관 그리고 런던 바이블 칼리지의 지도부가 서로 겹친다는 사실은 설립 초기 이 세 기관에 상당히 힘을 더해 주었다. 처음에 로이드 존스와 존슨 말고는 세 기관 모두에 관여한 사람이 없었다. 이 세 기관이 런던 중심부에 동시에 설립된 것은 사전에 계획한 일이 아니었고, 각 기관이 서로에게 얼마나 큰 의미를 지니는지는 세월이 많이 흐른 뒤에 드러나게 될 터였다. 로이드 존스는 복음주의에 대해 상당히 불안한 마음이 있었음에도 그 복음주의의 중심에서 영향력 있는 위치를 차지하게 되었다. 그는 사람을 모으고 결집하기에 최적의 인물이었다. 복음주의 지도부 사람들 상호 간의 조화와 화합이 이 시기의 뚜렷한 특징인데, 로이드 존스는 그 같은 조화와 화합을 이루는 데 크게 기여했다.

또한 이 새로운 기관들 덕분에 로이드 존스가 접촉하는 사람들의 범위가 더 넓어졌는데, 그중 두 사람이 특별히 언급되어야 한다. E. J. 풀 코너Poole-Connor 목사는 1872년에 태어나 칼뱅주의 독립교회 신앙 전통 안에서 자라난 뒤 침례교 연합 소속 목사가 되었다. 그런데 이 침례교 연합 안에서 자신이 점점 고립되는 것을 깨달은 그는 교단을 나와 런던의 탤벗 태버너클에서 사역했다. 독립 복음주의 교단들 사이에 별로 유대 관계가 없다는 것과 잉글랜드에서 성경적 기독교가 퇴조한 것에 낙담한 그는 1922년 '초교파 및 무소속 교회와 선교회협회'를 만들었고, 이어서 독립 복음주의 교회협회Fellowship of

Independent Evangelical Churches, FIEC를 만들었다. 70세 나이에 여전히 원기 왕성하고 열정이 넘쳐서 복음주의 도서관에 들어갈 서가를 만들 때 '목수'로 큰 역할을 했던 풀 코너는 이때부터 로이드 존스와 더불어 상호 존중과 애정을 바탕으로 끈끈한 유대 관계를 맺어 나갔다.

이 시기부터 로이드 존스는 프레드 미첼Fred Mitchell하고도 친밀하고 지속적인 우정을 맺기 시작했다. 미첼은 1943년 1월, W. H. 앨디스의 후임으로 CIM 본부 이사를 맡아 런던으로 왔다. 그는 고향 요크셔에서 약사이자 감리교 평신도 설교자로 지내 왔는데, 해외 사역 경험이 없는 사람이 이런 영향력 있는 직책에 임명된 사례는 그가 처음이었다. 런던 바이블 칼리지 자문 위원회 모임에서 미첼을 알게 된 로이드 존스는 그에게 감탄했다. 감리교의 서로 다른 두 분파, 즉 칼뱅주의적 감리교와 웨슬리의 아르미니우스주의를 대표하는 인물들이었음에도 두 사람은 서로 마음이 끌렸다. 로이드 존스는 미첼의 북부 특유 성품을 좋아했고, 후에 이렇게 말하곤 했다. "프레드 미첼은 마치 한 줄기 신선한 바람처럼 적시에 복음주의 진영으로 들어왔다." 두 사람은 기질도 비슷해서, 부드러운 온화함에 단호함이 어우러진 성격이었다. 또한 두 사람 모두 하나님의 사람은 하나님을 경외하는 사람이어야 한다고 믿는 경건함을 소유한 이들이었다.

1943년 10월 로이드 존스의 강연을 들은 미첼은 그에게 보내는 감사 편지에서 이렇게 말했다. "그곳에서 목사님과 함께할 수 있을 만큼 가까이 있다면 얼마나 좋을까 하는 마음뿐입니다!" 웨스트민스터 채플을 위한 기도가 미첼의 삶의 일부가 되었고, 그와의 우정을 통해 로이드 존스는 CIM 일에 점점 더 깊이 관여하게 되었다. 예를 들어 런던 교외 뉴잉턴 그린의 선교회 본부에서 열리는 공개 집회에서 안식년을 맞아 귀국한 선교사들을 대상으로 해마다 강연도 했고, 1945년 10월에는 CIM 자문 위원회 위원이 되기도 했다. 이런저런 위원회 참여는 시간 도둑일 뿐이라며 몹시 싫어했던 로이드 존스의 평소 행동을 생각해 볼 때, 그가 1959년까지 CIM 본부에 자주 모습을 드러냈다는 것은 프레드 미첼은 물론 그 선교 기관에 얼마나 애정을 갖고 있었는지를 보여주는 하나의 증거다. 미첼은 1953년 인도에서 비행기 사고로 세상을 떠났다.

18.

1943-1945년 웨스트민스터 채플

1943년 7월의 어느 주일, 캠벨 모건 박사는 웨스트민스터 채플 목사직을 사임하겠다고 발표했다. 그는 이제 나이가 여든이었다. 한때 일주일에 12번씩 설교하던 사람이었지만 이제 기력이 쇠해져 주일마다 한 번씩 하는 설교도 큰 부담이 되는 게 사실이었다. 모건은 전에도 두 번이나 사임 의사를 밝혔지만, 로이드 존스를 비롯해 교회 제직들의 만류로 사역을 계속해 온 참이었다. 그러나 1904년 웨스트민스터에서 처음 시작된 그의 공식 사역은 1943년 종결되었음이 확실해졌다. 가족들에게 보낸 그의 편지를 보면, 함께 사역하고 있는 동료가 하나님 말씀에 충실한 사람임을 확신한 덕분에 사임 결심이 더 쉬웠다는 걸 알 수 있다. 그는 1년 전 아들에게 보낸 편지에서 이렇게 말했다. "설교가 예전 같지 않구나. 이제는 원고를 가지고 설교해야 하고, 뭔가를 말하기 위해 순간의 영감에 의지할 수가 없단다.……하지만 할 수 있는 한은 계속할 작정이다. 동료 목사에게 큰 위로와 도움을 받고 있지.……그는 아주 훌륭한 설교자에다 함께 있으면 아주 기분이 좋아지는 사람이란다." 또 다른 편지에서 그는 자신의 후임자에 대해 이렇게 말했다. "그의 설교를 듣고 있으면 얼마나 흐뭇한지 말로 다할 수가 없단다.……정말 능력 있는 설교요, 이 시대에 아주 딱 어울리는 설교지."[1]

8월 마지막 주일, 사랑하는 교회 강단에 목회자로서 마지막으로 오르던 그날, 모건 박사는 "너희가 이 산에 거주한 지 오래니"라는 신명기 1:6 말씀을 설교하면서 거의 24년에 걸친 웨스트민스터 채플 사역을 종결지었다.

공동 목회에서 로이드 존스의 단독 목회로 전환되는 과정이 사실 겉으로 보이는 것만큼 순조롭지는 않았다. 전쟁 전부터 출석하던 영향력 있는 교인들은 앞으로 독터 로이드 존스의 설교만 들어야 한다는 사실을 결코 달가워하지 않았다. 지금까지 이들은 새 목회자의 설교는 그냥 참고 들어 주는 한편 모건 박사를 더 좋아하는 태도를 굳이 감추지 않는 경향이 있었다. 일부 교인들은 심지어 모건 박사가 설교하는 예배에만 출석하기도 했는데, 그중 어떤 이는 어느 주일날 모건 박사가 설교하는 시간을 잘못 알고 왔다가 점심시간에 그로스베너 호텔에서 화가 잔뜩 나서는 옆 사람에게 다 들리는 소리로 이렇게 말했다고 한다. "모건 박사 설교 들으려고 웨스트민스터 채플에 갔더니 글쎄 설교자가 그 칼뱅주의자더라고." 제직회의 태도 또한 마찬가지였다. 제직 중 아주 강경한 사람 하나는 로이드 존스의 통상적인 축도 내용까지 걸고넘어졌다. 로이드 존스는 성삼위 하나님의 임재가 "짧고 불확실한 우리의 이생과 순례 여정……"의 남은 시간 동안 함께하기를 바란다고 축도했는데, 그 교인은 작은 목소리로 "우리가 죽어 영안실로 실려 가기 전까지"라는 말을 끼워 넣곤 했다. 다른 이들도 비록 이 정도까지의 악의는 아니었지만, 로이드 존스를 적극적으로 지지하지 않기는 마찬가지였다. 예를 들어 마저리 블래키 Margery Blackie 박사의 전기 작가는 이렇게 말한다. "독터 로이드 존스를 처음 알게 되고 그의 설교를 들었을 때 마저리는 좀체 그가 좋아지지 않았다.……심지어 그에 대해 뭔가 편견까지 있었다."

또 다른 웨스트민스터 교인 노라 로Norah Rowe 부인의 설명이 이 같은 상황을 이해하는 데 도움이 된다. 로 부인은 젊은 시절인 1927년경부터 웨스트민스터 채플에 출석하면서 성경 연구소에도 다녔는데, 이 시절 성경 연구소의 "가르침은 아주 자유주의적이었다." "물론 회중교회는 매우 현대주의적이었지요." 로 부인이 회심한 건 당시 미국에서 사역하다가 여름을 맞아 웨스트민스터를 방문 중이던 캠벨 모건의 설교 덕분이었는데, 모건이 1932년 두 번째로 웨스트민스터에 정착한 후 강단은 더 견실해졌음에도 회중은 영적으로 아주 허약한 상태였다. 로 부인은 CIM 소속 선교사가 되었는데, 1938년 동료 두 사람이 성경 연구소에서 강연 요청을 받고 찾아갔을 때 그곳 분위기에 얼마나 충격을 받았었는지를 기억하고 있다. 1943년 모건 박사가 퇴임할 당시, 막후에서 "자유주의자들이 로이드 존스를 몰아내려고 획책했다"는 것이 로 부인의 믿음이었다.

필자는 이 점에 대해 로이드 존스와 이야기를 나눠 본 적이 없지만, 당시 기록 문서를 보면 그게 사실이었던 것 같다. 모건의 사직서는 7월 18일 날짜로 되어 있지만 사실 그는 5월 30일에 집사들에게 구두로 사임 의사를 밝혔다. 집사들은 6월 16일에 자기들끼리만 모여 회의를 했고, 그 뒤 6월 17일에 로이드 존스에게 편지를 보내 "모건 박사님의 사임이 동역자인 목사님의 직분에도 영향을 끼치는바 박사님의 사임에서 비롯된 현 상황에 대해 목사님의 입장을 확인하고자" 한다고 했다. 또한 이 편지에서 그들은 "필요에 따라 모건 박사님과 목사님에게서 후속 의견을 전달받는 대로 또 한 차례 회의를 가질 생각"임을 밝혔다. 이들의 말에는 두 사람이 공동 목회를 했으므로 로이드 존스의 임기도 캠벨 모건의 사임과 함께 끝나야 한다는 의미가 함축되어 있는 듯했다. 정확한 기록은 남아 있지 않지만, 우리는 로이드 존스가 이 음모에 단호히 대처했던 것으로 짐작할 수 있다.

이 시기에 대해 로이드 존스 부인은 이렇게 언급했다.

> 남편을 원하지 않는 이들이 있었다. 그들에게는 남편이 너무 복음주의적이었다. 남편 때문에 그들은 '죄인 같은 기분'이 들기까지 했다! 나는 그저 지켜보면서 기다렸다. 거의 모든 경우마다 남편이(혹은 남편이 전하는 복음이) 그들의 마음을 얻는 것과 남편을 그다지 마뜩하지 않아 했던 많은 이들이 가장 견실한 친구로 변모하는 것을 보았다.

로이드 존스를 못마땅하게 여기다 결국 그의 친구가 된 사람 중 하나가 바로 마저리 블래키였다. 그러나 제직회에는 그 후로도 여러

해 동안 여전히 그를 지지하지 않는 이들이 있었고, 로이드 존스에게 상대적으로 보잘것없는 생활비를 지불하는 게 습관이 된 나머지 이들이 마침내 교회를 떠났을 때에도 생활비 액수는 적정하게 조정되지 않았다. 모건 박사가 전쟁 전에 웨스트민스터에서 받던 생활비는 1,100파운드였다. 제직회에서는 1943년 10월 1일부터 로이드 존스에게 800파운드의 생활비를 지급하기로 했는데, 10년이 지나서야 300파운드 인상되었다.[2]

웨스트민스터에서 로이드 존스가 처음으로 가까이 지내며 친하게 된 사람은 A. G. 시크레트Secrett였다. 일링의 건축업자였던 그는 엄격한 침례교단 소속이었다가 전쟁으로 음울한 1941년의 어느 달 웨스트민스터로 교회를 옮긴 사람이었다. 그는 나중에 로이드 존스가 가장 신뢰하는 집사가 되었다. 로이드 존스를 전폭적으로 이해하고 지지해 주는 한 사람의 존재가 그에게 얼마나 큰 의미였는지는 1943년 4월 19일 시크레트에게 보낸 편지에 잘 나타나 있다.

> 웨스트민스터에서 저의 사역과 관련해 집사님이 제게 어떤 의미인지는 전에 말씀드린 바 있습니다. 자신이 전하는 메시지를 모든 관점에서 그렇게 공감해 주는 사람이 있다는 게 설교자에게 얼마나 큰 의미인지 집사님은 잘 모르실 겁니다. 마음 따뜻한 사람들이 모인 교회에서 복음만이 인생의 최고이자 주된 관심사요 복음에 대해 토론하기를 좋아하는 사람들에게 둘러싸여 있다가 와서 그런지, 웨스트민스터에 부임했을 때 다른 무엇보다 큰 문제는 처음 1년 동안 정말 끔찍하게 외로웠다는 것입니다. 정말이지 교회가 영적으로 어떻게 그렇게 냉랭할 수 있는지

도저히 믿을 수가 없었습니다.

이 당시 런던의 한 신문이 모건 박사의 퇴임에 대해 보도한 내용에 따르면, 두 목회자는 1938년부터 설교를 분담했지만 목회와 행정 업무는 로이드 존스가 이미 다 떠맡고 있었다. 모건 박사의 사임으로 이제 그가 혼자서 모든 사역을 책임진다는 것은 곧 업무 부담이 훨씬 더 커진다는 의미였다. 1940년 이후로 건강과 목소리 상태가 크게 호전되지 않았다면, 혼자 힘으로 웨스트민스터 채플을 이끌어 나가면서 영국 전역을 돌아다니며 순회 사역을 계속해 나가는 일을 병행할 수 없었을 것이다.

로이드 존스가 많은 이들에게 가장 널리 알려진 것은 순회 설교자 역할을 통해서였다. 1943년 11월 18일자 「브리티시 위클리」는 이렇게 보도했다. "잉글랜드나 스코틀랜드에서, 특별히 트위드 강 건너편에서 그는 능력 있는 복음 전도자로 인정된다."

1943년 10월 3일, 웨일스에서 가족 휴가를 마치고 돌아온 뒤 처음으로 맞는 주일에 로이드 존스는 혼자서 두 차례의 예배를 인도하는 틀을 확정했던 듯하다. 그는 이 틀을 그 후로도 계속 유지했는데, 두 차례의 설교 중 한 번은 좀 더 직접적으로 복음을 전하는 설교이고, 나머지 한 번은 이미 그리스도인이 된 사람들을 대상으로 가르침을 주는 설교가 될 터였다. 이는 오전에 모인 회중에게는 복음을 중점적으로 역설해야겠다는 그의 우선순위가 반영된 것으로, 이 시기에는 오전예배 출석자 수가 오후예배 출석자 수보다 많았기 때문이다. 그렇게 해서 10월 3일 아침 그는 고린도전서 2:2을 본문으로 "목회의 기능과 교회의 기능을 이보다 더 완벽하게 설명해 주는 말씀은 그 어디서도 찾을 수 없습니다"라는 말로 설교를 시작했다. 그날 오후 3시 30분, 아침예배 때보다 조금 규모가 작은 회중을 대상으로 그는 베드로후서를 본문으로 앞으로 25주 동안 이어질 집중 강해설교의 문을 열었다.[3] 연속 설교가 회중에게는 낯선 개념이었던 만큼, 그는 약간의 설명이 필요하다고 봤다. "이 서신의 메시지를 연속 연구를 통해 고찰해 볼 것을 제안합니다. 그러면 각 연구 간에 필연적으로 상관관계가 생길 것이고, 한편으로 하나하나의 연구 자체가 저절로 하나의 개별적인 설교이자 메시지가 되어 완결성을 지니게 될 것입니다."

단독 목회자로 강단에 선 이 첫 주일 전날, 로이드 존스는 당시 주로 웨일스에서 지내고 있던 어머니에게 편지를 썼다. 편지는 헤슬미어에서 썼는데, 이 무렵 이들 가족은 임대해서 살고 있던 연립 주택 주인에게 계약 종료를 통고한 상태였다.

> 집에 돌아온 뒤로 이런저런 일로 몹시 바빴습니다. 등화관제용 천이 도착했기에 베단을 도와 크기에 맞게 잘랐어요. 시간이 오래 걸리더군요. 이제 웨스트민스터 사역을 위해 준비할 일들이 더 많아졌어요. 우리 네 식구는 여기서 잘 지내고 있습니다. 집 앞에 "매매합니다"라는 간판을 세웠더니 아주 재미나더군요. 화요일과 수요일에 몇 사람이 집을 보러 왔었답니다.

집에 관한 설명은, 런던에 대폭격이 종료된 것이 분명하고 전쟁은 서서히 연합군의 승리로 결정되어 가고 있으므로 이제 다시 런던으로 집을 옮겨 헤슬미어에서 런던을 기차로 오가는 생활을 끝내기로 했다는 내용이다. 건축업자인 시크레트 씨가 웨스트 런던에 적당한 셋집이 있는지 알아봐 주었다. 이리하여 로이드 존스 가족은 1943년 11월 일링의 콜브루크 애비뉴 2번지 새집으로 이사했다. 1938년부터 카디프에 보관해 오던 나머지 살림들도 이제 런던으로 다 옮겨왔고, 전쟁 중이라는 형편상 필요했던 등화관제용 창문 가리개도 가지고 왔다.

단독 사역으로 업무량이 늘어난 것은 로이드 존스에게 큰 부담이 아니었을지 몰라도 사역의 다른 요소들이 그를 무겁게 짓눌렀던 것이 분명하다. 그중 하나는 웨스트민스터 회중 사이에 진정한 교회 공동체 정신을 확립하는 문제였다. 전통적으로 웨스트민스터 채플은 설교의 중심지로만 많은 이들에게 인식되어 온 탓에 교인들은 서로가 서로에게 낯설었다. 앞에서 말했다시피 기도 모임이 전혀 없다는 사실은 교인들 사이에 강력한 영적 유대가 없다는 점을 지적해 주기에 충분했다. 샌드필즈와 비교해 볼 때 웨스트민스터 채플의 약점이 무엇인지는 누가 봐도 명백했다. 규칙적으로 출석하는 교인들 가운데 로이드 존스가 하는 설교의 뚜렷한 본질을 이해하는 이들이 별로 없었다는 점도 이와 무관하지 않았다. 이미 살펴봤다시피 그의 설교의 본질을 이해하는 이들이 몇몇 있다손 쳐도 그들은 이 설교를 좋아하기보다는 오히려 싫어하긴 했지만 말이다.

사도행전 2:42을 본문으로 1943년 10월과 11월 주일 아침에 행한 다섯 편의 설교에서 로이드 존스는 성경이 말하는 교회 생활의 패턴을 교인들 앞에 펼쳐 보였다. 기본적으로 기도의 위치가 중요했다. 「브리티시 위클리」의 한 필자가 이 연속 설교에 대해 장문의 논평을 썼는데, '자유교회 목회자가 예배 의전을 논하다'라는 논평 제목은, 비록 독자들의 눈길을 끌기는 했어도 오해의 소지가 있었다.

> 설교자는 믿음의 선조들이 기도 모임을 가리켜 교회의 온도계요 '교회의 발전소'라고 했는데 그 말에 어떤 진리가 담겨 있느냐고 물었다. 사도 시대 교회는 분명 기도하는 교회였다. 지난 25-30년 사이에 기도회가 퇴조한 것보다 더 슬픈 일이 있는가? 기도가 있었기에 초대교회는 간절한 태도를 유지했고 뜨겁게 복음 전도에 나설 수 있었다. 교회 역사가들은 기도 모임과 부흥 사이에 밀접한 상관관계가 있음을 보여주었다.

캠벨 모건의 즉각적인 동의로 로이드 존스는 1942년 교회에서 기도회를 시작했다. 여름철이라 해가 길어져 저녁 6시에 예배를 시작할 수 있을 때에는 예배 전 오후 5시 15분에 기도 모임을 가졌고, 그렇지 않을 때는 주일 아침 11시 공예배가 시작되기 전인 10시 15분에 가졌다. 이런 모임에 참석할 때 로이드 존스는 간단한 폐회 기도 외에는 전혀 목소리를 내지 않았다. 늘 다른 참석자를 청하여 짤막한 성경 봉독과 기도로 기도회를 시작하게 했다. 통성으로 기도한 다음 남녀 성도가 차례대로 잇달아 이웃을 위한 기도를 했다.

캠벨 모건이 오랫동안 인도해 오던 '성경학교'는 그의 사임으로 중단된 상태였는데, 로이드 존스는 단독 목회를 시작한 뒤 6개월

이 넘도록 이를 다시 시작하지 않았다. 성경학교는 전통적으로 금요일 저녁에 모였는데, 그는 성경학교 대신 1939년에서 1940년 사이 월요일 저녁에 모이던 '교제와 토론' 모임을 이 시간으로 옮겼다. 그가 형식을 갖춘 예배보다 이런 유형의 모임을 더 좋아했다는 사실은, 교회라면 모든 교인들이 전반적으로 참여할 수 있는 모임이 있어야 한다는 그의 신념을 보여주었다. 이 금요일 저녁 모임은 1952년까지 변함없이 계속되었는데, 이 모임에 대해서는 나중에 좀 더 자세히 살펴보기로 하자.

* * *

웨스트민스터 목회와 관련해 이에 못지않게 중요한 것은 주민들이 다시 런던으로 돌아오기 시작했는데도 로이드 존스가 회중의 삶을 재편성하려는 어떤 시도도 삼갔다는 사실일 것이다. 주일학교는 1943년에 다시 시작되었지만, 여성도 연합이나 성경 연구소(탁구와 체조에서부터 해마다 열리는 노래와 웅변 대회에 이르기까지 다양한 활동을 포괄하던), 소년단, 소녀 십자군, 심지어 교회 찬양대 등 전쟁 전의 모든 기관들은 영원히 사라졌다. 개별적인 청년 조직도 없었다(주일 오후의 비공식 청년 모임 하나가 있긴 했지만 청년 조직이라 할 정도는 아니었다). 기관 활동이 사라진 것에 대해 아무런 공식 언급이 없었지만, 교인들은 이에 주목했다. 교회의 양적 성장을 위해 그런 활동들이 꼭 있어야 한다고 생각해 오던 '보수파' 교인들이 특히 더 그랬다. 2천 명을 수용할 수 있는 예배당 건물에 이 무렵 규칙적으로 출석하는 교인 수는 사실상 그 숫자의 4분의 1밖에 안 되다 보니 사람들이 숫자에 집착하는 것도 어쩌면 이해할 만하다 하겠다. 로이드 존스의 일부 친구들도 칼뱅주의 감리교의 원초적인 단순성이 런던에서도 성공할지에 대해 의심이 없지 않았다. 훗날 존슨 박사는 "그가(찬양대도 없고, 음악으로 즐거움을 주는 일도 없고, 그 밖의 다른 어떤 외적 수단의 도움도 없이) 오로지 설교만으로 예배당을 가득 채울 작정이라는 것을 알았을 때, 나는 그가 주중에 순회 설교까지 해 가면서 과연 그 과중한 일을 감당해 낼 수 있을지 의문이었다"고 털어놓았다.

강단에 선 로이드 존스의 모습만 아는 이들은 개인적으로 그를 만나 보고 대개 깜짝 놀랐다. 그는 아주 쉽게 친해질 수 있는 사람이었으며, 그리스도인들은 그를 처음 만났을 때 그의 재능이 아니라 그의 경건함을 첫인상으로 간직했다. 제프리 T. 토머스는 로이드 존스에게 종종 목회적인 도움을 받았던 것을 회상하면서 이렇게 기록했다.

> 그 위대한 설교자에게는 가까이하기 어려운 분위기도 없었고 뭔가 생색을 내는 듯한 암시도 전혀 없었다. 그와 같이 있으면 "시간을 들여 거룩해지라"고 그 자신이 자주 인용하는 권면의 말을 잘 실천하는 사람이라는 느낌이 든다. 그는 행동거지가 친절하고 침착하며 따뜻하고도 진중하다. 한번은 일링의 자택을 방문한 적이 있었는데, 그때 그의 모습은 마치 하나님의 임재에서 바로 걸어 나오는 것 같았다. 목회자로서의 그를 처음 만났을 때, 집에 가는 버스 편을 일러 주는 그를 보면서 나는 어떤 평온함 같은 걸 느꼈다. 그게 1944년의 일이다. 그로부터 15년 후, 윌버포스Wilberforce 탄생 200주년을 기념해 글을 하나 쓰던 중 홍

미롭게도 나는 윌버포스가 신심 깊은 사람 존 뉴튼을 만나고 나서 이런 말을 했다는 걸 알게 되었다. "뉴튼 씨와 함께 있을 때 나는 크나큰 평온을 느꼈다."

1943-1944년 무렵에는 웨스트민스터 채플에 출석하는 남녀 군인들의 숫자가 눈에 띄게 늘었다. 로이드 존스는 이따금 그런 사람들이 떠나가고 나서야 비로소 웨스트민스터에 출석하는 게 그 사람에게 어떤 의미였는지 전해 듣곤 했다. 네덜란드 자유군Dutch Free Army 소속의 한 병사는 18개월 전 '그리스도인'으로서 웨스트민스터 채플에 출석하기 시작하면서 그때까지 자신이 사실은 그리스도인이 아니었다는 것을 깨닫게 되었다는 사연을 편지로 전해 왔다. 그 병사는 그 후 한동안 죄를 자각하고 절망에 빠져 지낸 후에야 진리로 자유로워졌다고 했다.

웨스트민스터 채플에 출석하던 여러 명의 미국 군인들 중 메리 카슨 쿠쉬크Mary-Carson Kuschke라는 여군이 있었다. 이 여군이 고국에 보낸 다음 편지들에는 웨스트민스터 채플 이야기가 여러 번 등장한다.

> [1944년] 1월 12일. 아더 오빠가 편지에서 로이드 존스 이야기를 하기에 지난 주일에 그의 교회에 가 봤어요.[4] 설교가 아주 탁월하더군요. 예배 후에 이야기를 나눴는데, 메이첸Gresham Machen 박사와 웨스트민스터 신학교에 대해 아주 잘 알고 있었고 진심으로 찬동했어요. 자기 교회에 나와 줘서 기쁘다면서 자주 출석해 주길 바란다고 하더군요. 교인들도 아주 친절한 것 같고, 모든 게 다 마음에 들어요.

1월 18일. 지난 주일에 로이드 존스의 설교를 또 들으러 가서 또 한 편의 아주 훌륭한 설교를 들었답니다. 히브리서를 연속 강해하더군요. 캠벨 모건 박사는 첫 번째 찬송 순서에 들어왔다가 마지막 찬송 순서 때 나갔어요. 백발에 반다이크형 수염을 기른 멋진 노인이었는데, 기력이 무척 쇠해 보이더군요. 서너 달 전까지만 해도 설교를 했던 것 같아요.

4월 19일. 로이드 존스가 금요일 밤 토론 모임을 시작했는데, 저도 지난주에 참석해서 매우 즐거운 시간을 보냈어요. 그런데 모임 시간이 금요일 밤이라는 게 저로서는 참 난감해요. 금요일 밤엔 토요일 아침 검열을 위해 모두 부대 안에 머물면서 내무반을 반짝반짝 닦아 놓아야 하거든요. 하지만 모임이 6시 30분에 시작해 한 시간 정도면 끝나니까, 저녁 식사를 거르고 부대에서 바로 가면 시작 시간에 딱 맞춰 도착할 수 있어요. 제 담당 구역 청소는 모임 마치고 돌아와서 하면 되지요. 토론 모임은 찬송과 성경 봉독, 기도로 시작한 뒤 이어서 로이드 존스가 질문을 요구해요. (기독교 신앙이나 실천에 관해) 누구나 무슨 질문이든 할 수 있어요. 질문이 나오면 공개 토론이 이어지는데, 로이드 존스는 마치 토론 경험 많은 '의원'처럼 모임을 진행한답니다. 지난주 토론에는 약 75명이 참석했어요.

4월 30일. 이번 주에도 금요일 밤 토론회에 갔어요. 교회 출석자 수를 늘리려면 어떻게 해야 하는가 하는 문제를 함께 생각했지요. 웨스트민스터 채플은 주일마다 자리가 꽉 차는데 왜 그런 문제를 고민해야 하는지 이유는 잘 몰랐지만 말이에요. 그날은 저도 용기를 내서 몇 가지 의견을 냈는데, 그 덕분인지 몇몇 사람들이 다가와 악수를 청하더군요. 휴이트라는 두 자매가 청년 몇 사람과 함께 다음 주에 저를 집으로 초대했어요.

1944년 6월 연합군의 프랑스 상륙 작전이 펼쳐지던 당시 런던 시민들은 정확한 공격 개시일을 모르고 있었고, 그래서 이들 자신도 낯설고도 최종적인 위기에 직면해야 했다. 1944년 6월 12일, 독일군은 프랑스 북서부 기지에서 최초의 무인 폭격기[V1]를 런던 상공으로 발사했다. 1톤에 달하는 폭발물을 장착하고 있던 이 '하늘을 나는 폭탄'들은 속도도 느리고 비행 고도도 낮은 탓에 곧 '개미귀신'이라는 조롱 섞인 이름으로 불렸다. 하지만 개미귀신은 작전 개시 첫 주 동안 1만여 명의 사상자를 냈다. 이런 실제적인 위험에 더하여, 대규모 폭격은 끝났다고 생각하고 있던 주민들의 심리적 불안도 상당했다. 무인 폭격기의 위협적인 비행음—잘 알아들을 수 없는 기이하고 묵직한 급행열차 소리 같은 소름 끼치는 소음—이 수많은 사람들의 귀에 들렸지만 그 소음이 어디쯤에서 멈춰서 로켓포가 떨어질지 아무도 몰랐다. 6월 15일 밤에는 이들 하늘을 나는 폭탄 50여 기가 런던 지역에서 폭발했다.

1944년 6월 18일 웨스트민스터 채플의 아침예배는 겉으로 보기에 전시의 다른 예배 때와 크게 다른 점 없이 진행되었다. 그러나 11시 20분, 로이드 존스가 긴 기도를 시작한 지 얼마 되지 않아 V1이 우르릉거리며 다가오는 소리가 분명하게 들려왔다. 훗날 그는 이렇게 말했다. "나는 그 소리가 점점 커져 내 목소리가 들리지 않을 때까지 기도를 계속했다." 그날 예배에 참석했던 사람들은 절대 잊을 수 없는 기억을 갖게 되었다. 런던에 기지를 둔 21군단 소속으로 웨스트민스터 채플에 출석하다가 얼마 후 프랑스 주둔 부대로 간 데릭 펜Derrick Fenne은 그때 일에 대해 이렇게 기록했다.

> 바로 머리 위에서 폭격기 엔진이 멈추자 일순간 침묵이 흘렀고, 독터가 잠시 말을 더듬는 순간 엄청난 폭발음이 들렸다! 충격파로 예배당 건물에 우지직 금이 가는 소리가 들렸고, 천장이 부서진 조각과 먼지가 바닥으로 내려앉았다.

폭탄은 실제로 겨우 몇 백 미터 떨어진 웰링턴 막사의 가즈 채플에 떨어졌다. 10시 30분에 시작된 예배가 아직 진행 중이었던지라 현역 장교 다수를 포함해 60명 이상이 사망했고 300명이 부상당했다. 웨스트민스터 병원 소속 간호사 몰리 피커드는 그날 가즈 채플 예배에 참석하려고 했었다. 그런데 지난밤 공습 때 사상자가 많았던 탓에 근무 교대가 늦어져 병원에서 늦게 나온 그녀는 가즈 채플보다 약간 가까운 웨스트민스터 채플로 들어갔고, 그리하여 11시 20분 예배에 참석하게 되었다. 몰리는 그때 일을 이렇게 회상했다.

> 개미귀신이 건물에 강하게 충돌하는 소리가 들리자 예배드리던 사람들이 모두 다 벌떡 일어섰다. 아주 잠깐 멈칫하던 독터는 아무 일도 없던 것처럼 다시 기도를 이어 갔고, 우리도 다시 자리에 앉았다. 그는 하나님께 말하기를 다 마친 후에야 폭격에 관해 회중에게 뭔가 이야기를 했다.[5]

웨스트민스터 채플의 피해는 경미했다. 하지만 몇 주 뒤인 7월 9일 주일, 예배당에 도착한 교인들은 예배당 건물이 전쟁 시작 후 최악의 피해를 당한 광경을 목격했다. 데릭 펜은 이렇게 말했다. "교회에 도착해 보니 예배당 건물이 폭격으로 부서져 있었고 파편이 여기저기 널려 있었다. 폭탄은 예배당 맞은편 캐슬 스트리트의 아파트에 떨어졌다. 예배는 리빙스턴 홀에서 드리게 된다고 건물 밖에 공지문이 붙어 있었다." 폭탄은 예배당 지붕을 절반쯤 날려 버렸다. 버킹엄 궁전에서 가장 가까운 쪽의 창문이 모두 깨져 있었으며, 건물 벽 자체가 4센티미터 정도 제 위치에서 벗어나 있었다. 지붕을 받치고 있는 주요 들보 몇 개도 피해를 입었지만, 놀랍게도 건물 내부는 멀쩡했다.

공습 규모로 볼 때 이번 공습은 런던 시민 모두에게 가장 위험한 시기에 있었던 공습이었다. 그런 면에서 로이드 존스 가족이 1943년 11월 헤슬미어에서 런던으로 이사한 것은 성급한 행동임에 틀림없었다. 엘리자베스과 앤은 밤이면 콜브루크 애비뉴의 집 거실에 있는 모리슨 대피소에서 잠을 잤고, 경계경보가 울리면 마틴과 베단이 대피소로 들어가 아이들과 합류했다.

1944년 7월 31일, 하늘을 나는 폭탄은 4,735명을 죽였고, 약 1만 7천 호의 주택이 완파되었다. 그 뒤 몇 주가 지나 V1 발사 기지는 연합군에게 격파되었다. 가족들이 런던으로 돌아오는 것과 때를 같이하여 9월에 독일군은 도저히 저지할 수 없는 최후의 무기 V2 공격을 개시했다. 이 신형 로켓포는 사거리가 320킬로미터로 더 넓어졌고, 발사 후 80킬로미터 상공으로 치솟았다가 시속 6,400킬로미터의 속도로 아무 예고도 없이 목표 지점에 떨어졌다. 이 미사일의 파괴력이 어느 정도인지 처음엔 모두 실감하지 못했다. 마틴은 9월 18일 어머니에게 보내는 편지에서 이 미사일 이야기를 했다. "이곳 사람들 누구도 이 미사일을 그다지 심각하게 여기지 않는 것 같아요. 대부분은 이 미사일이 네덜란드에서 발사되는 것으로 생각하고 곧 공격이 끝날 것으로 여기고 있어요."

로이드 존스는 웨스트민스터 채플이 7월 말까지는 다 보수되어 다시 사용할 수 있게 되기를 바랐다. 특정 건물의 장점과 단점에 대해 확실한 생각을 갖고 있었던 그는 리빙스턴 홀을 싫어했지만 웨스트민스터 교인들은 9월에도 여전히 그곳에 모여 예배를 드리고 있었다.

메리 카슨 쿠쉬크는 본국의 부모에게 보내는 편지에서 이렇게 말했다.

> 9월 19일. 아침에 M과 함께 로이드 존스 목사님 설교를 들으러 갔어요. 탁월한 설교였는데 어떤 본문인지 정확하게 인용할 수는 없지만 엄마 아빠는 아실 거예요. 현세에서 겪는 고난은 우리 앞에 있는 영광에 감히 비교할 수 없다는 말씀 말이에요. 예배가 끝난 뒤에는 캠벨 모건 박사하고 잠깐 이야기를 나눴어요.
>
> 9월 24일. 비를 맞으며 자전거를 타고 교회에 갔어요. 아직도 임시로 빌린 홀에서 예배를 드리고 있답니다. 로이드 존스 목사님은 지난주에 이어 로마서 5:3-5을 계속 설교하셨어요. 우리는 환난 중에도 기뻐해야 하는데, 환난 자체를 저절로 기뻐하는 게 아니라 환난이 우리가 믿는 교리를 실제 경험으로, 우리의 믿음을 확신 있는 지식으로 변화시켜

전쟁으로 손상된 부분을 복구하는 중인 웨스트민스터 채플 내부.

주기 때문이라고 하셨어요. 언젠가 엄마 아빠도 로이드 존스 목사님 설교를 들으실 수 있으면 좋겠어요.

이 시기 리빙스턴 홀에서 드린 한 예배에 깊은 감명을 받은 어느 방문자는 거의 20년 세월이 흐른 뒤 글래스고의 한 신문에 그 경험담을 기고했다. 그 방문자 톰 앨런Tom Allan은 1938년 글래스고에서 로이드 존스의 설교를 처음 들었는데, 당시엔 신앙에 대한 관심이 "미숙하고 사변적이고 간접적"이었다고 했다. 멀찍이 떨어져서 본지라 설교자의 얼굴은 잊었지만 설교 본문과 요지는 절대 잊지 않았다고 했다. 앨런은 로이드 존스의 설교를 처음 들었던 때에 대해 이야기하고 난 뒤 계속해서 이렇게 말했다.

> 6년 뒤인 1944년 나는 영국 공군 소속으로 런던에 주둔하고 있었다. 당시 내 신앙은 개인적인 차원에서 보는 한 완전히 사라진 지 오래였다. 나는 도움이 필요했다. 그것도 아주 절실히. 어느 주일 아침 웨스트민스터의 캑스턴 홀에 갔던 것이 기억난다. 마틴 로이드 존스가 시무하는 교회 건물이 몇 주 전 폭격으로 피해를 입은 탓에 교인들이 그곳에서 임시로 예배를 드리고 있었다.
>
> 나는 로이드 존스의 설교를 듣고 싶었다. 정신적 좌절 한가운데서 뭔가 평화를 찾고 싶을 때 그런 식으로 수많은 이들의 설교를 들어 왔기 때문이다. 모인 사람들은 몇 명 되지 않았다. 셔츠에 넥타이 차림의 자그마한 남자가 뭔가 미안해하는 듯한 몸짓으로 강단으로 걸어 올라가 예배를 선언했다. 로이드 존스가 몸이 아파 다른 교역자가 대신 강단에 섰나 보다 하고 생각했던 것이 기억난다. 예배가 한참 진행되는 동안에도 나는 여전히 착각에 빠져 있었다. 그 남자가 기도하고 성경을 봉독하는 태도에서 차분한 경건함이 느껴지는 게 인상적이긴 했지만 말이다.
>
> 그는 설교 본문을 일러 주고는 여전히 차분한 목소리로 설교를 시작했다. 그런데 그때 신기한 일이 일어났다. 설교 시작 후 40분 동안 나는

이 사람이 하는 말 외에 모든 걸 완전히 의식에서 지워 냈다. 내가 듣는 것은 그의 '말'이 아니라 그 말 이면에, 그 말 안에, 그 말을 통해 나에게 와 닿는 그 무엇이었다. 그때는 그걸 깨닫지 못했지만, 나는 설교의 신비 즉 설교자가 선포하는 메시지 속에서 설교자 자신은 온데간데없이 사라지는 그런 신비에 빠져 있었던 것이다.

로이드 존스의 설교가 우리 시대에 전하는 핵심 메시지는 오해의 여지가 없이 생생하다. 이생에서나 내세에서 인간의 유일한 소망은 모든 환상을 버리고 아무 힘없는 어린아이처럼 하나님께 나아가는 것뿐이라는 것이다.

메리 카슨 쿠쉬크는 1944년이 저물어 갈 무렵에도 여전히 런던에 머물고 있었다. 10월에 메리는 어느 토요일 일링의 로이드 존스 집을 방문해서 저녁 시간을 함께했던 이야기를 편지에 적었다. "아주 즐거운 시간이었어요. 목사님에게는 딸이 둘 있는데, 엘리자베스는 열일곱 살이고, 앤은 여섯 살이나 일곱 살쯤인 듯해요. 앤하고는 베아트릭스 포터Beatrix Potter(『피터 래빗』으로 유명한 영국의 아동문학가, 일러스트 작가—옮긴이) 작품에 대해 많은 이야기를 나눴어요. 엘리자베스는 내년에 옥스퍼드에 입학할 거라고 하던데, 매우 총명하고 친절했답니다." 이보다 더 큰 기쁨은, 성탄절에 메리가 다른 이들과 함께 일링의 로이드 존스 집으로 또 한 번 초대를 받았다는 것이다.

식당은 성탄절 분위기로 멋지게 장식되어 있더군요. 우리는 갖가지 음식을 곁들여 맛있는 거위 요리를 먹은 뒤 후식으로 뜨끈한 성탄절 푸딩

크리켓 게임을 하던 중 아버지가 던진 공을 받아치고 있는 앤.

을 두 개나 먹었어요. 푸딩에는 우리가 결혼식 케이크에 넣는 것 같은 '경품권'이 들어 있더군요. 저는 오리 인형하고 3펜스짜리 동전이 당첨됐답니다. 집에 갈 때 기념품으로 가져가려고 해요. 저는 1킬로그램짜리 초콜릿 한 상자를 선물로 가지고 갔는데, 모두들 좋아하더군요. 전쟁 전부터 먹어 본 초콜릿 중 제일 맛있는 초콜릿이라고 했어요. 정찬 후에 잠시 이야기를 나누다가 국왕의 연설을 듣고 나서 게임을 했어요. 옛날 게임, 최근 게임 등 온갖 게임을 했고, 일곱 살짜리 앤부터 앤의 할머니까지 한 사람도 빠짐없이 다 참여했지요. 모두들 시끌벅적하게 웃고 정말 재미있는 시간이었답니다.

저녁을 먹고 나서 모두 피아노에 둘러서서 노래를 불렀어요. 먼저 캐럴을 부르고, 그다음엔 웨일스 노래를 불렀지요. 우리나라 찬송에도 웨일스 노래가 좀 더 많았으면 좋겠어요. 정말 아름답거든요.

외박 허가를 받아 나왔고 또 모두들 시내로 돌아가기엔 너무 늦었다고 해서 데이비스 씨 집에서 하룻밤 묵었어요. 자정쯤에 목사님 댁을 나섰지요. 데이비스 씨 집까지는 걸어서 15분 정도 걸렸는데, 밤 풍경이 정말 아름다웠어요. 옅은 안개 사이로 달빛이 비치고, 나무와 관목 가지마다 서리가 내려앉아 있었지요. 포코노 산에서 자주 보던 풍경처럼요. 다음 날, 일찌감치 아침 식사를 하고 시내로 돌아가서 시간 맞춰 부대에 복귀했답니다. 이렇게 해서 제 성탄절 스토리는 끝이에요. 아주 행복한 이야기였지요, 정말 고마운 분들에게 감사를 보냅니다.

* * *

1945년 처음 몇 달 동안 로이드 존스의 일과는 평상시와 다름없었다. 주중 순회 설교 일정으로 1월에는 웨일스에 다녀왔고, 2월에는 요크셔, 3월에는 서머싯과 윌트셔에 다녀왔다. 평소처럼 런던에서 공개 집회가 있었고(복음주의 단체나 교외의 교회들을 후원하는), 복음주의 도서관과 자유교회회의의 위원회 모임이 있었다. 1월과 3월에는 웨스트민스터 교제회 모임이 있었다.

대중의 모든 관심사를 지배하고 있던 것은, 연합군이 바야흐로 독일 본토로 진격할 태세를 갖추면서 유럽에서 전쟁이 끝날 날이 가까워지고 있다는 사실이었다. 신문과 라디오에서는 벌써 전후 세상에 대한 전망을 두루 논하고 있었다. 로이드 존스는 흔히 말하는 '주제 설교'를 반대하는 입장이었지만, 작금의 사회 분위기를 십분 이용하여 성경의 가르침을 회중에게 깊이 이해시킬 수 있다고 생각했다. 1944년 10월과 11월, 그는 에베소서를 본문으로 '세계 화합을 위한 하나님의 계획'이라는 주제 아래 아홉 편의 설교를 했고, 웨일스의 BBC 방송에서 라디오 연속 강연을 요청해 오자 '오늘과 내일의 신앙'을 주제로 강연했다. 세 번째이자 마지막 강연은 1945년 2월 23일에 녹음했다. 그의 강연은 다른 방송 설교자들처럼 청취자들에게 의례적인 위로를 주지 않았다.

> 교회와 신앙의 미래에 대한 모든 염려, 세상이 죄와 거짓으로 점점 더 깊이 빠져드는 것을 보며 우리가 느끼는 절망감, 수많은 장치와 위원회와 조직을 만들어 내려는 우리의 성향 등 이 모든 것은 다 한 뿌리에서 생겨나는 것으로, 이는 성령의 역사에 대한 믿음이 부족한 탓입니다.[6]

웨일스 교회가 18세기의 교훈으로 되돌아가서 보면 교회 회원이 될 수 있는 기준을 낮추는 게 아니라 오히려 높이는 것이 회복을 위한 첫걸음임을 깨닫게 될 것이라는 게 그의 믿음이었다.

1945년 3월 13일, 남아프리카에 가 있는 필립 휴스에게 보내는 편지에서 로이드 존스는 이렇게 말했다.

> 아주 솔직하게 말씀드리자면, 설교하는 게 이처럼 즐거웠던 적이 없습니다. 말씀과 말씀의 메시지가 점점 더 저를 사로잡으며, 설교를 준비하는 기쁨이 이토록 클 수가 없습니다. 또한 말씀을 전할 때 저는 자유를 느끼며, 그 말씀에 권위가 있다는 걸 느낍니다. 그런 한편 저는 이것

이 그저 씨 뿌리는 단계일 뿐이라고 생각합니다. 저는 18세기에 비견할 만한 부흥을 갈망합니다. 그런 부흥에, 오직 그 부흥에만 소망이 있다고 점점 더 확신하게 됩니다. 저는 '시대를 위한 믿음운동'을 후원하는 이들이 이제 그 사실을 깨닫기 시작하는 중이라 믿습니다. 하지만 그들은 갖가지 활동과 집회를 조직하는 것을 그렇게 재미있어합니다!

최근 웨일스 라디오 방송에서 '오늘과 내일의 신앙'을 주제로 세 번 강연했는데요. 부흥의 필요성을 강조하려고 애썼습니다. 바르트주의, 에큐메니컬운동,ecumenicity 성직특권주의,sacerdotalism 신앙과 삶 주간Religion and Life weeks을 지키는 것, 획일적인 집회 등 이 시대를 특징짓는 이슈들을 분석하고 답변해 주는 과정이 즐거웠습니다.

아! 바울이 고린도전서 2:1-5에서 하는 말이 무슨 의미인지 정확히 알고 저의 사역에서 그것을 체험할 수 있기를 얼마나 갈망하는지요! 다른 건 다 싫증이 났는데, 윗필드 관련 책을 읽을 때면 사실상 나는 지금까지 설교란 걸 제대로 해본 적이 없다는 생각이 듭니다.

1945년 4월 모든 사람의 생각을 사로잡고 있는 한 가지 질문은, 유럽에서 전쟁이 언제 끝날까 하는 것이었다. 영국군은 북쪽에서 독일로 진격했고, 미국군은 남쪽에서, 러시아군은 동쪽에서 독일로 향했다. 5월 1일 화요일 오후 3시 30분, 히틀러가 베를린의 총통 관저 지하 벙커에서 자살했다. 일주일이 지나 런던은 독일의 무조건 항복 소식에 환호했고, 5월 8일을 '유럽 전승일'로 축하했다. 그날 국왕 조지 6세는 일기에 "하나님께 감사하는 마음으로 우리의 환난이 끝난 것을 돌아본다"고 기록했고, 의회는 모든 업무를 중단하고 "웨스트민스터 세인트 마거릿 교회에 가서 우리를 구원하신 전능자 하나님께 겸손하고도 경건하게 감사 예배를 드렸다."

다음 날 아침 웨스트민스터 채플에서도 감사 예배가 있었는데, 이날 예배에는 한 인물의 부재가 특히 눈에 띄었다. 캠벨 모건, 오래전 1902년 여름에 이 건물에서 첫 설교를 했고 두 번의 세계대전을 거치는 힘든 세월을 교회와 함께했던 그가 이제는 그 자리에 없었다. 질 모건은 근처 세인트 어민스의 아파트에서 세상을 떠난 시아버지의 마지막 순간에 대해 이렇게 기록했다.

> 겨울은 봄에게 밀려났고, 5월 8일 전승일이 다가왔다. 달빛은 전쟁의 상흔으로 얼룩진 런던을 비추었고, 무인 폭격기와 로켓포의 공포는 끝났다. 지친 자, 나이 든 자, 젊은이는 이제 편안히 잠을 청할 수 있었고, 아침에 잠 깨어 폐허에서 피어나는 꽃을 볼 수 있었다. 역사의 한 장이 이제 종료되었다. 세인트 어민스의 침상에 누운 남자는 기다리고 있었다. 창문으로는 웨스트민스터 채플 종탑이 하늘을 향해 우뚝 서 있는 것이 보였다. 사역은 계속될 것이다. 다가올 세대를 향해 말씀은 계속 선포될 것이다.

모건은 1945년 5월 16일에 세상을 떠났다. 5월 28일 웨스트민스터 채플에서 거행된 추모 예배에 모인 많은 이들에게 그의 죽음은 한 시대가 종료된 거나 마찬가지였다. 독터 로이드 존스와 함께 그 예배에 참석한 사람들, 곧 W. H. 앨디스, 존 A. 허턴, 밀드레드 케이블, 찰스 브라운, 시드니 M. 베리 그리고 S. W. 휴스는 빅토리아 시대에 가장 강력한 영향력을 끼치고 그 뒤 50년 동안 존속되어 온 복음주의 진영에서 사역을 마무리 지은 사람들이었다. 이들 자신이 바로 사라져 가고 있는 복음주의 전통의 구세대 대표들이었다. 모건은 어떤 의미에서 그 전통 최후의 위대한 설교자였다.

19.

하나님의 인도를 확인하다

런던으로 일단 불려 온 만큼 로이드 존스는 분명 앞으로 계속 그곳에서 목회를 할 것으로 보였을 수도 있다. 제2차 세계대전 말, 웨스트민스터 채플의 가장 힘들었던 7년의 시절을 보내면서 그는 이제 나이 마흔넷이 되었다. 하지만 자신의 사역이 정말 런던에서 계속될 것인지 이 설교자 자신에게는 전혀 확실하지 않았다. 훗날 그는 만약 1947년에 웨일스 장로교의 포워드 무브먼트 감독직을 제안받았다면 (많은 이들이 예상했던 것처럼) 그 제안을 받아들였을 것이라고 했다. 1945년에 웨스트민스터 채플 목회를 필생의 사역으로 여기고 정착할 수도 있었을 텐데 그는 의도적으로 그렇게 하지 않았다. 이제 어떤 요인들 때문에 그가 이렇게 자신의 거취를 확정하지 못했는지 살펴볼 필요가 있다.

최우선 고려 사항은 아니었지만 웨일스에 대한 애정이 여전했다는 점을 먼저 생각할 수 있다. 1943년 그는 오랜 친구인 에버라본의 E. T. 리스에게 이런 편지를 보냈다. "보내 주신 편지를 읽노라니 그 아름답던 샌드필즈 시절에 대한 '히라이스'로 가슴이 뭉클했습니다." 또 한 번은 웨일스에서 여름휴가를 보내고 웨스트민스터로 돌아가면서 향수로 마음이 무거워진다는 말을 했고, 웨스트민스터 채플의 오르간 연주자 E. 엠린 데이비스가 자신과 똑같은 문제로 힘들어할 때 그를 위로해 주곤 했던 것에 대해서도 이야기했다. 1951년 데이비스가 세상을 떠났을 때 "그의 심정이 어떤지 나는 정확히 알고 있었다"라고 했고, "그는 내가 그 같은 심정일 때 나에게 공감해 줄 수 있는 몇 안 되는 사람 중 하나"였다고 했다. 로이드 존스는 모건과의 공동 목회에 이어 1943년 웨스트민스터의 단독 목회자가 되는 것을 웨일스의 친구들이 전적으로 환호하지는 않는다는 것을 잘 알고 있었다. 그런 친구들 중 하나가 글래모건의 톤 펜터에서 다음과 같은 편지를 보내온 적도 있다. "목사님이 언젠가는 고향 땅으로, 목사님의 존재를 아주 많이 필요로 하는 '헨 고르프'Hen Gorff로[1] 돌아오실 것을 늘 소망했습니다."

이런 개인적인 정서 말고 좀 더 폭넓은 견지에서 런던에 영구 정착하는 것을 망설이게 했던 또 한 가지 요소가 있다. J. D. 존스를 비롯해 다른 여러 사람들은 로이드 존스가 잉글랜드 자유교회를 위해 영향력 있는 대변인이 되어 주기를 바랐지만, 자유교회 지도부의 신학적 입장을 그로서는 용납할 수 없었다. 자기와 신학이 전혀 다른 사람들과 나란히 서서 말씀을 전하긴 했지만, 착각의 여지가 없을 만큼 차이는 명백했고 또 시간이 가도 그 차이는 결코 줄어들지 않으리라는 것을 그는 잘 알고 있었다. 게다가 그 차이란 게 단순히 한두 가지 주제에 그치는 것도 아니었다. 비국교도의 미래에 대한 계획을 봐도, 우선 관점의 차이를 비롯해 그의 생각은 동료들과 절대 일치할 수 없을 듯했다. 예를 들어 로이드 존스를 제외한 모든 이들은 교회들 간에 새로운 일치를 이루는 것을 최우선순위로 삼아야 한다고 여겼다. 그러나 웨스트민스터 채플 목사의 생각은 그렇지 않았다.

> 영적 능력이란 수학의 세계에 속한 어떤 문제가 아니다. 우리가 모든 교파를 연합하고 각 교파가 지닌 능력을 다 합친다 해도 그것이 영적 생명을 창조하지는 않을 것이다. 많은 시신을 한 묘지에 다 묻는다 해도 그것이 부활로 이어지지 않는 것과 마찬가지다. 생명은 연합보다 더 중요하다.[2]

1944년 5월 회중교회 연합 연례회의 때 로이드 존스는 전도에 관해 강연해 달라는 요청을 받았다. 현실적인 주제였기에 주최 측에서는 아마도 그가 회중교회 교단을 대변해 줄 것으로 기대했을 수도 있다. 그러나 로이드 존스는 단순히 전도를 더 많이 하자고 호소하지 않고 기존의 전도 활동이 왜 비효율적인지 그 이유를 제시했다. 「더 크리스천 월드」*The Christian World*의 보도를 보자.

그는 교회들이 복음 전도의 능력을 잃은 것은 성경의 권위가 훼손되

> 었기 때문이고 50여 년 전 비국교도가 너무 정치 지향적이 되었기 때문이라고 했다. 그는 전도를 하는 동기 중에서 옳은 것은 무엇이고 그른 것은 무엇인지를 논했다. 모든 논의의 정점은, 어떤 메시지를 전달할 것인가 하는 거였다. 지난 50년 동안 우리는 사회적 측면을 역설해 왔고, 사람들은 점점 우리에게 등을 돌렸다. 지금 필요한 것은 사람들을 설득하는 말이 아니라 심판을 통고하는 말이다. 우리는 사람들의 죄를 깨우쳐 줘야 하고 자신이 하나님의 정죄 아래 있음을 실감하게 해주어야 한다. 총회에 모인 사람들 중에는 독터 로이드 존스의 이런 현실 진단에 동조하지 않는 이들, 그의 신학을 다 받아들이지 못하는 이들이 많았다.[3]

이제 그와 잉글랜드 자유교회 지도부의 분열은 시간문제였다. 로이드 존스는 동료 복음주의자들과의 불일치 가능성에 크게 신경 쓰지 않은 것만큼 이들과의 분열 문제도 거의 신경 쓰지 않았다. 그가 전도에 관해 1943년을 비롯해 여러 번 복음주의자들을 향해 했던 말을 그들 대다수는 유의해 듣지 않았고, 그래서 '전도운동'을 통해 비신앙적 사회에 더 깊이 다가가려는 소망이 여전히 전후 복음주의 진영의 주된 특색으로 남아 있었다. 물론 로이드 존스는 사람들을 '다시 교회로 돌아오게' 하는 걸 더 중시하는 폭넓은 교파 유형보다는 죄와 회심의 필요성을 믿는 그런 유형의 복음주의에 더 가까웠다. 그래서 그로서는 대중적 복음주의와의 협력이 어려웠다. 이런 유형의 한 집회를 돕고 나서 그는 1946년 4월 17일, 필립 휴스에게 다음과 같이 불편한 마음을 호소했다. "합창에 너무 많은 시간을 허비했습니다. 이런 집회에는 신약성경의 가르침과 도저히 조화시킬 수 없는 경망스러움과 세속성이 있습니다.……런던을 비롯해 이 나라 사람들의 전반적인 상태는 냉담과 무감각 바로 그것입니다.……성령을 통해 하나님의 능력이 특별하게 나타나는 것 말고는 그 무엇으로도 지금의 영적 곤핍함을 충족시킬 수 없습니다. 저는 날마다 부흥을 위해 기도하고 있으며, 저희 교인들에게도 날마다 그렇게 기도할 것을 권면하려고 합니다."

로이드 존스가 보기에, 만약 잉글랜드에 계속 머물 경우 복음주의 기관들을 도우면서 다른 한편으로 자신의 신념을 양심적으로 고수하는 게 하나의 큰 문제로 남을 것이 분명했다. 이것이 바로 그가 1942년 런던 바이블 칼리지 학장직을 거절한 이유 중 하나였다. 런던 바이블 칼리지가 표방하고자 하는 폭넓은 복음주의 기풍은 로이드 존스의 정신과 어울리지 않았다. 그래서 학장직 수락은 결국 '말썽을 낳을 뿐'이라는 걸 그는 잘 알고 있었다.

이런 모든 염려보다 더 시급한 문제는, 웨스트민스터 채플 자체의 상태였다. 그는 전쟁이 초래한 예기치 못한 상황에서 교인 구성이 크게 재조정되는 것을 경험했는데, 비슷한 일을 이제 또 한 번 눈앞에 두고 있었다. 전쟁은 1939년 당시 교회를 풍비박산 냈다. 그 후 교인 수는 약 500명으로 늘어났지만, 대다수가 런던 주민이 아니었다. 회중석에 앉아 있던 군복 차림의 수많은 예배자들은 1945년부터 제대해서 흩어졌고, 이들의 모습은 곧 과거 일이 되었다. "사람들이 런던으로 돌아오기 시작했다"고 로이드 존스는 이 시기에 대해 말했다. "그러나 우리는 상당수 교인들을 잃고 말았다. 전쟁 전부터 출석하던 교인들 중 전쟁 후까지 남은 이들은 중년층과 노인들뿐이었다."

사실상 교인 구성을 새로이 해야 할 처지였다. 교인 구성은 교인 숫자보다 더 중대한 문제였다. 최근에 등록한 교인들은 교회란 어떠해야 하는가에 대해 로이드 존스의 생각을 공유하기 시작했지만, 전쟁 전부터 계속 출석하면서 예배당 건물이 사람들로 북적거리던 '좋은 시절'을 여전히 추억하는 대다수 교인들의 경우는 그렇지 않았다. 유명한 설교 센터이긴 하지만 교인들끼리 서로 잘 모르는 그런 교회와 교인들끼리 연합된 영적 공동체로서의 교회의 차이점을 이들은 전혀 알지 못했다. 이런 변변찮은 교회관은 대개 교파에 대한 강한 집착과 짝을 이루었다. 로이드 존스는 1947년 교회회의를 열고 회중교회 연합을 탈퇴하자고 제안했을 때 이 사실을 확인했다. 교인들 중 회중교회 연합 측 사람들의 항변이 하나의 요인이 되어 그는 이해 회중교회 연합에서 탈퇴하려는 애초 결심을 밀고 나가지 못했다. 전쟁 중에는 집사 선거도 없었고, 제직회에서는 그의 제안에 대한 저항이 강하게 표출되었다.

이런 것들이 바로 전쟁 직후 로이드 존스가 웨스트민스터에 계속 머물 생각을 굳히지 못한 이유였다. 그는 거취 문제로 고민을 해야 했다. 웨일스에서 포워드 무브먼트를 이끌어 달라는 초청은 오지 않고 엉뚱하게 캐나다와 미국, 스코틀랜드에서 청빙을 받아들일 수 있는지를 문의해 왔기 때문이다. 우리가 알다시피 그 고민의 결론은, 스스로 선택하지 않은 상황 속에 머물러야겠다는 것이었다. 훗날 그는 난관과 도전을 하나님께서 주신 기회로 여기라고 후배 목회자들에게 권면하는데, 이들은 그가 얼마나 경험에 근거해서 그런 말을 하는지 잘 알지 못했다.

이제 로이드 존스가 어떤 자세로 교회 재건 작업에 임했는지 살펴보자. 여기서 주목해 볼 사실은, 자신의 사역에 별로 공감하지 않는 게 분명한 제직들을 제거해 버리려 할 수도 있었을 텐데 그는 전혀 그런 시도를 하지 않았다는 것이다. 오히려 그는 그들을 설득해 진리로 이끌고 싶어 했다. 모든 것은, 말씀이 한 주 한 주 선포될 때 그 말씀을 사용하시는 하나님께 달려 있다는 것이 그의 믿음이었다. 또한 그는 그리스도인들이 자기에게 익숙한 설교 유형 때문에 진리를 하나의 체계로 파악하지 못하는 경우가 너무 많다고 생각했다. 그는 "우리 시대의 큰 문제는 신학적 설교의 부재"라고 1948년 1월 스펄전 칼리지 학생들에게 말했다. 설교는 "본질상 강해여야" 하는 한편, 본문[text]과 상황[context]이 설교 형식을 지배하면서 "신학은 강해가 바르고 정확하게 이뤄질 수 있도록 지켜 줄 것이고, 설교자들이 이야기를 지어내는 일이 없게 해줄 것"이라고 했다. 강연을 마치기 전 그는 학생들이 어떤 질문을 할지 예측했다. "사람들이 이런 종류의 설교에 과연 귀 기울일 것인가?" 이 질문에 그는 이렇게 답변했다.

> 사람들은 대체로 자기에게 익숙하지 않은 설교는 귀 기울여 듣지 않습니다. 오늘날 교인들의 신앙 수준이 낮아진 것은 교리 설교가 부족하기 때문입니다. 사람들이 이런 설교를 듣겠느냐는 질문은 절대 해서는 안 되는 질문입니다. 하나님께서는 우리에게 설교하라는 사명을 주셨지 대중의 입맛에 맞추라고 하지 않으셨습니다. "말씀을 설교하십시오." 진리를 설교하는 것, 그것이 우리의 단 한 가지 관심사여야 합니다.

회중석에 앉은 이들이 설교단에 선 이를 좌지우지해서는 안 되지만, 설교자는 설교 듣는 이들의 상태와 수준을 늘 고려해야 한다. 이 시기의 로이드 존스는 청중에게 연속 강해설교를 겨우 조금씩 소개하고 있었다. 전에 했던 연속 설교들은 대개 설교 네 편을 넘지 않았지만, 이제 설교 편수가 점점 늘어났다. 베드로후서 연속 설교는 1946년 10월에 시작되어 1947년 3월 말까지 계속됐다. 주일 저녁에는 1946년 10월 27일부터 요한복음 3장을 본문으로 여섯 편의 전도 설교를 시작했고, 이어서 이사야 35:1-8을 본문으로 여섯 편 연속 설교를 또 한 번 했다. 하지만 이 시기 대부분의 설교는 연속 설교가 아니었다.

1946년 후반에는 교인들 사이에 성령의 역사에 대한 증거가 뚜렷했던 것으로 보인다. 1946년 4월 17일에 필립 휴스에게 보낸 편지를 앞서 살펴보았는데, 이 편지에서 로이드 존스는 "이따금 회심 사례를 목격한다"고 말했다. 그러나 그해 말, 1947년 1월 1일 날짜로 교인들에게 보내는 연례 서한에서 그는 이렇게 말했다. "아침저녁으로 회중 규모가 꾸준히 커져 가고 있는 게 눈에 보입니다.……무엇보다 기쁜 건 하나님께서 말씀 설교에 은혜를 주사 많은 영혼들을 회심에 이르게 하셨다는 사실입니다." 그렇다 해도 1947년 예배 출석자 수는 본당 1층을 다 채우지 못할 수준이었고, 2, 3층 회랑 좌석은 텅 비어 있었다. 1947년 10월에 시작된 주일 아침 빌립보서 연속 설교(1948년 7월까지 37편의 설교) 기간에 출석자 수가 좀 늘어나서, 1948년 5월에는 2층 회랑 좌석을 다시 개방해야 했다. 회랑 좌석이 저녁예배 때 먼저 개방되고 아침예배 때는 몇 주 지나서 개방되었다는 사실로 보아 전도설교가 방문객들과 외부인들에게 조금 더 흡인력이 있었음을 알 수 있다(이 무렵에는 저녁예배 때 전도설교를 했다).

강단 사역과 더불어 로이드 존스는 회중이 단순히 개인의 집합체 이상이 되려면 변화가 필요하다는 자신의 믿음을 실천에 옮기기 시작했다. 서서히 숫자가 늘어나고 있는 교인들을 위해 그는 모임의 중요성을 다시 강조했다. 이들이 일단 짧은 공식적인 모임을 갖는 중에도 그는 교회 운영에 관련된 일들을 처리하고 난 후 선교사를 초청해 강연을 듣는 관행을 도입했다. 로이드 존스 부부는 여름휴가 후 첫 번째 교회 모임에 앞서 '목사관 모임'At Home이라는 비공식 모임을 갖고 교인들 한 사람 한 사람을 개인적으로 만났다. 또한 해마다 1월 1일에는 교인들만을 대상으로 편지를 보내 웨스트민스터 채플 사역에 대해 좀 더 직접적으로 이야기를 했다. 앞에서도 잠깐 언급한 이 연례 서한에서는 교인들 간 교제의 공동체적 성격이 자주 강조되었다.

교인들끼리 좀 더 긴밀한 연합을 이루는 일에서 로이드 존스는 앞에서 살펴보았던 금요일 밤의 '교제와 토론 모임'에 큰 중요성을 부여했다. 이 모임에 대해 그리고 이 모임이 회중의 공통적 이상을 강화시키는 데 어떤 역할을 하게 되었는지에 대해 좀 더 자세히 살펴볼 필요가 있다.

1947년 가을 무렵엔 약 200여 명이 금요 토론회에 참석했고, 많은 경우 이 참석자들은 장차 웨스트민스터 채플이나 다른 단체에서 영적 지도자가 될 터였다. 토론회에서는 참석자 누구나 실천적이고 영적인 성격의 질문을 할 수 있었다. 로이드 존스는 그리스도인이 살아가면서 만나는 개인적 정황과 문제에서 질문이 나오기를 바랐다.

단순히 이론적이기만 한 질문은 허용되지 않았다. 사람들이 성경의 가르침을 현실에 적용하게 만드는 것, "실천하지 못한다면 그것은 교리를 제대로 알지 못하는 것"임을 깨닫게 만드는 것이 그의 목표였다. 그래서 어떤 질문을 그날 토론의 주제로 받아들였을 때 그는 그 질문에 즉각 답변을 주지 않았다. 답변을 주기보다는 토론을 독려하여 참석자들 스스로 그 질문과 관련된 성경의 원리와 그 원리를 올바로 적용하는 길을 찾아내도록 하는 것을 목표로 삼았다.

토론회에서 나온 질문은 예를 들어 이런 것이었다. 하나님의 뜻을 어떻게 알 수 있는가? 성경에 지적으로 동의하는 것과 참 신앙을 어떻게 구별하는가? 그리스도인은 체험이나 능력을 탐해야 하는가? 하나님은 우리 삶을 위한 계획을 갖고 계신가? 육신의 고단함이나 몸의 질병이 죄와 실패의 핑계가 될 수 있는가? 살다가 큰 재난을 당한 사람을 어떻게 대해야 하는가? 갓 회심한 사람에게서 우리가 기대할 수 있는 최소한의 지식은 무엇인가?

일단 질문이 채택되면, 로이드 존스가 이 질문과 관련된 성경 구절이 어디인지를 물으면서 토론이 시작되었다. 누군가가 성경 본문 한두 개를 제시하면서 그 질문에 대한 답변은 더할 나위 없이 간단하다고 결론 내릴 경우, 로이드 존스는 그 발언자를 추궁해서 그와 같은 단정이 섣불렀음을 깨닫게 만들었다. 이렇게 의문을 제기하는 강도는 로이드 존스가 보기에 그 발언자의 자기 확신이 어느 정도인가에 따라 달라졌다. 그가 이렇게 하는 의도는, 발언자가 더 깊이 사고할 수 있게 하고 다른 참석자들의 발언을 부추기기 위해서였다. 처음 참석해서 긴장해 있는 발언자는 그리 심하게 대하지 않았다. 강도 높은 의문 제기는 대개 그가 특별한 관심으로 지켜보는 몇몇 자신감 넘치는 젊은이들을 향했다. 존 웨이트John Waite(장차 한 칼리지의 학장이 되는)의 회상에 따르면, 그와 프레드 캐서우드Fred Catherwood(장차 로이드 존스의 사위가 되고 유럽 의회 의원이 되는)가 자주 뭉개지는 대상이었다고 한다! 때로 발언자에게 비판적인 반문을 쏟아붓기도 했지만, 이는 그저 그의 확신이 얼마나 강한지 시험해 보기 위해서일 뿐이었다(사실은 로이드 존스도 발언자의 생각에 동의하면서 말이다). 어떤 경우 발언자가 틀린 방향으로 이야기를 전개해도 일단 그냥 놔둠으로써 모든 참석자들이 그 전개가 왜 잘못되었는지 이유를 깨달을 수 있게 했다. 다른 전제적 질문들을 해결하기 전까지는 핵심 질문에 답변하지 못하게 하는 경우도 자주 있었고, 그래서 한 가지 주제를 장장 몇 주에 걸쳐 다룰 때도 있었다. 하지만 그런 경우에도 매주 일정한 결론에는 도달했다(로이드 존스가 그쪽으로 방향을 조정하고 토론을 지도해 나갔다). 로이드 존스가 비교적 발언을 많이 하는 때는 대개 토론 후반부였다. 로이드 존스가 자기들을 특정한 결론으로 이끌어 가고 있다고 의심하며 쉽게 그 결론에 공감하지 않는 사람이 한두 명 있을 때가 있었는데, 그럴 경우 그는 그들과 본격적인 토론을 벌였다. 로이드 존스의 최종 요약정리는 대개 아주 인상적이었고 참석자들로 하여금 자기를 돌아보게 만들었다.

* * *

1946년, 엘리자베스 로이드 존스는 옥스퍼드 학부생이 되었다. 로이드 존스는 학기 중 대개 매주 한 번씩 딸에게 편지를 보냈다. 집안일에 대해 소식을 전하는 건 로이드 존스 부인의 몫이었다. 이런 편지들을 보면 부녀 사이가 아주 돈독했다는 인상을 받는다. 훈계와 격려의 말과 함께 이따금 잘못을 바로잡아 주는 내용도 있다. 예를 들어 엘리자베스는 칼리지 채플 참석에 대해 자신을 비롯해 옥스퍼드 칼리지 크리스천 연합 소속 학생들이 채택하고 있는 입장에 대해 아버지에게 이야기했다. 이 학생들은 채플 예배에, 특히 성가를 부르는 것에 비판적인 입장이었는데, 이에 대해 로이드 존스는 이렇게 답변했다.

> 네 태도는 아빠가 칭찬할 만한 태도가 아니구나……네 생각과 믿음이 좀 더 차원 높고 좀 더 멋진 그리스도인의 삶과 생활 태도로 이어진다는 걸 증명하는 게 네 의무란다. 그렇게 되면 다른 아이들이 비결이 뭐냐고 네게 말을 걸고 물을 거야. 이상한 점이 있다고 우선 편부터 가른다거나 성가 같은 문제에 특별히 이의를 제기하는 건 아빠가 보기에 최악의 접근 방식이다. 그렇게 하면 너는 참을성 없는 사람으로 보이고, 이단 사냥꾼을 자임하고 있다는 인상을 주지. 아빠가 보기에는 예배에 참석하는 게 네 본분이다. 도저히 성가를 부를 수 없거든 그냥 부르지 말거라.

편지에는 부성애가 듬뿍 담겨 있지만, 그는 엘리자베스를 10대의 딸보다는 한 그리스도인으로 대했다. 그래서인지 웨스트민스터 채플 사역에 대해서도 자주 이런저런 이야기를 나눴다. 한 편지에서는 이렇게 말했다. "한 교회로서 웨스트민스터의 문제점은, 교인들이 서로 잘 모르고 서로 가까이 지낼 수 있는 법을 깨우치기가 힘들다는 거지. 그건 교회나 설교처 혹은 복음주의 기관의 해묵은 문제이기도 하단다. 내가 생각하기에 궁극적인 해결책은 주중의 저녁에 기도 모임을 갖는 거란다. 주중 기도 모임은 사람들을 시험해서 걸러 내 줄 거야. 그런데 선하고 신실한 교인들을 밤 시간에 그렇게 먼 거리에서 불러낸다는 건 여전히 망설여지는 일이긴 하지. 비용이나 기타 치러야 할 대가를 생각하면 말이야. 하지만 아빠는 이 모임에 대해 많은 생각을 하고 있단다." 편지에는 금요일 밤 모임 소식도 있고, 사실상 모든 편지마다 두 차례의 주일 설교 개요가 충실하게 담겨 있다.

1948년 1월 20일, 그는 엘리자베스에게 이런 편지를 썼다.

> 이번 웨스트민스터 채플 소식은 그다지 좋은 소식이 아닐 듯하다. 지난 주에는 날씨가 습하고 무더워서 기분이 아주 쳐졌단다. 여러 가지 활동 중에 그런 기분이 저절로 드러났을 것 같아 걱정이구나. 금요일 밤 모임도 뭔가 활기 없는 분위기였는데, 대부분 나 때문이었지.

1948년에 쓴 편지들에서 그는 교인 숫자가 늘어나고 있고 5월에 회랑 좌석을 다시 개방했다는 이야기를 했다. 회랑 좌석을 다시 사용하기 시작하던 그 주일에 우연히 웨스트민스터 채플을 방문한 손님 중에 시드니 대주교 H. W. K. 몰Mowll이 있었는데, 그는 그날 저녁 웨스트민스터 사원에서 여왕 앞에서 설교했다.

로이드 존스가 주일 저녁예배에서 특별히 무엇을 바랐는지는 다른 편지들에서 분명히 알 수 있다. "저녁예배는 많은 이들이 죄를 자각하는 시간이었단다." "참으로 엄숙한 시간이었고, 아빠가 생각하기에 모두 다 힘 있는 예배라고 느꼈을 것 같다." "모두들 죄를 깊이 깨우치게 하는 영을 의식하는 것 같았다." 그런데 어느 날은 누가복음 12:13-15을 본문으로 전도설교를 했다며 내용을 요약해 주고 나서 이렇게 말했다.

> 예배가 끝나고 나서 몇몇 교인들이 아빠를 만나러 왔단다. 죄를 자각시키시는 권능이 확실히 크게 임한 밤이었고, 아빠가 그 일에 쓰임받고 있다고 느꼈지. 아, 하지만 우리는 바울이 말하는 그리스도인의 모습에서 얼마나 멀리 있는지! 우리를 기다리고 있는 영광에 대해 좀 더 알 수만 있다면, 그 영광을 좀 더 묵상할 수만 있다면 얼마나 좋을까.

그는 편지에서 이따금 "죄의 자각 아래" 있다고 보이는, 혹은 "회심한 게 분명하다"고 여겨지는 사람들에 대해 언급했다. 그는 웨스트민스터 채플 교인들에게 보내는 연례 서신에서 1948년을 돌아보며 이렇게 말했다.

> 지난 한 해 동안 많은 분들이 주 예수 그리스도를 아는 구원에 이르는 지식을 갖게 된 것으로 인해 하나님께 감사드립니다. 저 자신은 참으로 신령한 교제를 나누는 분들에 둘러싸여 그분들의 지지를 받고 있음을 점점 더 확실하게 느낍니다.……앞으로의 일에 대해 말씀드린다면, 저는 하나님께서 우리를 부르시고 따로 세우사 이곳 런던 한가운데서 함

께 복음을 증거하고 "성도에게 단번에 주신 믿음의 도를 위하여 힘써 싸우라"고 하시는 것을 점점 더 분명하게 느낍니다.

그의 이 같은 감정은 10년 전에 비해 뚜렷한 변화를 보였다. 웨스트민스터에서 계속 사역하는 것에 대해 확신 없어 하던 모습은 온데간데없이 사라졌다.

1949년 「브리티시 위클리」는 '강단의 거인들'이라는 제목으로 시리즈 기사를 실었는데, 눈에 띄는 점은 이 기사에 로이드 존스의 이름이 빠져 있다는 것이었다. 하지만 잉글랜드인들이 간과한 것을 마크 선더 라오Mark Sunder-Rao라는 인도인은 놓치지 않았다. 인도 마드라스에서 발행되는 「가디언」*Guardian*지의 보조 편집자인 그는 영국 방문 중 「브리티시 위클리」에 임시 고용되어 '한 인도인이 런던에서 대설교자의 설교를 듣다'라는 제목으로 기사를 한 편 썼다(1949년 9월 15일). 그는 어떤 유형의 교회가 인도 땅에 복음 전하는 일을 책임졌는지 알아보려고 일종의 순례 형식으로 다양한 교회들을 찾아다녔다는 말로 기사를 시작했다. 그는 웨스트민스터 채플과 독터 로이드 존스의 사역에서 해외 선교의 진짜 근원을 찾아냈다고 선언했다.

이 인도인 기자는, 로이드 존스의 외모가 그 옛날 사람들이 말하던 윌리엄 윌버포스를 연상시킨다고 말했다. 사람들은 윌버포스가 비록 키는 작지만 그가 "말을 시작하면 마치 잔뜩 움츠리고 있던 난장이가 갑자기 거인만큼 커지는 것" 같다고 했었다. 선더 라오는 다음과 같이 이야기를 이어 갔다.

그러나 가장 감명 깊었던 것은 유명 설교자의 개인적인 면모가 아니었다. 그 면모도 분명 인상적이긴 했지만 말이다. 설교의 주제를 전개해 나갈 때 그 설교자는 자신보다 더 큰 분에게 지배당하는 듯, 아니 어쩌면 그분에게 동기를 부여받아 아주 신중하게 말씀을 전하는 듯 보였으며, 그분 안에서 살고 움직이며 존재하는 것 같았다. 모든 위대한 설교는 하나의 성례聖禮가, 아니 기적이 된다. 그 설교 안에, 그 설교를 통해 하나님의 임재를 나타내 주고 암시해 준다면 말이다.

그렇게 볼 때 이 예배당이 내가 몇 주 전에 가 봤던 교회와 달리 만원을 이루고 있는 건 작은 기적이었다. 이곳엔 나이 들어 비틀거리는 노인 몇 사람만 앉아 있는 게 아니었다. 세대를 불문하고 모든 이들이 경건한 공동체를 이루고 있었으며, 젊은이도 여기저기 흩어져 앉아 있었다('반짝이고 있었다'고 말할 뻔했다!).

이유가 뭘까? 이건 중요한 핵심이다. 이 전형적인 비국교도 예배당에서는 예배자가 16세기 종교개혁과 18세기 신앙부흥의 의미를 곧 깨닫기 때문이다. 즉 회중에게 복음을 설교하고 그 복음을 세상 끝까지 전하는 곳, 그곳에 바로 교회가 있다는 것을 말이다. 예배 전례典禮와 교회 정치 체제가 비록 중요하긴 하지만 그런 건 부차적일 뿐이다. 가장 중요한 것, 교회 공동체를 역동적이고 능동적으로 만들어 주는 건 복음이다. 다시 말해 하나님의 실재, 우리 삶에 대한 하나님의 관심, 이생이나 내세에서 그 무엇도 우리를 떼어 놓지 못하는 하나님의 사랑, 하나님의 충족성이라는 그 사실 말이다. 바로 이런 내용이 독터 마틴 로이드 존스 설교의 요점이었다.

이 외국인 기자는 안디옥으로 갔던 바나바처럼 "이르러 하나님의 은혜를 보고 기뻐"했다.[행 11:23] 그는 웨스트민스터 채플에서 이뤄지고 있는 일이 어떤 기원을 갖고 있는지 제대로 추적해서 설명했다. 로이드 존스도 그걸 알게 되었고, 그래서 과연 웨스트민스터에 계속 머물 것인가 하는 망설임도 자취를 감춰 버린 것이다.

20.

웨일스 그리고 1949년 여름

1947년, 리처드 J. 리스 목사가 웨일스 장로교 포워드 무브먼트 지도자로서 54년간의 사역을 마치자 많은 이들이 로이드 존스가 그의 뒤를 잇기를 바랐다. 그러나 앞에서 말했듯 그런 일은 일어나지 않았다. 로이드 존스는 포워드 무브먼트 서기직을 제안받지 못했고, 그 이유는 1938년 발라 칼리지 학장에 임명되지 못한 이유와 똑같았다. 교단 지도자들은 자기들과 생각이 다른 사람을 교단 내 영향력 있는 자리에 세우고 싶어 하지 않았다. 그러나 이 일로 로이드 존스의 웨일스 순회 사역이 위축되는 일은 전혀 없었다. 웨일스는 여전히 이들 가족이 여름휴가 때 가장 즐겨 찾는 곳이었다.

로이드 존스의 삶을 지배하는 원칙은 웨일스적이지 않았지만,

수많은 부차적인 일들에서 그는 철두철미 웨일스적이었고 또한 그것을 자랑스러워했다. 그는 '세속적 민족주의'를 정죄했고 천국에서도 국적이 지속된다는 개념을 "위험한 억측"으로 여기긴 했지만,[1] 어떤 사람이 그리스도인이라는 이유로 민족적 정체성을 잃는다거나 기질을 바꿔야 한다거나 혹은 태어난 곳의 문화를 버려야 한다는 개념 또한 배격했다. "헬라인과 야만인", "남자와 여자"는 그리스도 안에서 하나가 되어도 본질상 여전히 헬라인과 야만인이며 남자와 여자다. 사람과 사람 사이의 서로 다른 점들이 중생했다고 해서 없어지지 않는 것처럼, 신자가 된 후에도 민족 집단과 민족 특성은 여전히 존재한다.

웨일스어는 마틴이 베단에게 편지를 쓸 때나 이야기할 때 늘 쓰는 언어였다. 그는 웨일스 신문을 읽었고 웨일스 라디오 방송을 들었다. 그는 웨일스인들이 일부러 웨일스어 억양을 쓰지 않으려 하는 것을 개탄했고, 그런 태도를 잉글랜드인 주인을 기쁘게 해주려는 노예의 태도(노예 콤플렉스)로 보았다.

그가 자신의 출신 배경에 얼마나 깊은 관심을 가졌는지는 웨일스에서 휴일을 보낼 때 런던에 있는 어머니에게 보낸 편지를 보면 잘 알 수 있을 것이다. 이 편지들은 흔히 친척들 이야기, 농장과 농업 전시회 이야기 등 웨일스적인 색채로 가득 차 있어서 이 사람은 시골을 벗어나서 살아 본 적이 없는 사람 같아 보인다.

설교 약속을 잡을 때 그가 웨일스 지역에 어떤 우선권 같은 것을 주었을 리는 없겠지만, 어쨌든 그가 웨일스에 설교하러 자주 갔다는 점은 주목할 만하다. 예를 들어 1948년에는 휴일과 별개로 설교 목적으로 웨일스 여러 지역을 오가며 머문 기간이 7개월이나 되었다. 설교 약속의 상당수는 남부의 인구 밀집 지역에서 멀리 떨어진 곳일 때가 많았다. 그는 시골 지역의 영적 상태에 깊이 신경을 썼다. 1948년 4월에 웨스트민스터 채플 사역을 한 주 쉰 적이 있었는데, 그날도 결국 설교 부탁을 못 이기고 오후에 뉴캐슬 엠린 위쪽 언덕에 있는 교회에서 설교했다. "예배드리러 온 사람이 15명이었는데, 대부분 저를 모르는 사람들"이었다고 그는 어머니에게 보내는 편지에서 말했다. 1948년 말에는 뉴캐슬 엠린에 있는 베델 칼뱅주의 감리교 예배당에서 설교했다. 과거에 견실하고 활기찬 교회였던 그곳에 다녀와서 그는 11월 3일 옥스퍼드에 있는 엘리자베스에게 이런 편지를 썼다.

> 웨일스 지방 사람들이 영적으로 거의 이교도와 다를 바 없는 암흑 상태에 있다는 걸 이처럼 절실히 느낀 적이 없었다. 설교를 잘 듣기는 듣는데, 한 번도 들어 보지 못한 낯선 이야기를 듣고 있는 것 같은 인상을 주더구나. 화요일 밤과 수요일 오후엔 웨일스어로 설교하고 수요일 밤엔 영어로 설교했단다.……베델을 비롯해 그 지역 전체에서 부흥이 아니고서는 그 어떤 소망도 볼 수가 없구나. 새 목회자가 온다 해도 어떤 눈에 띄는 변화가 생기지는 않을 것이다. 정말 너무도 안타까운 상황이지. 진짜 문제는 교회 안에 있다는 생각이 자꾸 들고, 한 번은 설교 중에 그렇게 말하기도 했단다. 대다수 사람들은 전혀 그리스도인이 아니고, 그리스도인이라는 게 무슨 의미인지 알지도 못한단다. 변화는 그런 사람들과 더불어 시작되어야 해.

웨스트민스터 채플 교인이었던 로저 웨일Roger Weil은 로이드 존스 일가가 에버리스트위스에서 여름휴가를 보내고 있을 때 우연히 그들 가족을 찾아갔다가 담임목사의 성품의 일면을 새로운 각도에서 보게 되었던 것을 회상했다. 이들은 저녁 한때 웨일스 교회의 과거와 현재에 대해 이야기를 나누었고, 이어서 이들 가족이 늘 그러는 것처럼 가족 기도회로 하루를 마감했다. 잉글랜드에서 온 이 손님은 그때 일에 대해 이렇게 기록했다.

> 목사님은 웨일스를 위해 기도하면서 지난날 웨일스에 그토록 큰 복을 내려 주신 하나님께서 그곳에서 다시 한 번 당신의 일을 크게 부흥시켜 주시기를 기원했는데, 그런 그의 기도에 깊은 슬픔이 담겨 있던 것이 늘 기억난다. 당시 내 마음에 와 박힌 것은 그 슬픈 어조였다. 나는 웨일스의 영적 상태가 얼마나 그의 마음을 슬프게 하는지 실감하지 못했다. 생각건대 그때 일이 이렇게 오래 기억에 남는 것은, 거기 함께 무릎 꿇고 앉았을 때 우리는 교회에서 예배드릴 때와 달리 좀 더 개인적인 차원에서 목사님의 모습을 일별할 수 있는 특권을 누렸기 때문일 것이다. 목사님의 기도는 말이라기보다 뭔가 신음에 더 가까웠다.

웨일스에서 복음 증거는 거의가 칼뱅주의 감리교단(웨일스 장로교) 소속 교회들에서 이루어져 왔다. 그런데 이 교회들이 자유주의와 세속주의의 기세에 눌리면서 복음 전도는 웨일스 땅 많은 지역에서 쇠퇴하고 말았다. 지난 1904년의 부흥이 그 쇠퇴 기류를 잠시 멈칫하게 만들었는데, 1904년 부흥에 관련된 인물들은 바로 자신들이 속한 교회 강단에서 자유주의 신학이 선포됨에도 이에 굴하지 않고 교회에서 계속 기도와 교제 모임의 명맥을 이어 온 사람들이었다. 로이드 존스는 1904년 부흥에 몇 가지 심각한 결함이 있었음을 인정하면서도 "'부흥의 자녀들'이 없었더라면 교회들이 어떻게 되었을지 생각만 해도 떨린다"고 말하곤 했다. 그러나 20세기 중반이 되자 이런 사람들이 줄어들었다. 웨일스의 영적 상태가 전반적으로 어떠했는지는 로이드 존스의 처남이 한 말에 잘 설명되어 있다. "우리 웨일스 사람들의 오랜 신앙적 배경이 사라지고 이교 사상에 물든 세대가 등장하고 있다."

* * *

웨일스에서 보낸 1949년 여름은 로이드 존스의 생애에서 가장 주목할 만한 시간이었다. 원래 그는 여름철 내내 웨일스에 있을 생각이 아니었다. 7, 8월은 미국에서 설교하기로 약속되어 있었기 때문이다. 그러나 북미 방문을 앞두고 웨스트민스터 채플 사역을 마무리 짓기 전 그는 고질적인 코감기와 그 외의 과로 증상으로 어려움을 겪었다. 옛 치프 호더 경을 찾아가 진찰을 받았더니 호더는 대서양을 건너는 여정은 무리라며 단호하게 취소를 명하는 한편 오히려 지금은 휴가를 받아야 할 때라고 조언했다. 자신의 건강 상태에 대해서는 로이드 존스 자신도 충분히 염려가 되는 상황이었기에 그는 호더의 조언을 받아들였다.

그리하여 1949년 6월 웨스트민스터 채플에서의 11년차 사역을

웨일스 뉴캐슬 엠린에 있는 베단의 친정집 서니사이드(왼쪽).
이곳은 로이드 존스 가족이 매년 휴가 때마다 가장 먼저 들르는 곳 중 하나였다.

일단락 지은 그는 베단과 함께 뉴캐슬 엠린의 서니사이드로 휴가를 떠났다. 평소에 좋아하는 카디건셔의 한적한 마을에서 그는 이따금 계획에 없던 설교를 하는 것 말고는 다른 아무 약속 없이 자유롭게 지냈다. 7월 8일 어머니에게 보내는 편지에서 그는 이렇게 말했다. "난틀래스 윌리엄스가 못 오는 바람에 제가 주일 아침과 저녁에 이곳에서 설교를 해야 했어요. 그래도 전 좋았답니다."

뉴캐슬 엠린에서 지내던 이 시기, 로이드 존스는 누구에게도 거의 이야기한 적이 없는 개인적인 문제를 겪게 된다. 그것은 다름 아닌 우울증이었는데, 그는 몸 상태가 저하된 것을 원인으로 보았다. 그러나 우울증과 함께, 의심의 '불화살' 형태로 시험이 찾아왔다. 의심은 그의 신앙이나 사역에 관한 것이 아니라 오랜 시간 그에게 호의를 보여주며 평생 든든한 버팀목이 되어 주었던 사람에 대한 것이었다. 시험의 내용인즉, 그간 이 친구가 보여준 애정의 진실성에 의문이 생긴다는 거였다. 이는 아무런 근거가 없는 의심이었고 그래서 이 의심에 굴복하지는 않았다. 그래도 시험의 힘이 얼마나 강했던지 그는 깊은 영적 고뇌에 빠졌다. 훗날 그는 이런 말을 하곤 했다. "원수가 그리스도인 개개인을 집중 공격할 때가 있고, 교회를 집중 공격할 때가 있다.……마귀가 당신을 전면적으로 공격하여 완전히 무너뜨릴 때가 있다." 하지만 이 맹공격이 마귀에게서 오는 것이란 자각도 그에게 큰 위로가 되지는 못했다. 이 시험으로 자기 자신에 대해 한 가지 발견을 하게 되었기 때문이다. 마귀의 공격은 거의 성공할 뻔했다. 그의 자존심을 공략했기 때문이다. 그 자존심은 "나의 사역과 관련된 자존심이 아니라 나의 세속적 자존심"이었다.[2] 그는 30년도 더 지나서야 고통스러운 심정으로 이 일을 겨우 입에 올릴 수 있었다. "끔찍한 일이었다. 그건 궁극적으로 사람의 마음에 있는 교만함을 나에게 드러내 보여준 사건이었다. 나는 내가 아무 소망 없는 죄인이라는 건 잘 알고 있었지만, 사람의 마음에 있는 교만이 얼마나 깊을 수 있는지는 실감하지 못했었다. 결국 나는 그 일이 교만일 뿐이라는 걸 깨달았다. 세속적, 마귀적 교만. 그리하여 나는 철저히 겸손해졌다."

7월 13일, 베단은 런던으로 돌아갔지만 그는 브리스틀 근처의 작은 사설 병원에 입원했다. 코감기 치료를 위해 몇 주 전에 예약해 놓은 곳이었다. 병원은 A. B. 토드Todd가 운영하는 곳이었는데, 그는 아주 개성이 강한 의사로 로이드 존스는 그의 진단을 높이 평가했다. 그는 이곳 1인 병실에서 거의 2주를 머물렀다. 처음 며칠은 내면의 소용돌이가 계속되었다. 평상시처럼 성경을 읽는 것 외에 아더 W. 핑크Arthur W. Pink의 책도 몇 권 가지고 들어와 읽었다. 그동안은 핑크의 책에서 자주 도움을 받곤 했지만 이때는 그 무엇도 그에게 영적 위로를 전혀 주지 못했던 것 같다. 그러던 어느 날 아침, 그는 6시가 지나자마자 "더할 수 없는 영혼의 고뇌" 중에 잠이 깨었고, 심지어 방 안에서 악한 기운을 느끼기까지 했다. 주섬주섬 옷을 입고 있는데, 침대 옆에 펼쳐져 있던 핑크의 설교집에서 '영광'이라는 단어가 그의 시야에 들어왔다.[3] 그 순간, "섬광처럼" 그는 하나님의 바로 그 영광이 자신을 에워싸고 있음을 의식했다. 모든 의심과 두려움이 일시에 잠잠해졌다. 하나님의 사랑이 그의 마음에 "부은 바" 되었다.롬 5:5 천국이 가까이 있다는 것, 자신은 천국에 들어갈 근거가 있다는 것이 압도적으로 확실한 사실이 되었다. 그 즉시 그는 황홀하고 기쁜 상태가 되었으며 이 상태는 그 뒤로도 며칠간 지속되었다.

로이드 존스는 이 경험에 대해 아무 기록도 남기지 않았고, 이 일을 좀체 입에 올리지도 않았다.[4] 그가 믿기로 이 경험은 그가 하나님의 자녀임을 증거하는 성령의 역사였다.롬 8:16 참조 이와 비슷한 체험을 했던 다른 이들의 사례에서(그는 그 뒤 이런 사례들을 여러 번 언급했다) 특히 그의 경험과 병행되는 두 가지 특징이 눈에 띈다. 첫째, 빛과 영광에 대한 인식이 있었다. 윌리엄 거스리의 말을 빌리면 "이는 인간의 영혼에 하나님께서 영광스럽게 현현顯現하시는 것이다.……말로 표현되기보다 그저 느껴지는 체험이다. 이는 들을 수 있는 음성이 아니라 사람의 영혼을 하나님으로 충만케 하는 영광의 빛이니, 하나님은 귀로 들을 수 있는 음성에 상응하는 생명이요 빛이고 사랑과 자유이시기 때문이다. '너는 크게 은총을 입은 자라.'"단 9:23 또 한 사람의 청교도 토머스 굿윈은 이렇게 기록했다. "사람의 영혼에 임하여 그를 압도하며 하나님이 그의 하나님이며 그가 하나님의 것임을 확신시키는 빛이 있다."[5] 둘째, 갑작스럽고 예기치 않게 그 확신이 찾아왔다. 로버트 브루스는 그 같은 경우에 대해 말하기를 "말에 오르자마자 천국 문이 내 앞에 활짝 열렸다"고 한 반면, 존 플라벨과 크리스마스 에번스는 홀로 여행을 하던 중 갑자기 하나님을 만나는 비슷한 경험을 했다.[6]

7월 마지막 주 베단과 함께 휴가 일정을 다시 시작한 그는 엘리자베스와 앤까지 데리고 발라 근처 파크의 펜티뉴아드에 있는 엘리스 데이비스 부부의 농장을 처음으로 찾았다. 로이드 존스는 7월 29일 그곳에서 A. G. 시크레트에게 엽서를 써 보냈다.

> 저희는 아주 멋진 여행을 했습니다. 제 컨디션이 정말 좋아졌다는 걸 아시면 기뻐하시겠지요. 이제부터 점점 기운이 더 날 것으로 확신합니다. 저희는 지금 산속에 머물고 있습니다. 이 농장이 이렇게 산속에 있는 줄은 몰랐거든요. 시냇물 소리에 잠이 깨는 게 정말 기분 좋습니다…….

며칠 후 베단이 시크레트에게 보낸 편지에서는 남편의 건강에 대해 좀 다른 생각을 전하고 있다.

> 편지를 드려야 한다고 여러 번 생각했는데 어찌된 일인지 펜 한 번 잡기가 세상에서 가장 힘든 일이 되고 마는군요. 이유가 뭔지 모르겠어

요! 마틴의 상태가 너무 안 좋아 독서를 전혀 하지 못하다 보니 제가 하루 종일 마틴 옆에 붙어 있어야 해서 그렇게 된 것 같아요. 딱하게도 남편은 지금까지 그냥 빈둥거리고 있을 수밖에 없었는데, 이제 언덕까지 산책을 시작해서 점점 재미를 붙여 가고 있답니다.

이곳 펜티뉴아드에 머무는 동안 로이드 존스는 앞에서 말했던 것과 비슷한 체험을 또 한 번 하게 된다. 어느 토요일 저녁 데이비스의 농장이 손님들로 북적거리자 그는 일찌감치 침실로 들어왔다. 침대에 홀로 누워 칼뱅주의 감리교단에서 사용하는 찬송집에서 윌리엄 윌리엄스가 지은 웨일스 찬송시를 읽고 있는데, 또다시 하나님의 임재와 사랑이 강력하게 의식되었다. 그 느낌이 얼마나 강하던지 지금까지 그가 경험해서 알던 모든 의식을 다 능가하는 것 같았다. 마치 하늘의 영광을 미리 맛보는 것 같았다.

토드의 병원에서 한 번 그리고 펜티뉴아드에서 또 한 번 하나님을 체험한 기억이 평생 그와 함께하기는 했지만, 그 기쁨 뒤에도 내적 갈등은 계속되었다. 여느 해보다 긴 휴가를 마치고 불안한 마음으로 9월에 런던으로 돌아왔지만, 처음 며칠간 그는 도저히 설교를 할 수 없을 것 같은 기분이었다. 9월 11일 주일 아침 설교를 준비하려고 온갖 시도를 다했지만 모든 노력이 수포로 돌아갔다. 그런 상태가 토요일까지 계속되면서 이제 설교를 준비할 수 있는 시간도 거의 없는 상황이 되었다. 그 자신의 말을 들어 보자. "토요일 오후, 서재에 앉아 설교를 할 수 없겠다는 생각을 하고 있었는데 갑자기 디도서 1:2의 '거짓이 없으신 하나님'이라는 구절이 떠올랐다. 나는 그 순간을 절대 잊지 못할 것이다. 나는 눈물을 쏟으며 그 말씀에 완전히 압도당했다. 그때 거기서 다음 날 어떤 설교를 해야 할지 전달받았다."

다음 날 아침 강단에 가지고 올라간 설교 원고를 보면 그 토요일 그의 상태가 얼마나 비정상적이었는지를 알 수 있다. 보통 네 쪽이 넘는 원고 분량에 설교 제목과 소제목을 잉크로 적어 넣곤 했는데, 그날은 (런던 바이블 칼리지 회의록에서 찢어 낸) 종이 여백에 연필로 급하게 몇 자를 적어 내려간 게 고작이었다. 전부 서론 격의 말 몇 마디뿐이었고, 내용은 다음과 같다.

> 뭔가 중요하고 근본적인 것으로 시작하는 게 좋다. 늘 시시콜콜한 것에 함몰되어 길을 잃을 위험이 있다.……바울은 일반적으로 모든 편지의 서두에서 주제를 명확히 밝힌다. 우리의 전반적인 원리와 입장은 하나님과 그분의 큰 목적에 관련된 사실에 기초를 둔다. 이것만이 확신의 유일한 근거다. 중요한 것은 "영생의 소망을 위함이라. 이 영생은 거짓이 없으신 하나님이 영원 전부터 약속하신 것"이다. 우리에게 어떤 일이 일어나든, 우리의 기분이 어떠하든 이것은 확실하다. 하지만 우리가 이것을 어떻게 확신할 수 있는가? 대답은 이렇다…….

이리하여 다음과 같은 네 가지 제목이 등장한다.

1. 사실: 하나님은 거짓말을 못 하신다. 거짓말을 하실 수가 없다.
2. 사실에 대한 설명: 하나님의 성품, 불변하심, 의로우심, 거룩하심, 거짓되고 기만적인 모든 것과 대립됨.

3. 사실에 대한 증거: 성경과 역사, 특히 당신의 아들을 보내신 것과 그분의 공로.
4. 사실에서 얻는 위로: "영원 전부터 약속하신 것…… 자기 때에…… 나타내셨으니." 확실한 일이 지체되었음. 약속: "내가 결코 너희를 버리지 아니하고 너희를 떠나지 아니하리라", "네가 물 가운데로 지날 때에", "너희는 마음에 근심하지도 말고."

하나님이 가까이 계심에 대한 자각을 두 번이나 놀라울 만큼 체험한 후에도 로이드 존스가 여전히 영적 어두움과 씨름했다는 사실이 이상하게 보일 수도 있다. 어두움과의 싸움은 그해 말까지 계속되었다. 9월 11일 주일, 큰 능력과 자유로 설교할 수 있게 된 후로 그 어둠의 기세가 전과 같지는 않았지만 말이다. 그러나 로이드 존스가 보기에 이 당시 경험이 뚜렷이 대비되는 본질을 지녔다는 점은 그에게 일어나고 있는 일의 참 의미를 지적해 주었다. "내가 생각하기에 하나님께서는 나에게 뭔가 새로운 일을 하고자 하셨고, 그래서 욥의 경우처럼 마귀에게 나를 공격할 권리를 주셨던 것이다. 그건 진짜 사탄의 공격이었다. 마귀가 나를 자빠뜨리면 하나님께서 나를 일으켜 세우시곤 했다. 그렇게 이 두 가지가 병행되었다. 그건 아주 중요하다."

그 뒤 로이드 존스의 사역에서 적지 않은 부분을 차지했던 것은 그리스도인들이 자신의 원수에 대해서 알고 그 원수에게 저항하는 법을 알 수 있도록 돕는 일이었다. 이 문제에서 그가 강조했던 내용은 마르틴 루터의 그것과 비슷했다. 그가 이 경험에서 얻은 지식이 앞으로 수많은 성경 구절들을 조명하게 될 터였다. 먼저는 그 자신을 위해서, 다음은 다른 이들을 위해서 말이다. 에베소서 6:10-21을 강해하면서 그는 훗날 이렇게 말했다. "마귀에 관한 성경의 가르침을 곧이곧대로 받아들이지 않는 것만큼 피해 막심한 일은 없습니다. 제가 확신하건대 교회가 오늘날과 같이 형편없는 상태가 된 주원인 중 하나는 마귀의 존재가 잊혀져 가고 있다는 바로 그 사실 때문입니다. 모든 건 우리 탓입니다. 우리는 너무도 심리학적인 태도와 사고를 갖게 되었습니다. 우리는 이 엄청난 객관적 사실, 즉 마귀의 존재, 실체, 원수, 참소자 그리고 그의 '불화살'에 대해 무지합니다."

1949년의 체험은 그 자신의 피상성은 물론 많은 이들의 복음주의 신앙의 피상성에 대해 더욱 깊은 확신을 갖게 만들었다. 그가 자기 자신에 대해 할 수 있는 말은 "나는 전에 없던 방식으로 나 자신의 한계에 이르렀다. 실로 나는 죄의 깊이를 깨달았고, 인간의 궁극적 문제는 교만이라는 것을 알게 되었다"라는 것뿐이었다. 그는 다음과 같은 십스Sibbes의 말에 전적으로 동의했다. "본성 속에 남아 있는 교만 때문에 그리고 우리가 오직 하나님의 자비로써 산다는 것을 깨닫도록 하기 위해 회심 후에도 우리는 깨어질 필요가 있다." 그는 진정으로 하나님을 체험했음을 보증하는 표는 "외경심과 거기 곁들여 자기 자신의 무가치함에 대한 인식"이라고 여러 번 설교했다.

로이드 존스는 필자와의 대화에서 1949년의 체험에 대해 한번은 이렇게 말했다. "(그 체험이) 실제적인 전환점이 되어 나는 진정으로 균형을 잡을 수 있었습니다. 나는 너무 지적인 면, 너무 교리적이고 신학적인 면에 치중하고 있었습니다. 런던에 왔을 때 나는 갑자기 교사와 신학자가 되어 버렸고 그래서 균형을 잃는 경향이 있었기 때문이지요. 물론 그런 경향은 샌드필즈에서 워필드를 읽으면서 이미 시작되었지만 말입니다."

'전환점'이라는 말에 너무 많은 의미를 두는 건 잘못일 것이다. 이때 이후에도 로이드 존스의 설교 내용에는 아무 변화가 없었기 때문이다. 이날 이후 그의 설교에서 어떤 의미 있는 변화를 관측한 사람은 아무도 없었다. 사람의 지성을 향해 진리를 이야기하는 것이 여전히 그의 설교의 주 내용이었다. "간절히 호소하기는, 하나님의 사랑과 교리를 서로 반대되는 것으로 여기지 마십시오." 하나님 말씀에 대한 믿음을 '체험'으로 대체하기는커녕, 1949년 가을 요한일서를 본문으로 설교를 재개하면서 그는 그와 같은 위험을 더할 수 없이 강력하게 경고했다. 하지만 그 자신은 자기 설교에 체험적인 요소가 점점 많아지고 있음을 느꼈다. 또한 하나님의 사랑과, 사람의 지성뿐만 아니라 마음과 삶까지 변화시키는 설교의 필요성을 더 강하게 역설하고 있음을 의식했다. 하나님과의 교제는 정통 신앙보다 더 중요하다. 하나님께 대한 사랑, 우리를 온전히 사로잡는 그 사랑이 우리에게는 무엇보다도 필요하다. 1949년 10월 9일, 아들을 주신 것에 나타난 하나님의 사랑에 대해 설교하고 나서 그는 이렇게 말했다.

> 사랑하는 친구 여러분, 이 순간 여러분의 기분이 어떤지 저는 잘 모르겠습니다만, 제 기분이 어떤지는 말씀드리겠습니다. 제 마음은 얼마나 완악한지 모릅니다. 우리들 중 누가 자기 마음의 완악함을 보고 자기 마음이 완악하다 믿으면서 하나님과 사랑에 빠지지 않을 수 있겠습니까? 이런 일들을 깊이 따져 보고도 그 심령이 철저히 무너져 내리지 않

을 사람이 누구일까요? 그런 놀라운 사랑을 묵상할 때 서로 사랑하는 것 말고 우리가 할 수 있는 일이 무엇입니까? 이 모든 일들을 바라보면서 어떻게 이 모든 것이 다 하나님의 은혜이며 그래서 온 삶을 다해 감사와 찬양을 드려야 한다고 생각하지 않을 수가 있나요?

로이드 존스는 1949년을 하나님께서 보기 드물 만큼 명쾌하게 자신을 인도하셨던 해로 돌아보게 되었다. 앞으로의 기나긴 세월을 위해 그는 영적으로 겸손해지고 강건해졌다. 그리고 하나님의 사랑을 누린다는 게 어떤 의미인지 더 많이 배웠다. 또한 하나님을 섬길 자로 부름받은 이들에게는 하나님의 그런 처사가 그렇게 특별한 일이 아님을 깨닫도록 다른 이들을 돕게 될 터였다. 300년 전 아이작 암브로스Isaac Ambrose는 이렇게 말했다. "때로 사탄이 심히 활개를 칠 때 주님께서 당신의 증거를 가지고 친히 개입하시고, 그 사자가 더는 아무 말도 못 하게 그 입을 막아 버리신다."

21.

떠오르는 젊은 세대

로이드 존스의 학생 사역은 전후 국내와 해외에서 서서히 상승 기류를 탔다. 옥스퍼드에서 IVF를 위해 여러 차례 강연했고, 런던의 학생들은(특히 종합교육 병원 학생들) 그의 설교를 들으러 집회에 참석했다. 또한 그는 국제복음주의학생회International Fellowship of Evangelical Students, IFES 콘퍼런스에서도 주도적 역할을 했다. 그러나 이제 무엇보다 눈에 띄는 것은, 떠오르는 젊은 세대 사이에서 그의 역할이 크게 확대되었다는 점이다. 언뜻 보기에 그가 1949년 여름까지 웨일스 자체의 학생 사역과 그다지 연관이 없었다는 게 이상해 보인다. 1947년 스완웍에서 열린 IVF 연례 콘퍼런스에 카디프 학생 35명이 참석했지만, 그는 웨일스에서 열리는 복음주의 기독교 연합 집회에서는 한 번도 강연하지 않았다. 이는 IVF가 웨일스에서 점점 영향력 있는 단체가 되는 광경을 보고 싶지 않았기 때문이기도 했다. 나중에 그는 이렇게 말했다. "나는 웨일스에서 IVF 콘퍼런스가 열리는 걸 반대했다. 여러 해 동안 반대했다." 그는 웨일스에서의 사역이 특정 단체의 운동이 아니라 계속 교회 중심으로 이뤄졌으면 했다. 게다가 IVF 진영의 복음주의적 가르침이 대개 아르미니우스주의였다는 것이 반대 이유였다. "우리는 잉글랜드 전통이 우리에게 영향을 끼치는 것을 너무도 쉽게 허용한다"는 것이 그의 생각이었다.

웨일스에서의 IVF 사역의 본질을 보면 그의 말이 입증된다. 1940년대에는 학생들이 주도하는 전도운동이 줄곧 역설되었는데, 당시 잉글랜드 복음주의에서 흔히 볼 수 있는 게 바로 이런 유형의 전도운동이었다. 란넬리의 카마던에 있는 론다 벨리에서 그런 전도 집회가 열렸고, 심지어 로이드 존스가 목회하던 에버라본 샌드필즈에서도 그런 집회가 있었다. 이때 몇몇 학생 리더들은 로이드 존스와 접촉하게 되면서 그의 견해에서 뭔가 다른 점을 보았다. 웨일스 지역 IVF 초대 대외 서기 그윈 월터스Gwyn Walters의 말을 들어 보자.

> 우리는 그가 복음주의 전도운동에 좀 반감을 품고 있다는 걸 알았다. 어떤 근거에서 그런지는 잘 몰랐다. 독터 마틴은 우리를 따뜻하게 대해 주고 웨일스의 기독교 연합에서 일어나는 일들에 관심을 보였지만, 우리는 전도운동 이야기는 나누지 않았다. 하지만 그가 우리 학생들에게 들려준 격려의 말은 의미가 깊었다. 성경과 신앙의 기본 교리에 근거해서 행동할 것이며 자기 자신이 아니라 성령께 의지하라는 권면이 특히

그러했다.

웨일스에서 열리는 학생 전도 집회에서 강연하지 않는다는 로이드 존스의 관행에 맨 처음 변화가 생긴 것은 1949년 1월 23-26일 그윈 월터스와 함께 북웨일스 방고르 대학교Bangor University 복음주의연합에서 주최한 전도 대회에 참석했을 때였다. 이 집회에서는 그리스도께 대한 믿음을 즉각 공개적으로 고백하라는 관례적인 호소가 등장하지 않았다. 집회장을 가득 메운 참석자들이 죄를 자각하는 보기 드문 광경이 벌어졌으며, 수많은 이들이 그를 찾아와 대화를 나누었다. 로이드 존스는 그때 일을 이렇게 회상했다. "많은 학생들이 나를 만나러 왔다. 그들은 자기가 어느 입장에 서 있는지 혹은 무엇을 믿는지 알지 못했는데, 그중에는 신학을 배우는 학생도 있었다."

당시 방고르 대학생 몇몇이 「이반젤리컬 매거진」*Evangelical Magazine*이라는 새로운 잡지를 만들기 시작했다. 이들은 웨일스인들을 전도하려는 생각에서 1949년 8월 돌겔라이에서 열린 전국 아이스테드바드 축제National Eisteddfod에서 천막 한 곳을 임차했다. 로이드 존스는 이 기간에 그 천막에서 강연을 하면서 이들의 노력을 지지해 주었다. 더욱 중요한 것은, 9월에 웨스트민스터 사역을 재개한 뒤에도 웨일스에 다시 와서 1949년 9월 19일부터 21일까지 열린 제1차 웨일스 IVF 콘퍼런스에 참석했다는 사실이다. 에버리스트위스 외곽 보스라는 해변 마을의 판티페드웬 호스텔에 약 60명의 웨일스 학생들이 모였는데, 3일간의 이 콘퍼런스에서 로이드 존스는 '성경의 인간론'을 주제로 세 차례의 본강연을 했다.

이 콘퍼런스의 학생회장 윈포드 데이비스Wynford Davies는 로이드 존스가 인간관과 성경의 가르침에 대한 잘못된 관념을 먼저 "격파하고", 그런 다음 어떻게 "전 교리를 강하고 힘 있게 성경적으로 강해"했는지를 술회했다. 그는 복음주의연합이 1945년 이후 수많은 회심자들을 낳으며 괄목할 만한 성장을 이루긴 했지만 콘퍼런스 참석자들에게는 로이드 존스의 그런 가르침이 아주 새로웠다고 말했다.

> 구원의 방식 전반과 하나님의 은혜에 관해 우리가 아는 내용에는 대체로 교리적인 이해가 없었고, 특히 개혁주의 관점에서의 이해가 전혀 없었다. 첫째 날 강의를 끝내면서 그는 반대편 입장을 아주 많이 다뤘는데, 갓 회심한 학생들, 특히 여학생들은 그의 강의 내용을 잘 알아듣지 못했다. 그러나 둘째 날 그가 본격적으로 성경을 강해하기 시작하자 많은 학생들이 나에게 와서 이 시간이 얼마나 엄청난 향연饗宴이었는지, 얼마나 완전히 새로운 방식으로 성경을 보기 시작했는지 이야기했다. 독터와 관련해 특히 놀라웠던 점은, 콘퍼런스 규모가 별로 크지 않았음에도 짐작하건대 어느 주일 웨스트민스터 채플에서 설교하는 것 못지않게 큰 확신과 열정으로 강연했다는 것이다. 그의 지성은 지칠 줄을 모르는 것 같았다. 정말 멋진 콘퍼런스였다. 콘퍼런스가 끝나고 독터를 기차역까지 모셔다드리며 배웅했다. 그는 콘퍼런스 기간 내내 얼마나 즐거웠는지 모른다고 하면서 이렇게 덧붙였다. "특별히 신학 전공생들의 유익을 위해 콘퍼런스를 계속 이 방향으로 유지해 나가기를 바랍니다." 그리고 잉글랜드 현장에는 늘 교리 공부에 대한 반감이 있어 왔다고도 말했다.

이 콘퍼런스를 비롯해 그 뒤 계속 이어진 콘퍼런스는 향후 10년간 웨일스 IVF 사상 형성에 중요한 영향을 끼쳤다. 한편 잉글랜드에서는 한층 광범위한 의미를 지닌 변화가 일어났다. 이 변화가 정확히 무엇을 수단으로 해서 일어났는지 추적한다는 것은 이 변화의 참 본질을 부인하는 일이 될 것이다. 하나님의 참 역사가 다 그러하듯, 변화의 기원은 은밀하고 신비로웠다. 더욱 성경적이고 교리적인 기독교 신앙에 대한 갈망이 여러 곳에서 동시다발적으로 생겨났다. 한두 지역이 아니었다. 어느 한 가지 도구를 굳이 특정해서 말한다면 그것은 바로 그리스도인들의 기도였는데, 이들 대다수는 이런 변화의 물결이 일기도 전에 세상을 떠나고 말았다. 이들 중 일부는 영국에서 아직 정통으로 남아 있던 소수 군소 교파 소속이었지만, 칼뱅주의 신앙 부활은 이런 교파들의 존재에 별로 빚진 바가 없었던 게 분명하다. 변화는 첫째로 대학생들 사이에서 두드러졌고, 이 일에 누구보다 밀접하게 관여한 이가 바로 로이드 존스였다. IVF의 올리버 바클레이Oliver Barclay 박사의 말에 따르면, "그에게는 엄청난 영향력이 있었다. 그는 기독교 연합 학생 전 세대를 향해 교리를 사랑하고 담대히 교리를 선포할 것을 가르쳤다."

옥스퍼드 학부생들은 일찌감치 이 변화에 가담했다. 로이드 존스의 설교가 당대의 주류 복음주의에 속하지 않는 신학적 이유가 무엇인지 깨닫게 될 최초의 잉글랜드 젊은 세대가 바로 이들이었다. 이 그룹 지도부에 레이먼드 존스턴Raymond Johnston이라는 퀸스 칼리지 학생이 있었는데, 그는 1947년 IVF 연례 스완윅 콘퍼런스에 참석했다가 로이드 존스의 강연을 듣고 깊이 감격한 상태로 옥스퍼드에 돌아왔다. 이듬해 존스턴은 버나드 지Bernard Gee라는 또 한 명의 학생과 함께 자전거로 프랑스를 횡단해 로잔에서 열린 IFES 콘퍼런스에 참석했다.

제임스 패커는 존스턴의 친구로, 1944년 코퍼스 크리스티 칼리지에 입학한 직후 그리스도인이 되었다. 그는 1946년 12월 옥스퍼드의 세인트 휴스 칼리지에서 열린 TSF 콘퍼런스에서 로이드 존스의 설교를 처음 들었다. 그 첫 집회에 대해 그는 이렇게 기록했다.

> 처음 봤을 때 그는 엄격하고 단호해 보였지만, 그러면서도 위엄 있는 지성과 분투적 진지함이 매우 인상적이었다. 그의 발언 도중 끼어들어 질문했던 것이 기억난다. 무슨 내용이었는지 확실히 떠오르지는 않지만, 내 질문이 다소 지적인 질문이었던 것은 기억난다. 하지만 그는 매우 무뚝뚝했다. 특기할 만한 점은, 그의 답변이 아주 전형적이었다는 것이다. 질문 자체는 기억 저 너머로 사라졌지만, 답변은 이러했다. "네, 그건 우리가 겸손을 잃지 않도록 하기 위해서지요."

이들 옥스퍼드 학생들이 청교도들의 저작을 어떤 순서로 읽기 시작했는지 정확히 판단할 수는 없다. 제임스 패커의 경우, OICCU 도서관에 기증된 존 오웬의 오래된 전집을 통해 청교도에 대한 관심이 생겼다. 엘리자베스 로이드 존스도 이 당시 옥스퍼드 재학 중이었는데, 마틴은 어느 날 엘리자베스가 버나드 지를 자신에게 소개했고 그가 일링의 자택으로 찾아와 함께 차를 마시며 이야기 나눴던 것을 술회했다.

나는 서가 맞은편 탁자 자리를 그에게 권했다. 서가 맨 아래 칸에는 존 오웬이, 그 위 칸에는 리처드 백스터 등이 꽂혀 있었다. 책장의 책들을 그가 샅샅이 훑고 있는 걸 볼 수 있었다. "이런 책들에 관심 있소?"라고 묻자 그는 "이게 무슨 책들입니까?"라고 되물었다. "청교도 저자들이라오." "청교도가 뭔지요? 저는 처음 들어 봅니다." 그래서 청교도에 대해 한참 이야기한 뒤 책들을 펼쳐 보이며 설명해 주었다.

1947년 말, 패커는 엘리자베스 로이드 존스를 비롯해 다른 친구 몇 명과 함께 "모임 하나를 만들어 영국식 식당에서 싸구려 음식을 먹으며[1] 부흥에 대해 그리고 칼뱅과 오웬, 웨일스의 복음주의 유산과 청교도에 대해 이야기를 나눴다"고 기록했다. 이들 중 집필을 맨 처음 시작했고 새로운 복음주의 문서의 등장을 알린 이는 레이먼드 존스턴이었던 것 같다. 1948년 여름 학기에 발간된 IVF 잡지에는 '존 오웬: 청교도 부총장'이라는 제목으로 존스턴이 쓴 글이 실렸다.

1948년 존스턴과 패커 두 사람 모두 옥스퍼드를 졸업하고 런던으로 와서 웨스트민스터 채플에 규칙적으로 출석했다. 패커는 오크 힐 칼리지에서 강사로 일하고 있던 관계로 주일 저녁예배에만 참석할 수 있었는데, 패커는 이에 대해 다음과 같이 말했다.

독터 로이드 존스가 마태복음 11장을 그의 방식으로 설교하는 것을 들을 수 있었습니다. 그런 설교는 한 번도 들어 본 적이 없었고 저는 전율했습니다. 메시지 주제는 지금도 거의 다 기억납니다.……여러 번 이야기했지만, 솔직히 말해 제가 설교에 대해 아는 것은 모두 그해 겨울 독

터에게서 본받아 배운 것들입니다.[2]

존스턴과 패커는 겨우 1년 남짓 런던에 머물 수 있었지만, 런던을 떠나기 전 의미 있는 발전이 이루어졌다. 어느 주일 두 사람은 채플 목회실로 로이드 존스를 찾아가 '청교도 콘퍼런스'를 열자고 제안했다. 로이드 존스의 반응은 뜨거웠다. 장소는 채플로 하면 되고 음식은 교회 여성도들이 준비하면 된다고 했다. 1950년 6월 IVF 매거진 「크리스천 그래듀에이트」*Christian Graduate*에 광고가 실렸다. 같은 잡지 7월호에는 '교리를 중시한 청교도와 그들의 저작'이라는 제목으로 패커의 글이 실렸다. 그는 청교도들이 그리스도인의 체험을 엄격하게 취급한 것을 "그리스도인의 삶에 관한 현대의 많은 가르침에 나타난 고유의 주관성"과 대조시켰다. 그의 글은 1950년 12월 19-20일 웨스트민스터 채플에서 콘퍼런스가 열린다는 걸 짐짓 조용히 알리는 추신으로 끝을 맺었다. 콘퍼런스 제목은 '잉글랜드 청교도의 뚜렷한 신학적 기여'였다.

청교도 콘퍼런스의 강사로 광고된 이는 독터 마틴 로이드 존스 목사뿐이었다. 이틀 동안 있을 여섯 차례 강연을 위해 학생들과 최근 졸업한 이들이 그 외 강사로 나섰다. 각각의 강연은 해당 강사가 청교도 작가 한 사람이나 청교도의 가르침의 한 단면을 다루는 것으로 시작해, 강연이 끝나면 정해진 시간 동안 토론을 갖는 것으로 계획이 세워졌다. 청교도 콘퍼런스는 앞으로도 여러 해 동안 이 순서에 따라 진행될 터였다. 제임스 패커는 (잘 준비된 강연으로) 첫 콘퍼런스에 큰 기여를 했을 뿐만 아니라, 강연 전체를 주재하게 될 로이드 존스와 공동으로 콘퍼런스 진행까지 책임지게 되었다. 1950년의 그 작은 출발을 회상하면서 패커는 이렇게 기록했다.

> 나는 그저 내가 읽은 책을 통해 배운 것을 함께 나누고 싶었을 뿐이다. 첫 콘퍼런스를 찾은 20명 남짓 참석자들과 더불어 아주 행복했다. 하지만 독터와는 콘퍼런스 주최자로서 그때 처음으로 대화를 나누었는데, 그는 우리가 지금 하고 있는 일이 교회를 위해 크나큰 잠재적 중요성을 갖고 있다는 믿음을 감추지 않았다. 그의 말을 듣고 나는 깜짝 놀랐다. 사실 나는 그 일을 그런 식으로는 전혀 생각하지 않았기 때문이다.

이 첫 번째 콘퍼런스에서 로이드 존스는 '청교도 설교'에 관해 강연했다. 젊은 강사들은 위대한 발견에 사로잡힌 듯 열정을 다해 콘퍼런스에 임했다. 이들은 콘퍼런스 두 번째 날이 로이드 존스의 50번째 생일이라는 것 외에 자신들이 이 콘퍼런스 책임자에게 큰 격려가 되어 주고 있다는 생각은 전혀 하지 못했다. 로이드 존스는 참석자 수에는 관심이 없었다. 그의 관심사는, 장차 목회자가 되고 남을 가르치는 이가 될 사람들에게 진리를 전하는 일이었다. 그래서 세 번째 청교도 콘퍼런스 때 젊은 숙녀 두 사람이 참석하자 이를 전적으로 반기지 않았다. "그 여성분들은 청교도를 공부하러 온 게 아니요"라고 그는 패커에게 말했다. "그저 남자들을 만나러 온 거지! 그중 하나는 내가 아는 사람이야. 우리 교회 교인이라고." 콘퍼런스 주최자 패커는 이렇게 대답했다. "그게 말입니다, 독터. 사실은 제가 그 여자와 결혼할 예정입니다"(그 숙녀 킷 멀레트는 바로 전날 밤 패커의 청혼을 수락한 참이었다). 그러자 독터는 눈 하나 깜박하지 않고 말했다. "그렇다면 내가 한 사람에 대해서는 제대로 맞춘 셈이구먼. 자, 나머지 한 사람은 어떤가?"라고 했다. 이 재치 있는 응답에 담긴 유머는 아마 그의 눈에만 보였을 것이다.

이 무렵 로이드 존스는 IVF 안에 교리에 대한 관심과 믿음을 강화시키는 일에 많은 공을 들이고 있었다. 그는 학생 콘퍼런스와 TSF 콘퍼런스에서 해마다 강연했을 뿐만 아니라 케임브리지 틴델 하우스에서 모이는 대학원생회 여름학교를 4년 동안 주재했다. 이 여름학교에는 최고의 실력을 갖춘 인물들과 강사진이 모였는데, 그중 웨스트민스터 신학교의 코넬리어스 반틸Cornelius Van Til도 1950년 '성경에 비추어 본 최근의 신학 동향'이라는 주제로 5일간 이곳에서 열린 콘퍼런스에 참석했다. 후에 시드니 대주교가 되는 마커스 L. 론Marcus L. Loane도 이 콘퍼런스에 참석해 로이드 존스에 대해 이런 말을 했다. "그의 지성은 나사송곳처럼 날카로웠고, 그는 매 강연을 매우 명쾌하고 적확한 생각으로 운영했다."

그 후 케임브리지 여름학교는 '이신칭의'(1951), '성경 해석의 원리와 실제'(1952), '구원의 계획'(1953) 등을 주제로 해마다 열렸다. 이 중 '구원의 계획'(로이드 존스가 선정한 주제가 아니었다)은 논쟁의 발단이 되었는데, 이는 특히 웨스트민스터 신학교 존 머레이John Murray의 강연이 (보편 속죄와 반대되는) 제한 속죄에 관한 것이었다는 이유가 컸다. 많은 이들에게 이 주제는 마치 폭탄이 터진 것과 같았다. 그 강연 자리에 있었던 연장자들 중 로이드 존스 외에는 속죄의 범위에 대해 존 머레이의 견해를 지지할 준비가 되어 있는 이가 아무도 없었던 것 같다. 로이드 존스가 존 머레이의 입장을 지지한다는 게 얼마나 파장이 컸던지 반대 입장의 한 강사는 흥분한 어조로 "나는 당신의 논리에 지배당하지 않겠다"고 항변했다. 로이드 존스는 제임스 패커도 그 자리에 있었으나 이 언쟁 때 침묵을 지키고 있었다고 회상하면서, 아마 보편 속죄에 대한 리처드 백스터의 믿음이 오류라는 걸 아직 확신하지 못했기 때문이었을 거라고 했다. 로이드 존스의 훗날 기억에 따르면 청년 제임스 패커의 그 입장은 오래가지 못했다.

> 청교도 콘퍼런스를 시작하기로 되어 있던 어느 날 아침을 나는 절대 잊지 못할 것이다. 패커가 내게 달려와 말하기를 "전 이제 완전한 칼뱅주의자예요, 독터!"라고 말했다. 그는 백스터와 작별하고 오웬으로 돌아섰다.[3] 처음엔 제한 속죄를 주장하는 이가 나 혼자뿐이었다.

한편 웨일스에서는 은혜 교리에 대한 각성이 진행 중이었다. 1949년 웨일스에서 첫 번째 IVF 콘퍼런스가 열린 뒤 두 해 연속 '독터 마틴'(웨일스에서 그는 이런 애정 어린 이름으로 알려져 있었다)이 이 콘퍼런스의 주 강사였다. 1950년 부활절 휴가 중 뉴캐슬 엠린의 킬귄 콘퍼런스 센터에서 열린 두 번째 콘퍼런스 때 그에게 주어진 강연 주제는 '성령론'이었다. 이 강연에서 그는 지난해 죄 가운데 있는 인간의 상태에 대해 학생들에게 가르쳤던 내용을 전달했다. 회심이 회개하고 믿겠다는 인간의 결단으로 시작되는 게 아니라 새로운 본성을 나눠 주시는 하나님의 능력으로 시작된다는 것을 알고 많은 참석자들이 충격에 빠졌다. 어떤 이는 자기가 과연 회심을 하기는 한 것인지 의문을 품었고, 또 어떤 이는 기분 나빠하며 혼란스러워했다. 나중에 목회자의 아내가 된 엘런드 리스Eluned Rees라는 여학생은 에버리스트위스 신학대학생인 약혼자 존 B. E. 토머스John B. E. Thomas가 이런 가르침을 믿는다는 것을 알고 파혼을 선언할 뻔했다. 엘런드는 이 주제와 관련해 로이드 존스가 개인적으로 도움을 준 많은 학생들 중 하나였다. 윈포드 데이비스가 기억하는 이 콘퍼런스는 그리스도를 믿는 많은 이들이 자신의 회심이 성령의 효과적 사역 덕분임을 깨닫게 된 '진정한 확신의 시간'이었다.

제3차 IVF 웨일스 콘퍼런스는 1951년 7월 보스의 펜티페드웬에서 열렸으며, 로이드 존스는 '하나님의 주권'을 주제로 세 차례 강연했다. 첫 번째 강연은 하나님의 주권을 정의하고 또 하나님의 주권 교리에 대한 이해가 왜 그렇게 중요한지 그 이유를 밝히는 데 강연 시간 거의 전부를 할애했다. 하나님의 주권이란, 세상에서 어떤 일이 존재하고 발생하는 건 모두 하나님께서 그렇게 하려고 하시기 때문이라는 의미다. 주권을 하나님의 속성으로, 즉 하나님 안에 존재하는 어떤 성질로 생각해서는 안 된다(이를테면 전능[全能]이나 전지[全知]처럼). 하나님이 주권적으로 행동하시는 것은 하나님의 존재, 즉 '하나님이 하나님'이시기 때문이다. 하나님의 주권을 단언한다는 것은 하나님의 지상권至上權을 단언하는 것이다.

이런 도입부를 거쳐 그는 다음과 같은 질문으로 나아갔다. "오늘날엔 왜 이런 교리를 듣기 어려운가? 이 주제를 다루는 설교나 글이 왜 그렇게 보기 드문가?" 그가 생각하기에 여기엔 두 가지 주된 이유가 있었다.

1951년 보스에서 열린 IVF 웨일스 콘퍼런스.
로이드 존스는 이 콘퍼런스에서 '하나님의 주권'을 주제로 강연했다.

첫째, 오늘날엔 모든 교리가 교회 안팎에서 가치를 인정받지 못하고 있기 때문이다. 사람들이 하나님의 주권이라는 이 교리를 특히 더 싫어하는 것은, 이 교리가 인간에게 주는 함축적 의미 때문이다. 교만한 인간은 하나님이 "땅 위 궁창에 앉으시나니 땅에 사는 사람들은 메뚜기 같으니라"사 40:22라는 말씀을 듣고 싶어 하지 않는다. 그래서 인간은 이 진리를 불공정하고 부당한 것으로 서술한다.

둘째, 인간의 철학이 이 교리에 부정적인 영향을 끼치고 있기 때문이다. 인간은 무슨 일이든 자기 나름의 개념과 사상에서 출발하며, 하나님의 주권은 좋아하지 않는다. 그러나 하나님은 은혜로 자기 자신을 계시하실 때에만 세상에 알려질 수 있다는 것이 진실이다. "네가 하나님의 오묘함을 어찌 능히 측량하며 전능자를 어찌 능히 완전히 알겠느냐."욥 11:7 "이 세상이 자기 지혜로 하나님을 알지 못하므로."고전 1:21 철학은 기독교 진리의 최대 원수이다.

이렇게 이야기하고 나서 그는 또 이런 질문을 던졌다. "왜 복음주의자들 사이에서도 하나님의 주권에 대한 이야기를 별로 들을 수가 없는가?" 그가 생각하는 답변은, 복음주의자들이 구원을 그리스도의 위격과 사역의 관점에서 설명하려고 조바심치다 보니 균형을 잃게 되었고 그리하여 성부 하나님을 망각하는 경향을 띠게 되었다는 것이다. 다시 말해 '예수 중심론'Jesusology의 위험이 있었다. 삼위 하나님을 예배해야 한다는 걸 늘 기억해야 했다. 특히 "나는 전능하신 성부 하나님, 천지의 창조주를 믿는다"라는 강조점을 회복해야 했다. 단순히 구원자로서의 하나님이 아니라, 그 전에 창조주로서의 하나님을 믿어야 하는 것이다. 그는 당대의 찬송가와 합창곡이 자신이 지금 비판하는 그런 경향을 부추겼으며, 복음주의자들이 하나님의 성품보다 '위격 사역'Personal Work에 대해 더 많이 이야기하는 지경에까지 이르렀다고 지적했다.

두 번째 강연에서 로이드 존스는 하나님의 주권에 관한 성경의 증언을 길게 강해했다. 여기서 한 가지 이야기해 두어야 할 것은, 이 모든 강연 내용들은 한 시간 안에 다 전달할 수 있는 이야기가 아니었다는 점이다. 그는 천지 창조에 나타난 하나님의 주권으로 이야기를 시작했다. 하나님께서 자충족성self-sufficiency과 자존성self-existence 가운데 만물을 창조하신 것은 그분께서 그렇게 하기로 선택하셨기 때문이다. 세상에 존재하는 그 어떤 것이 그분을 설득하여 그렇게 하게 만든 것이 아니다. 하나님은 어떤 도움도 받지 않으셨고 누구의 조언도 받지 않으셨다. 자연 세계의 그 어떤 일도 하나님의 통제권 밖에서 우연히 생겨나지 않는다. 로이드 존스는 이어서 인간의 타락과 죄 그리고 그 결과로 생겨난 세상의 모든 무질서와 부조화, 갈등과 유혈 사태에 나타난 하나님의 주권에 대해 이야기했다. "하나님께서 왜 타락을, 죄가 세상에 들어오는 것을 허용하셨는지, 빛의 천사가 반역하는 걸 왜 허용하셨는지 나는 모릅니다. 나는 알 수 없습니다. 하나님의 생각은 그토록 크고 영원하여 나는 이해할 수 없습니다(설령 세상에 있는 죄가 내 안에는 없다 할지라도). 하지만 죄를 허용하시고 우리가 알고 있는 그 일을 하심으로써 하나님의 주권은 더 크게 현시되었습니다."

이어서 그는 신구약성경의 역사에서 여러 구절들을 광범위하게 다뤘다. 이 구절들은 다 한결같이 "여호와께서 다스리"신다는 것을, 시 93편 하나님께서 당신에게 대적하는 모든 권세에 반하여 역사하사 인간의 개별적인 삶에서뿐만 아니라 모든 일의 시와 때를 정하는 일에서까지 당신의 주권을 나타내심을 보여주는 구절들이었다. 시작과 끝은 다 하나님께서 정하신다. 에스더, 이사야, 사사기, 시편을 바탕으로 이른바 '세속' 역사와 심지어 죄와 마귀 자체도 하나님께서 주관하심을 보여주었다. 또 그는 아벨, 아브라함, 야곱에게서 비롯되는 새 창조에 나타난 하나님의 주권에 대해 이야기했고, 이어서 복음이 유럽 땅에 처음 등장한 방식행 16장을 설명했다.

주어진 시간이 다 되자 그는 이렇게 성경의 증거들을 정리해서 보여주기를 마치고 신약 교회 이후의 역사와, 하나님의 허용으로 그 교회가 거의 죽은 것과 다름없는 상태가 되었다가 다시 살아난 일에 나타난 동일한 교훈을 지적했다. "하나님께서는 교회가 빈사瀕死 상태가 되게 하십니다. 회의주의자들과 조소하는 자들은 이렇게 말합니다. '너희 하나님이 어디 있느냐?' 그때 부흥이 임합니다. 이렇게 말씀하십시오, 여러분. 이게 하나님의 주권 아니면 무엇이겠냐고요. 지난 세기 사람들은 설교자들을 숭배했습니다. 그래서 하나님은 그들을 제거하셨고, 그래서 여러분들은 지금 우리가 처한 이 상황을 맞게 된 것입니다."

이와 같은 사실에 비추어 그는 이렇게 결론 내렸다. 그리스도인들이 낙심하는 건 슬픈 일일 뿐만 아니라 죄이기도 하다고 말이다. "세상을 이기는 승리는 이것이니 우리의 믿음이니라."요일 5:4

마지막 날 오후, 콘퍼런스 참석자 모두가 두 대의 대형 버스에 나눠 타고 그 옛날 데니얼 롤런드의 사역 현장이었던 랑게이토를 찾았다. 로이드 존스가 청년들을 안내하여 롤런드와 관계된 곳들을 한 바퀴 돌았다. 가장 먼저 롤런드가 잉글랜드 국교회에서 내쫓기기 전에 사역하던 오래된 본당 교회를 찾았다. 그곳에는 롤런드의 성경책이 아직 남아 있었다. 다음으로 대규모 야외 예배를 드리던 천연 원형극장에 갔고, 마지막으로 그가 사역을 이어 나갔던 칼뱅주의 감리교 예배당을 찾았다(이곳은 어린 시절 로이드 존스가 출석하던 교회이기도 했다). 일행은 이 예배당에 자리 잡고 앉아 18세기 웨일스의 부흥과 그 후 랑게이토에서 있었던 롤런드의 50년 사역에 관해 로이드 존스의 즉석 강연을 들었다. 보스에서 이미 듣고 온 강해도 인상적이었는데, 뒤이어 랑게이토 역사의 현장에서 그 역사가 주는 메시지를 듣다 보니 참석자들에게 그날 오후는 평생 잊을 수 없는 시간으로 각인되었다. 게렌트 필더Geraint Fielder의 말을 빌려 표현하자면 "그날 교회사의 가치와 의미를 향해 수많은 청년들의 머리와 가슴이 활짝 열렸다."

그날 저녁 로이드 존스의 세 번째 강연이 이어졌다. 그는 "사람들이 어떻게 하나님 나라의 시민이 되는가?"라는 질문을 다루면서 논쟁하는 태도로 이 문제에 접근하는 것을 경고했다. 이 문제는 그보다 높은 차원의 태도로만 올바르게 접근할 수 있다고 했다. 그런 다음 그는 구원은 모든 부분이 다 은혜에 속한 것이며, 구원에서 하나님의 주권적 역사는 하나님 자신의 영광을 드러내기 위한 것이라는 진리를 설명했다. 먼저 그는 구원 계획이 처음부터 끝까지 하나님의 주권을 드러내 보여준다고 단언했다. 아담의 죄가 왜 그의 모든 후손에게 전가되는가? 아담이 왜 전 인류의 대표가 되었는가? "저의 대답은, 하나님께서 그렇게 결정하셨다는 것입니다. 이 모든 것이 다 하나님의 뜻 가운데 있었습니다. 그리스도께서 왜 죽으셔야 했습니까? 그것이 성부의 뜻이었기 때문입니다. 하나님의 의가 왜 모든 신자들에게 전가됩니까? 유일한 이유는, 하나님께서 그렇게 작정하셨다는 것입니다. 세상 어느 것도, 인간에게 있는 그 무엇도 그렇게 명령하지 않았습니다. 하나님만이 그 이유입니다."

개개인에 관한 하나님의 주권은 구원이 전적으로 은혜에 속한 일임을 보여준다. 하나님의 주권적 뜻이 특정한 사람들을 구원받을 자로 선택한다. 그는 이 진리가 불신자들을 위한 게 아니라 이미 신자인 자들을 위한 것임을 강조했다. 이어서 그는 "나중에 연구할" 성경 구절들을 다음과 같이 제시했다. 사도행전 13:48, 로마서 11:5; 6:1, 고린도전서 1:26-29, 에베소서 1:3-5, 데살로니가후서 2:13, 디모데후서 1:9, 베드로전서 1:2, 로마서 8:28-29; 9:1-24, 마태복음 11:25-26.

그는 이 구절들의 의미가 동일한 사실을 부정적인 관점에서 진술하는 구절들로 확증된다고 주장했다. 예를 들어, 어떤 인간도 자기 자신을 구원할 수 없고 오직 거듭나야 한다,요 3:3 "아버지께서 이끌지 아니하시면" 누구도 그리스도께 나올 수 없다,요 6:44, 마 16:17 육신의 생각은 "하나님의 법에 굴복……할 수도 없"다,롬 8:7 자연인은 "하나님의 성령의 일들을 받"을 수 없다고전 2:14와 같은 구절들이다. 이런 부정적 진술이 긍정적 진술을 보완한다.

이어서 그는 사람들이 제기할 법한 반론들을 다뤘다. "성경은 '누구든 그를 믿으면' 그리고 '내게 오는 자는' 구원받을 것이라고 말하지 않습니까?" 한마디로 이 질문은 "인간으로 하여금 믿게 만드는 게 무엇인가? 무엇이 사람을 그리스도께 나오게 하는가? 과연 무엇이 '누구든'을 결정하는가?"라고 그는 답변한다.

> "A는 믿는다, 따라서 하나님께 선택 받는다", "B는 믿지 않는다, 따라서 선택받지 못한다"라는 말은 어리석고도 바보 같은 주장입니다. A는 왜 믿기로 선택합니까? 무엇이 그로 하여금 믿게 만듭니까? 무엇이 B로 하여금 믿지 못하게 만듭니까? 여기 두 형제가 있습니다. 두 사람은 같은 교회에 다니며 같은 설교자에게서 같은 설교를 듣습니다. 그런데 위와 같이 다른 결과가 나옵니다. 이런 차이를 만드는 분이 하나님이 아니라면 그건 그 사람의 성향 때문이라는 말이 되고, 그렇다면 그 두 사람이 원래 그렇게 태어났다는 뜻이 됩니다. 그렇게 되면 모든 논리가

> 심리학자의 몫이 되고 맙니다. 심리학자들은 말하기를, 어떤 사람은 신앙심 있는 사람으로 태어나고 어떤 사람은 그렇지 못하다고 말합니다. 세상에 그처럼 부당한 말이 어디 있습니까? 그렇지 않습니다. 믿고 안 믿고의 차이는 하나님의 주권적인 뜻의 결과입니다.

결론 부분에서 그는 선택 교리가 어떤 식으로 신자의 삶과 확신에 영향을 끼치는가 하는 문제로 다시 돌아갔다. 그는 로마서 9:20 말씀을 반복하면서 겸손의 필요성을 강조했다. "세상에는 질문해서는 안 되는 어떤 문제들이 있습니다. 그런 질문을 한다는 것은 불신앙이요, 하나님을 욕보이는 것입니다. 이 교리만큼 하나님을 영화롭게 하고 인간을 겸손하게 하는 교리는 없습니다. 인간이 뭔가를 자랑할 여지가 없습니다. 우리는 길 잃은 자였고, 이 교리가 아니었다면 지금도 여전히 그러할 것입니다. 오직 하나님의 주권만이 구원을 확실하게 해줍니다."

로이드 존스의 이런 강연은 참석자들에게 심대한 영향을 끼쳤고, 몇몇 사람들은 그 후 밤잠을 설치기도 했다. 게렌트 모건Geraint Morgan은 이렇게 말했다.

> 콘퍼런스 마지막 날 저녁, 내 죄가 엄청나다는 것을 자각하게 된 나는 독터 마틴을 만나고 싶어 하는 사람들 틈에 끼어 줄지어 서 있다가 자정이 지난 직후 마침내 그를 만나 보았다. 그 콘퍼런스에서 나는 그동안 지녀 왔던 아르미니우스주의적 입장을 기꺼이 내려놓고 주권적인 은혜 교리를 기쁘게 받아들이게 되었다. 그 콘퍼런스는 내가 의지할 수

있는 닻을 제공해 주었다.

역시 목회 준비생이었던 데렉 스완Derek Swann은 이렇게 기록했다.

> 독터 로이드 존스가 하나님의 주권에 대해 강연했는데, 우리들 중에는 은혜 교리를 그때 처음 접한 이들이 많았고, 나도 그중 하나였다. 나는 처음 두 강연 내용을 모두 다 받아들였고, 세 번째 강연 내용도 결국 받아들여야 했다. 이른 아침 그윈 월터스와 대화하던 중에 선택에 관한 진리를 분명히 깨닫게 됐던 것이 기억난다. 그 모든 진리의 경이로움에 압도된 나머지 울음이 터져 나오려는 것을 애써 참아야 했다. 그 이후 우리들 대다수에게 선택은 머리의 일일 뿐만 아니라 가슴의 일이기도 했다.[4]

참석자 중 귈림 로버츠Gwilym Roberts도 장차 복음 사역자가 될 사람으로, 콘퍼런스 직후 IVF의 웨일스 지역 순회 서기가 되었다. 그는 하나님의 주권에 대한 이 강연에 대해 다음과 같이 말했다.

> 이 강연이 1951년 웨일스 IVF 콘퍼런스 참석자 대다수에게 얼마나 엄청난 영향을 끼쳤는지 글로써는 다 표현할 수 없다. 이 강연은 하나님에 대한 우리의 사고를 변화시켰다(그리하여 또한 인간, 구원, 복음 전도 등에 대한 생각까지도!). 이 강연을 통해 우리는 빌리 그레이엄의 헤링게이 집회Billy Graham Harringay meetings(이 집회에 대해서는 23장을 참조하라—옮긴이) 등과 같은 것에 대비할 수 있었다. 독터는 우리가 하나

> 님의 주권과 거기에 함축된 모든 의미에 관한 진리에 확고히 뿌리를 내릴 수 있게 해주었다. 그래서 우리는 그 집회의 어느 부분이 성경의 모범에 부합되지 않는지 확실히 알아볼 수 있었다.

* * *

더글러스 존슨은 1951년 보스에서의 연속 강연이 그때까지 대학생 콘퍼런스에서 들을 수 있었던 최고의 강연이라고 생각했다. 하지만 콘퍼런스가 끝날 무렵 로이드 존스는 다음 해 콘퍼런스에는 관여하지 않을 것이라는 뜻을 학생 리더들에게 단호히 밝혔다. 1951년은 로이드 존스가 웨일스 지역 IVF 콘퍼런스에 관여한 마지막 해였다. 윈포드 데이비스는 그가 이렇게 말한 것을 회상했다. "내가 생각하기에 여러분들은 아주 멋지게 출발했습니다. 이제 여러분들 스스로 전진해 나갈 수 있는 때가 되었습니다." 그가 이런 결단을 내린 이유는 1953년 이후 틴델 하우스 여름 콘퍼런스 지도를 그만두기로 한 것과 동일하게 설명된다. 그는 IVF 사역에서 자신의 영향력이 어느 정도인지를 의식했다. 새로운 신학적 관점이 등장하기 시작했고, 그 관점이 모든 이들을 어디로 이끌어 갈지 그는 알지 못했다. 그런 상황에서 사람들이 자신에게 집착하면 모두 위험한 상황이 되기 쉽다고 그는 생각했다. 그는 19세기 사람들이 위대한 설교자들을 광적으로 따른 것이 얼마나 해로운 결과를 낳았는지를 자주 언급했다. 누가 됐든 사람을 높이는 것은 하나의 덫이요, 영적 번영에 궁극적으로 해가 된다고 그는 강하게 확신했다. 그가 이렇게 한편으로 물러서 있기를 원했

1956년 케임브리지 틴델 하우스에 모인 콘퍼런스 그룹.
맨 앞줄 가운데 필립 휴스, 그 왼쪽에 존 웨넘, 웨넘 뒤에 로이드 존스, 휴스 뒤에 데렉 스완,
그 뒷줄 왼쪽에 어니스트 케번, 오른쪽에 앨런 스팁스, 둘째 줄 왼쪽 끝에 제임스 패커.

던 것은 그가 지닌 칼뱅주의 신학의 실천적 적용이었다. 훗날 한 비평가는 로이드 존스가 "사람들을 통솔하고 싶어 하는 욕구가 컸다"고 말했지만, 이는 상당히 사실에서 빗나간 의견이었다.[5] 그는 제임스 패커나 레이먼드 존스턴 같은 청년들이 교리 회복운동의 전면에 나서는 것을 기쁜 마음으로 지켜보았다.

상황을 전개하는 그의 태도 또한 가능한 한 논쟁을 피하고자 하는 태도였다. 레이먼드 존스턴이 IVF 졸업생 모임에서 부딪히는 어려움들, 특히 성화에 대한 케직운동의 입장에 대해 고민을 전해 오자 그는 이렇게 대답했다.

내가 생각하기에 패커와 귀하는 장차 큰 영향력을 갖게 될 아주 중요

한 일을 하고 있어요. 하지만 두 사람 모두 "어떻게 행할지를 자세히 주의"하는엡 5:15 법을 배워야 합니다. 무슨 말인가 하면, 가르침을 전하는 방식 때문에 저들이 두 분의 가르침을 일축해 버릴 위험이 있다는 것이지요. 우리는 오래 참아야 하고 건설적인 방식으로 이 사람들을 가르쳐야 합니다. 이것을 습득하기가 매우 힘들다는 것을 직접 경험해 본 사람으로서 말씀드립니다. 하지만 세월이 지나면서 내가 점점 더 확실히 알게 되는 것은, 상대편에 관해 내가 겪는 어려움은 사실상 무지에 기인한다는 것입니다.[6]

칼뱅주의 신앙의 참 의미에 대한 이 무지는 놀라울 게 없었다. 이는 오랜 세월 동안 심지어 칼뱅주의 감리교 강단에서조차 이 주제에 대해 침묵해 왔고 출판업자들도 사실상 칼뱅주의 전통의 모든 문헌들을 도외시해 온 결과였다. '칼뱅주의자'라는(혹은 그 변형인 '개혁주의자'라는) 딱지는 거기에 딸린 어떤 명쾌한 의미도 없이 대개 경멸의 뜻으로 쓰였다. 로이드 존스 자신도 그 용어를 거의 쓰지 않았고, 어떤 식으로든 그 표현의 쓰임새를 회복시키는 일에도 관심이 없었다. 더 나아가 그는 자신이 진정한 칼뱅주의라 믿고 있는 신학을 그리스도인들 간 교제의 필수 요건으로 삼는 것도 반대했다. 배타성에 자부심을 갖는 '정통 신앙'에 그는 조금도 공감하지 않았다. 그리스도인은 구원을 위해 오로지 그리스도의 죽음만 의지하며 하나님의 말씀을 신뢰하는 자로서, 하나님의 은혜가 어떻게 자신에게 임했는지에 대해 아주 제한적으로만 알고 있을 수도 있다. 로이드 존스는 이런 말도 했다. "우리 가운데 누구라도 은혜가 어떻게 역사하는가에 대한 추론이 자신의 추론에 비해 결함이 있다는 이유로, 동일한 은혜로 구원받은 동료 죄인을 내몰거나 멀리한다면 이는 얼마나 뻔뻔스러운 짓인가."

하지만 그는 위의 발언이 성경을 더 잘 알려고 하지 않는 데 대한 변명으로 이용되는 것은 배격했다. 그는 "우리가 이런 일들에 대한 지식으로 구원받는 게 아니라면 도대체 왜 그 문제로 골치를 썩이는가?"라는 질문에 단호하게 답변했다. "우리가 그런 표현들을 사용하는 문제로 '골치를 썩이는' 것은 성경이 그 문제에 대해 많은 것을 말하기 때문이다. 내가 알기로 기독교 교리를 아는 지식과 구원의 메커니즘에 대한 지식만큼 내 믿음을 강화시켜 주는 것은 없다. 이것들만큼 내 확신을 굳게 해주는 것도 없으며, 내게 주어지도록 되어 있는 복된 소망에 대해 그렇게 확신을 주는 것도 없다."[7]

이른바 칼뱅주의적 관점의 회복이 필수적인 것은 그것이 성경적인 관점이기 때문이었다. 복음은 인간과 인간의 행복이 아니라 하나님과 하나님의 영광에서 시작된다는 것을 그 관점이 알려 주었기 때문이다. "교회에서 우리는 하나님의 영광이 중요하다는 인식을 잃어버렸다. 심지어 복음주의자를 자처하는 이들도 마찬가지다. 성경은 하나님의 영광을 중시하고, 그런 다음에야 인간의 유익을 생각한다." 이런 이유로, 1949년 칼뱅의 『기독교강요』*Institutes of the Christian Religion*를 재발간해야 한다는 자신의 간곡한 요청에 제임스 클라크 앤 컴퍼니James Clarke and Co. 출판사가 관심을 보여 그가 소장하고 있던 베버리지 판본을 이용해 사진 인쇄를 하기로 한 것은 그에게 큰 의미가 있는 일이었다. 몇 년 전 로이드 존스는 칼뱅의 믿음과 자기 자신의 믿음을 다음과 같은 말로 요약한 적이 있었다.

칼뱅의 주된 특징은 모든 것의 기본을 성경에 둔다는 점이다.……그는 성경에서 나오는 것 이외에는 그 어떤 철학도 바라지 않는다. 『기독교 강요』에서 우리가 처음으로 얻는 것은 교의신학이 아니라 성경신학이다.……칼뱅에게 가장 중심되고 긴요한 진리는 하나님의 주권과 영광이다. 우리는 바로 이 지점에서 시작해야 하며, 다른 모든 문제는 여기에서 생겨 나온다. 세상을 창조한 분은 하나님이요, 그분 자신의 자유로운 뜻으로 무한하신 지혜에 따라 창조하셨다. 그러나 그 세상으로 죄가 들어왔다. 하나님의 은혜가 아니었다면 세상에는 아무 소망도 없었을 것이다. 인간은 타락한 피조물로, 그의 마음은 하나님을 향해 적대 상태에 있다. 인간은 자신을 구원하고 스스로 하나님과 화해하기에는 전적으로 무력하다. 하나님께서 몇몇 사람을 구원받을 자로, 그것도 무조건적으로 선택하지 않으셨다면 모든 이들이 다 잃어버린 바 되었을 것이다. 이 사람들이 구원받는 것은 오직 그리스도의 죽음을 통해서만 가능하다. 하나님께서 성령 안에서 불가항력적 은혜를 통해 그들의 눈을 여사 당신께서 주시는 구원을 받아들이도록 설득하지 않으셨다면 (강요하신 게 아니라) 그들은 그 구원을 보지도, 받아들이지도 않았을 것이다. 그런 후에도, 이들이 타락하지 않도록 지탱하시고 지켜 주시는 분도 하나님이시다. 그러므로 이들의 구원이 확실한 것은, 이것이 그들 자신이나 그들의 능력에 달려 있지 않고 하나님의 은혜에 의존하기 때문이다. 교회는 택함받은 이들의 무리이다.[8]

그는 하나님을 최우선으로 하는 이 믿음이 “영혼의 비상 휴대식량”이라고 믿었다. 이것이 있으면 사람은 홀로 우뚝 설 수 있고, 필요한 경우 하나님의 진리를 위해 죽을 각오를 할 수도 있다. 그는 다가올 날들에도 여전히 그 믿음을 필요로 할 터였다.

22.

1950년대의 주일예배

웨스트민스터 채플에서의 사역은 늘 비슷하게 진행되었기 때문에 한 해 한 해마다 엄격하게 연대기적으로 설명할 필요는 없다. 이 장에서는 1950년대에 웨스트민스터 채플에서 주일예배를 드린다는 게 어떤 의미였는지를 이야기해 보겠다.

그 당시 웨스트민스터에 출석하던 사람들은 주일마다 공예배 시간 오전 11시를 목 빠지게 기다리곤 했던 것이 늘 기억에 남을 것이다. 교회에 다니는 게 더는 유행이 아니던 시절, 사방에서 수백여 명의 사람들이 모여들어 예배당으로 향하는 길거리에서는 어떤 기대감 같은 것이 느껴졌다. 어떤 이들은 자동차로, 어떤 이들은 걸어서, 또 어떤 이들은 버스를 타고 빅토리아 스트리트로 향했다. 대다수는 런던 각 구역에서 지하철을 타고 와서 빅토리아 역 아니면 대개 세인트 제임스 파크 역에서 내렸다. 한꺼번에 출구를 빠져나온 사람들은 촘촘한 인파를 이루며 180미터에 이르는 프티 프랑스 보도를 통해 예배당에 이르렀다.

오전 10시 15분에는 본 예배 때에 비해 좀 적은 무리의 사람들이 예배당에서 기도 모임을 가졌다. 독터 로이드 존스는 대개 10시 30분 전후에 도착해서 예배가 시작되기 전까지 목회실에서 시간을 보냈다. 혼자 있는 시간은 5분을 넘기지 못했다. 오후엔 그를 찾는 이들이 많기 때문에 집사들이나 그 외 측근들은 대개 그 시간을 이용해 그와 대화를 나누곤 했다. 급한 일이 있는 교인일 경우엔 이 시간에 만나 용무를 보기도 했지만, 평상시엔 그렇지 않았다. 주일마다 어김없이 이 시간에 목회실 문을 두드리는 사람은 오르간 반주자였다. 주일에 부를 찬송은 전날 전화를 통해 로이드 존스에게서 전달받지만, 이 시간에 찬송곡에 대해 최종 확인을 하는 것이다. 베단 로이드 존스도 예배 직전에 잠깐 이 방에 들르곤 했다. 예배 시작 5분 전쯤 목사님이 준비가 다 되었는지 당번 집사가 목회실 앞에서 확인을 하고, 이어서 집사 전원이 그 작은 방 안으로 다 들어왔다. 이렇게 다 모이는 목적은 짧게 기도하기 위해서이지만, 긴급히 의논할 일이 있을 경우 이때 대화를 짧게 나눌 수도 있었다. 예배 직전 목회실 분위기에서 한 가지 특별한 점은, 그 어떤 긴장감도 느껴지지 않는다는 것이었다. 이 시간 이 모임에 처음 참석하는 이가 맨 처음 느낄 법한 것은, 목사에게서 풍겨 나오는 평온함이었다.

목회실 벽 너머 예배당 안은 상황이 달랐다. 안내위원들이 바삐

오가며 사람들을 빈자리로 안내했고, 1층 맨 앞줄이 언제나 마지막으로 채워지는 자리였다. 회중석 등받이 선반에는 예배자들을 위한 성경책과 찬송가(『회중 찬양』[1]), 간단한 카드가 비치되어 있었다. 카드에는 예배 시간과 정기 모임 시간이 광고되어 있었고, 예배가 끝난 뒤 독터 로이드 존스를 만나고 싶은 사람은 누구나 환영한다는 안내문이 적혀 있었다. 안내 사항이 크게 달라지는 일은 없었기에 똑같은 카드를 여러 달씩 사용했다. 주보를 인쇄해서 배부하지는 않았다. 전날까지 찬송가와 설교 원고가 완전히 확정되는 경우가 없다는 것이 큰 이유 중 하나였다.

예배당에 모인 회중과 관련해 방문객들의 눈에 특히 두드러지는 점이 두 가지 있었다. 첫째는 회중 구성의 다양성과 보편성이었다. 부모와 자녀가 있었고, 젊은이와 학생이 있었으며(이들의 외모를 보면 출신 국가가 다양하다는 것을 알 수 있었다), 전문직 종사자도 있었다. 겉모습만 봐서는 무슨 일을 하는지 전혀 알 수 없는 이들도 있었다. 나이 든 사람의 비율은 일반적인 도시 교회에 비해 낮았던 반면, 여성 대비 남성 비율은 확실히 높았다. 어떤 의미에서 회중은 두 그룹으로 나뉘었다. 실제로 등록한 교인들이 있었고 이런저런 이유로 등록하지 않은 이들은 그보다 더 많았는데, 여기엔 상당 규모의 학생들도 포함되었다. 그래서 서로 모르는 이들의 비율이 상당히 높았다. 만약 자기 옆에 앉은 이가 누구인지 알았더라면 깜짝 놀라는 경우도 많았을 것이다. 이 시절엔 교회에서 낯선 사람들끼리 인사를 나누지 않는 게 보통이었고, 그래서 그저 저 사람이 누굴까 궁금해하면서도 그냥 그러고 말 뿐이었다. 예를 들어 혼자 와서 앉아 있는 저 중년 여성은 어쩌면 미용사일 수도 있고, 호텔 직원일 수도 있고, 버킹엄 궁전에서 여왕의 속옷류를 담당하는 사람일 수도 있고, 안식년 중인 선교사일 수도 있고, 병원 수간호사일 수도 있고, 대형 백화점의 구매담당 직원일 수도 있고, 시내에 사는 당대의 지주일 수도 있었다. 모든 직종 중 가장 대표적인 것은 아마 의료인이었을 것이다. 간호학과 학생에서부터 런던 최고의 내과의와 외과의, 바톨로뮤 병원과 가이 병원, 런던 종합교육 병원을 비롯해 기타 유명 교육 병원에서 온 다수의 학생들에 이르기까지 구성도 다양했다.

그러나 회중 구성이 이렇게 다양하다고 해서 이들이 동질성도 없고 그저 개별적인 사람들의 집단에 지나지 않았다고 결론 내린다면 이는 전적으로 착각일 것이다. 이들에게서는 다양성과 함께 두 번째 특징을 동일하게 관측할 수 있었다. 이미 언급했다시피 그 특징은 바로 정신과 목적의 통일성으로, 이 특징은 사람들이 예배당을 향해 발걸음을 옮기는 모습에서도 뚜렷하게 드러났다. 예배 참석자 숫자도 인상적이지만 예배당에 모인 사람들에게서 확실하게 볼 수 있는 뜨거운 기대감이 이들에게 통일성을 부여했다는 점이 더더욱 인상적이었다. 하지만 이런 활기는 콘서트 개막을 기다리는 사람들의 소란스러움이나 흥분과는 전혀 달랐다. 11시 10분 전쯤 반주자가 오르간을 연주하기 시작하면 들뜬 분위기가 서서히 차분해졌다. 분위기가 일순간 정적에 휩싸이는 일 없이 집사들이 먼저 강단 뒤에서 등장해 회중석의 자기 자리에 앉았다. 이어서 독터 로이드 존스가 강단 뒤 계단을 올라 예닐곱 걸음 거리에 있는 설교단으로 가서 한가운데 놓인 크고 무거운 강단용 성경책을 왼쪽으로 밀어 놓고 단 위에 두 팔을 올리고 고개를 숙여 잠깐 기도를 했다. (후드 없는) 검은색 가운 차림의 그는 웅장한 본당 한가운데서 작고 가냘파 보였다. 오르간이 울리면 전 회중이 다 기립하여 인도자의 안내 없이도 「만복의 근원 하나님」 송영을 불렀다. 송영에 이어 회중이 착석하면 목사가 "기도합시다"라는 말로 예배 시작을 알렸다. 성부 하나님께 드리는 이 짤막한 기도는 대개 감사의 말로 시작되어 주기도문을 외우는 것으로 끝났다. 순서는 자연스레 첫 찬송으로 이어졌고, 크고 웅장하게 터져 나오는 찬송은 예배에 늦은 이들이 예배당 밖에서도 들을 수 있을 만큼 소리가 컸다. 개회 찬송으로 로이드 존스가 특히 좋아하는 곡이 있었는데, 그중에서도 아이작 와츠의 곡을 가장 좋아했던 것이 틀림없다.

얼마나 기쁘고 복된가, 나는
만민이 외치는 소리 들으니
오라, 우리가 오늘 우리 하나님을 찾자!

개회 찬송은 하나님에 대해 객관적으로 진술하는 가사가 두드러졌다. 그는 특정한 찬송을 너무 자주 부르는 것을 피하려고 주일마다 그날 어떤 찬송을 불렀는지 종이 한 장에 한눈에 볼 수 있도록 차례대로 꼼꼼하게 기록해 두었다. 그는 주일예배 때 부를 찬송을 매우 신경 써서 골랐으며, 전체 예배의 통일성을 고려해서 선택했다. 개회 찬송의 주제는 찬양이었고, 아주 가끔 기원 찬송을 고르기도 했다(제임스 몽고메리의 「위에서 명하소서 축복을, 오 하나님, 여기 모인 우리 모두에게」도 그가 좋아하는 기원 찬송이었다). 찬송 인도자는 따로 없었다. 굳이 있다고 한다면 로이드 존스가 인도자였다. 목소리로 인도한 것이 아니라(왜냐하면 그가 부르는 베이스 파트는 예배 상황을 전하기 위해 예배당 현관과 뒤편 홀에 설치된 확성기를 통해서만 들렸기 때문이다) 단지 본을 보일 뿐이었다. 예배가 진행되는 동안 그는 전 존재를 다해 예배에만 집중하는 모습의 전형을 보여주었다. 찬송 시간을 이용해 회중을 둘러보거나 설교 원고를 보는 일은 절대 없었다. 전임 목사 한두 명과는 달리, 회중석에 유명 인사가 앉아 있어도 그는 알아차리지 못했고 신경 쓰지도 않았다. 그가 그 자리에 있는 건 하나님을 예배하기 위해서였기에 그는 찬송가에서 눈을 떼지 않았다. 목사가 상냥한 얼굴로 교인들을 둘러봐야 한다거나 사교적인 인사말 몇 마디로 '환영한다는 느낌'을 주어야 한다는 개념 따위는 예배의 엄위에 대해 그가 갖고 있는 생각과는 무관했다. 교회가 목사의 집이고 교인들이 그의 손님이라면 "안녕하십니까, 친구분들. 만나서 반갑습니다. 와 주셔서 얼마나 기쁜지요"라고 말할 수 있겠지만, 그는 그와 같은 태도는 전적으로 잘못이라고 생각했다. "이는 우리의 예배가 아닙니다. 사람들이 교회에 오는 것은 우리를 만나기 위해서나 우리를 기쁘게 해주기 위해서가 아닙니다.……교인들과 우리네 목사가 교회에 있는 건 하나님을 예배하고 그분과 만나기 위해서입니다. 교회 목사는 자기 집에 손님을 초대하는 사람과는 다릅니다. 목사는 교회당의 책임자가 아닙니다. 목사 자신도 한 사람의 종일 뿐입니다."[2]

개회 찬송에 이어 성경 봉독 순서가 있었는데, 대개 한 구절만 분명하게 알려 주고 한 번 더 일러 주었다. 로이드 존스는 (언제나 직접) 적당한 속도에 평상시 어조로 해당 구절을 읽었고, 짐짓 꾸민 듯한 과장된 어투는 전혀 없었다. 하지만 목소리의 억양만큼은 언제나 해당 단어의 의미에 충분히 주목할 수 있게 했다.

두 번째 찬송은 예외 없이 시편찬송에서 골랐는데, 『회중 찬양』에는 시편찬송이 16곡밖에 없었기 때문에 그 곡 대부분이 다른 많은 찬송보다 더 자주 불렸다. "여호와께서 다스리시니 스스로 권위를 입으셨도다"시 93:1 혹은 "주의 장막이 어찌 그리 사랑스러운지요"시 84:1 라는 찬송을 부른 뒤 회중은 많은 이들이 예배 초반부의 절정으로 여겼던 본기도main prayer 순서로 들어갔다. 들리는 목소리는 하나뿐이었지만, 독터 로이드 존스는 참된 공중 기도는 공동 기도라는 이해를 바탕으로 기도했던 것이 틀림없었다. 그는 단수 대명사를 쓰지 않고 늘 "우리가 주님의 거룩한 임재로 들어왔습니다, 오 주님. 우리가 주님께 예배드리러 왔습니다"라고 복수 대명사를 썼다. 하지만 그의 기도에는 개별 신자가 자기 고유의 기도로 여기지 못할 만한 구절이나 문장은 하나도 없었다. 기도가 이렇게 공동으로 하나님과 교통할 뿐만 아니라 개별적으로도 하나님을 만나는 기도가 됨에 따라 예배자는 종종 자기가 거대 회중 한가운데 앉아 있다는 사실을 깜박하곤 했다. 로이드 존스의 실제 간구에는 얼핏 별개로 보이는 두 가지 요소가 뒤섞여 있을 때가 많았다. 그의 기도에는 죄에 대한 자각과 하나님이 어떤 분이신가에 대한 감사가 있었다. 죄에 대한 자각 혹은 하나님의 존재에 대한 감사 어느 하나가 아니라 둘 다 있었다. 목사가 하나님과 더불어 담대히 이야기를 나누는 것으로 보이면, 회중 가운데 심히 낙심한 사람, 심지어 그리스도인이 아닌 사람도 분명 똑같이 기도할 터였다. 목사가 다음과 같은 식으로 기도했다면 말이다.

우리는 주님의 귀한 아들의 이름으로 나옵니다. 우리는 달리 간구할 것이 없음을, 주님 앞에 드릴 것이 없음을 알고 있습니다.……오 하나님, 인간 본래의 불순종과 죄와 타락 그리고 우리 자신의 악행과 허물의 결과로 우리가 얼마나 가련하고 죄악 되고 고약한 자들이 되었는지 우리는 잘 압니다. 우리는 우리 자신의 뜻을 따랐고, 우리 자신을, 우리가 어떤 존재인지를 자랑했습니다. 우리가 우리 된 것이 주님께서 우리에게 주신 은혜로운 선물의 결과라는 것을 생각조차 못했습니다.……그래서 우리가 나아와 오직 주님의 귀하신 아들의 이름과 보혈만을 의지하오며, 우리가 이렇게 주님께 다가갈 수 있음을 알고 주님의 아들 안에서 감사를 드리옵니다.

자기만족에 빠져 있는 이들은 이런 기도를 듣고 죄를 자각하는 경우가 없지 않았던 한편, 무겁고 억눌린 마음으로 교회에 왔던 이들은 놀라울 정도로 마음이 가벼워지는 경우가 종종 있었다. 이런 기도 중에 하나님께서 자신을 친히 도우시는 것이 너무도 선명히 자각되어 아주 만족한 마음으로 예배를 마치고 집으로 돌아갈 수 있었다고 말하는 교인들도 드물지 않았다.

로이드 존스가 기도서 사용을 반대했던 한 가지 이유는, 참된 기도란 하나님께서 주시는 것이고 그래서 실제 기도하는 순간에 자유롭게 하나님의 인도를 받아야 한다고 믿었기 때문이다. 오거스터스 탑레이디Augustus Toplady(채플에서 그가 작사한 찬송을 자주 불렀다)의 말을 빌리면 하나님은 "기도에 영감을 주시고 기도를 들으시는 분"이시다. 로이드 존스는 기도문을 미리 준비하지 않았으며(마음 자세는 준비하고

자 했지만), 한 번 했던 기도와 완전히 일치하는 기도—그 사고나 표현 면에서 전반적으로 비슷할지라도—를 또 한 적은 없었다.[3] 본기도는 보통 10분가량 했다. 우리는 그의 기도가 '유려'하다고 칭송받았다거나, 내용이 설교에 가깝다든지 혹은 너무 길게 한다고 비판받았다는 말은 한 번도 들어 본 적이 없다. 그의 기도는 "하나님과 직접 교통한다는 게 저런 것이구나" 하는 인상을 주는 기도였다.

로이드 존스의 기도 용어는 자연스럽고 꾸밈이 없었다. 성경과 찬송가 가사를 자유자재로 인용할 능력이 있었음에도 그는 기도할 때 그런 인용은 적절하지 않다고 여겼다. 이따금 인용문이 등장한다면 그건 하나님께 뭔가를 탄원하는 말 혹은 하나님을 믿고 의지한다는 고백일 뿐이었다. 예를 들어 우리가 어마어마한 어려움에 처했음을 고백할 때 그는 오스왈드 앨런Oswald Allen의 말을 아주 절절하게 되뇌었다.

> 모든 일이 다 어려워 보여
> 우리를 절망으로 몰아갈 때
> 한 문이 열려 있고
> 우리 기도를 듣는 한 귀가 있음을 우리가 아나니.[4]

긴 기도의 절반 정도가 보통 도고禱告(이웃을 위한 기도)였는데, 간구 순서에 대개 비슷한 패턴이 있었고 다른 기도에 비해 동일한 표현을 사용하는 경우가 많았다. "나이 들어 노쇠한 이들", "고통의 침상에 누운 이들"이 매주 동일한 표현으로 그의 도고에 등장했다. 하지만 이웃을 위해 기도할 때도 그는 성령의 직접적인 인도가 있을 수 있다고 믿었다. 이에 대한 두드러진 사례로 한 웨일스인의 이야기가 있다. 그는 그리스도를 믿는 믿음을 고백한 사람이었음에도 자기 인생과 가정을 모두 파탄에 빠뜨리고 결국 런던의 극빈자 신세가 되고 말았다. 아내를 버리고 만났던 여자에게 그 자신도 버림받은 그는 어느 주일 웨스트민스터 브리지에서 템스 강에 몸을 던져 생을 마감하기로 비장하게 마음먹었다. 그 정도로 그는 절망적인 심정이었다. 그런데 그 다리에 이르렀을 때 마침 빅벤Big Ben(영국 국회 의사당 탑 위의 시계와 시계탑—옮긴이)이 울렸다. 그 소리에 그 시간이 주일예배 시간인 것을 갑자기 떠올린 그는 죽기 전에 독터 로이드 존스의 설교를 한 번 더 들어 보기로 했다. 6분 정도 걸어 웨스트민스터 채플에 도착해 보니 로이드 존스가 기도를 인도하던 중이었다. 계단을 올라 회랑으로 들어가려고 하는 순간 그의 귀에 들린 첫마디는 "하나님은 악행으로 되돌아간 사람에게 자비를 베푸신다"는 것이었다. 이는 회중 기도 때 으레 하는 간구가 아니었다. 그는 그날 예배를 통해 믿음이 회복되었고, 그 뒤 여러 해 동안 착실한 그리스도인으로 살다가 승리하는 죽음을 맞았다.

독터 로이드 존스의 강단 기도에 대한 증언은 독일인 에미 뮐러Emmi Müller에게서도 나왔다. 1950년대 초 런던 바이블 칼리지에 유학 온 젊은 그리스도인이었던 그는, 제2차 세계대전에 대한 기억이 아직도 생생했던 시절인 만큼 동료 그리스도인들 사이에서도 많은 편견과 냉대를 겪어야 했다. 늘 외국인이요 아웃사이더라는 기분으로 지냈던 에미는 웨스트민스터 채플에 다니게 되면서 교회가 어떻게 자신의 영적 집이 되었는지를 다음과 같이 설명했다.

처음엔 당연히 언어 문제가 있었다. 아직 영어가 유창하지 않은 사람에게는 기도뿐만 아니라 설교도 다소 길게 느껴졌다. 그러나 바로 이런 어려움 덕분에 나는 이 교회 예배의 영적 분위기를 훨씬 더 잘 알 수 있었다. 예배와 기도에 배어 있는 정신, 하나님의 종을 통해 전달되는 그분의 메시지에 귀 기울이려는 회중의 진지함은 크나큰 은혜였다. 나는 예배 때 주님의 임재를 크게 느꼈다. 목회 기도는 대다수 교회들의 경우보다 훨씬 길어서 처음에는 적응하기 어려웠지만 나중엔 개인적으로 나에게 특별한 복인 것으로 드러났다. 독터의 목회 기도를 듣고 있노라면 나도 이 교회의 일원이고 진정 회중의 일부분이라는 기분이 들었다. 그의 기도는 단순히 웨스트민스터 채플과 영국만이 아니라 그 이상을 품는 기도였기 때문이다.

본기도 뒤에는 순서 진행이 잠시 중단되었다. 먼저 교회 서기 아더 E. 마쉬가 웨스트민스터에서 1914년 이전부터 입던 프록코트와 에드워드 시대 정장 차림으로 강단에 올라와 목청을 가다듬은 후, 지난 50년 동안 늘 해온 것처럼 더할 수 없이 간결하게 광고를 했다.[5] 특별히 공지해야 할 일이 있거나 성찬 참여를 권유할 때는 목사가 직접 광고했다(성찬은 한 달에 두 번, 예배 후에 행해졌다. 한 번은 아침예배 뒤에, 또 한 번은 저녁예배 뒤에 시행됐다). 그런 다음 집사들이 헌금 접시를 돌린 뒤 성찬 상 앞으로 가지고 오고, 이 몇 분을 활용해 로이드 존스는 설교 원고를 한 번 훑어봤다. 헌금 접시를 갖고 온 집사들이 아래

층 강단의 성찬 상 앞에 서면 짤막한 헌상 기도를 드린 뒤 세 번째 찬송을 불렀다. 곧 이어질 설교를 기대하면서 하나님의 도우심을 구하거나 가사 내용을 설교 주제와 연결하는 것이 이 세 번째 찬송의 주제였다. 예배 시작 후 35분에 걸쳐 이런 순서가 진행되고 나서 로이드 존스가 설교를 시작하곤 했다. 설교 제목을 미리 공지하지는 않았으며, 예식서에 정해진 형식대로 "이 아침 여러분들이 주목해 주시길 바라는 말씀은 성경……에"라는 말로 서두를 연 다음 성경 본문을 명확하고 단호한 어조로 읽어 내려갔다.

1950년대의 주일 아침 설교는 줄곧 연속 설교였다. 유일한 예외는 예배에 규칙적으로 출석하는 이들 다수가 자리를 비우는 명절이나 공휴일 때였다. 1950년 6월 4일 주일 아침은 요한일서 연속 강해 설교 마지막 시간이었다.[6] 요한일서 다음으로는 하박국서를 여섯 차례 짤막하게 연속 강해한 뒤 여름 휴식기 때 마무리했다. 1950년 10월 1일 그는 산상 설교(마태복음 5-7장) 강해를 시작했다. 이 연속 강해는 앞에서 말한 것처럼 명절이나 공휴일을 빼고 1952년 4월 6일까지 계속되었다. 그다음 강해는 요한복음 17장(1952년 5월 4일부터 1953년 7월 19일까지)이었다. 1953년 가을의 주일 아침은 시편 73편 강해로 채워졌고, 이어서 1954년 1월 10일에는 영적 침체를 주제로 연속 설교가 시작되어 1954년 7월 18일에 마무리되었다. 여름 휴식기를 지나 1954년 10월 10일부터는 에베소서 강해를 시작했다. 260편에 달하는 에베소서 연속 강해설교는 1962년 7월 1일 주일 아침에 마침내 대장정의 막을 내렸다. 그 사이 국왕 조지 6세와 프레드 미첼의 사망 때와 같은 특별한 상황에서는 연속 설교를 중단하기도 했다. 그는 이

두 사람의 장례식 설교를 맡았고, 두 번의 설교 모두 책으로 출판되었다.[7]

1950년대에 잉글랜드에서 로이드 존스식 '강해설교'를 하는 사람은 사실상 그 혼자였다. 강해설교라는 이름에 걸맞은 설교를 하기 위해서는 성경적 설교만으로는 충분치 않다는 것이 그의 생각이었다. 단어 연구에 치중하는 설교, 전 장章을 연달아 주석하고 분석하는 설교를 일컬어 '성경적' 설교라고 할 수 있겠으나 그것이 곧 강해설교는 아니었다. 강해를 한다는 것은 단순히 어느 한 구절이나 단락에 정확한 문법적 의미를 부여하는 것이기보다는, 그 말씀이 의도하는 원리나 교리를 확실히 제시하는 작업이다. 그러므로 진정한 강해설교는 곧 교리 설교요, 하나님께서 인간에게 전해 주시는 구체적 진리를 설명하는 설교다. 강해설교자는 '자기가 연구한 것을 다른 이들과 공유하는' 이가 아니라, 하나님의 말씀을 인간에게 권위 있게 전달하는 대사大使요 사자使者다. 따라서 그런 설교는 한 본문을 제시하되 그 본문의 의미를 샅샅이 살피며 거기에 추론과 논증과 호소를 더한다. 이 모든 것이 합하여 성경 자체의 권위가 배어 있는 하나의 메시지가 완성된다.

로이드 존스의 설교는 듣는 사람에게 사고를 요하는 설교였지만, 지적인 사람이 가장 큰 유익을 얻을 수 있는 그런 설교는 아니었다. 그는 회중석에 앉은 많은 아이들까지 대체적으로 따라올 수 있을 정도로 논증의 수준을 조절하고 전개 속도를 맞추었다. 일부에서는 그가 했던 말을 하고 또 하는 결점이 있다고 비판했지만, 그는 반복이야말로 좋은 설교의 필수 요소라고 생각했다. 그는 단순히 진리를 진술하는 것으로는 충분치 않으며 "진리를 여러 각도에서 생각해 볼" 필요가 있음을 알고 있었다. 모든 위대한 설교가 다 그렇듯, 그의 설교가 전하는 메시지는 심오하면서도 단순했다.

그러나 여기서 그친다면 그의 강단 사역에서 가장 중요한 부분을 빼놓는 셈이 될 것이다. 그가 생각하기에 강해 방식을 수행하는 데 꼭 필요한 천부적인 능력과 진리에 대한 지식을 갖췄음에도 설교자가 되지 못하는 이들이 있었다. 참된 설교에는 성령의 역사가 있어야 했다. 청중이 귀에 들리는 대로 진리를 알고 인정하는 일뿐만 아니라 설교자 자신이 기름부음을 받는 일에도 성령의 역사가 필요한 것이다. 그럴 때만 설교자의 지성뿐만 아니라 마음까지 설교에 제대로 몰두할 수 있다. 그 결과 그의 설교에는 생동감, 기름부음, 즉흥적 요소가 수반된다.

기도의 경우와 마찬가지로, 이 요소는 설교자가 주문한다고 해서 생겨나는 게 아니다. 이는 배우가 어떤 효과를 노리고 짐짓 꾸며내는 감정과는 아무 상관이 없다(그런 유형의 설교자는 "가증스러운 사기꾼"이다). 성령께서 메시지에 담긴 진리와, 하나님과 인간에 대한 사랑으로 설교자를 사로잡아야 설교자 자신도 자기가 전하는 메시지와 그 메시지를 듣는 청중에 공감하여 거기 몰두하게 된다. "설교는 불타는 사람을 통해 임하는 신학입니다. 참으로 진리를 알고 경험하게 되면 반드시 이 상태에 이르게 됩니다."[8] 그는 "내가 지금 하고 있는 일과 하나님의 임재에 대한 인식과 내가 전하고 있는 진리의 영광과 위대함에 깊이 침잠한 나머지 나 자신을 완전히 망각하는"[9] 상태만이 설교를 할 수 있는 올바른 상태라고 믿었다.

기독교 역사를 보면, 성령께서 설교자에게 기름부으셨다는 것이 목소리의 어조, 틀에 박힌 수법, 몸짓이나 심지어 단순한 성량 등과 동일시되던 때가 있었다. 로이드 존스는 설교 방식과 능력 있는 설교를 혼동하는 것에 대해 조심스럽게 경고했다. 그는 설교에 담긴 생동감이 늘 똑같은 형태를 취하지는 않는다는 것을 잘 알고 있었다. 그가 요구하는 것은, 설교단에서 열정의 표현은 각 설교자의 개성에 따라 자연스러워야 한다는 것뿐이었다. 그 자신의 경우, 언제나 차분하고 조용하게, 평상시 대화할 때와 똑같은 어조로 설교를 시작했다. 주제가 전개되면서 메시지가 말하는 이와 듣는 이 모두를 사로잡음에 따라 그의 목소리도 점차적으로 높아지고 활기를 띠었다. 목소리가 활기를 띠면 메시지에 표정이 생기고 강조점이 생겼다. 거기에 동작과 몸짓이 설교 내용과 조화를 이루면 청중은 두 가지가 원래 서로 달랐다는 것을 거의 의식하지 못하게 되었다. 즉, 설교자와 설교자가 전하는 진리가 하나가 된 것이다.

로이드 존스는 웅변술을 계획적으로 활용해 청중을 길들이거나 설득하기를 거부했다. 그와 동시에 그는 진정한 웅변술을 활용해 전해야 할 주제로 하나님의 말씀보다 더 가치 있는 것은 없다는 걸 잘 알고 있었고, 진리는 비非그리스도인의 관심을 끌 수 있는 형태로 제시될 필요가 있다고 생각했다. 설교자는 사람들로 하여금 귀 기울이게 만들 책임이 있다. 그의 설교를 들은 이들 중에는 겉으로 드러나는 것에만 감명을 받고 돌아가는 사람이 틀림없이 있었는데, 기독교 언론 기자들이 대개 그런 유형이었다. 한 신앙 칼럼니스트는 "진짜 드라마 같은 설교에 관한 한 버킹엄 게이트에 있는 웨스트민스터 채플의 마틴 로이드 존스 목사를 능가할 이가 없다. 유행 지난 칼뱅주의 설교의 호시절을 연상시킨다"라고 말했다. 그러나 또 어떤 이는 메시지가 전달되는 방식이 아니라 메시지 자체에 감명받고 돌아가기도 했다. 하나님께서는 이 설교자를 들어 쓰셨다. 앞에서 언급했던 에미 뮐러처럼 "교회에서 집으로 돌아오면 곧장 내 방으로 들어가 문을 걸어 잠그고 무릎 꿇고 기도를 드렸던 적이 한두 번이 아니다"라고 고백하는 이들이 나왔다.

주일 아침 설교는 대략 40분 정도의 길이였는데, 경우에 따라 좀 더 길거나 짧기도 했다. 설교가 끝나면 즉시 짤막한 기도가 이어졌고, 그 뒤 마지막 찬송 순서가 있었다. 로이드 존스는 이 마지막 찬송을 특히 더 세심하게 골랐다. 회개가 됐든 신뢰가 됐든, 아니면 의기양양한 찬양이 됐든 메시지에 대한 회중의 반응이 나타나야 했기 때문이다. 마지막 찬송은 전체 예배에 대한 '아멘' 역할을 했다. 축도는 거의 언제나 유다서 24-25절의 "능히 너희를 보호하사 거침이 없게…… 하실 이"로 시작되어 "짧고 불확실한 여생과 순례길에서, 또 영원토록 여러분과 함께 있을지어다"라는 말로 끝났다.

이 예배에 대해서는 몇 가지 더 말해 두어야 할 것이 있다. 첫째는 그렇게 큰 규모의 회중이 모여 있었는데도 불구하고 분위기가 항상 조용했다는 점이다. 예배가 진행됨에 따라 고요함은 대개 더 깊어졌다. 헌금 시간에도 그 분위기는 깨지지 않았으며, 심지어 예배가 끝난 후에도 그 조용함이 상당 부분 그대로 유지되었다. 이런 분위기를 권장하는 몇 가지 조치가 있긴 했다. 예배 초반부에는 늘 안내인이 출입문 앞에 서 있었고, 기도나 성경 봉독이 진행되는 동안에는 아무도 예배당으로 입장시키지 않았다. 영유아들을 위해서는 유아실이 운영되었다. 보통 3세 무렵부터는 예배에 처음부터 끝까지 참석했지만(그림그리기 책이나 그 밖에 '놀잇감' 없이), 아이가 조용히 있지 못하는 경우에는 부모가 신속히 아이를 데리고 예배당 뒤편 방으로 가서 확성기를 통해 소리를 들으면서 예배드릴 수 있었다. 아이가 소란스럽게 하는데도 계속 예배당에 머물러 있다가는 강단에서 무섭게 쏘아보는 눈초리를 감당해야 할 수도 있었다! 놀라운 점은, 예배 시간 내내 조용히 앉아 있는 어린아이들이 많았고, 공예배는 어른들만 드리는 게 아니라 자신들도 참석하는 거라고 생각하며 자란다는 것이었다. 10세 무렵이 되면 설교를 받아 적는 아이들도 심심치 않게 볼 수 있었다. 그런 습관은 로이드 존스가 아니라 아이들의 부모가 권장한 덕분이었다. 모든 연령층의 수많은 교인들이 그렇게 메모를 해 가며 설교를 듣긴 했지만 로이드 존스 자신은 그런 습관을 장려하지 않았다.

공예배를 인도할 때 로이드 존스는 여담이나 이런저런 격의 없는 이야기를 하는 일이 거의 없었다. 찬송가 몇 장을 부르겠다고 알릴 때나 함께 기도하자고 말할 때에도 매주 똑같은 표현을 썼다. 앞에서 살펴봤다시피 1944년 '하늘을 나는 폭탄' 때문에 돌연 예배를 끝내야 할지도 모르는 상황에서도 사실상 이 설교자는 아무런 고지를 하지 않았다. 비슷한 예로, 시 고위 인사가 교회를 방문했을 때도 예배는 평소와 다름없이 진행되었다. 유일하게 예배 중에 특별히 뭔가를 언급했던 때가 있었는데 그것조차도 그때 상황이 예배의 참 정신을 훼방한다고 여겼기 때문이었다. 회중이 찬송을 잘못 부르고 있다고 생각할 경우 그는 실제로 찬송을 중단시키고 가사가 아닌 곡조만 부르고 있다고 주의를 주기도 했다. 예를 들어 그는 찰스 웨슬리가 작사한 「나는 거짓되고 죄악으로 충만하나이다. 예수, 내 영혼의 사랑이여」를 기쁨에 넘쳐 기분 좋게 부르는 걸 그냥 넘어가지 못했다. 반대로 우울하게 질질 끌며 찬송을 부르는 것도 용인하지 않았다.

그는 설교 중에 소리를 내어 반응하거나 찬동의 말을 하는 걸 좋아하지 않았다. 방문객 중 간혹 이런 사실을 알지 못하고 열렬하게 반응하는 사람이 있을 경우 주의를 받기 십상이었다. 한번은 설교를 시작한 지 얼마 되지 않아 회중석 앞줄 가까이에 앉은 한 무리의 방문객들이 떠들썩하게 "아멘"을 외쳤다. 그게 여러 번 계속되자 고정 출석자들은 설교자가 특유의 방식으로 이 사태를 해결할 것이고 그리하여 어떤 결과가 빚어질지 모두들 속으로 짐작하기 시작했다. 아니나 다를까, 타락하여 엉망이 된 인간 상태를 이야기하는 부분에서 잠시 '아멘' 소리가 멈추자 그는 기회를 놓치지 않고 그 방문객들 쪽을 쏘아보면서 소리쳤다. "이 부분에선 '아멘'을 안 하시는군요." 그 뒤로는 설교 중에 아무 잡음도 들리지 않았다.

마지막 찬송 전에 혹은 마지막 찬송을 끝내고 회중이 자리에서 일어나 축도를 기다리고 있을 때 그가 한마디 덧붙이는 경우도 있었다(대개는 저녁예배 때). 신앙적으로 무슨 고민이 있으면 언제든 찾아와도 좋다는 말을 할 때도 있었고, 아직 회심하지 않은 이들을 향해 지체 없이 그리스도께 나아오라는 마지막 권면을 할 때도 있었다.[10]

웨스트민스터 채플 예배에 대한 이런 이야기를 읽고, 이것이 1950년대 사람들의 삶에는 딱 들어맞을지 몰라도 이런 예배 개념은 오늘날과는 거리가 멀다고 생각하는 이들이 혹 있을지 모르겠다. 하지만 그건 착각이다. 이런 예배 형식이 1950년대라는 특정 시대를 대표하지는 않기 때문이다. 그 당시에도 엄숙한 예배에 대한 오래된 개념은 이미 대부분 사라져 가고 있는 중이었다. 1946년에 웨스트민스터 채플에 처음 가 보았던 에드윈 킹Edwin King은 이렇게 기록했다. "나는 변화를 옹호하는 선전에 익숙해져 가고 있었다. 사람들은 밝고 경쾌해지자는 슬로건을 크게 역설했고, 무엇보다도 예배를 너무 길게, 특히 설교를 너무 길게 하지 말자고 말했다."

웨스트민스터 채플과 당시 유행하던 교회 생활 사이의 대조적인 모습은 그 10년 어간의 여러 신문 기사에 극명하게 나타난다. 노먼 펠프스는 '준엄한 설교자, 그런데도 사람들은 그의 설교를 들으러 모여든다'라는 제목으로 1954년 6월 8일 「리버풀 데일리 포스트」*Liverpool Daily Post*에 마틴 로이드 존스에 관한 세 편의 칼럼을 실었다. 일부 내용을 보자면 다음과 같다.

> 런던의 이들 대형 교회에는 설교를 들으러 이 교회 저 교회 떠돌아다니는 사람들이 늘 있다. 지방과 교외에서 온 방문객들, 한 번 들렀을 뿐 어쩌면 두 번 다시 못 보게 될 낯선 손님들, 일정한 신앙적 뿌리 없이 설교만 맛보러 다니는 사람들 등. 그러나 이 교회는 가족 단위 출석자들이 많다는 점이 인상적이었다. 아버지, 어머니, 딸, 아들 그리고 결혼을 약속하고 이제 곧 가족이 될 것으로 보이는 젊은 남녀가 예배당으로 들어와 아주 자연스럽게 자기 자리를 찾아 앉았다. 그런 풍경은 빅토리아 시대와 더불어 다 소멸했다고 믿는 이들이 많았지만 말이다.

내가 보기에 찬양대는 따로 없었고, 회중은 찬양대를 필요로 하는 것 같지도 않았다. 필립 도드리지Philip Doddridge의 찬송 「깨어라 내 영혼아, 정신을 차리고 힘을 다하여」로 예배가 시작되면, 진리의 허리띠와 의의 호심경, 구원의 투구와 믿음의 방패에 관해 설교자가 절도 있게 설교를 시작한다. 딱 부러지다 못해 자칫 냉혹하게 들릴 수도 있는 말투로 설교자는 가짜 완전함을 제공하는 거짓 종교를 기독교와 대조시키고, 이는 통치자들과 권세들과 이 어둠의 세상 주관자들과의 영원한 싸움임을 막힘없이 술술 설명한다.

"어떤 사람이 그리스도인이 되면, 바로 그 순간부터 악의 권세가 갖가지 제안과 암시와 교묘한 유혹으로 그 사람에게 작전을 펼치기 시작합니다. 악의 권세는 늘 그 영혼을 두고 싸움을 벌입니다."

이 시대에 사탄의 존재를 믿는 사람은 극소수뿐일 텐데, 그래도 로이드 존스는 한 손을 치켜들어 보이지 않는 검을 가리켰다. 그는 계속해서 투구를 쓰고 호심경과 허리띠를 두르며 방패를 쥐는 시늉을 함으로 우리 앞에 거대한 어둠과 악의 세력의 위협이 쉬지 않고 계속된다는 것을 의식하게 만들었다. 빅토리아 스트리트의 예배당 담벼락 바로 너머에, 런던과 온 세상 거리에 그 세력이 잠복하고 있는 것 같은 기분이 들었다.

1957년 3월 21일자 「브리티시 위클리」에도 비슷한 관측이 실렸는데, 데렉 워커는 '웨스트민스터 채플에는 위대한 전통이 있다'라는 제목으로 다음과 같은 기사를 썼다.

> 웨스트민스터 채플은 성장하려는 어떤 가시적 노력 없이도 잘되는 교회다. 아니, 처음 보기엔 그렇게 보일 것이다. 이 교회는 주일마다 아침 저녁으로 예배당이 꽉 들어찬다. 어떤 활동을 하는지 널리 광고하지도 않고, 예배 형식을 현대인들의 취향에 맞추지도 않는데 말이다.……'현대성'을 뒤쫓는 흔적이 전혀 없다는 바로 이 사실에서 우리는 웨스트민스터 채플이 왜 주일마다 예배자들로 가득 차는지 그 실마리를 찾을 수 있다. 이런 유형의 예배, 기나긴 강해설교 중심의 이런 예배가 비국교도 진영의 일부 그룹, 즉 보수 복음주의자들에게 호소력을 갖는 것이다. 이들이 바로 주일마다 웨스트민스터 채플에 모여드는 사람들이다. 런던기독대학생연합London Inter-Faculty Christian Union, LIFCU을 통해 영향을 받은 젊은이들이 가세하면서 그 숫자는 더 늘어나고 있다. 웨스트민스터 채플의 전형적인 주일 아침예배 회중을 보면, 크롬웰 시대 잉글랜드의 예배가 바로 이러하지 않았을까 하는 생각을 하게 된다.……남성보다는 여성이 약간 더 많고, 중년층이 대표적인 그룹이다. 전체 회중의 약 16퍼센트가 10대 후반과 20대 초반의 젊은이들이다. 아침예배 때는 50대 이상이 전체 출석자의 약 18퍼센트를 차지하지만 저녁예배 때는 이 비율이 10퍼센트로 떨어진다. 그러므로 전체 회중의 3분의 2에서 4분의 3이 25세에서 50세 그룹이다.

능력 있는 설교는 청중에게 일시적인 감정 효과를 일으킬 뿐이라고 비난받아 왔다. 실제로, 힘 있는 설교에 그런 효과가 뒤따른다는 것을 부인할 수 없다. 그리스도께서도 그런 효과를 기대할 것을 우리에게 친히 가르치셨다. 그러나 또 어떤 경우 설교의 효과가 일시적인 감정이 아닐 때도 있다. 1950년대에 찾아볼 수 있는 그런 사례 두 가지를 보면 그리스도인의 삶이 이런 설교에 얼마나 깊이 영향받는지를 잘 알 수 있다.

1953년 11월 28일 토요일, 미국인 랠프 M. 헤트릭Ralph M. Hettrick이 런던에 도착했다. 런던 방문이 처음이던 그는 거의 30여 년 후 그때 일을 회상하면서 이렇게 기록했다.

> 워싱턴 주 중부의 한 교회 목사로 3개월간의 안식 휴가를 보내던 나는 일련의 섭리적 사건들을 통해 선박 편으로 바다 건너 사우샘프턴에 가게 되었고, 거기서 다시 런던으로 갔다.
>
> 나는 워싱턴의 한 성경 서점에 공동 소유 지분을 갖고 있어서 출판일에 관심이 많았고, 그래서 한 접촉점으로 루드게이트 힐 29번지의 피커링 앤 잉글리스Pickering and Inglis 출판사를 찾아냈다. 그곳에서 스펄전의 태버너클에 대해 물었더니 전쟁 때 폭격당해 뼈대만 남았다는 대답이 돌아왔다. 출판사 운영인인 그레이 씨 부부는 자기들이 다니는 (형제단) 집회에 같이 참석하자고 했지만, 나는 런던에 혹시 말씀이 능력 있게 선포되는 복음주의 교회가 없느냐고 물었다. 그들은 웨스트민스터 채플에서 독터가 능력 있는 말씀 사역을 하고 있다고 일러 주었다. 그 자리에서 나는 다음 날 이 독터 로이드 존스라는 사람의 설교를 들으러 가 보기로 마음먹었다. 그런 근사한 경험을 하게 되리라고는 꿈에도 생각지 못했다.
>
> 그런데 여러 가지 문제가 겹치면서 채플에 가는 건 아무래도 불가능해 보였다. 마지막 일격은, 택시 기사가 나를 웨스트민스터 채플이 아

닌 웨스트민스터 사원에 내려 주었다는 것이다. 억수 같은 비바람을 뚫고 몰The Mall(버킹엄 궁전에서 트라팔가 광장으로 이어지는 도로—옮긴이)을 달리다 걷다 한 끝에 마침내 예배당에 도착해, 가운데 구역에 자리를 잡고 앉았다. 그런데 앉고 보니 맨 앞줄에서 몇 칸 뒤라 설교단을 거의 정면으로 마주 봐야 하는 자리였다. 찬양을 마치자 독터가 오전예배 기도를 시작했다. 내 평생에 그런 공중 기도는 처음 들어 봤다. 이어서 메시지가 선포되었다. 내가 무슨 말을 할 수 있을까? 설교는 시편 73편 연속 강해의 한 부분이었다. 나중에 알고 보니 그 주일 설교 본문은 바로 전 주에 계획했다가 다 마치지 못한 것이라고 했다. 그는 22, 23절을 강해하기 시작했다. "내가 이같이 우매 무지함으로 주 앞에 짐승이오나 내가 항상 주와 함께하니 주께서 내 오른손을 붙드셨나이다."

그가 전하는 메시지 한 마디 한 마디가 다 나를 향해 하는 말 같았다. 나는 서쪽 해안에서 미국 땅을 가로질러 와서 배에 오른 뒤 대서양을 건너 잉글랜드에 왔다. 집을 떠나온 지 5주가 넘어 있었다. 나는 신앙이 퇴보한 상태였고, 내 마음은 두려움에 가득 차 있었다. 그런 내 영적 상태 때문에 나는 하나님께서 결국 나와 관계를 끊으실 것이라고, 나는 아무 소망 없이 버려진 상태가 될 것이라고 생각하며 두려워하고 있었다. 그런데 독터는 마치 내 상태에 관해 주님과 시시콜콜 다 이야기를 나눈 듯했다. 모든 이야기가 다 나에게 딱 들어맞는 것 같았다. 나는 마음이 약해졌고, 심히 겸손해졌다. 그러면서도 내가 어떤 상황에 처해 있는지 (나는 모를지라도) 하나님은 아시며 또 하나님께서 내 영혼에 다시 역사하신다는 사실에 감사함으로 가슴이 떨렸다.

1953년 11월 29일 웨스트민스터 채플에서 경험한 일을 이제 돌아보면, 하나님께서 나를 인도하사 그 특별한 메시지를 듣게 해주신 것에 대해 깊은 감사와 고마움을 느끼게 된다. 그건 내 삶을 변화시킨 사건이었다. 하나님께서 하시는 모든 일이 그러하듯, 그때 그분의 타이밍은 완벽했다. 독터 로이드 존스의 말씀 사역이 내게 어떤 의미였는지 말로 다 표현할 길이 없다. 그의 설교는 내 삶을 반전시켰다. 확신컨대 이와 동일한 고백을 할 수 있는 사람이 수백여 명은 될 것이다.

그 "수백여 명" 중에 아르고스 조다이야츠Argos Zodhiates라는 사람이 1957년 10월 21일 아내와 함께 웨스트민스터 채플 주일예배에 참석했다. 이들 부부는 캐나다에 가서 새 둥지를 마련하려는 소망을 안고 서글픈 심정으로 고국 그리스를 떠나가는 길이었다. 아르고스는 1946년 7월부터 카테리니의 그리스 복음주의 교회를 섬기면서 풍성한 사역의 결실을 맺었지만 그토록 사랑하며 섬겨 온 그 교회를 등지고 온 참이었다. 에게 해 연안, 오래된 도시 테살로니키에서 멀지 않은 곳에 자리 잡고 있는 카테리니 교회는 그리스에서 복음의 빛을 가장 밝게 비춰 주는 곳이었는데, 바로 그런 이유로 이 교회는 그 지역 그리스 정교회 주교 바르나바스의 분노를 샀다. 주교는 갖가지 형태로 아르고스와 그의 설교를 핍박했고, 핍박의 강도는 날이 갈수록 세졌다. 죽은 새를 아르고스의 집 앞에 던져 놓으며 살해 위협을 가하기까지 하자, 물리적 폭력이 실제로 그 정도에까지 이를 가능성을 더 이상 무시할 수 없었다. 주교의 적의가 이렇게 장기간 이어지면서 조다이야츠 부부는 이제 이곳을 떠날 때가 되었다고 내키지 않게 결론을 내렸다. 그리하여 런던을 지나 북미로 가는 길에 기회가 되어 웨스트민스터 채플을 방문했던 것이다. 물론 로이드 존스는 이들이 예배에 참석한 것을 전혀 모르는 상태에서 그날 아침 '우연히' 에베소서 4:11의 "그가 어떤 사람은 사도로, 어떤 사람은 선지자로, 어떤 사람은 복음 전하는 자로, 어떤 사람은 목사와 교사로 삼으셨으니"라는 말씀을 설교하게 되었다. 설교 중 목회자의 직분과 관련해 그는 이런 말을 했다. "목자는 자기 양떼를 돌봅니다……양떼의 안전을 살피고, 원수들이 양떼를 덮치지 못하도록 지킵니다. 이는 위대한 직분입니다. 목사는 사람들의 영혼에 대해 책임을 부여받은 사람입니다. 그는 양떼를 지키고, 관리하고, 보호하고, 조직하고, 안내하고, 다스리는 사람입니다."[11]

아르고스 조다이야츠와 그의 아내가 느끼기에 그 말씀은 하나님께서 이들에게 직접 주시는 말씀이었다. 예배가 끝나자 두 사람은 서로 돌아보며 말했다. "이건 우리에게 주시는 답변이군요." 두 사람은 핍박과 싸워 이길 각오로 그리스로 돌아갔고, 로이드 존스는 아무것도 모르고 있다가 4년 후 카테리니를 방문하고서야 이 일에 대해 알게 되었다.

이런 경험들은 설교에 대한 로이드 존스의 믿음을 확인시켜 주었다. 가디너 스프링의 말을 빌리자면, "설교자가 전한 복음의 결과는 우주에서 가장 흥미로운 현실과 연관된다."

* * *

형식 면에서 웨스트민스터 채플 주일 저녁예배는 이미 설명한 아침

예배와 사실상 똑같다. 주된 차이점은 설교의 성격에 있었다. 아침예배 설교는 연속 설교의 일부로 현재 강해하고 있는 성경 구절에서 여러 주제를 다루었다. 저녁예배 설교는 설교의 의도가 조금 좁아졌다. 비그리스도인들에게 적실한 본문이나 본문의 특성에 초점을 맞추어 설교했다. 그렇다고 해서 그가 어떤 본문의 적실성이 청중에게 그 즉시 명백하게 드러날 것으로 기대했다는 말은 아니다. 오히려 그는 성경에서 아무런 설득력도 못 느끼고 성경에 아무런 관심도 없을 듯한 사람들을 대상으로 이야기하고 있음을 전제로 주일 밤 설교를 시작했다. 어쩌다 한 번씩 설교를 듣는 사람들의 경우, 그런 식으로 설교를 듣기 시작하다가 어느 시점에 이르러 그 성경 말씀이 자기를 향해 하는 말씀임을 확신하게 될 수도 있다. 어쩌면 성경책 어디에 붙어 있는지조차 모르는 그 말씀이 말이다. 하지만 그 전에 먼저 설교 도입부가 듣는 사람을 일련의 생각과 논증으로 이끌었고, 그 생각과 논증은 도저히 관심을 안 가지려야 안 가질 수 없을 만큼 중요한 내용이었다. 아마 도입부에서 그 시대 사람들에게 익숙한 어떤 문제들을 이야기했을 것이고, 그 문제 해결을 위해 대중적이고 피상적인 제안들을 검증해 본 뒤 그 문제를 해당 성경 본문 및 인간과 하나님의 관계라는 근본적 문제와 연결시켰을 것이다.

로이드 존스가 비그리스도인을 상대로 이야기하는 방식은 늘 논리적이었고 상대가 지성을 활용할 수 있도록 자극하려는 의도를 갖고 있었다. 하지만 이 방식은 사람들을 설득해 하나님 나라를 믿게 만들 수 있다는 개념에 근거한 것이 결코 아니었다. 그는 사람이 성경 말씀을 경청하고 구원에 이르는 것은 오로지 하나님에게서만 비롯되는 일이라고 절대적으로 믿었다. 하지만 그렇게 믿었다고 해서 성경 어느 부분을 강해하든, 다른 어느 부분을 설교하든 효과는 똑같다고 생각하지는 않았다. 그는 그런 추정을 진정한 전도설교에 해가 되는 것으로 여겼다. 회심치 않은 이에게 성경의 모든 부분이 다 똑같이 유익하지는 않다. 성경에는 복음 설교에 필수적인 진리, 죄를 자각하게 하며 이어서 회개와 믿음에 이르게 하는 데 쓰일 법한 특정한 기본 진리가 있다. 전도설교의 직접적인 목적은 사람이 자기 스스로는 어떤 소망도 갖지 못하게 하는 것인데, 성경은 하나님과 그분의 거룩한 법에 관한 진리를 선포한다는 점에서 그 목적을 이루는 수단이 된다. 로이드 존스의 주일 저녁설교를 생각해 보고 그 설교를 런던의 다른 유명 설교자들의 설교와 비교해 본 한 관측자는 이런 말을 했다. "소퍼는 사랑을 설교하고, 웨더헤드는 예수를 설교하고, 로이드 존스는 하나님을 설교한다." 로이드 존스로 말하자면, 그의 강조점은 개인적으로 선호하는 문제에 있지 않고 성경에 있었다. 벤자민 워필드와 마찬가지로 그는 "바울 설교의 주재료는 하나님과 심판"이었다고 믿었다. 그것이 출발점이어야 했다. 인간의 죄의 본질은 하나님께 대한 잘못된 태도, 하나님께 대한 적의이기 때문이다. 회개란 기본적으로 하나님께 대한 태도의 변화다. "모든 죄 중에서 가장 악한 죄는 하나님에 대한 잘못된 사상으로, 자연인은 모두 그 끔찍한 죄책을 안고 있다." "구주를, 구원을 추구하지 않는 사람의 문제점은 죄의 본질을 모른다는 것이다. 한 인간의 생각과 양식에 죄의 본질에 대한 이해를 전해 주는 것이 율법의 고유한 기능이다. 300년 전 청교도 시대, 200년 전 윗필드 시대의 위대한 복음주의 설교자들이 늘 '율법(의 예비적) 사역'에 매진한 이유가 바로 그것이다."[12]

그는 이렇게 하나님을 선포하는 것을 정통 교리를 가르치는 것보다 훨씬 더 중시했다. 이런 설교를 하려면 설교자에게 하나님에 대한 인식과 하나님 체험이 있어야 했고, 그런 설교를 듣고 구원에 이르려면 청중에게도 역시 그 두 가지가 있어야 했다. 이 점과 관련해 제임스 패커는 거의 1년 가까이 로이드 존스의 전도설교를 들었던 기억에 대해 오랜 세월 뒤 이렇게 말했다.

다른 설교자가 하나님에 대해 그렇게 많은 지식과 경험을 갖고 하나님을 이야기하는 걸 들어 본 적이 없다.……로이드 존스는 습관적으로 이사야의 방식을 따른다. 인간의 자만, 인간의 허울 좋은 위대함과 충분성을 도덕적·신앙적·문화적·지적인 면에서 먼저 살펴본 뒤, 그 자만과 허상에 구멍을 내어 인간을 겸손케 하고 인간의 약점과 무익함과 죄를 폭로하고 이어서 하나님을 유일한 구주로 드높인다. 로이드 존스의 설교의 목표는 언제나 인간은 작고 하나님은 크시다는 걸 보여주는 것이다.……적용은 따로 하는 게 아니라 설교 전체에 배어 있었다. 어떤 의미에서 처음부터 끝까지 다 적용이었다. 그는 우리를 탐색하고, 우리를 분석해서 본모습을 보게 하고, 우리를 진단해 저절로 절망에 빠지게 하고, 죄와 연약함과 실패를 아주 생생한 형태로 보여준다. 그리고 결론에 이르러 모든 은혜의 하나님을 우리에게 가리켜 보여준다. 더할 수 없는 연민으로 그리스도 안에 있는 하나님의 자비에 우리 자신을 내어 맡길 것을 촉구한다. 그의 입에서 마지막으로 나오는 말은, 이처럼 우리 자신을 맡길 때 우리가 누리게 될 생명과 영광에 대한 확신의 말일 것이다. 이런 식으로 설교자는 슬그머니 그림에서 빠져나오고, 우리는 그 설교자가 알게 해준 하나님과 더불어 남게 된다.[13]

로이드 존스가 인간이 하나님 앞에서 지는 죄책의 실제적인 위험을 설교한다는 것은 하나님의 거룩한 진노, 곧 회심치 않은 자에게 이미 임했고 또한 지옥에서 죄에 대해 벌을 받을 때 임하게 될 그 진노의 확실성을 설교한다는 의미였다. 현대인은 이 진리를 좋아하지 않으므로 이를 설교해서는 안 된다고 믿기는커녕, 그는 이런 경고야말로 성경적 설교에 없어서는 안 될 부분이라고 보았다. 지옥은 단순한 이론이 아니다. 그는 불신자에게 불멸 같은 건 없다고 보는 개념을 아주 위험한 오류로 여겼다(몇몇 복음주의 진영에서는 이 개념을 은근슬쩍 용인하고 있었다). "멸망은 말 그대로 멸망을 뜻한다. 이는 존재를 떠난다는 뜻이 아니다. 이는 영생의 반대 개념이다. 이는 '구더기도 죽지 않고 불도 꺼지지 아니하'는 곳과 똑같다."[14]

그가 전도설교의 필수 요소로 여겼던 또 하나의 진리는, 죄 가운데 있는 인간의 무력함과 무능력에 관한 진리였다. 죄에서 돌이키기로 마음먹으면 죄에서 돌이킬 능력을 갖게 된다고 가르치는 건, 인간이 실로 어느 정도나 곤핍한 존재인지 그 실상을 덮어 가리는 것이다. 물론 구원이 주어진다는 사실은 모든 인간에게 역설되어야 한다. 그리고 구원받기 위해서는 믿고 회개할 필요가 있다는 걸 사람들에게 가르쳐야 한다. 하지만 믿음과 회개는 자기 자신의 한계에 이른 사람에게 주어진다. 만일 사람이 자기 힘으로 증오에서 사랑으로, 죽음에서 생명으로 돌이키기로 선택할 수 있다면, 이들의 회심은 성경에서 말하는 것처럼 엄청나고 초자연적인 일이 아닐 것이다. 믿으라는 명령이 주어짐에도 인간은 자아와 죄를 더 좋아한다. 인간의 그런 상태가 변화하되 그것이 구원에 이를 만한 변화가 되기 위해서는 그 변화가 하나님의 직접적인 행동에서 와야 한다. 하나님을 사랑하고자 하는 마음을 가질 수 없는 것이 모든 비그리스도인의 실상이기에, 그 사람은 하나님께 순종하고자 하는 마음 또한 갖지 못한다.

> 그리스도인이 아닌 사람은 그런 선택을 하지 못하며 어떤 영적 시도도 전혀 할 수 없습니다. 이건 제가 하는 말이 아닙니다. 이런 말을 하는 이는 사도 바울입니다. 오늘날엔 이런 가르침이 인기 있습니다. "자연인 그대로의 인간에게 복음을 설교해야 한다. 자연인 그대로의 인간이 주 예수 그리스도를 믿기로 결정하는 것이고, 믿기 때문에 그 사람에게 새 생명이 주어지고 거듭나는 것이다"라고 말입니다. 제가 말씀드리거니와 이는 사도 바울이 여기서 가르치는 내용을 완전히 부인하는 말입니다.[15]

그러므로 중생의 때는 사람이 좌우하는 게 아니다. 성경이 분명히 밝히고 있는 사실은, 하나님께서 어떤 사람에게 생명과 새로운 본성을 나눠 주기를 기뻐하시면 먼저 진리를 통해 그 사람을 겸손케 하신다는 것이다. 믿음이 참되다는 증거는 삶이 변화한다는 것이다. 그는 이 단순한 사실이 복음 전도 사역에 엄청난 영향을 끼친다고 보았다. 한 예로, 이는 전도자가 단순히 '자기 이익'에 호소함으로써 구원은커녕 중생치 못한 상태에 머물고 있는 그 사람에게 완벽히 부합되

설교단에서 바라본 웨스트민스터 채플 내부.

는 어떤 '결단'을 유도해 내는 일이 없도록 주의해야 한다는 의미이다. 복음을 제시하되 주로 행복이나 기타 은혜에 대한 인간의 욕구를 충족시켜 줄 수 있다는 관점에서만 제시하고, 하나님과의 관계가 잘못되어 있는 것이야말로 인간이 처해 있는 다른 모든 상태보다도 비참한 일임을 보여주지 못한다 해도 일시적으로는 상당히 큰 성공을 거둘 수 있다. 구원을 생각하되 우리를 하나님께로 인도하는 어떤 것으로 생각하지 않고 우리에게 뭔가를 주는 것으로 생각한다면 자기 죄를 실제적으로 자각하지 않고도 그 구원을 받아들일 수 있다. 로이드 존스는 입심 좋은 전도자들이 그런 식으로 경박하게 복음을 전할 수 있고, 그 결과 교회 안에 믿음 없는 자들과 분별없는 이들이 들어올 수 있다는 사실에 전혀 놀라지 않았다. 진정한 회심자는 언제나 죄책뿐만 아니라 죄의 권세에서도 구원받기를 원한다.[16] 그는 성화와 관련된 윤리적·도덕적 변화는 회심과 칭의가 있은 후 어느 시점이 되어야 받을 수 있다고 보는 유형의 복음 전도를 서글픈 시선으로 바라보았다. 사실, 사람을 거룩하게 하는 가장 결정적인 영향력은 거듭남 그 자체에서 온다.[17] 현대의 복음 전도는 중생의 본질을 애매모호하게 만듦으로써 성경이 늘 함께 언급하는 것, 즉 '죄 사함'과 '하나님과의 교제가 있는 새 삶'을 구별했다. 죄 사함은 받았는데 하나님과 교제하는 새로운 삶에 대해서는 아무것도 모른다면 그 사람은 기만 상태에 있는 것이다. 이런 유형의 가르침이 낳는 결과에 대해 그는 아주 강경하게 성토했다.[18]

윌버 M. 스미스^Wilbur M. Smith^ 박사는 런던에 6주 머무는 동안 웨스트민스터 채플에 출석하면서 로이드 존스의 설교를 들은 소회를 「월간 무디」*Moody Monthly*(1955년 10월)에 기고했다. '당대 런던의 설교에 대한 사전적 고찰'이라는 제목의 연속 기사에서 그는 W. E. 생스터, 존 스토트에 이어 마틴 로이드 존스에 대해서 논했다.

누구든 매주 이 웨스트민스터 채플 청중을 휘어잡고 런던 전역의 뭇사람들을 이 거리로 이끌어 오고자 하는 목사라면 우선 보기 드문 은사를 지닌 설교자여야 할 것이다. 현재 담임목사인 독터 마틴 로이드 존스는 주님께서 친히 풍성하게 부어 주신 바로 그런 은사를 지니고 있다.

런던의 복음주의자들 사이에서 흔히 오가는 말로, 그는 오늘날 대영제국이 낳은 가장 걸출한 설교자라고 한다. 런던 도착 이후 나는 웨스트민스터 채플과 관련된 인사가 아니라 다름 아닌 유럽의 신학자 브루너가 자기 입으로 "독터 마틴 로이드 존스야말로 오늘날 기독교계에서 가장 위대한 설교자다"라고 했다는 말을 들었다. 브루너가 누군가에 대해, 특히 이 사람 독터 마틴 로이드 존스에 대해 발언을 한다는 것은 상당한 용기가 필요한 일이었을 것이다. 왜냐하면 로이드 존스는 성경의 완전영감설을 흔들림 없이 옹호해 온 사람이기 때문이다. 3주 사이 두 번에 걸쳐 그의 설교를 다시 듣고 나서 나는 이런 발언들이 아마도 사실일 거라고 쉽게 납득했다.

어느 주일 아침, 나는 그가 에베소서 1장을 본문으로 38번째 연속 설교를 하는 것을 들었다.……2주 뒤 주일 밤에는 그가 대회중 앞에서 내가 전에 한 번도 주목해 본 적이 없는 본문으로 설교하는 것을 들었다. "여호와여, 주는 나의 찬송이시오니 나를 고치소서 그리하시면 내가 낫겠나이다. 나를 구원하소서 그리하시면 내가 구원을 얻으리이다. 보라, 그들이 내게 이르기를 여호와의 말씀이 어디 있느냐 이제 임하게 할지어다 하나이다."렘 17:14-15 이 위대한 믿음의 수호자는 여기서 우리가 하나님의 말씀을 대하는 두 가지 대조적인 태도를 본다고 말했다. 14절에서는 신자가 말하고, 15절에서는 조롱하며 불신하는 자가 말한다고 말이다.

그러고 나서 그는 하나님이 보시기에 세상에는 두 부류의 사람이 있는데 이들은 각각 거기에 속한 사람들일 뿐이라고 말했다. 인간은 조상, 종족, 교육 수준, 빈부 등에 따라 갖가지 집단을 만들어 내지만, 하나님께서 보시기에 세상에는 하나님의 말씀을 믿는 자 아니면 믿지 않는 자 두 부류밖에 없다. '성경'이라는 말을 이 위대한 강해설교자만큼 위력 있게 입에 올릴 수 있는 이는 없다. 그의 설교를 3분만 들어 보면 깨달을 수 있다. 하나님께서 당신의 말씀 가운데 이야기하고 계시고, 말씀에는 오류가 없으며, 우리가 하나님의 말씀을 어떻게 대하느냐에 따라 우리의 영원한 운명이 결정된다고 그가 믿고 있다는 것을 말이다.

조롱하는 자들이 "여호와의 말씀이 어디 있느냐. 이제 임하게 할지어다"라고 비꼬듯 도전하는 말이 무슨 의미인지 그는 거듭 예를 들어 가며 설명했다. "아, 그 말씀이 임했습니다"라고 마틴 로이드 존스는 말했다. 선지자가 한 말은 현실이 되었고, 오래지 않아 이 사람들은 사슬에 묶여 바벨론으로 끌려갔다. 그리스도의 예언의 말씀을 들었을 때 유대인들도 똑같은 말을 했다. "이제 임하게 할지어다." 한술 더 떠서 그들은 실로 몸서리칠 만한 당돌함으로 "그 피를 우리……에게 돌릴지어다"라고 무례하게 외쳤고, 그 말은 그들에게 그대로 이루어졌다! 40년이 지나자 이들의 도성은 흙먼지 속에 사라졌고, 티투스 황제의 끔찍한 살육극에서 살아남은 자들은 로마에 노예로 끌려갔다.

이 시대의 종말도 그렇게 임할 것이다. 인간은 그리스도의 재림에 대해, 심판 날에 대해 "이제 임하게 할지어다"라고 조롱하듯 말할 수 있다. 그러나 아, 그날은 임할 것이다. 그러고 나서 그는 자기 앞의 뭇 영혼들에게 호소했다. 그리스도의 십자가에 계시된 하나님의 은혜를 바로 그날 밤 믿으라고 말이다.

그런 설교를 못 들은 지 몇 년째다. 나는 속으로 한 가지 결심을 했다. 살아 있는 한, 성령의 능력 가운데 죽을 만큼의 열심으로, 하나님께 기도하며 최선을 다한 설교가 아니면 절대 만족하지 않겠노라고 말이다. 설교란 바로 그런 거다.

남편의 능력에 찬사를 보내는 사람들을 향해 베단 로이드 존스가 한번은 조용히 말했다. "내 남편은 무엇보다도 먼저 기도의 사람이고, 그다음으로 복음 전도자입니다. 그 사실을 깨닫기 전에는 누구도 그를 제대로 안다고 할 수 없습니다." 로이드 존스 자신은 자기 자신을 주로 복음 전도자로 여긴 게 분명하다. 언젠가 한 비평가가 "최근에 웨스트민스터 채플에서 전도 집회를 연 게 언제입니까?"라고 묻자 그는 이렇게 대답했다. "주일마다 한 번씩 엽니다." "각 교회마다 매주 한 번씩 전도 예배를 드려야 한다"는 것이 그의 단호한 확신이었다.[19]

더 나아가 한 가지 분명히 해둘 것은, 로이드 존스와 대중적인 복음 전도의 차이점은 전도 방식과 유형보다는 신학에 관한 것이었다는 사실이다. "잘못된 건 우리가 갖고 있는 전도에 대한 개념이다."[20] 그는 복음 설교에 대한 당대의 일반적인 견해는 로마서에 나타난 바울 사도의 전도 방식과 조화될 수 없다고 믿었다. 효과적인 복음 전도를 하려면 성경 원리들의 상호 관계를 제대로 알고 주장해야 할 것이다. 사람들이 자신을 '복음 전도자'가 아닌 '교사'로 여기자 그는 이를 자신에 대한 견해가 아니라 복음 전도에 대한 당대의 견해가 반영된 것으로 보았다. 한 친구에게 보내는 편지에서 그는 이 같은 평가가 "이 시대 사람들이 영적으로 얼마나 끔찍하게 궤도를 벗어나 있는지 가늠할 수 있는 척도"라고 말했다.

그는 구원받지 못한 이들에게 그리스도를 설교하는 것을 모든 사역 중 가장 부담이 큰 사역으로 보았다. 그 일이 진리에 대한 명민한 이해를 요구할 뿐만 아니라 인간에게 '기대할 수 없는' 반응을 기대하는 일이기 때문이다. 사람들의 관심을 끌기를 바라면서 그리고 실패의 가능성을 줄이기 위해, 현대의 전도자들은 바울처럼 죄 가운데 있고 하나님의 진노 아래 있는 인간을 출발점으로 삼지 않았다. 사람들은 "100년 전에는 그렇게 할 수도 있었지만, 지금은 절대 안 된다"고들 말했다. 로이드 존스가 생각하기에 가장 절실히 필요한 것은 믿음과 성령으로 충만한 사람들이었다. 하나님께 보냄받은 그런 사람들이 있어야 사도 시대와 같은 복음 설교가 회복될 터였다. 복음의 말씀이 있으면 죽은 자를 깨우는 전능한 능력이 있을 수 있고, 또 반드시 있을 것이다. 로이드 존스 자신이 자주 말했다시피, 그 점을 믿지 않았다면 그는 절망에 빠져 포기하고 말았을 것이다.

23.

적대를 당하다

로이드 존스는 일부 진영에서는 더욱 영향력을 갖게 되었지만 그와 동시에 다른 진영에서는 그만큼 영향력을 잃어 가고 있었다. 런던으로 왔을 때 비국교도 지도부에게 처음에는 환영을 받았지만, 점차 그를 냉담한 시선으로 바라보다가 결국엔 공개적으로 비판하는 이들이 늘어났다. 이런 변화는「브리티시 위클리」칼럼에서 일찌감치 드러났다. 1946년 존 허튼이 편집자직에서 물러난 뒤로 신문이 그때까지와는 전혀 다른 기조를 표방하는 정책을 추구하면서 웨스트민스터 채플의 목회자와 사역에 관한 소식이 점차 사라졌다. 앞에서 언급한 1949년의 연속 기획 기사 '강단의 거인들'이나 통신원 칼럼은 "런던에서 가장 탁월한 설교자는 레슬리 웨더헤드다. 그는 신앙을 삶에 통합시킨다"라는 등의 표현으로 자유주의자들을 칭송하기에 바빴다.

비호감의 특별한 원인이 무엇인지는 어렵지 않게 찾을 수 있다. 로이드 존스가 기독교 신앙을 보는 '폭넓은' 견해보다는 '엄밀한' 입장을 역설했기 때문이다. 그는 IVF가 '신앙 원리'Basis of Faith를 작성하는 데 아무 역할을 하지 않았는데도 IVF가 성경무오성을 믿지 않는 이들과 협력하기를 거부했을 때 이와 관련해 가장 큰 비방을 받았다. 이 문제를 두고 의견이 분열된 맨 처음 사례는 도널드 코건Donald Coggan 박사의 경우였다. 더글러스 존슨의 친구인 코건은 런던 신학대학 학장이었고, 훗날 캔터베리 대주교가 되는 사람이다. 1946년 그는 IVF의 '신앙 원리'를 여전히 지지한다는 것을 전제로 IVF 부총재직을 맡아 달라는 요청을 받았다. 그는 오랜 세월 IVF 사역에 관여해 왔으면서도 성경무오성에 대한 IVF의 입장을 들어 이 요청을 거절했다. 코건의 전기 작가는 이렇게 기록했다. "그는 안수 서약 때 39개조 신조의 제6조에 이미 동의했으므로 그것으로 충분하지 않느냐고 지적했다." 그러나 IVF 측은 그렇게 생각하지 않았고, 이렇게 해서 코건과 IVF는 갈라섰다.[1]

1948년 11월 로이드 존스가 알렉 비들러와 함께 대학생 선교 대회를 지도하게 된 후 IVF는 에든버러에서도 성경에 대한 이런 입장 때문에 많은 수적 손실을 입게 되었다. 이 시기 영국 대학생 사역은 SCM과 IVF로 양분되어 있었다. 위 집회에서는 두 기관 관련 인사를 골고루 강사로 세워야 했던 것으로 보인다. 로이드 존스가 심한 감기 때문에 강연을 할 수 없게 되자 IVF 측의 또 다른 강사이자 저술가인 토머스 F. 토런스Thomas F. Torrance가 대신 나섰다. 집회 주최 측 서기도

IVF의 제임스 바James Barr라는 사람이었다. 그런데 곧 밝혀지게 되다시피 토런스도 성경에 대한 IVF의 입장에 더 이상 공감하지 않았다. 토런스가 그해 J. K. S. 레이드와 함께 창간한 「스코틀랜드 신학 저널」*The Scottish Journal of Theology*은 "그 어떤 신학적 입장도 배타적으로 표방하지 않는" 저널로 알려져 있었다. 토런스의 영향력 아래 스코틀랜드의 다른 사람들도 에든버러 복음주의 기독교 연합에서 가장 유명한 단체인 이 IVF에서 탈퇴했다.

다른 복음주의 단체들도 이 문제 때문에 부담을 느꼈다. 1948년 1월, 복음주의연맹Evangelical Alliance은 창립 101주년을 맞아 연례 '기도 주간' 행사를 가졌다. 가장 큰 공개 집회는 1948년 1월 8일 월요일 웨스트민스터 채플을 빌려서 열기로 했다. 강사들의 면면으로 보아 이 단체는 교리적 입장에 대한 검증을 거쳐 강사를 선정한 게 아니라는 점이 확실하게 드러났다. 집회를 주재해 달라는 요청을 받은 사람은 세인트 폴 성당 주임사제 W. R. 매튜스Matthews 박사였고, '주 강사'는 유력 정치가인 스태포드 크립스Stafford Cripps 경이었다. 이 두 사람은 기독교의 도덕과 기도의 필요성에 대해 일반적인 입장에서 강연했다. 하지만 폐회 강연을 맡은 로이드 존스가 단에 오르자 그가 이들과는 전혀 다른 관점에서 이야기하고 있다는 게 분명하게 드러났다. 그는 "사람을 설득해서 기독교 윤리를 삶에 적용하게 만들려 쓸데없이 기운 낭비하지 말라"고 일갈했다. 가장 먼저 필요한 것은, 교회 자체의 회개요 성령의 능력을 회복하는 것이라고 그는 말했다. 헥터 브루크Hector Brooke라는 한 복음주의자도 그 자리에서 강연을 들었는데, 나중에 그는 일기에 이렇게 썼다. "그는 성경의 권위를 약화시키는 자들을 공공연히 나무랐고, 강력한 부흥으로 성령의 역사가 나타나기를 기도하라고 촉구했다. 나는 떨려서 크립스나 매튜스를 쳐다볼 수가 없었다."

매튜스 같은 비복음주의자들이 로이드 존스를 어떻게 생각했는지는 F. F. 브루스 교수가 이 복음주의연맹 집회 뒤에 있었던 일을 회상하며 기록한 글에 잘 나타나 있다.

> 얼마 후 나는 옥스퍼드 칼리지 대식당에서 런던 킹스 칼리지의 R. V. G. 테스커Tasker 교수와 자리를 함께했다. 맞은편에는 매튜스 박사가 앉아 있었다. 화제가 당대 설교자들 이야기로 옮겨 갔다. 테스커 교수는 마틴 로이드 존스를 "이례적으로 훌륭하다"고 평가하면서 나에게 동의를 구했고, 나는 즉시 그의 의견에 맞장구를 쳤다(그 자신의 고백에 따르면, 1947년 LIFCU에서 로이드 존스의 강연을 듣고 자신의 삶이 혁명적으로 변했다고 했다). 매튜스 박사는 "나는 이례적으로 형편없다고 말해야겠군요"라고 했다.[2]

그 기도 주간 행사의 진행 상황이 나중에 문서로 출판되었는데, 여러 교계 인사들의 발언 중에 로이드 존스의 강연과 비슷한 내용은 한 마디도 없었다. 복음주의연맹이 주최한 대규모 오찬 모임에서 레슬리 웨더헤드는 오히려 '신학적 조항'을 두고 "치고받고" 하는 일의 쓸모없음에 대해 이야기했다. 그는 "우리가 해야 할 일은 다른 무엇보다도 행동으로 연합하는 것"이라고 했다. 40년 넘게 복음주의연맹 총서기로 일해 온 H. 마틴 구치는 지난 월요일 크립스의 "매우 감동적인 강연"을 언급하면서 오찬 연설을 마무리했다. "오늘 나온 모든 이야기의 의미를 푸는 열쇠는 '복음주의자'라는 바로 그 단어에서 찾아야 한다"는 것이 그의 믿음이었다.

웨더헤드의 위 발언이 강조하고 있다시피, 이후 큰 쟁점이 되는 것은 교리 중에서 꼭 필요한 특정 교리가 무엇인가라기보다는 진리에 대한 어떤 일정한 진술을 과연 본질적인 것으로 보아야 하느냐는 것이었다. 이들은 기독교 신앙은 '명제'가 아니라 체험에 의존하며, 따라서 신학적 원리에 대한 논쟁은 기독교의 자비와 거리가 멀고 기독교의 진정한 본질을 이해하지 못하게 만든다고 했다.

「브리티시 위클리」의 고정 칼럼니스트 '일리코'Ilico는 '근본주의'라는 표현을 써 가며 로이드 존스가 앞장서서 옹호하고 있는 신학적 입장을 설명하면서 '근본주의로는 안 되는 이유'에 대해 말했다(1949년 12월 29일). 그는 IVF 사역을 명시적으로 언급하면서 "근본주의는 대다수 사람들이 보기에 이미 과거 속으로 사라진 대의였는데, 오늘날 많은 이들을 불러 모으고 있고, 그중엔 이 사회의 식자층도 적지 않다. 이 시대에는 자유주의보다 반계몽주의가 더 위험한 것 같다"고 했다. 그는 근본주의가 교리나 신학적 입장 면에서 기본적으로 틀렸다고 믿었다. '신학'은 '불변하는 복음'을 진술하려는 인간의 시도에 지나지 않으며, 하나님은 '신학적 명제'를 계시하지 않으셨다는 것이다.

이 분열이 얼마나 심각했는지 혹여 의구심이 있었을 수도 있겠지만, 1950년 3월 런던에서 은밀하게 열린 SCM과 IVF 대표자 회의에 참석한 사람들은 그 분열이 얼마나 깊은지 확연히 깨달았을 것이다(일부에서는 이 모임을 '평화 회의'로 알고 있었다). 20세기 초에 대학에서 선교 활동을 하는 단체는 복음주의 단체 SCM밖에 없었다. 그러나 자유주의가 득세하는 와중에서 IVF가 등장했는데, 이들은 성경의 무오성에 대한 믿음을 고수하고 죄인의 대속자로서 그리스도를 믿는다는 특색이 있었다. 시간이 흐르면서 IVF가 학생들 세계에서 SCM이 하는 역할을 따라잡았고, 1950년 회의는 이 두 단체가 좀 더 가까워지기를 바라는 마음에서 SCM 측에서 마련했다. 양측에서 다수의 대표들이 참석했는데, 의장은 맨스필드 칼리지 학장 내서니얼 미클렘 박사가 맡았다. 감리교도이자 SCM 총서기인 앨런 부스Alan Booth가 옥스퍼드의 데이비드 젠킨스David Jenkins(장차 더럼 주교가 되는)를 비롯해 간사들과 성직자 후원자들과 함께 SCM 대표단을 이끌었다. IVF 측에서는 더글러스 존슨과 올리버 바클레이가 나왔고, IVF 간부가 아닌 사람들 중 가장 유명한 인물은 마틴 로이드 존스였다.

기독교 신앙이 최종적이고 불변하는 것으로 유지될 수 있느냐, 아니면 (SCM 측의 주장대로) 인간의 "지식이 늘어남"에 따라 필연적으로 변화할 수밖에 없느냐 하는 것이 곧 쟁점이 되었다.[3] SCM은 초창기 지도부가 그리스도의 신성을 믿었다는 건 인정하지만 그렇다고 해서 후배들이 다른 입장을 취하는 게 반드시 잘못이라고 할 수는 없다고 했다. 올리버 바클레이가 지적했다시피, '그리스도를 믿는 믿음'이란 게 양측에게는 이렇게 의미가 달랐다. 이 점은 SCM이 유니테리언을 거리낌 없이 수용하는 것에서도 나타났다. 토론이 이어지면서 양측의 우선순위가 얼마나 다른지 드러났다. SCM의 우선순위는 그리스도인들 사이에 연합을 이루는 일이었다. "우리는 그리스도인으로서 그리스도 안에서 서로를 인정하려고 노력해야 한다"는 것이 부스의 주장이었다. 로이드 존스는 연합을 우선순위로 여기면서 주요 신조를 구체적으로 지지하기를 거절한다면 그것은 "감상적 연합 개념"을 진리보다 중시하는 것이라 응수했다. 이에 부스는 적어도 함께 모여 공동으로 성경 연구는 할 수 있지 않겠느냐고 제안했고, 아마도 중립적 입장이었을 미클렘 의장은 이 제안을 지지했다. 그는 IVF가 비그리스도인들과 더불어서도 성경을 논하므로 SCM과도 그렇게 할 수 있을 거라고 했다. 그러나 로이드 존스는 이렇게 대답했다. "아닙니다. 회심치 않은 사람들에게는 설교를 합니다. 회심치 않은 이들은 성경에 대해 누구와 토론을 벌일 위치에 있지 않습니다. 제가 생각하기에 그런 사람들을 상대로 성경을 선포하는 게 아니라 성경에 대해 토론을 벌이는 건 우리가 큰 실수를 하는 겁니다." 그리스도인들 간의 교제는 믿음 다음이지, 믿음에 우선하지 않는다는 말이었다.

로이드 존스는 또 이렇게 쐐기를 박았다. "진리는 명제로 진술되어야 합니다. 인간의 지성은 진리를 명제의 형식으로 소유해야 하지만, 그건 진리가 명제로 진술되는 데 그치고 만다는 말이 아닙니다." SCM 측은 이에 동의하지 않았고, IVF가 성경의 무오성을 추구하면서 로마 가톨릭을 흉내 내고 있다고 주장했다. 올리버 바클레이가 "여러분들은 하나의 단체인데도 특정한 입장이랄 게 아무것도 없다"고 하자 젠킨스는 바클레이의 말이 '광신적' 주장이라고 답변했다. 존슨은 후에 이렇게 술회했다. "데이비스 젠킨스는 실로 진풍경이었다. 그는 우리 측의 막강한 주장 앞에서 자기 자신을 주체하지 못했다. '아니오, 아닙니다'를 연발하면서 하도 분개하는 바람에 의자가 부서질 뻔했다.”

부스가 보기에 회의는 ‘재앙’이었다. 회의가 왜 재앙이 되었는지 그 이유에 대해서도 양측의 의견이 엇갈렸다. IVF 측에서는 SCM이 성경을 권위 있는 것으로 대할 준비가 되어 있지 않았기 때문이라고 했고, 부스의 표현대로 SCM 측에서는 “그들이 기독교 신앙보다는 신학적 정의를 더 신봉하기 때문”이라고 했다. 또한 이들의 토론은 훗날 공적인 논쟁거리가 될 것을 세상에 내놓았다. 무엇이 한 그리스도인을 이루느냐에 대한 생각이 서로 다르면 필연적으로 교회가 무엇이냐에 대해서도 이해가 달라질 수밖에 없다. IVF의 입장에서 교회는 때로 ‘남은 자’인 참 신자들로만 구성될 수 있는 반면, SCM의 입장에서는 포괄적이고 광범위한 집단이어야 했다. 그런 의미에서 IVF는 “분열을 획책하는 이단”이었다. 굿휴는 부스가 “이제 전쟁을 각오했다”고 논평했다. 하지만 IVF에서는 이미 영적 전쟁이 시작되었다고 생각하고 있었다.

로이드 존스는 이 회의에 대해 공개적으로 아무 논평도 하지 않았지만 SCM을 생각할 때 떠오르는 이름을 언급하기는 했다. IVF 총재로서 1952년 스완윅에서 열린 연례 학생 콘퍼런스에서 ‘오늘날 복음주의 신앙 유지하기’라는 제목으로 강연할 때였다.[4] 이 연설은 지금까지도 로이드 존스의 사상을 이해하는 데 없어서는 안 될 자료로 남아 있으며, 그 후 15년간 이어질 논쟁의 의미를 푸는 열쇠다. ‘불관용’이라는 비난에 맞서 그는 신자는 “어떤 문제든 성경에 하나님의 생각이요 뜻으로 명확히 계시된 것에 대해서는 타협을 거부해야 한다. 감히 그런 문제를 수정하려고 해서는 절대 안 된다”고 역설했다.

그는 "크고 광범위하고 포괄적인 교회중심주의" 안에서 "외적 연합"을 이루는 것이 교회가 힘을 갖는 데 도움이 될 것이라는 주장을 배격했다. "오늘날 가르치고 설교하는 위치에 있는 사람들 중 '넓은 길'을 가라고 조언하는 이는 차고 넘친다. 하지만 우리 주님과 사도들은 넓은 길이 우리를 위한 하나님의 뜻에 배치된다고 끊임없이 단언했다. 우리는 '편협하다'는 말에 신경 써서는 안 된다." "자기만 옳다고 생각한다"는 비난을 두려워해서는 안 된다는 것이었다.

기독교 언론에서 처음으로 로이드 존스를 공공연히 비난한 것은 이 강연이 세간에 알려졌을 때부터였을 것이다. 시작은 「브리티시 위클리」(1953년 3월 19일)에 실린 장문의 무기명 편집자 칼럼이었다. 필자는 미클렘 박사로, 1950년 3월 회의 때 의장을 맡았던 바로 그 사람이며, 로이드 존스는 1941년 2월에 옥스퍼드에서 그와 오찬을 함께한 적도 있었다. 미클렘은 로이드 존스의 그 강연을 "IVF가 자신들과 의견을 달리하는 그리스도인들과 협력하기를 거부하는 데 대한 변명이요, 세계교회협의회World Council of Churches, WCC와 영국교회협의회British Council of Churches, BCC에 대한 공격"이라고 규정했다.

> (그 강연의 논제는) 복음은 처음부터 끝까지 독터 마틴 로이드 존스가 내리는 정의와 동일시되어야 한다는 것이다.……독터 로이드 존스는 성실과 사랑으로 글을 쓰지만, 지금은 이 문제를 좀 솔직하게 이야기할 때이다. IVF는 복음에 철저히 헌신하는 단체인 만큼 기독교가 세상에 던지는 도전의 예봉 역할을 할 수도 있을 것이다. 하지만 몇몇 곳에서, 특히 이 문제와 관련해 독터 로이드 존스의 지도를 따르는 곳에서는 불

화와 분열을 일으키며, 반계몽주의적이고 지극히 비성경적인 면모를 드러낸다.

독터 로이드 존스의 입장에 대해 말하자면, 최대한 친절하게 말한다 해도 철저히 신학적 무지에 근거한 입장이라고 말할 수밖에 없다.…… 그 어떤 학자도 사도 바울과 사도 요한 그리고 히브리서 기자 사이에 신학적·교리적 일치가 있다고는 주장하지 못할 것이다. 무엇보다도 명확한 사실은, 독터 로이드 존스가 일종의 칼뱅주의자이고 사도 바울은 그렇지 않다는 것이다. 복음은 절대 애매하지 않지만, 인간에게 주어지는 하나님의 말씀인 만큼 인간이 만든 어떤 공식에 전적으로, 적절히 그리고 최종적으로 가둬지거나 그 공식에 맞춰 제시될 수 없다.

냉엄한 진실은, 독터 로이드 존스가 스콜라주의적 칼뱅주의 신조에서 다소 임의적으로 선별한 내용을 제시한다는 것과, 우리가 주제넘게 이 교리를 비판한다면 그것은 곧 복음을 거부하는 것이라 주장한다는 것이다. "우리는 마르틴 루터를 닮아야 한다"고 그는 말한다. "로마 교회가 수백여 년 세월 동안 그토록 오만하게 독재 권력을 휘둘렀을 때 그는 혈혈단신 그 권세에 맞섰다"고 하면서 말이다. 안 된 일이지만 정말로 우리는 마르틴 루터를 좇아 IVF의 권위에 저항해야 한다. 독터 로이드 존스의 이름을 빌려 로마 교회와 똑같은 독재 권력을 행사하고 있으니 말이다.

로이드 존스는 「브리티시 위클리」 통신원 칼럼을 통한 답변에서 두 가지 사항에 대해서만 반론을 펼쳤다.

> 내가 늘 최대한 강력하게 단언하고 주장하는 사실은, 복음주의자는 칼뱅주의와 아르미니우스주의 문제 때문에 갈라서서는 안 된다는 것이다. 이곳 대영제국은 물론 국제적 차원에서도 IVF에는 아르미니우스주의자와 칼뱅주의자가 아주 행복하고 조화롭게 동역하고 있으며, 그 모든 이들과 협력하는 것은 나의 큰 특권이다.……아르미니우스주의자, 루터주의자, 칼뱅주의자 할 것 없이 모두 다 찬성하고 지지하는 성경적 복음주의 신앙을 유지할 것을 간청한다. 그것이 나의 입장이며, 이에 대해서는 아무것도 해명할 게 없다. 또한 나는 귀하와 달리 "사도 바울과 사도 요한과 히브리서 기자 사이에 신학적이고 교리적인 일치점이 있다"고 지금까지 믿어 온 것이 '무지' 때문이라는 말에 대해서도 아무 해명을 하지 않겠다.

유명한 복음주의자 중에 미클렘의 공격에 뒤이어 「브리티시 위클리」 통신원 칼럼에 글을 기고한 사람은 하나도 없었고 그런 서신이 발표되지도 않았다.

이 무렵 로이드 존스의 입장을 반대하는 이들이 공격의 전열을 정비했다는 사실이 뚜렷해지고 있었다. 그들은 로이드 존스의 '교조주의'가 "완전한 신학적 무지" 때문이라고 했다. 마찬가지로 IVF와 SCM의 토론에서 앨런 부스는 IVF 대변인들을 "신학 교육을 전혀 못 받은" 사람들로 규정했다.[5] 다른 사람들까지 이런 공격에 가세했다. 이들이 보기에 마틴 로이드 존스는 아마추어였다. 그는 "정규 신학 공부를 한 적이 없고, 성경학자로서 어떤 공식적인 자격이나 학문적인 지위를 갖고 있지 않았다."[6] 이런 비판 노선은 정말 그릇된 방향을 타게 만든다. 로이드 존스가 더글러스 존슨과 올리버 바클레이와 더불어 신학이 아닌 자연과학 분야의 학위를 가진 것은 사실이다. 그러나 적대자들의 전제는, 믿을 만한 스승을 따라 훈련을 받지 않은 한 누구도 '신학적 학문'의 현 상태를 이해하지 못한다는 것이었다. 이들은 인간의 오성悟性을 바로잡기 위해 성경의 권위에 제어당하는 것은 시대에 뒤떨어진 반계몽주의라고 '학문'이 오래전에 결론을 내렸다고 했다. 이들 적대자들 중 한 사람인 T. R. 글로버Glover의 말을 빌리면 "축자영감은 기괴한 믿음"이며, 자신이 「더 타임즈」(1932년 3월 11일)에 쓴 것처럼 "오늘날 진정한 구식 반계몽주의 대학을 원한다면 직접 하나 설립하는 수밖에 없"는 현실이 감사하다고 했다.[7] 로이드 존스의 방식은 현대 신학 교육 체계 전반에 대한 도전이었다. 그를 비판하는 자들에게 '신학'이란 당대의 학문적 체계와 그 전문가들을 뜻했다. 그들의 입장에서, 어떤 불일치 사항에 봉착할 때 무지라는 관점 외에 과연 다른 무엇으로 그 불일치를 설명할 수 있겠는가? 불일치에 대한 로이드 존스의 설명을 그들은 용인할 수 없었다. 그것을 용인하면 학문적 신학자들이 다 한통속으로 거짓 선지자가 되고 말기 때문이었다.

로이드 존스가 1938년에 발라 대학 교수로 임명될 수도 있었는데 어찌해서 그게 가로막혔는지 앞에서 설명한 바 있다. 성경에 대한 믿음이 여전히 칼뱅주의 감리교의 대세라는 걸 고려해서 교단 지도자들은 왜 그의 임명을 반대하는지 그 주된 이유를 드러내어 인정하지 않았다. 하지만 그 이유는 웨일스 언론에서 새어 나왔다. 로이드 존스를 받아들일 수 없었던 것은 그가 아모스처럼 정규 '선지자 학교' 출신이 아니기 때문이라는 것이다.

> 그 히브리 선지자의 예를 좇아 그는 일반 성도 출신이다. 그 결과 설교자 계층의 인증 마크처럼 여겨지는 전문 교육, 특유의 거동, 그들끼리만 쓰는 전문 용어 등의 전통적인 장비를 갖추고 있지 않다. 그것이 바로 그렇게 많은 교단 인사들이 늘 그를 탐탁지 않게 여기는 이유다.……웨일스에서 가장 인기 있는 설교자가 그들처럼 신학 교육을 받은 사람이 아니라는 사실은, 사역을 잘하기 위해 그런 교육은 사실상 필요하지 않다는 증거를 명시적으로 보여주는 역할을 한다. 바로 그 점 때문에 그들은 목회자 특유의 평정심을 잃고 그가 이룬 놀랄 만한 성공을 질투하게 되었다. 학문적으로 탁월하다는 분위기를 풀풀 풍기면서 교단 신학대학을 졸업했지만, 그럼에도 불구하고 많은 이들을 끌어모을 능력은 전혀 없어 예배당이 반쯤은 비어 있는 목회자들에게 그의 존재는 영원한 치욕이다. 그들은 차라리 그가 모든 연줄을 끊고 눈앞에서 사라져 주기를 바라는 것이다.[8]

학자들은 성경에 훨씬 더 '유연하게' 접근하는 태도에 이 시대 기독교의 신뢰성이 달려 있다고 믿고 있는데, 만약 로이드 존스를 교수로 임명했다가는 위험한 시대착오적 태도에 신빙성을 부여하는 셈이 될 터였다. 성경의 모든 증거가 사실임을 역설하는 것, 구약성경을 신약성경만큼 믿을 만한 것으로 인정하는 것, 바울의 말을 그리스도의 말씀과 똑같은 것인 양 받아들이는 것은 시곗바늘을 격하게 뒤로 돌리는 셈이 될 터였다. 그것은 신학대학들이 장려하려고 하는,

신학대학의 존재 목적인 바로 그 일을 상당 부분 정죄하는 셈이 될 터였다.

1954년 10월 1일, 런던에서 열린 IVF 연례 집회에서 로이드 존스의 연설 주제는 바로 이 사안에 관한 것이었다. 그리스도인들을 연합시키는 것은 그리스도 '체험'이지 어떤 공통된 진리 체계가 아니라고 공언하는 이들과는 공통의 토대가 없다고 그는 주장했다. 그 공언 뒤에 있는 이슈는 사실상 "영적인 문제에서 신학이 정말 중요한가? 결론적으로, 인간이 무엇을 믿느냐 하는 게 그리 중요한가?"이기 때문이었다. 그가 믿기에 지금 여러 교파들의 지지를 받고 있는 에큐메니컬운동의 핵심에는 그 질문을 회피하는 태도가 자리 잡고 있었다. 그 운동은 진짜 문제를 직시하지 않고 있었다. 교회 출석자 수는 1901년의 3분의 1에 지나지 않는데, 그 이유가 무엇인가?

> 우리가 거듭 듣는 말은, 오늘날 교회가 이런 상태가 된 원인은 두 번의 세계대전과 그 여파로 인한 정치·경제·사회 변화의 결과라는 것입니다. 사람들은 말합니다. 여러 가지 사회적 압박이 가중되고 대규모의 인구 이동과 기타 수많은 요인들이 결합하여 사람들을 예배처에서 빼내어 가고 있다고 말입니다. 그런 설명이 끊임없이 주어지고 있고, 이런 피상적 진단이 너무 쉽게 받아들여지고 있습니다. 하지만 그게 과연 사실일까요?
>
> 오늘날 교회 상태가 왜 이런지 제대로 진단해 내는 단 한 가지 설명은, 교회 자체의 배교입니다. 19세기에 생겨난 고등비평운동의 치명적인 파괴성은 교회에 심각한 손상을 입혔습니다. 그런 문제를 면밀하게

살피는 사람이라면 마음속에 한 가지 본질적인 질문이 떠올라야 합니다. 바로 "무엇이 교회의 권위를 앗아 갔는가?"라는 질문입니다. 교회가 전하는 메시지의 확실성이 훼손되었습니다. 이것이 바로 교회가 대중에게 지지를 잃은 이유입니다. 그것이 바로 교회의 현 상태에 대한 진짜 원인입니다.

유다서 3절을 보면 "사랑하는 자들아, 우리가 일반으로 받은 구원에 관하여 내가 너희에게 편지하려는 생각이 간절하던 차에 성도에게 단번에 주신 믿음의 도를 위하여 힘써 싸우라는 편지로 너희를 권하여야 할 필요를 느꼈노니"라는 말씀이 있습니다. 이 말씀에서 우리는 신앙을 옹호하라는 감동적인 부름을 받습니다. 그런 부름은 오늘날에는 인기가 없습니다. 심지어 일부 복음주의 진영에서도 인기가 없습니다. 사람들은 그건 "너무 부정적"이라고 말할 것입니다. 긍정적인 진리를 제시해야 한다고 그들은 계속 역설합니다. 논쟁도 하지 말아야 하고 정죄를 해서도 안 된다고 말할 것입니다. 하지만 우리는 이렇게 물어야 합니다. "원수에게 부상 입히기를 두려워해서야 어떻게 싸울 수 있겠는가? 부드러운 말로 어떻게 잠들어 있는 우군을 깨울 수 있겠는가?" 하나님께서는 우리가 심판대 앞에 서서, 편안함에 대한 사랑과 혹은 인간에 대한 두려움 때문에 싸움터에서 발을 뺐다는, 혹은 믿음의 위대한 싸움에서 본분을 다하지 못했다는 혐의를 받는 것을 금하셨습니다. 이 중차대한 시기에 우리는 믿음을 위해 싸워야만 합니다. 반드시 싸워야 합니다.[9]

로이드 존스에 대한 적대감이 점점 커져 갔다는 건 별로 놀라운 일이 아니다. 패커 박사는 이렇게 기록했다.

> 기독교계에서 그와 공식적으로 대면해야 하는 동료들은 그를 대단히 능력 있는 괴짜 정도로만 대했다. 스스로 '진보적'이라고 의식하고 그 사실에 뿌듯해했던 이 사람들은 그가 일반적인 목회 양식으로서는 이미 오래전에 생명력을 잃은 그런 유형으로 퇴행했다고 보았다.……대다수 교계 동료들에게서 철저히 고립되는 것이 평생에 걸친 독터의 경험이었다.[10]

독터 로이드 존스도 그렇게 느끼고 있었지만, 동료들과 거리를 두거나 다른 이들이 침묵하고 있는 문제에 대해 발언하는 게 결코 좋아서 하는 일은 아니었다. 그는 같은 생각을 가진 이들이 없다는 게 너무도 아쉬웠다. 필립 휴스는 유럽 대륙의 칼뱅주의자들을 접하고 나서 로이드 존스에게 편지를 보내, 잉글랜드에 그들과 협력할 수 있는 위원회를 출범시키고 싶다는 소망을 드러냈다. 휴스에게 보내는 답장에서 로이드 존스는 그다지 낙관적이지 않은 반응을 보였다. 그런 위원회를 만들 수 있을 만큼 유능하고 신뢰할 만한 잉글랜드인이 없다는 것이 한 이유였다. "개혁주의 인물들의 면면을 볼 때, 내가 아는 사람 중 케번 말고는 그 정도로 명망 있는 이가 사실상 하나도 없군요."

하지만 예상치 못했던 곳에서 실력 있는 인물들이 나타나 그의 편이 되어 줄 때도 있었다. 그런 사람 중 하나가 바로 런던 킹스 칼리지의 신약 주해 교수 R. V. G. 테스커 목사였다. 1951년 5월 IVF에서 '하나님의 진노에 관한 성경의 교리'를 주제로 강연하던 중 그는 1947년 독터 로이드 존스의 설교를 듣고 자신의 삶에 "혁명적인 변화가 일어났다"고 고백했다. 훗날 에드윈 킹 목사에게 로이드 존스에 대해 이야기할 기회가 생겼을 때 그는 "제가 생각하기에 로이드 존스는 동료들과의 교제가 필요한 아주 외로운 사람"이라고 했다. 몇 달 후 킹은 웨스트민스터 채플 앞 계단에서 테스커를 만나 이야기를 나누었는데, 이날 웨스트민스터 채플 저녁예배에 참석했던 테스커 교수는 이렇게 감탄했다. "웅장한 스타일의 설교군요. 우리 국교도 설교자들이 빈약하고 짧은 설교를 다 끝낼 시간에 독터는 이제 겨우 서론을 마치고 있네요." 계속 이야기를 나누던 중 킹은 테스커 교수가 외로움을 겪고 있을 거라고 로이드 존스가 염려하고 있다는 말을 전했다. 로이드 존스의 추측은 크게 빗나가지 않았다. 테스커가 언젠가 더글러스 존슨에게 털어놓았다시피, 하나님의 말씀에 관한 자신의 입장을 밝힌 뒤로 그는 동료들에게 "따돌림당하고" 있는 기분이 들었다. 하지만 그는 에드윈 킹에게는 이렇게 대답했다. "그는 자기 경험에서 우러나오는 말을 하고 있는 것 같네요. 그는 외로운 사람입니다." 사실인즉, 성경에 충성하며 살다가 어떤 일을 당할 수 있는지 두 사람 다 잘 알고 있었다.[11]

* * *

자유주의자들이 이렇게 복음주의를 적대하고 있을 당시, 잉글랜드 복음주의 체계가 또 다른 방향에서 전반적으로 위험에 처하게 될 것을 아는 사람은 거의 없었다. 이미 살펴봤다시피, 19세기에 역사적 기독교가 쇠퇴한 이후 교파들은 각자 나름대로 존속하고 있었던 반면, 복음주의자들은 주로 교파의 관할 밖에 있는 활동 영역에서 큰 지지와 격려를 받았다. 그에 따라 복음주의자들은 자신들이 대개 무시하거나 비판했던 그런 교파가 아니라 주로 초교파 선교단체인 케직이나 IVF 같은 복음주의 기관에서 영향력을 행사하게 되었다. 복음주의자들은 다른 곳이 아닌 바로 이런 곳에서 성경을 무오한 하나님의 말씀으로 받아들여야 한다고 역설할 수 있었고 또한 그 사실을 바탕으로 행동할 수 있었다.

제임스 바는 "근본주의(즉, 복음주의)가 특별한 형태의 고유한 조직을 만들어 냈고, 이들 단체는 하나의 현상으로서 근본주의를 이해하고자 할 때 가장 큰 중요성을 갖는다.……이런 의미에서 이들 단체는 비록 초교파적이기는 해도 자신들과 병행 사역하는 비보수 복음주의 단체들에 대해서는 흔히 아주 배타적이고 비협조적이다. 가장 대표적인 예가……IVF이다"라고 말할 수밖에 없었다.[12]

다시 말해, 복음주의자들은 성경과 동료 복음주의자들을 가장 우선시했다. 비록 교파에 대한 충성심이 부족하다고 자주 비난받긴 했었음에도 말이다. 그런 비난이 고통스럽긴 했지만, 복음주의자들은 자신들이 그리스도인의 연합을 교파적인 연합보다 중시한다고 믿고 적어도 그 믿음에서 위로를 받았다. 하지만 에큐메니컬운동 측에서는 바로 그 믿음을 문제 삼았다. 에큐메니컬운동 또한 그리스도인들 사이에 교파 간의 모든 차이를 초월하는 더 큰 연합을 표방한다고 주장했기 때문이다. 복음주의가 배타적 분파주의를 표방한다는 비난에 맞서 나가기 위해서는 그 입장을 정당화해 줄 만한 무언가가 필요했다.

복음주의는 갈림길에 서 있었고, 미처 대비하지 않은 어떤 상황으로 곧 들어가야 했다. 복음주의연맹은 복음주의적 연합을 지지하는 입장으로서, 가장 먼저 이런 난관에 맞서야 하는 단체 중 하나였다. 1948년 다양한 입장의 발언들을 청취해야 한다는 원칙에 따라 복음주의연맹 총서기 마틴 구치Martyn Gooch가 로이드 존스와 개인적으로 만났다. 1948년 3월 25일 로이드 존스에게 보내는 편지에서 "목사님과 대화를 나누게 되어 얼마나 기뻤는지요. 교회의 미래를 생각해 볼 때 현 상황이 정말 중요하다고 여겨집니다!"라고 말한 것으로 보아 구치는 에큐메니즘의 위험성에 대해 로이드 존스가 한 말을 귀담아들었던 것 같다.[13] 그 후 복음주의연맹 측의 여러 핵심 인물들과 또 한 번의 개인적인 만남의 자리가 마련되었는데, 이즐링턴의 휴 R. 구프Hugh R. Gough(곧 바킹의 주교가 되는)가 연맹 측 간부를 대표하는 인물이었다. 로이드 존스는 연맹 측의 요청으로 자신이 명시적으로 이름을 거론했던 인물들을 이 자리에 초청했다.

이들은 1948년 4월에 모임을 가졌지만, 이 모임에서는 아무런 결론도 나오지 않은 것 같다. 그해에 WCC가 창설되자 복음주의연맹은 에큐메니즘에 대한 정책을 공개적으로 천명해 달라는 요구를 받았다. 이에 이들은 '우호적 중립'이 WCC에 대한 자신들의 공식 입장임을 밝혔다. 풀 코너가 「더 크리스천」*The Christian*지에 이 성명에 대해 유감을 표명하는 편지를 투고했으나 「더 크리스천」지에서는 이 편지를 게재해 주지 않았다. 그러자 그는 이런 글을 썼다. "그 후 나는 「잉글리시 처치맨」English Churchman에서 내 글을 실어 줄 수 있는지, 성심껏 이에 응해 줄 수 있는지 편집장에게 문의했다. 그러나 바킹의 주교(복음주의연맹의 명예 서기)가 개입하여 또다시 내 뜻이 좌절되었으니, 그는 아무런 해명이나 설명도 없이 내 투고가 게재되는 것을 막았다."[14] 나중에 풀 코너는 복음주의연맹 측이 "WCC에 대해 '중립'을 훨씬 넘어 '호의' 정책을 따르기로 결정했다"고 믿게 되었다. 연맹 측 기관지 「이반젤리컬 크리스텐덤」*Evangelical Christendom*(1952년 5월)에 풀 코너의 표현처럼 "WCC가 복음주의로 급격히 전향하고 있다는 인상을 주는" 기사가 실리자 그는 복음주의연맹 회원직을 버리고 탈퇴했다.

얼마 후 교계에 큰 의미를 갖게 될 또 다른 상황이 전개되었다. 1953년 6월 16일, 복음주의연맹의 신임 총서기 로이 카텔Roy Cattell이 로이드 존스에게 회람 형식의 편지를 보내 "세계복음주의연맹의 존재를 알고 계신지 모르겠다"고 말하면서 빌리 그레이엄의 '복음을 위탁받다'라는 소책자를 동봉했다. 구프 주교의 지지를 받고 있는 연맹 측은 이제 전도 단체의 역할을 해야 했는데, 무명의 미국인 전도자가 런던에서 설교하는 것에 대해 여러 교단 지도자들이 지지해 주지 않자 복음주의연맹이 개입했다. 구프를 의장으로 실행 위원회가 결성되어 '빌리 그레이엄 런던 전도 대회' 사역을 후원했다.

대대적인 광고에 뒤이어 1954년 3월 1일 북런던의 헤링게이 운동장에서 전도 대회가 시작되었다. 대회는 11주 동안 계속되었고, 그 사이 「브리티시 위클리」 편집장 션 헤런Sean Herron은 그레이엄이 복음주의의 지지를 받을지 아니면 교파의 지지를 받을지 선택해야 할 것이라고 경고했다. 둘 다 가질 수는 없을 것이라면서 말이다. 결론적으로 「브리티시 위클리」는 그레이엄이 런던에 오는 것을 반대한 것이다.

하지만 헤링게이 집회가 성공하면서 비복음주의자들의 태도에 주목할 만한 변화가 생겼다. 11주 동안 3만 7,600명이나 되는 사람들이 "그리스도를 영접하라"는 그 전도자의 초청에 응할 정도로 전도 대회가 성공적으로 진행되자 이제까지 성경에 대한 믿음을 찬성하지 않는 것으로 알려져 있던 교계 지도자들이 갑자기 태도를 바꿔 지지와 찬동의 뜻을 전해 왔다. 전에는 복음주의에 공감하지 않던 사람들(레슬리 웨더헤드를 포함해)이 이제 귀한 손님 대접을 받으며 헤링게이 운동장 연단으로 반갑게 맞아들여졌다. 헤런 또한 생각을 바꿔, 전국 각처 목회자들이 이 전도 대회가 "모든 교회들에 뭔가 큰 가치를 지닌 것이 되기를" 바라는 마음으로 호의를 베풀 것이라 전망했다. 그레이엄이 "독선적 검열관의 태도로 동료 그리스도인들을 공공연히 매도하는 추종자들"을 멀리한다는 조건으로 말이다. "아직 시간은 있습니다. 다른 그리스도인들을 싸잡아 지옥으로 보내는 행위는 귀하가 설교하는 바도 아니고 바라는 바도 아니라는 것을 그 열심당원들에게 분명히 밝혀야 합니다.……헤링게이에서 크고 분명한 목소리로 그렇게 외쳐야 합니다. 매일 저녁마다, 다른 어느 곳에서든 기회 있을 때마다 말입니다."

헤런의 발언은 당시 복음주의자들의 정책이 어떠했는지를 보여주는 전형적인 풍자화였다. 그러나 그레이엄 전도단과의 협력이라는 포괄적 정책을 이제 채택하면서(그리고 그 정책이 눈에 보이는 성공을 가져오면서) 과거의 정책은 이제 비복음주의권 비판자들은 물론 복음주의 진영 내부에서도 문제시되었다. 과거의 적대자들은 냉대를 거둬들이고 마음이 혹할 만한 권고를 해왔다. 좀 더 "관대한" 판단을 하라든지, 더욱 폭넓은 협력을 받아들이라든지, 너희들이 좀 더 성공적이지 못했던 것은 쓸모없는 독단적 태도 때문이었음을 인정하라든지 하면서 말이다. 헤런이 전망했다시피, 더 큰 성공을 위해 필요한 것은 복음주의자들이 다른 이들과 '더 바람직한' 관계를 맺는 것뿐이었다. 전도 대회가 막바지에 이르면서 강단은 이제 다양한 교단 지도자들에게 문호를 개방했고, 사무국장 제리 비번은 "이 전도 집회가 그 어떤 불화도 촉진시키지 않을 것"이라는 희망을 피력했다. 5월 22일 웸블리 경기장에서 마지막 집회가 열리던 날, 똑같은 관점에 쐐기라도 박듯, 캔터베리 대주교 제프리 피셔가 집회장을 찾아와 축도를 했다. 그 후 영국에서(그리고 다른 나라에서도) 그레이엄 전도 대회는 신학적 입장과 상관없이 모든 교회와 지도자들에게서 공공연히 협조와 지지를 받게 되었다.[15]

영국의 복음주의자들은 이제 헤런의 주장을 신용할 것인지 말 것인지를 결정해야 했다. 복음주의자들은 구별된 정체성을 주장하는 건 (교회일치라는 새로운 정신과 지극히 대조되는) 분파적 태도일 뿐이라는 혐의를 감수하며 그 비타협적 태도를 정당화하든지, 아니면 그 태도를 버리든지 해야 했다.

그레이엄 전도 대회는 또 다른 이유에서 로이드 존스를 약간의 곤경에 빠뜨렸다. 로이드 존스는 헤런의 주장이 현 상황을 완전히 잘못 이해한 데서 비롯된 것으로 보았지만, 그런 한편 「브리티시 위클리」에 기고한 글에서 복음주의자들이 "칼뱅주의와 아르미니우스주의 문제 때문에 갈라서서는 안 된다"고 했던 말은 그의 진심이기도 했다. 그레이엄은 아르미니우스주의 신앙을 갖고 있었지만,[16] 죄에 대한 메시지와 그리스도께서 흘리신 피를 통해 하나님과 화목하게 된다는 메시지는 로이드 존스는 믿되 자유주의자들은 믿지 않는 메시지였다. 로이드 존스는 그 전도 대회를 위해 공개적으로 기도했고, 신분을 숨긴 채 집회에 한 번 참석하기도 했다. 또한 개인적으로 그의 친구가 되어 주면서 그를 "아주 정직하고 성실하며 순수한 사람"으로 평가하기도 했다. 또한 그는 헤링게이에서 진정한 회심이 일어났다는 걸 의심하지 않았다. 그러나 그와 동시에 그는 회중에게 공개적으로 결단을 요구하는 방식이 많은 이들을 오도한다고 믿었다. 그것이 바로 비복음주의자들과 협력하는 문을 열었다는 사실과 더불어 그레이엄 전도단을 개인적으로 지지해 달라는 그 전도자의 부탁을 거절한 이유였다.[17]

다른 복음주의자들은 그레이엄 전도 대회와 헤론의 호소에 달리 호응했고, 이리하여 영국 복음주의계에는 새로운 제휴 관계가 소개되었다. 이제부터 영국 복음주의에는 포괄적 '연합'이냐 아니면 복음주의 사역과 비복음주의 사역을 구별할 것이냐 하는 두 개의 대립적인 입장만이 아니라 제3의 입장, 즉 협력 시도의 초석으로 일정한 교리적 기준을 요구하지 않고 새로운 양상으로 '절충 없는 협력'을 실천하는 복음주의자들이 등장하게 될 터였다. 「크리스채너티 투데이」*Christianity Today* 창간자들의 말을 빌리면, 이는 "전적으로 새로운 접근 방식"이 될 터였다.[18]

BCC 조직자들은 이러한 상황 전개에 특히 관심을 보였고, 복음주의 진영의 이런 딜레마로 인해 생겨난 기회를 서둘러 포착했다. 1954년 10월 6일, 케네스 슬랙Kenneth Slack 목사는 BCC 총서기 자격으로 로이드 존스를 비롯해 복음주의 진영의 핵심 지도자들에게 편지를 보내 토론을 요청했다. 편지에서 슬랙은 협의회가 전도 위원회로부터 "성경에 대한 전제가 다른 사람들끼리 모여, 그런 차이에도 불구하고 전도에 관해 어떤 협력을 이룰 수 있을지 그 방법을 모색하는" 회의를 개최하자는 보고서를 받았다고 전했다. 그리하여 그 후 5년에 걸쳐 모두 21회의 비공개 회의에서 토론이 벌어졌고, 로이드 존스는 그 모든 회의에 빠짐없이 참석했다. 이 토론회는 1950년에 SCM 지도자들과 나눈 대화와 유사했는데, 전에 있었던 토론회보다 규모는 더 컸지만 그때와 달리 복음주의자 측의 만장일치 입장은 도출되지 않았다. '그리스도인'이라는 말의 정의와 관련해 바킹 주교 휴 구프는 "이것이 본질상 '정신'의 문제이며, 사람들은 신학적 신념이 철저히 달라도 한 '그리스도 안에' 있을 수 있다"라고 말했다.

한번은 토론회에서 로이드 존스가 자신의 신학이 한 인간으로서의 아담의 역사성에 바탕을 두고 있다고 단언했는데, 이때 헉스터블Huxtable 학장은 "독터 로이드 존스가 자신의 입장을 과학자들의 발언과 어떻게 조화시켰는지 궁금해했다." 그 토론회장에서 과학을 공부한 사람은 아마 로이드 존스가 유일했을 텐데, 그는 "과학자들은 매우 오류에 빠지기 쉬운 분들이지요"라고 답변했다.[19]

1954년부터 열린 20회의 토론회 그리고 1961년 4월 17일에 열린 21번째 토론회를 거쳐 이들은 이제 이 토론 모임을 해산하는 게 좋겠다는 뜻을 BCC 전도 위원회 측에 전달하기로 결정했다. 로이드 존스가 생각하기에 이 토론 모임은 자신들이 분열한 게 오로지 성경의 권위 문제 때문이라는 전제로 BCC의 요청에 따라 소집되었다. 그런데 일련의 교리들을 고찰하게 되면서 도처에서 의견 불일치가 발생했다. 마지막 무렵 케네스 슬랙은 구약성경에 대해 발언하면서 웃사가 하나님의 침을 당해 죽은 것은 "충격적일 뿐만 아니라 부도덕한" 일이었다고 주장했고, 이에 로이드 존스는 자신들이 하나님의 본질에 대해서까지 의견이 다르다는 결론에 도달했다고 답변했다. "우리는 그 어떤 협력도 가능하지 않다는 것을 증명했다"는 게 로이드 존스의 생각이었다.

토론회 내용이 한 번도 공개되지 않았기에 그 5년 세월 동안 로이드 존스가 자신과 입장이 다른 사람들과 더불어 성경의 지위에 대해 얼마나 참을성 있고 예의 바르게 논쟁을 진행해 나갔는지 전혀 알려지지 않았다. 그래서 60년대 중반에 일부 사람들은 그를 그리스도인의 연합을 확고부동하게 반대한 사람, 신학적 입장 차이가 과연 실질적이고 근본적인 차이인지 확인하려 하지도 않고 그 문제에 대한 오해를 피하려는 노력도 하지 않은 사람으로 취급하곤 했다.

* * *

1954-1955년 잉글랜드에서 그레이엄 전도 대회에서 비롯된 새로운 연합이 복음주의에 어떤 영향을 끼칠지 정확히 예측하는 사람은 아무도 없었다. 다시 새로운 인물의 지도를 받게 된 복음주의연맹은 곧 도전에 직면했다. 비국교도 목회자이자 웨스트민스터 교제회 회원인 길버트 W. 커비Gilbert W. Kirby 목사가 1956년 연맹 총서기가 되었는데, 그는 복음주의의 연합을 진작하려는 노력으로 구태의연한 연맹

의 역할을 일신하고자 했다. 이 문제를 비롯해 여러 가지 문제로 그는 로이드 존스를 자주 만나 의논했고, 한동안 로이드 존스는 복음주의연맹의 주요 발언자 역할로 되돌아가기도 했다. 그러나 이들 앞에는 이미 긴장의 징후가 보였다. 1957년 6월 18일 웨스트민스터 채플에서 열린 복음주의연맹 1일 콘퍼런스에서 로이드 존스가 주 강사로 나선 뒤 폴 코너가 그에게 이런 편지를 보내왔다. "지난 화요일 연맹 콘퍼런스에서 해주신 연설에 대해 하나님과 목사님께 진심으로 감사드립니다! 반드시 해야 할 말, 그러나 아무도 하려고 하지 않는 말을 목사님은 늘 어떻게 해서든 하시는 분이시죠. 저는 아침 집회에 참석했습니다. 커비의 강연도 탁월했고 아더 [스미스] 경도 훌륭했지만, 구프 주교는 애매하기 그지없는 상투적 발언만 했습니다. 로마를 향해 비교적 더 관대한 인상을 내비치고 WCC와의 협력의 문을 활짝 열어 놓았다는 것만 빼고 말입니다. 그것도 더할 나위 없이 나긋나긋한 말투로 말이지요."[20]

복음주의연맹이 비복음주의 기독교를 대하는 태도는 적어도 한동안은 과거와 다를 바 없다는 게 뚜렷했다. 연맹은 잉글랜드 국교회가 로마 교회를 향해 새삼 열린 태도를 보이는 위험성에 동의했다. 잉글랜드 국교회가 희생제사를 관장하는 제사장 개념에 공감해 제의祭衣 착용을 허용하려고 교회법을 바꾸려 하자, 커비는 연맹을 대표해 캔터베리 대주교 앞으로 보내는 편지 초안을 작성해 "복음주의자들이 전반적으로 느끼는 우려"를 표명했다. "우리는 국교회와 자유교회 간 협력을 더 어렵게 만드는, 혹은 어떤 의미에서든 잉글랜드 국교회의 개혁주의적 성격을 손상시키는 모든 교회법 수정을 다 개탄하는 바입니다. 우리는 믿음과 행위에 관한 모든 문제의 최고이자 최종 권위로서 성경의 지위를 열렬히 수호하고자 합니다." 이 편지를 복음주의연맹에서 보낸 것으로 본다면 이는 복음주의자들이 일치단결하여 국교회의 개신교적 성격에 대한 전통 복음주의의 관점을 단언하고자 했던 마지막 시도였을 것이다. 그러나 이 항의 서한의 수신인인 피셔 대주교는 그레이엄 전도 대회에서도 축도를 했고, 뿐만 아니라 얼마 뒤에는 종교개혁 이후 잉글랜드 국교회 대주교 신분으로 교황을 방문한 최초의 인물이 되었다.

이제 해외 선교 분야에서도 똑같은 긴장감이 조성되고 있었다. 선교 전략가들은 이미 여러 해 전부터 훨씬 더 큰 연합의 필요성을 간파해 오고 있었다. 선교 현장에서도 개신교 교단 사이에 전통적 입장 차이가 그대로 유지되는 경우가 너무 많아 어린 교회들에게 해를 끼칠 정도였다. 복음주의자들은 복음을 진작하기 위해서는 훨씬 더 광범위한 성경적 연합이 이루어져야 한다는 걸 한 치도 의심하지 않았다. 그러나 1950년대에 선교 행정가들은 WCC로 대표되는 움직임이야말로 더 큰 연합에 대한 최선의 소망을 제공한다고 이미 확신하고 있었다. 이들은 WCC가 에번스턴 총회 때(1954년) 에큐메니컬운동은 "거룩하신 주님의 부르심과 행위에 대한" 응답이라고 말한 것을 수용했다. 1957년 3월 영국 내 60개 선교단체가 모여 런던 선교 총회를 개최했을 때 스티븐 닐Stephen Neill 주교가 이 입장을 강력하게 주장했다. 그는 기독교의 메시지에 대적하여 포진한 세력들을 하나하나 개관한 뒤, 교회일치 원칙에 온 선교적 노력을 기울이지 않는 것은 어리석은 일일 것이라고 주장했다.

복음주의연맹은 복음주의 선교사 연맹을 결성함으로써 이런 요청에 부응했다. 1959년 2월 12일 길버트 커비는 로이드 존스에게 이렇게 보고했다. "선교사 연맹에는 이제 40개 단체가 소속되어 있고, 거기에다 여덟 곳의 선교사 양성 대학까지 동참했습니다. 연맹 정관 초안을 보고 싶어 하실지도 모른다고 생각했습니다. 보시면 아시겠지만 IVF 기본 규약을 그대로 채용했습니다."

하지만 선교 분야에 대안적 에큐메니컬운동을 일으키려는 이런 움직임에도 불구하고, 이 운동 참여자들이 당시 상황을 모두 똑같이 평가하지는 않았다는 게 중요하다. 다수의 복음주의자들은 IVF의 '신앙 원리'를 고수하는 것과 WCC에 동참하는 것 사이에서 그 어떤 부조화도 느끼지 못했다. A. T. 호튼Houghton 목사는 국교회 선교단체 중 가장 정통적인 기관(바이블 처치맨 선교사회)의 리더로서, 자신의 저서 『뉴델리가 뭐 어떻다고?』*What of New Delhi?*에서 주장하기를, WCC 참여 아니면 "화려한 고립"만이 유일한 대안이라고 했다. 복음주의자들이 WCC에 참여하는 쪽을 지지하는 그는 "진리를 자기가 보는 대로 말하는" 복음주의자를 "환영하지도 않고 관용하지도 않는" 시대는 지나갔다고 믿었다.

더 나아가 호튼은 상황이 새로이 전개되고 있는데 그 상황에서 동떨어져 있는 건 불합리하다고 역설하면서, 잉글랜드 국교회의 복음주의자들은 국교회에 속해 있다는 그 사실로 이미 "WCC에 간접적 회원이 되어 동참하고 있는 것"이라고 일갈했다. 그렇게 간접적으로라도 WCC의 일원이 되는 걸 피하려면 잉글랜드 국교회를 아예 떠나야 할 것이라고 했다. 그는 또한 이들이 국교회 교구 주교의 직무에 참여하는 건 반대하지 않으면서 WCC와는 선을 긋는다면 그 건 앞뒤가 맞지 않는 행동이라고 했다. "국교회 교구 일에 참여하는 건 WCC에 관여하는 것보다 더 좌절스럽고 심지어 '의심을 초래하는' 일이다. 잉글랜드 국교회는 우리가 지극히 못마땅해하면서도 싫든 좋든 받아들여야 하는 공식적 조치를 취할 가능성이 있기 때문이다."[21]

앞으로 살펴보겠지만, 이 발언은 무엇이 1960년대 복음주의자들의 새로운 정책이 될지를 이해하는 열쇠다. 당시 A. T. 호튼은 곧 대중화될 견해들을 발표하고 있었던 것이다.

비복음주의자들과 좀 더 광범위하게 협력해야 한다는 부담감은 아마 국교회 내 복음주의자들이 가장 절실히 체감했을 테지만, 반면에 자유교회 교단 소속 복음주의자라고 해서 이런 부담을 면제받는 건 아니었다. 한때 밀접한 사이였던 로이드 존스와 런던 바이블 칼리지 지도부의 관계가 약화된 것에서 그 사례를 볼 수 있다. 바이블 칼리지는 소규모 학교로 시작해 이후 계속 발전해 왔다. 1953년 무렵 메릴본 로드에 있는 낡은 교사[校舍]는 100명의 정규 학생과 400여 명의 야간반 학생들로 "솔기가 터져 나갈" 지경이었다. 어떤 의미에서 로이드 존스와 케번 학장 사이에 견해차가 생긴 것은 바로 이렇게 불어난 학생 규모 때문이었다. 초교파 학교였던 까닭에 학생들이 졸업한 후 그 어떤 교단 목회자로도 쉽게 받아들여질 수 없는 상황이었기에, 학생들을 주류 교단 교회 사역자로 들여보낼 수 있느냐가 학교의 명성을 높이는 관건이었다. 어니스트 케번은 엄격한 침례교단 출신이라는 배경을 갖고 있었음에도, 침례교 연합 소속 교회들에서 졸업생들의 미래를 보았다. 처음에 침례교 연합은 런던 바이블 칼리지 졸업생들을 교역자로 받아들이려 하지 않았다. 그래서 그 같은 방침을 변화시키는 것이 케번의 정책적 목표가 되었다. 런던 대학교의 신학학사 과정에 학생들을 가능한 한 많이 들여보내는 것이 그 정책의 한 부분이었다. 그는 런던 바이블 칼리지가 확실한 신학 교육 기관으로 인정받기를 원했다. 그의 노력의 결과로 침례교 연합은 이들에게 문호를 개방했고, 1960년대에 런던 바이블 칼리지 지도부는 침례교 연합회 구성원들과 사이가 좋았다. 하지만 그런 중에도 침례교 연합은 런던 바이블 칼리지 출신 목회자 후보생들을 허입하면서 두 가지 특별한 조건을 내걸었다.

“전형적인 보수 복음주의자치고 소속 교단에 충실한 사람을 보기 힘들다”는 통념이 마음에 걸렸던 케번은 침례교 연합에 들어간 졸업생들이 그 같은 오명을 다 벗어 내기를 기대하며 이렇게 약속했다. “우리 졸업생들이 침례교 연합 목회자로 확실히 자리를 잡으면 절대 말썽을 일으키지 않을 것이다.”

로이드 존스는 이런 정책 개발에 대한 케번의 믿음을 공유하지 않았다. 첫째로, 그는 복음주의 신앙의 변별성이 위협을 받는 상황에서 케번의 믿음이 학생들에게 비복음주의에 대한 충성을 조장할 수도 있다고 생각했다. 잉글랜드 국교회에서와 마찬가지로 자유교회에서도 친親교회일치 입장이 아니고서는 친교단 입장이 되기가 사실상 불가능했다. 둘째로, 그는 런던 대학교 신학학사 과정이 목회자가 되려는 사람들을 구비시키는 최상의 수단이라고 생각하지는 않았다. 그는 신학 학위가 부여하는 자격 증명을 무시하면 학생들이 영향력 있는 지위에서 배제될 수도 있다는 걸 알기는 했지만, 장래의 설교자들이 대학교가 인가하는 불신앙적이고 자유주의적 학문에 종속됨으로써 더 크고 유익한 영향력이 위태로워지는 걸 염려했다.

로이드 존스가 1958년 5월 10일 토요일 메릴본 로드 19번지의 런던 바이블 칼리지 신新교사 개관식 때 했던 설교의 함축적인 의미를 알기 위해서는 이와 같은 배경에 대한 이해가 필수적이다. 초여름의 이 청명한 날은 그해 복음주의 달력에서 중대한 의미가 있는 날이었다. 주초에 웨스트민스터 신학교의 E. J. 영Young 교수가 네 차례의 '개관 기념 강의'를 했다. 개관 당일 수많은 내방객들은 학교를 소개하는 화려한 안내책자 선물과 더불어 환영받았지만, 로이드 존스가 설교하기로 되어 있는 구내 채플은 예배에 공식 초청받은 이들로 일찌감치 만원이 되었기에 다른 이들은 자리를 구할 가망이 전혀 없었다. 온 건물이 구석구석 사람들로 가득 들어찬 것 같았는데, 다행히 예배 진행 상황은 확성기를 통해 밖에서도 들을 수 있었다. 그날 로이드 존스의 설교는 그가 전한 가장 능력 있는 설교 가운데 하나였다. 설교 본문은 디모데후서 2:15-16이었다. "너는 진리의 말씀을 옳게 분별하며 부끄러울 것이 없는 일꾼으로 인정된 자로 자신을 하나님 앞에 드리기를 힘쓰라. 망령되고 헛된 말을 버리라."

설교에서 그는 이 시대 사람들이 신앙 세계의 오류에 관심이 없는 것에 대해 말했다. 하지만 바울은 이 오류가 "악성 종양이 퍼져 나감과 같"다고 말했다고 했다. "이 오류는 생명을 죽이고, 앗아 가며, 마지막엔 곪아 터진 덩어리를 남깁니다. 오늘날의 교회가 '교회'라는 말을 서투르게 흉내 내는 가짜인 것은 모두 이 종양 때문입니다." 계속해서 그는 복음주의자들에게는 "진리의 말씀"에 집중하라는 부르심이 주어져 있다고 말했다. "우리의 메시지는 불확실하지 않습니다. 사람은 같은 하나님을 예배하면서도 다 같은 길을 가지는 않습니다. 우리는 계시된 진리를 가르쳐야 하며 세상의 상황을 따라 입장을 달리해서는 안 됩니다.……이 학교가 런던 바이블 칼리지라 불리는 것은 성경을 믿기 때문입니다. 우리 주님의 재림이 앞으로 100년 동안 이뤄지지 않을지라도 저는 이 학교가 여전히 동일한 내용을 가르치기를 소망합니다."

로이드 존스는 "이 학교가 이 목표에 도달하고 있는지, '진리의 말씀을 옳게 분별'하고 있는지 어떻게 알 수 있느냐?"라는 질문으로 그날 전한 메시지를 현실에 적용시켰다. 그는 다음과 같은 기준에 비추어 보면 알 수 있다고 말했다.

> 학업을 마칠 때 학생들이 입학 때에 비해 진리를 더 확신하고 있습니까? 입학 때에 비해 신학적인 입장이 더욱 견실합니까? 학교에 들어올 때에 비해 하나님을 더 잘 알게 되었고 하나님을 더 잘 섬기고 싶어 합니까? 아, 이걸 잃어버리는 이들이 얼마나 많은지요! 학생들이 하나님을 위해 더 큰 열심을 품고 있습니까? 길을 잃고 멸망을 향해 가는 자들에 대해 더 큰 사랑을 갖게 되었습니까? 하나님을 아는 것이 아니라면 도대체 교리와 지식의 목적이 무엇입니까?……이 학교에서 이 나라의 다른 어느 칼리지보다도 더 많은 신학사B. D.들을 배출할 수도 있겠지만, 그 사실은 학생들이 하나님을 더 잘 알게 되었을 경우에만 가치를 지닙니다! 우리는 이 시대의 남은 자들입니다. 하지만 다른 사람들

도 똑같은 상황을 겪어 왔습니다. "참으면 또한 함께 왕 노릇 할 것이요."딤후 2:12 바울은 이 말씀으로 디모데를 격려합니다. "그러나 하나님의 견고한 터는 섰으니 인침이 있어 일렀으되 주께서 자기 백성을 아신다 하며."딤후 2:19 하나님은 여러분에게 특별한 관심을 갖고 계시다는 것을 기억하십시오. 여러분이 외딴 마을에 가 있을 때 하나님은 여러분과 함께하실 것입니다. 마지막이 다가온 것 같을 때는 여러분이 다시 사신 구주를 설교하고 있다는 사실을 기억하십시오. "죽은 자 가운데서 다시 살아나신 예수 그리스도를 기억하라."딤후 2:8

전율을 일으키는 결론이었다. E. J. 영은 나중에 일단의 학생들에게 말하기를, 그레섬 메이첸이 세상을 떠난 이후 이런 설교는 처음 들어 보았다고 했다. 그러나 영 교수는 물론 그 자리에 있던 다른 이들도 이 설교가 그 주제 이면에서 이 학교에 대해 어떤 함축적 의미를 담고 있었는지 깨닫지 못했다. 하지만 학교 측은 분명 그 의미를 깨달았고, 그래서 설교를 냉담하게 받아들였다. 그 뒤에 있었던 교수 회의에서 이 설교를 출판하는 문제가 거론되었지만, 단호하게 기각되었다. 1958년 이후로 런던 바이블 칼리지 측에서는 로이드 존스를 학교 일에 전혀 관여시키지 않았다.[22]

복음주의자들 간의 이런 견해차 이면에는 복음주의 기독교의 현 상태에 대한 더 크고도 의미 있는 시각차가 존재했다. 로이드 존스는 교회가 심각하게 쇠퇴하고 있을 뿐만 아니라 복음주의 자체도 영적 능력을 얻기보다는 오히려 그 능력이 약화되고 있다고 보았다. "우리는 이 시대의 남은 자들"이라는 그의 말은, 복음주의자들 사이에 퍼져 나가고 있는 분위기와 궤를 달리하는 발언이었다. 1951년, 풀 코너의 저서 『잉글랜드의 복음주의』*Evangelicalism in England*가 발간되었을 때 한 독자는 「더 크리스천」지에 투고한 서평에서 "대다수 개신교 교단에서 복음주의자가 일부 발견되긴 하지만 이들은 소수에 지나지 않는다"라는 발언에 이의를 제기했다. 이 서평자는 "오늘날처럼 복음주의자가 많았던 적이 없다"고 주장했다. 그레이엄 전도 대회 후로 이 희망이 아주 커졌다. 사람들은 "잉글랜드의 추수 때"에 대해 이야기들을 했다. 그레이엄 자신도 "영국은 바야흐로 역사상 가장 위대한 영적 각성 시대에 들어섰다"고 말했다. 바킹 주교 구프도 "다가올 시대가 우리 앞에 펼쳐 놓을 영광스러운 가능성"에 대해 이야기했다.

이는 주류 교단의 복음주의자들이 교회가 변화되어야 할 필요성을 부인했다는 말이 아니라 근본적인 차원에서 변화될 필요가 있음을 인정하기 꺼려했다는 뜻이다. 복음주의자들의 학식이 좀 더 높은 수준에 이르러야 할 필요성에 대한 인식도 있었다. 교회가 세상에 효과적으로 다가가는 걸 가로막는 주된 장애물은 당대 문화 속에서 시대에 뒤떨어져 보이는 외양外樣이라는 정서도 곧 널리 퍼져 나가게 되었다. 고어古語 투의 성경과 오래된 예배 형식이 수 세기 동안 거의 변화되지 않고 유지되어 왔다. 사상의 풍조 또한 세속 사회의 영향으로, 전통적이고 오래된 모든 것에 대립각을 세우며 이리저리 흔들리고 있었다.

로이드 존스가 1952년 '복음주의 신앙을 유지하기'를 주제로 강연할 때 염려했던 일이 실제로 벌어지고 있었다. "외적 팽창에만 치중하느라 성경에서 요구하는 교리적, 윤리적 정결을 소홀히 하는 것은 내적 불충성, 불화, 혼란을 자초할 위험이 있다." 앞으로 살펴보겠지만 이후 10년 동안 그는 복음주의자들을 분열시켰다는 비난에 시달리게 된다. 하지만 그것은 분열이 1950년대에 전개되었고 그는 그 원천이 아니었다는 사실을 간과하는 견해다.

24.

책들이 깨어나다

1950년대 초반 청년층에서 칼뱅주의 신앙이 회복되면서 사상의 변화가 있었다는 이야기를 앞에서 했다. 이런 변화는 두 가지 통로를 통해서 왔는데, 하나는 한 인물의 설교였고 또 하나는 청교도 서적의 재발견이었다. 그런데 1950년대 초반에는 이 두 번째 도구가 그다지 흔하지 않았다. 종교개혁과 청교도 문헌은 잉글랜드에서 보기 힘들었고, 중고 서점에서만 드문드문 구할 수 있을 뿐이었다. 수년 전 이들 중고 서점은 그런 재고 더미는 도저히 판매하기가 불가능하다고 판단했다. 무명의 옛날 작가들이 쓴 책을 찾는 이는 아무도 없었기에 그런 책들을 재고로 쌓아 둘 이유가 없었다. 그러나 이른바 마지막 청교도라고 하는 스펄전은 1892년 세상을 떠나기 전, “주님과 주님의 진리를 위해 저술된 책은 비록 무명 상태에 묻혀 있다 할지라도 반드시 부활할 것"이라는 말을 남겼다. 1950년에서 1960년에 이르는 10년 동안, 세상은 바로 그 부활을 목격하게 된다. 그 10년 사이의 대비는 주목할 만했다. 1950년 영국의 출판사 중 청교도나 칼뱅주의 신학을 다루는 출판사는 한 곳도 없었다. 제임스 클라크가 1949년 칼뱅의 『기독교강요』를 재인쇄하고 마샬 모건 앤 스코트Marshall Morgan and Scott 출판사에서 워필드의 『성경의 영감과 권위』*Inspiration and Authority of the Bible*를 재발간했을 때, 이들은 자기들의 확신보다는 로이드 존스의 믿음에 의지하고 있었다. 모건 앤 스코트 출판사의 말을 빌리자면, "새로운 관심을 불러일으키는 것"이 이들의 소망이었다. 클라크는 로이드 존스의 제안에 따라 1952년 J. C. 라일의 『거룩』*Holiness*도 재인쇄했지만, 마샬 모건 앤 스코트는 워필드의 『성경신학 연구』*Biblical and Theological Studies*까지 펴내자는 그의 제안을 거절했다. 기독교 출판사들은 로이드 존스의 사역에 경탄하고 그 사역의 영향력에 주목하긴 했지만 교계 전반에 신학적인 변화가 필요하다는 그의 전망에 공감하지는 않았다. IVF도 이런 한계를 어느 정도 공유했다. 이들은 복음주의 서적을 되찾기 위해 많은 노력을 기울이긴 했지만, 로이드 존스의 표현대로 "그들은 이것이 주로 신학적인 문제가 아니라 성경 연구 문제라고 매우 조심스럽게 말했다. 그래서 주석이나 일반 변증의 성격이 있는 책들에 치중했다."[1]

게다가 1950년대에 생존해 있던 영국인 기독교 저술가 중 과거의 신학을 대표하는 이들은 사실상 세상에 알려져 있지 않았다. 아더 W. 핑크의 저작은 그 어떤 영국 출판사의 관심도 끌지 못했고, 1952

년 그가 누구의 주목도 받지 못한 채 스코틀랜드에서 세상을 떠났을 때도 그의 저작들이 재인쇄되어 전 세계에 독자층을 형성하리라고는 누구도 예상하지 못했다. 그러나 1959년 무렵, 로이드 존스는 "사람들이 개혁주의 문헌에 새로이 관심을 갖기 시작했으며, 내가 보기에 이것은 전 세계적인 현상인 것 같다"는 "엄청나게 고무적인 사실"에 대해 이야기할 수 있었다.[2]

설교와 책들이 이 변화의 선두에 서 있긴 했지만, 변화의 원천을 거기에서만 찾는다는 건 이 변화의 참된 본질을 놓치는 셈일 것이다. 하나님께서는 하나님 자신이 하게 하신 기도에 응답하고 계셨다.

나중에 벌어질 일을 생각하면 좀 놀랍겠지만, 좀 더 성경적이고 교리 중심적인 기독교가 회복되는 과정에서 로이드 존스가 저술가로서 한 역할은 비교적 미미했다. 1950년에 「웨스트민스터 레코드」*Westminster Record*에 월례 설교문이 실린 것 말고는 그의 글이 출판된 게 거의 없었다. 이에 대한 설명은, 목회자는 설교자로 부름받았지 글 쓰는 사람으로 부름받은 게 아니라는 그의 신념에서 주로 찾을 수 있다. 설교가 다른 의사소통 수단의 그늘에 가리는 것을 거리낌 없이 허용하는 당대 기독교의 행태가 그에게는 시대 상황에 지혜롭게 적응하는 것이기보다는 신앙을 잃은 행동으로 보였다. 존 낙스는 "살아 있는 음성은 단지 문자만 읽는 것에 비해 얼마나 효험이 있는지, 주리고 목마른 자는 그렇게 느끼고 위로를 얻는다"[3]고 말했지만, 이제 그의 말을 믿는 사람은 거의 없었다.

하지만 로이드 존스의 설교문은 일단 회중에게 전해졌고 기록되기도 했으므로 「웨스트민스터 레코드」에 매달 실렸던 것처럼 책으로 출판될 수도 있었을 텐데 왜 그러지 않았느냐고 물을 수도 있다.[4] 그 대답은, 말로 전한 내용이 글이라는 형식으로 바뀔 때 생겨나는 현실적인 문제에서 찾을 수 있다. 말로 전할 때 가장 효율적이었던 특징들이 활자가 될 때에는 오히려 결점이 될 수 있다. 그래서 설교문 형식의 문서는—예를 들어 스펄전 설교집의 경우처럼—상당한 수정 작업이 반드시 필요하다. 아내의 도움과 후에 딸 엘리자베스의 도움이 있었음에도 그는 「웨스트민스터 레코드」에 매달 설교문을 싣기 위해 그런 최소한의 작업을 할 시간조차 낼 수 없을 때가 많았다. 1956년 미국 여행 때와 1958년 남아프리카 여행 때도 이런 종류의 일거리를 가지고 가야 했다.

몇몇 출판사가 로이드 존스에게 책을 내 볼 것을 청하기도 했다. 하지만 「웨스트민스터 레코드」에 실린 것처럼 설교문 형식이 명백한 글은 잘 팔리지 않을 것이고, 그래서 좀 더 넓은 독자층을 확보하기 위해서는 원고를 상당히 손봐야 할 것이라는 생각을 모두 하고 있었다. 이런 생각을 드러낸 출판업자는 한둘이 아니었다. 1946년, 피커링 앤 잉글리스 출판사는 로이드 존스가 에베소서를 본문으로 '세계 연합을 위한 하나님의 계획'이라는 제목으로 설교한 뒤 「웨스트민스터 레코드」에 게재한 아홉 편의 설교를 책으로 펴내기 위해 공을 들였다. 아더 E. 마쉬가 로이드 존스의 대리인으로 출판사 측과 협상을 벌였고, 그 뒤 이 출판사는 「웨스트민스터 레코드」에 게재된 설교문을 로이드 존스에게 다시 돌려보내 저자가 직접 원고를 살펴볼 수 있게 했다. 하지만 로이드 존스는 단순히 '살펴보는' 것 이상의 작업이 필요하다고 봤고, 그 일에 신경 쓸 만한 시간은 도무지 낼 수 없었다.

결국 이 원고는 그의 서재 서랍 맨 아래 칸에 고이 모셔져 있을 수밖에 없었다.

루터워스 출판사Lutterworth Press는 피커링 앤 잉글리스보다 더 낭패를 본 경우였다. 루터워스는 아더 E. 마쉬를 통해 로이드 존스와 계약을 맺고 「웨스트민스터 레코드」에 실린 '영혼의 싸움'The Soul's Conflict이라는 설교를 출판하기로 했다. 아마도 소문으로 들었을 그런 문제를 피하기 위해, 자체 입수한 원고를 로이드 존스에게 보내 '살펴보게' 하는 과정 없이 편집자의 수정을 거쳐 활자 조판에 들어가기로 했다. 편집 서기는 "교정쇄를 보시고 숙달된 우리 편집자가 원고를 어느 정도 능숙하게 다루는지 아시면 매우 흡족하실 것으로 생각한다"고 기록했다. 그러나 교정쇄를 본 로이드 존스는 "흡족해"하기는커녕 출판 계약 자체를 아예 끝장내 버렸다!

이런 난관이 자주 되풀이되는 과정에서 주된 문제점은 설교자가 자신이 구사한 정확한 표현을 고스란히 유지하고 싶어 한다는 점이 아니었다. 그는 어느 정도 수정이 필요하다는 사실을 아주 잘 알고 있었다. 편집자와 의견이 일치하지 않는 부분은 고압적인 설교 어투, 때로는 산만하고 반복적이기도 한 그 어투를 어느 정도까지 보존해야 하는가였다. 자기 자신이 얼마나 효과적으로 활자화될 수 있는지 로이드 존스 자신도 확신하지 못했고, 그래서 편집자들이 보통 원고에서 이 정도는 빼내고 삭제해야 한다고 하는 것을 그대로 받아들이느니 차라리 책을 아예 내지 않는 편을 택했다. 그가 1947년 휘튼 대학에서 '변하지 않았고 변하지 않는 진리'Truth Unchanged, Unchanging라는 제목으로 전한 다섯 편의 설교는 형식 면에서 설교문의 성격이 비교적 덜했는데, 전후 가장 먼저 나온 그의 저서가 바로 이 책이었다는 데에는 위와 같은 이유가 한몫했다. 하지만 이 작은 책조차도 설교 후 4년이 지나서야 세상에 모습을 드러냈다.[5] 1951년 프레드 미첼도 로이드 존스에게 주요 설교를 책으로 펴낼 것을 권하기 시작했다. 그해 12월 '산상 설교' 장기 연속 강해 중 처음 아홉 편의 설교가 「웨스트민스터 레코드」에 실렸다. 미첼은 편집 일에 익숙한 CIM 선교사 레슬리 라이얼Leslie Lyall이 기꺼이 도와주리라는 것을 확인하고 로이드 존스에게 편지를 보내 라이얼이 이 설교문 편집 작업을 시작하면 어떻겠냐고 제안했다. 로이드 존스는 이 제안에 기꺼이 응했지만, 원고 각 장이 원래 성격을 어느 만큼 유지해야 하는가 하는 근본적인 문제에서 수정 작업은 또다시 비틀거렸다.

길고 지루하게 이어지는 이런 어려움, 게다가 로이드 존스 자신이 이 일에 시간을 낼 수 없는 상황이 겹친 결과 『산상 설교』는 1959년이 되어서야 1권이 출간되었다. 본문은 「웨스트민스터 레코드」에 처음 실린 원고 거의 그대로였고, 서문에 다음과 같은 해명의 말이 포함되었다. "설교는 에세이가 아니고, 원래 출판을 염두에 둔 게 아니라 청중에게 들려주고 직접 영향을 끼치기 위해 작성된 글입니다."

로이드 존스가 이렇게 자신의 책을 출판하는 일에 적극적이지 않았던 것은 문서의 영향력에 어떤 의구심이 있었기 때문이 아니다. 그 점은 이 책에서 이미 분명히 해두었다. 그는 필자들을 찾고 있었다. 그 사실과 관련해 로이드 존스는 청교도 콘퍼런스 강사 등에게 책을 써 보라고 권면했고, 그가 아는 한 이런 이들에게 도움이 될 만한 중요한 자산으로 복음주의 도서관 만한 곳이 없었다. 그는 1945

년 이 도서관이 개관하는 걸 지켜보았다. 1948년 도서관은 칠턴 스트리트 78번지로 이전했는데, 이곳은 웨스트엔드 중심부의 베이커 스트리트에서 얼마 멀지 않은 곳으로, 몇 백 미터만 가면 메릴본 로드의 런던 바이블 칼리지가 있었다. 도서관은 여러 면에서 아주 특이했다. 한 오래된 건물 3층에 자리 잡고 있는 이 도서관은 빅토리아 시대 빈민 수용소 입구 비슷한 돌계단을 통해서만 들어갈 수 있었다. 계단 3분의 2 지점 층계참에는 "잠시 걸음을 멈추고 기도하세요"라는 안내판이 붙어 있었다. 계단 꼭대기에 이르러 육중한 문을 안으로 밀어 열면 세로 20미터에 가로 6미터의 넓은 다락방이 모습을 드러냈다. 높은 벽에서 바로 이어지는 경사 지붕은 바닥에서 최고 7미터 높이로 솟아 있고, 지붕의 남쪽 경사면 창문으로 약간의 빛이 들어왔다. 바닥 공간을 나눈 칸막이 책장에 촘촘히 꽂힌 2만 5천여 권의 장서만 아니라면 비교적 바람이 잘 통했을 텐데, 책들은 마치 덩굴 식물처럼 칸칸마다 기어 올라가 제 몸이 들어갈 만한 공간을 빈틈없이 찾아 들어갔고, 그 사이로 간간이 옛 신학자들의 초상화 액자가 자리 잡고 있었다. 출입문 바로 안쪽 오른편의 사무실에는 언제나 변함없이 제프리 윌리엄스와 그의 비서 마조리 덴비Marjorie Denby가 책과 각종 문서 사이 비좁은 공간에 간신히 자리 잡고 앉아 있었다. 때가 마침 점심시간이기라도 하면 노릇노릇 구운 맛있는 흑빵 냄새가 풍겨 왔다. 1950년에 윌리엄스는 70세였다. 여섯 살 아래인 미스 덴비는 웨스트민스터 채플 교인으로, 금요일 밤이면 로이드 존스가 필요하다고 한 책을 교회 목회실로 가져다주는 모습을 자주 볼 수 있었다.

있을 법하지 않은 일이긴 했지만, 이제 이 고풍스런 곳을 찾는

칠턴 스트리트에 있는 복음주의 도서관과 제프리 윌리엄스.

젊은이들이 점점 늘어나고 있었다. 잉글랜드에서 가장 멋진 청교도 도서관은 비록 아니었지만, 17세기 저자들의 책을 눈으로 볼 수 있고, 또 조심스럽게 사다리를 타고 올라가 손으로 만져 보고 읽을 수 있는 곳은 아마 이곳이 유일했을 것이다. 10년 후 로이드 존스는 1950년대 중반을 회고하면서 복음주의 도서관이 무언가 새로운 것이 출발하는 데 “엄청난 기여”를 했던 시절로 기억했다. 그는 “시작은 작디작지만 하나님께서 그 작은 것에서 크나큰 힘을 만들어 내실 수 있음을 보여주는 생생한 실례”가 바로 이 도서관 사역이었다고 평가했다.[6]

중요한 영적 변화가 시작되었다는 로이드 존스의 확신이 처음 기록으로 남은 것은 1955년부터였던 것으로 보인다. 그 무렵 그가 복음주의 도서관 관장 자격으로 1년에 한 번씩 모이는 연례 모임에서 일단의 친구들에게 강연을 하는 게 전통이 되었다. 숫자는 얼마 되지 않았지만 로이드 존스는 이들을 (도서관 일이나 목회 면에서) 자신의 측근으로 여겼다. 그래서 이들에게는 자신의 개인적인 생각을 자주 드러내곤 했는데, 그가 이렇게 공개적으로 자기 생각을 드러내는 건 다른 경우엔 좀처럼 보기 드문 일이었다. 1955년 연례 모임 때의 강연에는 다음과 같은 내용이 담겨 있었다.

> 또 한 가지 주목할 만한 일을 반드시 언급해야겠습니다. 제가 생각하기에 우리는 지금 청교도 신앙에 대한 관심이 정당하게 되살아나고 있는 것을 목격하고 있습니다. 수많은 청년들이 청교도 문헌을 꾸준히 공부하고 있습니다. 해마다 열리는 청교도 콘퍼런스에 약 60명 정도가 참석하고 있으며, 그 모든 일에 이 도서관이 중심 역할을 해왔습니다. 콘퍼런스 관계자들은 연구 중 자주 이 도서관이나 해외 지점들을 찾습니다. 제가 보건대 17세기 위대한 청교도 문헌에 대한 관심이 되살아나는 걸 경험한다는 것은 이 나라 기독교 신앙의 미래에 지대한 중요성을 가집니다. 그 목적을 위해 이 도서관은 단연 중심적이고 값을 따질 수 없을 만큼 중요한 역할을 합니다.

12개월 후 그는 같은 모임에서 보고하기를, 영국에서 목격하기 시작했던 일이 대서양 건너편에서도 일어나고 있다고 했다.

> 최근 미국과 캐나다를 잠시 다녀왔는데, 그곳의 신앙 상황에 대해 말씀

드릴 게 좀 있습니다. 그곳에서 저는 여러 날 동안 제가 접해 본 것 중 가장 고무적인 한 가지 현상을 발견했습니다. 복음주의 진영의 지도자들과 특히 학생들 사이에서 저로서는 정말 놀라운 무언가를 발견했지요. 집회 후에 수많은 학생들이 저를 찾아와 대화를 나눴는데, 누구라 할 것 없이 모두들 청교도 문헌에 대해 이야기하면서 우리나라에서 청교도 서적을 구할 수 있느냐고 묻더군요. 그런 학생들이 점점 더 많아지고 있습니다. 그들도 우리처럼 청교도 신앙에 의지하고 있습니다. 우리와 똑같은 이유로 말이지요. 우리는 천편일률적인 정기 간행물과 서적들에 지쳐 있고, 이 시대의 문헌들은 우리에게 별 도움이 되지 못하고 있습니다. 북미의 학생들은 자기 영혼에 유익이 되는 견실한 뭔가가 필요하다는 걸 절감하고 있었습니다. 저는 그런 확신이 생겨나는 데 이 도서관이 한 역할을 했다고 믿습니다. 그리고 그 사실을 기뻐하는 바입니다. 제가 보기에 우리는 이 노선이 아니고는 영적 부흥을 절대 목도하지 못할 것입니다. 사람들이 청교도 서적을 다시 찾고 그 책들로 자기 자신을 더듬어 살피지 않는다면 말입니다.

바로 이 무렵, 이미 시작된 일을 더욱 큰 규모로 추진하면서 유명해진 또 하나의 기관이 있다. D. J. W. '잭' 컬럼'Jack' Cullum은 런던의 유명한 음향 전문가로, 그 자신이 대주주로 있는 두 개 회사의 사장이었다. 그는 제2차 세계대전 당시 지상에서 운용 시험 중이던 제트 비행기의 소음을 줄여 주는 소음기消音器를 발명하면서 재정적인 성공을 거두고 국제 규모의 사업체를 갖게 되었다. 그러나 이런 성공은 교회에 발길을 끊은 지 오래인 명목상 감리교도였던 그에게 아무런 내적 평안을 안겨 주지 못했다. 그는 1953년 3월, 대서양을 항해 중인 '퀸 엘리자베스' 호에 동승한 스탠리 클라크 부부에게서 그리스도에 대한 이야기를 듣고서야 비로소 마음에 감동을 받았다. 뉴욕 방문을 마치고 돌아온 잭 컬럼은 감리교단 교회에 다시 나가기 시작했다. 그러나 북런던의 감리교회 한두 곳에 나가 본 그는 여전히 혼란스럽고 죄를 깨우치지도 못하는 상태에 있다가 1955년 12월 클라크 부부의 초청으로 예루살렘에 있는 그들 부부의 집을 방문했고, 바로 그곳에서 구원의 확신을 얻게 되었다.

1956년 필자가 웨스트민스터 채플에서 독터 로이드 존스를 도와 사역하게 되었을 때 수요일 밤 집회에서 교회사를 강의하는 것이 필자의 업무 중 하나였는데, 잭 컬럼을 처음 만난 건 바로 그 집회에서였다. 195센티미터 장신에다 까만색 머리 그리고 완전히 넋을 잃고 강의에 몰두해 있는 모습 덕분에 1956년 10월 이 수요일 밤 집회가 시작되었을 때 도무지 그를 주목하지 않을 수가 없었다. 그와 개인적으로 대화를 나누게 된 건 그로부터 몇 달 후인 1957년 1월 26일 아내와 내가 그의 초청으로 하이게이트에 있는 그의 자택을 방문했을 때였다. 그날 햄스테드 히스 공원 가까이에서 함께 산책을 하던 중 그가 내게 한 가지 질문을 했다. 그 질문은 이제 때가 되면 세상 끝까지 반향을 일으킬 그런 질문이었다. 그는 구원이 어떻게 해서 전적으로 하나님께 속한 일인지 점점 분명히 이해해 가고 있는 것에 대해, 그리고 교회 역사가 증거하고 있는 흥미진진한 사건들을 알아 가는 것에 대해 고마워했다. 그러고 나서 그는 이렇게 물었다. "교회 역사와 또 잉글랜드 개혁자들과 청교도들의 모든 가르침이 오늘날 그렇게 잘 알려져 있지 않은 이유가 무엇입니까?" 나는 개혁자들과 청교도들의 저작을 오랫동안 접할 수 없던 시기가 있었기 때문이라는 관점에서 답변을 했다. 그 순간에는 내가 이야기하고 있는 상대가 하나님의 부름을 받아 그 책들을 재발행하는 걸 지원하게 되리라고는 꿈에도 생각하지 못했다. 회심 이후 잭 컬럼은 남은 생애에 뭔가 유익한 일을 하면서 살 수 있기를 줄곧 기도해 왔다고 했다. 처음엔 복음주의 단체에 상당액의 재산을 기부할 생각도 했고 그걸 염두에 두고 공익 신탁을 만들기도 했다. 하지만 16세기와 17세기 신앙 지도자들에게 깊이 감동받은 차에 역사적, 칼뱅주의적 기독교 진작을 위한 새로운 출판 사업 계획에 대한 이야기를 듣자 그는 그 자리에서 그 일에 헌신하기로 마음먹었다. 1957년 3월 중반 무렵 우리는 구체적인 계획을 세워 나갔고, 로이드 존스는 이 일이 영리와는 무관하며 공익 신탁으로 운영된다는 조건으로 이 출판 사업에 찬동했다. 필자가 1955년부터 편집 일을 맡아 온 잡지의 메시지를 좀 더 큰 규모로 계속 전하려는 게 이 사업의 의도였다. 1957년에 채택된 이 출판사의 이름은 '배너 오브 트루스 트러스트'The Banner of Truth Trust였다.

1957년 11월 무렵에는 두 권의 책을 인쇄하여 제본하던 중이었고, 아홉 권의 책을 기획 제작하는 과정에 있었다. 1958년 초 드디어 세상에 나온 두 종의 첫 책은 날개 돋친 듯 팔려 나갔다. 웨스트민스터 채플에서 로이드 존스는 책이 시중에 나온 이후 첫 번째 금요일 저녁 모임 때 이렇게 말했다.

서점에 두 권의 책이 새로 들어왔다는 소식을 여러분에게 전해 드립니다. 『아가서 주석』*A Commentary on the Song of Solomon*은 제 개인적인 제안으로 출간된 책입니다. 이 책은 제가 평생 읽은 책 중에서 정선한 책 가운데 하나입니다.[7]……이 책의 가치는 아무리 높게 평가해도 지나치지 않으므로 여러분 모두 꼭 읽어 보시기를 권합니다. 책은 새로 출범한 출판 신탁에서 재발간한 것으로, 10실링 6펜스라는 아주 놀라운 가격으로 판매합니다. 고전은 이렇게 싼 가격으로 재발간되어야 합니다. 두 번째 책은 토머스 왓슨Thomas Watson의 『신학의 체계』*Body of Divinity*로, 웨스트민스터 요리문답 설교집입니다. 이 책을 읽으시면 기독교 신앙의 요체를 대면하게 되실 것입니다. 저는 이 출판 신탁의 회원이 아닙니다. 제가 이 책들에 대해 호의적으로 말하는 것은, 이 책들을 귀히 여기는 마음 때문입니다. 이렇게 해서 이 시대 그리스도인들이 위대한 기독교 고전들을 읽을 수 있게 된다는 것이 저는 매우 기쁩니다.

로이드 존스는 출판사가 웨스트민스터 채플과 결부되는 걸 원치 않았고, 그래서 자신은 이 출판 신탁의 회원이 아니라고 못을 박았다. 그는 자신의 보좌역(이안 머레이는 웨스트민스터 채플에 정식으로 청빙받지 않고 로이드 존스를 보조하는 역할을 했다—옮긴이)과 교인 한 사람이 창립 신탁 위원이라는 말은 하지 않았고, 출판사가 제대로 된 기반을 마련할 때까지 예배당 건물을 서고書庫와 발송처로 쓸 수 있게 해주기를 제직회에 건의했다는 말도 하지 않았다.[8]

첫 책에 이어 『조지 윗필드 설교집』*The Select Sermons of George Whitefield* 『조나단 에드워즈 선집』*The Select Works of Jonathan Edwards* 제1권이 속속 출간되었다. 로이드 존스는 1958년 3월 7일 금요일 밤 집회 때 회중에게 『조나

단 에드워즈 선집』을 추천하면서 그달이 에드워즈가 소천한 지 200주년이 되는 달임을 알려 주었다. 또한 그달에 그는 출간이 임박한 로버트 할데인Robert Haldane의 『로마서 주해』*Exposition of the Epistle to the Romans* 서문을 썼다. 이 서문에서 그는 유럽 대륙에서 할데인의 책이 나온 뒤 일어났던 신앙부흥에 관해 뤼방 사이앙Reuben Saillens(프랑스 출신 음악가이자 목회자로, 프랑스어권에서 가장 영향력 있었던 복음주의자로 손꼽힌다—옮긴이)이 했던 말을 인용했다. 이 인용문은 로이드 존스 자신의 사역과 출판사 사역의 목표가 무엇인지 아주 명확하게 보여준다.

> 종종 일컫는 말로, 할데인의 신앙부흥의 세 가지 주요 특징은 다음과 같습니다. 첫째, 은혜에 대해 개인적으로 알고 체험할 필요성을 두드러지게 강조했습니다. 둘째, 성경의 절대 권위와 신적 영감을 주장했습니다. 셋째, 펠라기우스주의와 아르미니우스주의에 대항해 칼뱅주의 교리로 회귀한 것이었습니다. 할데인은 일급의 정통파 설교자였지만, 그의 정통 신앙은 사랑과 삶이 잘 어우러져 있었습니다.

2년 후인 1960년 11월 29일 도서관 연례 모임에서 로이드 존스는 이렇게 말했다.

> 이제 정말 훌륭한 여러 권의 새 책들이 멋지게 제작되어 반들반들하고 반짝거리는 표지로 우리 앞에 모습을 드러냈다는 사실이 정말 기쁩니다. 아시다시피, 이 새 책들은 구판에 비해 외양이 훨씬 현대적이고 매력적입니다. 그러나 어머니를 잊지는 마십시오! 최고의 책들은

2-3년 전까지 이곳에서, 오직 이곳에서만 거의 독점적으로 접할 수 있었습니다.

1971년 「크루세이드」*Crusade*지는 지난 21년간의 복음주의 발전을 돌아보면서 "배너 오브 트루스 트러스트가 설립되고 저렴한 청교도 고전 재판본이 시장에 쏟아져 나오면서 촉발된 개혁주의 신학의 부흥"을 언급했다. 앞에서 전개된 내용에서 알 수 있다시피 이는 당시 상황을 정확히 설명하는 말은 아니다. 출판사 사역이 1958년에 성공을 맞은 것은 어떤 갈급함이 이미 존재했기 때문이다. 아무도 원하지 않는 책을 시장에 쏟아부을 수는 없는 노릇이다. 변화는 이미 일어난 상태였다. 그 변화는 당시 구할 수 있었던 몇 가지 재판본들과 복음주의 도서관 등에서 찾을 수 있었던 구판본 서적들에 자극받아 일어난 변화였다.

하지만 새로운 풍토가 조성될 수 있는 길을 예비한 것은 무엇보다도 로이드 존스의 설교와 가르침이었다. 지금까지와는 다른 유형의 책들에 대한 수요가 생겼다는 게 언뜻 갑작스러워 보일 수도 있다. 하지만 이는 웨스트민스터 채플에서 선포되는 설교와 직접적으로 연관이 있었고, 언젠가 그가 했던 말을 그대로 확증해 주었다. "어떤 사람이 견지하는 신학 유형에 따라 그 사람이 책을 읽는 사람인지 아닌지가 결정되는 걸 보면 아주 흥미롭다." 다시 말해, 그가 설파한 신학이 사람들을 책 읽는 사람으로 만든 것이다. 설교가 우선되어야 했으며, 그렇지 않았다면 고전에 대한 반응도 10년 전과 다름없이 여전히 미미했을 것이다. 설교로 전해진 말씀이 길을 예비해 준 것이다.

로이드 존스의 기대는 결코 전 세대 저자들의 작품에 국한되지 않았다. 미국에서 A. W. 토저 같은 생존 인물의 저작을 들여오는 것을 권장하는 한편, 앞에서 말했다시피 잉글랜드에서 글쓰는 재주를 갖춘 청년들을 찾아내기도 했다. 제임스 패커도 이와 관련해 처음에 그가 인정한 인물 중 하나였다. 패커는 1952년 '잉글랜드 청교도들의 실천적 글쓰기'를 주제로 복음주의 도서관 연례 강좌를 요청받았는데, 그 뒤 타자기로 작성된 이 강연 원고를 도서관 측에서 배포한 것이 앞으로 패커라는 저자에게서 나올 수많은 저작들의 맛보기인 셈이었다.[9] 이는 새로운 저자군의 등장을 바라는 로이드 존스의 소망이 처음으로 실현된 것이기도 했다. 패커의 1952년 강좌가 비교적 소수의 주목을 받았다면, 성화에 대한 케직운동 측의 신학을 비판한 그의 글이 1955년 7월 「이반젤리컬 쿼터리」에 실렸을 때는 경우가 달랐다. 편집인인 F. F. 브루스는 로이드 존스에게 보내는 글에서 "케직 지지자들에게서 비난이 좀 있을 것으로 예상된다"고 말했다. 얼마 후 패커는 레이먼드 존스턴과 공동 작업으로 루터의 『의지의 예속』*The Bondage of the Will* 새 역본을 펴냈다. 거의 50쪽에 이르는 이 역본 서문은 다음과 같은 말로 끝난다. "현대 프로테스탄트 신앙은 대부분 선구적 개혁자들이 고백하지도 않았고 심지어 알지도 못했던 신앙이라 할 것이다." 패커는 존 오웬의 『그리스도의 죽으심』*The Death of Death in the Death of Christ*에 부치는 서론에서는 한 걸음 더 나아간 주장을 펼쳤다.

이 무렵, 그리스도께서 택함받은 자를 위해 죽으셨다는, 대다수 사람들이 지금까지 들어 본 적 없는 가르침을 두고 상당한 소동이 일었다. 복음 전도자 톰 리스Tom Rees는 복음주의가 분열되고 있다고 보고 이렇게 경고했다. "극단적 칼뱅주의가 나라 전역에, 특히 젊은 복음주의 사역자들과 대학생들 사이에 확산되었다." 사람들은 이 현상이 복음주의를 종식시킬까 봐 두려워했는데, 패커는 『복음 전도와 하나님의 주권』*Evangelism and the Sovereignty of God*에서 이 두려움을 지혜롭게 잘 논박했다.[10] 그러나 논쟁은 쉽게 가라앉지 않았다. 한번은 IVF 위원회의 한 고참 멤버가 이 논쟁을 빨리 종식시키고 싶은 마음에, 누구든 어느 '파'(즉, 칼뱅주의)에 속한 사람은 기독교 연합 행사 강사진에서 배제하자고 제안했다. 그러자 로이드 존스는 그런 조치를 취하면 결국 모든 사람을 다 배제하는 결과를 낳을 것이라고 즉각 지적했다. 신앙 문제에서는 너나 할 것 없이 다 일정한 파에 속해 있었기 때문이다.

로이드 존스와 연관되어 있는 젊은이들이 일부 지역에서 혼란을 일으키고 있는 탓에 로이드 존스 자신도 비난을 받았다. 사실 그는 어느 때보다 많은 시간을 들여 청년들을 지도하고 자문하며, 또 종종 자제시키고 있었다. 그러나 독단적인 통제권을 휘두르지는 않았으며, 새로운 상황이 그를 곤혹스런 입장으로 몰아넣었던 것이 분명하다. 그는 복음주의의 연합을 원했다. 아르미니우스 신앙을 가진 동료 그리스도인들과의 교제를 깨트리는 칼뱅주의적 분파주의는 종류를 불문하고 다 멀리했다. 이 문제와 관련해 그는 윗필드가 존 웨슬리와 형제 같은 관계를 맺었던 사례를 자주 언급했다. 그러나 그와 동시에 그는 복음주의가 교리적으로 더욱 단호한 입장이 되도록 애쓰며 기도했고, 이 시대 교회에 가장 필요한 것 즉 참된 부흥은 칼뱅주의 전통과 연관된 성경적 진리를 회복하는 일과 밀접한 관계가 있다고 철석같이 믿었다. 그래서 청년들 사이에 비록 좀 지나친 행동이 있었음에도, 이들이 과거의 전통으로 돌아가는 것은 하나님께서 하시는 일이라는 것이 그의 믿음이었다.

그는 진리가 성경적으로 균형 있게 보존되어야 하며, 논쟁적인 태도가 아니라 경건한 태도로 제시되어야 한다고 역설했다. 그런 필요성을 더 깊이 인식함에 따라 1958년 웨스트민스터 채플에서 또 하나의 문서 사역이 시작되었다. 이 사역을 주도한 이는 1956년과 1957년 청교도 콘퍼런스에서 강연한 엘리자베스 브론드Elizabeth Braund였다. 미스 브론드는 1950년대 초 성경이 전파된 역사를 다루는 BBC 방송 프로그램 대본을 준비하는 과정에서 웨스트민스터 채플과 연관을 맺고 회심한 사람이었다. 1959년 9월, 엘리자베스는 로이드 존스의 권면에 힘입어 '고문 편집자' 제임스 패커와 엘윈 데이비스Elwyn Davies와 공동으로 경건과 목양을 강조하는 격월간지 「이반젤리컬 매거진」*Evangelical Magazine*을 창간했다. 패커가 이 잡지에 쓴 연속 기사는 그의 저서 『하나님을 아는 지식』*Knowing God*의 토대가 되었고, 이 책은 20세기에 가장 널리 읽힌 기독교 서적 중 하나가 된다. 1973년 그 기사들이 한 권의 책으로 엮여 나온 뒤, 그 책의 판매 부수는 300만 부가 넘었다.

* * *

로이드 존스는 설교할 때 어떤 프로그램에 얽매이지 않는 게 특징이긴 했지만, 1959년 주일 아침 설교 때처럼 연속 설교를 도중에 중단했던 적이 있었는지는 모르겠다. 그해 초 그는 에베소서 5장 강해를 중간부터 계속하기로 되어 있었다. 그런데 그는 에베소서 강해를 그해 11월까지 접어 두고 대신 부흥을 주제로 연속 설교를 하기 시작했다. 지금도 여전히 이 연속 설교는 그의 사상을 이해하기 위한 가장 중요한 열쇠 중 하나다.

늘 그랬다시피, 부흥을 주제로 설교할 때도 로이드 존스는 자신이 파악한 당대 상황의 영향을 받았다. 몇 가지 요인이 어우러져 그로 하여금 이 주제를 택하게 만든 것이다. 첫째, 그해는 1859년 영국에서 마지막으로 광범위한 대각성이 있은 지 100주년이 되는 해였다. 물론 로이드 존스는 그런 기념일 같은 것에 관심이 없었지만, 개중엔 크게 관심 있는 이들이 있었고 그래서 부흥을 위한 철야 기도회를 열 정도였다. 이 사람들은 로이드 존스가 그 기도회에 동참하지 않자 깜짝 놀랐다. 로이드 존스는 교회의 일상 사역을 접어 두고 특별한 역사를 기다리는 행위를 신뢰하지 않았다.[11] 성령의 역사를 구하는 기도는 웨스트민스터 채플에서 일상적으로 하는 기도였다. 그는 철야 집회가 제시하는 특별한 활동에는 우리가 뭔가를 해서 부흥을 유도해 낼 수 있다는 잘못된 생각이 자리 잡고 있다고 보았다. 비록 의도는 좋다 할지라도 이런 잘못된 생각을 하는 사람들에게는 설교를 통해 좀 더 명확한 가르침을 줄 필요가 있었다.

그가 부흥을 주제로 연속 설교를 하면서 염두에 두었던 두 번째 그룹은 숫자도 더 많고 일반적인 복음주의 진영에서 좀 더 대표성이 있는 그룹이었다. 이들은 부흥이 긴박하게 필요하다고 보지 않았다. "이들은 부흥을 생각하지도 않고 부흥이 필요하다고 보지도 않으며 부흥을 위해 기도하지도 않습니다. '우리가 할 일은 지금 상태를 그대로 유지하는 것뿐이다. 하나님께서 우리에게 복을 주고 계신다. 만사가 다 양호하다'라고 이들은 말합니다."[12] 성경과 역사에 기록된 하나님의 큰일을 통해 이들이 배워서 알아야 할 것이 있었는데, 그것은 부흥이 지금 현존하는 체험이 아니라는 것이었다. 부흥을 주제로 한 연속 설교에서 가장 큰 부담은 이런 종류의 자족감에 대해 이야기하는 것이었다. "나는 '작은 일의 날이라고 멸시하는'슥 4:10 게 아닙니다. 그저 우리가 '작은 일의 날'을 살고 있음을 깨닫기를 바랄 뿐입니다."[13]

또한 그는 당시 교리의 중요성이 다시 강조되고 있는 상황을 오독할 위험이 있는 젊은이들을 향해서도 발언할 생각이었다. 이들은 교인 숫자가 불어나는 것을 목도하고 있었다. 웨스트민스터 교제회는 교회당 응접실에서 모이다가 이제 대형 인스티튜트 홀로 모임 장소를 옮겨야 했다. 1955년에 60명이었던 청교도 콘퍼런스 참석자 수는 이제 약 200명으로 늘어났다. 웨스트민스터의 주일예배에서는 이러한 변화를 더 선명하게 볼 수 있었다. 1950년대 후반 신학을 공부하러 런던에 온 데이비드 포터는 이렇게 기록했다. "처음엔 주일마다 수많은 사람들 틈에 끼어 웨스트민스터 채플로 향해야 한다는 부담감과 싸웠다. 결국 그 부담감 앞에 무릎을 꿇긴 했지만, 나는 사람들 틈에 섞이지 않고 혼자 채플에 갔다. 여러 가지로 놀라운 일들이 많았다. 회중의 규모도 나에겐 낯설었고, 찬양이 그렇게 감동적인 건 내가 좀처럼 경험해 보지 못한 일이었다. 또 놀라운 것은 학생들이 수백여 명은 되어 보였다는 점이다."

이런 상황은 젊은이들 사이에 근거 없는 만족감을 유발하기 쉬운 상황이었다. 개혁주의 전통에 속한 이들이 부흥의 필요성을 그냥 지나쳐 버리려고 하는 이유는 1959년 청교도 콘퍼런스에서 다음과 같이 요약되었다. (1) 정통 신앙에 안주하여 자신의 영적 삶과 교회의 삶에 점점 무관심해지기 때문이다. (2) 현대주의에 답변하느라 변증에 지나치게 몰두하기 때문이다. (3) '감정'을 싫어하며 오순절주의에 과도하게 반발하기 때문이다. (4) 청교도들에게서 잘못된 결론을 추론해 내어, 부흥은 관심을 끌지 못하는 주제인 양 생각하기 때문이다.

또한 이 콘퍼런스에서 로이드 존스는 지난 100여 년 동안 개혁주의 신학이 쇠퇴한 것이 부흥에 대한 관심이 결여되는 데 가장 크게 기여했다고 말했다. 그는 설교 때 부흥 설교라는 칭호를 쓰지는 않았지만 다음과 같은 발언은 이를 언급하는 말이었다.

> 금세기에 성령론에 관해 집필된 많은 책들을 보시고, 거기에서 부흥에 관해 말하는 구절이나 단락 혹은 장이 하나라도 있는지 찾아보십시오.……이제 성령의 위격과 사역에 대해 말하는 책들을 다시 찾아서 읽어 보십시오. 예를 들어 1860년경 스미턴Smeaton이나 그 외 사람들이 쓴 책을 보면 신앙의 각성, 신앙부흥에 관해 이야기하는 부분을 보실 수 있을 겁니다. 그 책들은 이 문제를 구체적으로 다룹니다. 과거에는 늘 그랬는데 지난 7-80년 사이 성령의 방문, 교회에 부어지는 성령 세례라는 이 개념이 완전히 사라졌습니다.[14]

그는 과거의 복음주의자들과 칼뱅주의 저술가들은 부흥에 대해 현대인들과는 다른 이해를 갖고 있었다고 주장했다. 복음주의자들은 일반적으로 오순절에 한 번의 성령 세례가 있었고 모든 그리스도인은 회심 때 그 세례를 받으며 그래서 자기가 이미 받은 세례를 믿는 것이 그리스도인의 한 가지 본분이라는 개념을 가지고 있었다. 그러나 과거의 저술가들은 계속 진행 중인 그리스도의 세례 사역이 있다고 믿었다. 개인이나 교회에 성령이 추가로 더 많이 새롭게 부어지는 때가 있다는 것이다. '세례', '부음', '부흥'은 다 동의어다. 조나단 에드워즈는 "특별한 은혜의 시기에 [성령이] 주목할 만하게 유출"되는 것에 대해 말하면서 이와 똑같은 개념을 이야기했다. 로이드 존스가 지적했다시피 이것이 성령에 대한 이전 시대 사람들의 일반적인 이해였다. 그래서 존 낙스는 자신이 종교개혁에서 목격한 것을 "하나님께서 당신의 성령을 일개 인간들에게 대단히 풍성하게 주셨다"는 말로 설명했다. 이는 하나님의 주권적인 행위다. 그리스도인들은 성령의 은혜와 영향력을 더 많이 주실 것을 늘 기도해야 하지만, 기도가 응답되는 방식과 때는 하나님께서 정하신다.

그런 다양한 생각들이 존재한다는 것을 고려할 때, 어떻게 모든 사람들을 상대로 부흥 설교를 할 수 있는지 의문이 들 수도 있다. 로이드 존스는, 그런 생각들의 저변에 한 가지 큰 욕구가 자리 잡고 있는데 그것은 바로 하나님을 더 선명히 보고 의식하는 거라고 했다. 사람들의 견해가 달라졌다기보다 하나님의 영광에 대한 인식이 더 높아진 거였다. 이것이 바로 성령께서 가르치시는 내용이며, 성령께서 특별한 능력으로 이를 가르치실 때면 하나님께 대한 두려움이 사람들과 교회를 사로잡는다. "그들은 하나님 보시기에 죄가 얼마나 소를 끼치는 일인지 깨닫기 시작한다. 하나님의 거룩하심과 죄의 죄성을 크게 인식한 나머지 어떻게 해야 할지 몰라 하는 사람들이 있지 않고서는 부흥이 일어난 적이 없었다."[15]

그러므로 더욱 큰 복을 받는 걸 가로막는 주된 장애물이 있다면 그것은 바로 "교회가 여전히 건강하고, 자신만만하며, 필요한 것은 오직 또 한 번의 조직화된 노력과 더 많은 활동뿐이라 믿는 것이다." 사실이 그러하기에, 부흥이 임박했다는 확신이 있을 수가 없었다. "이제 우리에게 어떤 일이 닥칠지 우리는 이미 알고 있지만, 상황은 그보다 더 나쁠 수도 있다."

* * *

복음주의 도서관 내부의 개인 공간인 제프리 윌리엄스의 작은 사무실에는 이제 쓰지 않는 벽난로가 있었고, 벽난로 왼쪽 모퉁이 유리책장에는 그가 좋아하는 책들이 꽂혀 있었다. 어떤 의미에서 이 도서관의 존재 목적은 바로 그 작은 공간에 다 담겨 있었다. 그 책장엔 그가 고른 부흥에 관한 책들과 부흥 시대를 이끈 지도자들의 전기가 꽂혀 있었다. 마조리 덴비가 로이드 존스에게 가져다주곤 했던 책들 중엔 아마 그 책장에 꽂혀 있던 책도 있었을 것이며, 배너 오브 트루스 트러스트에서 재발간한 책들도 있었을 것이다. 로이드 존스가 부흥에 관해 전했던 설교는 1986년이 되어서야 출판되었지만, 그가 높이 평가했던 부흥 서적들은 그 무렵 세계 전역에 보급되어 있었다. 그는 책 자체가 부흥을 일으키지는 않지만 부흥이 임할 때 교회 안에서 부흥 사역이 공고해지는 건 그 전의 적절한 독서 활동과 관계가 있다는 걸 잘 알고 있었다.

1960년 복음주의 도서관 연례 모임 때 제프리 윌리엄스는 그해 칠턴 스트리트에서 6,700권의 도서가 대출되었고 해외 지점으로 8만 4,077권의 책을 보냈다고 보고했는데, 이는 로이드 존스에게 상당히 큰 의미가 있는 일이었다. 로이드 존스가 그날 드린 폐회 기도는 이 장을 마무리하기에 안성맞춤이다.

> 오 주 우리 하나님, 우리가 이제 모든 찬양과 영예와 영광을 주님께 돌립니다. 이는 오로지 주님만의 것입니다. 우리는 이 찬양과 영예와 영광의 단 한 부분이라도 주님 아닌 다른 누구에게 돌리기를 원치 않습니다. 주님, 이것은 주님의 것이오니, 주님께서 크신 은혜의 목적 가운데 우리 중 누구에게 그것을 일부라도 주신다면 우리는 겸손히 감사할 따름입니다.

25.

연합: 에큐메니컬인가, 복음주의인가

로이드 존스에게 1960년대는 인생에서 가장 힘든 10년이었음에 틀림없다. 그는 대체적으로 영국의 영적 상태가 점점 더 나빠져 가고 있다고 봤다. 마치 부흥이 임박한 것처럼 말하는 복음주의 진영의 자신감에 동조하지 않고 오히려 "아직도 갈 길이 먼 것을" 염려했다.[1] 몇몇 방면에서 즉시 설명되어야 할 문제들이 있었다. 로이드 존스와 의견이 같은 사람들 사이에서 지나친 행동이 나오는 것과 관계된 문제도 있었다. 1950년대에 교리가 회복되는 과정에서 로이드 존스에게 공감했던 젊은 세대 중에는 정통 신앙을 너무 배타적으로 생각하는 위험한 경향이 있었다. 로이드 존스는 어떤 사실을 말할 때 강조점의 차이를 두었는데, 이 차이를 이해하기 위해서는 그의 글을 읽을 때 그 말을 어느 때 누구에게 했느냐를 유념하는 게 좋다. "그리스도인을 대상으로 말할 때 나는 교리를 공부하라는 말을 30분 동안 하고, 교리만으로는 충분치 않다는 말 또한 30분 동안 한다."

그러나 주된 어려움은 이뿐만이 아니었다. 에큐메니컬운동은 진리의 우선순위에 이의를 제기했을 뿐만 아니라, 복음주의자들의 논거 즉 신약성경이 요구하는 건 신자들의 영적 하나됨이므로 신자들은 여러 교파에 흩어져 있어도 된다는 주장에도 도전을 던졌다. 기존 교파를 하나의 교회로 변모시키려 하는 건 선하고도 타당한 목표라고 주장하는 에큐메니컬운동 측의 글과 책, '대화', 위원회와 콘퍼런스가 도처에 범람했다. 1964년 노팅엄에서 열린 BCC 콘퍼런스는 '늦어도 1980년 부활절까지는 하나의 교회'라는 슬로건을 내걸었다. 이제 남은 건 과연 무엇으로 그 하나의 교회를 이룰 것이냐 하는 논의뿐인 것 같았다. 그러나 복음주의자들에게 그 근본적인 질문은 앞으로 대면해야 할 문제들의 시작일 뿐이었다.

로이드 존스의 입장에서는 진정한 연합의 필요성을 어떻게 충족시킬 것인가 하는 것이 에큐메니컬운동에 무작정 반대하는 것보다 훨씬 더 중요한 문제였다. 하지만 당시의 지위상 그는 불가피하게 에큐메니컬 반대 진영에서 주도적인 역할을 맡아야 할 터였다. 그는 근본적인 원칙 면에서 에큐메니컬 측과 의견이 달랐다. 모든 대화는 동료 그리스도인 간의 대화라는 이해를 바탕으로 진행되어야 한다는 것이 에큐메니컬 측의 원칙이었지만, 그는 이 원칙에 반대했다. 그 원칙에는 '그리스도인'이라는 말의 의미를 신약성경에서 말하는 것보다 확대 해석할 여지가 있었기 때문이다. 사실 교파연합운동이 성장하게 된 토양은, 자유주의적 성경관이 만연한 나머지 하나님의 자녀가 되기 위해서는 어떤 특정 진리를 믿어야 한다는 개념을 이제 진지하게 받아들이지 않게 되었다는 거였다. 이론상으로는 어떤 식으로든 그리스도를 '하나님의 아들'로 알고 인정한다는 신앙 선언이 요구되었을지 몰라도, 교회 지도자들 사이에서는 신자의 신앙고백을 교리로 검증하는 관행을 아무 거리낌 없이 생략하는 게 보통이었다. 이것이 현실에서 어떤 모습으로 드러났는지 한 예를 들어 보자. 1960년 하원 의원 어나이린 베번이 세상을 떠났을 때, 생전에 그가 무신론자였고 기독교에 공공연히 무관심을 드러냈음에도 불구하고 웨스트민스터 사원에서 그를 추모하는 예배 의식이 있었다. 이듬해에는 피셔를 뒤이어 캔터베리 대주교가 된 마이클 램지Michael Ramsey가 이런 말을 한 것으로 알려졌다. "천국은 기독교만을 위한 곳이 아니다.……나는 이 시대의 몇몇 무신론자들을 천국에서 만나게 될 것으로 기대한다."[2]

그런 견해가 나온 건 국교회 유력 인물 한 사람의 일시적인 일탈이 아니었다. 모든 주류 교회의 기본적인 태도가 바로 그러했다. 노벨상 수상자이자 아프리카 땅 가봉의 랑바레네에서 의사로 활동한 알베르트 슈바이처는 흔히 아주 걸출한 그리스도인으로 여겨졌다. 그러나 그는 기독교 신앙이라고는 조금도 없는 불가지론자라고 자기 입으로 고백한 사람이다. 존 G. 메킨지 교수는 「브리티시 위클리」(1960년 7월 28일)에 기고한 유명한 글에서 "슈바이처는 그리스도인인가?"를 논하면서 서슴없이 "그렇다"고 말해야 한다고 결론 내렸다. "삶은 지식보다 위대하다"고 메킨지는 말했다. 슈바이처에게는 '그리스도의 정신'이 있었고, 누구든 그리스도의 정신을 가진 사람은 그 사람이 무엇을 믿느냐 안 믿느냐와 상관없이 그리스도인이라는 것이다.

로이드 존스는 불신앙에 대한 이런 해석을 사랑의 정신을 기반으로 한 유쾌한 발전으로 여긴 것이 아니라 기독교 메시지의 유일성을 부인하고 교회의 생명 자체를 위협하는 오류로 보았다. 그는 1962년 여름 웨스트민스터 교제회가 웰린으로 연례 야유회를 갔을 때 전했던 두 편의 설교에서 이 문제를 길게 설명했다. 그는 요한복음 17장과 에베소서 4장을 강해하면서 그리스도인이 무슨 뜻인지에 대한 성경의 정의가 그리스도인들이 공감하는 연합에 대한 이해보다 우선되어야 한다고 지적했다. '그리스도인'이 무슨 뜻인지 정의하면서 그는 신앙과 체험 두 가지가 다 필요하다는 점을 명시했다. 그리스도인이란 죄에 대한 자각을 체험한 사람, 회개를 아는 사람, 중생의 결과로 새 생명을 소유한 사람이다. 그런 한편 체험과 그리스도인이 믿는 교리는 서로 병행한다. 어떤 사람이 기본 진리를 사랑하지도 않고 그 진리를 더 많이 알기를 바라지도 않는다면 그 사람은 자기를 그리스도인으로 여겨 달라고 요구할 수 없다. 이 두 편의 설교는 1962년 12월 『그리스도인의 연합의 토대』*The Basis of Christian Unity*라는 제목으로 IVF에서 출간되었다.[3]

그리스도인의 연합은 그리스도의 복음에 대한 공통적 믿음의 결과다. 1960년대에 로이드 존스는 복음주의자들과 연관된 믿음이라고 해서 그 모든 믿음을 다 개인의 기독교 신앙을 검증하는 시금석으로 여기지는 않았지만, '복음주의자'라는 말을 옳게 이해한다면 이는 곧 '그리스도인'과 동의어라고 생각했다. 복음주의자evangelicals라는 말의 역사적 의미를 볼 때, 복음주의자는 '복음을 전하는 사람'gospellers이다. 로이드 존스는 어떤 사람이 '복음주의자'라는 명칭을 쓰지 않아도 그리스도인일 수 있다고 믿었으며, 어떤 사람이 고백한 기독교 신앙의 진위를 최종적으로 판단하는 건 우리가 할 일이 아니라는 걸 잘 알고 있었다. 그러나 복음주의의 기본 진리는 곧 복음의 기본 진리인데, 그 기본 진리를 부인하는 사람에게 '그리스도인'이라는 이름을 붙여 주는 건 기독교 자체의 토대를 허무는 일이었다. "수 세기 동안 받아들여져 온 기본 진리를 부인하는 건 말할 것도 없고 그 진리를 의심하고 의문을 품는 사람은 교회에 속한 사람이 아니요, 그들을 형제로 여기는 건 진리를 배반하는 행위다."

로이드 존스가 교회일치주의자들에게 그토록 비판을 받은 것은 주로 이 점 때문이었다. 그는 그들이 내세우는 주된 전제의 타당성을 부인했다. 「브리티시 위클리」가 1952년 로이드 존스가 쓴 '오늘날 복음주의 신앙 유지하기'라는 글에 적대감을 보였다는 걸 앞에서 살펴봤었다. 1960년대에는 이 적대감이 더 심해졌다. 1964년 노팅엄에서 열린 제1차 영국 신앙과 직제 콘퍼런스British Faith and Order Conference에서 교회일치 논의에 참여했던 일부 복음주의자들은 IVF의 입장(로이드 존스가 여전히 주 대변인 역할을 하는)에 대한 "편견, 심지어 적대감을 강렬하게 의식하게 된다"는 이야기를 했다. 그 콘퍼런스 때 존 헉스터블 학장이 공격한 것도 로이드 존스의 신념이었다. "제가 보수 복음주의자들에게 적지 않게 느끼는 곤혹스러움은, 기독교 신앙이 그들만의 독특한 방식으로 표현되지 않으면 그건 사실상 전혀 표현되지 않은 거라고 하는 그들 특유의 주장입니다.……즉, 대속 속죄론을 믿지 않으면 과연 구원을 믿기는 하는 건지 의심스럽다고 한다는 겁니다."

헉스터블은 또 한 사람의 교회일치주의자 더글러스 존스보다는 그래도 신중한 편이었다. 더럼 대학교 라이트푸트 석좌 교수였던 더글러스 존스는 자신의 저서 『평화의 도구』*Instrument of Peace*에서 로이드 존스의 "영향력 있는 저서 『그리스도인의 연합의 토대』가 참 신자란 타락의 역사성, 죄에 대한 하나님의 진노, 대속, 예수 그리스도의 몸의 부활 그리고……성경에 대한 근본주의적 접근을 믿는 사람"이라 가르친다고 개탄했다. 대신 그는 "그리스도인은 '신조를 믿지' 않고, 신조의 도움을 받아 하나님을 믿는다"고 했던 캔터베리 대주교의 말에 환호를 보냈다. "독터 마틴 로이드 존스는 그리스도인인지 여부를 판별할 수 있는 정확한 교리적 표지가 있다고, 믿는 사람과 믿지 않는 사람을 구별해 낼 수 있다고 우리를 설득하려 합니다.……이 점에서 그는 이 시대의 위대한 복음주의 신학자[즉, 칼 바르트]에게서 아무것도 배우지 못했습니다.……복잡다단한 이 시대 상황에서 그리스도인이 동료 그리스도인을 인정하려 하지 않는 것보다 더 큰 추문은 없습니다"라고 그는 불평했다.[4]

더럼 대학교의 그 신학 교수는 완전히 다른 구원 개념을 가지고 있었던 것이 분명하다. 그는 교회가 세상에서 구별된 모임이라는 로이드 존스의 믿음을 부인하면서 이렇게 주장했다. "교회는 단일한 인간 집단 안에서 발생한 것으로, 그리스도인뿐만 아니라 모든 인간이 다 그 집단으로 부름받습니다. 더 나아가, 예수 그리스도 안에서 이들은 이미 그 집단 안에 존재합니다. 그리스도는 모든 인간의 머리이시고…… 교회는…… 절대 정의될 수 없습니다."

이보다 더 강한 발언도 뒤따랐다. 로이드 존스의 입장은 자기 의에 사로잡힌 바리새인의 입장과 비슷하다는 것이었다. 로이드 존스에 대한 그런 반감은 끈질기게 지속되었다. 10년의 세월이 지난 뒤에도 제임스 바는 자신의 저서에서 독자들을 향해 로이드 존스의 『그리스도인의 연합의 토대』야말로 "보수 복음주의자들이 비보수주의자들과 어떤 식으로든 함께하는 것을 가혹하고도 엄격하게 반대했던 한 가지 사례"라고 지적했다.[5]

이런 종류의 비난은 로이드 존스를 괴롭히지 못했다. 그가 정작 깊이 염려했던 것은, 에큐메니컬운동을 어떻게 대해야 할 것인가를 두고 복음주의 진영에 균열이 생기기 시작했다는 점이다. 복음주의자들의 생각에 큰 변화가 생기기까지의 배경은 앞에서 이미 이야기했는데, 이제 그 변화가 실제로 일어나고 있었다. 잉글랜드 복음주의 진영에 모종의 변화가 생기는 건 불가피한 일이었음이 분명하다. 에큐메니컬운동 측에서 새로운 쟁점을 등장시켰고, 지금까지 알려지지 않았던 방식으로 교파 간 경계를 무너뜨리려고 했기 때문이다. 회중교회는 연합 문제와 관련해 잉글랜드 장로교와 활발하게 토론을 벌였다. 스코틀랜드 교회(장로교)는 잉글랜드 국교회와 협의를 했고, 감리교도 성공회와의 재연합 계획에 몰두했다. 교회 구조가 근본적으로 바뀐다면 복음주의자들이 지금 상태를 정확히 그대로 유지할 방도가 없었다. 각자 자기 교파에 머물러 있긴 했으나 이들은 마음이 불편했다. 적어도 그 교파들이 원래 어느 입장에 서 있었는지를 아는 한 마음이 편할 리가 없었다. 오랜 세월 동안 각 교파는 부동의 경계를 유지해 왔다. 그런데 새로운 제휴 관계와 눈에 보이는 '교회일치'에 대한 전반적인 요구 앞에서 옛 복음주의가 현 상태를 그대로 유지한다는 건 거의 불가능했다. 이런저런 식으로 변화가 있을 수밖에 없었다.

로이드 존스는 이 상황이 복음주의자들에게 큰 기회를 제공한다고 여겼다. 복음주의자들은 각자의 교파 안에서 지연 전략만 쓸 게 아니라 신약성경이 연합을 어떤 식으로 역설하는지 그 강조점을 그대로 채택해야 했다. 그는 오류에 맞서는 것, 교리에 대한 무관심주의를 경고하는 것만으로는 이 상황에서 충분치 않다고 주장했다. 정통 신앙을 갖고 있다 하면서 교회 차원에서 서로 분열된 상태에 아무 불편함을 느끼지 못한다면 그 사람이 과연 신약성경의 교훈을 충분히 진지하게 받아들이고 있는 것이냐고 그는 물었다. 복음주의자들은 케직 사경회 같은 집회에서 자신들은 "그리스도 안에서 하나"요 여러 복음주의 단체(자신의 사역이 워낙 중요해 비복음주의자들을 회원으로 받아들일 수 없다고 주장했던)에서도 '하나'라고 말했지만, 신약성경의 교회들에게 요구되었던 그런 연합을 위한 공동 책임 문제에서는 전혀 하나가 아니었다. 교파 자체가 이렇게 소용돌이에 휩싸인 만큼, 복음주의자들은 평소에 그렇게 자주 단언하곤 하던 그 하나됨을 이제 실천에 옮겨야 한다는 것이 로이드 존스의 생각이었다.

> 우리는 스스로 변화에 찬동함으로써 교회 문제를 회피해 왔습니다. 우리가 고백하는 신앙은 성경에 비춰 볼 때 결함이 있었기에 필연적으로 앞뒤가 맞지 않았습니다. 우리는 오류에 빠진 사람을 비판하면서도 여

전히 그들과 한 교회에 속해 있었고 그들을 동료 신자요 고위 성직자로 인정해 왔지요. 이런 행동은 우리의 비판을 다소간 무효로 만듭니다. 비복음주의자들은 대체적으로 일관성이 있습니다. 그들은 어느 단계에서든 똑같은 말을 합니다. 그런데 우리는 그렇지 않습니다. 예를 들어 복음주의자들은 학생 단계에서는 분리를 옹호하는데(SCM이 아니라 IVF에 속할 것을 추천하면서), 교회 차원에서는 정반대의 태도가 되어 WCC 참여를 옹호합니다. 분리가 어느 한 차원에서 옳다면 다른 차원에서도 옳아야 하는 것 아닙니까? 이런 모순된 태도 때문에 복음주의자들의 입장은 쉽게 지지를 받을 수가 없는 것입니다.

위의 발언은 1963년 6월 19일 웨스트민스터 교제회에서 행한 미발표 강연 내용의 일부다. 이를 보면 복음주의자들이 교회일치 문제 전반에서 의견이 갈렸음을 그가 이미 알고 있었다는 게 드러난다.

이런 차이가 생겨난 한 가지 원인은 이 책 앞부분에 이미 등장했다. 잉글랜드 복음주의 진영에는 당대 교계 현안과 관련해 이제 상당한 온도 차가 존재하게 되었다. 로이드 존스는 30년 동안 쉼 없이 전국을 돌아다녔기 때문에 다른 이들과 달리 교계의 전반적인 상태를 잘 알고 있었다. 게다가 그는 긴 여름휴가 때 해외로 나가지 않고(그렇게 해주기를 바라는 이들이 많았지만) 영국 각지를 두루 돌아다니며 설교자가 아니라 청중의 입장에서 교회들을 파악하곤 했다. 평범한 회중의 일원으로 주일예배에 참석해 보면 주중 집회 때 각처에서 온 많은 사람들 앞에서 설교할 때와는 사뭇 느낌이 달랐다. 1960년과 1962년 여름휴가는 온 나라가 다 상당한 비율로 영적 쇠퇴를 겪고 있다는 확신을 더 선명하게 해주었다. 이스트 앵글리아나 옥스퍼드셔, 콘월이나 서머셋, 북스코틀랜드나 웨일스 등 어디를 가든 상황은 대동소이했다. 웨스트민스터에서 교인들에게 말했다시피, "비극은 단순히 회중 규모가 작다는 게 아니라, 이들이 아예 영적으로 죽은 거나 다름없는 상태여서 진리를 제시했을 때 이를 노골적으로 싫어한다는 데 있었다." 스코틀랜드의 하이랜드에서 40명이 넘는 목회자들을 만나 보면서 그는 "지난 5년 사이 상황이 아주 악화되었다"는 그들의 생각을 들을 수 있었다.

런던을 벗어나 어디를 가서 무엇을 보든 상황이 매우 심각하다는 느낌이 확실해졌다. 1961년 복음주의 도서관 연례 모임에서 그는 친구들에게 이렇게 말했다. "제가 생각하기에 시간이 갈수록 상황은 더욱 나빠질 것입니다. 복음주의자라고 하는 우리들 사이에서도 강력한 탐색이 있을 것입니다. 우리는 특정한 근본으로 다시 돌아갈 수밖에 없으며, 아주 적은 무리로 남을 수도 있습니다."

이러한 의견을 낼 수 있는 근거와, 이것이 런던에서 최대 규모로 손꼽히는 교회를 섬기고 있는 사람의 입에서 나온 말이라는 사실을 대다수 복음주의자들은 간과했다. 이들은 복음주의의 영향력이 커져 가고 있다고 믿을 뿐이었다. 이들은 로이드 존스의 현실 진단을 받아들이기는커녕, 복음주의가 현대적인 이미지를 갖추고 기독교 신앙을 최신식으로 제시하면 주류 교파의 중심 위치를 차지할 수 있을 거라고 생각했다. 그러므로 복음주의자들에게 요구되는 건, 어떤 식으로든 변화의 흐름에서 '발을 빼는 것'이 아니라 교파 일에 훨씬 더 활발하게 참여하는 것이었다.

잉글랜드 국교회의 보수 복음주의자들은 가장 앞장서서 이런 의견을 개진했다. 이들의 수적 우위, 이들이 운영하는 대학, 잉글랜드 복음주의 진영에서 전통적으로 차지해 온 지도적 위치 때문에 에큐메니즘과 관련된 이들의 결정은 널리 영향력을 가질 수밖에 없었다. 국교회의 복음주의자들 다수가 1950년대 초의 '호의적 중립' 입장에서 이제 A. T. 호튼이 옹호하는 것처럼 에큐메니즘에 적극 참여하자는 의견을 받아들이는 쪽으로 이동하기 시작했다. 복음주의가 인정할 만한 권력의 회랑에 복음주의의 목소리가 들리게 하려면 다른 대안이 없다는 게 그들의 주장이었다. A. T. 호튼의 강연 소식을 전하는 기사의 제목은 '복음주의자들 앞에 놓인 선택, 고립될 것인가 참여할 것인가'였다. 에큐메니즘은 시대의 이슈이고, 그래서 복음주의자들이 내부에서 이에 대해 목소리를 내지 않으면 이들의 의견은 아무 쓸모가 없으리라는 것이 그의 주장이었다.

존 스토트는 「잉글랜드 국교회 신문」*Church of England Newspaper*(1968년 11월 1일)에서 말하기를, "복음주의자들이 대화를 회피하는 건" 자신들의 복음주의 신앙이 "이 시대 교회가 겪고 있는 혼란이나 당혹스러움과 전혀 무관할 정도로 융통성이 없다"고 주장하는 오류를 저지르는 것이라고 했다.

이런 입장을 취하는 사람들은 교회일치 논의를 위해 모이는 수많은 회의와 위원회에서 자신이 환영을 받는다는 사실로 자신의 믿음이 옳다는 것을 확인했다. J. D. 더글러스Douglas(스코틀랜드 교회 복음주의자)는 1964년 노팅엄 콘퍼런스 주최자들이 보수 복음주의자로 알려진 이들의 참석을 독려하면서 보인 '유명한 제스추어'에 환호를 보냈다. 그는 노팅엄 콘퍼런스에 어떤 이들이 초청받았는지를 보면 "미래를 위해 좋은 조짐을 보이는 관대한 정신이 잘 드러나 있다"고 했으며, "복음주의자 중 한 사람인 A. T. 호튼 목사가 주 강연 하나를 부탁받았다"고 알렸다. 국교도 복음주의자들도 다양한 포럼에 초청을 받고 그들 교회 안에서 교회일치에 관한 토론을 벌였다. 머지않아 이 상황은 복음주의 국교도들이 (존 스토트의 표현을 빌리자면) "배척당한 소수요, 멸시받는 소수 조직"이었던 비교적 최근 상황과는 완전히 딴판이 되었다. 1964년, BCC의 신앙과 직제 분과 비서 존 웰러John Weller는 "보수 복음주의자와 그 외 사람들의 대화가 지금 이 순간 영국에서 어쩌면 지난 몇 년 사이 그 어느 때보다 더 광범위하게, 더 활발하게, 더 생산적으로 진행되고 있다"고 보고했다.

로이드 존스는 이런 낙관적인 입장을 취한 사람들이 성경적 기독교를 위해 실제적인 영향력을 얻어 가고 있다고 생각하지 않았다. 오히려 이들이 지금 진행되고 있는 신앙의 쇠퇴 현상과 혼란스러움에 자기도 모르게 일조하고 있는 것이라 여겼다. 이 나라의 주된 문제는 주류 교회들 안에 굳어진 불신앙이었다. 천국에서 무신론자들을 만나게 될 것을 기대한다는 램지 대주교의 말은 그다지 진기한 발언이 아니었다. 60년대 중반, 상원의 노동당 당수는 개신교 입장을 견지하는 주교가 하나도 없다고 말했는데, 누구도 이 말을 쉽게 반박할 수 없었다. 사제가 미사 때 제의를 입는 것, 죽은 자를 위한 기도, 제대祭臺를 설치하는 관행에 모두들 찬동했다. 잉글랜드 국교회와 연합 협상을 벌이던 감리교단에서 가장 유명한 리더로 손꼽히는 도널드 소퍼 박사는 1965년 한 해 동안 성경 읽기를 금지하자고 제안했다. “성경과 관련한 현재 상황을 견딜 수가 없다. 이 상황은 거의 전적으로 새로운 출발이 이뤄지지 않는 한 사라질 수 없는 악몽을 보여준다”는 게 이유였다. 「메소디스트 리코더」*The Methodist Recorder*에 실린 ‘메소디즘은 영원히 사라지다’라는 제목의 기사에서 존 J. 빈센트는 칭의, 구원에 이르는 믿음, 확신, 성결에 관한 모든 교리는 “이제 우리의 세상이 아닌 지적이고 신학적인 세상에 속해 있다. 그 교리들이 설명하는 체험은 이제 감리교도를 위한 규범이 아니다”라고 주장했다. 1965년 플리머스에서 열린 감리교 콘퍼런스에서 한 복음주의자가 감리교 고유의 신앙 신조를 회복시키는 수정안을 발의했는데, 이 발의안은 601대 14로 부결되었다.

교회일치를 위한 대화에 참여한 대가는, 복음주의자들이 이 상황을 관용하거나 심지어 찬동한 바로 그 사람들을 동료 그리스도인으로 간주해야 한다는 것이었다. 1964년 노팅엄 콘퍼런스 후 한 복음주의자가 일갈했다시피 “에큐메니컬운동 논의 전반에서 진짜 이슈가 되는 건 바로 ‘신뢰’다. 그리스도의 이름을 거명하는 사람들, 예수님을 주님이라 부르지만 교리 면에서 우리와 다른 사람들을 진짜 그리스도인으로 믿을 것인가?” 실제로 이것이 문제였는데, 국교도들이 이끄는 많은 복음주의자들이 내린 결론은, 전에 이 문제에 답변하던 방식에 심각한 잘못이 있었다는 거였다. 쟁점은 이렇게 분명해져 가고 있었다. 과거 복음주의자들의 태도가 잘못되었고 편협했고 완고했는가, 아니면 새로운 정책이 성경에서 멀리 이탈한 움직임인가 하는 것이었다. 새로운 정책이 성경을 벗어났다는 게 쟁점이라면, 그러한 방향 변화는 무엇으로 설명할 수 있을까?

한 가지는, 복음주의 진영의 지도자들이 더 많은 성과와 광범위한 영향력을 고려하여 정책을 결정하다 보니 교리에 대한 헌신이 약화되었다는 점이다. 빌리 그레이엄 박사가 이때 "그리스도의 제자임을 알아볼 수 있는 한 가지 증표는 정통 신앙이 아니라 사랑"임을 역설하고 있었는데, 이런 주장을 하는 사람이 교계에서 차지하고 있는 지위가 이 시점에서 큰 영향을 끼쳤다. 그런 발언의 비호 아래, 영적으로 참담한 결과를 낳는 내용을 가르치는 지도자들이 이들 사역이 대적하는 메시지와 같은 부류로 인정받고 있었다. 이 시점에서 로이드 존스는 그레이엄과 대면하여 대화를 나눴다. 두 사람은 1963년 7월 초 웨스트민스터 채플 목회실에서 만났다. 그레이엄이 유럽에서 개최될 예정인 '세계 복음 전도 대회'World Congress on Evangelism를 로이드 존스가 주재해 주었으면 해서 그 문제를 상의하려고 만난 자리였다. 로이드 존스는 이렇게 말했다. "저는 협정을 맺자고 했지요. 그가 전도 집회 때 마구잡이로 후원받는 걸 중단한다면, 즉 자유주의자와 로마 가톨릭 측 사람들을 강단에 세우는 걸 중단하고 또 청중에게 즉석에서 결단을 요청하는 시스템을 포기한다면 저도 전폭적으로 그를 지지하고 쾌히 유럽 대회를 주재해 주겠다고요. 세 시간가량 이야기를 나눴지만, 그는 이 조건을 받아들이지 않았습니다."[6]

한편 그레이엄은 영향력을 더 넓히기 위한 정책을 계속 강화해 나갔다. 보스턴의 쿠싱 추기경과 함께 출연한 TV 대담에서 그는 '상호 이해와 대화의 새로운 시대'에 대해 이야기했다. 쿠싱은 "귀하가 이 교회일치 정신에 크게 기여했다"고 응수했다. 그레이엄 전기 작가의 말에 따르면, 1964년 그레이엄이 또 한 차례의 전도 대회를 앞두고 사전 대화를 위해 런던에 다시 왔을 때 가장 먼저 만난 사람이 램지 대주교였고, 곧이어 런던 주교와 서더크 주교를 만났다고 한다. 서더크 주교인 머빈 스톡우드Mervyn Stockwood는 로마 가톨릭과의 재연합을 지지하는 사람으로, 그레이엄의 1966년 얼스 코트 전도 대회를 후원하게 될 카운슬 오브 레퍼런스Council of Reference를 섬겨 달라는 부탁을 받게 된다.

그레이엄 측에서 이렇게 에큐메니컬 측의 후원을 받아들인 것은 그의 판단을 믿는 사람들에게 단 한 가지 인상만을 남겼다. 그레이엄이 비복음주의자들의 '형제애'에 그토록 감명받았다면, "글쎄요, 우리가 강조해 온 이 교리들이 사실 그렇게 중요한지 궁금하군요"라고 말할 만했다는 것이다.

그렇다고 해서 그레이엄 박사를 영국에서 교리의 중요성이 약화된 주원인으로 몰려는 건 아니다. 교리의 중요성이 약화되는 현상이 그 전부터 존재하지 않았다면, 복음주의자들이 협력이라는 새로운 정책에 그렇게 휩쓸리는 일은 절대 없었을 것이다. 한때 타협으로 불렸던 행동이 이제는 노골적으로 정당화되었다. 기독교 서적의 예를 보면 이 사실이 잘 설명된다. 글래스고의 윌리엄 바클레이William Barclay 박사는 1960년대에 가장 널리 알려진 신앙계 인물이었다. 저술가이자 방송인으로서 그는 평범한 사람들에게 인기 있는 방식으로 개념을 전달하는 기술을 능숙하게 구사했다. 그러나 바클레이가 비록 성경에 대해 많은 말을 하기는 했지만 하나님의 말씀으로서 성경의 권위에 대한 믿음은 없었다. 또한 그리스도의 위격과 탄생에 대한 그의 견해는 역사적 기독교의 견해가 아니었다. 바클레이의 전기를 쓴 작가는 로이드 존스의 말을 인용해, 그는 "기독교계에서 가장 위험한 사람"이라고 말했다.[7] 아마도 로이드 존스는 정확히 그렇게 말했을 것이다. 로이드 존스는 바클레이의 매력적인 표현 기술과 가끔씩 던지는 옳은 말 때문에 사람들이 혼동하고 있다고 믿었다. 그러나 혼동을 부추긴다는 면에서 그보다 더 염려스러운 것은, F. F. 브루스 박사가 바클레이와 협력하여 루터워스 출판사에서 펴내는 '성경 가이드' 시리즈를 만들고 있다는 사실이었다. 맨체스터 대학교의 성경 비평과 주해 라일런즈Ryland(존 라일런즈 도서관 설립자 엔리케타 라일런즈의 기부금으로 설치된 강좌이다—옮긴이) 교수인 브루스는 IVF의 '신앙 원리'에 서명한 사람이었지만, 그 원리에서 멀리 벗어난 믿음을 가진 사람들과 공공연히 한 무리로 인정받는 것을 전혀 모순으로 여기지 않았다. 이런 행동들이 있었기에 로이드 존스는 다음과 같은 질문을 던지지 않을 수 없었다. "복음주의자들이 자기가 진술한 신앙과 정반대 내용을 가르치는 사람들과 공동 전선을 펴면서도 그것이 해로운 줄 모른다면 그 신앙 선언에 무슨 가치가 있는가?"[8]

로이드 존스가 복음주의자들 사이의 이런 방향 변화에 크게 기여하고 있다고 본 또 하나의 요소는 위의 사실과 밀접하게 연관되어 있다. 성경을 강조하는 자세를 기꺼이 버리는 것과 더불어, 부정적이고 논쟁적이며 싸우기 좋아하는 사람으로 여겨지는 것에 대해 지나친 두려움이 등장한 것이다. 종류를 불문하고 모든 비판은 다 인기를 잃어 갔다. 어떤 사람으로 보이든 모든 이들을 다 받아들이고 인정하는 '애정 어린 태도'가 유행했다. 진리와 오류를 분별하는 것, 사람을 경계해야 할 필요성이 여전히 그리스도인의 미덕으로 여겨지기는 했어도, 이제 우선순위 목록에서는 밀려났다. "믿음의 도를 위하여 힘써 싸"워야 할[유 3절] 의무는 훨씬 더 아래 순위로 밀려났다. 이런 것들을 강조하기 위해서는 복음주의자들이 소망하다시피 많은 이들에게 점점 더 많이 인정받고 찬동받을 가능성을 포기해야 했다. 이렇게 더 큰 관용을 대체적으로 옹호하는 이들은 과거에 완고하고 매력 없는 논쟁적 태도가 너무 보편적으로 만연했다고 보고 이에 대한 반작용으로 그런 태도를 보이는 것이었다. 정통 신앙을 수호한다고 하면서 긍휼과 거리가 먼 태도를 보인 사람은 늘 있어 왔다. 그런데 이제 이 말은 누구든 진지하게 '믿음의 싸움'을 싸우는 사람은 다 그런 사람이라는 의미를 담게 되었다. 여전히 노골적 정죄의 대상이 될 만한 태도 중에서 이제 남은 게 있다면 그것은 '사랑이 부족'한 태도였다. 1960년대의 복음주의자들은 이제 그런 분위기로 끌려들어 가고 있었다. 로이드 존스의 말이 왜 그렇게 지지를 받지 못했는지는 이와 같은 분위기로 다 설명이 될 정도다.

F. F. 브루스는 비록 이 부분에서 로이드 존스와 생각이 다르긴 했지만, 로이드 존스가 오만한 교조주의에 빠져 있다는 비난이 점점 거세게 몰아칠 때 이런 비난 공세에서 그를 변호해 준 공로는 인정할 만하다. "로이드 존스는 철두철미 겸손한 사람이었다. 그에게 오만하다는 혐의를 씌운 이들은 크게 실수하는 것이다. 그의 확신은 자신이 선포해야 할 메시지, 자신에게 사명으로 주어진 그 메시지에 근거한 확신이었다.……그는 기도의 사람이었고, 능력 있는 복음 전도자였다. 또한 보기 드문 자질을 지닌 강해설교자로서 가장 완벽한 의미에서 하나님 말씀의 종이었다."[9]

이 점과 관련해 로이드 존스가 1960년대 초 주일 아침 설교 때 "마귀의 간계"엡 6:11를 강해하는 데 많은 시간을 할애했다는 사실이 중요하다. 그가 회중에게 상기시켰다시피, 성경은 상황이 겉으로 보이는 것과는 다를 때가 많다는 것을, 그리고 타락 때문에 그리스도인은 늘 사람을 경계하고 의심할 의무가 있다는 것을 우리에게 경고한다. 이 설교들 중 마귀가 오류와 속임수를 이용하는 사례를 다루는 설교가 몇 편 있었는데, 그중 로마 가톨릭을 주제로 한 설교가 「웨스트민스터 레코드」에 실리자 많은 이들이 한마디씩 했다. 하이버리 쿼드런트 회중교회 목사는 이 설교가 교회들 간 화해에 장애물이 될 것을 염려했다. 더 기이한 것은, 이 설교에서 경고하는 말들이 불필요하다고 여기는 이들의 태도였다. 1960년 이즐링턴 목회자 콘퍼런스에서 M. A. P. 우드는 로마 가톨릭에는 그 어떤 위험성도 없다고 보았다. 1962년에 A. T. 호튼 목사는 에큐메니즘의 방향이 로마와의 재연합을 향하고 있다는 사실을 부인했지만, 제2차 바티칸 공의회Vatican II와 더불어 울린 재연합의 서곡에 긍정적인 반응을 보였다. 이것을 정당화하기 위해 에큐메니컬 측이 내놓은 논거는 이제 곧 복음주의자들의 논거가 되기도 할 터였다.

여기서 한 가지 말해 두어야 할 것은, 로이드 존스가 책과 저널을 통해 로마 가톨릭 측 사람들의 글을 읽었다는 사실이다. 그는 한스 큉Hans Küng 같은 저술가들을 익히 알고 있었고, 심지어 잉글랜드 도미니크회에서 편집하는 월간지로 대다수 복음주의자들은 이름조차 들어 본 적 없는 「뉴 블랙프라이어」*New Blackfriars*까지 구해서 읽었다. H. W. J. 에드워즈는 로마 가톨릭의 여러 저널에 자주 글을 기고하는

1963년 4월 22일 켈빈 홀.
로이드 존스는 사역 기간 내내 영국 전역의 크고 작은 집회에서 설교했다.

사람이었는데, 한번은 로이드 존스의 설교를 들으러 갔다가 "용기를 내서" 목회실 문을 열고 들어갔더니 "독터 로이드 존스가 나를 보고 환히 웃으며 (웨일스어로) 'H. W. J. 에드워즈씨죠? 이런, 만나서 정말 반갑습니다'라고 인사하는 바람에 깜짝 놀랐다"고 했다. 로이드 존스는 가톨릭교도에게 개인적으로 반감을 갖는 것은 절대 옹호하지 않았고, 그리스도인이면서 로마 가톨릭교도일 수 있는 가능성을 절대 부인하지 않았다. "그런 사람들은, 그들이 속해 있는 시스템 때문이 아니라 그 시스템에도 불구하고 그리스도인이다." 하지만 그는 로마 가톨릭 시스템을 반성경적 포괄성의 궁극적 형태로 여겼다. 로마에서 일어나고 있는 변화는 전에도 여러 번 봤던 부류의 변화로, 시대 상황이 달라질 때 거기 적응할 수 있는 능력이 나타난 것일 뿐이었다. 새로운 기대를 가져도 될 만한 증거, 즉 교회와 성례 전반에서 기본적인 구원론의 변화는 없었다.

1964년 무렵, 그때까지 고려해 본 이유들로 로이드 존스는 전반적인 복음주의의 연합은 전혀 기대할 수 없다고 봤다. 사실은 복음주의 자체가 이미 분열되고 있었다. 그래도 그는 이런 이합집산 끝에 새로운 집단이 등장해 시대의 도전에 대처할 수 있게 되리라는 소망을 버리지 않았다.

26.

위기의 세월

교회일치 문제가 어떻게 로이드 존스의 시간을 점점 더 많이 앗아 갔는지 살펴보았다. 웨스트민스터 교제회 모임에 일어난 한 가지 변화가 이 사실을 잘 설명해 준다. 1960년 1월까지 교제회는 대개 화요일 오후에 매달 한 번씩 모였다. 그런데 이제 참석자 수가 전보다 많아지면서 화요일 그 시간에는 교회 여성도들이 차 봉사를 하기 힘들어졌다. 같은 시간에 교회에서 여성도 모임이 있었기 때문이다. 그래서 교제회는 월요일 오후로 모임 시간을 바꿨다. 그런데 1963년 6월 모임 때, '에큐메니컬 연합이냐 아니면 복음주의적 연합이냐'라는 시급한 현안을 토론하기 위해서 시간이 좀 더 필요하다는 걸 고려해 정기모임을 월요일 오전부터 시작하자는 제안이 있었고, 모두들 이에 동의했다. 이는 비록 한 달에 한 번이지만, 주말에 고된 사역을 마친 로이드 존스가 쉴 틈도 없이 곧장 월요일 모임에 하루 종일 참석하고, 거기에다가 교제회 모임에 나온 동료 목회자들과 면담까지 해야 한다는 의미였다. 자기 사역지의 특정 문제에 대해 그의 조언을 들으려고 먼 거리를 마다하지 않고 와서 교제회 모임에 참석하는 이들이 늘 있었기 때문이다.

이 아침 모임이 시작되면서 모임 자체도 새로이 조정되었다. 로이드 존스가 1963년 6월에 했던 강연의[1] 후속 조치로, 교제회 회원 다수를 강사로 세워 아침 모임 때 강연을 듣고 그 강연을 토대로 토론을 벌이기로 했다. 강사는 교파별로 세웠는데, 이는 성경을 기초로 교파 간 차이를 재검증해 보자는 의도였다. 이는 더욱 폭넓고 친밀한 제휴 관계로 이어질 만한 공통의 기반이 있을 거라는 소망에서 나온 조치였다. 강사는 로이드 존스가 선정했지만, 시간이 부족하기도 해서 충분한 계획을 세울 수가 없었다. 강연은, 일단 한번 하고 나면 그 내용을 다시 구해서 볼 수 없었다. 똑같은 내용이 다시 등장하고 해결되지 않은 상태로 남는 경향이 있었다. 위원회를 만들어 강연 원고 작업을 하는 일도 없었다. 일의 진행이 이렇게 더딘 것은 의도적이기도 했다. 로이드 존스는 회원들에게 생각하고 의논할 시간을 주고 싶었다. 그리하여 1964년 가을 그는 1965년 웰린에서 하계 집회를 열고 전통 교파의 합병보다 복음주의의 연합을 우선시하자고 회원들에게 마지막 도전을 던지기로 했다. 어떤 경우 그런 우선순위의 결정이 필연적으로 소속 교파를 떠나야 하는 결과를 낳을 수도 있다는 것을 그는 알고 있었다. 그리고 이 일로 일부 사람들이 치를 대가를 생각하면 마음이 몹시 무거워지기도 했다. 그는 적절한 시기 문제에 대해 많은 고민을 했고, 엘리자베선 로버트 브라운이 말하는 "그 누구로 인해서도 지체되지 않는 개혁"에 대해 비판적 입장을 보였다. "이런 문제에는 적절한 때가 있습니다. 역사가 그 점을 매우 웅변적으로 증거합니다.……성도들이 마음을 준비하고 각오하는 시간을 늘 고려해야 합니다. 그들을 몰아세우지 마십시오.……교육하고, 훈련하고, 위험을 알려 주십시오. 저는 우리가 큰 인내심을 발휘할 필요가 있다고 확신합니다."[2] 그는 자신에게 문의해 오는 목사들에게 이런 조언을 주곤 했다. 교파를 탈퇴해야 할 경우라도 그건 회중과의 결별이 되어야지 단순히 동료 교역자들과의 결별이 되어서는 안 되었다.

그러나 인내심 말고 또 한 가지 요소가 로이드 존스를 가로막았다. 그게 아니었다면 1965년 여름 그는 더욱 확실한 도전이 될 만한 시도를 했을 것이다. 로이드 존스 진영에서, 그것도 그가 오랜 세월 동안 친밀한 관계를 맺어 왔던 사람들에게서 역습이라 할 만한 제안(기본적인 성격상 그러했다)이 나온 것이다. 길버트 커비가 여전히 총서기로 있는 복음주의연맹이 복음주의자들의 연합 문제가 위험에 처해 있는 것을 보고 이 문제에 대처하기 위해 나름의 조치를 취하기 시작했다. 연맹은 1965년 9월 말에 런던에서 '전국 복음주의자 총회' National Assembly of Evangelicals를 개최한다고 공고했다. 연맹 조직의 중요한 변화와 맞물려 있는 조치였다. 지금까지 연맹은 '영적 일치'를 지지하면서, 회원 자격을 개별 그리스도인으로 제한했다. 그런데 이제, 그런 연합은 신약성경이 요구하는 연합에 상당히 미치지 못한다는 비난에 대응하기 위해 지교회나 총회도 연맹의 협력 회원이 될 수 있으며, "지교회나 기독교 단체의 총대 혹은 대표 자격으로 오는 이들을 위해" 전국 총회 콘퍼런스(공개적인 저녁 집회와 구별되는)를 예정하고 있다고 했다.

로이드 존스는 이것을 올바른 방향으로 한 걸음 전진하는 것으로 보지 않았다. 그는 복음주의자들의 참 연합이라는 것이 에큐메니컬이 말하는 연합의 가능성을 믿는 사람들까지 포괄하는 것이라면 이 조치는 그 연합이 과연 유지될 수 있느냐 하는 쟁점을 우회해 갈 것이라고 믿었다. 연맹이 주최하는 '전국 총회' 프로그램 강사 중 이 쟁점에 대해 발언하는 사람이 하나도 포함되어 있지 않은 것을 보면서 그의 이 믿음은 더욱 확고해졌다. 그가 보기에 이 변화는 반드시 실패하게 되어 있는 타협일 뿐이었다.

같은 해인 1965년 봄에 출간된 『모두가 각자의 자리에서』*All in Each Place*는 로이드 존스에게 일격을 가했다. 지금까지 살펴봤다시피, 에큐메니컬 측의 제안에 동참할 것인가에 대한 논쟁에서 많은 이들이 복음주의적 국교도의 입장에 크게 의존해 왔다. 그리고 새로운 다수의 의견으로 보이는 정책이 등장했음에도 불구하고 로이드 존스는 지금까지 제임스 패커가 비교적 젊은 층의 국교도 복음주의자들 중 좀 더 칼뱅주의에 가까운 소수 그룹을 이끌어 줄 것으로 기대했다. 그러나 1963년에서 1965년 사이(제임스 패커가 성공회-감리교 연합 위원회 회원이 되었을 때) 현 상황을 보는 패커의 시각에 뭔가 변화가 일어났다. 이러한 변화는 『모두가 각자의 자리에서』에서 뚜렷이 볼 수 있었다.[3] 패커가 이 책의 편집을 맡았고, 중요한 의미가 담긴 첫 장인 '연합의 방식을 구함'을 직접 쓰기도 했다. 이 책은 많은 장점들과 함께, 패커의 생각이 전에 복음주의와 모순된다고 비판했던 바로 그 입장 쪽으로 크게 옮겨 갔다는 명백한 징후를 보여주었다. 이 책에서 그는 '복음주의자와 다른 이들과의 연합에 관한 논쟁'에 대해 말했는데, 여기서 '다른 이들'은 '가톨릭' 측 형제들(국교회 내 고교회파)과 비감독교회파 형제들을 뜻했다. 비감독교회파에는 존 헉스터블(그 역시 이 책에 글을 기고했다) 같은 자유교회 사람이 포함되었다. 그가 노팅엄 콘퍼런스 때 복음주의자들이 '대속 속죄론'을 믿는 것에 대해 잔소리를 했음에도 불구하고 말이다. 이 책은 고교회파를 향해서는 이렇게 약속했다. 기고자들은 고교회파에게 "의도적으로 곤란을" 초래할 의도가 전혀 없다고 말이다. 연합을 위한 모든 계획은 고교회파의 양심을 '보호'하되 "개인적으로 찬동할 수 없는 성찬 교제를 피할 권리까지" 보호할 것이라고 했다. "심각하게 비정통 신앙을 가진 사람"은 연합 교회의 공식 직분에서 배제될 거라고 했지만, 과연 누가 그런 사람인지는 여전히 오리무중이었다. 『모두가 각자의 자리에서』가 독자들에게 주는 대체적인 인상은, 비복음주의자들과의 연합을 모색하는 탐구는 결국 대개가 다 옳다는 거였다.

1965년 6월 16일 웰린에서 있었던 웨스트민스터 교제회 야유회에서 로이드 존스는 지금 등장하고 있는 복음주의 연합 움직임에 자신이 왜 아무런 기대를 하지 않는지 그 이유를 설명했다. 그의 강연은 이례적이라 할 만큼 개인적 성격의 발언으로 마무리되었다. 그는 몇 가지 반드시 이야기해 두어야 할 것이 있다고 하면서 자신이 곧 새 교회를 출범시킬 것이라고 하는 '소문'을 부인했다.

저는 지금 우리가 논의하고 있는 모든 일에 개인적으로 아무 관심이 없습니다. 저는 새 교단을 제안하지 않았습니다. 저는 조직가가 아닙니다. 뭔가를 조직한다는 건 아마 제가 제일 못하는 일 중 하나일 겁니다. 거의 쫓기다시피 하는 마음으로 저는 진실을 위해 자서전을 써야겠다는 생각까지 하게 되었습니다! 몇 년 전 저는 자유교회회의나 회중교회 연합 총재가 될 수도 있었습니다. 그 모든 걸 다 가질 수도 있었습니다.[4] 사람은 누구나 혼자 힘으로 하나님께 답변해야 할 것입니다.

아직도 저는 복음주의자들이 어쩌면 두 번 다시 없을 기회를 놓치고 있다고 생각합니다. 단일한 세계교회가 다가오고 있고, 복음주의자들은 '기정사실'fait accompli에 직면하게 될 것입니다. 상황은 절망적이지는 않지만 아주 심각하기는 합니다. 달리 무얼 기대하지는 않았지만 그래도 서글픕니다. 우리는 어떻게 해야 할까요? 제가 할 일은 계속 복음을 설교하는 것뿐입니다. "믿음의 선한 싸움을 싸우라." 이 싸움은 4-50년 전에는 전면전이었지만 지금 우리는 복음주의 진영에서 이 싸움을 해야 합니다. 놀라운 점은, 이 상황에 뭔가 새로운 게 있다고 생각하는 복음주의자가 있다는 것입니다! 부흥을 위해 기도하라고 사람들에게 권면해야 합니다……저는 성령의 부음을 위해 기도하라고 앞으로도 계속 시간을 들여 사람들에게 역설할 것입니다. 그러면 이런 난관들은 상당 부분 우리 눈앞에서 사라질 것입니다. 우리는 각 지역에 독립적인 복음주의 교회가 생겨나는 걸 장려해야 합니다……더 비대해진 런던 권역 교회가 이 나라의 대표는 아닙니다.

제 말이 뭇사람들에게 잘못 인용되리라는 걸 잘 압니다. 그래도 걱정하지 않습니다. 우리는 다 그리스도의 심판대 앞에 서게 될 것입니다.

주님께 대한 두려움을 조금이나마 알기에 저는 이런 일들에 관해 여러 분들을 설득하려고 애써 온 것입니다.

이 웰린 야유회(아름다운 '게슨스' 지역에서 보낸 수많았던 행복한 여름날은 이해로 마지막이었다)는 아주 침울한 분위기에서 마무리되었다. 로이드 존스는 웨스트민스터 교제회가 현재 형태로는 그 쓸모를 다했다고 생각했다. 11월 29일 월요일까지 더 이상의 모임은 없었다.

로이드 존스는 1965년 9월에 열린 복음주의연맹의 전국 복음주의자 총회에 참석하지 않았다. 하지만 1965년 11월 29일 웨스트민스터 교제회 모임이 또 한 번 있었을 때, 안건 토론 뒤 이 총회에 대한 보고가 이어졌다. 주요 내용은 로이드 존스도 이미 알고 있었다. 전국 총회는 교회 문제를 논의하기 위해 소집된 게 아니었음에도, 웨스트민스터 교제회 회원인 돈 데이비스Don Davies 목사의 해법을 받아들여 '에큐메니컬운동, 교파주의, 가능성 있는 미래의 연합 교회(즉, 연합 복음주의 교회)에 대처하는 복음주의자들의 다양한 태도를 철저히 연구하기 위한' 위원회를 설치하기로 했다. 길버트 커비는 1965년 10월 14일 로이드 존스에게 편지를 보내 이 결정에 대해 알리면서, 위원회가 곧 개최할 토론에 참석해 달라고 부탁했다.

로이드 존스는 필자를 포함해 웨스트민스터 교제회의 다른 회원들과 함께 이 초청을 수락해 9인 위원회에서 발언을 하기로 했다. 이에 따라 위원회의 결과가 공식적으로 발표될 때까지 교제회 자체의 움직임은 연기하기로 의견 일치를 보았다. 이미 확정된 공식 발표일은 1966년 10월이었는데, 복음주의연맹이 주최한 제2차 전국 복음주의자 총회와 날짜가 겹쳤다. 한편 교제회는 이 문제에 대해 자체 토론을 계속하고자 했고, 그에 따라 1966년 정기 월례 모임 스케줄이 마련되었다.

지난 12개월 동안 그토록 주목받았던 주제는 '교회 개혁 방법'이라는 제목 아래 1965년 청교도 콘퍼런스에서 진행된 강연의 주제로도 채택되었다. 강연들은 주로 16세기 역사를 다루었으며, 무슨 내용을 다룰지 짐작할 수 있었다. 하나의 예외가 있었는데, 그것은 다름 아니라 로이드 존스의 폐회 강연 '교회 속의 작은 교회들'이었다. 새로운 지평을 연 이 연설에서 그는 종교개혁 이후 복음주의자들이 교회가 관할하던 지역에서 교회들의 '핵'(교회 안에 작은 교회들)을 조직하고자 했던 여러 사례들을 추적해 갔다. 그가 생각하기에 종교개혁 때 내부에서 있었던 이런 시도들은 하나같이 교회의 본질에 관한 신약성경의 가르침을 포착하지 못했다. 이들은 원칙보다 편의성을 우선했다고 생각했다. 그는 영향력 확대를 최우선으로 여기면 신앙이 쇠퇴하고 만다는 것을 당대의 사건들이 또 한 번 실례로 보여주고 있다고 여겼다. "우리는 남은 자remnant 교리를 잊고 있습니다. 우리는 편의주의와 편법을 신뢰하면서, 우리가 신실하다면 우리 숫자가 아무리 적고 '지혜롭고 슬기 있는 자들'마 11:25에게 아무리 멸시받아도 성령께서 우리와 우리의 고백을 높이실 것이라고 약속했다는 점을 언급하지 않고 있습니다."[5]

로이드 존스의 입장에서는 1965년 말에 앞으로 다가올 분열의 경계선이 확실히 그어졌다. 그는 미국에 있는 필립 휴스에게 보낸 편지에서 이렇게 말했다. "저는 내년 한 해 동안 우리가 현실적 위기를 향해 나아갈 거라고 확신합니다."[6]

이어지는 상황에서 로이드 존스의 생각이 어떠했는지 파악하려면 여기서 한 가지 사항을 강조해야 한다. 그것은 이때나 그 어느 때에도 그가 에큐메니즘에 대한 올바른 대응으로 새로운 복음주의 교파를 만드는 걸 옹호하지 않았다는 점이다. "새 교파 설립을 제안하시는 겁니까?"라는 질문에 그는 이렇게 대답할 수 있었다. "제가 입에 올리지 않는 게 바로 그겁니다."[7] 그가 만약 기존 교파든 새로 만들어질 교파든 어느 한 교파를 지지하는 걸 중요시하고 또 교회 체제에 대한 자기 견해를 강조했다면(즉 회중교회파냐 독립교회파냐), 틀림없이 상당한 지지를 받을 수 있었을 것이다. 하지만 그는 근본적인 이유로 그와 같은 행동에 반대했다. 교회의 위기는 서로 다른 교회 정치 형태를 두고 생겨난 것이 아니었다. 그가 생각하기에 교회 정치는 성경이 최종적인 확실성을 허락하지 않는 주제였다. 교회의 위기는 복음 자체와 '그리스도인이란 무엇인가?'라는 질문을 두고 생겨난 위기였다. 그러므로 시간이 필요하다는 것은 새로운 교파가 등장해 교회 정치에 관한 어떤 한 견해를 강화하거나 소속 교인들을 설득해 전통적인 교파 구별을 두고 모종의 타협안을 받아들이게 해서 다른 모든 교파는 다 배제하게 만들려는 게 아니었다. 그런 행동 방침으로는 더 중대한 복음주의적 기독교의 연합을 절대 성취할 수 없었다. 오히려 과거의 실수를 영속화할 뿐이었다. 더 중대한 연합은 모든 부차적인 차이를 다 없애려 하는 데서 찾아오는 게 아니었다. "어떤 사람이 '신앙'의 본질적 요소에 동의하는 한 나는 그 사람이 장로교인이든, 침례교인이든, 독립교회인이든, 감독교회인이든 상관하지 않습니다." 일치로 가는 길은 모든 부차적 차이를 없애는 것이 아니었다. 그 길은 교회들이 모든 근본 원리에서 성경에 순복하는 것이었다. 그런 순복이 존재한다는 조건으로 로이드 존스는 이렇게 말할 수 있었다. "나는 교파에 아무 관심이 없다." "한 교파에 속하라. 그러나 교파주의를 고수하지는 말라."

* * *

1966년 1월 20일 목요일, 웨스트민스터 채플에서는 새해 들어 첫 번째 전체 교인 회의가 열렸다. 먼저 세례식이 있었고, 재정 보고 및 새 교인 보고가 이어졌다. 마지막으로 교계에 제안된 새 회중교회 헌법과 웨스트민스터 채플의 관계에 대해 로이드 존스가 설명하는 순서가 있었다. 새 회중교회 헌법에 대해서는 집사들과 더불어 이미 연구하고 고찰해 두었었다. 이 헌법에 따르면, "교회 연합을 촉진하고, 자유교회 연합회의와 BCC, WCC와 같은 기관을 통해 다른 기독교회 및 단체들과 에큐메니컬한 관계를 돈독히 하는 것"이 교회의 한 목표였다.

잉글랜드와 웨일스에 새 회중교회 헌법을 만들자는 제안에 대하여 웨스트민스터 채플은 여기에 찬동하여 다른 교회들과 계약을 맺어서는 안 된다는 동의動議가 나오고 재청이 나왔다. 반대표는 하나도 없이 압도적인 찬성으로 통과되었다.

이 회의가 열린 인스티튜트 홀에서 1966년 3월 21일 웨스트민스터 교제회도 모였다. 교회 정치 형태와 복음주의 연합 문제에 관한 일련의 강연 중 마지막 회차 강연이 있을 예정이었다. 로이드 존스는 패커 박사를 강사로 초청했고, 패커는 단단히 준비하고 강연을 하러 왔다. 그는 『모두가 각자의 자리에서』가 이곳 청중에게 호의적으로 받아들여지지 않았다는 것을 잘 알고 있었기에, 그렇지 않아도 긴장된 관계를 더 경직시킬 만한 발언은 하지 않으려고 특별히 주의했다.

영국 성공회의 교회일치 의제에 동참하는 건 옹호하면서 복음주의 교회들끼리 새로운 가시적 연합을 이뤄야 한다는 로이드 존스의 호소에는 왜 부응하지 않는지에 대해 패커 박사가 내놓은 논거는 두 가지였다. 첫째, 그는 복음주의 그리스도인들이 복음이라는 큰 문제에서는 이미 연합했고, 공식적·조직적·교파적 연합은 본질적이지 않다고 주장했다. 둘째, 복음주의자들은 교회 체제 같은 부차적 문제에서 의견이 다른 것이므로, 복음을 설교할 자유만 있다면 그런 문제에 대한 각자의 입장에 따라 그에 부합하는 교파에 계속 머물러 있어도 문제될 것이 없다는 게 그의 믿음이었다. 그는 이렇게 물었다. "제가 불필요한 방식으로, 충분히 개선될 수도 있는 방식으로 친구들과 고립되어 있는 걸까요? 그렇다고 확신하지는 못하겠습니다. 우리가 비록 본질적인 문제에서는 생각이 일치하지만, 의견이 갈리는 다른 사항들이 있습니다.……복음주의자들이 서로 계속 교제를 나누면서 동시에 각자 다른 교파 소속을 유지하는 것 말고 이 현실에 어떻게 부응할 수 있는지 전 잘 모르겠습니다."

1966년 3월 21일자 패커의 강연은 복음주의의 연합 문제에 아무런 대안을 제시하지 못했다. 그는 에큐메니컬 프로그램 안에서 움직여야 얻을 수 있는 결과에 소망을 두었다. 그리고 반대 입장에 있는 사람들을 향해서는 그들이 그리고 있는 좀 더 성경적인 형태의 가시적 연합을 제시하라고 요구했다.

웨스트민스터 교제회 모임 다음 날인 1966년 3월 22일, 로이드 존스는 잉글랜드 중부 멜턴 모브레이라는 장터 마을의 교회 연합 집회에서 설교하기로 되어 있었다. 그가 외부 설교를 나갈 때 필자가 운전해서 모셔다드리는 경우가 있었는데, 이날도 그런 날이었다. 차 안에서 이런저런 이야기를 나눌 시간을 벌기 위해서이기도 했고, 차를 가지고 가야 다음 날 아침 일찍 집으로 돌아올 수 있기 때문이기도 했다. 그날 차 안에서 우리는 전날 있었던 교제회 모임 이야기를 나누었고, 복음주의 교회 연합체를 새로 만든다면 과연 어떤 형태로 만들어야 할지에 대해서도 이야기했다. 그러나 그날 밤 그가 전한 메시지는 다른 모든 것을 다 덮어 가렸다. 설교 본문은 사도행전 24:24-26이었는데, 특히 25절의 "바울이 의와 절제와 장차 오는 심판을 강론하니 벨릭스가 두려워하여……"라는 말씀이 중심이었다. 그날 멜턴 모브레이의 그 교회에 모인 회중은 다음 주에 있을 하원 총선거를 앞두고 다른 모든 이들과 마찬가지로 크게 들떠 있는 상태였다. 그러나 바울이 벨릭스에게 전하는 메시지가 설파되자 다른 모든 건 갑자기 다 하찮아 보였다. 죽음처럼 활기 없는 수백 년 세월을 덮어 가린 오래된 판석 도로 위에 말없이 빼곡히 들어찬 사람들은, 유권자로서가 아니라 또 다른 세상에 최고로 관심이 있는 필멸의 존재로서 그의 설교를 들었다. 설교자는 다른 모든 것에 앞서 복음 전도자였다.

* * *

로이드 존스는 1966년 10월 18일 웨스트민스터 센트럴 홀에서 열리는 제2차 전국 복음주의자 총회에서 개회 연설을 해달라는 요청을 받았다. 둘째 날부터 여러 강연과 토론 모임이 이어졌고, 폐회식에서는 성찬식이 진행되었다. 총회의 중심 주제는 기독교의 연합 문제였고, 특히 제1차 총회 뒤 결성된 위원회 활동 결과에 관심이 모였다. 제2차 총회에 맞춰 발간된 12쪽짜리 보고서를 통해 위원회는 다음과 같은 결과를 알렸다.

> 현재 교파 간 경계 위에 연합 복음주의 교회를 설립해야 한다는 광범위한 요구는 없다.……그렇다고 해서 지역 차원과 전국 차원에서 복음주의 교회들 간의 효과적인 교제나 연합체가 있을 수 없다는 뜻은 아니다.

로이드 존스가 강연한 후 혼동이 빚어졌는데, 그것은 그가 이 위원회 보고서에 찬동 혹은 반대하지 않았는데도 그렇게 했다고 일부 참석자들이 추측했기 때문이다. 여기서 기억해야 할 것은, 지금까지 그의 생각은 주로 웨스트민스터 교제회 같은 개인적인 모임을 통해 표현되었고 지면을 통해 발표된 건 전혀 없었다는 점이다. 복음주의 연맹이 그에게 강연을 요청한 목적은, "개인적인 자리에서 발언한 것을 공개적으로 이야기하게 해야 한다"는 것이었다. 로이드 존스가 모든 복음주의자들을 대변하지는 않으리라는 것을 알고 총회 측에서는 의장을 맡은 존 스토트에게도 10분의 시간을 주면서 연합에 대한 국교도 복음주의자의 견해에 대해 발언할 수 있게 했다. 스토트의 짤막한 발언에 이어진 로이드 존스의 연설은 이 책에서 이미 설명한 그의 신념을 요약하는 내용이었다. 즉, 에큐메니컬운동 때문에 복음주의자들이 새로운 입장에 처하게 된 만큼 이제는 단순히 기존의 관습을 따르기만 할 수는 없다는 것이었다. "오늘날 우리는 프로테스탄트 종교개혁 이후 유례가 없는 상황에 직면해 있습니다." 그런데 복음주의자들은 교회론을 직시하기는커녕 "각자 교파를 본래 상태 그대로 유지하는 일에만 신경 쓰고 있다는 인상을 줍니다. 그 교파에 소속된 다른 누구보다도 열심히 말입니다." 복음주의자들이 소속 교파에서 '복음주의 진영'으로 계속 존재할 수 있도록 대비했을 경우 이제 그들이 직면해야 할 문제는 전국 차원에서, 에큐메니컬운동에서 그리고 궁극적으로 로마 가톨릭 내에서도 '복음주의 진영'이 될 수 있는가의 여부였다.

로이드 존스가 파악하는 주 쟁점은, 복음주의자들이 교파들의 기존 상황을 수정하고 개선할 것인가, 아니면 성경으로 돌아가 "기독교회란 무엇인가?"를 질문함으로써 에큐메니컬의 도전에 정면으로 맞설 것인가였다. "이것이 중요한 경계선입니다. 에큐메니컬 측은 교리보다 교제를 중시합니다. 우리는 복음주의자로서 교제보다 교리를 중시합니다." 교회는 근본 진리를 믿고 체험한 사람들의 모임이다.[행 2:42] 이들은 삶으로써 자기가 그리스도인이라는 것을 날마다 증거하는 사람들이다.

그것이 기독교회에 대한 복음주의의 견해입니다.……살아 있는 사람들로 구성된 교회 말입니다. 더 이상 뺄 것이 없는 어떤 최소한의 진리를 믿지 않는다면 그 사람은 그리스도인일 수 없으며, 교회에 속한 사람도 아닙니다. 우리는 지금 그런 말을 해서는 안 되는 시대에 도달한 것입니까? 복음주의자들이 너무 달라졌기에 우리는 이제 그런 주장을 할 수 없는 것입니까?

이 책에는 강연 내용을 일부밖에 실을 수 없으므로 독자들이 강연 전문을 구해서 연구해 볼 것을 권한다[8](이 강연은 1947년과 1957년 복음주의연맹 집회 때 했던 강연까지 포함한 세 편 모두의 맥락에서 이해해야 한다[9]). 1966년 10월 18일 밤, 로이드 존스는 해야 할 말만 한 것일까 아니면 적정선을 넘은 것일까? 의장은 그가 적정선을 넘었다고 생각했다. 로이드 존스는 결론을 제시했고 다음 날로 예정된 토론 후에 했어야 할 호소를 했다고 본 것이다. 그래서 존 스토트는 그날 집회를 폐회하기 전 다음과 같이 즉흥적인 조언을 했다.

형제 여러분, 의견 교환이라는 게 있습니다.……우리가 이 자리에 온 것은 토론을 하기 위해서입니다. 호소할 사항이 있으면 [총회가] 끝날 무렵에 해주셔야 합니다. 제가 믿기로 역사는 독터 로이드 존스가 하신 말씀에 반하고 있습니다.……성경도 그의 생각에 반합니다. 남은 자는 교회 안에 있지 교회 밖에 있지 않습니다. 경솔히 행동하시는 분이 없기를 바랍니다.……우리는 모두 동일한 궁극적 문제에 관심을 갖고 하나님의 영광을 중시하는 사람들입니다.

차분한 어조로, 강사에게 결례가 되지 않는 범위에서 발언하긴 했지만, 존 스토트가 이런 식으로 개입하여 방금 강사가 제시한 주장을 반박했다는 것은 그야말로 극적인 일이었다고 할 수밖에 없다. 집회장을 가득 메운 청중은 이 일로 의견이 양분되었고, 다음 날 낮 토론회에 참석할 수 있었던 사람은 얼마 되지 않았다. 쟁점에 대해 이제 고민을 시작하는 단계일 뿐이었던 많은 이들은 이 복음주의 지도자를 따를 것인가 아니면 저 복음주의 지도자를 따를 것인가 하는 좀 더 손쉬운 선택을 했다. 감정의 소용돌이가 깊었다. 존 스토트도 뒤늦게 깨달았겠지만, 로이드 존스를 총회 첫날 강사로 세워 분위기를 선점하게 한 것이 어쩌면 실수였을지 모른다. 로이드 존스와 존 스토트 때문에 집회장에 긴장이 감돌자 스토트는 자기가 아무 말도 하지 않았더라면 성공회 측 목회자들이 다음 날 아침에 돌아갔을 거라고 변명하듯 중얼거렸다. 존 스토트와 복음주의연맹 지도부 모두 로이드 존스의 생각을 개인적으로 듣는 것과 그 생각이 센트럴 홀에서 공개적으로 설파되는 게 얼마나 다를지 그 차이를 아마도 과소평가했던 것 같다.

총회 둘째 날에는 연합 문제에 대해 좀 더 시간을 들여 토론할 계획이었지만, 지난밤 개시된 쟁점에 관한 토론은 사실상 계속 이어지지 못했다. 젊은 성공회 사제 줄리언 찰리가 주제 강연을 했다. 균형을 맞추기 위해 그에게도 로이드 존스와 똑같은 분량의 시간이 주어졌는데, "분리를 옹호하기보다는 한 관할 지역 내에서 연합된 교회"를 추구해야 한다는 그의 주장은 현실과 동떨어진 주장이었다. 그래서 토론은 아무 효과도 거두지 못했다. 로이드 존스도 그날 한동안

존 스토트와 대화하는 마틴 로이드 존스.
로이드 존스는 1966년 10월 18일 제2차 전국 복음주의자 총회 개회 연설에서
에큐메니컬운동에 대해 복음주의가 취해야 할 태도를 역설했다. 이에 총회 의장인 존 스토트가
이 연설을 공개적으로 반박함으로써 복음주의 진영의 분열이 가시화되었다.

집회장에 머물렀지만 토론에는 전혀 참여하지 않았다. 주최 측은 총회의 남은 일정이 더 이상의 논란 없이 진행된 것에 크게 안도했다. 사실 많은 이들이 경계는 이미 그어졌다고 여겼고 비국교도 복음주의 교회들 다수가 복음주의연맹에서 탈퇴하는 수순을 밟았다.

종교 언론은 필연적으로 10월 18일 밤에 공개적으로 드러난 분열 사태를 집중적으로 다루었고, 견해 차이의 요체를 주류 교단 탈퇴인가 잔류인가로 제시했다. 10월 21일자 「더 크리스천」지는 '복음주의자들이여, 그대의 교파를 떠나라'라는 크고 진한 서체의 제목 아래 독터 로이드 존스가 "연합 교회를 결성하자고……절절히 호소했다"고 보도했다. 대다수 기사들이 그의 강연을 그와 동일한 관점에서 설

명했다. 분열 사태에서 스토트 측에 섰던 사람이 글을 통해 이와는 다른 판단을 제시한 것은 그로부터 35년 후였다. 티머시 더들리 스미스Timothy Dudley-Smith는 권위 있는 존 스토트 전기를 집필한 사람으로, 로이드 존스의 1966년 강연에 대해 말하기를 그가 목회자들과 국교회 측 성직자들에게 어떤 조치를 취하라고 역설한 것인지 아주 분명한 것은 아니라고 했다. "그러나 분명한 것은, 「더 크리스천」지와 「크리스채너티 투데이」지가 보도한 것처럼 로이드 존스가 그 사람들을 향해 '주류 교파를 떠나 연합 교회를 결성하라'고 촉구했다는 말은 완전히 오해라는 것이다. 그보다 그는 '이 시점에서 우리에게 무엇보다 필요한 것은 모두가 함께 교제하는 그런 다수의 교회이다'라고 호소했던 듯하다."[10]

복음주의연맹 총회 후 첫 번째 웨스트민스터 교제회 모임은 1966년 11월 28일에 있었다. 유달리 많은 사람들이 참석한 것으로 볼 때 뭔가 중요한 일이 있을 것으로 예상되었던 것이 분명하다. 로이드 존스는 자연스럽게 몇 마디 논평을 하다가 마침내 자리에서 일어나 그가 내린 결론을 발표했다. 그는 이제 행동을 취할 때가 되었고 그 첫 단계는 지금 모이는 이 교제회를 해산하는 거라고 생각했다. "18개월 전 웰린에서 저는 복음주의 연합에 대한 소망을 볼 수 없다고 했고 이 교제회 모임 또한 끝낼 때가 되었다고 말씀드렸습니다. 하지만 실행은 미뤄 왔습니다……1965년 11월 우리가 모였을 때, 제1차 복음주의연맹 총회에서 결성된 위원회의 제안을 고려해 저는 우리가 하지 못한 일을 그 위원회가 할 수 있는지 1년을 더 기다리면서 지켜보겠다고 말씀드렸습니다. 이제 상황은 확실해졌습니다. 우리들 사이에 근본적인 견해차가 있다는 것입니다."

그는 교제회가 아무 변화 없이 존속한다면 모임이 갈등과 논쟁의 수렁으로 빠져들 위험이 있다고 보았다. "이 토론에도 이미 갈등이 빚어져 왔습니다. 몇몇 분들에게 유예 기간이 주어졌고 의견 불일치로 우리들 자신도 제약을 받았습니다." 그는 계속해서 설명하기를, 이 모임에는 지금까지 어떤 규약도 없었고 모임이 자기를 중심으로 존속되는 것이 곤혹스러웠다고 했다.

> 지금 벌어진 사태에 저는 별로 놀라지 않습니다. 슬프긴 하지만 놀랍진 않습니다. 교파를 탈퇴한 분 혹은 탈퇴를 고려하는 분들을 도울 수 있다면 무슨 일이라도 할 각오가 되어 있습니다만, 요지부동으로 교파 안에 머무르려는 분들과는 도무지 접점을 찾을 수가 없습니다. 우리는 절대 사랑을 잃어서는 안 됩니다. 우리와 의견이 다른 사람들의 정직성을 인정해야 하며 다른 이들은 상황을 우리가 보는 것처럼 보지 않는다는 것을 인정해야 합니다. 사람들은 말합니다. "그 사람 말이 정말 옳기는 한데……." 저는 그 말을 받아들일 자세가 되어 있습니다. 개인적인 관계는 전과 다름없이 이어질 것입니다. 우리는 서로 도울 수는 있습니다만, 정기적인 교제는 이어 갈 수 없습니다.

오전 모임에서 그가 이야기했다시피 이후 교제회 모임에 관해 그는 아무 계획이 없었다. 토론을 더 하고 싶은 회원들은 점심 식사 후 그 공간이나 다른 공간을 사용해도 된다고 했지만 그는 참석하지 않을 터였다. 후속 모임에서 어떤 기초가 마련되고 어떤 불편함 없이 거기 어울릴 수 있다면 그는 그 모임을 지지하겠다고 했다. 그러나 "현재 상태의 웨스트민스터 교제회는 해산된 것으로 보아야 한다"고 그는 결론지었다.

그날 점심 식사 후 로이드 존스가 참석하지 않은 상태에서 후속 모임이 열렸다. 장시간의 토론 끝에 "독터 로이드 존스가 웨스트민스터 센트럴 홀에서 호소한 내용을 지지하는" 결의안이 통과되었다. 찬성 96표, 반대 13표, 기권 31표였다. 이 수치는 그 호소에 몇 가지 불확실한 사항들이 수반되었음을 반영한다. 기권 표를 던지긴 했지만 여전히 로이드 존스의 입장에 가까운 이들이 있었던 반면, 찬성표를 던졌으면서도 오히려 이들에 비해 로이드 존스와 멀어진 이들도 있었다. 이렇게 해서 이듬해 교제회 모임은 더욱 명확한 입장을 가진 회원들로 면모를 일신하게 되었다.

27.

논쟁

1966년 복음주의연맹 총회 후 로이드 존스에게 쏟아진 비난은 그가 "복음주의자들의 연합을 망가뜨리고 있다"는 것이었다.[1] 이러한 견해는 앞으로 수년 동안 널리 지속될 터였고, 이와는 생각이 다를 것으로 기대되었던 사람들에게까지 지지를 받았다. 이에 대응하여 우리는 앞에서 이미 언급했던 그 혼란스러운 상황으로 다시 돌아가야 한다. 어떻게 해서 그런 혼동이 빚어졌으며, 어떻게 해서 많은 이들이 오해하게 되었는가?

첫째, 의도적이었든 우연이었든 부정확한 정보가 확산되었다. 앞에서 지적했다시피, 언론 보도의 경우가 바로 그러했다. 그런데 왜 로이드 존스 측에서는 좀 더 적극적으로 이런 기록을 바로잡으려 하지 않았을까? 바로잡기는커녕 그는 강연 내용을 책으로 출판하자는 제안도 거절했다. 생각건대 그 일에 신경 쓸 시간이 없었기 때문일 것이다. 더 나아가, 더 큰 그림이 제시되지 않는다면 그리하여 그 강연의 의미가 좀 더 광범위한 정황에서 파악되지 않는다면, 총회 후 논란 상황이 보여주다시피 그 책 또한 제대로 해석되지 않을 게 분명했다. 필자가 확신하는 게 한 가지 있다. 그가 자신의 강연을 출판하지 않은 것은, 존 브렌처John Brencher가 널리 퍼뜨리고 R. T. 켄덜Kendall이 지지했던 그 이유 때문이 아니었다는 것이다. 브렌처는 1966년 사건에 대해 이렇게 기록했다.

> 기회가 주어졌다고 할 때 그가 과연 새 교단을 만들었을지는 논란의 여지가 있는 문제다. 그는 그럴 의도가 없다고 공개적으로 부인했다. 그와 가까웠던 사람 중에는 그렇게 생각하지 않는 이들도 있지만 말이다. 예를 들어 R. T. 켄덜은 아무 일도 일어나지 않자 "그가 매우 실망스러워"하는 것 같았다고 했다. "그는 그 일을 해낼 수도 있었다. 내가 생각하기에 그가 그런 용기를 내지 못한 한 가지 이유는 실패할지도 모른다는 생각 때문이었다."[2]

로이드 존스를 제대로 아는 사람이라면 이와 같은 글을 쓸 수 없었을 것이다.

둘째, 로이드 존스가 복음주의자들을 향해 연합을 요구했지만 그 연합의 형태에 대해서는 별말이 없었다는 점 때문에 그의 사상에 익숙하지 않은 이들은 그가 사실 '연합 교회'를 염두에 두었다는 생각을 할 여지가 있었다. 앞에서 언급했다시피, 시간이 좀 지난 후에야 존 스토트의 전기 작가 티머시 더들리 스미스가 로이드 존스의 생각을 비교적 제대로 파악해서 설명했다.[3] 사실 로이드 존스는 연합의 형식에 대해 좀 더 분명한 태도를 보이지 못했고 어떤 계획도 마련하지 않았다. 그 일을 할 책임은 이제 다른 이들에게 있다고 생각했기 때문이다. 1966년 11월 28일, 문제의 그 센트럴 홀 강연 후에 있었던 웨스트민스터 교제회 모임 때 리스 새뮤얼Leith Samuel이 로이드 존스의 강연 내용에 공감을 표하자 그는 이렇게 대꾸했다. "공감은 필요치 않습니다. 저는 교계 사람이 아니고 교권에 대한 야심도 없습니다. 저는 뭔가를 조직하지도, 이끌지도, 제안하지도 않을 것입니다. 저는 그저 제가 부름받은 일을 한 것일 뿐입니다. 문제는 이제 여러분들은 어떻게 하겠느냐는 것입니다."

그런 한편 로이드 존스가 장차 있을 수도 있는 발전을 전혀 생각하지 않은 것은 아니었다. 1964년부터, 어쩌면 그 이전부터 그는 사적인 자리에서 잉글랜드의 FIEC, 스코틀랜드 자유교회, 아일랜드 복음주의 교회, 웨일스 복음주의운동 같은 기관들까지 포괄하는 교파들과 복음주의 교회들과의 연합 가능성을 이야기하곤 했다. 그는 교계 지도자 한두 사람과 이 일을 논했는데, 그중에 FIEC에서 가장 유명한 인물로 손꼽히는 T. H. 벤더 새뮤얼 목사가 있었다. 웨스트민스터 교제회 회원인 벤더 새뮤얼은 영국복음주의협의회British Evangelical Council, BEC 리더이기도 했는데, BEC는 WCC와 관계를 맺을 의향이 없는 교회와 기관들을 대표하기 위해 1953년 출범한 단체였다. E. J. 폴코너도 BEC 창설자 중 한 사람으로서, 앞에서 살펴봤다시피 1952년에 복음주의연맹 일을 그만두었다.[4] 이때까지 로이드 존스는 BEC에 절대 참여하지 않았는데, 이 단체의 주목적이 너무 부정적으로 보이지 않을까 하는 염려가 가장 큰 이유였다. BEC는 잉글랜드에 지지층이 적었지만, 스코틀랜드 자유교회와 아일랜드 복음주의 교회를 포괄하는 만큼(이들 교단이 BEC에 파송하는 대표는 로이드 존스의 친구인 G. N. M. 콜린스 목사와 W. J. 그리어 목사였다) 좀 더 널리 호소력을 가질 수 있는 가능성이 있었다. BEC와 그 회원 교회들은 어쩌면 복음주의 교회들 간의 더 큰 연합을 향한 움직임의 뼈대를 제공해 줄 수도 있었다. 적어도 BEC 리더 한두 사람은 그럴 수 있다고 믿었던 것 같다.

1967년 웨스트민스터 교제회와 관계를 맺고 있던 사람들 사이에서 부상한 이 견해는 패커가 1966년 3월 이 교제회에서 했던 말에 답변을 제공했던 것 같다. 그때 패커는 자기와 입장이 다른 회원들을 향해, 여러분들이 생각하는 좀 더 성경적인 형태의 가시적 연합에 대해 설명해 보라고 했었다. 1967년 11월 1일, BEC 주관으로 웨스트민스터 채플에서 열린 공개 집회에서 이 새로운 제휴 관계가 대중에게 출발을 알렸다. 로이드 존스가 '루터와 오늘날을 향한 그의 메시지'라는 제목으로 수많은 참석자들에게 강연을 하면서 이 출범 소식은 대대적으로 알려졌다.[5]

그러나 BEC라는 해법은 이제 시작 단계였던 만큼 심각한 결함이 있었다. 복음주의자들이 단결해야 한다며 로이드 존스가 내놓은 논거는, 만일 단결하지 않는다면 분열의 죄를 짓게 된다는 거였다. 그는 복음주의자들이 영적으로 연합하는 것만으로는 충분하지 않다고 주장했다. 복음주의자들은 어떤 가시적 연합체에 소속됨으로써 '분열의 죄책'을 제거해야 했다. 이 '분열' 주장이 그의 논거의 한 부분으로서 1966년 강연에서 되풀이되었다. 그러나 BEC가 참된 연합의 좋은 예로 등장하자 두 가지 반론이 뒤따랐다. 첫째, 웨스트민스터 채플 집회에 엄청난 숫자가 모였음에도 불구하고 BEC에 소속된 복음주의 교회들은 영국 내 복음주의 목회자와 교회의 일부만을 대표할 뿐이었다. BEC에 소속되지 않은 목회자와 교회가 훨씬 더 많은데, 거기에 소속되지 않았다는 이유로 이들을 '분열을 획책하는 자'로 여겨야 하는가? 로이드 존스의 논거는 이런 결론에까지 이를 수 있는 것으로 보였다. 둘째, 좀 더 가시적인 교회 형태로 표현되지 않는 한 진정한 복음주의 연합은 있을 수 없다는 로이드 존스의 전제는 그 자신이 전에 가시적 연합에 대한 에큐메니컬 측의 주장을 반박하면서 역설했던 내용, 즉 연합은 본질상 영적인 것이지 어떤 조직이나 형식으로 드러나는 게 아니라고 했던 말과 상충되었다. 복음주의자와 프로테스탄트가 긴 세월 지켜 온 믿음은, 교회 즉 그리스도의 몸은 참 그리스도인이 있는 곳이라면 어디나 존재하며, 교회의 연합은 그리스도와의 관계에 있지 (로마 가톨릭에서 가르치는 것처럼) 외적 하나됨에 있지 않다는 거였다. 그런데 주류 교회들 안에 남아 있는 복음주의자들의 연합의 존재가 부인되고 있다면 그것은 이전의 믿음을 저버리는 것으로 보였다. 어느 경우에서 보든, 복음주의 연합을 붕괴시키는 쪽은 로이드 존스의 호소에 부응하지 않는 복음주의자들이 아니라 로이드 존스 자신이었다. 그래서 패커 박사는 후에 로이드 존스에 대해 이렇게 기록했다. "복음주의자는 모두 이 그룹에 속해야 하고 다른 데는 안 된다고 주장한 걸로 봤을 때 교파주의자는 내가 아니라 바로 그였다. 그와 대조적으로 나는 복음주의 연합이 반드시 교파와의 결별을 요구한다는 주장을 믿지 않는다."[6] 그의 이 논거는 다른 많은 사람들이 거듭 주장했다. 존 브렌처의 말을 빌리면, "그[로이드 존스]는 신자들 간 연합을 소중히 여기긴 했지만, 그의 분리주의적 교회론은 상황을 악화시키기만 했고 복음주의자들을 전보다 더 심한 분열 상태에 빠뜨렸다."[7]

한마디로 로이드 존스는 혼란을 일으킨 책임이 있고 게다가 그의 호소는 복음주의의 최선의 이익을 저해한다는 주장이었다. 어떤 이들은 로이드 존스가 이 실책 때문에 복음주의 진영에서 리더의 지위를 잃었다고 보았다.

로이드 존스에게 불리한 이 사태는, '분열을 피하기 위한 탈퇴'를 그의 핵심 메시지로 파악하는 한에서만 그럴듯하게 보인다. 그러나 현실은 그렇지 않았다. 독자들이 그의 1966년 강연문을 읽을 때는 이 점을 깨달아야 한다. 분열에 관한 그의 발언이 옳든 그르든(필자가 생각하기에 그는 주제를 적용하는 방식에 실수가 있었다), 그의 메시지는 다른 데 무게 중심이 있었다. 즉, 주류 교파의 복음주의자들이 "그리스도인이란 무엇인가?"라는 질문을 주요 쟁점으로 여기고 이에 대처하지 못함으로써 복음이 위기에 처해 있다는 것이 그의 메시지의 요점이었다. 대처하기는커녕 성경의 진리를 부인하는 교사들과 협력 관계에 돌입했다는 것이다.

로이드 존스 문제는 다른 질문, 즉 "오류를 치리하지 않는 교파 안에서 복음주의자는 어떻게 해야 하는가?"라는 문제와 혼동되어서는 안 된다. 이는 복음주의자들 사이에서 오랫동안 의견이 불일치했던 문제이긴 했지만 그래도 지금까지 더욱 폭넓은 연합에 대한 인식을 가로막지는 않았다. 그런데 그 폭넓은 연합 개념에는, 협력이 아니라 반대가 그릇된 교사들에 대한 반응이어야 한다는 공통의 믿음이 담겨 있었다. 그러나 이제 에큐메니컬운동이 대중화한 다른 원칙이 작용하고 있었다. 즉 "그리스도인임을 고백한" 사람은 그가 무얼 믿거나 부인하든 상관없이 모두 그리스도인으로 간주되어야 한다는 것이었다. 앞에서 주목했다시피 이는 자유주의자들이 오랫동안 견지해 온 원칙으로, "신념이 아니라 교제가 [교회를] 연합시킨다"는 에큐메니컬 측의 표어를 강조한다. 하지만 이는 복음주의자들에게는 새로운 개념이었다. 잉글랜드 국교회의 복음주의자들은 비복음주의자와 국교회 내 고교회파가 기독교회 안에서 동등하게 고유의 지위를 가질 수 있다는 개념에 오랫동안 반대해 왔다.[8] 39개 신조는 논란의 여지 없이 로마 가톨릭의(그러므로 고교회파의) 믿음을 배격했다. 그런데 1960년대에 잉글랜드 국교회 안에 고교회파와 자유주의의 신앙이 널리 자리를 잡았고, 특히 자유주의가 다수를 이루었다. 패커는 이렇게 말했다. "성공회 주류의 복음은, 모든 사람이 근본적으로 선하긴 하지만 우리 모두에게 필요한 것은 '도움'이며 그 도움을 그리스도께서 주신다고 말한다."[9]

새 정책에서 벌어지고 있는 일은 복음주의의 연합과 협력의 조건이 달라지고 있다는 거였다. 그 협력의 토대는 1957년 복음주의연맹 집회 때 국교도 사제 프랭크 콜쿤Frank Colquhoun이 올바로 반복해 설명했고, 로이드 존스도 그 설명에 전적으로 동의했다. 콜쿤 같은 복음주의자들은 잉글랜드 국교회 안에 계속 머물러 있음으로써 자신들의 언행이 모순된다는 비난을 물리쳤다. 이들은 자신들의 입장이 잉글랜드 국교회의 다른 이들과 달리 39개 신조를 지지하는 입장이라고 역설했다. 이 신조의 제19조는 교회를 '신실한 사람들(즉 믿음의 사람들, 신자들)의 모임'이라고 정의했는데, 필립 휴스의 말처럼 여기엔 "우리는 어떤 사람의 신앙고백이 믿을 만할 것을 기대하고 요구할 권리가 있다"는 뜻이 함축되어 있었다. 그런데 1966년 상황은 이런 면에서 "기강 해이가 만연한" 상황이었다고 휴스는 계속해서 말했다.[10]

바로 이런 상황 중에 킬 대회Keele Congress에서 과거와는 다른 협력 조건이 성공회 복음주의자들에게 받아들여졌다. 그것은 '교회'와 '칭의'(제11조)에 대해 명백히 선언하는 39개 신조가 아닌, 국교회에서는 그 어떤 그리스도인의 입장도 의문의 대상이 되어서는 안 된다는 주장이었다. 모든 성직자들이 '신앙'을 고백했기에, 협력을 위해서는 그것만으로 충분하다는 것이었다. 신앙의 연합 없이도 '교제'가 있을 수 있다는 게 에큐메니컬 측의 원칙이었다. 이렇게 해서 복음주의자들은 교파의 연합을 '그리스도인의 연합'과 동의어로 여긴다는 걸 받아들이게 되었다. 따라서 "그리스도인이란 무엇인가?"라는 로이드 존스의 질문은 필연적으로 이 의제에 혼란을 초래했다. 에큐메니컬이 주장하는 연합의 가장 주요한 조건을 뒤엎지 않고는 이 질문에 답변할 수 없었다. 이는 복음주의자들이 이제 강단에서 이 질문에 대한 답변을 그만두었다는 말이 아니다. 다만 비복음주의자들과의 새로운 관계가 작동해야 할 교회 정치 토론의 장에서는 이 질문에 대해 모두들 침묵했다.

이때 벌어지고 있던 일들을 올바로 이해하기 위해서는 날짜가 중요하다. 로이드 존스가 1966년에 한 연설로 어떻게 1967년 킬 대회의 의제에 혼란을 끼쳤다고 볼 수 있느냐는 질문이 있을 수 있다. 대답은, 킬 대회 의제는 1964년부터 형성되는 과정에 있었고 1966년에 크게 진척되어 있었다는 것이다. 로이드 존스는 1965년에 존 스토트와 더불어 이 문제를 논했다. 최근의 연구를 보면, 킬 대회 지도부는 로이드 존스의 1966년 발언으로 '복음주의'가 망쳐질 것을 염려했다기보다는 자신들이 이제 곧 발표할 새로운 정책이 '난파'될 것을 두려워했다는 것을 알 수 있다.[11]

하지만 이 정책이 킬 대회에서 받아들여졌다기보다는 그냥 떠맡겨졌다고 말하는 편이 더 옳을 것이다. 놀라운 점은, 성공회 복음주의자들의 생각이 그 정도로 달라졌음에도 일반 복음주의자들을 대상으로 아무런 논리 정연한 설명이 없었다는 것이다. 당시 그림스비 지역 이스트 레번데일 관할 사제였던 데이비드 N. 새뮤얼David N. Samuel은 나중에 이렇게 말했다. "복음주의자들의 자기 이해와 잉글랜드 국교회에서 자신들의 역할에 대한 이해에 그토록 심대한 변화가 있었는데, 그 변화가 어떻게 그렇게 순식간에 쉽게 이뤄질 수 있었는지는 아마 교회 역사상 가장 큰 미스터리 중 하나로 남을 것이다. 하지만 이건 엄연한 사실이다."[12]

사실 이 변화의 이유는 성경적이거나 신학적인 이유가 아니라 정치적인 이유 혹은 패커와 스토트 두 사람 모두 나중에 말하다시피 "전략적" 이유였다. 그들의 관심사는, 복음주의자로서 "우리가 다른 이들에게 잉글랜드 국교회의 극단 진영을 대표하는 자들로 보일지도 모른다"는 것이었다. 그 이미지를 생각하면 그들은 교단에서 어떤 일이 벌어질 때 대세에 영향을 끼칠 만한 행동은 전혀 할 수 없었다. 이들이 바라는 것처럼 복음을 위해 영향력을 행사하고자 한다면 '중도' 지향적인 조치가 필수적이었다. 킬 대회는 바로 그런 조치를 취하고 있다는 것을 동료 성공회교도들에게 각인시킬 생각으로 연 대회였다. 스토트의 말을 빌리면 "편협한 교파주의"에 대한 회개가 있었다고 한다. 그 점과 관련해 킬 대회는 하나의 '분수령'이었다.[13] 마찬가지로 패커도 킬 대회가 "오랜 세월 동안 우세했던 경건주의자와 분파주의자와의 관계를 끊었다는 점에서 20세기 복음주의 역사에서 하나의 이정표"라고 설명했다. 킬 대회의 의도는 복음주의적 "교회 고립주의가……일소되는" 광경을 보려는 것이었다.[14] 킬 대회 선언문에는 "우리는 교회일치를 위한 대화에 철저히 임하고자 한다"고 되어 있다. 변화를 입증하기라도 하려는 듯, 천국에서 무신론자를 만날 것을 기대한다고 했던 자유주의 성향의 고교회파 마이클 램지 대주교가 강사로 초청받아 연설을 했다.[15] 이후로는 협력에 아무런 장애물이 없을 터였고, 킬 대회는 "성경에 따라 주 예수 그리스도를 고백한"(WCC 헌장) 사람은 모두 "그리스도인으로 대접받을 권리가 있다"는 데 동의했다.[16] 이 성명문은 유니테리언과 자유주의자들까지 회원으로 있는 WCC에서 이것이 어떻게 해석되는지 잘 모르는 사람들에게만 울림을 주었다. WCC 헌장은 '주'Lord가 '오직 성경'에 의해서만 해석되어야 한다는 말을 하지 않았다. 교회 안에서 온갖 오류가 용인되는 시절이었던 만큼, WCC 헌장은 새로운 연합을 위해 충분하다고 여겨졌다. 새 정책의 대변지인 「잉글랜드 국교회 신문」의 편집자 존 킹John King은 킬 대회에서 "획일적인 복음주의 연합"이 새로운 "교회

의식"에 길을 내준 것을 기뻐했다. 올리버 바클레이는 이 상황을 좀 다르게 보고 이렇게 말했다. "복음주의자들에게는 성경의 권위에 얽매인 자기 나름의 교회일치가 있었다."

로이드 존스가 관련된 이 논쟁은 1970년 새로운 전환점을 맞았다. 패커 박사가 또 한 사람의 복음주의자 및 고교회파 측 사람 둘과 함께 『연합할 수 있게 되다』*Growing into Union*를 펴냈을 때였다. 221쪽짜리 이 책은 로마 가톨릭의 입장, 이를테면 "성경과 전통 모두 그리스도에게서 나온 것으로 봐야 한다"와 같은 주장들을 지지했고, 성례를 통해 전달되는 구원의 은혜에 대해서는 "복음은 두 번째 아담 안에서 세례로써 우리를 하나로 만든다"고 했다.

패커는 이 같은 움직임 이면에도 "전략적" 논리가 자리 잡고 있다고 설명했다. 이때는 지금까지 발의된 잉글랜드 국교회와 감리교회의 합병이 현실화될 것으로 보이던 시점이었다. 동일한 이유 때문은 아니었지만 고교회파와 복음주의자 모두 국교회 안에 자유주의자들이 더 많이 유입될 그런 연합은 반대했는데, 『연합할 수 있게 되다』는 신학적인 조정을 통해 이 두 진영이 힘을 합해 위와 같은 연합을 배격하는 걸 정당화하고자 했다. 복음주의자들에게 이는 더 큰 오류가 확산되는 걸 방지하기 위해 '비교적 작은 오류'를 두고 휴전 협정을 맺는 걸 의미했다. 하지만 고교회파가 복음주의 정통 신앙에서 일탈했는지 안 했는지의 문제를 과연 그런 식으로 설명할 수 있는지 충분히 의문을 가질 만했고, 두 진영의 제휴에서 빚어진 결과는 결코 사소하지 않았다. 지금까지 국교회의 모든 성직자들에게는 39개 신조에 동의할 것과 분명한 프로테스탄트 신앙이 요구되어 왔다. 39개

신조에 대한 동의는 오랜 세월 사문화되어 왔으나, 신조가 엄연히 존재하는 한 적어도 이론상으로 잉글랜드 국교회의 정체는 여전히 프로테스탄트였다. 하지만 고교회파 신앙을 두고 맺은 협정은 39개 신조를 단호히 수호하는 입장과 공존할 수 없었다. 그래서 1975년 39개 신조의 권위적 위상을 종식시키는 법이 공식적으로 제정되었을 때 킬 대회 지도부가 아무런 저항도 하지 않은 것은 바로 이런 이유 때문이기도 했다. 잉글랜드 국교회의 프로테스탄트적인 성격은 아주 조용히 종식되었다. 킬 대회 때도, 노팅엄에서 열린 제2차 대회(1977년) 때도 콘퍼런스 성명서에서는 오랜 세월 국교회의 교리적인 기준이 되어 왔던 것에 대해 아무 언급도 하지 않았다. 성공회 신학자 W. H. 그리피스 토머스Griffith Thomas는 39개 신조 중 '로마 교회의 오류'를 구체적으로 반대하는 조항이 8개가 넘는다고 지적하면서 로마 교회를 가리켜 "중대하고 근본적인 오류가 특징"이라고 했다.[17] 복음주의자들은 로마 교회와 연관을 맺는 것이 그리스도인으로 간주될 수 없는 행동이라고 믿어 왔다(심지어 성령강림절 설교에서 로마 교회는 교회로 인정되어서는 안 된다고까지 주장했다). 이와는 대조적으로, 노팅엄 대회에서 다시 의장을 맡은 스토트는 이렇게 단언했다. "우리 자신과 로마 가톨릭 교도를 동료 그리스도인으로 여기면서, 그 사실을 부인하는 듯했던 태도를 회개한다.……우리는 우리 두 교회의 완전한 교제를 향해 함께 협력할 것이다."

1977년 무렵 패커는 자신들 가운데서 뭔가가 잘못되어 가고 있다고 생각했고, 노팅엄 대회가 '실수'는 아니었는지 의구심을 품었다.[18] 복음주의적 성공회는 '공통의 목적'을 잃어 가고 있었고, "국교회 내에서 복음주의자 전체 수는 늘어나고 있지만 행동에 나서는 복음주의자 수는 줄어들고" 있었다.[19] 하지만 그가 우려한 것은 고교회파나 로마의 오류가 아니라 자유주의자들의 불신앙에 대한 저항이 약화되는 현상이었다. 그 자신도 그 부분에 대한 부담에서 예외가 아니었다. 그는 잉글랜드 국교회 교리 위원Church of England's Doctrinal Commission(20세기 들어 잉글랜드 국교회는 주기적으로 교리 위원을 임명해 중요한 신학 문제에 관해 보고서를 작성하게 했다. 초기에는 캔터베리와 요크 대주교가 위원을 임명했다—옮긴이)으로 일하면서 1976년 보고서 '그리스도인의 믿음'에 서명했는데, 이 보고서에서는 그리스도의 신성에 대한 합의가 없음에도 불구하고 모두 "공통의 주님을 따르는 제자"로 인정되었다.[20] 노팅엄 대회 후 포괄주의 정책은 성공회 복음주의자들 사이에서 발 빠르게 진척되었다. 존 스토트는 『복음주의가 자유주의에 답하다』*Essentials: A Liberal Evangelical Dialogue*에서, 그리스도의 동정녀 탄생과 그분의 몸의 부활 같은 기본 진리가 극히 중요하기는 하지만 그렇다고 해서 어떤 사람이 그리스도인으로 인정받을 권리의 본질적 요소라는 뜻은 아니라고 보았다.[21] 따라서 그는 "친절한 데이비드 젠킨스" 주교를 그리스도인으로 여겨야 한다고 했다. 비록 그가 인간의 타락, 동정녀 탄생, 그리스도의 부활을 부인했을지라도 말이다.

조지 캐리George Carey 박사는 과거 IVF의 신앙 원리 편에 섰었는데 노팅엄 대회에서 돌연 달라진 태도를 보였다. 그도 주교라는 고위직에 오르고 나서 완전히 다른 사람이 된 경우 중 하나였다. 그는 자신의 저서 『두 교회 이야기』*A Tale of Two Churches*에서[22] 로마 가톨릭과 재연합하는 걸 지지한다는 의사를 공개적으로 밝히는 한편, 잉글랜드 국교회에 대해서는 "나는 이 교회가 가톨릭·복음주의·오순절·자유주의를 아우르며 즐거운 조화를 이루는 관용적인 교회라고 믿는다"라는 의견을 드러냈다.[23]

이런 이야기는 독터 로이드 존스의 삶에서 멀리 벗어난 여담으로 보일 수도 있다. 하지만 이는 1960년대에 벌어졌던 논쟁과 아주 밀접하게 연관되어 있으며, 이 논쟁에서 로이드 존스는 '반성공회'적이며 분파주의적이라고 여러 진영에서 비난을 받았다. 그러나 실제 그는 잉글랜드 국교회의 역사적 신조에 누구보다 가까이 서 있는 사람이었다. 그들은 그가 나쁜 사람임을 알 수 있는 한 가지 '증거'로 1970년 청교도 콘퍼런스를 폐지한 것을 들었다. 한 비평가는 이것이 "패커를 비롯해 분리주의와 순결한 교회 정책에 요구되는 믿음을 공유하지 않는 사람들을 축출한 전복 행위"였다고 묘사했다.[24]

그러나 이는 완전한 오해다. 패커와의 결별은 로이드 존스의 생애에서 가장 가슴 아픈 경험 중 하나로, 1967년 킬 대회 이후에 벌어진 일이 아니었다. 결별의 계기는 패커의 저서 『연합할 수 있게 되다』로, 이 책은 39개 신조에 반하는 고교회파의 가르침을 공공연히 지지했다. 스토트와 패커가 로이드 존스의 교회론에 맞서 복음을 쟁점으로 만들고 이를 수호했다는 것은 진실을 뒤집는 주장이다. 그렇다고 해서 새 정책을 주도하는 이들이 복음을 지킬 생각이 없었다는 말은 아니다. 그들은 복음을 수호할 생각이었다. 그들은 복음주의자들을 잉글랜드 국교회의 더욱 중심적인 위치로 이끌어서 복음을 위한 영향력을 증진하고자 했다. 로이드 존스는 그 방법이 성공하지 못할 것이라고 주장했다. 복음주의적인 동시에 에큐메니컬이 되면 복음주의적 입장이 약화될 뿐이었다. 이 둘은 기본적으로 양립하기가 불가능하기 때문이었다. 복음주의적 신앙 없이 비복음주의자와 연합할 수 있다면 그 믿음이 어떻게 필수적인 믿음으로 계속 존속할 수 있겠는가? 잉글랜드 국교회 안에 신앙의 다양한 형식을 인정하라는 압력이 얼마나 강했던지 그 부담을 무작정 견뎌 내기보다는 어떤 분명한 언명을 할 필요가 있었다. 그러나 제휴의 조건 바로 그 자체 때문에 분명한 입장 표명이 가로막혔다. 협력하게 되면 필연적으로 공공연한 반대를 못하게 된다. 에큐메니컬 측과의 동반 관계를 위한 '기본 원칙' 자체가 이 반대를 금하고 있었다. 머빈 스톡우드 주교는 "열린 마음으로 융통성 있는" 자세를 취할 경우 "복음주의 새 학파"가 "독특한 기여를" 할 수 있다고 주장한 많은 사람들 중 하나였을 뿐이다.[25] 이러한 협력의 토대가 보편적으로 받아들여지면서 제임스 바는 로이드 존스의 발언 중에서 한 문장만 인용해도 그가 "가혹하고 융통성 없는" 사람임을 입증할 수 있다고 생각했다. 그 한 문장은 바로 이것이었다. "사람들이 기본적인 진리를 의심하거나 의문을 품는데도 그들을 형제로 여긴다면 그것은 진리를 배신하는 행동이다."[26]

로이드 존스에게는 슬픈 일이었지만, 잉글랜드 국교회 안에 있는 그의 복음주의자 친구들은 교리 문제에서 이리저리 표류하다 보면 필연적으로 새로운 사상을 따르게 될 수밖에 없다는 것을 깨닫지 못했다. 그는 1965년에 이미 이런 현실이 낳을 결과에 대해 경고했다.

> 우리가 그런 사람들[즉, 복음주의의 진리에 반대하는 사람들] 가운데 머물러 있다 해도 그들의 생각을 우리 쪽으로 전향시키기보다는 오히

려 그들 가운데 머물고 있는 우리의 영적 온도가 낮아지고 교리를 조정하고 절충하는 성향이 커져 갈 것으로 보인다는 증거가 우리 눈앞에 있습니다.

프랜시스 쉐퍼Francis Schaeffer도 비슷한 지적을 했다고 볼 수 있다. "협력적 포괄주의가 되어 가고 있는 교회론적 자유주의에 굴복하면, 결국 교리적 포괄주의로 흘러들어 가게 되며 특히 성경에 대한 선명한 입장이 약화되는 경향이 있다."[27]

필자는 내 친구 제임스 패커가 이런 경우에 정면으로 부합한다고 생각하지는 않는다.[28] 그보다 패커는 로이드 존스의 1966년 강연이 두 가지 논점으로 구성되었다고 하면서 그것을 "잘못된 논점"이라고 일컬었다. "불량 논점 제1번은, 만약 우리가 잉글랜드 국교회에 계속 머문다면 그건 어떤 성공회 교도가 어느 지점에서든 일으킬 수 있는 모든 신학적 오류에 협력하는 죄를 짓는 거라는 견해다."[29] 그는 또 주장하기를, 로이드 존스는 '2급'second degree 분리가 옳다고 믿었으며, 이런저런 입장이 뒤섞여 있는 교파에서 오류에 "대항하고 거부"한다 해도 "실질적으로 그 교파에서 빠져나오지 않는 한 위와 같은 죄를 일소할 수 없다"고 믿었다고 했다.[30] 필자는 로이드 존스가 정말 이런 신념을 가졌음을 입증해 줄 만한 기록 자료를 알지 못한다. 이런저런 입장을 가진 사람들이 뒤섞여 있는 교파에서도 성경에 순종하기를 결단하고 자기와 상반되는 입장에 결연히 반대한다면 로이드 존스는 그 사람들에게 공감했다. 이 책 앞부분에서도 말했다시피, 생애를 마칠 때까지 그는 성공회 복음주의자들과 교제를 유지했고 때로는 공개적으로 그들을 돕기도 했다. 다만 복음주의자들이 심각한 오류를 가르치는 사람들(이를테면 램지 대주교 같은)과 한편이 되는 정책을 눈감아 준다면 그건 죄라는 게 그의 주장이었다. 그는 프랭크 콜쿤 같은 성공회 교도와 행복하게 협력하고 있었고, 콜쿤이 "여러 입장이 뒤섞인 교파"에 속해 있는 것 그 자체를 죄라 주장하지 않았다. 그의 어조가 강경해진 것은 킬 대회 후였으며, 필자가 아는 한 "기독교 신앙의 요체를 부인하는 자들과 멍에를 함께 메려고" 하는 사람들과 관련해 "연합하는 죄"라는 표현을 쓴 것도 바로 이때였다.[31] 패커는 "오류에 저항하여 우리 목소리를 높일 수 있고 내부에서부터 그 오류를 교정할 자유가 있는 한 연합은 죄가 아니다"라고 주장했다. "베드로를 대면하여 책망"했던 바울처럼 어느 정도 그렇게 했더라면 킬 대회의 정책은 즉각 무너졌을 것이다. 패커가 킬 대회 전에는 그릇된 교사들을 공개적으로 반대했는데, 킬 대회 이후 10년이 넘도록 필자는 그가 잉글랜드에서 그와 같은 일을 하는 걸 보지 못했다.

더글러스 존스 교수의 말이 적절한 실례다. 위에서 지적했다시피 1965년에 그는 로이드 존스가 그리스도인의 연합이 바울 복음의 중심 교리를 믿는 곳에만 존재한다고 말했다고 그를 비난했다. 그리스도에 관한 교리를 믿지 않고도 "그리스도를 믿는 믿음"을 가질 수 있다는 것이다. 패커는 이에 답변하기를, 그리스도를 믿는 믿음 없이도 교리를 믿을 가능성이 있음을 로이드 존스도 귀하만큼 잘 알고 있으나 요점은 그게 아니라고 했다. "그리스도를 믿는 믿음 없이도 교리를 믿는 믿음을 가질 수 있다는 게 논쟁의 주제는 아니었다. 독터 로이드 존스의 논제는, 복음의 교리를 믿는 믿음 없이는 그리스도를 믿는 믿음을 가질 수 없다는 것이었다.……원칙상 독터 로이드 존스의 입장에는 그 누구도 이의를 제기할 수 없다." 이 발언은 1966년에 공식 발표되었다.[32]

그러나 패커는 한 가지 조건을 덧붙였는데, 그것은 '이단'을 어떻게 판정하느냐 하는 것이었다. 그의 이 발언은 뒤이어 로이드 존스와의 사이가 갈라지는 데 한 역할을 하게 된다.

> 어떤 특정한 경우에서 예수님에 관한 그릇된 교리가 얼마나 되어야, 혹은 예수님에 관한 올바른 교리가 어느 정도 되어야 '의롭다 하는 믿음'과 양립할 수 있는지 결정하는 건 우리 능력 밖의 일이다. 이단의 영적 상태를 판단할 때는 신중해야 하는 게 확실하다.

맞는 말이긴 하지만, 이 말이 신약성경에서 그릇된 교사와 이들의 훈육에 철저히 맞서야 할 책임을 면하는 핑계로 쓰인 적은 한 번도 없다. 앞에서 살펴봤다시피, 그리스도인으로서 어떤 사람의 입장이 그 사람의 말로 판단되어서는 안 되며 이는 그 말이 머리로는 틀릴지 모르지만 가슴으로는 옳을 수 있기 때문이라는 주장을 대중화한 이들은 에큐메니컬 진영의 지도자들이었다.[33] 필자가 생각하기에, 패커를 비롯한 복음주의자들은 이 말을 오용했다. 기본 진리를 받아들이거나 부인하는 문제에 관한 한 성경이 그렇게 머리와 가슴을 분리하는 경우는 절대 없다. J. C. 라일이 말했다시피 "어떤 사람의 말이 대체적으로 그르다고 할 때, 그 사람의 가슴은 옳다고 말한다면 그건 비성경적일 뿐만 아니라 터무니없는 말이기도 하다." 성경이 우리에게 주는 시금석은 이렇다. "하나님께 속한 자는 하나님의 말씀을 듣나니 너희가 듣지 아니함은 하나님께 속하지 아니하였음이로다."요 8:47 "우리는 하나님께 속하였으니 하나님을 아는 자는 우리의 말을 듣고 하나님께 속하지 아니한 자는 우리의 말을 듣지 아니하나니 진리의 영과 미혹의 영을 이로써 아느니라."요일 4:6

어떤 사람이 그리스도인으로 인정받기 위해 얼마나 많은 걸 알아야 하느냐는, 비록 중요한 문제이긴 하지만 여기서 중심되는 쟁점은 아니다. 로이드 존스의 말은 단순히 연약한 그리스도인이 아니라 교회 안에서 교사와 지도자 역할을 하는 사람의 신앙이 부실해서는 안 된다는 것이었다. 그는 그런 사람들에 대한 신약성경의 가르침에는 오해의 여지가 없다고 보았다.갈 1:8, 딛 1:11, 요이 10절, 계 2:20

* * *

로이드 존스에 대한 이 논란이 그 당시 상당히 중대한 이슈였고 그 이후로도 그랬지만, 이 책에서 그 이야기를 다시 하지는 않겠다. 이런 논란 때문에 그의 주된 사역인 설교 사역이 적극적으로 이어지지 못한 것은 아니었다. 다만 그는 의견 차이가 안겨 주는 슬픔을 뼈저리게 느꼈다. 그 차이 때문에 공적 사역에서 친구들과 결별해야 했기 때문에 슬픔은 더했다. 오랜 세월 동안 그의 후배로 지내 온 제임스 패커의 경우엔 그 슬픔이 가장 뼈저렸다. 그는 에큐메니즘과 킬 대회 정책을 반대하기는 했지만 그 반대를 개인을 대상으로 한 적은 단 한 순간도 없었다. 또한 그 반대는 누가 시켜서 한 것도 아니었다. 그는 어떤 움직임을 주도하는 사람이었지 오합지졸을 따라 하는 사람이 아니었다. 그의 신학적 입장은 40여 년 동안 견지해 온 믿음의 완성이었다. 그가 그렇게 행동한 것이 앞장서기를 좋아했기 때문이라는 말은 로이드 존스를 철저히 오해하는 말이다. 하지만 이 문제를 마무리 짓기 전 몇 가지 결론적인 관측을 제시하고자 한다.

1. 논쟁에 관여한 이들은 다 오류가 있는 인간들이었다. 필자는 로이드 존스의 판단이 무흠했다고 주장하지 않으며, 적어도 어느 한 부분에서는 시간이 그의 오류를 입증했다. 그는 포괄적인 교회 즉 확고한 복음주의자들만 빼고 모두에게 호감을 주며 어쩌면 로마 교회 자체까지 포함하는 그런 교회가 등장하는 것을 두려워했다. 그래서 그의 사고로서는 복음주의자들이 긴급히 이 가능성에 대비하고 서로 연합해 이에 대응해야 했다. 그런데 우리가 알다시피 에큐메니컬의 '성공', 그 옹호자들이 그토록 자신만만하게 예견했던 그 일은 절대 일어나지 않았다. 그래서 일부에서는 로이드 존스의 두려움이 착각에서 빚어진 것이라 말하기도 했다.

그러나 보편적으로 인정되고 로이드 존스 자신도 공감했다시피 시간 계산이 잘못되긴 했지만, 그렇다고 해서 그가 염려했던 그 위험이 존재할 수 없다는 의미는 아니다. 게다가 에큐메니컬 프로그램이 실패한 이유는 그것이 하나님의 프로그램이 아니었다는 그의 확신을 더 강조해 준다. 그 프로그램은 교파를 통합해 하나의 '슈퍼' 교회로 만들면 기독교가 세상에서 잃어 가고 있는 영향력을 되찾을 수 있다는 세속적인 생각이 주된 동기가 되어 만들어진 프로그램이었다. 그것은 다수의 힘을 중앙 집중화하자는 것이었다. 그러나 20세기가 저물기 전, 그런 생각은 실제 현실 앞에서 힘을 잃었다. 교파연합이 성공한 곳에서도 교회의 영향력이 쇠퇴하는 현상은 결코 멈추지 않았기 때문이다.

2. 킬 대회에서 계획한 것처럼 복음주의를 잉글랜드 국교회의 중심에 놓으려는 시도는 성공했는가? 필자가 생각하기에 이 부분에서는 논쟁을 벌이고 있는 양측 사이에 어느 정도 의견이 일치한다. 이들은 이 시도가 성공하지 못한 이유에 대해서는 의견이 다르지만, 실패 사실 자체는 인정하는 것 같다. 패커는 1984년에 이렇게 말했다.

> [새 정책에 대한] 참여율이 이렇게 고조된 게 신학적 진지함을 감소시키는 결과를 낳지 않았을까 하는 내 생각이 틀렸기를 바란다. 내 생각이 옳다면, 복음주의자 수가 아무리 늘어도—1950년 이후 수적 성장은 괄목할 만하다—복음주의 사상은 그 고유의 순전성을 유지하기 힘들 것이다.

이미 살펴봤다시피, 1978년 그는 복음주의자들이 '공통의 목적'을 잃어 가고 있다고 여겼다.[34] 그해에 그는 또 이렇게 말했다. "현실주의는 우리에게 신학적·도덕적·영적 판단이 잉글랜드의 프로테스탄티즘을 다 압도했음을 인정할 것을 강요한다."[35]

두 차례의 복음주의 성공회 대회를 개최했던 복음주의 단체는 1984년이 되기 전 와해되었다. "성공회의 복음주의 정책 막후 브레인"이었던 패커는 "1979년 해외로 가 버렸다."[36] 그는 짤막한 자전적 논평에서, 잉글랜드 사역 15년 만에 "나는 주변부로 밀려나 고립된 채, 성취감도 없고 생각건대 결함도 많은 의제에 따르라고 요구받고 있는 나 자신을 보았다"고 말했다.[37] 패커의 '미완의 동맹'[38] 존 스토트는 교파 개혁보다 더 장래성 있는 복음 분야로 되돌아갈 터였다. 앨리스터 채프먼Alister Chapman은 이 이야기를 좀 더 상세히 풀어놓은 뒤, 스토트를 비롯해 여러 사람들이 "기존 교회에서 복음주의를 다시 적자嫡子로 만들기 위해 많은 노력을 했다"고 말했다. "복음주의자들 중에서 주교가 되고 심지어 대주교가 되는 이들이 전보다 더 많아졌다." 맞는 말이긴 했지만, 그렇게 고위직에 오른 사람들은 거의 예외 없이 복음주의자라는 말이 지닌 역사적 의미상 더 이상 복음주의자라고 할 수 없을 만큼 그 정체성을 잃어버렸다. 킬 대회의 정책이 수확을 거두긴 했지만 그것은 처음에 그 정책을 만든 사람들이 바라던 수확이 아니었다. 존 스토트의 친구 올리버 바클레이는 다음과 같이 통찰력 있는 논평을 내놓았다.

> 단순한 수적 힘이 어떤 식으로든 교회들을 복음주의 방향으로 이동시킬 것이라는 가정이 자주 있었다. 교회가 협력하고자 하는 자들 쪽에서 압력이 점점 거세어질 때 그에 맞서 확실하고 견고하게 복음주의를 유지할 수 있게 해주는 아무런 전략도 없으면서 말이다.[39]

이렇게 말한다고 해서 이 시기에 복음주의적인 설교를 계속하고 있던 성공회 교회의 수를 얕잡아 보려는 것은 아니다. 그런 교회들에서 복음주의적 설교가 행해진다는 것은 회심 사례들을 보면 알 수 있었는데, 비숍스게이트 세인트 헬렌스 교회의 딕 루카스Dick Lucas 같은 사람이 지도하는 회중에게서 이따금 그런 사례가 있었던 것으로 유명하다. 루카스는 킬 대회 정책에 동조하지 않은 사람이었다. 하지만 그 누구도 이런 교회들이 잉글랜드 국교회의 실상을 대변한다고는 주장하지 않았다. 과거에 지녔던 영적 영향력을 소유하기 위해 그런 교회들이 존재할 필요도 없었다.

패커는 킬 대회의 이상이 성취되지 않은 이유를 그 나름대로 파악해서 간단하게 설명했다. 2000년에 그 문제를 주제로 인터뷰를 했을 때 그는 킬 대회의 이상이 유지되지 않은 것은 교회 운영에 더 널리 관여하게 된 지도부가 행정 업무 부담에 짓눌렸고, '은사주의운동의 파고'가 높아지면서 교리에 대한 자각을 휩쓸었기 때문이라고 했다. 우리가 아는 한 그는 핵심 문제에 대해서는 논평하지 않았다. 그는 "어떤 사람을 복음주의자로 만들어 주는 것은 신약성경 기자의 눈으로 보기에 어떤 사람을 그리스도인으로 만들어 주는 바로 그것일 것"이라고 했다.[40] 사실이 그렇다면, 연합을 위해 비복음주의자와 관계를 맺어야 한다는 킬 대회의 정책이 어떻게 우리가 추구해야 할 올바른 정책일 수 있는가?[41] 로이드 존스가 "그리스도인이란 무엇인가?"라는 질문을 제시한 지 11년 뒤, 노팅엄에서 열린 한 기자회견에서 존 킹은 존 스토트에게 "복음주의자로 존재한다는 게 정확히 무슨 의미인지 말해 달라"고 했다. 「잉글랜드 국교회 신문」은 "답변을 하는 스토트가 다소 당황스러워하는 것으로 보였다"고 보도했다.[42]

3. 킬 대회 정책이 복음주의의 이미지를 향상시키기 위해 어떻게 '전략'과 편의성을 필요로 하게 되었는지를 살펴보았다. 스토트와 패

커 두 사람 모두 교회 정치에 휘말려 들었다. 의도가 아무리 좋았다 해도 이는 위험한 행동 방침이었고, 그 위험성은 두 사람이 애초에 실감했던 것 이상으로 컸다. 필자가 이미 말했다시피, 이는 큰 오류를 타도하려는 소망으로 작은 오류를 가정하고 이를 관용하는 방침이었다. 과거의 복음주의라면 그런 "전략적" 접근을 성경에 비추어 비판했을 것이다. 성경은 처음에 얼핏 사소해 보이는 오류를 조심하라고 경고한다. "적은 누룩이 온 덩이에 퍼지느니라."갈 5:9 편의성 때문에 '작은' 양보를 하면 대개 처음에 의도하지 않았던 결과에 이르게 된다.[43] 채프먼은 이렇게 말했다. "제임스 패커의 경우와 마찬가지로 스토트도 성공회 교회 정치에 뛰어들었지만, 결국 지치고 말았다."[44]

4. 제임스 패커는 『근본주의와 하나님의 말씀』*Fundamentalism and the Word of God*을 쓴 지 거의 40년이 지난 후 그때를 회고하며 다음과 같이 귀중한 의견을 내놓았다.

> 북미에서 복음주의자와 자유주의적 개신교도 사이에 벌어지고 있는 논쟁에서……처음부터 성경무오설은 영국에서 벌어졌던 비슷한 논쟁의 그 어떤 사례에서보다 더 직접적이고 명시적인 표준이 되었다. 내가 생각하기에 이 사실은 북미 사람들의 명석함을 보여준다(내 생각이 늘 그랬던 것은 아니다). 복음주의자들이 생각하는 것처럼, 성경이 무오하지 않으면 성경 권위의 구조가 무너져 내리기 때문이다.[45]

이는 우리가 지금까지 개략적으로 살펴본 논쟁에도 적절히 연관되는 논평이 확실하다. 킬 대회의 정책과 신앙 선언은 성경무오에 대해 아무 언급도 하지 않았다. 그건 우연이 아니었다. 언급을 하지 않았기에 이 대회를 지지하는 사람들과 대주교를 어려움 없이 끌어모을 수 있었을 것이다. 당시 기독교계에서 성경무오는 반계몽주의자나 근본주의자 외에는 누구도 고백하지 않는 믿음이었다. 그 신앙의 토대 위에서는 새로운 이미지를 쌓기가 불가능했다. 그러나 설령 그 교리의 존재 때문에 대회의 규모가 대폭 줄어들었을지라도, 그 교리는 어떤 명확한 메시지를 위한 토대를 닦아 줄 수 있었을 것이다. 곧 여성 성직자 문제,[46] 자유주의자가 어떻게 성경을 믿는 신자일 수 있는지를 '해석학'이 어디까지 설명해 줄 수 있는가[47] 등에 관한 토론으로 말끔히 정돈된 그런 메시지 말이다. 그러나 적어도 성경무오에 관해 킬 대회는 확실한 목소리를 내지 않았고, 이는 이 운동이 결국 좌초되고 만 것과 무관할 수가 없다. 이와 같은 대회들이 "성경의 권위를 다룰 때 의도적으로 애매한 태도"를 취했다는 혐의에서 자유로웠는지 확실하지 않다. 패커는 1963년 성공회와 감리교 간 대화 때 그런 태도가 있었다고 말했다.[48]

패커 박사가 왜 성경무오와 관련된 자유주의자들의 불신앙과, '오직 성경' 교리에 대한 가톨릭과 고교회파의 오류에 정면으로 대응하려 하지 않았는지 필자는 잘 알지 못한다. 어떤 이는 초자연적인 일에 대한 공통의 믿음을 지나치게 필수적으로 요구하면 동맹이 위태로워진다고 생각했기 때문이라고 판단한다. 그러나 '전통'을 성경과 나란히 세우고 하나님의 계시의 일부로 여기는 것(『연합할 수 있게 되다』에서 공개적으로 인정했다시피)은 결코 작은 오류를 관용하는 게 아니다. 바로 이런 가르침이 부패를 낳았고 이 부패 때문에 필연적으로 종교개혁이 일어났었다.

* * *

간단히 말해, 복음주의적인 성공회교도 대다수는 우리가 전에 생각했던 것만큼 킬 대회 정책을 지지하지 않았다고 덧붙일 수 있다. 성공회 신자인 앤드루 에더스톤Andrew Atherstone은 에큐메니컬운동이 일으키는 혼란 앞에서 로이드 존스가 복음주의의 연합을 진심으로 호소한 행위는 지금까지 알려진 것 이상으로 잉글랜드 국교회 안에서 강력한 지지의 물결을 일으켰다는 것을 보여주었다.[49] 당시 기록된 숫자보다 훨씬 더 많은 성직자들이 교단에서 탈퇴했고, 잔류한 사람들도 국교회의 방향 전환에 항의하는 방법을 모색했다. 잔류한 사람 중 앨런 스팁스와 올리버 바클레이가 1970년과 1971년 잉글랜드 국교회 복음주의 회의Church of England Evangelical Council(존 스토트가 주재한 정책 결정 그룹)를 향해 발언했는데, 에더스톤이 알려 주다시피 이들의 발언은 "듣고 공감하는 사람을 얻지 못했고, 패커는 이들의 태도가 무엇엔가 '포위되어 있는 듯한 심리 상태'를 반영했다고 말했다."[50] 바클레이 박사는 이렇게 기록했다. "앨런 스팁스와 나는 1971년 회의에 초대받고 참석했는데, 회의장을 나설 때 그는 이 회의에 걸었던 모든 소망이 이걸로 끝이라는 느낌에 거의 울음을 터뜨리기 직전이었다."[51] 잉글랜드 국교회에 잔류했던 또 한 사람 제럴드 브레이Gerald Bray 박사는 1992년 교단의 압력으로 오크 힐 칼리지 교수직을 사임했다. 그 후 그는 앞선 다른 국교회 신학자들이 간 길을 따라 북미로 떠났다.

앨리스터 맥그라스가 쓴 패커의 전기를 읽고 브레이가 쓴 논평은 통찰력 있는 글쓰기의 한 단면을 보여준다. 그는 복음주의 성공회 안에서 "오해받고 멸시받는 남은 자"로 존재한다는 게 어떤 것인지, "무지몽매한 나라에 복음을 전해 줄 책임을 혼자 감당해야 한다"는 느낌이 어떤 것인지 맥그라스가 제대로 전달하지 못했다고 생각했다. 킬 대회가 새로운 이미지를 도입하기 전 "이곳은 좁은 세상이었지만, 자신들이 진리로 여기는 것을 위해 비웃음을 감수할 각오를 한 참 신자들의 무리로서 고유한 매력이 있었다. 맥그라스 박사는 머리로는 이 사실을 알지 몰라도 뼛속 깊이 느끼지는 못하며, 그래서 이것이 논리적이거나 설득력 있는 방식으로 독자들에게 전해지지 않는다." 브레이는 계속해서 이렇게 말했다.

> 독터 로이드 존스가 명확하게, 우리가 느끼기에 패커 박사나 존 스토트보다 더 명확하게 본 것은, 성공회 복음주의자들이 잉글랜드 국교회 체제에 지나치게 관여할 경우 날카로움을 잃을 위험이 있다는 점이었다. 그 당시는 젊은 층의 성공회 복음주의자들이 그런 관여가 옳기도 하고 필요하기도 하다고 보기 시작한 시점이었고, 이 점에서 이들은 패커와 스토트의 지지를 받았다. 이 논쟁에서 어느 편이 옳은지 결정한다는 건 쉽지 않다. 어떤 관점에서 보느냐에 따라 많은 것이 달라지기 때문이다. 패커-스토트 라인의 경우 성공회 복음주의가 일관성 있는 개혁주의 신학을 중심으로 연합했더라면 상당한 찬사를 받았을 것이나, 그렇지 못했다. 잉글랜드 국교회 "안으로 들어가고" 싶어 했던(그들의 표현 그대로) 이들은 자신들이 가진 신학이 무엇이든 아주 기꺼이 그걸 내

팽개치는 경우가 많았다. 특히 그렇게 해서 주교직에 오를 수만 있다면 말이다. 로이드 존스가 이 사실을 알았든 몰랐든, 이후에 벌어진 사건들은 그의 목소리가 예언자의 목소리였다는 것을 보여준다.[52]

성직자 직분이 아니라 복음이 바로 로이드 존스에게 비난이 몰렸던 1966년 분열 사태의 주 쟁점이었다. 그의 소망은 교회가 새로 제휴 관계를 맺는 게 아니라 성령의 능력으로 그리스도를 담대하고 거침없이 설교하는 데 있었다. 에큐메니컬 사상에 양보한다는 것은 그가 보기에 정반대 방향으로 가는 거였다. 하지만 논쟁에는 언제나 혼란이 따르기 마련이며, 다음과 같은 오해를 설명할 길은 그것밖에 없다. "제임스 패커의 글이 보여주듯이, 교회론에 대한 독터의 견해 때문에 각자의 방식이 나뉘게 되었다."[53] 또 하나의 오해는 이렇다. "많은 복음주의자들이 독터의 입장에 깊이 공감한 것은 사실이나 교회론을 주 쟁점으로 삼은 것은 잘못이라고 여겼다. 설령 그 동기는 충분히 이해할 만하다 해도 말이다. 중요한 것은 복음을 계속 수호하는 것이었다."[54]

28.

한 시대가 종식되다

1966년에서 1967년 사이에 벌어진 논쟁이 너무도 크고 중요해서 이것이 로이드 존스의 사역 전체에 영향을 끼쳤을 것이라 생각할 수도 있다. 그러나 사실은 전혀 그렇지 않았다. 그의 사역은 평소와 다름없이 진행되었고, 이 문제를 거론해도 좋을 만한 집회에서도 다른 주제만 다룬 경우가 많았다. 1966년 12월 6일 복음주의 도서관 연례 모임에서 만난 '측근 그룹'에게 그는 지난 30년간의 진지한 독서 열풍과 관련해 잉글랜드에서 목격한 큰 발전에 대해 이야기했다. 그는 이런 변화에 대한 공로를 IVF 사역, 복음주의 도서관, 청교도 콘퍼런스 그리고 배너 오브 트루스 출판사에 돌렸다. 이듬해 같은 모임에서는 미국의 경우를 이야기했다. 1966년 청교도 콘퍼런스에서는 잉글랜드에 회중교회가 창립된 지 350주년을 맞아 '헨리 제이콥Henry Jacob과 최초의 회중교회'라는 제목으로 강연했다.

이미 말했다시피, 그는 그 모든 일의 와중에서도 외부 설교 사역의 고삐를 늦추지 않았다. 1967년 7월, 런던에서 몬머스셔 틴턴 근처의 한 집회 장소로 그를 모셔다드리며 차 안에서 나눴던 대화가 기억난다. 필자는 그가 다소 피곤할 거라고 생각했다. 그날은 화요일이었고, 전날 주일 사역의 피곤함이 풀리기도 전에 웨스트민스터 교제회 모임에서 주 강연을 했기 때문이다. 그러나 그는 피곤하기는커녕 아주 원기 왕성한 모습으로, 육체 활동 때문에 기진하긴 하지만 자신에게는 정신적 에너지의 크나큰 보고寶庫가 있다는 점을 상기시켜 주었다. 그래서인지 주일 저녁엔 로이드 존스보다 사모님이 더 피곤해했다! 어린 시절 이야기부터 시작해 1918년 형 해롤드가 세상을 떠나던 해를 거쳐 1932년 캐나다를 처음으로 방문하던 때까지 차 안에서 대화는 계속 이어졌다. 그러던 중 책 이야기가 나왔다. 그는 1년 내내 책을 읽으면서도 여름휴가 때 좀 더 방대한 작품을 독파할 기대에 부풀어 있었다. 그해 휴가 때 읽으려고 하는 책은 A. F. 스코트 피어슨의 『토머스 카트라이트와 엘리자베스 시대 청교도주의』*Thomas Cartwright and Elizabethan Puritanism*와 한 네덜란드 작가가 쓴 나폴레옹 주요 전기였다. 나폴레옹 전기를 읽기로 했다는 말에 내가 깜짝 놀라는 것을 보고 그는 사실 전쟁 이야기를 즐겨 읽는다고 털어놓으면서, 아직도 자기 안에는 영웅을 좋아하고 그들의 몰락을 안타까워하는 어린 소년이 자리 잡고 있다고 했다. 최근에 크리켓 경기를 관전했던 경험을 예로 들면서도 그는 비슷한 이야기를 했다. 몇 주 전, 연례행사로 로즈 경기장에 갔을 때 그는 유명한 인도 선수 파타우디의 나와브를 보게 될 것으로 기대했다. 그는 리즈 경기에서 눈부신 활약을 보인 바 있었다. 그러나 아쉽게도 그 유명한 타자는 제대로 경기를 보여주지도 못하고 초반에 아웃되고 말았다. 로이드 존스는 실망이 이만저만이 아니었는데, 왜냐하면 1948년에도 비슷한 일이 있었기 때문이었다. 그해 로이드 존스는 호주 팀의 던 브래드먼이 미들섹스 팀을 상대로 잉글랜드에서 마지막 경기를 벌이는 것을 볼 기회가 있었다. 그해 여름 브래드먼은 2천 점을 득점했지만, 이 경기에서는 콤턴이 후방 숏 레그short leg(크리켓 경기에서 삼주문에서 가까운 야수 혹은 그 수비 위치—옮긴이)에서 그를 잡아 6점을 득점했다. 로이드 존스가 보기에 그날 관중은 '바보'였다. 세계 최고 타자의 활약을 볼 기회를 놓친 것을 깨닫지 못하고 자국 팀이 겨우 6점 득점한 것에 환호를 보내고 있었으니 말이다!

늘 그랬듯 그는 1967년에도 웨일스를 여러 번 찾았다. 웨일스 지역으로 외부 설교를 다니던 중 그가 가장 특별했다고 묘사한 한 예배가 있었다. 장소는 에버판Aberfan으로, 1966년 10월 21일 그곳에서 일어난 끔찍한 사고 때문에 갑자기 전 세계에 이름이 알려진 마을이었다. 그날 아침 마을 학교에서 이제 막 출석 점검을 마칠 무렵인 9시 15분경, 학교 건물에 시커먼 그림자를 드리우며 쌓여 있던 거대한 석탄 슬러리가 갑자기 천둥소리 같은 굉음과 함께 쏟아져 내리면서 마을 아이들 거의 전원을 삼켜 버리고 말았다. 116명의 아이들이 몰살당했고, 성인들도 28명이나 사망했다. 남웨일스의 이 탄광 지역에는 전에도 사고가 없지 않았지만 이렇게 어린아이들이, 그것도 갱도가 아닌 지상에서 희생을 당한 것은 처음이었던 만큼, 온 마을은 결코 헤어 나올 수 없을 듯한 깊은 슬픔의 심연에 빠져 버렸다.

로이드 존스는 이 사고 1주년을 맞아 1967년 11월 15일, 웨일스 장로교회인 에버판 채플에서 설교해 달라는 요청을 받았다. 그날 오후와 저녁, 두 차례의 예배에 모든 교파에서 사람들이 모여들었다. 저녁이 되자 길 건너편에 있는 웨일스 침례교회 서머나 채플도 예배를 드리러 온 사람들과 설교 중계를 들으러 온 사람들로 빽빽이 들어찼다. 로마서 8:18-23을 본문으로 전해진 저녁예배 메시지는 신자들에게 영광스러운 위로가 되었다. "생각하건대 현재의 고난은 장차 우리에게 나타날 영광과 비교할 수 없도다." 깊은 감동을 안긴 예배의 끝 무렵 에버판 관할사제 윌프레드 존스가 앞으로 나와 이 메시지야말로 에버판이 기다려 왔던 바로 그 메시지라고 설교자에게 말했다. 2년 후 한 여성은 로이드 존스에게 엽서를 보내, 자신은 에버판에서의 예배를 절대 잊지 못할 것이며, 다른 많은 이들도 동일한 고백을 한다는 것을 알려 왔다. 한 성공회 신자는 이렇게 말했다. "모든 교파 여러 저명한 설교자들의 설교를 다 들어 봤지만, 그날 에버판에서 들었던 설교와 비교할 수 있는 설교나 강연은 없다."

* * *

웨스트민스터 채플에서는 이제 오랫동안 친숙해진 방식으로 강해설교와 전도설교가 계속되었다. 수많은 청년 출석자들은 자기 부모가 그 옛날 젊은 시절에 들었던 바로 그 설교를 들었다. 휴가 기간 외에는 채플 강단에 외부 설교자가 서는 일이 절대 없었다. 독터 로이드 존스는 빅벤만큼 규칙적이었고, 그 대형 시계가 의사당 건물에 붙박여 있는 것처럼 채플 강단에 붙박여 있는 것 같았다. 하지만 기도로 그를 후원하는 이들은 그의 사역을 당연한 것으로 여기지 않았다. 어떤 이가 익명으로 보낸 한 장의 엽서에는 이런 메시지가 담겨 있었다. "지난 주일 저녁 전해 주신 메시지에 천 번의 감사를 드립니다. 주님께서 목사님에게 은혜로이 복을 내려 주시고 런던에서 이 지극히 중요한 사역을 계속 이어 가실 수 있도록 목사님을 지켜 주시기를 기원합니다."

1966년 여름, 로이드 존스는 주일 저녁에 사도행전 5장과 6장을 강해했고, 10월 16일부터는 7장을 강해했다. 주일 아침 설교 본문은 요한복음 4장이었다. 1년 후인 1967년 10월 8일부터는 사도행전 8장을 저녁예배 때 강해했고, 여전히 요한복음 4장을 본문으로 그리스도인의 삶에 대해 일반적인 설교를 했다. 로마서 연속 강해는 1966년 11월 11일 금요일에 12장을 마무리했다. 그다음 주 금요일에는 로마서 13장 강해를 시작해서 1967년 5월 26일까지 13장 강해를 이어갔다. 그리고 1967년 10월 10일에 14장 1절을 시작으로 로마서 연속 강해를 재개했다.

언론은 여전히 이따금씩 웨스트민스터 채플을 주목했다. 1967년 3월 19일자 「옵저버」*Observer*지는 설교자와 교회들을 개관하는 기사를 실었다. 웨스트민스터 채플 예배를 취재한 기자는 과거에 다른 기자들이 그랬듯 눈앞에 펼쳐진 광경에 여전히 어리둥절해했다.

> 평범한 주일날에도 아래층 회랑과 예배당 가운데 자리에서 빈 곳을 '사냥해야' 한다. 그건 그렇고 로이드 존스는 런던 최후의 위대한 웅변적 설교자다. 설교에 대해 뭔가 농담조로 말해야 할 때 사람들은 그 설교를 "젠장맞을 열변"이라고 칭한다. 그의 메시지는 17세기 청교도주의라고 불러도 좋다. 그의 설교는 조용하게 시작된다. 다양한 변화는 나중에 찾아온다. 느리게, 느리게, 빨리, 빨리, 느리게. 그는 성경책을 앞에 펼쳐두고 마치 컴퓨터처럼 본문을 찾아낸다. 회중석에서는 헛기침 소리 한 번 나지 않는다.……설교를 듣고 나서 많은 이들이 그를 찾아가 도움을 청한다. 개인적인 자리에서 그는 차분하고 친절하다. 말의 내용이 되었든 말의 방식이 되었든, 그의 말에는 아주 설득력 있는 뭔가가 있다.

늘 그랬던 것처럼, 1967년 9월 웨스트민스터 채플에서 또 한 해 사역이 시작되면서 새 학기를 시작하는 수많은 학생들이 세계 각지에서 채플로 모여들었다. 뉴질랜드 남섬 출신인 조앤 깁슨Joan Gibson은 1967년 10월 1일 처음으로 웨스트민스터 채플에 왔다. 그다음 주 조앤은 집으로 보내는 편지에 이렇게 썼다.

> 지난 주일엔 두 곳에서 예배를 드렸어요. 아침엔 존 스토트의 설교를 들었고, 저녁엔 독터의 설교를 들었답니다. 웨스트민스터 채플 2층 좌석에 단정히 앉아 독터의 목회가 성공하고 있다고 짐작만 했지요. 그곳엔 온갖 부류 사람들이 다 있었어요. 흑인, 백인, 황인, 노인, 청년, 어머니, 아버지, 아이들, 심지어 맨 앞에는 개 한 마리가 앞발에 턱을 고이고

반듯이 앉아 있더군요! 회심한 맹인 청년의 안내견이었어요. 독터는 체구가 자그마했고 주름이 쭈글쭈글한 얼굴에 안경을 쓰고 검은 가운을 입고 있었어요. 가운을 당겨 잡고 있었는데 오래가지는 않더군요. 이내 두 팔을 휘두르며 설교하기 시작했으니까요. 그날 독터는 "내가 나 된 것은 하나님의 은혜"라는 말씀을 설교했어요. 학장님 말씀에 따르면 그는 "반복해서 강해하는 설교자"라고 하더군요! 설교를 들으며 마음이 굉장히 기뻐서 다음 주에 또 와야겠다고 생각했죠.

1968년 웨스트민스터 채플에서 새해 사역에 돌입하면서 로이드 존스는 여느 때와 마찬가지로 장기 설교 계획 같은 건 세우지 않았다. 그는 1962년부터 줄곧 주일 아침엔 요한복음을 설교했는데, 신선하고 적절한 소재가 계속 공급되는 한 어느 한 구절을 계속 파고드는 게 그의 방식이었다. 1월 7일 첫 주일 아침, 그리스도 안에서 새사람이 된 사마리아 여인을 출발점으로 삼아 그는 자기 자신을 검증하는 방법을 주제로 설교했다. 주된 논점은 다음 두 가지였다.

1. 과거와 관련하여 자신을 검증하기. 그리스도를 아는 지식이 나에게 일어난 일 중 가장 엄청난 일인가? 그분께서 나를 위해 이루신 일에서 가장 큰 기쁨을 느끼는가? 이 지식이 점점 늘어나고 있는가?
2. 미래를 내다보며 자신을 검증하기. 나의 가장 큰 소원은 무엇인가? 앞으로 있을 수도 있는 일에 어떻게 대응하는가? 가까운 미래에 있을 실망스러운 일, 손해, 질병, 사고, 슬픔 등에 대해서 그리고 궁극적으로 죽음과 내세에 대해서.

이 질문은 삶을 바라보는 로이드 존스의 시각에 대해 많은 것을 말해 준다. 그다음 주일 아침 그는 사마리아 여인이 마을 사람들에게 고백하는 말과 관련해 그 여인이 새롭게 경험한 것을 주제로 설교를 이어 나갔다. 몇 주에 걸친 설교에서 그가 주요 강조점으로 삼은 것은, 그 여인의 고백이 자발적인 고백이었고 여인의 내면에 그렇게 고백하지 않고는 배길 수 없게 하는 뭔가가 있었다는 것이다. "사람들을 훈련해 이런 고백을 하게 만든다는 건 새롭고도 현대적인 개념이요, 사실상 이교에 속한 개념입니다." "최고의 일꾼은 언제나 최고의 그리스도인입니다. 지식과 이해에서도, 경험에서도, 삶에서도 최고이며, 그들 대다수는 성령으로 충만한 사람입니다." 본문에서 그는 여인의 고백이 어째서 자발적인지를 입증해 보였다. 그다음 이것이 복음이 그리스도인 안에서 이루는 일 덕분이며, 그리스도인에게는 "자신이 어떤 존재인가 하는 것이 그들의 입에서 나오는 말보다 더 중요하다"는 것을 설명했다. 그 자신은 아직 알지 못했지만 웨스트민스터 채플 강단에서 전하는 마지막 설교가 될 그 후 2주간의 아침 설교에서(2월 18일과 25일) 그는 그리스도인의 성품에서 우선순위가 되어야 할 것들을 요약했다.

1968년 1월 12일 금요일, 그는 로마서 강해를 다시 시작하여 14:15-16을 강해하는 한편, 주중의 다른 활동들도 평상시처럼 계속해 나갔다. 1월 18일에 열린 교회회의는 그가 주재하는 마지막 회의가 될 터였다. 그날 회의에서는 많은 이들의 존경을 받으며 은퇴한 선교사 필리스 라이트와 1912년부터 채플에 출석하던 마사 라이트 부인의 사망을 포함해 교인들과 관련된 일상적인 일들을 처리했다.

회의에 뒤이어 전에 이곳 교인이었던 에든버러 의료 선교사회 소속 존 테스터의 강연이 있었다(그는 웨스트민스터 채플에 다니다가 1952년 나사렛에 있는 병원으로 갔다).

그해 첫 주일인 1월 7일 저녁, 그는 에디오피아 내시가 빌립의 증거를 통해 회심하게 되는 구절행 8:26을 설교했다. "주의 사자가 빌립에게 말하여 이르되 일어나서……가라"라는 26절 처음 몇 마디가 첫 설교의 주제였다. 이 세상은 인간의 세상이 아니다. 천사들, 보이지 않는 권세의 세상이며, 초자연적인 영역이다! "오, 새해를 시작하기에 얼마나 안성맞춤인 메시지인지요!" 그날 밤 그는 회중에게 그렇게 말했다. "이제 시작되는 해에 제가 인간이 하게 될 일에 의존하지 않는다는 게 하나님께 얼마나 감사한지요. 세상엔 하나님이 계십니다. 그리고 그분은 모든 걸 다 아시고 능력이 무한한 분이십니다! 주도권은 늘 하나님께 있습니다. 하나님께서 어떻게 행하실지 우리는 절대 알 수 없습니다."

그다음 주 저녁 설교는 에디오피아 내시가 어떤 유형의 사람인지를 다루었다. 그는 도덕적이고 신앙심이 깊었으나 만족을 못 느끼고 있는 사람임에 분명했다. 이어지는 주일 저녁에는 그리스도인이 된다는 게 무슨 의미인가 하는 주제와 관련해 이 구절의 다른 부분들을 강해했다. 처음 두 편의 설교는 회심에 이르는 길에서 흔히 만날 수 있는 걸림돌들을 다뤘는데, 첫째는 초자연적 영역의 존재를 깨닫지 못하는 것이요, 둘째는 그리스도인이 아니면서 신앙인이 되는 위험이었다. 셋째 주일 밤(1월 21일) 그는 내시가 자신은 성경을 이해할 능력이 없다고 스스로 인정한 데서 알 수 있는 근본적인 문제를 다뤘다.[행 8:30-31] "기독교의 메시지는 자연인은 이해할 수 없는 무언가입니다." 기독교의 메시지를 중생치 못한 사람이 받아들일 만한 것으로 만드는 행위, 불쾌하게 여겨지는 요소들을 끄집어내어 이해하기 쉽게 만드는 행위는 그 메시지를 부인하는 행위다.

그다음 주일 밤 설교의 주요 주제는, 빌립이 권위 있게 말할 수 있었던 것은 성경이 하나님에게서 나온 계시로서 하늘에서 오는 좋은 소식을 담고 있기 때문이라는 것이었다.

> 이 강단에 서 있는 지금 저는 다른 권위는 알지 못합니다. 이교의 권위는 체험의 권위입니다. 그들은 체험에 대해 말하고, 체험을 권합니다. 그들이 제시해야 하는 건 바로 그것입니다. 그러나 이 말씀의 경우엔 그렇지 않습니다. 이는 진리에 대한 상세한 설명이며, 우리에게 다른 권위는 없습니다. 친애하는 성도 여러분, 이 말씀을 다음과 같이 명백하고 단순하게 설명해 보겠습니다. 1968년 1월 28일 이 밤, 제가 이 강단에서 하는 일은 빌립이 에디오피아 내시에게 했던 일과 전혀 다르지 않습니다.

1968년 2월, 독감을 한바탕 앓는 바람에 그의 사역은 잠시 중단되었다. 2월 11일 주일 웨스트민스터 채플에 출석한 사람들은 로이드 존스가 강단에 모습을 보이지 않는 이례적인 경험을 했다. 그는 그다음 주 금요일에 사역에 복귀했다. 건강 문제로 다소 힘들어하던 중이었지만 설교에서는 그 어떤 징후도 볼 수 없었다. 주일 저녁 전도설교 때는 훨씬 더 편안해진 모습을 보였다. 2월 18일과 25일(이날은 그가 목사로서 웨스트민스터 채플 강단에 서는 마지막 주일 저녁이 될 터였다) 그의 설교 주제는, 타락한 인간이 구원받으려면 먼저 하나님의 아들의 죽음이 요구될 만큼 인간의 문제가 깊고도 심각하다는 것이었다. 인간은 죄의 공포와 그 자신의 죄책을 먼저 알아야 그리스도의 십자가를 이해할 수 있었다. "'예수께 나오라'고 사람들에게 말해 봤자 소용없습니다. 그들은 예수께 나오지 않습니다. 왜 안 나올까요? 예수님의 필요성을 전혀 느끼지 못하기 때문입니다." 인간은 반항적이고, 길을 잃었고, 비참하며, 죄의 권세 아래 무방비 상태에 있다. 이렇게 로이드 존스는 예수 그리스도의 죽음만이 인간이 구원받고 하나님과 화해할 수 있는 유일한 방책이라고 설파함으로써 주일 설교를 끝냈다.

2월 25일 주일 다음 주간에도 그는 평소와 다름없이 사역했다. 화요일에는 베드포드에서 설교했다. 몸이 좋지 않은 걸 느꼈지만 얼마 전에 앓은 독감 후유증이라 여겼다. 금요일에는 웨스트민스터 채플 목회실에서 도움과 조언을 요청하는 사람들을 만나 면담했다. 4시 45분에 시작된 면담은 6시 30분 저녁 집회가 시작되기 전까지 이어졌다. 이날 설교는 372회차 로마서 설교였는데, 그는 "하나님의 나라는 먹는 것과 마시는 것이 아니요 오직 성령 안에 있는 의와 평강과 희락이라"라는 말씀에서 '평강'이라는 말에 주목했다. 그날 밤 설교를 맺는 말은 12년 반 동안 진행한 로마서 강해를 결론짓는 말이 될 터였다. "하나님께서 뜻하시면 다음 시간엔 다른 위대한 특성인 '성령 안에 있는 희락'에 대해 계속 생각해 보겠습니다."

다음 주일인 3월 3일에 설교를 할 수 없으리라는 것을 로이드 존스가 어느 시점에 알게 되었는지 필자는 정확히 알지 못한다. 아마도 그는 복부의 불편한 느낌이 좀 호전되기를 바랐을 테지만, 그 주일 아침 오전 8시에 로이드 존스 부인은 남편의 어시스턴트인 에드윈 킹에게 전화를 걸어야 했다(그는 런던 외곽 체셤에 살면서 대리 목사로 한 교회를 섬기고 있었다). 이는 그날 웨스트민스터 강단에 그가 즉시 필요하다는 사실을 암시했다. 로이드 존스는 뭔가가 심각하게 잘못되었다는 것을 점차 분명히 깨달았다. 그 주 목요일인 3월 7일에 그는 왕립 런던 동종요법 병원에 입원했고, 다음 날 장 폐색을 뚫는 대수술을 받았다. 상태가 이렇게 된 건 암 때문이었다.

직계 가족 외에는 그 누구도 그가 무슨 병을 앓고 있는지 알지 못했다. 그다음 주 기독교 언론은 그가 몸이 아파 병원에 입원했다고만 보도했다. 3월 13일 필립 휴스에게 보내는 편지에서 베단 로이드 존스는 이렇게 말했다. "지금까지는 상태가 좋아져서 의사들을 기쁘게 해주고 있어요. 아직 편지를 읽거나 쓸 정도는 아니랍니다. 정말 많이 아팠어요. 그이가 사랑을 전해 달라고 하면서 기도를 부탁하네요."

많은 이들이 저마다 다른 두려움과 소망을 품었다. 필자는 그의 수술이 있던 그 주에 웨스트민스터 채플에 갈 일이 있었다. 나는 며칠 후 결혼식이 예정되어 있었는데, 그가 내 결혼식 주례를 맡고 싶어 했기에 이것저것 준비할 사항이 있어 주중에 채플을 찾았던 것이다. 나는 시간을 절약하려고 강단 뒤쪽에 있는 문을 통해 예배실로 들어갔다. 텅 빈 회중석이 줄줄이 늘어선 게 눈앞에 보였다. 나는 느릿느릿 통로를 걸어 내려가 맨 뒷줄에 자리를 잡고 앉았다. 예배실을 빙 둘러 설치된 회랑 좌석 밑 그림자 속에 나 혼자 있었다. 그 침묵의 공간은 수많은 세월의 추억, 더운 여름날 저녁 젖은 신발을 이끌고 혹은 한겨울 오버코트 차림으로 모여든 교인들의 추억, 천둥소리 같은 찬양 혹은 성찬이 시행될 때 엄숙한 정적 속에서 「주님 나를 사랑하시고, 나를 위해 자기를 주셨네」와 같은 찬송이 울려 퍼지던 때의 추억 등으로 가득했다. "네가 선 곳은 거룩한 땅이니"라는 말씀을 듣고 모세가 깨달았던 것을 바로 이곳에서 수많은 사람들이 경험했을 것이다. 그런데 바로 그때 누군가가 내 시야에 들어오면서 생각의 흐름이 중단되었다. 노령으로 구부정하긴 했지만 한눈에도 키가 커 보이는 어떤 여인이 내가 들어왔던 바로 그 문을 통해 예배실 안으로 들어오는 게 보였다. 여인은 나를 보지 못한 채 강단 바로 아래에 걸음을 멈추고 서서 미동도 없이 빈 설교단과 덮여져 있는 성경책을 물끄러미 올려다보았다. 페루에서 오랜 세월 선교사로 사역해 온 마거릿 스미스였다. 노년에 접어든 그녀는 교회를 위해 인생 대부분을 바쳤고, 그래서 웨스트민스터가 진짜 집이나 다름없는 수많은 독신 여성들 중 가장 빛나는 사람으로 손꼽히고 있었다. 자기를 지켜보는 이가 아무도 없을 것이라 생각하면서 그렇게 가만히 서 있는 모습을 보노라니, 만감이 교차하는 심정을 그 모습보다 더 웅변적으로 표현해 주는 건 없을 듯싶었다. 내가 생각하기에 우리 두 사람 다 한 시대의 종식을 의식하고 있었다. 마거릿 스미스는 분명 기도를 하고 있었을 것이다. 그 기도는 런던을 넘어 저 먼 곳의 이웃들까지 포괄하는 기도였다.

독터의 수술이 성공적으로 끝났고 9월경 사역을 다시 시작할 수 있을 것이라는 소식이 전해지자 웨스트민스터 채플 사람들은 크게 기뻐했다. 교인들은 그가 돌아오기까지 몇 주가 남았는지 헤아리기 시작했고, 그의 설교를 고정적으로 들어 온 어떤 교인은 "제가 알아들을 수 있는 설교를 하신 분은 목사님뿐"이라는 편지를 써 보내기도 했다. 로이드 존스는 이 편지를 특히 아꼈는데, 그도 그럴 것이 편지를 쓴 사람이 이제 겨우 열한 살이었기 때문이다! 필자가 생각하기에 그가 이 편지에 깊이 감동받은 데에는 또 다른 이유도 있었을 것이다. 그는 자신이 웨스트민스터 채플로 돌아가게 되지 않으리라는 것을 알고 있었다. 수술이 있던 3월 8일 전날 저녁, 베단과 대화를 나누던 중 아내가 좀 불안해한다는 것을 알아챈 그는 수술이 잘될 것이라고 자신하며 아내를 안심시켰다. 그리고 그는 또 이제 자신들의 삶이 전과는 달라질 것이라고 덧붙였다. 그는 이 일이 목회를 언제 종결해야 하는가 하는 자신의 질문에 대한 하나님의 응답이라고 생각했다. 또 다른 사역이 기다리고 있을 수도 있지만, 웨스트민스터 채플에서의 사역은 이제 끝이었다. 몇 년째 그 질문과 씨름하고 있던 그는 이제 하나님의 인도가 분명해졌다고 믿었다.

1968년 4월 초에 퇴원한 로이드 존스는 아내와 함께 에섹스에 있는 뮤제트 마젠디의 아름다운 고향 집 헤딩엄 캐슬Hedingham Castle로 요양을 갔다. 그리고 4월 말이 되기 전 런던으로 돌아와 5월 29일 제직회를 소집했다. 집사들은 이 회의에서 그가 8월 말에 은퇴할 것이며 그 사이 목회를 재개하지는 않기로 결정했다는 소식을 들었다. 웨스트민스터에 올 때 부임 행사 같은 게 일체 없었던 것처럼 그는 떠날 때도 그렇게 떠나고 싶어 했다. 환송회도 없고, 이임의 변辯도, 선물 증정식도 없을 터였다. "그는 우리에게 짧게 몇 마디를 했다"고 제프리 커비는 그날 제직회 모임에 대해 기록했다. "밀레도에서 바울이 에베소 교회 장로들에게 작별을 고할 때와 비슷한 상황이 지금 우리 앞에 벌어지고 있다는 생각이 들었다. 그러고 나서 독터는 우리와 함께 기도를 했는데, 감정이 북받쳤는지 중간에 말을 잇지 못했다. 아마 다른 누군가가 이어서 기도를 했던 것 같다. 확신컨대 우리가 울컥하는 감정을 느꼈던 것처럼 그 옛날 에베소 장로들도 똑같은 심정이었을 것이다. 우리는 그의 목을 껴안고 입을 맞추었다."

그의 사임 소식이 퍼져 나가면서 많은 편지들이 답지했다. 웨스트민스터 채플에서 30년 세월을 함께한 사람들에게서 온 편지도 있었다. 83세의 한 교인은 제1차 세계대전으로 거슬러 올라가 채플에서의 추억을 편지에 담아 보내면서 1911년부터 이 교회에 다니기 시작했다고 회고했다. 최근에 웨스트민스터에 나오기 시작한 교인들이 보낸 편지도 있었다. 한 여성은 지난달 그의 설교를 통해 구원의 확신을 얻게 되었다고 하나님을 찬양하는 편지를 보내왔다. 그의 설교를 듣고 회심에 이른 어떤 사람이 그 사실을 처음으로 그에게 알려오기도 했다. 스위스에서 한 남성이 보내온 편지에는 이렇게 적혀 있었다.

> 1954년 어느 주일 목사님의 저녁 설교를 듣고 제 죄를 깨우치고 그리스도의 구속하신 은혜의 영광스러운 빛과 기쁨을 알게 되었다는 걸 알려 드려야 할 의무감을 느낍니다. 지금까지 목사님께 말씀드리지 않았지만(부디 용서해 주시길 바랍니다) 주님께서는 알고 계십니다! 또한 웨스트민스터 채플에서 생명을 찾은 청년 남녀가 세계 전역에 얼마나

많은지도 주님께서는 알고 계십니다.

셰필드의 한 의사는 "10년 전 오늘은 채플에서 목사님의 설교를 듣고 회심한 날인 만큼 이 특별한 날에 편지를 드려야겠다는 생각이 들었습니다"라고 했다. 또 어떤 사람은 "메릴린과 웨스트민스터 채플을 통해 저는 주님께 인도받았습니다"라고 했다. 채널 제도Channel Islands에서 편지를 보내온 사람은 "제가 그리스도인이 된 것은 목사님 덕분"이라고 했다. 그 외에도 그의 설교를 통해 배우고 깨우친 내용들에 대해 많은 그리스도인들이 수많은 증언을 했다. 그중엔 제임스 패커가 1968년 9월 26일에 보내온 다음과 같은 편지도 있다.

> 오래전부터 목사님께 편지를 한번 드려야 한다고 생각했습니다. 첫째는 건강을 그렇게 충분히 회복하신 걸 알게 되어 기쁘다는 말씀을 드리고 싶어서였고, 둘째는 웨스트민스터 채플을 떠나신다는 소식을 듣고 제 마음이 어땠는지를 알려 드리고 싶어서입니다. 하나님께서는 채플에서 목사님께 엄청난 사역을 맡기셨는데, 이제 그 사역이 마무리되었다는 걸 잠시 생각하게 만드는군요. 기독교계의 판도를 변화시키는 일은 아무에게나 주어지는 일이 아닙니다. 그 일에 목사님만큼 쓰임받은 사람은 우리 중에 흔하지 않습니다. 뿐만 아니라 목사님은 품격이 떨어진 기독교 용어에 참 가치를 회복시키는 일에도 크게 쓰임받으셨습니다. 1948년에서 1949년 사이 겨울, 설교의 의미에 대해 목사님께서 말이 아닌 행동으로써 저에게 베풀어 주신 가르침에 대해서는 언제까지나 감사를 드릴 것입니다. 그때 목사님께서는 주일 저녁마다 마태복음

11장을 샅샅이 훑으셨지요. 저는 그때 오크 힐 대학에서 학생들을 가르치고 있어서 꽤 규칙적으로 예배에 참석할 수 있었답니다. 3절 강해를 시작하셨을 때 제가 목사님의 모습에 불가사의하게 매혹당했던 것, 30절을 강해하실 무렵 전에는 사실상 설교가 무엇인지 알지 못하고 있다가 그제야 비로소 알게 되었다고 느꼈던 것이 생각납니다. 당시 베드포드에 있던 제 누이는 29절을 강해하시는 것을 듣고 그리스도인이 되었다고 하더군요! 저의 경우, 복음서를 본문으로 목사님께서 전하신 복음 설교가 목사님의 강단 사역 중 가장 멋진 부분으로 남아 있습니다. 이제 목사님께 감사하다는 말씀을 드려야 할 때가 되었습니다. 진심으로 감사드립니다.

29.

세계 강단

1968년 여름 몇 달간의 요양으로 그는 건강을 완전히 회복했다. 그 해 3월 1일 금요일, 웨스트민스터 회중에게 마지막으로 설교하던 그 날로부터 정확히 13년 세월이 또 한 번 그에게 주어졌다.

장차 그가 어떤 사역에 적극적으로 임하게 될지 그 줄거리가 명확해진 것은 1968년 그 조용한 요양 기간에 했던 묵상을 통해서였다. 그는 웨스트민스터 채플 교인들에게 보낸 5월 30일 날짜의 개인적인 편지에서 이에 대해 이야기했다.

> 수술을 받아야 한다는 사실을 깨달은 순간, 저는 하나님께서 제게 "이것은 한 사역의 끝이자 또 다른 사역의 시작"이라고 말씀하고 계심을

느꼈습니다. 수술 전에 아내와 동료들에게 그 이야기를 했고, 이후 이 확신은 계속 깊어지고 점점 더 확실해졌습니다. 저는 오늘날 대부분 사람들이 현역에서 은퇴하는 나이를 벌써 지났습니다. 저는 웨스트민스터에서 30년 동안 중단 없이 이어 온 사역을 완결 짓습니다. 제 생애 대부분을 이 사역에 바쳤습니다. 그게 무슨 의미인가 하면, 대학과 신학교에서의 강의 요청, 목회자 콘퍼런스에서의 강연 요청 등 세계 각처에서 오는 초청을 다 물리쳤다는 뜻입니다. 하지만 무엇보다도 이는 웨스트민스터에서 했던 설교 사역에 집중하느라 이 설교 원고를 책으로 펴낼 시간을 거의 내지 못했다는 의미입니다. 책을 더 많이 펴내야 한다는 것이 제게 큰 절박함으로 다가왔습니다. 하지만 웨스트민스터 채플에서 매주 세 번씩 설교하지 않았더라면 제 삶이 어떤 모습이 되었을지 상상이 안 됩니다. 여름휴가는 별도로 하고 말입니다. 그러나 하나님께서 부르시면 인간은 그 모든 자연스런 감정에도 불구하고 순종해야 합니다. 친애하는 여러분들은 다 이해하실 것으로 압니다. 만일 이해하지 못하신다면 제 모든 사역은 다 허사일 것입니다.

교인들 대다수가 그의 마음을 이해했고 그의 꿈에 호응했다.[1] 교인들이 보내온 편지를 보면, 목회자를 잃게 된 것을 아쉬워하기보다는 이제까지 자신들이 들었던 설교를 세상 사람들도 책을 통해 접해야 한다는 믿음을 드러내는 내용이 많았다. 로이드 존스는 1968년 7월 6일 필립 휴스에게 보낸 편지에서도 같은 생각을 거듭 드러냈다. "그동안 쌓인 자료들을 책의 형식으로 더 많이 펴내야겠다는 생각을 점점 더 많이 하게 됩니다. 예를 들어, 로마서를 강해하면서 만든 자료들을 출판하고 싶습니다."

1970년 『로마서 3:20-4:25 강해: 속죄와 칭의』*Romans Exposition of Chapters 3:20-4:25, Atonement and Justification*가 출판되면서 그의 소원이 처음으로 실현되었다. 1969년은 준비 작업을 하느라 거의 다 보냈고, 한동안은 미국에서 작업을 이어 갔다. 그와 동시에 베단 로이드 존스는 에베소서 설교집 출판 준비를 시작했고, 1972년 480쪽짜리 『에베소서 2:1-22 강해: 하나님의 화해 방법』*God's Way of Reconciliation: An Exposition of Ephesians 2:1-22*이 세상에 모습을 드러냈다. 이 정도 두께에 내용도 묵직한 책들이 이런 자료에 익숙지 않은 도서 시장에 어떻게 받아들여질지 불투명했다. 기독교 언론에서는 일부 적대적인 서평이 나올 수도 있었다. 지금까지 출판된 그의 책들은 찬사와 함께 비판도 받았다. 1964년에 발간된 『영적 침체』*Spiritual Depression*에 대해 한 서평자는 "중량감 있는 책"이지만 "지적으로 대담하다 할 만한 내용은 전혀 없고 신세계를 펼쳐 보여주는 이론도 없다.……좀 따분한 책이다"라고 평했다. 이에 동의할 수 없는 이들도 많을 것이다. 이 책은 2년이 채 되기도 전에 3쇄를 찍었으니 말이다. 하지만 로이드 존스는 신중한 편을 택했다. 20세기에 연속 강해설교를 큰 시리즈로 출판할 생각을 하고 그 생각을 계속 유지한다는 것은 유례가 없는 일이었다. 로마서와 에베소서 강해집이 로마서 1장과 에베소서 1장부터 시작되지 않은 것은 그런 이유 때문이기도 했다. 로마서 강해집이 13권, 에베소서 강해집이 7권 연이어 출판될 것을 사전에 알리지 않은 것은 그저 어떤 확정된 일정이 없었기 때문이다. 하지만 이 책은 결국 전 세계적인 수요를 갖게 되었다. 로마서 강해 시리즈는 심지어 브라질어와 한국어로도 전권이 번역되어 출판되었다.

1969년에는 이런 모든 작업이 시작되었을 뿐만 아니라 그의 저서 중 가장 영향력 있는 것으로 손꼽히는 또 한 권의 책이 나왔다. 그해 에드먼드 클라우니의 초청으로 웨스트민스터 신학교에서 '설교'에 대해 강연하며 "6주 동안 아주 행복한 시간"을 보낸 것이 계기였다. 그는 설교할 때 늘 그랬던 것처럼 골격만 추린 원고를 들고 강연했는데, 이 강연을 녹음한 것이 『설교와 설교자』가 되어 나왔다. 어떤 면에서 이 책은 그의 저서 중 아마 가장 중요한 책일 것이다. 설교나 강연을 할 때 원고에 의지하지 않고 자유로이 하는 모습은 이 미국 방문 당시 펜실베이니아 주 칼라일에 있는 그레이스 침례교회에서 강연할 때도 잘 나타났다. 세 차례의 집회 중 첫 번째 집회 날, 비바람이 몰아치는 날씨에 천둥과 번개는 교회당 지붕 바로 위에 내리치는 것 같았다. 강연이 전체의 4분의 3쯤 진행되었을 무렵 갑자기 전기가 나가면서 설교단은 물론 온 회중이 다 캄캄한 어둠에 파묻히고 말았다. 암흑 상태가 약 5분쯤 지속되었지만, 그 와중에도 로이드 존스는 약간의 멈칫거림도 없이, 이 돌발 사태에 대해 뭐라고 한마디 하는 일도 없이 그냥 강연을 계속해 나갔다. 칼라일에서 세 번째로 강연한 '복음 전도에 대한 책임'은 그의 강연을 녹취한 자료 중 지금까지도 가장 귀한 자료 중 하나로 남아 있다.

이 시기부터 그의 시간표에 생긴 가장 큰 변화는, 웨스트민스터에서 사역하면서 축적해 온 설교 원고를 편집하는 시간을 가졌다는 점이다. 앞으로 그의 개인 작업 시간은 이 원고를 다듬어 출판을 준비하는 일에 대부분 할애된다. 한 서평자가 "설교를 다듬어 활자화하는 건 그다지 어려운 일 같아 보이지 않는다"고 했지만 이는 완전히 틀린 말이다. 로이드 존스는 녹취한 테이프에서 내용을 받아 적은 뒤 편집하고 수정했다. 고치는 부분이 하도 많아서 원고를 다시 타이핑해야 했다. 타이핑이 완료된 원고는 이제 다른 편집자(대개는 S. M. 휴튼)의 손으로 넘어갔고, 이 편집자의 메모와 촌평에 따라 로이드 존스가 원고 전체를 두 번째로 읽었다. 물론 최종 결정은 그의 몫이었다. 하나부터 열까지가 다 고된 작업으로, 그는 교정 작업이 설교문을 처음 작성하는 것보다 더 힘들다고 이따금씩 말하곤 했다. 설교를 할 때는 뭔가 힘이 되고 자극이 되는 게 있었는데, 문서 작업에서는 그런 것을 느낄 수 없었다. 전과 달리 오전 시간에는 작업 속도를 내기가 점점 더 힘들어졌다. 그래서 때로는 그날 원고 작업을 시작하기 전 활기찬 음악을 틀어 놓고 스스로 기운을 북돋기도 했다! 자신의 일과를 짤막하게 요약해 필립 휴스에게 보낸 글에는 다음과 같은 글귀가 포함되어 있었다. "전국 각처를 다니며 설교하고 또 한편으로 원고를 교정하느라 매우 바쁘긴 하지만, 그래도 기분은 아주 좋군요" (1972년 12월 15일). 그러나 책상 앞에서 하는 일이 처음부터 끝까지 고역이기만 한 건 아니었다. 눈앞에 펼쳐진 진리에 새로이 '몰입'하게 될 때도 있었고, 그럴 때면 원고 작업이 '아주 신나는' 일이 되었다. '은퇴' 이후 10여 년은, 수많은 저서들을 쏟아 냈다는 점에서 그의 생애에서 가장 중요한 시기가 되었다.

1969년 미국에 머물 당시 한 가지 해결해야 했던 문제는 출판업자 선정에 관한 문제였다. 그해 미국 체류가 길어지면서 북미 시장을 관할할 미국 출판사들과 대화를 나눌 기회가 있었지만, 문제는 영국과 그 밖의 영어권 세계였다. 그는 그곳 시장을 위해서는 어느 출판사에게 일을 맡겨야 할지 골똘히 생각했다. 출간 준비 작업은 그의 지도 아래 미국 출판사보다는 영국 출판사의 손에서 더 비중 있게 이뤄질 터였다. 영국에서의 초기 출판 정책은, 어느 한 출판사가 아니라 다양한 출판사에서 저서를 출판하는 것이었다. 그와 관계했던 출판사 중 가장 보수적인 곳은 IVF였지만, 자신의 책을 낼 곳으로 꼭 IVF만을 고집하지는 않았다. 하지만 이제 에큐메니컬 문제가 중대한 이슈로 자리 잡은 만큼, 그는 앞으로 가장 신뢰할 만한 기관이 될 가능성이 높은 곳을 돕고 싶었다. 그래서 주로 이 점을 고려해서 필생의 역작 로마서 강해 출판권을 1969년 배너 오브 트루스 트러스트에 맡겼고, 에베소서 2장 강해는 복음주의 출판사Evangelical Press에서 펴내도록 했다. 에베소서 강해 두 번째 책은 배너 오브 트루스에게 출판권을 주었다. 에베소서 강해 시리즈는 이제 이 출판사에 다 맡길 작정이었다. 그는 1973년 로마서 강해 한 권에 다음과 같이 친필로 써서 필자(배너 오브 트루스 트러스트 창립 신탁위원 중 그때까지 생존해 있던)에게 주었다. "참으로 친애하는 나의 친구이자 이제 나의 전담 출판인인 이안 머레이에게."

로이드 존스는 1970년에서 1975년까지 6년 동안 로마서 강해 시리즈 출간 작업에 몰두해서 해마다 한 권씩 펴냈다. 『로마서 5장 강해: 확신』*Romans Exposition of Chapters 5, Assurance*은 1971년에 384쪽으로 선을 보였다. 그는 로마서 5장을 "이 위대한 서신의 핵심 장으로, 6-8장을 진정으로 이해하는 데 절대적으로 필수적인 장이다"라고 여겼다. 『로마서 6장 강해: 새사람』*Romans Exposition of Chapters 6, The New Man*은 1972년에 세상에 나왔고, 『로마서 7:1-8:4 강해: 율법』*Romans Exposition of Chapters 7:1-8:4, The Law*는 1973년에 나왔으며, 로마서 8장을 강해한 두 권의 책이 1974년과 1975년에 연달아 출간되었다. 로마서 강해 시리즈에 대한 전 세계의 반응은 완전히 기대 밖이었다. 「크리스채너티 투데이」(1971년 10월 8일)의 한 서평자는 다음과 같은 말로 첫 권 출간을 반겼다. "이 책은 평범한 책이 아니다. 독자들은 이 책을 무심히 읽어 넘기지 못할 것이다. 이 책은 독자들의 생각과 마음을 사로잡을 그런 종류의 책이다……어떤 책에 이렇게 푹 빠져 보기는 정말 오랜만이다." 「복음주의 장로교」*Evangelical Presbyterian*(1971년 1월)에서 W. J. 그리어는 이 책을 가리켜 "눈부실 만큼 훌륭한 강해집"이라고 했고, "그가 왜 대도시 런던 한가운데서 열매가 풍성한 사역을 계속 이어 가지 않는지 궁금히 여기는 사람들"을 언급하며 "누구든 그 결정이 과연 지혜로운 결정이었는지 의심하는 사람이 있다면 그의 펜 끝에서 방금 빚어져 나온 이 로마서 강해 첫 권을 읽어 보라. 모든 의심이 다 사라질 것"이라고 했다.

'성도의 궁극적 견인'이라는 부제가 달린 로마서 강해 제6권이 출간된 후 그다음 권 출간은 상당히 많이 지체되었다. 가장 큰 이유는 로이드 존스가 에베소서 원고 작업에 집중하고 있었기 때문이다. 배너 오브 트루스는 『에베소서 5:18-6:9 강해: 성령 안에서의 삶』*Life in the Spirit: An Exposition of Ephesians 5:18-6:9*을 1974년에 펴냈다. 그다음 시리즈는 1976년부터 1980년까지 매년 연이어 나왔다. 한 권만 더 나오면 에베소서 강해 시리즈가 완결될 터였는데, 마지막 책은 1982년 로이드 존스가 사망한 그다음 해에 출간되었다.

문서 출판 면에서 1970년대는 이렇게 그의 생애에서 가장 중요한 10년이었음에 의문의 여지가 없다.

어떤 서평자들은 이 책들의 내용이 "거듭난" 사람에게는 찬탄스러우나 "아웃사이더"에게 도움이 될지는 의심스럽다는 의견을 내놓았다. 그러나 사실 그 '아웃사이더'들은 원래의 설교에 감동받은 것처럼 이 책들에도 감동받았다. 적지 않은 사람들이 자신의 회심은 그 책들 덕분이라고 고백했다. 런던시 선교회 연례 보고서에는 한 여성이 남편과 아이들을 버리고 집을 나갔다가 "독터 마틴 로이드 존스의 설교를 읽고 회심하여" 돌아온 사례가 기록되어 있다. 런던에 있는 웜우드 스크러브스 교도소의 한 재소자의 경우 한 면회객이 넣어준 『로마서 3:20-4:25 강해: 속죄와 칭의』를 읽고 눈이 열려 회개에 이르게 되었다. 레딩 대학교의 한 학생은 윌리엄 사건트 박사의 '세뇌와 회심의 메커니즘'에 관한 강의를 들은 뒤, 그 강의에 대한 로이드 존스의 답변을 읽고는 죄를 깨우치고 그리스도인이 되었다. 남아프리카 더반에 살고 있는 한 스코틀랜드 이주민 여성은 자신이 "모든 면에서 실패자"라 생각하며 살고 있었다. "불행한 느낌과 외로움이 나를 깊은 수렁으로 몰아넣고 있었다." 그런 상태에서 여인은 어떤 사람이 빌려준 로이드 존스의 책 한 권을 읽고는 "아무것도 없는" 사람도 하나님과 화목할 수 있다는 사실을 깨닫게 되었다. "난생처음으로 나는 기쁨에 겨워 눈물을 흘렸다."

또 하나의 회심은 다른 몇몇 사람들에게도 영향을 준 사례로, 잉글랜드의 미들랜즈에서 일어났다. 18년 동안 파수대Watchtower 운동 멤버로 살아온 어떤 남자는 훗날 로이드 존스에게 이런 편지를 써 보냈다.

목사님의 책은 저 자신을 넘어 훨씬 더 넓게 퍼져 나간 불을 하나 지폈습니다. 약 3주 전쯤 아내와 저는 지역에 있는 여호와의 증인 교회에서 출교당했습니다. 이는 '배교한' 증인에게 내릴 수 있는 최고의 징계랍니다. 저희 부부는 이제 자유이고, 날마다 저희 안에서 은혜의 역사를 느낍니다. 저희가 느끼는 기쁨과 마음의 평강은 무슨 말로도 표현할 수 없습니다. 목사님의 책을 접한 건 약 2년 반 전입니다. 저와 다른 신앙을 가진 사람이 그런 책을 저한테 준다는 걸 참 이상하게 생각했습니다. 지금에 와서 그 일을 돌아보면 하나님의 섭리를 명확하게 볼 수 있습니다. 책을 받은 지 몇 주 뒤인 어느 날 저녁, 책을 읽으려고 책상 앞에 앉은 저는 완전히 다른 사람이 되어 자리에서 일어났습니다. 책에서 목사님은 하나님 앞에서 인간이 진실로 어떤 상태인지를 역설하셨고, 저는 제 자신이 바로 그런 사람이라는 걸 깨달았습니다.……이제 제가 말씀드릴 수 있는 것은, 주님께서 다른 두 영혼의 눈을 더 밝혀 주셨으며 그중 한 사람은 사랑하는 제 아내라는 것입니다.

스토크온트렌트의 한 공공 도서관을 천천히 구경하던 한 남자는 이름 한 번 들어 본 적 없는 마틴 로이드 존스라는 사람의 책 한 권을 집어 들었다. 그 후 그는 배너 오브 트루스 트러스트에 편지를 보내 어디 가면 그 사람의 책을 더 구할 수 있는지 물었다. 어떤 독자는 그의 책을 읽고 어떻게 해서 죽음의 공포에서 벗어났는지 고백하는 편지를 보내왔고, 성공회 사제인 또 한 독자는 그 책들의 메시지 덕분에 자살을 면할 수 있었다고 털어놓았다. 조지아의 한 여성은 "목사님의 책을 알게 되어 감사로 충만합니다.……온 세상에 목사님의 그림자를 드리우시기를 기원합니다"라고 했다. 흑해에서 크루즈 여행 중이던 한 미국인 여행가는 배 안에 있는 도서실에서 『산상 설교』를 읽고 깊은 감명을 받은 뒤 미국으로 돌아가 그 책을 열네 권이나 사서 같은 교회의 동료 장로들에게 선물했다. 나중에 그는 로이드 존스에게 이런 편지를 보내왔다. "우리 교회의 반응은 아주 주목할 만했습니다."

수많은 편지들에서 동일한 내용이 후렴구처럼 반복되었다. 그것은 설교자나 그의 설교 스타일에 대한 찬사가 아니라 삶을 변화시키는 진리의 능력에 대해 하나님께 감사드리는 내용이었다. 텍사스에서 편지를 보내온 한 독자는 "목사님의 책을 읽는 중에 하나님께서 자신의 주권적인 은혜를 제 앞에 펼쳐 보이셨습니다"라고 했다. 조지아의 한 대학생은 "목사님께서는 제 눈을 열어 성경의 수많은 위대한 진리들을 보게 하셨습니다"라고 했다.

로이드 존스의 신학에 아무 흥미가 없는 사람들은 그의 저서에 대해 당연히 다른 판단을 내렸다. 벌린 D. 버부르그는 『에베소서 4:1-16 강해: 그리스도인의 연합』*Christian Unity: An Exposition of Ephesians 4:1-16*이라는 제목의 에베소서 강해집을 읽고 「칼뱅 신학 저널」*Calvin Theological Journal*(1983년 4월)에 쓴 서평에서 "확고한 16세기 청교도 신앙 외에 모든 것에 대한 극심한 부정적 시각이 책 전편에 배어 있다"고 불평했다. 그는 로이드 존스가 "로마 가톨릭이라는 이단"이나 "자유주의 기독교"라는 표현을 쓴 것을 불편해했다.

로마서 시리즈에 대한 첫 서평은 「잉글랜드 국교회 신문」에 실리게 되는데, 이 역시 비슷한 비난의 목소리를 냈다. 제임스 D. G. 던은 이렇게 썼다. "그의 준엄하고 단호한 교조주의는 다소 반감을 불러일으킨다. 지나친 단순화가 너무 자주 등장하는 것은 신약성경의 복음의 다양성을 단 하나의 교리적인 틀에 끼워 넣고 싶어 하는 마음의 한 전조로 보인다.……그가 빈번히 펼쳐 놓는 불같은 격론에서는 구세대 복음주의자의 낡은 반학문적 편견 비슷한 것이 간파된다."

"세월이 흐르면서 마틴 로이드 존스는……많은 사람들이 보기에 유감스럽고 부정적인 사람이라는 이미지를 얻었다"고 크리스토퍼 캐서우드는 말했다.

로이드 존스는 이렇게 서로 다른 반응의 핵심 쟁점은 성경을 대하는 서로 다른 태도로 귀결된다고 보았다. 그는 오류를 경계하고 반대하는 건 성경을 진정으로 믿고 의지하는 태도에 없어서는 안 될 요소로 보았고, 그래서 "기독교회에서 신학적 논증에 불만을 갖는 건 심각한 문제"라고 생각했다. 따라서 그는 '사랑'을 최우선으로 여기고 교리 논쟁을 비기독교적인 것으로 대하는 당대의 지배적인 태도를 받아들이는 사람에게서는 아무런 호감도 기대하지 않았다. 그는 강단에서 권위 있는 어투가 사라진 것은 바로 그런 태도에 원인이 있다고 생각했다. '교조주의'라고 고발하는 것과 책망과 교정을 싫어하는 것은 곧 성경 자체에 대한 비난이었다.

그래서 로이드 존스의 사역의 주된 특징은 당대 강단에 지배적이었던 정신을 지지하는 이들에게는 불쾌감을 안겼던 반면, 설교에서 권위를 회복하는 것이야말로 이 시대에 가장 필요한 일이라고 믿는 사람들에게는 큰 영감을 주었다는 점이다. 후자의 경우에 속하는 이들은 전자 그룹이 흠을 잡았던 바로 그 부분에 대해 오히려 깊이 감사했다.

1950년대에 웨스트민스터 채플 강단의 영향력이 강력했다고 해도 그 영향력의 범위는 좀 제한되어 있었다. 그러나 20년 후 웨스트민스터에서의 사역이 끝났음에도 그의 저서가 은혜의 교리를 사랑하게 된 세계 각국의 수많은 사람들에게 빛과 확신을 줌에 따라, 그 강단은 일종의 세계 강단이 되었다. 로이드 존스가 1970년대에 "점차 광야에서 외치는 목소리가 되었다"고 말한 이들은 아주 편협한 관점에서 그렇게 말한 것이다.[2] 이들의 판단을 아더 클로Arthur Clough의 시 한 구절로 바로잡을 수 있을 것이다.

> 저 뒤, 시내와 도랑을 만들면서
> 큰 바다가 소리 없이 밀려들고 있다.

* * *

로이드 존스의 책 이야기를 끝내기 전, '성령 세례'에 관한 그의 설교 시리즈에 대해 몇 가지 이야기해 두어야 할 것이 있다. 이 설교 시리즈는 로이드 존스가 마지막으로 출판을 준비하던 원고들 가운데 하나로, 논란이 없지 않은 상태에서 그의 사후 『말할 수 없는 기쁨』*Joy Unspeakable* 『범사에 헤아려』*Prove All Things*[3]라는 제목 아래 두 권의 페이퍼백으로 세상에 모습을 드러냈다. 배너 오브 트루스 트러스트에서 이 설교집 출판을 거절했다는 말들이 있지만, 그건 사실과 다르다. 성령에 의한 세례 혹은 성령 세례에 대한 로이드 존스의 생각은 1978년 이 출판사에서 두 권의 주요 도서로 출판되었다.[4] 그의 사후에 출판된 성령에 관한 설교는 애초에 배너 오브 트루스에 출판이 의뢰되지 않았다.

이 설교집이 출판된 후에 발생한 논쟁은, 이 설교들을 은사주의 운동을 지지하는 것으로 볼 것인가에 관한 것이었다. 두 권에 실린 서문을 보면, 지지한다는 인상을 줄 의도였던 것으로 보인다. 그 서문에는 "하나님께서 [독터 로이드 존스를] 인도하사 (무비판적이지는 않지만) 은사주의운동의 여러 측면을 지지하게 하시고 이 운동이 역사적 복음주의와 양립될 수 있음을 알게 하셨다"라는 말이 담겨 있기 때문이다. 또한 "그는 성령의 모든 은사가 오늘날에도 존속한다고 믿었다"라는 말도 있다.[5] 이는 1980년대의 한 조류인 은사주의 사상이 많은 교회들을 휩쓸고 있는 시대를 고려해 독자들을 확보할 의도가 담긴 말이다.

문제는 로이드 존스가 이 설교들을 어떤 의도로 했느냐 하는 것과 후에 이 설교들이 출판되기를 바랐느냐 하는 것이다. 만일 은사주의운동을 지지할 생각으로 한 설교가 아니라면 대체 무엇을 위해 이런 설교를 했을까? 대답은 세상 사람들이 은사주의운동이라는 말을 알게 되기 오래전부터 성령의 역사에 대해 그가 믿고 설교해 온 중요한 진리를 분명하게 진술하고 보호하고 싶어서였다는 것이다. 그런데 그 진리를 누구에게서 보호한다는 것인가? 그 질문은 실제로 이 설교를 했던 날짜가 설교집이 출판되기 20년 전인 1964-1965년이었다는 점을 모르고서는 제대로 답변할 수 없다. 그 시절 그는 두 방향에서 오는 가르침들을 설명하는 일에 몰두하고 있었다. 하나는 성령이 특별하게 부어질 여지를 열어 두지 않는 사람들(개별 그리스도인을 위해서든 교회를 위해서든)의 가르침이었고, 다른 하나는 그리스도께서 성령으로 세례 주시는 것을 '방언'과 그 밖의 기적적인 은사를 받은 것과 동일시하는 사람들의 가르침이었다.

그는 양쪽 모두와 의견이 달랐고, 양쪽 모두를 논박할 의도를 가지고 있었다. 첫 번째 경우의 사례를 그는 1964년 7월에 출간된 존 스토트의 저서 『성령 세례와 충만』*Baptism and Fullness*에서 찾았다. 로이드 존스는 이 책을 읽은 뒤 스토트라는 이름은 언급하지 않은 채 이 주제에 관해 그해 11월에 시작된 연속 설교에서 책의 내용을 비판적으로 인용했다. 스토트의 주장은, 성령 세례는 그리스도와 연합하고 중생할 때 모든 그리스도인에게 객관적으로 일어나는 세례뿐이라는 것이었다.[고전 12:13] 로이드 존스는 모든 신자는 중생할 때 성령의 전이 된다고 확실히 믿었지만, 성령의 내주가 완전한 확신이나 '성령 충만'과 똑같은 건 아니라고 주장했다. 예를 들어 사도행전 4:31은 고린도전서 12:13과 똑같은 상황을 설명하는 게 아니라는 것이다.[6] 그는 회심 후에 성령을 더 받을 수 있음을 강조하고 싶어 했고, 이 사실을 깨닫지 못하는 것이 특별한 '성령의 부음'으로서의 부흥에 별 관심을 갖지 못하는 이유라고 믿었다. 그는 성령 세례를 스토트식으로 이해하면 부흥에 대해 아무 할 말이 없게 된다는 점, 당대 다른 학자들의 책에서도 부흥에 대한 이야기가 빠져 있다는 점에 주목했다. 그는 이렇게 부흥 이야기를 생략하는 현상이 기존의 영적 상태를 그대로 받아들이기를 조장하고 뭔가 더 위대한 것을 구하는 기도를 가로막지 않을까 염려했다.[7] 이런 생각은 그에게 전혀 새로운 게 아니었다. 우리는 그가 사역 기간 내내 그런 생각을 했다는 것을 알 수 있다. 이는 1949년 8월의 경험에서 비롯된 생각이 아니었다. 그 경험 전인 1949년 6월 12일 설교 때 그는 말하기를, "어떤 사람들은 제가 오순절주의자에 지나지 않는다고 비난합니다"라고 했다. 앞에서 주목했다시피, 그가 그리스도의 성령 세례에 대해 갖고 있는 믿음은 수 세기 전 교회들에 속했던 믿음이었다.

두 번째 견해에 따르는 위험은 전혀 종류가 달랐다. 이 문제에서는 로이드 존스의 생각을 면밀히 따라가 볼 필요가 있다. 위의 설교집이 그가 은사주의운동을 지지한다는 걸 증명한다는 말은 그 설교를 오독하는 말이기 때문이다. 그가 이 설교를 할 당시에는(1964년 11월-1965년 6월) 잉글랜드에 '은사주의운동'이란 게 없었다. '성령 세례'를 방언과 기타 특별한 은사를 받는 것으로 이해했던 몇몇 젊은 성직자들 사이에 그런 움직임이 시작되어 약간 흥분된 분위기가 있었을 뿐이다. 1964년 11월 19일, 친구 R. G. 터커에게 보낸 편지에서 로이드 존스는 "우리 가운데 한동안 '방언운동'이 있게 될 것으로 생각"한다고 말했다(이는 그 운동이 일시적 현상으로 그치지 않을까 봐 염려했다는 의미다). 그 운동이 앞으로 어떻게 될지 1964년에는 아무도 몰랐다.

그는 방언 문제에서는 의견이 달랐지만 성령의 위격에 새로운 관심이 생긴다는 건 반가워했다. 또한 하나님의 역사는 불완전함이 많은 곳에서도 시작될 수 있다는 것을 알았기에 섣부른 부정적 판단을 경계했다. 한편 방언이나 그 밖의 기적적인 은사를 옹호하는 주장을 교회에 새 생명을 안겨 주는 강력한 성령의 역사와 혼동하는 위험에 대해서도 경계했다. 그는 에드워드 어빙Edward Irving 시대에 어떻게 그런 그릇된 동일시가 생겨났다가 결국 비극으로 끝났는지를 지적했다.[8]

초기의 그 흥분 상태가 '은사주의운동'이라는 명칭을 갖게 될 무렵 그의 비판은 뚜렷해졌다. 신사상 옹호자들 사이에서 '체험'이 가장 중요한 자리를 차지하게 되자 1966년 1월 28일 설교에서 그는 이렇게 말했다. "저들은 교리가 중요하지 않다고 말합니다. 중요한 건 사람이 성령을 받는 것이라고 말입니다." 그의 비판은 시간이 가면서 더욱 분명해졌다. "현재 저에게는 아주 심각한 고민이 하나 있는데, 사람들에게는 은사주의운동으로 알려져 있지요.……'성령 세례' 외에는 그 무엇도 중요하지 않다는 게 이 운동의 가르침입니다. 로마가톨릭 교리를 믿든, 감리교도로 살든 혹은 원한다면 아무 교리도 믿지 않든 상관없다는 것입니다."[9]

이 인용문에서 알 수 있다시피, 은사주의운동은 에큐메니즘과 융합되었다. 피터 호켄Peter Hocken은 말하기를, 은사주의운동 지도자들은 '교회일치의 은혜'가 부어져야 "그리스도의 한 신비 안에서 서로 정반대 방향에서 무리를 이루고 있는" 사람들을 하나로 만들 수 있다고 본다고 했다.[10] 성공회 복음주의자들의 1977년 노팅엄 성명은 "우리는 은사주의운동이 교회일치라는 면에서 특별한 중요성을 가진다고 본다"고 하며 이 운동을 찬동한 것으로 유명했다.

하지만 에큐메니즘만이 로이드 존스가 은사주의운동을 지지하지 않은 유일한 이유는 아니었다. 은사주의운동이 활발히 전개되면서 그는 이 운동이 교회의 생명 그 온전한 본질을 위험에 처하게 만든다고 봤다. "사도와 선지자"가 회복되면, 은사주의운동의 한 지도자가 확언했다시피 "이는 특정 교리나 체제가 아니라 사람이 다시 중요하게 된다는 의미"였다.[11] 더 나아가 특별한 영적 은사가 지금도 현존한다고 다시 한 번 주장될 경우, 기독교 예배의 본질이 달라져야 했다. 이제 모든 걸 함께 "나눠야" 했다. "오늘날 성령의 말씀에 귀 기울이는 것"이 설교의 직분보다 우위에 서야 했다. 로이드 존스는 1974년 7월 1일 웨스트민스터 교제회에서 지적하기를, 에큐메니컬 운동이 교회 체제 문제를 너무 예민하게 생각한 데 비해, 이런 모든 교회 체제에 반대하는 운동이 있다고 했다.

> 그들이 원하는 건 뭔가 "새롭고" "활력 있는" 것……예수운동, 새 은사주의운동입니다. 구체제에 일어난 일에는 별 관심이 없습니다. 이는 구체제와 형식을 못마땅해하는 반교회운동입니다. 이들은 가정 교회house church를 요구하고, 교회 건물을 싫어하며, 작은 단위를 선호합니다. 특이한 현상과 체험에 관심을 보입니다. 오래된 형식을 입고 있는 교회의 존재 자체가 지금 위기에 처해 있습니다.

그가 이런 말을 한 건 새로운 것에 반대했기 때문이 아니라 교회에서 성경적 직분의 역할이 무시되고(퀘이커교에서 그러는 것처럼) 주일 예배가 "누구나 일어나 설교할 수 있는" '일반 집회'로 변질될 때 어떤 일이 생기는지 역사를 통해 잘 알고 있었기 때문이다.

1977년 여름 발라에서 그는 은사주의운동이 주장하는 부흥에는 그 옛날 교회를 각성시켰던 것과 같은 성령의 주권적 역사의 주요 표지가 결여되어 있다고 말했다.

1. 부흥에는 언제나 공통적인 특징이 있다. 따라서 우리는 지금 논의되고 있는 부흥의 진위를 시험해 볼 수 있다. 은사주의운동의 문제점은, 성령의 '임하심'에 대해 사실상 아무 말도 하지 않는다는 것이다. 그들이 말하는 부흥은 뭔가 자기들 손으로 하거나 받는 일이다. 그들은 지금 부흥이 아니라 '갱신'을 말하고 있다.
2. 현대의 신앙운동은 사람들로 하여금 체험을 추구하게 만드는 경향이 있다. 참된 부흥은 사람을 하나님 앞에서 겸손하게 하며, 그리스도의 위격을 중시한다. 모든 담론이 체험과 은사 중심이라면, 이는 부흥의 고전적인 사례와 합치되지 않는다. 참된 부흥은 언제나 복음을 전하고 사람을 전도하는 일에 관심을 갖게 만든다.[12]

이런 발언을 비롯해 그의 입에서 더 나올 수도 있었을 말들에 비추어 볼 때, 로이드 존스가 만일 1964-1965년에 했던 자신의 설교들이 은사주의 사상을 지지하고 있다고 생각했다면, 한편으로는 이런 발언을 하면서 또 한편으로는 그 설교를 출판할 준비를 하고 있었다는 게 과연 말이 되는가? 그가 설교집을 출판하고 싶어 했던 데에는 전혀 다른 이유가 있었다. 참된 것을 수호하고, 그 참된 것이 현재 성령의 역사로 홍보되고 있는 것과 얼마나 다른지를 보여주기 위해서였다.

로이드 존스를 은사주의운동에 끌어다 붙이는 것은 1980년대 은사주의에 기울어져 있던 출판사들에게는 딱 어울리는 행동이었다. 그들은 20년 전 로이드 존스가 훗날 은사주의 지도자가 된 몇몇 젊은이들에게 조언해 주었다는 점을 들먹였다. 하지만 그는 비단 그들뿐만 아니라 조언을 구하러 오는 모든 젊은이들에게 격려의 말을 해 주었다. 그리고 사실상 당시 부상하던 은사주의 지도자들은 로이드 존스가 자기들을 지지하지 않는다는 것을 곧 깨달았다. 그가 신사상을 지지한다는 소문은 그것이 사실이기를 바라는 사람들에 의해 일찌감치 헛소문으로 판명되었다. 로이드 존스의 복음주의 도서관 연례 모임(1963년 12월 5일) 강연문을 읽어 본 데이비드 G. 릴리는 1964년 8월 23일 마이클 하퍼에게 보내는 편지에서 다음과 같이 말했다.

> 이 강연이 얼마나 널리 선전될 작정이었는지 저는 잘 모르지만, 제가 보기에 이 강연은 성령론과 관련해 독터의 실제 입장을 아주 고통스럽게 드러내 보여주고 있습니다. 그 입장은 제가 생각해 왔던 것과는 아주 다릅니다. 그는 자신이 '성령의 은사에 대한 관심의 재연'이라 이름붙인 현상을 전적으로 비호의적인 시각에서 제시하고 있습니다. 이 현상에 대항하여 정말로 중요한 것은 개혁주의 신학에 대한 관심을 되살리는 것이며, 그것만이 진지하고 지적이고 경건한 사람들의 영적 필요에 부응할 수 있다고 말합니다.[13]

여기서 주목해야 할 것은, 릴리가 언급한 도서관 강연은 로이드 존스가 성령 세례에 대한 연속 설교를 시작하기 전에 한 강연이라는 점이다.

교회에 무엇이 필요하며 설교자에게 무엇이 필요한지에 대한, 그리고 성령의 권능에 대한 로이드 존스의 확신이 필자가 지금까지 논한 그 책들에 다 들어 있다고 생각한다면 그건 큰 착각일 것이다. 몇몇 특정 본문에 대한 해석이 다르다는 것만 제외하면, 그의 책 『성령 세례』*The Baptism and Gifts of the Spirit*의 주요 요소는 곧 그의 삶의 중요 요소였다. 그 요소는 다음과 같은 조지 스미튼의 말로 요약할 수 있다.

> 첫 번째 부활절에 성령을 받은 사도들은 마음을 같이하여 성부의 약속이 이뤄지기를 힘써 기도하고 간구했다.행 1:14 그들은 성령을 받았음에도 성령을 구하는 기도를 했다. 그들은 주님의 명령에 따라 자신들이 소유한 성령이 더욱더 많이 임하기를 기다렸다. 이것이 모든 시대의 기독교회가 지녀야 할 충실한 태도다. 사도들의 역사는 이들이 성령과 불 세례에 참여한 게 단 한 번이 아니라 여러 번이었음을 보여준다.[14]

30.

1970년대

1970년대에는 로이드 존스의 삶의 속도가 다소 느려졌다. 그러나 극적인 속도 변화는 아니었다. 1971년 오스트리아의 미테르질 성에서 열린 IFES 콘퍼런스에서 세 차례 강연한 것을 마지막으로 더 이상 해외를 방문하지는 않았지만, 국내에서는 전처럼 자주는 아니더라도 정기적으로 각처를 다니며 설교 사역을 계속했다. 그 무렵 이제 UCCF Universities and Colleges Christian Fellowship가 된 IVF 학생 사역과의 관계는 전에 비해 대폭 줄어들었다. 1969년 스완윅에서 열린 IVF 총회 때, 고린도 교회에서 볼 수 있었던 위험한 현상이 당대 교회에도 존재한다고 강연한 것이 마지막이었다. 이 강연 내용은 외부에 알려지지 않았다. 1958년 런던 바이블 칼리지 강연이 외부에 알려지지 않았을 때와 똑같은 이유가 작용한 것은 아닌지 그저 추측해 볼 수 있을 뿐이다. 에큐메니즘에 대한 그의 입장은 IVF 일부 고참 고문단에게 각양의 반응을 얻었다. IVF 내부, 특히 대학에서 전문적으로 신학을 가르치는 사람들 중에는 '학문적'이고 비분파적인 방식으로 에큐메니즘에 접근해야 더 큰 영향력을 얻을 수 있다고 생각하는 이들이 있었다. 1970년대에는 "주류 교단과 함께 [교계의] 우위를 다시 차지하려는 움직임에 탄력이 붙었다"고[1] 믿는 사람들이 많았으며, 이들은 주로 잉글랜드 국교회 사람들이었다. "교단 차원에서 복음을 부인하는 이들과 형제애를 맺는 게 어떻게 학생 차원에서 복음을 부인하는 것과 모순이 없을 수 있는가?"라는 로이드 존스의 질문에는 아무도 답변하지 않았다. 더글러스 존슨이 계속 지도하고 있는 기독교 의료인 협회(CMF, IVF 의료 분과)에서는 그런 문제가 발생하지 않았다. 더글러스 존슨은 1964년에 IVF 총서기직을 사임했고 후임자는 올리버 바클레이 박사가 되었는데, 그는 1980년에 퇴임할 때까지 한결같이 로이드 존스의 조언을 소중히 여겼다. 중대한 이슈에 대해서는 세 사람의 생각이 모두 똑같았다.

1970년대에 로이드 존스가 적어도 잠시나마 새로이 몰두했던 한 가지 일은 아마 TV 사역일 것이다. 그는 라디오나 TV에 출연하고 싶어 조바심치기는커녕, BBC 라디오에서 요청했을 때 그쪽에서 도저히 받아들일 수 없는 조건을 제시하며 출연 기회를 정중히 거절했다. 그는 설교문을 방송용의 짤막한 설교로 바꿔 전한다는 것에 대해 마음의 준비가 되어 있지 않았다. 영국에서 유일하게 그의 라디오 설교를 들을 수 있는 곳은 웨일스뿐이었는데, 이는 설교 전문을 방송한다는 조건을 웨일스 BBC가 기꺼이 받아들였기 때문이었다. 잉글랜드 TV에는 전에 겨우 한두 번 정도 출연했을 텐데, 1970년 1월 6일에는 '뷰포인트'라는 프로그램에 출연해 에큐메니컬운동을 비롯해 그 밖의 주제에 대해 이야기했다. 또 그달 25일에는 다시 BBC TV의 '올 씽스 컨시더드'라는 프로그램에 출연하여 막너스 막너슨Magnus Magnusson(아이슬란드 출신 TV 사회자 겸 작가—옮긴이)과 인터뷰하며 기독교의 회심의 의미에 대해 대담했다. "회심 사례가 왜 그리 드뭅니까?"라는 질문을 던진 사회자는 "궁극적으로 그건 하나님의 뜻입니다"라는 대답이 돌아오자 깜짝 놀라는 빛이 역력했다. 그런 이례적인 TV 대담은 곧 대중의 관심을 사로잡았고, 그의 발언은 널리 퍼져 나갔다. 「데디케이션」*Dedication* 3월호에서 편집자는 BBC의 한 신참 간부가 자신에게 말하기를 "독터 로이드 존스는 거룩한 권위를 가지고 말하며, 우리는 그가 우리 프로그램에 다시 출연해 주기를 소망한다"고 말했다고 보도했다.

그는 1970년 4월 12일에 방송된 '사실인가 환상인가'라는 프로그램에 또 한 번 출연했다. 이번에는 다른 출연자가 세 명 더 있었고, 토론의 주요 주제는 역시 신앙적인 회심이었다. 패널 중 정신과 의사와 결혼 생활 상담가는 회심이 자연스런 유형의 체험이고, 청년기에 대개 예측이 가능하며, 사랑에 빠지는 것과 비슷하다고 주장했다. 사람이 어떻게 해서 그리스도인이 되는가에 대한 이런 설명이 멋지게 방송되었는데, 그 순간 로이드 존스가 끼어들었다. 그의 발언에 한 시청자는 BBC TV에 다음과 같은 편지를 보내왔다.

BBC에 한 번도 편지를 보내 본 적이 없지만, 어제 저녁 방송에 너무 감명을 받은 나머지 반드시 찬사를 보내야 한다고 생각했습니다. 밤새도록 시청할 수 있을 것 같았습니다. 특별히 그 노목사님의 말씀이 얼마나 유익했는지 모른다는 말씀을 드립니다. 왜 전에는 그분을 TV에서 볼 수 없었던 걸까요? 그 목사님은 매우 진지하고, 매우 분별력 있고, 자기가 딛고 서 있는 토대에 대해 매우 확신이 강하고, 그러면서도 매우 겸손하시더군요. 남들에게 좋게 보이려는 데만 열심인 듯한 수많은 신앙 전문가들과는 전혀 달랐어요. 부디 이분을 TV에서 더 자주 볼 수 없을까요?

이 프로그램으로 로이드 존스는 몇 달 사이 세 번이나 방송에 출연한 셈이 되었다. 4월 12일 방송을 보고 모건 더럼은 4월 18일 「믿음의 삶」*Life of Faith*에서 이렇게 익살스럽게 촌평했다. "BBC가 복음주의자들만 좋아한다고 조만간 자유주의자들이 항의하게 생겼다! BBC의 주일 저녁 종교 프로그램 출연자 명단에는 독터 로이드 존스가 또 포함되어 있다."

다음번 방송 출연은 더더욱 이례적이었다. BBC TV 프로듀서 올리버 헌킨은 1970년이 조지 윗필드가 세상을 떠난 지 200주년 되는 해임을 알리면서 이를 기념한 20분짜리 프로그램에 그가 출연해 주기를 요청했다. 이번에는 스튜디오가 아니라 윗필드가 사역을 펼쳤던 현장에서 촬영을 했다. 로이드 존스가 해설을 맡아 이즐링턴 교회 부속 묘지의 한 언덕을 비롯해 그와 비슷한 장소에서 카메라 앞에 서서 '현장' 방송을 했다. '각성시키는 사람'이라는 이 프로그램은 1970

년 9월 3일 컬러로 방송되었다. 이 방송은 로이드 존스를 잘 아는 사람들의 입장에서는 완전한 성공이 아니었다. 그는 대본도 없이 웟필드에 대해 거침없이 이야기할 수 있었지만, 카메라만 보고 이야기하는 전문 해설자 역할은 그에게 익숙하지 않았다.

그가 출연한 TV 방송 중 지금까지 일부라도 자료가 남아 있는 마지막 프로그램은 BBC 1TV의 '공개 설득자'(1972년 12월 5일)로, 이날 사회자는 유명한 조앤 베이크웰Joan Bakewell이었다. 베이크웰은 로이드 존스의 책을 몇 권 읽었기 때문에 그가 평범한 '그리스도인'은 아니라는 것을 익히 알고 있었다. 그래서 그가 죄에 대해 그리고 기독교의 배타성에 대해 이야기할 때 왜 다른 수많은 사람들과 그렇게 다른지 그 이유를 캐묻고 싶어 했다. 베이크웰의 질문에 대한 답변에서 로이드 존스는 그리스도의 독특성과 계시로서의 성경의 독특성에 대해 이야기했다. 베이크웰은 구원받기 위해서는 왜 '죄에 대한 의식'이 꼭 필요한지 알고 싶어 했고, 죄는 많은 이들에게 직접적인 관심사가 아닌데 어떻게 그의 관점이 사람들을 설득할 수 있겠느냐고 물었다. "분명 그렇게 될 수 있습니다." 로이드 존스는 그렇게 대답한 뒤 현대인들의 무관심은 무지 때문이라고 설명했다. "자기 자신에 관한 진실을 사람들에게 들려줘 보십시오. 십계명을 들려줘 보십시오. 그러면 그들은 즉시 기꺼이 신약성경의 메시지에 귀 기울이려 할 것입니다. 복음주의 관점에서만 제대로 제시된다고 제가 주장하는 바로 그 메시지 말입니다."

녹화가 끝난 뒤에도 조앤 베이크웰과의 토론은 계속되었는데, 이때 조앤은 이런 종류의 기독교는 한 번도 접해 본 적이 없다고 고백

1970년 10월 22일, 영국 동종요법 대회에서 왕실 주치의인 마저리 블래키가 로이드 존스를 엘리자베스 여왕에게 소개하고 있다.

했다. 지금까지 수많은 성직자들과 인터뷰를 했지만 그들은 모두 조앤이 그리스도인임을 확신시키는 데만 치중했다고 했다. 그가 그리스도인이 아니라고 조앤에게 말한 사람은 로이드 존스가 처음이었다.

그런데 이 프로그램은 그가 출연한 프로그램 중 최고였는데, 왜 이 프로그램을 마지막으로 더 이상 TV에 출연하지 않았는지 좀 호기심이 생길 수도 있다. 그 이유는 아마 그 프로그램이 그가 출연한 프로그램 중 최고였다는 바로 그 사실에 있을 것이다. 이유가 무엇이든, TV 출연 요청이 끊겼다고 해서 로이드 존스의 마음이 불편했던 건 아니다. 강단 다음으로는 책이야말로 기독교 신앙을 효과적으로 확산시킬 수 있는 도구라는 확신이 있었기 때문이다.

이 무렵 로이드 존스에게는 그의 전혀 다른 면모를 보는 또 다른 청중이 있었다. 일 년이면 열 달을 분초를 쪼개 가며 시간에 매여 살아야 했던 부담에서 벗어나 이제 그는 전보다 훨씬 여유롭게 가족들과의 시간을 즐길 수 있었다. 둘째 딸 앤은 1965년 키스 데스먼드Keith Desmond와 결혼했고, 1971년 5월 18일에는 이들 부부의 셋째 아이 애덤 마틴Adam Martyn이 태어나면서 손자 세대가 완성되었다. 큰딸 엘리자베스 캐서우드의 아이들 크리스토퍼,Christopher 베단 제인,Bethan Jane 조너선Jonathan은 각각 열여섯 살, 열두 살, 아홉 살이었고, 둘째 딸 앤 데스먼드의 딸 엘리자베스Elizabeth와 리어넌Rhiannon은 각각 세 살과 한 살이었다. 이들 모두 '다드쿠'Dadcu와 더 많은 시간을 함께 보낼 수 있게 되었다. '다드쿠'는 아이들이 그를 부르는 이름으로, 할아버지를 뜻하는 웨일스어의 변형이었다. 손자들은 어릴 때부터 그와 가까이 살았고(데스먼드 일가는 같은 주택 안에서 방만 따로 썼다),[2] 할아버지가 있는 곳을 자유자재로 드나드는 데 익숙했다. 캐서우드 가족은 일링에 살다가 1964년 케임브리지 벨셤에 있는 오래된 전원주택으로 이사했다. 그리고 할아버지 할머니는 해마다 그곳으로 가서 몇 주씩 손자들과 함께 지내곤 했다. 다드쿠는 아이들의 관심사에 열심히 동참했다. 집에서 비교적 한가하게 있을 때 TV에서 '월튼네 가족들'이나 '초원의 집' 같은 프로그램이 방영되면 이 드라마를 몹시도 좋아하는 아이들과 함께 앉아 시청을 하곤 했다. 아이들의 마음을 끄는 것, 아이들이 관심을 보이는 것이라면 그게 레슬링 경기의 시시콜콜한 내용이든, 학교에서 일어난 일이든 상관없이 그도 관심을 가졌다. 벨셤의 잔디밭에서는 크리켓 볼을 직선으로 18미터나 쳐 내서 많은 아이들에

일링의 마운트 파크 크레센트 39번지.
로이드 존스 가족은 1945년 7월 콜브루크 애비뉴에서 이 집으로 이사해 1965년까지 살게 된다.

게 아주 인상적인 기억을 남기기도 했다! 그 나이 때 자기 경험을 기억하면서 그는 10대 청소년이 겪는 어려움은 어른들이 크게 공감해 주고 이해해 줄 만한 가치가 있다고 생각했다. 그는 아이들의 고민을 절대 소홀히 여기지 않았다.

손자들이 좋아하는 일 위주로 뭔가를 결정하는 모습은 온 가족이 다 함께하는 휴가 때 주로 두드러졌다. 예를 들어 에비모어의 스포츠 센터를 좋아하는 캐서우드 일가는 1970년대에 스코틀랜드 하이랜드의 그 지역을 두 번이나 찾았고, 바다를 좋아하는 데스먼드 집안의 어린아이들은 콘월과 와이트 섬 해변으로 모였다. 로이드 존스 부부는 이때는 물론 다른 때도 손자들과 완전히 한마음이 되어 휴가를 즐겼다.

* * *

이제 로이드 존스가 말년에 가장 많은 시간과 관심을 쏟았던 일을 이야기해 보겠다. 그것은 바로 자신이 세상을 떠난 후에도 복음을 증거하는 일을 계속 이어 나갈 수 있도록 젊은 사역자들을 격려하고 지도하는 일이었다. 특정 교회의 지원 없이 이제 그는 그 어느 때보다도 열심히 다른 이들을 도왔다. 면담을 통해서든 전화나 편지를 통해서든 조언을 필요로 하는 사람에게는 언제라도 쉼 없이 조언을 베풀었다.

1970년대는 지난 10년간의 분열 사태 때 로이드 존스 편에 섰던 사람들 사이에서는 아마 '뭔가 초토화된 시대 같은 것'을 상징했다.[3] 그러나 그의 시각은 달랐다. 많은 교회에서 그 시대는 새로운 시작의 시기, 다수의 목사들이 지역 교회를 재건하는 일에 주된 노력을 기울이던 시기였다. 1950년대 말과 1960년대 초 교리를 회복하는 일에 몰두해 온 사람들 중에는 기대했던 결과를 보지 못하자 마음이 흔들리는 이들도 있었다. 하지만 이에 개의치 않고 꿋꿋이 버티며 사람들이 하나님의 말씀과 기도를 영적 번영의 토대로 인식하는 교회를 세우기 위해 그 더딘 오르막길을 마주하고 있는 이들도 있었다. 이런 사람들을 향한 로이드 존스의 관심과 애정에는 한계가 없었다. 수많은 교회와 목사관을 찾는 그의 발걸음은 많은 이들에게 소망을 새롭게 해주었고 잊을 수 없는 격려가 되어 주었다. 로이드 존스가 그들

교회의 강단에 서 주는 것도 큰 도움이 되겠지만, 갖가지 문제들에 대처하고 이들을 처리하는 방식에 대해 아마도 밤 깊은 시각까지 그와 의논할 수 있다는 데에서 그들은 장기적으로 훨씬 더 큰 힘을 얻었을 것이다.

그런 방문에서 그리고 웨스트민스터 교제회나 웨일스 복음주의 운동의 목회자 콘퍼런스 같은 모임에서 로이드 존스는 누구나 가리지 않고 힘을 북돋아 주었을 게 분명하다. 사람들이 자기에게 가까이 다가오면 다가올수록 그는 더욱더 분명하게 자신의 생각을 밝혔다. 만에 하나 그들에게서 자기 연민이나 불신앙을 보게 되면 절대 관용하지도 동정하지도 않았다. 한번은 웨스트민스터 교제회에서 '우리는 왜 더 큰 복을 경험하지 못하는가?'라는 주제로 토론을 벌인 적이 있었는데, 이때 그는 격한 어조로 이렇게 말했다. "우리에게는 자동적인 축복이 약속된 적이 없습니다. 1662년 사건(잉글랜드 국교회의 예식서에 따라 예배하고 기도해야 한다는 통일령이 반포된 것을 말한다—옮긴이)에 연루된 이들이 당했던 고통을 보십시오! '내가 이렇게 하면 하나님이 복 주시겠지'라는 생각을 버리십시오. 복을 줄 때가 언제이고 주지 않을 때가 언제인지는 하나님이 아십니다. 우리는 복을 받기에 합당하지 않습니다. 하나님은 우리를 복 받을 만한 자들로 신뢰할 수가 없으실 것입니다. 복을 받고 안 받고는 하나님의 주권에 속한 일입니다."

그는 설교 수준을 높일 필요가 있다고 늘 역설했다. "권위가 결여된 강단에서 참 말씀이 선포되고 있다는 소식을 듣는 게 저에게는 큰 슬픔입니다." 설교에는 긍휼히 여기는 마음과 감정이 있어야 했다. "여러분과 제가 눈물을 흘리며 설교해 본 게 도대체 언제입니까?"라고 그는 우리에게 물을지도 모른다. 하지만 설교에는 그 이상의 생각이 요구되었고, 그 때문에 그는 쉼 없는 독서의 필요성을 강조했다. "하나님께서 크게 쓰신 사람들은 대부분 위대한 독서가였습니다. 데니얼 롤런드는 늘 책을 손에 들고 있었고 언제나 연구를 했습니다. 저는 나이를 먹어 갈수록 어느 때보다도 책을 많이 읽습니다." "휴가 갈 때 뭘 들고 가십니까?" 어느 해 여름 그는 교제회 멤버들에게 그렇게 물었다. "저는 성경책과 추리 소설 한 권을 들고 갑니다"라고 어떤 회원이 대답했다. "하나로 충분합니까?" 그는 그렇게 무뚝뚝하게 묻고는 이어서 이렇게 말했다. "큰 실수를 하고 계신 겁니다."

로이드 존스의 가장 큰 소원 중 하나는 목사들이 서로 친밀하게 화합하는 모습을 보는 것이었다. 그런 폭넓은 연합으로 가는 길에는 엄청난 난제가 놓여 있었다. 교단이 치리를 행할 능력이 없어 붕괴했고 복음주의 단체도 사분오열된 현실을 고려해서 그는 1971년 4월 5일 웨스트민스터 교제회 모임에서 이렇게 말했다. "우리 앞에 놓인 문제는 교파주의 없이 어떻게 관리 감독이 있을 수 있느냐는 것입니다." 이런 난제는 피상적인 낙관주의의 실패로 인해 더욱 가중되었다. 많은 이들이 그 피상적 낙관주의로 BEC 사역을 반겼었다. 1960년대가 저물기 전, BEC 지지자들 사이에는 회의가 표면화되고 있었고, BEC에 소속된 다수 교회들이 그들 고유의 좀 더 제한된 그룹에 다시 주된 관심을 쏟고 있다는 조짐이 보였다. 그리고 그 조짐은 훗날 현실이 되어 나타났다. 지금까지 BEC에 동조적이었던 「잉글리시

처치맨」은 1969년 11월 7일자 신문에서 이렇게 말했다. "BEC는 교단이 아니며, 좀 더 친밀한 그룹 외에는 복음주의 비국교도 교파 안에 지역 차원의 가시적 교회를 세우기 위해 애쓰는 형제들이 있다는 징후가 보이지 않으며 있어도 아주 드문 것 같다."

로이드 존스는 지금 상황에 필요한 게 무엇인지 파악하는 시각을 지닌 '큰 인물'의 부재를 개인적으로 한탄했다. 그는 주류 교단에서 탈퇴하는 것 그 자체가 목표는 아니라고 줄곧 말해 왔다. 1971년 4월 5일 웨스트민스터 교제회에서 그는 이렇게 말했다.

> 에큐메니즘에서 분리되자는 것은 우리 생각의 일부일 뿐입니다. 저는 우리가 이 문제에 대해 명쾌한 입장이라고 확신할 수가 없습니다. 우리 성도들도 명쾌한 입장이 아닙니다. 이 문제에 정면으로 대응하다 보면 엄청난 격변을 만나게 될 것입니다. 저는 성령님의 큰 역사 없이 여러분들이 성도들을 설득시켜 이 문제에 정면 대응하게 만들 수 있다고는 생각하지 않습니다. 집단적 운동으로 이루어진 이 모든 일은 교회 단위로 혹은 교회 연합회 단위로 이뤄졌어야 합니다. 그 연합회라는 게 FIEC를 뜻하는 건 아니고 BEC 같은 단체를 뜻하는 것도 아닙니다. '교파'가 아니라 교회에 기반을 둔 어떤 관리 체제가 있어야 합니다. 교회가 모든 상황을 공인하거나 제재해야 합니다.

여전히 그는 BEC에 큰 도움을 주고는 있었지만, 연례 콘퍼런스에 참석해 달라거나 강연해 달라는 요청은 거절함으로써 주도적인 역할에서 일부러 발을 뺐다. 이 시기에 그는 자신에 대한 의존도를 줄이려고 의도적으로 애썼다. BEC 연례 콘퍼런스는 해마다 이틀 일정으로 열렸는데, 1970년대에 그가 강연한 해는 1970, 1971, 1973, 1977 그리고 1979년이었다.[4]

순회 설교는 여전히 영국 전역으로 다녔지만, 가장 자주 가는 곳은 역시 웨일스였다. 1974년 설교 약속이 적힌 수첩을 보면, 그해에 웨일스에 7개월 동안 머물렀던 것을 알 수 있다(때로는 한 달에 몇 번씩 오가기도 했다). 1975년에도 열두 달 중 도합 6개월을 웨일스 이곳저곳을 돌며 설교했고, 1년의 절반을 웨일스에서 지내는 이런 비율은 1978년까지 똑같이 유지되었다. 숙식을 하며 콘퍼런스에 참석하는 게 이제 너무 무리이므로 그런 콘퍼런스에는 참석하지 않는 게 이 시기의 규칙이었다. 하지만 웨일스에서는 예외였다. 매년 6월 발라에서 열리는 이틀간의 목회자 콘퍼런스는 많은 목사들에게 그해 사역의 정점이었다. 로이드 존스가 빠짐없이 참석한다는 것도 작지 않은 이유였다. 콘퍼런스 장소는 브리 니 그로스Bryn-y-groes로, 아름다운 발라 호수를 굽어보며 풀밭과 나무들 사이에 자리 잡은 주택이었다. 각 방마다 콘퍼런스 참석자들로 붐비고 '독터'가 노년의 사도 요한을 연상시키는 사랑 가득한 모습으로 행사를 지휘해 갈 때면, 원래 가정집으로 지어진 이 집에서는 마치 진짜 한 가정 같은 분위기가 물씬 풍겼다.

필자가 평생 잊지 못할 추억 가운데 하나가 바로 1974년 발라 콘퍼런스 때의 추억이다. 콘퍼런스는 6월 24일 월요일 오후 5시, 성경 번역에 관한 강연으로 시작되었다. 저녁 식사 후에는 로이드 존스의 사회로 성경 번역에 관한 토론이 벌어졌다. 그는 지치고 노쇠해 보였다. 지난 며칠 동안 벌써 여러 차례 설교했기 때문에 그럴 만도 했다. 그런데 그다음 날 두 번째 토론을 인도할 때 그는 눈에 띄게 달라진 모습이었다. 활력을 되찾은 게 뚜렷해 보였고, 마치 몇 살은 더 젊어진 듯한 모습으로 발언을 했다. 토론 주제는 기도였는데, 그는 사람들이 가득 들어찬 응접실 의자에 앉아 토론을 주재했다. 응접실은 천장이 낮았고, 흰색 창틀이 달린 작은 유리창으로는 초저녁 햇살이 내다보였다. 토론은 마침내 그의 즉흥 강연으로 이어졌다. 그는 권위와 열정이 어우러진 모습으로 우리에게 크나큰 '하나님 인식'이 필요하다고 역설했다. 기도가 쇠퇴한 것은 우리가 진실로 하나님을 알고 즐거워할 수 있다는 믿음이 쇠퇴했기 때문이었다. 목회자로서 우리의 가장 큰 실패는 사람들을 하나님의 임재로 데려가지 못하는 것, 바로 그거였다. '하나님께서 인간을 친밀하게 대하신다'는 우리의 확신이 너무 약했다. "제 인생 최고의 집회가 두 번 있었는데 두 번 모두 기도 모임이었습니다. 절대 놓치고 싶지 않은 경험이었지요." 이런 모든 말과 이외에 많은 말을 그는 의자에 앉아서 했다. 한창 고조된 분위기를 다른 무엇으로 가라앉혀야 할 듯했기에 이제 그 거침없는 발언과 힘 있는 분위기가 마무리되는가 보다 할 바로 그 순간, 그는 의자에서 벌떡 일어나 마치 그게 강대상이기라도 한 듯 의자 뒤로 돌아가, 쉬지 않고 오히려 더 힘 있게 10분이나 더 이야기를 이어 가며 우리들을 분발시켰다! 책을 읽거나 테이프를 들으면 로이드 존스가 어떤 설교자였는지 대강 알 수 있지만, 이런 기록되지 않은 일화처럼 '권면자'로서의 그의 모습을 실제적으로 각인시켜 주는 그런 자료는 아쉽게도 존재하지 않는다.

* * *

이제 로이드 존스가 이 시기에 목회자들에게 특별히 역설했던 원칙들을 요약하면서 이 장을 마무리하겠다.

1. 어떤 상황을 볼 때는 세부적인 것보다 가장 중요한 것을 먼저 생각하는 전체적 안목을 취해야 한다. 그는 주제와 과제가 다양하고 많다는 것 때문에 복음 그 자체라는 중대 이슈에서 관심이 흐트러지지 않을까 염려하며 이를 경계했다. 복음주의 기독교의 본질이 늘 관심의 중심에 있어야 했다.

2. 부정적 태도가 긍정적 태도를 대체하는 걸 절대 허용해서는 안 된다. 어떤 사람의 사상과 메시지에서 부정적 태도와 비난조의 말이 중심 위치를 차지하기 시작하면 그 결과는 절대 유익할 수 없다. 우리는 다른 사람의 오류나 관행을 비난하는 걸 주업으로 삼아서는 안 된다. 그는 불만이 급증한 것이 결국 은사주의운동의 발흥에 기여했으며 이 불만은 교회 안에서 볼 수 있는 실제적인 결함들에 대한 불만이었다는 점을 우리에게 상기시키곤 했다. 현상에 대한 더 깊은 분석이 필요했으며, 그래서 무엇이든 더 나은 것에 대한 지식이 부족한 상황에 뭔가 도움이 될 만한 인재를 키우고 얻는 것이 그가 늘 추구하는 정책이었다.

3. 부흥에 나타난 하나님의 특별한 역사에 대한 생각이 성령에

관한 진리 즉 성령이 임재하시는 것은 하나님께서 우리에게 맡기신 일을 해내기에 충분한 도움을 주시기 위해서라는 진리를 소홀히 하는 결과를 낳아서는 절대 안 된다. 그리스도인은 특별한 일을 이룰 책임이 있는 게 아니라 인격적인 순종과 하나님의 말씀이 요구하는 교회 개혁에 대해 책임이 있다. 장차 부흥이 일어날 가능성에 대한 믿음은, 그것이 참된 믿음이라면 현재의 삶을 수동적으로 살게 만들지 않을 것이다. 이와 같은 내용은 1977년 BEC 콘퍼런스 강연의 주요점이기도 했다. 이 강연 주제는 엘리야가 "무너진 여호와의 제단을 수축"했고, 뒤이어 하늘에서 불이 내렸다는 말씀이었다.[왕상 18:30-40] 그리스도인은 엘리야처럼 언제라도 싸우고, 일하고, 기도할 태세가 되어 있어야 한다. 제단은 보수되어야 하고, 진리는 회복되어야 한다. 개혁에 대한 부르심이란 바로 그와 같은 것이며, 우리는 그렇게 해야 할 책임이 있다. 방금 언급한 BEC 연설 후 그는 필자에게 말하기를, 당장의 의무를 강조할 필요가 있었기에 부흥에 대해서는 일부러 아무 말도 하지 않았노라고 했다. 그 의무란 "주 안에서 항상 기뻐"해야 하는 것이다.

4. 논쟁을 할 때는 주제가 무엇이든 균형과 절제와 자성의 태도를 유지할 필요가 있다. 로이드 존스는 배려와 분별력 있는 구별의 필요성을 시종 강조했고, 이를 직접 실천함으로 모범을 보이고자 했다. 그래서 성공회 복음주의자들이 거짓 교사인 동료 교파주의자들의 신앙적 입장을 용인했을 때 그들과의 공개적인 협력관계를 파기하기는 했지만 모든 성공회 복음주의자들을 전면적으로 정죄하지는

않았다. 많은 이들이 여전히 그의 절친한 친구로 남았고, 강연을 요청받은 자리에서 그는 주저 없이 그들을 변호했다. 1977년 BEC 콘퍼런스 강연 때 그는 이렇게 말했다.

> 잉글랜드 국교회에는 비통함과 슬픔으로 가득한 정직한 사람들이 아주 많습니다. 그들은 이견을 드러냅니다. 그들은 두려움을 표현합니다. 그리고 적어도 저는 그들을 많이 알 뿐만 아니라 그들을 위해 기도하기도 합니다. 왜냐하면 그들은 참되고 올바른 방식으로 하나님을 섬기고 싶어 하는 이들이기 때문입니다.

5. 시대의 종말 즉 심판과 영광의 때가 신속하게 다가오고 있다는 인식과, 한 세대 그리스도인은 다음 세대가 무엇을 필요로 할지 예측하고 대비해야 할 의무가 있다는 인식 두 가지가 다 필요하다. 그는 다음 두 가지 진리 곧 신약성경에서 전혀 상충되지 않았던 진리를 견지했다. "만물의 마지막이 가까이 왔"다는벧 4:7 사실은 "아직 끝은 아니니라"마 24:6라는 사실과 조화를 이루어야 한다. 이 두 가지 사실이 미래에 대한 그의 전체 전망 속으로 대거 들어왔다. C. H. 스펄전처럼 그는 자신의 시대는 물론 다음 세대를 위해서도 살았다. 다른 무엇보다도 이것이 바로 그의 머릿속에서 은퇴 생각을 몰아냈다. 1970년대에 그가 책을 출간하는 일과 자신이 세상을 떠나고 없을 때 싸움을 계속해 줄 사람들의 힘을 북돋아 주는 일에 상당한 시간을 할애한 이유가 바로 그것이다. 그는 페이퍼백 책을 싫어했는데 이는 출판사들이 현재만 생각하면서 책을 낸다는 생각 때문이기도 했다. 책

은 먼 미래에까지 읽힐 수 있도록 튼튼하게 만들어져야 한다는 것이 그의 믿음이었다!

로이드 존스는 역사에 나타난 하나님의 섭리에 대해 깊은 인식을 갖고 있었다. "교회의 미래를 염려하느라 시간을 너무 많이 낭비하지 말라"는 것이 그가 젊은 세대에게 주는 충고였다.

세상을 떠나기 전달 그는 필자에게 "내가 꼭 란도우러의 그리피스 존스Griffith Jones인 것 같은 기분이 들어요"라고 말했다. 그는 내가 그 말뜻을 알아들으리라는 걸 알고 있었다. 로이드 존스가 말하는 그리피스 존스는 1683년에 태어난 설교자로, 그가 이룬 업적보다는 다른 이들을 위해 길을 예비했다는 점에서 더 중요한 인물이었다. 그는 18세기 웨일스 대각성 시대의 '샛별'이었다. 로이드 존스는 또 이렇게 말을 이었다. "대부흥이 일어나는 걸 볼 수 있을 거라 생각했지만 불평하지는 않습니다. 하나님의 때가 아니었고 이 예비 작업이 완료되어야 했으니까요." 그가 다른 이들을 위해 뭔가 길을 예비하는 일을 했을진대 그걸로 충분했다.

31.

"숨을 거두면서도……그는 예배했다"

1978년 12월 20일, 로이드 존스는 80세에 접어들었지만 새해 설교 약속을 적어 놓은 그의 수첩은 여느 해와 다름없이 빈 공간이 없었다. 그러나 1979년 5월 1일, 친구 필립 휴스에게 보내는 편지에서 그는 이렇게 말했다. "겨울을 지나기가 힘들었어요. 폐에 바이러스 감염이 생겼던 것 같고, 입원해서 작은 수술을 받았지요. 2월 첫 주일 이후로는 사실상 설교도 못 했지만, 이제 상태가 호전되기 시작했습니다." 그는 7월 5일 웨스트민스터 교제회 모임에 모습을 드러냈는데, 안색이 창백하고 노쇠해 보였지만 자신의 건강 상태에 대해서는 아무 말도 하지 않았다. 발셤에서 가족들과 함께 여름철을 지낸 뒤 그는 가을 설교 약속 몇 건을 이행하기 시작했다. 카마던의 워터스트리트 교회를 51번째로 연례 방문해서 두 번 설교했고, 10월 11일에 는 런던 신학교 개교 3주년을 맞아 개강 예배에서 로마서 1:14을 본문으로 설교했다. 그 뒤 연이어 3주 동안 카디프, 란넬리, 맨체스터를 돌아다니며 여덟 차례 설교했다. 특히 맨체스터의 프리 트레이드 홀 방문은 그곳 사람들이 늘 열렬히 기대하는 행사였다. 1979년 11월 런던에서 BEC 콘퍼런스가 열렸을 때 마지막 저녁 집회인 7일 집회에서 설교했는데, 필자가 보기에 그는 웨스트민스터 채플 강단에 서는 게 이날이 마지막이라는 걸 의식했던 것 같다. 얼마 남지도 않은 기력이 다 소진될까 굳이 조심하려 하지도 않고 상당히 활기차게, 체력이 넘치는 모습으로 설교했다.

11월 23일 일링의 자택에서 그를 만났을 때 그는 필자가 알던 그 어느 때의 모습보다 평온했다. 그리고 그는 좀 지쳐 있다고 털어놓았다. 처음으로 그는 자기 사역이 과연 지속될 수 있을지 모르겠다는 말을 했다. 하지만 그조차도 의기소침과는 거리가 먼 침착하고 확신에 찬 어조였다. 그는 미국 플로리다의 한 병원에 가서 치료를 받으면 자신의 상태가 혹 호전될지도 모른다는 소식을 들었다며, 아마도 12월 말쯤 그곳에 갈 수 있으리라는 기대를 품고 있었다. 치료가 성공적으로 이뤄지면 사역을 계속해 나갈 테지만 "만약 그렇지 못하면……", 그는 거기서 이야기를 멈추었다. 그 문장이 어떤 말로 끝났을지 나로서는 확실히 알 수 없다. 아마 "글쎄, 그래도 내가 할 수 있는 일을 해야겠지요……"라고 했을 것 같다. 어느 쪽이든 담담히 받아들이는 그의 태도에 나는 감동을 받았다. 그러나 결국 그는 의학의 도움을 받기 위해 대서양을 건너려는 생각을 접었다. 1979년 마지막 설교 약속은 12월 3일 웨스트민스터 교제회 모임과 12월 4일 복음주의 도서관 위원회 모임에서의 설교였다. 1979년 12월 20일 80회 생일을 지나면서, 그는 사역의 길에 들어선 후 처음으로 일정표에 아무 약속도 적혀 있지 않고 거의 빈칸으로 남아 있는 새해 수첩을 갖게 되었다. 공식 사역은 이제 거의 끝났다는 걸 그는 알고 있었다.

이 시기에 스코틀랜드에 살고 있던 필자는 전화로만 그와 연락하다가 1980년 3월 3일이 되어서야 일링의 자택에서 그를 다시 만날 수 있었다. 초봄의 화창한 날이었는데, 그는 평소 복장인 진회색 양복 차림으로 그가 좋아하는 거실 안락의자에 앉아 있었다. 여위고 쇠약해진 탓으로 외모가 뚜렷이 달라져 있었다.

그 전해 9월에 「크리스채너티 투데이」에서 칼 헨리와 대담할 당시 그는 그렇게 남겨 둔 시간은 주로 집필 작업을 하는 데 쓸 거라는 생각을 밝혔다. 에베소서 강해 원고 작업이 거의 완성 단계에 와 있었고 로마서 강해를 더 펴낼 생각이었지만, 이 원고는 그의 우선순위가 아니었다. 그보다 헨리 박사에게 말했다시피 그는 "이제 신앙 자서전 집필을 시작"해 보려 했다. 이 계획에 대해서는 전에도 이야기한 적이 있었지만, 1979년에서 1980년으로 이어지는 가을과 겨울 사이 그는 그 계획을 접기로 결정했다. 대신 그는 그가 지금까지 해온 그 어떤 일보다도 큰 책무를 내게 맡겼다. 그의 전기를 쓸 수도 있다는 생각에 필자가 한동안 초벌 원고를 갖고 있긴 했지만 사실 우리는 그 문제에 대해 한 번도 진지하게 이야기해 본 적이 없었다. 그런데 이 단계가 되어서야 비로소 그는 전기 자료 기록 작업을 최선을 다해 돕겠다고 약속했다. 내게 단단히 일렀듯이 오로지 하나님의 영광만을 위해서 말이다.

이 시기부터 우리의 대화는 새로운 차원으로 접어들었다. 3월 3일 그날 나는 "랑게이토가 왜 카펠 그윈필로도 불립니까?"에서부터 "1953년 「브리티시 위클리」에 익명으로 목사님을 공격하는 글을 쓴 이는 누구입니까?"에 이르기까지 다양한 질문거리를 가지고 일링에 도착했다. 이날을 비롯해 그 후로도 여러 번 우리는 그의 삶의 어느 한 시기보다는 큰 전환점이 되었던 일과 그 핵심 요인들에 대해 이야기를 나누었다.

필자가 생각하기에 그가 자서전을 쓰려고 했다가 포기한 한 가지 이유는, 그것이 과연 남은 시간을 올바로 활용하는 것인가 하는 판단과 관계되어 있다. 가족들 중에 그의 지지와 격려를 특별히 필요로 하는 이들도 있었고, 편지와 전화로 도움을 주어야 할 이들도 있었다. 그리고 그가 생각하기에 이런 활동들은 이제 그보다 더 큰 한 가지 의무와도 밀접히 연관되어 있었다. 이제 죽음을 준비할 시간이 아주 중요하다는 생각이 가슴 저리게 와 닿았다. 그에게는 그런 시간이 필요했고, 그 시간을 바로 활용하는 게 이제 그리스도인으로서 그의 주요 과업이었다. 이 문제는 1980년 3월 3일 만남에서 결코 잊히지 않을 방식으로 표면화되었다. 오전 10시 45분부터 12시 30분까지의 대화 초반부에는 그가 내 질문에 답변하면서 몇 가지 귀중한 논평을 해주었다. 하지만 그의 으뜸가는 관심사는 결코 과거에 있었던 일이 아니었다. 지금 그의 가장 큰 관심사는, 그리스도인이라면 천국을 준비하기 위해 일상의 활동을 잠시 한 박자 쉴 필요가 있다는 거였다. 이 주제에 관해 토머스 차머스가 했던 말과 지금 자신의 상태를 언급하면서 그는 이렇게 말했다.

이 시간이 주어진 것에 대해 하나님께 감사드립니다. 저는 차머스의 말에 절대적으로 동의합니다. 우리에게는 죽음과 또 그다음 단계를 준비할 시간이 충분히 주어지지 않습니다. 이건 아주 이상한 일입니다. 죽음은 확실한 일인데 우리가 죽음에 대해 생각을 하지 않는다는 것입니다. 우리는 너무 분주합니다. 일상과 상황에 사로잡혀 있기 때문에 걸음을 멈추고 생각해 볼 여유가 없습니다.……사람들은 갑작스런 죽음에 대해 "멋지게 가는 것"이라고 말들 합니다. 저는 그건 아주 잘못된 생각이라는 결론에 이르렀습니다. 저는 이 세상을 어떤 식으로 떠나느냐 하는 게 아주 중요하다고 생각합니다. 지금 저의 가장 큰 소원은 지금까지의 그 어떤 복음 증거보다도 위대한 복음 증거를 할 수 있었으면 하는 것입니다.

죽음은 슬쩍 통과해 가는 어떤 것이 아닙니다. 죽음은 의기양양한 것이어야 합니다. 그래서 저는 이 경험이 감사합니다. 현재의 이 괴로움(그의 현재 몸 상태를 말함)은 저에게 이런 통찰을 주기 위한 괴로움입니다. 저는 제 평생의 사역을 표현할 때 "짧고 불확실한 이생과 순례"라는 표현을 썼습니다. 저의 초기 설교 본문 중 하나가 "여기에는 영구한 도성이 없으므로"라는 말씀이었는데, 그 설교 후반부의 본문은 "장차 올 것을 찾나니"히 13:14였던 것이 기억납니다. 어렸을 때 저희 집은 이사를 많이 다녔습니다. 랑게이토에서 겨우 9년 살다가 런던으로 이사했습니다. 제 형님은 1918년에 돌아가셨고 아버님은 1922년에 돌아가셨습니다. 목회자의 길에 들어섰을 때 한 집에 12년 이상을 살아 본

적이 없습니다. 포트 탤벗으로 가기까지 제 삶은 늘 이동과 변화의 연속이었습니다.

계속해서 그는 죽음이 엄청난 일이라고, 이 세상을 벗어나는 것이요 자기가 알고 있던 모든 것을 다 뒤로하고 떠나는 것이라고 자주 설교했던 기억을 떠올렸다. 또한 그 메시지의 힘을 실감케 하는 사례가 없었다면 자신의 사역은 없었을 것이라 고백했다. 절절한 감정으로 그는 이렇게 덧붙였다. "하지만 죽음에 대해서는 그보다 더 강조했어야 한다는 걸 저는 알 수 있습니다. 영원한 내세라는 정황에서 볼 때 이생은 얼마나 짧은지요!"

이 모든 말을 할 때 그는 슬퍼하는 분위기도 아니었고 피할 수 없는 일 앞에 체념하는 듯한 모습도 전혀 아니었다. 그는 시종 감사하는 태도, "하나님의 날이 임하기를 바라보고"벧후 3:12 기대하는 태도였다. 그리고 그리스도인이라면 누구나 다 이런 자세를 가져야 한다고 말했다. "사람들은 너무 어리석어서 죽음을 오직 나이의 관점에서만 생각합니다. 고린도후서 4:18에서 강조점은 '주목한다'는 말에 있습니다. '우리가 주목하는 것은 보이는 것이 아니요.' 저는 우리가 경험에 근거한 강조점을 무시하고 있다고 굳게 확신합니다. 기독교는 신앙이지만 오직 신앙만 있는 것은 아닙니다."

이 대화 중에 필자는 한 그리스도인의 영광스러운 죽음에 관한 이야기를 했다. 그는 일평생을 버니언의 『천로역정』*Pilgrim's Progress*에 나오는 '두려움 씨'처럼 살았지만 죽을 때는 큰 기쁨으로 세상을 떠났다. 이 짤막한 이야기에 나는 이런 촌평을 덧붙였다. "인생을 그렇게 살았더라면 얼마나 좋았을까요." 그랬더니 독터는 즉각 동의할 수 없다는 뜻을 드러냈다. "죽음을 과소평가하지 마세요! 죽음(한 음절 한 음절을 강조하며)은 '마지막 원수'입니다. 생전에 잘 살던 사람도 죽을 때 의기양양하게 죽지 못할 수도 있습니다."

헤어지기 전에 드렸던 기도에서 그는 이미 알고 있는 것을 더욱 많이 구했다. "우리가 하나님의 영광에 대한 소망 가운데 기뻐할 수 있게 하소서." 현관에서 그와 인사를 나누고 내 등 뒤로 문이 닫히는데, 미소 띤 그의 얼굴이 햇빛 비치는 유리창을 통해 실루엣으로 보였다. 그 미소는 내가 그의 시야에서 사라질 때까지 지워지지 않았다. 그런 모습은 친구와 만났다 헤어질 때 늘 보여주는 모습이었지만, 스코틀랜드로 돌아가면서 생각해 보니 이것이 내가 보는 그의 마지막 모습일 가능성이 높을 듯했다.

그 뒤 우리는 1980년 3월 13일에 전화를 통해 대화를 나눴다. '칼뱅주의적 전도설교가 꼭 필요한가?'라는 제목으로 강연을 해야 하는데 어떻게 준비하면 좋겠느냐고 조언을 구하자 그는 아주 강한 흥미를 보이며 몇 마디 문장으로 전체 테마를 명쾌하게 정리해 주었다. 그는 현재 미국 신학교에서 벌어지고 있는 한 논쟁을 언급하면서, 전하는 말에 따르면 현대 복음 전도가 칭의를 역설하는 걸 교정하려고 하다가 이 논쟁이 벌어진 것임을 지적했다. 그는 생각이 달랐다. 위의 진단은 틀렸다. 현대 복음 전도의 피상성은 칭의를 지나치게 강조한 결과가 아니라 율법, 죄의 깊이, 하나님의 거룩하심을 설교하지 않았기 때문이었다. 복음은 친구와 조력자를 제공한다는 관점에서 설교되고 있었다. 그는 인간에게 제공되는 어떤 유익이 아니라 하나님의 엄위와 영광이 무엇보다 우선되는 것이 바로 칼뱅주의적 복음 전도의 특징이라고 주장했다. 그런 설교는 죄를 단지 일종의 질환이 아니라 하나님을 모욕하는 것이요 불법으로 취급하며, 그런 설교의 주 관심사는 인간이 하나님의 영광과의 관계 속에서 자기 자신을 파악할 수 있게 하는 것이다. 현대의 복음 전도는 말로만 중생을 외칠 뿐 실제로 중생을 믿지는 않는다. 진정한 칼뱅주의 설교는 인간이 전적으로 무력함을 보여주며, 인간을 겸손케 하는 걸 설교가 해내야 할 중요한 일의 한 부분으로 여긴다. 그게 빠지면 구원의 참된 영광은 아예 측량될 수조차 없다.

로이드 존스의 설명을 듣고 있자니 1978년 웨스트민스터 콘퍼런스에서 한 발언자가 청교도 설교자 존 프레스턴John Preston이 '준비주의'preparationism를 주장했다고 비난하고 존 버니언이 회심 때 부적절한 가르침으로 쓸데없이 "낙심의 수렁"에 빠져 있었다고 주장하자, 로이드 존스가 발언 중에 끼어들어 강력하게 반론을 펼쳤던 일이 기억났다. 회심 전에 죄를 깨달을 필요성을 무시하는 것, 그 필요성을 일컬어 '준비주의'라고 하는 것은 그가 믿는 참된 전도설교와 근본적으로 불일치했다. 죄인들이 "각성될" 필요가 있는 것은 구원받을 자격을 얻기 위해서도 아니고 "스스로 준비"하기 위해서도 아니다(청교도들은 이렇게 믿지 않았는데도 이렇게 믿었다고 부당하게 비난당했다). 먼저 자신에게 그리스도가 필요하다는 것을 알게 하심으로써 사람을 믿음에 이르게 하시는 것이 하나님의 일반적인 방식이기 때문이다.[1] 그는 사람들에게 그리스도를 믿으라고 말하는 것만으로는 불충분하다고 주장했다. 그는 계속해서 다음과 같이 말했다.

저는 전적으로 의견이 다릅니다. 그런 견해는 안이한 믿음주의believism와 결단주의decisionism의 발단이 됩니다. 버니언이 그런 고뇌를 겪은 것은 '준비주의적인' 설교 때문이 아니었습니다. 어쩌면 부분적으로 그랬을 수도 있지만 그건 전혀 그의 고민거리가 아니었다고 말하고 싶습니다. 그에게 죄를 깨우쳐 준 건 성경이었습니다.……네틀턴Nettleton과 피니의 차이점이 뭔지 보십시오. 네틀턴은 사람들이 죄를 각성하면 그 상태 그대로 두는 경향이 있었습니다. 피니는 정반대였지요. 저는 주저 없이 네틀턴을 옹호할 것입니다. 죄를 각성한 상태로 사람들이 저를 찾아왔을 때 저는 그 자각을 털어 없애 주지 않았습니다. "괜찮다"고 말해줘 봤자 아무 소용이 없습니다. 그들은 성경을 통해 자기 죄를 자각하게 된 거니까요. 시간이 좀 걸릴 수도 있습니다. 저는 회심하는 데 오랜 시간이 걸리는 사람들에게 전혀 불만이 없습니다. 사실 그런 사람들이 더 반갑습니다. 저는 즉각적인 회심의 가능성을 믿긴 하지만 회심의 유형을 획일화해서는 안 된다고 생각합니다. 회심의 유형은 참으로 다양합니다.……"네, 믿습니다"라고 말하는 것만으로는 충분치 않습니다. 회심에는 전인全人이 관련됩니다. 예수께서는 니고데모에게 중생에 대해 설교하셨습니다. 중생 설교는 칭의의 필요성을 보여줍니다. 우리의 설교를 듣는 이들 중에 이 체험이 없는 것은 중생에 대한 설교가 없기 때문입니다.

이는 그 자신의 전도설교를 요약한 말이었는데, 1980년 3월 13일 그 통화 때 그가 하는 말을 들으며 나는 강단에 선 그를 다시 볼 수 있으리라고는 생각하지 않았다. 그는 12월 초 이후로는 공개 석상에 전혀 모습을 드러내지 않았고, 사람들도 그의 모습을 볼 것을 기대하지 않았다. 그래서 그가 1980년 5월 9일 글래스고에서 설교하고 싶어 한다는 소식에 우리는 좀 놀라지 않을 수 없었다. 그는 이 마지막 스코틀랜드 행을 실제로 이루었고, "어찌하여 이방 나라들이 분노하며 민족들이 헛된 일을 꾸미는가"라는 말씀으로 시작되는 시편 2편을 설교했다. 한 시간가량 이어진 이 설교를 필자는 도저히 필설로 옮길 수가 없다. 설교 테이프를 구할 수 있으므로 독자들은 반드시 구해서 들어 보기 바란다. 죽어 가고 있는 그 노쇠한 사람은 진실로 하늘에서 온 대사였다. 자신이 전해야 할 메시지가 어떤 메시지인지, 그 메시지를 전하는 데 어느 정도의 시간이 필요한지 알고 있었기에 그는 남아 있는 기력을 아껴 쓰려 애를 썼지만 굳이 그 힘을 억제하려 하지도 않았다. 메시지가 그 사람을 온전히 사로잡았고, 그는 남아 있는 에너지의 마지막 한 방울까지 말과 동작에 쏟아부었다. 하나님의 분노, 시편이 말하는 그 분노가 그에게는 무서운 현실이었기에 그는 회중에게 이렇게 말했다.

> 여러분들은 여전히 하나님의 진노를 믿습니까? 잉글랜드 복음주의자들 중 현대인에게는 오락이 필요하다고 생각하는 이들이 있습니다. 노래, 연극, 마임에 열광하는 이들이 있습니다. "사람들은 설교를 받아들이지 못한다"고들 합니다. "노래를 들려주라. 춤추는 법을 가르쳐 주라"고 말합니다. 하나님의 이름으로 말씀드리건대 그건 성경을 거스르는 행위입니다. 교회가 이 땅에 있는 건 사람들을 즐겁게 해주기 위해서가 아닙니다. 교회가 이 땅에 존재하는 건 사람들에게 "지혜롭기"를,

"교훈을 받"기를 요구하기 위해서입니다.시 2:10 이는 단순히 "예수께 나오라"는 호소가 아닙니다. 사람들은 "교훈을 받아야", 즉 가르침을 받아야 합니다. 지식이 부족해서 사람들이 죽어 가고 있습니다. 우리가 여기 있는 건 인기를 얻기 위해서가 아니라 있는 그대로의 진리를 말하기 위해서입니다. "여호와를 경외함으로 섬기고 떨며 즐거워할지어다" 11절라고 말입니다.

힘없는 목소리로 그가 호소함에 따라 시편 2편의 마지막 절은 빛과 능력으로 생생히 다가왔다. "그의 아들에게 입맞추라……여호와께 피하는 모든 사람은 다 복이 있도다."

예배는 끝났다. 핏기 없고 기진한 얼굴로 강단 맨 아래 계단에 자리를 잡고 앉아 있는 동안, 오랜 친구들이 그에게 모여들어 마지막이 될 인사를 나누었다. 토요일인 다음 날 아침, 그는 자동차 편으로 남쪽으로 달려 북웨일스에 도착했다. 주일 저녁엔 친구 존과 마리 존스 부부의 집이 있는 브리누차프 근처 라니모드위의 작은 예배당에서 설교했다. 그에게 그토록 소중했던 곳을 방문하는 건 이것이 마지막이었다. 다음 주 그는 에버리스트위스에서 두 번 설교했다. 웨일스어로 드리는 오후예배를 위해 약 400명의 성도가 모인 가운데 그는 "야곱은 홀로 남았더니 어떤 사람이 날이 새도록 야곱과 씨름하다가"창 32:24라는 말씀으로 설교했다. "여기에 그리스도인의 체험의 정수가 있습니다. 개인적인 경험인데, 최근 몇 달 동안 병을 앓으면서 저는 사람이 홀로 남아 아무것도 할 수 없을 때 어떤 기분이 드는지 생각해 보지 않을 수 없었습니다." 그러나 "우리가 고독 속에 있을 때 우리와 함께 계시는 분이 있습니다. 하나님과의 교제야말로 인생에서 유일하게 가치 있는 일이며, 이는 우리를 새롭게 해줍니다."

같은 날 저녁, 약 800명이 운집한 베이커 스트리트 회중교회에서 로이드 존스는 시편 2편 설교를 또 한 번 했다. 설교 중에 그는 개인적인 이야기를 하나 했다. 그는 1911년 랑게이토 학교에서 다른 아이들과 함께 이륜마차를 타고 에버리스트위스에 와서 국왕 조지 5세와 메리 왕비가 국립 도서관 주춧돌을 놓는 광경을 구경했던 일을 회상했다. 아이들은 오전 10시 30분에 도착했으나 오후 2시가 넘을 때까지 국왕이 도착하기를 기다려야 했었다고 말했다.

글래스고에서와 마찬가지로 이날 설교는 아주 정신이 번쩍 드는 설교였다. 제프리 토머스 목사의 말을 빌리면 "놀라운 권위와 단순성을 겸비한" 설교였다. 5월에는 그의 상태가 악화되었다. 지켜야 할 외부 약속은 몇 건 되지 않았는데, 그중엔 웨스트민스터 교제회에서 할 두 차례의 강연과 6월 7일 토요일 서식스의 바콤에서 하게 될 마지막 설교가 포함되었다.

그다음 주인 1980년 6월 10일 화요일, 그는 상태가 자꾸 나빠지고 있는 탓에 병원으로 가서 검진을 받아야 했다. 이 무렵 그는 짧게는 하루, 길게는 일주일 간격으로 규칙적으로 병원에 다니면서 화학요법으로 치료를 받았다.

이 시기에는 기력이 떨어지고 걸핏하면 구역질을 하는 게 일상이 되었지만 오히려 그는 감사하는 마음으로 쾌활했다. "하나님의 큰 친절"이 그의 일상의 주요 주제가 되었다. "장수하게 하시고 눈에 띄게 건강하게 하신 것에 대해", "베단에 대해", 모든 과거사에 대해("제가 한 일 중 가장 잘한 일은 각종 위원이 되어 달라는 요청을 거절한 것이었습니다.……제가 아는 사람들 중엔 위원 노릇 하느라 망가진 이들이 많습니다"라고 그는 아주 진지하게 말했다) 그는 감사했다. 6월 27일 전화 통화 때 그는 내게 말했다. "내 마음엔 찬양 외엔 아무것도 없어요. 하나님의 선하심과 내가 '오직 자비에 빚진 자'임을 그 어느 때보다도 많이 의식합니다." '자비에 빚진 자'라는 말은 그가 자주 인용하던 탑레이디의 시구였는데, 만약 누군가가 그의 전기를 한 문장으로 요약해 달라고 했다면 그는 아마도 그 문장을 골랐을 것이다.

그는 유명한 케임브리지 학자 두 사람의 새 전기에 관한 서평을 읽고 얼마나 감동받았는지 모른다고 했는데 이는 자신에게 임한 하나님의 은혜와 관련해서 한 말이었다. 그 두 학자는 트리니티 칼리지의 학장 G. M. 트리벨리언과(로이드 존스는 그를 1941-1942년에 만났다) 저명한 물리학자 J. D. 버널Bernal이었다. 그는 내게 이렇게 말했다. "이 서평은 나에게 엄청난 복이 되었어요. 트리벨리언 전기에서는 인간 본성이 최고 상태에 있을 때 어떤 모습인지를 볼 수 있었고, 그 광경은 엄청난 위력으로 내게 다가왔어요. 하나님은 왜 나를 지켜보기로 선택하셨을까? 이 사람들은 절망 가운데서 죽었는데 하나님은 왜 나를 그들과는 다르게 하셨을까?"

그 후 1980년 7월 26일에 일링의 자택에서 그를 만났는데, 그는 그 전날 병원에 갔다가 입원을 하지 못하고 일곱 시간 동안 대기하고 있었다고 했다. 하지만 그는 기분이 아주 좋아 보였고 여전히 모든 일에 감사하고 있었다. "난 아무런 불만이 없어요." 그는 전날 겪은 일에 대해 그렇게 단언했다. 그의 입에서는 쉴 새 없이 이야기가 흘러나왔다. 하나님께서 어떻게 때를 정해서 우리에게 격려를 주시는가 하는 이야기로 시작해서 첫 성공을 목도한 제자들에게 "귀신들이 너희에게 항복하는 것으로 기뻐하지 말고 너희 이름이 하늘에 기록된 것으로 기뻐하라"[눅 10:20]라고 하신 그리스도의 명령이 얼마나 중요한 명령이었는지로 화제가 옮겨 갔다. 그는 엄숙한 얼굴로 이렇게 말했다. "그 말씀을 명심하세요. 우리의 가장 큰 위험은 우리의 행위에 근거해서 사는 겁니다. 설교자에게 닥치는 궁극적인 시험은, 더 이상 설교할 수 없을 때 어떤 심정이 되느냐 하는 겁니다." 하나님과의 관계가 우리 기쁨의 최고 원인이어야 한다. 자신의 설교나 다른 이들이 증거하는 말에 의지하는 건 "모든 설교자들이 걸려들 수 있는 현실적 덫입니다." "우린 그런 것들에 의지할 수 없어요." 그러고 나서 그는 죽음에 대해, 어떻게 두려움 없이 죽음을 마주해야 하는가에 대해 이야기했다. 거기엔 두 가지가 필요했다. 첫째, 죽음을 하나의 사실로 직면해야 한다. 사람은 누구나 다 죽어야 한다. 둘째, 세상을 떠날 때 그리스도인은 혼자 남겨지지 않을 것이며 동행하는 무리 중에 천사들도 있을 것이라고 하나님께서 확신을 주시므로 이들은 두려워하지 않을 수 있다. 그는 "그 거지가 죽어 천사들에게 받들려 아브라함의 품에 들어"갔다는[눅 16:22] 말씀을 인용하며 그 사실을 단언했다. 그리고 또 이렇게 덧붙였다. "나는 천사들이 그렇게 수종 들 것을 믿어요. 그리고 그 생각을 점점 더 많이 하게 되는군요."

> 우리의 가장 큰 문제는 성경과 성경이 정확히 뭐라고 말하는지를 사실은 믿지 않는다는 겁니다. 성경을 안다고 생각하지만 정말로 성경을 우

리 것으로 삼고 그 말씀이 우리에게 해당되는 말씀이라고 믿나요? 나에게는 그것이 바로 기독교 신앙입니다. "우리의 삶이 짧고 불확실하다"는 건 우리가 가장 실감하기 어려운 사실입니다. 우리는 신약성경이 강조하듯 그 사실을 강조하지 않습니다. 그렇다고 해서 이생을 멸시하자는 말은 아니고 다만 확실하게 균형을 유지해야 한다는 말입니다. "우리가 잠시 받는 환난의 경한 것."고후 4:17 우리는 이 말씀을 문자 그대로 취해야 합니다. 이 말씀은 단순한 관념이 아니라 사실입니다. 저는 여러분들이 그 사실을 더욱더 강조해야 한다고 생각합니다.

이 발언과 또 이와 비슷한 발언에 비춰 볼 때 그는 자기 자신을 상대로 아직도 설교하고 있었다(그는 지나가는 말로 "목사들이 자기 자신에게 설교해야 한다는 것을 점점 더 확실히 깨달을 수 있다"고 했다). 그가 즐겨 묵상했던 또 한 가지 주제는 자신이 알던 몇몇 그리스도인들이 어떤 식으로 죽음을 맞았는가 하는 것이었다. 스펄전이 한번은 이런 말을 했다. "우리 교인들이 세상을 떠나는 모습을 몇 번 봤는데, 나도 그렇게 죽을 수 있다면 그 엄청난 기회를 얻으려 애쓸 것이다. 그들이 노래한 것처럼 노래할 수 있다면 옆길로 새서 죽음을 피하려고 하지 않을 것이다." 로이드 존스도 똑같은 마음이었다. 예를 들어 그는 샌드필즈의 초기 회심자 중 한 사람인 윌리엄 토머스가 어떤 모습으로 본향에 갔는지 생생하게 기억했다. 양측 폐렴으로 죽어 가고 있을 때 토머스는 갑자기 두 팔을 치켜들고 빛나는 미소를 지으며 구주를 확실하게 인식하고 기뻐하면서 이 세상을 떠났다.

7월 26일 필자와 만났다 헤어지면서 그가 드린 기도는 주로 "우리의 머리털까지 다 세시는" 하나님의 넘치는 선하심과 돌보심을 찬양하고, "우리 마음에 주님의 사랑을 흩뿌리사 우리가 기뻐할 수 있게 해달라"고 간구하는 내용이었다. "주님의 교회를 불쌍히 여기소서"와 같은 말과 동료 사역자들을 위한 간구 또한 대화 끝의 이 짤막한 기도에 어김없이 등장했다. "이제 나는 여러분들을 위해 기도할 수 있습니다." 자택을 나서는 나에게 그는 말했다. "늘 그렇게 기도하고 있습니다. 사람들은 설교할 수 없어서 매우 힘들겠다고 내게 말하지만, 그렇지 않아요! 절대 그렇지 않습니다! 나는 설교하는 힘으로 살지 않았어요."

1980년 9월 20일, 로이드 존스는 필립 휴스에게 이런 편지를 보냈다.

> 올 여름 내 건강이 매우 좋지 않았다는 소식을 들으면 안타까워하시겠지요. 6월 초 이후로는 설교도 할 수 없었고 다른 어떤 일도 할 수 없었습니다. 3주에 한 번씩 병원에 며칠간 입원해 특별한 처치를 받아야 하는데, 그럴 때마다 기력이 좀 쇠해지는 경향이 있습니다. 하지만 이 긴 세월 동안 나에게 큰 인자와 자비를 베푸시고 영광스러운 나라에서 얼마간 일할 수 있는 특권을 주신 것에 대해 저는 하나님께 감사드립니다. 그분의 은혜로운 손길 가운데 지내며 그분의 뜻이 무엇이든 그 뜻에 만족할 수 있다는 게 저는 행복합니다.

우리는 1980년 10월과 11월에 다시 만나 전기 작업에 대해 긴 대화를 나누었다. 그때 필자는 초고를 쓰기 시작하던 중이었고 그는 그 초고를 넘겨받아 검토할 예정이었지만, 가장 중요한 작업은 그의 삶과 사역에서 비교적 더 중대한 영역들에 대한 그의 생각을 테이프에 녹음해 두는 일이었다. 전기에서 그 부분을 다뤄야 할 터였기 때문이었다. 필자로서는 그의 사상이 낯설던 시기가 있었으므로 이는 더더욱 필요한 작업이었다.

과거를 돌아보면서 그는 자신의 삶에 일어난 중요한 일들 가운데 자신의 계획에 따라 일어난 일은 하나도 없다는 걸 깨달았다. 예를 들어 1925년 에버리스트위스 신학대학에 가려 했고 그다음 웨일스에서 한평생 사역하려 했지만 그 일은 뜻대로 되지 않았다. 오히려 그의 삶은 그가 한 번도 꿈꾸지 않았던 일들의 연속이었다. "어느 날 보니 내가 단 한 순간도 꿈꾼 적이 없었던 그런 삶을 살고 있더군요." 그는 전국을 돌아다니며 설교하거나 학생들을 가르치는 교사가 되거나 혹은 책 같은 것을 펴낼 생각이 전혀 없었다. "샌드필즈로 갔을 때 '당신은 앞으로 이러이러한 일을 하게 될 것이다'라고 내가 실제로 행한 일을 이야기하는 사람이 있었다면 나는 아마 그 사람더러 미쳤다고 했을 것입니다. 그때 나는 그 지역 선교관의 전도자가 되려는 생각뿐이었어요. 왜 그렇게 되지 않았는지에 대해서는 단 한 가지 설명밖에 없지요. 바로 하나님의 주권 말입니다! 인도하시는 하나님의 손길! 그건 제게 경이驚異입니다."

우리는 전기의 올바른 틀과 구조에 대해 이야기를 나눴고, 며칠 후 그는 필자에게 다음과 같은 제안을 했다. "열쇠를 찾은 것 같아요. 샌드필즈에서부터 그리고 그 뒤로도 나는 숱한 난관들에 봉착했습니다." 그는 이런 난관들과 그 해법을 함께 묶으면 책의 각 장에 나눠 담을 내용이 생길 것이라고 했다. 거기에다 그는 책의 윤곽에 대해 머릿속에 그리고 있는 생각들을 이야기했다. 초기에 만난 난관들로는, 예를 들어 본 교회가 아닌 다른 곳에서 계속 설교 요청이 들어온 것, 포트 탤벗에 있을 당시 의료계와의 관계, 그가 전형적인 웨일스 장로교회의 틀에 순응할 것이라는 교단 지도자들의 기대 등이 있었다. 이어서 워필드 연구의 예상치 못했던 결과(덕분에 그는 교사 역할을 하게 되었다), 전쟁으로 웨스트민스터 사역에 아무 미래가 없어 보였던 것, 그의 신념과 잉글랜드 비국교도들 사이에 편만해 있던 신념이 양립 불가능했던 것(이는 여러 면에서 가장 큰 난관이었다), 당대의 복음주의 전통이 과거의 복음주의에서 너무 멀리 이탈했지만 그래도 그 복음주의를 돕는 자가 되고자 했던 것 등이 있었다. 그는 이 마지막 항목을 상당히 깊이 반추했다. 그는 다른 어떤 진영보다 복음주의자 그룹에 속해 있었지만, 런던 바이블 칼리지 학장으로 초청받던 때로부터 그레이엄 전도 대회 그리고 그 후에 이르기까지 그는 줄곧 아웃사이더였다.

누가 자신의 전기를 쓰든, 사람들이 자신에게 기대했던 역할에서 이탈한 것이야말로 그 전기의 핵심 이슈가 되리라는 것을 그는 알고 있었다. "나는 어떻게 해서 당대의 신앙 조류와 빈번히 불화하는 입장에 이르게 되었는가?" 그는 이 질문을 제기했다. 이 질문에 대한 답변이 자신의 은사와 성격, 심지어 자신의 '웨일스인 기질'의 관점에서 다뤄질 수 있다는 걸 알고 있었다. 하지만 이와 같은 관점에서 그 질문에 답변하려고 하면 진실에서 멀어지리라는 것이 그의 생각이었다. 앞에서 말했다시피 그는 자신에게 일어난 일들을 하나님의 섭리라는 관점에서 이해할 수 있을 뿐이었다. 하나님께서 그를 가로막으셔서, 그렇지 않았다면 갔을 길을 못 가게 하셨고, 뭐든 자기 자신에게 공을 돌리기를 질색하는 그런 자각을 갖게 만드셨다. "내가 얼마나 큰 죄인이던지 하나님께서는 나에게 억지로 일을 시키셔야 했다"고 말할 때 그는 더할 수 없이 진지했다. 그는 또 이런 말도 했다. "내 평생의 경험들은 하나님의 주권과 하나님께서 인간의 삶에 직접 개입하신다는 증거입니다. 나는 내가 믿는 것을 믿지 않을 수가 없습니다. 다른 뭔가를 믿는다면 나는 미친 사람일 것입니다."

1980년 10월부터는 그가 평소에 좋아하는 의자에서 일어나는 모습을 한 번도 볼 수 없었다. 그때부터 4개월 동안 그는 그 의자에 가만히 앉아 지냈다. 여전히 양복 차림이었지만 이제는 그의 옷이 아닌 듯 그냥 헐렁하게 몸에 걸쳐져 있을 뿐이었다. 시간이 얼마 남지 않았다는 진단을 받은 건 아마 그해 말이었던 것 같다. 그 말을 들은 그는 더 이상 치료를 받지 않기로 결정했고, 그가 병원을 찾은 건 그날로 마지막이었다. 기력이 점점 더 떨어지긴 했지만 그래도 정신적인 능력에는 아무 이상이 없었고, 천재적인 기억력도 거의 예외 없이 여전했다. 고전 음악에 대한 관심을 서서히 잃어 갔지만 좋은 책에 대한 사랑은 줄어들지 않았다. 말년에 그가 즐겨 읽은 책 몇 권을 언급하지 않을 수가 없는데 필립 도드리지 전기, 『토머스 찰스의 평론과 서신』*The Essays and Letters of Thomas Charles*(그는 토머스 찰스를 가리켜 "가장 소홀히 취급당한 영적 지도자 중 한 사람임에 분명하다"고 했다), 패트릭 콜린슨Patrick Collinson의 『그린덜 대주교』*Archbishop Grindal* 『월터 크래덕 전집』*The Works of Walter Craddock*(월터 크래덕은 웨일스 청교도였다), 『케네스 매크레의 일기』*The Diary of Kenneth MacRae*(로이드 존스는 "이 책이 엄청나게 재미있다"고 했다), 셜리 리스Shirley Lees의 『동트기 전에 취하다』, *Drunk before Dawn* 칼뱅의 『서간집』, *Calvin's Letters* 존 오웬의 『그리스도의 영광』*The Glory of Christ* 등이 바로 그런 책이었다. 그는 1980년 12월에 오웬의 이 고전을 다 읽고 나서 이렇게 말했다. "나에게 정말 유익했고 내 영혼에 큰 복이 되는 책이었어요. 때로 그가 좀 너무 멀리 나가는 경향이 있다는 느낌도 듭니다. 우리는 그리스도께 대한 우리의 사랑으로 구원받는 게 아닙니다. 때로 오웬은 거의 이런 식으로 말합니다. '그리스도와 함께 있기를 갈망하지 않는 한 당신이 정말 그리스도인인지 의심스럽다.' 그건 너무 멀리 나간 겁니다. 그는 말로만 외치는 신앙주의fideism를 깊이 염려했지만, 하나님께서는 경건치 못한 자를 의롭다 여기십니다."

이 말은 균형을 중시하는 그의 성격을 단적으로 보여준다. 그는 그리스도의 임재를 더 많이 체험하기를 갈망했지만, 그러면서도 우리의 느낌은 하나님과 화평하는 토대로서는 아무 역할을 하지 못한다고 역설했다. 이 점과 관련해 필자는 어느 날 강한 믿음이 별다른 느낌이나 기쁨 없이도 존재할 수 있다고 하는 스펄전의 말에 동의하느냐고 그에게 물었다. 로이드 존스는 동의한다고 단호하게 대답했다. "사람의 느낌은 변화무쌍합니다. 우리는 오늘 다르고 내일 다릅니다." 그리고 이어서 좋아하는 찬송가 가사 한 구절을 인용했다.

내 소망은 다름 아니라
예수의 보혈과 의에만 있네.
아무리 즐거워도 내 기분은 감히 믿지 않으리.

"즐거운 기분은 왔다가 사라진다"고 그는 자기 말을 보탰다.

그러나 예수 이름에 전적으로 의지하네.
그리스도, 견고한 반석 위에 나 서 있네.
다른 모든 터는 가라앉는 모래라.

이 찬송 마지막 구절 "그의 약속, 그의 언약과 보혈" 부분에서 그는 외쳤다. "오, 이는 바로 그 언약이라……."

찬송은 웨일스어 찬송이든 영어 찬송이든 그에게 상당히 의미가 컸다. 그가 이야기했던 다른 찬송 두 곡, 샌드필즈에서 자주 불렀다던 그 찬송도 기억난다(『회중 찬양』에는 이 곡들이 빠져 있다). 그 두 곡은 「오늘 주님의 자비가 우리를 부르네」와 「오라, 너희 수심에 잠긴 자들이여」였다. 특히 두 번째 곡은 "천국이 치유하지 못할 슬픔 이 땅엔 없네"라는 아름다운 가사로 끝난다. 로이드 존스처럼 살았던 사람은 말년에 아무런 슬픔도 없으리라고 생각할 수도 있다. 그러나 그에게도 슬픔은 있었다. 한때 가까이 지냈던 사람, 좀 더 나은 모습을 기대했던 사람들에게서 고통에 가까운 실망을 느꼈던 것도 그에게는 슬픔이었다. 하지만 그는 기도하는 그리스도인에게는 갈등 속에서도 평강이 있다는 것을 그 어느 때보다도 깊이 알고 있었다. 어떤 상황에서든 평강이 약속되어 있고, 그 평강의 본질은 노쇠한 그의 육신을 통해 빛나면서 그가 사람들에게 증거할 수 있었던 내용의 줄거리를 이루었다.

한 전직 신학자는 하나님께서 자기 백성들에게 확신을 주시되

늘 적절한 분량을 주신다고 말한다. 로이드 존스의 경우, 이 시기를 비롯해 세상을 떠날 때까지 그의 확신은 평온, 고요, 깊은 평강으로 이뤄져 있었다. 거의 300년 전 존 오웬은 로이드 존스와 비슷한 길을 걸었다. 그 역시 일링에서 세상을 떠난 사람으로, 자신의 한 저서에서 이렇게 말했다.

> 이 세상에서 우리의 마음은 반대 공격에서 자유롭게 될 만큼 영적인 일에 대해 확신을 가질 수 없다. 그 공격에서 때로 막연한 두려움이 오기도 한다. 하지만 늘 의기양양할 수 있을 정도의 확신에는 도달할 수 있다. 그런 확신은 우리 영혼에 늘 평강을 줄 것이며 때로는 우리 영혼을 기쁨으로 충만케 할 것이다.

그런 확신에 대한 체험이 로이드 존스의 체험이기도 했다. 죽음을 향해 갈수록 더 깊어지는 평안과 함께 말이다. 하지만 이 평안은 믿음을 통해 오는 평안이라는 걸 그는 강조하고 싶어 했다. 모든 건 그리스도께서 하시는 일이다! 그는 1981년 1월 19일 필자와 함께 있을 때 이 주제에 대해 이야기했다.

> 현재의 나에 관해서라면 중요한 것은 단 한 가지, 주님과의 관계와 주님을 아는 지식입니다. 그 외엔 다른 어떤 것도 중요하지 않아요. 우리의 모든 의는 더러운 누더기와 같습니다. 우리의 최고 선행조차도 더럽혀져 있어요. 우리는 은혜로 구원받은 죄인입니다. 우리는 오로지 자비에 빚진 자들입니다.

그의 이 말에 나는 이렇게 대답했다. 죽을 때 예수께서 칭찬하신 기도, "하나님이여, 불쌍히 여기소서. 나는 죄인이로소이다"눅 18:13라고 기도하며 죽어 간 옛 성도들에게 뭔가 좀 문제가 있다는 어리석은 생각을 하곤 했었다고 말이다. 그러자 그는 계속해서 이렇게 말했다.

> 나도 그랬어요. 다 쓸데없는 생각이죠. 목사님도 그걸 알게 될 겁니다. 나도 그걸 겪었습니다. 데니얼 롤런드도 마지막에 이렇게 말했습니다. "나는 하나님의 은혜로 구원받은 늙은 죄인에 지나지 않는다"고요. 내 말이 바로 그 말입니다.

그리고 그는 잠시 말을 멈추었다가 깊은 감정이 담긴 갈라진 목소리로 말했다.

> 하나님은 우리를 아주 오래 참아 주시고 우리에게 매우 친절하시며 이스라엘 백성에게 그러셨듯이 우리의 악한 태도를 감내하십니다.……이것이 하나님의 사랑입니다!

마지막 몇 달 동안 그의 모습은 더할 나위 없는 위엄과, 내가 보기에 과거 어느 때보다 더 자주 보이는 미소가 어우러진 모습이었다. 그의 얼굴에선 자주 빛이 났다. 특히 기도할 때 더 그랬다. 필자는 최근 아브라함 카이퍼가 야곱에 관해 쓴 글을 읽고 있는데, 야곱은 죽음이 가까워 오자 "힘을 내어……예배했다"고 한다. 카이퍼가 설명하는 야곱의 체험은 지금 이 하나님의 종의 체험과 놀랄 정도로 유사했다. 죽음을 눈앞에 둔 신자는 믿음을 발휘할 필요가 있다고 하면서 카이퍼는 이렇게 말했다.

> 임종할 때 고통과 쇠약함으로 맥을 못 추어도 괜찮다고 허용해서는 안 된다. 죽음을 맞을 때는 믿음의 의지, 담대함, 회복력이 육신의 연약함과 계속 싸움을 벌여야 한다. 이 거룩한 순간에는 육신이 아니라 영혼이 이겨야 한다. 야곱이 바로 그렇게 했다. 그는 경건한 몸가짐으로 죽을 수 있기 위해 힘을 냈다.……그의 강한 영은 자기 자신을 흔들어 깨웠다. 그렇게 그는 죽어 가는 순간에도 하나님을 영화롭게 했다. 죽어 가면서 그는 예배했다. 죽어 가면서도 그는 하나님께 예배와 경배의 제사를 드리지 않으면 안 된다고 느꼈다. 하나님께 찬양과 감사와 존귀를 돌려야 한다고, 하나님의 크심과 엄위 그리고 그 은혜와 긍휼 앞에서 자기 자신은 자취를 감춰야 한다고, 그리하여 평생 해왔던 것보다 더 나은 방식으로 입술의 열매를 그분께 드려야 한다고 느꼈다. 죽음을 맞는 자리에서 드리는 그런 엄숙한 예배는 우리가 평생 하나님께 드리는 예배의 요약이다.[2]

참된 믿음과 예배는 절대 개인적인 게 아니다. 이 시기 로이드 존스는 직계 가족 외에 외부 사람은 거의 만날 수 없는 상태였음에도 여전히 하나님 나라에 관한 모든 것에 온통 관심을 쏟아붓고 있었다. 그는 친구이자 조수인 미스 파멜라 해리스에게 편지를 구술했고, 그 편지는 멀고 가까운 곳의 친구들에게 발송되었다. 그중 1981년 2월의 한 편지는 한 젊은 사역자를 격려하는 편지였고, 웨스트민스터 교제회 서기 존 케이거에게 보낸 편지는 누가 앞으로 이 모임을 지도해 나갈 것인가에 대해 몇 가지 제안을 담고 있었다.

이 몇 달 동안 그는 아내의 손길로 날마다 보살핌을 받았고, 딸 앤(늘 손 내밀면 닿을 거리에 살던)과 엘리자베스가 어머니를 도왔다. 로이드 존스는 크게 감사하는 마음으로 종종 아내 베단을 언급했고, 이따금 55년 전 베단이 다른 사람과 결혼하지 않고(그는 그랬다면 어쩔 뻔했나 하고 두려워했다) 자신의 아내가 된 것에 대해서도 고마워했다. 모든 그리스도인 남편, 아버지, 할아버지가 그렇듯 그토록 사랑하는 가족들을 떠나간다는 건 상상하기조차도 쉽지 않은 일이었다. 하지만 지금 그는 가족들에게 모든 일이 다 잘될 것이라는 확신이 있었고, 그래서 이렇게 말할 수 있었다. "이 병이 찾아왔을 때, 이 집에서 모든 결정을 내리는 사람은 바로 나였기 때문에 내가 떠난 후 베단과 아이들에 대해 좀 고민이 있었습니다. 이들에게 무슨 일이 일어날까 걱정이 되기도 했지요. 하지만 이제 그런 고민에서 완전히 벗어났습니다. 하나님께서 가족들을 저보다 훨씬 더 잘 보살펴 주실 수 있다는 것을 알기에 그 문제는 이제 아무런 고민거리도 아닙니다."

그는 계속 필자를 도와 이 전기 작업을 해 나갔다. 먼 과거 일을 이야기하는 만큼 당사자라기보다 마치 다른 누군가의 인생을 논평하는 구경꾼 같을 때가 있었긴 했지만 말이다. 그는 심히 기력이 쇠했고 하루하루 건강이 나빠져 갔다. 1981년 2월 13일 통화 때 그는 "오늘은 좀 기분이 나은 것 같다"고 하면서도 "지난주는 그다지 좋지 않았다"고 했다. 2월 19일, 그는 힘도 없는 데다 쉰 목소리로 "별 차도가 없다"고 했다. 그것이 우리의 마지막 대화였다. 그다음 주에 그는 점차 기력을 잃고 호흡도 가빠진 탓에, 가족들에게 뭔가를 말하거나 의사소통을 할 때는 고갯짓을 하거나 표정을 지어 보이고 사인을 보내거나 아주 짧게 한두 마디로만 말해야 했다. 2월 24일 고문의사 그랜트 윌리엄스가 그를 찾아왔는데, 상대방이 알아들을 수 있는 말로 이야기한 건 그와의 대화가 마지막이었다. 윌리엄스는 그에게 항생제 몇 가지를 주고 싶어 했지만 로이드 존스는 고개를 저으며 마다했다. 윌리엄스가 말했다. "그래요. 주께서 정하신 때가 오면 머리끝까지 항생제로 뒤덮는다 해도 달라질 게 없겠지만요." 환자는 여전히 고개를 가로저었다. "목사님을 편안하게, 좀 더 편안하게 해 드리고 싶어서 그러는 겁니다." 윌리엄스는 그를 계속 설득했다. "목사님께서 여기 이렇게 '지치고 야위고 슬픈'(보너의 유명한 찬송가 가사를 인용하며) 모습으로 앉아 계신 걸 보면 제 마음이 무겁습니다." 그건 로이드 존스로서는 견딜 수 없는 말이었다. "슬프지 않아요!" 그는 단호히 말했다. "슬프지 않다구요!" 진실로 그는 죽는 과정이 완료되었고 자신은 죽을 준비가 되었다고 믿었다. 2월 25일, 그랜트 윌리엄스는 로이드 존스 주치의에게 편지를 썼다. "어젯밤 목사님은 모든 항생제 처방을 다 거부하셨습니다. 말씀도 잘 못하셨고, 제 생각엔 곧 돌아가실 것 같습니다. 정신은 아주 맑으신 것 같고 자기가 뭘 원하는지 정확히 알고 계십니다."

말을 못 하게 된 이 마지막 며칠 사이의 어느 날, 엘리자베스가 옆에 앉아 있을 때 그는 딸에게 고린도후서 4:16-18을 아주 분명히 가리켰다. 그 말씀은 이렇게 시작된다.

1981년 3월 6일 베델 칼뱅주의 감리교 예배당에서 드려진 로이드 존스의 장례 예배 후 뉴캐슬 엠린 겔리 묘지에서 거행된 매장식.

> 그러므로 우리가 낙심하지 아니하노니 우리의 겉사람은 낡아지나 우리의 속사람은 날로 새로워지도다. 우리가 잠시 받는 환난의 경한 것이 지극히 크고 영원한 영광의 중한 것을 우리에게 이루게 함이니.

"이 말씀을 지금 아버지가 체험하고 계신 것이냐고 묻자 아버지는 아주 힘차게 고개를 끄덕이셨어요." 엘리자베스는 그렇게 말했다.

2월 26일 목요일 저녁, 그는 떨리는 손으로 베단과 가족들에게 쪽지 글을 썼다. "치유를 위해 기도하지 말아요. 내가 영광에 들어가는 것을 가로막지 말아요." 다음 날 그는 자기를 둥글게 에워싼 사람들을 향해 만면의 미소를 지어 보였다. 이 미소와 몸짓으로 그는 그

1981년 4월 6일 웨스트민스터 채플에서 열린 추모 예배에 모인 회중.

에게 목소리가 없다는 것을 거의 잊게 할 만큼 아주 분명하게 '말했다.' 한 손으로 다른 한 손을 감싸 쥐면서 누군가를 가리키면 둘러선 사람들 중 그 사람과 특별히 이야기를 하고 싶다는 뜻이었고, 두 손을 꽉 거머쥐면 그건 기도하자는 말이었다. 토요일, 여전히 거실 의자에 앉은 채 그는 몇 시간 동안 잠을 잤고, 간혹 의식이 없는 것처럼 보이기도 했다. 잠자리에 들 시간이 되었을 때는 의식이 없는 게 확실했다. 집에는 로이드 존스 부인과 앤밖에 없었고, 그래서 처음에는 어떻게 그를 현관 쪽 침실로 옮겨야 할지 몰라 난감했다. 로이드 존스 부인이 구급대에 전화해 도움을 요청하자 친절한 구급대원 두 사람이 도착해 그를 침대로 옮겨 주었다. 잠시 후 정신이 든 그는 무슨 일이 있었는지 금방 알아차렸다. 차를 한 잔 마시겠느냐는 베단의 말에 그는 고개를 끄덕였고, 베단이 차를 준비하러 간 사이 앤이 그와 함께 기도를 했다. 그러고 나서 그는 차를 몇 모금 마셨고, 베단과 앤이 30분 정도 그의 곁을 지키고 앉아 있자 그는 잠이 들었다. 그는 50년이 넘도록 맥체인의 매일 성경읽기표에 따라 성경을 읽어 왔는데, 방금 어제가 된 2월 28일에 읽어야 할 성경은 고린도전서 15장이었다. 아마도 "우리 주 예수 그리스도로 말미암아 우리에게 승리를 주시는 하나님께 감사"한다는 고린도전서 15장의 결론, 혹은 앤이 드린 기도의 말을 의식 속에 담은 채 그는 고요히 잠들었을 것이다. 정말로 그랬는지 우리로서는 알 수 없다. 눈을 떴을 때 그는 '복 있는 자의 나라'에 있었으니 말이다.

> 나는 의로운 중에 주의 얼굴을 뵈오리니 깰 때에 주의 형상으로 만족하리이다.[시 17:15]

 주

머리말

1. D. E. Jenkins, *The Life of Thomas Charles of Bala*(Denbigh: Jenkins, 1910), vol. 2, p. 57.

01.
“이제 웨일스 사람이라고!”

1. 1971년 4월 21일 웨일스 제4라디오에서 방송되고, *Y Llwybrau Gynt*, ed. Alun Oldfield-Davies, vol 2(Llandysul, 1972)로 웨일스에서 출판된 『유년 시절의 기억』에서 발췌. 1장에 나온 다른 인용문들의 출처도 이 책이다.

02.
학창 시절: 트레가론과 런던

1. 1918년 이전에는 14세까지 의무 교육을 해야 한다는 법 조항이 없었다. 1914년 가을 마틴은 통상적으로 학교를 그만둘 나이가 이미 지나 있었다.

03.
의학의 길로 들어서다

1. Mervyn Horder, *The Little Genius, A Memoir of the First Lord Horder*(1966), pp. 15-16.
2. 이때의 연구 결과 일부는 C. Bruce Perry, *Bacterial Endocarditis*(1936)에 'An Experimental Study of Malignant Endocarditis'라는 제목의 부록으로 실렸다.

04.
모든 것이 새롭도다

1. C. S. Lewis, *Selected Literary Essays*, ed. W. Hooper(1969), pp. 243-48.

05.
사역자로 부름받다

1. *D. Martyn Lloyd-Jones: Letters 1919-1981*(Edinburgh: Banner of Truth, 1994), pp. 4-8.
2. 강단 아래 장로들이 앉는 '넓은 좌석' 혹은 층계참.
3. 1886년에 창간된 *British Weekly*는 이 당시에도 여전히 큰 영향력을 지니고 대영제국 전역에서 널리 읽혔다. 존 허턴(1868-1947)은 1946년까지 편집장을 지냈다. 이 저널에 마틴 로이드 존스가 최초로 언급된 것은 1925년 2월 19일, 하원 의원 J. 휴 에드워즈가 이 청년의 연설 '현대 웨일스의 비극'에서 주장한 것은 사실과 다르다고 논박했을 때였다.
4. *God's Ultimate Purpose: An Exposition of Ephesians 1:1-23*(Edinburgh: Banner of Truth, 1978), p. 92에서는 1954년 실제 설교를 했을 당시에 비해 설교자 개인에 대한 언급이 짧게 등장한다. 사역자 소명을 받는 것에 대해서는 *Preaching and Preachers*(London: Hodder and Stoughton, 1971), pp. 103-20을 보라(『설교와 설교자』, 복 있는 사람).

06.
베단과 에버라본

1. 이 '선교회'라는 명칭은 1920년대에 서서히 '교회'라는 이름으로 바뀌어 가고 있었다.

07.
특이한 설교

1. 설교처까지 다 합하면 이 교단 소속 건물의 총 좌석 수는 거의 56만 석에 이르렀다. 1926년 총 등록 교인 수는 189,323명이었다. 교인이 아닌 사람이 얼마나 출석했는지는 기록되어 있지 않다.
2. 보통의 비국교도 교회에서 위원회는 선출직으로서 제직회의 역할을 했다.
3. 1931년 6월 28일, 로이드 존스의 시편 34:8 설교.
4. 로이드 존스가 샌드필즈에서 한 설교는 자신의 원고를 바탕으로 다음 두 권의 책으로 출판되었다. *Evangelistic Sermons at Aberavon*(Edinburgh: Banner of Truth, 1983), *Old Testament Evangelistic Sermons*(Edinburgh: Banner of Truth, 1995).

08.
샌드필즈 초기 사역

1. "성령께서는 대개 사람이 최선을 다해 준비한 것을 사용하신다. 이는 성령이냐 준비냐의 문제가 아니다. 사람의 준비에다 성령의 감동과 기름부으심 그리고 오로지 성령께서만 주실 수 있는 것이 더해져야 한다." *The Christian Soldier: An Exposition of Ephesians 6:10-20*(Edinburgh: Banner of Truth, 1977), p. 135.
2. 설교문 작성에 관해서는 *Preaching and Preachers*, pp. 215-16을 보라. 거기서 그는 이렇게 말한다. "나는 복음을 전하는 설교는 유독 더 신중해야 한다고 생각합니다. 그저 입심이 좀 좋고 자기 확신이 강한 친구가 전도자가 될 수 있다는 생각이 전적으로 잘못된 것은 바로 그 때문입니다. 언제나 가장 훌륭한 사람이 전

도자가 되어야 합니다."

3. 그는 이 책을 웨일스어로 읽었다. 이 책은 다음의 제목으로 영어로도 번역되었다. J. W. Jones and W. Morgan, *The Calvinistic Methodist Fathers of Wales*, trans. John Aaron, 2 vols(Edinburgh: Banner of Truth, 2008).

4. 맥체인 성경읽기표는 Banner of Truth Trust에서 구할 수 있다.

09.
파벌에 매이지 않은 지도자

1. *Report of the Thirty-Fourth Annual Conference*, p. 30. 이 연사는 자유주의자 A. S. 피크(Peake)를 일컬어 "가장 깨어 있고 가장 경건한 성경 학도로 손꼽힌다"고 칭찬했다.

2. 불같은 전도자 데이비스는 니스의 포워드 무브먼트 홀에서 사역하면서 가장 풍성한 결실을 거두었다(1949-1962). 데이비스는 훗날에도 여전히 독터 로이드 존스와 가까이 지내다가 그보다 몇 년 앞서 천국으로 갔다.

10.
지역의 신앙부흥

1. 우드와 그 밖의 회심자들에 대해서는 베단 로이드 존스가 지은 *Memories of Sandfields*(Edinburgh: Banner of Truth, 2008)(『샌드필즈의 추억』, 복 있는 사람)을 보라.

2. 이 명령은 언제나 믿음과 회개에 대한 명령이었지 즉각 공개적으로 회심을 고백하라는 명령이 아니었다. 로이드 존스는 그 누구에게도 예배 후 모임을 마치고 남아서 "교회에 등록"하라고 권면하지 않았다. 오히려 섣불리 그리스도를 고백하는 행위의 위험에 대해 자주 경고했다. "불신자에게는 교회가 세상보다 훨씬 더 위험한 곳이라는 말이 어떤 의미에서는 일리가 있다.……교회는 사람들을 등록 교인으로 만드는 일에 너무 신경을 쓴다.……등록 교인이 된다는 것은 하나님의 아들 예수 그리스도께 대한 참되고 분명한 믿음과 체험에 근거하지 않

는 한 지극히 위험할 수 있고 심지어 영혼이 저주받는 원인이 될 수 있다."

12.
사역을 확장하다

1. 존 파월 페리가 한 이 말은 1970년대 초 필자와의 대화 중에 나온 말에서 인용한 것이다. 페리는 1978년 6월에 세상을 떠났다.
2. *Inter-Varsity Magazine*, summer, 1952, pp. 27-28에 실린 B. B. Warfield, *Biblical and Theological Studies*에 대한 서평. 로이드 존스가 신학자로서의 워필드를 어떻게 평가했는지에 대해서는 1958년 틴델 출판사에서 발간한 워필드의 글 모음집 *Biblical Foundations*에 그가 쓴 서문을 보라. 옥스퍼드 대학 출판부에서 발간한 워필드 전집은 1981년 베이커 출판사에서 재간행했다.
3. Douglas Johnson, *Contending for the Faith, a History of the Evangelical Movement in the Universities and Colleges*(Nottingham: IVP, 1979), p. 131.

13.
에버라본을 떠나다

1. *Proclaiming Eternal Verities*(1936), pp. 25-26에서 발췌.
2. 이 설교는 *Christian Herald* 기자가 개요를 작성해 1938년 3월 17일과 10월 27일자 신문에 역순으로 실었다.
3. 대표단 보고서의 일부분으로 *Agenda of the Quarterly Association of the Presbyterian Church of Wales to be held at Salem, Llandeilo* 부록 VI에 웨일스어로 실렸다.

14.
잉글랜드 그리고 전쟁

1. 도널드 매클린은 1920년 에든버러의 스코틀랜드 자유교회 대학 교회사 교수

로 임명되었으며, J. R. 메케이와 함께 1929년 *Evangelical Quarterly*가 처음 발간될 때부터 공동 편집자로 일했다. 로이드 존스는 G. N. M. Collins, *Donald Maclean*(Edinburgh: Lindsay, 1944)에 서문을 썼다.

2. *Christ Our Sanctification*(London: IVF, 1948), p. 12. 이 소책자의 발간이 중단되었을 때 시중에 들리는 소문으로는 로이드 존스의 견해가 그 후 달라졌기 때문에 자신의 뜻에 따라 그렇게 된 것이라고 했다. 하지만 그는 이 소문을 부인하면서, 자신이 인용한 성구 중 나중에 달리 이해하게 된 것은 단 한 군데(행 19:20)뿐이라고 했다. *D. Martyn Lloyd-Jones, The Fight of Faith 1939-1981*, pp. 383을 보라. 이 책은 1959년까지 웨스트민스터 채플 구내 서점에서 판매되었다.

3. 이 설교는 *The Christian in an Age of Terror, Sermons for a time of War*(Chichester: New Wine Press, 2007)에 수록되었으며, 이 책은 로이드 존스가 1939년부터 1947년까지 했던 설교와 1950년 1월에 했던 설교 한 편을 수록하고 있다.

4. *Why Does God Allow War? A General Justification of the Ways of God*(London: Hodder and Stoughton, 1939).

5. 마저리 블래키는 뛰어난 내과의이자 일반 개업의로, 웨스트민스터 채플의 교인이요 모건 집안의 절친한 친구였다. 모건에 대해서는 Jill Morgan, *A Man of the Word, G. Campbell Morgan*(London: Pickering and Inglis, 1951)을 보라.

6. 1905년부터 웨스트민스터 채플의 교인이었던 그는 1943년에 사망했다. 그의 직분은 케이거가 물려받았다.

15.
가정생활

1. Rheinallt Nantlais Williams, 후에 에버리스트위스 신학교 교장이 된다.

2. 마틴의 동생 빈센트.

3. 교회 서기 아더 E. 마쉬. 캠벨 모건의 비서였다가 1907년 프린스턴 신학교에 갔으나 이듬해 모건이 보좌역으로 다시 불러들였다. 반세기가 넘도록 모건을 보필하면서, 마지막 순간까지도 제1차 세계대전 전 6년 동안 입고 다닌 완벽한 에드워드 시대풍 정장 차림을 하고 다녔다.

4. 저녁예배를 드리러 간다는 말이다. 그는 웨스트민스터 채플에서 모건 박사와 공동으로 주일예배를 인도하는 한편, 런던의 다른 교회에서도 자주 예배를 드렸다. 주일 점심시간과 오후엔 여러 다양한 교인들과 만날 기회를 가졌다. 채플의 저녁예배는 1941년 4월 6일부터 다시 드리기 시작했다.
5. W. E. 생스터(1900-1960)는 1939년 웨스트민스터 채플 가까이에 있는 웨스트민스터 센트럴 홀의 감리교 목사가 되었다.
6. *Preaching and Preachers*, pp. 167-8.
7. 『유년 시절의 기억』.
8. 제수(弟嫂) 에나가 다니던 세인트 휴스 칼리지.
9. 루이스는 『순례자의 귀향(*Pilgrim's Regress*)』 초판이 잘 팔리지 않고 있을 때 로이드 존스가 이 책의 가치를 인정해 주고 힘을 북돋아 준 것을 아주 소중히 여겼다고 했다. 빈센트 로이드 존스와 루이스는 같은 시기에 옥스퍼드에 다닌 사이로, 서로 잘 알고 있었다. 로이드 존스는 1953년 아일랜드행 배에서 루이스를 다시 만나 긴 대화를 나눴다. 이때 "다음 작품은 언제 쓰실 겁니까?"라는 질문에 루이스는 "기도의 의미를 알게 될 때요"라고 대답했다. 루이스는 복음주의자들과는 사귐이 없었다.
10. 『유년 시절의 기억』.

16.
지도자로 떠오르다

1. 1914년에는 1천 개의 지역 자유교회회의가 있었다. 1956년 무렵에는 400개 회의만 에큐메니컬 단체로 잔존했고, 영국교회협의회(British Council of Churches)는 점차 그 중요성을 잃어 갔다.
2. Arthur Porritt는 *J. D. Jones of Bournemouth*(1942), p. 150에서 "웨스트민스터 채플의 독터 마틴 로이드 존스는 존스 부인의 요청에 따라 특별히 브린버논을 찾아가 박사의 상태가 호전될 수 없다는 사실을 조심스레 알렸다"고 간략하게 기록했다.
3. *The Plight of Man and the Power of God*(London: Hodder and Stoughton, 1942).

96쪽으로 이뤄진 이 책에서 눈에 띄는 점은 거의 성경만 전적으로 활용한다는 점이다.

4. *Calvin Forum*, April 1941, p. 98.

5. 더글러스 존슨의 영향력을 높이 평가한 다른 글로는 다음과 같다. Geraint Fielder, *Lord of the Years: Sixty Years of Student Witness: The Story of the Inter-Varsity Fellowship, Universities and Colleges Christian Fellowship, 1928-1988*(IVP, 1988), pp. 62-63, Christopher Catherwood, *Martyn Lloyd-Jones: Chosen by God*(Crowborough: Highland Books, 1986), p. 65.

6. *Preaching and Preachers*, pp. 129-30을 보라.

7. 이 연설문 원고는 1943년 2월 11일자 *Christian Herald*에 게재되었다.

17.
새로 탄생한 기관들

1. Paul E. Brown, *Ernest Kevan, Leader in Twentieth Century British Evangelicalism*(Edinburgh: Banner of Truth, 2012)을 보라.

18.
1943-1945년 웨스트민스터 채플

1. Jill Morgan, *A Man of the Word*, p. 318.

2. 앞서 설명했다시피 1941년에 집사들은 두 목회자에게 지급되는 생활비를 예배 한 번당 10파운드 줄이는 극단적인 조치를 취했다. 이 조치가 얼마나 오래 지속되었는지는 웨스트민스터 채플 공문서에 기록되어 있지 않고, 1953년 이후 어떤 변화가 있었는지에 대해 구체적인 설명도 등장하지 않는다. 1940년대 후반 영국을 방문했던 한 미국인 설교자는 로이드 존스가 생활비로 받는 금액을 어쩌다 들어 알게 되고는 그가 명성만큼 탁월한 설교자는 아닐 거라고 추측했다고 한다.

3. *Expository Sermons on 2 Peter*(Edinburgh: Banner of Truth, 1983).

4. 메리의 오빠 아더 쿠쉬크 목사는 필라델피아의 웨스트민스터 신학교 도서관에서 사서로 여러 해 동안 봉직했다.
5. 다수의 군 장교가 소속되어 있던 내셔널 클럽에서 한 고위 장교가 그 주일 점심 식사 때 휴먼 소령에게 말했다. "오늘 웨스트민스터 채플에 갔었습니까? 프랑스에 있을 때 최전선에서 많은 일들을 목격했지만 그 목사님이 마치 아무 일도 없었다는 듯 기도를 계속하는 광경만큼 인상적인 장면은 본 적이 없습니다."
6. "Religion Today and Tomorrow", *Knowing the Times*(Edinburgh: Banner of Truth, 1989), p. 30.

19.
하나님의 인도를 확인하다

1. Hen Gorff는 문자적으로 '옛 교단'을 뜻하며, 칼뱅주의 감리교를 격식 없이 다정하게 일컫는 표현이다.
2. "Religion Today and Tomorrow", *Knowing the Times*, p. 24.
3. *The Christian World*, May 19, 1944.

20.
웨일스 그리고 1949년 여름

1. "Nationalism, Tradition and Language", *Evangelical Magazine of Wales*, Aug-Sep 1969. 가이우스 데이비스 박사와 벌인 토론에서 로이드 존스가 언급한 내용이다.
2. "죄 중의 죄요 모든 시대와 모든 종족을 관통하는 죄는 바로 교만이다.……이 사실을 너무도 잘 알고 있는 사탄은 사람을 도발해 이 죄를 짓게 만들려고 사력을 다한다. 교만은 사탄 자신의 죄이기도 해서, 복된 천사였던 그가 저주받은 마귀가 된 것도 바로 그 죄 때문이었다." Isaac Ambrose, "War with Devils", *Complete Works*(1674), p. 62.
3. 로이드 존스는 아더 W. 핑크가 매월 발간하는 *Studies in the Scripture*를 1942

년부터 10년 후 핑크의 사망으로 발간이 중단될 때까지 읽었다. 1945년 그는 목회 준비생인 폴 터커에게 "바르트와 브루너를 읽느라고 시간 낭비하지 말아요. 설교하는 데 도움이 될 만한 건 아무것도 얻어 낼 수 없을 겁니다. 핑크를 읽으세요."라고 조언했다. 하지만 그는 핑크를 읽되 특히 초기 저작은 분별력을 갖고 읽어야 한다고도 말했다. 교회 개혁과 관련해 그는 이렇게 말했다. "만약 핑크처럼 처신했다면 나는 아무것도 이루지 못했을 것이다. 진실의 무게가 사람들을 설득시키도록 하는 것만이 유일한 소망임을 나는 알 수 있었다. 그래서 나는 아주 참을성 있게 상황을 장기적으로 살펴야 했다."

4. 이 책 29장 '세계 강단'의 미주 12번을 보라.

5. Martyn Lloyd-Jones, *Romans Exposition of Chapter 8:5-17, The Sons of God*(Edinburgh: Banner of Truth, 1974), pp. 341-2를 보라.

6. 위의 책, p. 315.

21.
떠오르는 젊은 세대

1. 값싼 음식을 공급하려고 정부에서 마련한 카페였다. 식량 배급은 종전 직후까지 계속됐다.

2. 패커가 필자에게 보낸 1981년 5월 21일자 편지.

3. 즉, 이 교리 문제에 관해서 하는 말이다. 패커가 1954년에 백스터를 주제로 제출한 옥스퍼드 박사 논문은 '제출된 내용 거의 그대로' 출판되었다. *The Redemption & Restoration of Man in the Thought of Richard Baxter*(Vancouver: Regent College Publishing, 2003).

4. *Excuse Me, Mr. Davies-Hallelujah! Evangelical Student Witness in Wales 1923-1983*(Bridgend: Evangelical Press of Wales and IVF, 1983), p. 157.

5. *Engaging with Martyn Lloyd-Jones: The Life and Legacy of the 'Doctor'*, eds. Andrew Atherstone and David Ceri Jones(Nottingham: IVP, 2011), p. 26.

6. *D. Martyn Lloyd-Jones, Letters 1919-1981*(Edinburgh: Banner of Truth, 1994), p. 130.

7. *God the Holy Spirit, Great Doctrines of the Bible*, vol. 2(Wheaton: Crossway, 1997), p. 58. 이 주제에 관해 베단과 한밤중에 토론한 내용(p. 62)은 매우 흥미로운 자전적 이야기다.
8. *Knowing the Times*, p. 35.

22.
1950년대의 주일예배

1. 1951년에 처음 발행된 이 찬송집은 1916년판 『회중 찬송(*Congregational Hymnary*)』을 크게 증보한 판본이었다. 다수의 옛 찬송을 다시 수록했고 『운문 시편(*Metrical Psalter*)』(칼뱅이 로마 가톨릭의 박해를 피해 제네바로 가서 그곳 시민들에게 장려한 시편 찬송이다—옮긴이)에서 선별한 곡들도 실려 있었다.
2. *Preaching and Preachers*, p. 263.
3. "기도를 주문(注文)에 따라 할 수는 없습니다.……기도할 수 있는 환경과 조건으로 들어가는 법을 익히는 것보다 더 중요한 걸 저는 알지 못합니다." *Preaching and Preachers*, p. 170.
4. 개정판 『교회 찬송(*The Church Hymnary*)』(로이드 존스가 웨일스에서 익숙하게 불렀던 찬송집으로, 대영제국 전역 장로교회에서 사용되었다) 684장 「오늘 주님의 자비가 우리를 부르네」에서.
5. 아더 E. 마쉬는 1907년부터 1961년까지 웨스트민스터 채플의 서기였다. 이듬해 세상을 떠났으나 당시 나이가 몇 살이었는지는 알려지지 않았다(*WR*, Dec 1962, p. 183).
6. 이 강해 시리즈는 67편의 설교로 이뤄졌다. 예배 때 해당 설교가 몇 번째 설교인지 회중에게 알리지는 않았다. 연속 설교이긴 했어도 로이드 존스에게는 각 설교가 그 자체로 하나의 완결된 설교여야 하는 게 중요했다. 이 설교 시리즈는 *Life in Christ*(Wheaton, IL: Crossway, 2002)로 출판되었다.
7. 조지 6세의 장례식 설교는 *Honour to Whom Honour*(The Bookroom of Westminster Chapel, 1952)로 출판되었고, 미첼의 장례식 설교는 축약된 형태로 'Faith's Reaction'이라는 제목 아래 *The Millions, Journal of the China Inland*

Mission, Overseas Missionary Fellowship, Jul-Aug 1953에 실렸다.

8. *Preaching and Preachers*, p. 97.

9. 위의 책, p. 264.

10. 회중 가운데 예배가 끝날 때까지 기다렸다가 로이드 존스를 만나고 갈 수 없는 이들은 간단하게 쪽지를 써서 그에게 전하기도 했다. 노르웨이에서 온 한 방문객은 이 방법으로 오슬로에 있는 친구의 안부를 전한 뒤 이렇게 덧붙였다. "개인적으로 저는 예배드리는 동안 마치 천국에 와 있는 것 같은 기분이었다고 말씀드리고 싶습니다."

11. *Christian Unity: An Exposition of Ephesians 4:1-16*(Edinburgh: Banner of Truth, 1980), p. 193. 그는 아마 적용의 형식을 통해 많은 이야기를 했을 텐데 설교집에는 그 내용이 다 담겨 있지 않다. 이 설교집에 실린 그다음 설교(pp. 196-208)는 로이드 존스가 목회 사역을 가장 멋지게 요약해 설명한 내용을 담고 있다.

12. *Romans Exposition of Chapters 7:1-8:4, The Law: Its Function and Limits*(Edinburgh: Banner of Truth, 1973), p. 114.

13. Clyde E. Fant Jr. and W. M. Pinson Jr., *Twenty Centuries of Great Preachings*, vol 2(1971), pp. 269-71.

14. *Romans Exposition of Chapters 2:1-3:20, The Righteous Judgment of God*(Edinburgh: Banner of Truth, 1989), p. 107.

15. *Romans Exposition of Chapter 8:5-17, The Sons of God*, p. 14.

16. "진정한 회심에는 죄의 공포에 대한 어느 정도의 깨달음과 그 공포에서 벗어나고 싶은 마음이 늘 있기 마련입니다"(*Romans Exposition of Chapter 8:5-17, The Sons of God*, p. 215). "우리가 할 일은 그리스도를 믿는다고 말하는 것뿐"이라는 인상을 주는 설교는 "비윤리적 메시지입니다. 진정한 복음 전도는 늘 윤리적입니다"(*Romans Exposition of Chapter 6, The New Man*[Edinburgh: Banner of Truth, 1972], p. 195). *Sanctified through the Truth*, ed. C. Catherwood(Eastbourne: Kingsway, 1989), p. 323에 실린 'Sanctification and Evangelism'에 관한 그의 중요한 설교도 참조하라.

17. "칭의와 성화를 구별하거나 둘 사이에 경계를 두는 것만큼 지극히 비성경적이고 지극히 그릇된 것은 없습니다"(*Romans Exposition of Chapter 6, The New Man*, p.

217). 중생은 하나님의 즉각적인 행위로서 사람의 본성을 근본적으로 변화시키는 것이고, 회심(즉, 믿음과 회개를 실행하는 것)은 그 감춰진 행위에 이어지는 과정임을 알아야 한다는 것이 로이드 존스의 생각이었다. 어떤 사람의 회심이 진짜인지는 시간적인 요소나(즉 회심이 빠르냐 느리냐 하는 것), 어느 정도의 확신으로 이를 고백하느냐가 아니라 그 사람의 삶 전체가 새롭게 되었느냐의 여부로 판단되어야 한다. 로이드 존스는 19세기 후반에 널리 퍼져 있던 복음 전도에 대한 J. C. 라일의 평가에 동의하였다. 라일은 이렇게 특징지었다. "믿음에서 세 가지 사항을 지나치리만큼 어울리지 않게 드높인다는 것인데, 그 세 가지는 즉각적 회심, 죄인들은 그리스도께 나오라는 초청, 회심을 증명하는 내적 기쁨과 평강을 소유하는 것이다"(*Holiness*[repr. London: Clarke, 1952], p. 74).

18. *Studies in the Sermon on the Mount*, vol. 2(London: IVF, 1960), pp. 247-8을 보라. "우리의 최고 유익을 위협하는 것으로, 성령의 역사가 전혀 아닌 이런 유형의 '안이한 믿음주의'보다 더 위험한 것은 없습니다"(*Romans Exposition of Chapter 8:5-17, The Sons of God*, p. 212). 또한 *Puritans*, pp. 170-90의 'Sandemanianism'도 참조하라.

19. *Preaching and Preachers*, p. 63.

20. *Sanctified through the Truth*, p. 30. "아르미니우스의 주장과 거기서 파생되는 모든 논증들의 궁극적인 결함과 오류는, 실제의 결단에서 성령을 배격한다는 것과 인간이 스스로 회심할 수 있다고 주장한다는 것이다." *Puritans*, p. 19.

23.
적대를 당하다

1. Margaret Pawley, *Donald Coggan, Servant of Christ*(1987), p. 87. 39개 신조의 제6조는 성경무오성에 대해 아무 말도 하지 않는다. 이유는 간단하다. 16세기에는 성경무오성에 대한 믿음에 그 누구도 이의를 제기하지 않았기 때문이다. 더글러스 존슨이 "아무 망설임 없이 그를 실격시켰다"고 말한다면 그건 저간의 상황을 왜곡하는 말이다. Ian S. Rennie in *Evangelicalism: Comparative Studies of Popular Protestantism in North America, the British Isle and Beyond, 1700-1990*, eds. M. A. Noll, David W. Bebbington, G. A. Rawlyk(Oxford: OUP, 1994), p. 341.

2. *Evangelical Quarterly*, 1991, p. 70.

3. 이 회의에 관한 모든 기록 자료는 David Goodhew, "Understanding Schism: The Peace Summit between the Student Christian Movement and the Inter-Varsity Fellowship", *British Evangelical Identities Past and Present*, ed. Mark Smith, vol. 1(Milton Keynes: Paternoster, 2008), pp. 35-45에서 얻었다.

4. Reprinted in *Knowing the Times*, pp. 38-50.

5. *British Evangelical Identities Past and Present*, ed. Mark Smith, vol. 1(Milton Keynes: Paternoster, 2008), p. 41.

6. T. A. Noble, *Tyndale House and Fellowship: The First Sixty Years*(Leicester: IVP, 2006), p. 70. IVP 출판물에 이런 놀라운 발언들이 실렸다.

7. 필자의 책 *Archibald G. Brown, Spurgeon's Successor*(Edinburgh: Banner of Truth, 2011), pp. 279-80을 보라.

8. *Western Mail*, May 27, 1939.

9. "A Policy Appropriate to Biblical Faith", *Knowing the Times*, pp. 55-59.

10. *Martyn Lloyd-Jones, Chosen by God*, ed. C. Catherwood(Crowborough: Highland Books, 1986), pp. 42-3.

11. 테스커가 1949년 8월 케임브리지에서 IVF를 위해 했던 강연 'The Gospel in the Epistle to the Hebrews'는 IVF가 1950년에 책으로 펴냈다. 테스커의 가장 영향력 있는 문서 사역은 틴델 신약성경 주석 시리즈를 편집하고 기고한 것이었다.

12. *Fundamentalism*(London: SCM, 1977), pp. 21-22.

13. 후에 복음주의연맹 총서기가 된 고든 란드레스(Gordon Landreth)는 로이드 존스에 대해 이렇게 말했다. "일반적으로 잘 알려지지 않은 사실이 있다. 그것은 전쟁 직후 몇 년간 그의 주도로 당시 복음주의연맹 지도부 안에 성경에 대한 믿음을 강화시키는 작업이 이뤄져, 그 뒤 빌리 그레이엄을 불러 1954년 헤링게이 전도 대회를 열 수 있는 길을 간접적으로 마련했다는 것이다. 비록 로이드 존스 자신은 그 행사를 공개적으로 지지하지 않았지만 말이다." *Idea, the*

Quarterly Bulletin of the Evangelical Alliance, Summer, 1981.

14. D. G. Fountain, *E. J. Pole-Connor*(1966), p. 182.

15. 그레이엄의 '근본주의' 신앙은 이제 그에게 지지를 보내는 웨더헤드나 잉글랜드 국교회 지도자들에게 아무 걱정거리도 아니었다. "그레이엄은 우리들 교회가 사람들로 가득 차도록 도움을 주고 있다. 신학도 배울 사람이 있어야 가르칠 수 있다." K. Weatherhead, *Leslie Weatherhead*(London: Hodder and Stoughton, 1975), p. 199. 1961년에 캔터베리 대주교가 된 마이클 램지도 그레이엄 전도 대회에서 언급된 사람은 다 받아들일 것을 역설했다. 'Whatever we think of the theology'(*Canterbury Diocesan Notes*, April 1966), p. 2.

16. "하나님은 모든 인간에게 믿을 능력을 주셨다." *Peace with God*(1954), p. 134.

17. "복음 전도자와 목사들은 어떤 전도 대회에서 회심한 사람들의 10퍼센트가 1년 후에도 여전히 신앙을 유지하고 있으면 그 대회가 대성공했다고 본다." David F. Wells, *Turning to God*(Grand Rapids: Baker, 2012). 로이드 존스는 진정으로 회심한 그 사람들은 하나님의 은혜로 변화된 것이지 공개적인 결단으로 변화된 것이 아니라고 믿었다. 공개 '결단'을 탐탁하지 않게 여기는 많은 이들은 이것이 자신들은 물론 세간의 주목도를 성공의 척도로 여기는 사람들을 오도한다고 생각한다. "Calling for Decisions", *Preaching and Preachers*를 참조하라.

18. 「크리스채너티 투데이」는 창간 후 처음 2년 동안 "에큐메니컬 진영 그리스도인들과의 공통점을 강조하곤 했고, 그리하여 잡지 구독자층을 최대한으로 넓혔다." *The Fight of Faith*, p. 304와 필자의 책 *Evangelicalism Divided: A Record of Crucial Change in the Years 1950 to 2000*(Edinburgh: Banner of Truth, 2000)을 참고하라.

19. 진화론은 "지난 100년간 역사에서 가장 짓궂은 장난"이었다. 역사로서의 창세기 1-3장에 관해서는 *Knowing the Times*, pp. 291, 343 이하를 보라.

20. 구프는 1959년에 시드니 대주교가 되었는데, 그는 썩 내키지 않은 마음으로 이 직위에 올랐다. 그는 "좀 더 포괄적인" 입장이었고, "성공회 내 다른 학파들의 정당한 위치에 대해 시드니의 보수 복음주의자들 다수가 바라는 것 이상으로 강경한 인식을 갖고 있었다." S. Judd and K Cable, *Sydney Anglicans*(Sydney:

Anglican Information Office, 2000), p. 265. 구프는 1966년 60세의 나이로 이 직분에서 물러났다.

21. A. T. Houghton, *What of New Delhi?*(Bible Churchmen's Missionary Society, 1962), p. 22.

22. 케번의 생각을 좀 더 자세히, 호의적으로 설명한 책으로 Paul E. Brown, *Ernest Kevan: Leader in Twentieth-Century British Evangelicalism*(Edinburgh: Banner of Truth, 2012)가 있다. 일반 대학교에서 신학 학위를 받는 문제는 1958년 청교도 콘퍼런스에서도 쟁점으로 부상했는데, 신학 교육의 현재 상태에 관한 토론에서 제임스 패커는 복음주의 대학조차도 "도저히 말씀 설교자라고는 할 수 없는 사람들을 배출했다"는 확신을 피력했다. 이는 어느 학교를 특정하지 않은 발언이었는데도 케번이 일어나 이 발언을 비난하면서 신학학사 과정의 유용성에 대해 이야기했다.

24.
책들이 깨어나다

1. *The Annual Meeting of the Evangelical Library*, 1966, p. 27.
2. *The Annual Meeting of the Evangelical Library*, 1960, p. 13.
3. *Works of John Knox*(Edinburgh: Johnstone and Hunter, 1856), vol. 5, p. 519.
4. 웨스트민스터 채플에서 그가 한 설교는 맨 처음 이딧 버니(Edith Burney) 부인이 속기로 받아 적었다. 그의 설교는 1950년대 중반이 되어서야 매주 정기적으로 기록되기 시작했다.
5. London: James Clarke, 1951.
6. *The Annual Meeting of the Evangelical Library*(1966), pp. 29-30.
7. 조지 버로우스(George Burrowes)의 『아가서 주석』은 1853년에 처음 발간되었다. 1958년 재판본에는 저자가 쓴 장문의 서문이 실려 있지 않았다. 이 같은 오류는 1973년판에서 바로잡혀 지금까지 유지되고 있다.
8. 1958년 2월, 출판사는 복음주의 도서관이 있는 칠턴 스트리트 78번지의 같은 건물 1층을 임대해 처음으로 본사 사무실을 마련했다. 보통 웨스트민스터 채플

교인들이 로이드 존스와 출판사 간의 연결 고리 역할을 맡았는데, 초기에 발간된 어떤 책의 경우 활자가 너무 작다는 그의 불만 사항이 출판사에 그대로 전달될 정도였다!

9. 이 원고는 약간의 수정을 거쳐 *A Quest for Godliness: The Puritan Vision of the Christian Life*(Grand Rapids: Crossway, 1990)에 수록되었다.

10. 이 중요한 책은 1959년 10월 24일, LIFCU가 주최한 전도 대회에 앞서 학생들을 대상으로 했던 강연을 증보하여 출판한 것이다. 이 책은 복음 전도의 필요성과 시급성을 직시했고, 하나님이 주권적인 분이시라는 믿음은 복음의 초대가 진짜라는 사실에 영향을 끼치지 않는다고 주장했으며, "복음 전하는 것은 인간의 일이지만 믿음을 주는 것은 하나님의 일"이라고 예리하게 구별했다.

11. 그는 1959년 12월에 했던 한 설교에서 "늘 부흥에 대해서, 오로지 부흥에 대해서만 이야기하는" 사람들을 비판했다. "그들은 예외적이고 보기 드문 경우에만 관심을 보이며, '작은 일의 날', 교회의 일상적인 사역, 교회 안에서 일하시는 성령의 일상적인 역사는 멸시하는 경향이 있습니다."

12. D. Martyn Lloyd-Jones, *Revival, Can We Make It Happen?*(Basingstoke, Hans: Marshall Pickering, 1986), p. 176. 미국판(Wheaton, Il: Crossway, 1987)도 쪽 수는 똑같지만, 저자의 원래 원고에 없는 부제는 뺐다.

13. 위의 책, p.179.

14. 위의 책, pp. 53-54. George Smeaton, *The Doctrine of the Holy Spirit*(1882; repr. London: Banner of Truth, 1958)은 배너 오브 트루스가 처음으로 펴낸 재판본 중의 하나로, 지금까지도 중판을 거듭하고 있다. 그가 여기서 표방하는 견해가 특별히 개혁주의 신앙을 가진 사람들만의 것이라고 생각해서는 안 된다. 예를 들어 H. C. G. 물(Moule) 주교는 에베소서 1:17에 대해 이렇게 말한다. "우리는 성령의 '주심'을 한 번 주어져서 이제 어떤 장소에 소유하여 따로 보관하고 있는 것으로 여겨서는 안 된다. 최초의 '주심'은 연속된 행위의 첫 단계다."

15. 위의 책, p. 157.

25.
연합: 에큐메니컬인가, 복음주의인가

1. *Revival*, p. 182.
2. *Daily Mail*, Oct. 2, 1961.
3. *Knowing the Times*, pp. 118-163에 재수록.
4. *Instrument of Peace*(1965), pp. 69-74에서 인용.
5. *Fundamentalism*, p. 362.
6. 로이드 존스를 만났을 당시 그레이엄 박사는 인후 질환을 앓고 있었고, 그래서 로이드 존스는 그를 의사 친구에게 데려가 진찰을 받게 했다.
7. Clive L. Rawlins, *William Barclay, The Authorised Biography*(1984), p. 651.
8. 브루스는 자서전에서도 이 문제에 대해 이야기하지 않는다. 그는 IVF가 "그 규약과 회원들" 때문에 "복음주의 진영의 여론에 특별히 민감"할 필요가 있다고 하면서도 "어떤 사람의 신학이 보수적이냐 자유주의적이냐"를 전혀 문제 삼지 않는 대학들의 "학문적인 자유"에 대해서는 감사를 표한다. *In Retrospect, Remembrance of Things Past*(1980), pp. 187, 143.
9. *Evangelical Quarterly*, 1991, p. 71.

26.
위기의 세월

1. 이 책 pp. 600-1을 보라.
2. *WR*, July 1963, pp. 109, 110.
3. Abingdon: Marcham Books, April 1965.
4. J. D. 존스뿐만 아니라 다른 이들도 그가 이 역할들을 맡아 주기를 바랐다.
5. *Puritans*, p. 147.
6. 1965년 12월 21일자 편지로, *D. Martyn Lloyd-Jones: Letters 1919-1981*(Edinburgh: Banner of Truth, 1994), p. 167에 수록되어 있다.
7. *Revival*, p. 167.

8. "Evangelical Unity: An Appeal", *Knowing the Times*, pp. 246-57.

9. 1957년 연설 중에는 성공회 측에서 프랭크 콜쿤이 복음주의자들의 협력과 연합의 기초가 되는 진리에 대해 강연한 것도 있다(이 강연 전문은 MLJ Recordings Trust, MLJ 5714에서 구할 수 있다). 1957년 강연의 중요성은 전반적으로 간과되어 왔다. '마틴 로이드 존스와 영국 성공회 복음주의자들'이라는 글을 쓴 로저 스티어는 1957년 강연과 1947년 강연에 아주 무지한 나머지 이런 말을 했다. "1966년 총회는 1846년 이후 복음주의연맹이 개최한 최초의 영국 복음주의자 주요 집회였다." 물론 연맹은 1965년에도 총회를 개최했다. Steer, *Guarding the Holy Fire:the Evangelicalism of John R. W. Stott, J. I. Packer, and Alister McGrath*(Grand Rapids: Baker, 1999), p. 224.

10. Timothy Dudley-Smith, *John Stott, A Global Ministry*(Leicester: IVP, 2001), p. 67. 이 전기 작가는 이런 견해차에도 불구하고 두 사람 사이에 "따뜻한 인격적 존중과 우정"이 유지되었음을 보여준다. 존 스토트가 올 소울스 교회에서 시무하던 시절, 그는 예배를 마치고 돌아가는 회중 틈에서 한 학생을 보고 "안녕하세요. 웨스트민스터 채플로 가셨을 거라 생각했는데요"라고 인사를 했다. 그 학생이 "아닙니다. 전 그 훌륭하신 독터의 추종자가 아닙니다"라고 대답하자 스토트는 "그렇습니까? 전 그분 추종자인데요"라고 했다. 70세 때 그는 "자신에게 영향을 준" 일곱 사람 중 하나로 마틴 로이드 존스를 꼽았다. *John Stott: The Making of a Leader*(Leicester: IVP, 1999), pp. 233-4, 260.

27.
논쟁

1. Alister McGrath, *To Know and Serve God, A Life of James I. Packer*(London: Hodder and Stoughton, 1997), p. 126.

2. John Brencher, *Martyn Lloyd-Jones and Twentieth-Century Evangelicalism*(Carlisle, Cumbria: Paternoster, 2002), p. 132. 이후로는 Brencher, *Lloyd-Jones*로 표기.

3. 위의 책, p. 386을 보라.

4. 위의 책, p. 335을 보라.

5. *D. Martyn Lloyd-Jones: Unity in Truth: Addresses given under the auspices of the British Evangelical Council*, ed. H. R. Jones(Darlington: Evangelical Press, 1991).

6. *Chosen Vessels, Portraits of Ten Outstanding Christian Men*, ed. C. Turner(Ann Arbor, MI: Vine, 1985), p. 112.

7. Brencher, *Lloyd-Jones*, p. xiii.

8. J. C. Ryle, *Knots Untied*(repr. Moscow, Idaho: Nolan, 2000)을 보라. 구세대 복음주의자들이 고교회파와 로마 가톨릭의 신앙을 어떻게 여겼는지는 J. S. Reynolds, *Canon Christopher of St. Aldate's, Oxford*(Abingdon: Abingdon Press, 1967)에 잘 설명되어 있다. 1927년에 고교회파의 가르침에 더 큰 자유를 주려는 기도서 의안이 기획되었을 때, 1천 명의 복음주의자들이 "이 기도서 의안이 통과될 경우 잉글랜드 국교회를 떠날 것이라는 엄숙한 서약에 참여했다." 시드니 대주교 마커스 론은 이때를 가리켜 양차 세계대전 사이에 "복음주의의 능력이 정점"에 달했던 때라고 했다(Marcus L. Loane, *These Happy Warriors: Friends and Contemporaries*[Blackwood, South Australia: New Creation, 1988]).

9. "The Gospel and the Lord's Supper", *Collected Shorter Writings of J. I. Packer*(Carlisle: Paternoster, 1998), vol. 2, p. 46.

10. *Guidelines: Evangelical Anglicans Face the Future*, ed. J. I. Packer(London: Falcon, 1967), p. 162.

11. Alister Chapman, *Godly Ambitions: John Stott and the Evangelical Movement*(Oxford: University Press, 2012), chapter 4를 보라. 킬 선언의 내용은 이렇다. "우리는 분리를 당면한 문제로 생각하지 않는다." *Keele'67, The National Evangelical Anglican Congress Statement*(London: Falcon Books, 1967), p. 38. 하지만 최근 앤드루 앤더슨이 *Engaging with Martyn Lloyd-Jones*에 실린 'Lloyd-Jones and the Anglican Secession Crisis'에서 보여주고 있다시피 이는 당면한 문제였다. 킬 대회가 하려고 했던 일 한 가지는 분리를 저지하는 것이었다.

12. *Evangelical Magazine*, Nov 1972, p. 16. 새뮤얼 박사는 그 뒤 국교회에서 탈퇴하게 된다.

13. Noble, *Tyndale House*, p. 143.

14. "Taking Stock in Theology", *Evangelicals Today: Thirteen Stock-Taking Essays*, ed. John C. King(Guildford: Lutterworth, 1973), pp. 15-16. '경건주의자', '분파주의자'는 전에 성공회 복음주의자였던 사람을 언급하는 말이지만, 이는 경멸조의 표현으로 보인다.

15. 종교개혁과 성경에 대한 램지의 견해를 알려면 그의 저서 *The Gospel and the Catholic Church*(London: Longmans, 1961)를 보라. 스토트의 입장이 변화된 것으로 추정되었지만 램지는 그 변화에 별 감명이 없었던 것으로 보인다. Chapman, *Godly Ambitions*, p. 111을 보라.

16. *Keele'67*, p. 37.

17. W. H. Griffith Thomas, *Principles of Theology: An Introduction to the Thirty-Nine Articles*(London: Longmans, 1930), p. 273.

18. *Collected Writings*, vol. 1, p. 74.

19. *The Evangelical Anglican Identity Problem*(Oxford: Latimer House, 1978), pp. 30-1. 1978년 그는 "정치적 이유에 관해서는 내 생각을 자유로이 말할 수 없다"라고 노팅엄 대회에 대해 말했다.

20. Lloyd-Jones, *Fight of Faith*, p. 658. 더 충분한 정보와 참고 사항을 얻으려는 독자는 이 책과 필자의 저서 *Evangelicalism Divided*를 참조하기 바란다.

21. David L. Edwards and John Stott, *Essentials*(London: Hodder and Stoughton, 1988), p. 228.

22. 이 책의 서문을 제임스 패커가 썼다. 기대에 찬 캐리의 태도와 패커의 부드러운 거부는 J. C. 라일의 태도와 뚜렷이 대조된다. "로마교와 프로테스탄티즘을 동일한 호의 또는 동일한 무관심으로 대하는 교회는 그저 바벨일 뿐이요, '혼잡의 도성'이지 하나님의 도성이 아니다." "로마 교회와 재연합하느니 잉글랜드 국교회를 폐지하고 재산을 몰수하고 산산조각 내는 게 낫다." *Charges and Addresses*(repr. Edinburgh: Banner of Truth, 1978), pp. 333, 170. 패커도 다른 책에서 로마 교회는 "개선의 여지가 없다"고 말했다.

23. *Bath and Wells Diocesan News*, Mar 1988, p. 5. 캐리는 1991년 캔터베리 대주교가 되었다.

24. Gaius Davies, *Genius, Grief and Grace*(Fearn, Ross-shire: Christian Focus, 2001), p. 368. 청교도 콘퍼런스를 끝내겠다는 소식이 패커에게 전해진 것은 로이드 존스의 편지를 통해서였는데, 그는 마치 "교황의 대칙서"라도 보내는 듯한 태도였다고 데이비스는 말했다. "친애하는 나의 친구"로 시작해 "우리가 개인적으로는 계속 연락하며 지낼 수 있기를 진심으로 바라며……더할 수 없이 다정히 안부를 전하오"라는 말로 끝나는 이 편지가 과연 위와 같은 평가를 받을 수 있는지는 독자들이 스스로 판단할 일이다. 이 편지는 필자의 책 *Lloyd-Jones: Messenger of Grace*, pp. 205-7에 실려 있다.
25. Stockwood, *Chanctonbury Ring*, p. 154. 맨워링(Manwaring)이 *Controversy to Co-Existence*(Cambridge: Cambridge University Press, 1985), p. 145에 인용함. 스톡우드는 사실상 복음주의 신앙을 경멸했다. 스톡우드가 제시하는 조건이 너무 순순히 받아들여진 탓에 복음주의자들은 자신들이 펴낸 책 *Evangelical Anglicans: Their Role and Influence in the Church Today*(London: SPCK, 1993) 마지막 장을 리처드 할로웨이 주교의 이야기에 할애했다. 할로웨이 주교도 다음과 같이 동일한 내용을 끈질기게 가르친 사람이었다. 성공회는 "자기 취향에 완전히 공감되지 않을 수도 있는 공통의 신앙 표현을 용인해야 한다……교회들은 대조점과 불일치 사항을 조화시킨다"(pp. 178-9).
26. Barr, *Fundamentalism*, p. 362.
27. Schaeffer, *The Church before the Watching World*(Leicester: IVP, 1972), p. 97.
28. 필자는 의도적으로 '친구'라는 말을 썼다. 이 논쟁에서 그와 의견이 일치하지 않는 이들도 다른 경우엔 일부 논평가들에게 그렇게 불렸기 때문이다. 패커와 필자는 1970년 분열 사태 후에도 함께 만나는 시간을 소중히 여겼고, 오랜 세월 동안 연락하며 지내 왔다. 우리가 1950년대에 그에게 감탄했던 내용들은 지금까지 그대로 유지되어 오고 있다.
29. Roger Steer, *Guarding the Holy Fire*(Grand Rapids, MI: Baker, 1999), p. 225. 로이드 존스의 두 번째 논점에 대해 패커는 이렇게 말했다. "교리적으로 혼합된 교단을 떠나 순결한 새 교단을 만들라고 시대가 우리를 부르는 것을 보지 못하는가." 그러나 패커는 이 시대에서 다른 부름 곧 "이 풍성한 유산을 지닌 교회 안에서 개혁, 갱신, 새로운 생명을 위해 애쓰라"는 부름을 보았다.

30. Packer, *The Evangelical Anglican Identity Problem*(Oxford: Latimer House, 1978), pp. 31-2.

31. *Unity in Truth*, p. 41.

32. *Collected Shorter Writings*, vol. 2, p. 36.

33. 스토트는 *Essentials*에서 이 논거를 이용한다. "우리의 가슴은 머리보다 나을 수 있으며, 구원은 정통 신앙의 형식이 아니라 믿음으로써 얻는다"(p. 228). "성경 여러 부분의 진리와 가치에 의문을 품는 급진주의자도 여전히 성실하게 성경을 읽는 자요 활기찬 복음 설교자로 나타나고 있다." Packer, *Fundamentalism and the Word of God*(1958; repr. Grand Rapids, MI: Eerdmans, 1982), p. 124.

34. *The Evangelical Anglican Identity Problem*, p. 31. "성공회의 포괄성은 교제의 기초로 복음 그 이상을 역설하지 않는 게 문제인가, 아니면 복음을 아예 역설하지 않는 게 문제인가? 제삼자가 보기에 두 번째가 문제라고 결론을 내린다 해도 결코 비난할 수 없을 것이다. 오늘날 교회를 보면 그걸 확인할 수 있으니 말이다"(p. 35). "잉글랜드 국교회의 기독교 신앙이 현재 39개 신조의 교의적 복음주의 신앙과는 다른 무언가가 되어 가는 과정에 있다면, 그 조직에 깊이 관여하는 건 정도를 벗어나는 일 아닌가?"(p. 36)

35. *Collected Shorter Writings*, vol. 1, p. 81.

36. Alister Chapman, *Godly Ambition*, p. 104.

37. Packer, *Truth & Power*(Guildford: Eagle, 1996), p. 204.

38. *Godly Ambition*, p. 109. "표면적으로, 보수 신학의 입장에서 교회를 변화시키려는 프로그램 중심으로 성공회 복음주의자들을 연합하려는 스토트의 시도는 실패였다"(p. 107).

39. *Evangelicalism in Britain*, p. 101.

40. *Collected Shorter Writings*, vol. 1, p. 75.

41. 킬 대회 프로그램을 설명하면서 채프먼은 이렇게 말했다. "시간이 지나면서 스토트는 다른 관점에 대해 훨씬 더 개방적인 태도가 되어 갔다. 이제 그는 비복음주의들과 관계 맺는 걸 옳은 일로 확신했다." *Godly Ambition*, p. 99.

42. 위의 책, p. 102.

43. "우리는 약간의 부정직이나 속임수 혹은 거짓말을 말없이 너그럽게 봐주지 않

는다. 그렇다면, 약간 잘못된 교리를 보고도 이는 그냥 '사소한 일'일 뿐이고 우리에게 아무 해도 끼치지 못한다 생각함으로써 그 교리가 우리를 망쳐 놓는 걸 허용하는 일이 절대 없도록 하자. 갈라디아 교인들이 '날과 달과 절기와 해를 삼가 지'켰을 때 이는 그다지 위험한 행동으로 보이지 않았다. 하지만 바울은 '내가 너희를 위하여 수고한 것이 헛될까 두려워하노라'(갈 4:10-11)라고 말했다." J. C. Ryle, *Knots Untied*(repr. Moscow, Idaho: Nolan, 2000), p. 354.

44. *Godly Ambition*, p. 111.

45. *Truth & Power*(Guildford: Eagle, 1996), p. 91.

46. 킬 대회나 노팅엄 대회에서 여성 성직자를 반대하는 목소리는 나오지 않았으며, 스토트는 결국 여성 주교의 합법성을 인정하게 되었다. *Godly Ambition*, p. 124.

47. 해석학은 성경을 어떻게 해석하는가 하는 문제와 관계되어 있다. 채프먼은 이 문제에 관해 스토트의 견해가 어떻게 변했는지를 기록했다. 스토트는 사람들의 문화적인 위치와 관점이 성경을 대하는 태도에 크게 영향을 끼친다고 봤다. 위의 책, pp. 104-5. 패커는 해석학의 새로운 관심과 진흥이 자유주의 신학을 지지하는 경향이 있다고 여겼고, 스토트는 이것을 연합으로 가는 통로로 보았다. 로저 스티어의 말이 믿을 만하다고 본다면, 스토트는 성경무오를 옹호하기를 주저했을 것이다. *Holy Fire*, p. 332.

48. *Collected Shorter Writings*, vol. 2, p. 42.

49. "Lloyd-Jones and the Anglican Secession Crisis", *Engaging with Martyn Lloyd-Jones*, p. 292.

50. 위의 책, p. 290.

51. Oliver Barclay, *Evangelicalism in Britain 1935-1995*(Leicester: IVP, 1997), p. 85.

52. *Churchman*, vol. III, No. 4(1997), pp. 359-60. 로이드 존스의 경고가 잉글랜드 국교회를 향했을 때, 그가 본질적이고 기질적으로 반성공회 성향이라는 혐의 때문에 그 경고가 회피되는 경우가 자주 있었다. 그러나 브레이는 이렇게 기록했다. "분명히 말하거니와 나는 독터 로이드 존스가 그런 반성공회 성향이 아니었다는 것을 증명할 수 있다. 내가 잉글랜드 국교회에서 안수받으려고 했을

때 그가 나를 찾아와 소명을 이루기 바란다고 격려해 주었기 때문이다. 그가 나에게 한 가지 경고한 것은 교단 정치인이 되는 위험에 관해서였다."

53. C. Catherwood, *Martyn Lloyd-Jones: A Family Portrait*(Eastbourne: Kingsway, 1995), p. 172.

54. C. Catherwood, *Five Evangelical Leaders*(London: Hodder and Stoughton, 1984), p. 91.

29.
세계 강단

1. 어떤 이들은 그의 저서를 읽는 유익이 그의 설교를 직접 들어 봤고 그래서 활자에 그의 목소리를 입힐 수 있는 사람들에게만 한정된다는 입장을 보였다. 그게 아주 잘못된 생각이라는 건 시간이 입증해 주었다.

2. McGrath, *Know and Serve God*, p. 127.

3. Kingsway, Eastbourne, 1984; 1985. 책을 둘로 나눈 것은 두께 때문이 아니었다. 설교집이 저자가 설교한 순서에 따라 연속적으로 출판되지는 않았기 때문이다. 경고의 말이 딸린 여덟 편의 설교는 성령에 관한 설교 시리즈의 원래 순서에서 빠져나와 두 번째 책으로 따로 엮였다. 이 설교 시리즈는 나중에 *The Baptism and Gifts of the Spirit*(Grand Rapids: Baker, 1996)이라는 한 권짜리 책으로 묶임으로 원래 모습을 되찾았다.

4. *Romans 8:5-17*, *Ephesians 1:1-23*.

5. 그의 입장은 사도 시대의 특별한 은사가 오늘날에도 존속한다는 것이 아니라 성경은 그 은사들이 오늘날에는 절대 존재할 수 없다고 주장할 권위를 우리에게 주지 않는다는 것이다. 그는 사도 시대의 특별한 은사가 교회에 회복되었다고 믿지 않았다. "내가 들은 방언에 만족해 본 적이 한 번도 없다", "나는 방언을 해본 적이 없다." *Fight of Faith*, p. 690. 그는 하나님께서 기적적으로 병을 치유하실 수도 있다고 믿었지만, 기적적인 치유의 은사가 오늘날 교회 사역의 한 부분이라고는 생각하지 않았다.

6. 고린도전서 12:13은 단 한 번 있는 일을 언급한다. "성령으로 세례"(요 1:33)를

주는 그리스도의 사역은 계속 진행 중이며, 따라서 "예수 그리스도의 성령의 도우심"(빌 1:19)을 구하는 계속적인 기도의 근거가 된다. 성령은 "모든 사람에게 어느 때든지 동일한 분량으로 있지 않다"(웨스트민스터 대요리문답 182문).

7. 이 주제는 여기서 다루기에는 너무 방대하다. 스토트 박사에게 공평하려면, 부흥에 대한 언급이 없었던 부분을 『성령 세례와 충만』 후기 판본에서는 수정했으며 또 언젠가 필자에게 개인적으로 보낸 편지에서 말했다시피 그가 "날마다 성령을 위해 기도했다"는 점을 밝혀 두어야 할 것이다. 여기서 차이점은 실제적인 차이라기보다 아마 언어적인 차이였을 것이다. 성령 세례에 관한 로이드 존스의 가르침에 필자는 일부만 동의하며, 그 가르침에 대해서는 *Lloyd-Jones: Messenger of Grace*(Edinburgh: Banner of Truth, 2008) 7장에서 자세히 썼다.

8. 그는 R. M. 맥체인이 어빙을 "그 모든 망상과 오류에도 불구하고 거룩한 사람"이라 불렀던 것 또한 기억했다. 어떤 이들은 아놀드 댈리모어의 저서 *The Life of Edward Irving, The Fore-Runner of the Charismatic Movement*(Banner of Truth, 1983)의 부제에 이의를 제기할 테지만, 은사주의운동 저자들 자신은 그 칭호를 지지했다. 그들은 어빙의 삶과 사역의 슬픈 결말을 알지 못한 듯하다.

9. 세 편의 강연 'What is Evangelical'에서. *Knowing the Times*, pp. 312-314.

10. *One Lord, One Spirit, One Baptism*(Exeter: Paternoster, 1987), p. 99.

11. David Matthew, *Church Adrift*(1985), p. 220. 물론 20세기에 오순절운동의 한 분파에서 사도들이 재등장한 경우가 있었다. "이 시대에 사도교회(Apostolic Church)로 알려진 한 교회가 있습니다. 이들은 자기들 중에 사도와 선지자가 있다고 주장합니다. 그 사도와 선지자가 성경적 사도와 선지자가 아니라는 것을 우리는 쉽게 증명할 수 있을 것입니다"(1966년 3월 18일, 로이드 존스의 로마서 강해설교 중에서).

12. 1949년에 겪은 그 자신의 특이한 체험과 관련해서 중요하게 주목해야 할 점은 그가 왜 그 체험을 언급하지 않았는가 하는 것이다. "우리는 그런 체험을 알려야 하지 않는가?"라는 질문에 답변하면서 그는 우리가 늘 우선으로 삼아야 할 것은 가르침이라고 했다. 이런 체험이 실재한다고 설교자가 암시할 수도 있지만, 사람들은 설교자의 말을 들으면서 그가 그 말을 입증해 주는 체험을 바탕으로 이야기하고 있음을 인식한다고 했다. 그러므로 설교자가 자신의 개인

적인 체험을 직접적으로 소개할 필요는 없다는 것이다. *Romans 8:5-17, Sons of God*, pp. 367-8을 보라.

13. 이는 은사주의운동에 호의적인 저자들이 로이드 존스를 거의 혹은 전혀 언급하지 않는 이유를 설명해 준다.

14. George Smeaton, *The Doctrine of the Holy Spirit*, p. 52.

30.
1970년대

1. McGrath, *Know and Serve God*, p. 127.

2. 로이드 존스 부부는 1965년 일링의 마운트 파크 크레센트에서 같은 구역의 크레필드 로드 49번지로 이사했다. 이 집은 이들 부부에게 첫 번째이자 유일한 자기 소유의 집이었다.

3. C. Catherwood, *Martyn Lloyd-Jones: Chosen by God*, p. 56.

4. 이때 강연에 대해서는 D. Martyn Lloyd-Jones, *Unity in Truth*를 보라.

31.
"숨을 거두면서도……그는 예배했다"

1. 이 문제에 관해 R. T. 켄덜 박사와의 극심한 견해차에 대해서는 *The Fight of Faith*, pp. 722-26을 보라.

2. Abraham Kuyper, *To Be Near Unto God*(1925, repr. 1979, Baker), pp. 324-330.

찾아보기

ㄱ

ㄴ

ㅅ

ㅇ

ㅈ

ㅊ

ㅋ

ㅌ

ㅎ